質的心理学辞典

能智正博 編集代表
香川秀太・川島大輔・サトウタツヤ・
柴山真琴・鈴木聡志・藤江康彦 編

新曜社

は　し　が　き

　心理学を軸としながら社会学、教育学、看護学、医療・医学、言語学、経営学など多様な分野の研究者が集まり、2004年に日本質的心理学会を立ち上げてから15年が過ぎようとしています。その間、質的研究への関心はかつてない広がりをみせ、人文・社会科学のさまざまな領域で質的方法を用いた研究者や、質的研究を学ぼうとする学生・院生が増えています。学会自体も会員数が1000人を超える規模になりました。質的研究に特化して書かれた教科書や研究書も増え、書店に行けば、さまざまな学問分野を背景にした多様な質的研究の教科書が並んでいるのがわかるでしょう。質的研究の考え方や方法を学ぶための資料は、一見したところずいぶん増加してきたようにみえます。

　その一方で、質的研究の広がりはさまざまな用語の使用とテーマの拡散を招き、研究者相互のコミュニケーションを困難にしているという面もあります。質的研究の目的の一つとして、生のあり方の多様性を発見していくことがあるとしたら、現状は喜ばしいものとして評価できるのかもしれません。だからと言って、質的研究が何でもありの相対主義の混沌を目指しているわけではないのも確かです。質的研究の裾野が広がれば広がるほど、その土台を確認していく作業が必要になってくるのではないでしょうか。

　この『質的心理学辞典』は、そうした状況のもとで、日本質的心理学会の創立15周年記念事業として企画されました。学会はこれまでも、『質的心理学講座』全3巻（東京大学出版会、2008）、『ワードマップ 質的心理学 ── 創造的に活用するコツ』（新曜社、2004）、『質的心理学ハンドブック』（新曜社、2013）などの企画・出版を行ってきました。これらの書籍は質的研究の啓発と普及に大きな役割を果たしてきましたが、用語の意味を調べたり概念の使い方を確認したりするような使い方には不向きだったのではないかと思います。

　欧米では、学習者の便宜を図り研究者間の共通理解の土台を作り上げる機能を果たすものとして、用語集や事典が刊行されてきました。日本でも、シュワントの『質的研究用語事典』（北大路書房、2009）やブルアとウッドの『質的研究法キーワード』（金子書房、2009）などが翻訳されています。しかしながら、用語の選択が執筆者の学問分野にやや特化していること、日本の質的研究の現状の全体をカバーできているとは言いがたいこと、中項目〜大項目の事典・用語集のため手軽には参照しにくいこと、などの限界を指摘することができるでしょう。

　本辞典は、質的研究の背景となる理論や方法、そして近年研究テーマとして取り上げられることが多い概念や用語、そして人名をとりあげて、その意味や関連情報を簡潔かつ明快に整理し記述したものです。理論や方法にかかわる項目には、さまざまなレベルで質的研究を方向づける多様な概念が含まれていま

す。対象をどのようにみるか、どのように扱うかによって研究対象である現実の姿も違ってきます。質的研究のミッションの一つが、これまで見落とされていた視点から現実を見直すことであるとするならば、本書で提示されている諸概念はそのための有用なツールになるはずです。また、研究テーマにかかわる項目には、多様なフィールドとかかわりつつ発展してきた質的心理学ならではの多彩な項目が含まれています。それらは、日本の質的研究がこれまで何を問題にしてきたのかを示す具体例であると同時に、新たに研究を立ち上げていく際の水先案内の役割を果たすものになるでしょう。もちろん、そうしたテーマは質的研究の理論や方法と全く分かれているわけではありません。ていねいに読んでいただければ、テーマと問いが理論や方法を呼び寄せ、理論や方法がテーマや問いをより精緻なものにしていくというダイナミックな関係が、項目の間から感じられてくるのではないかと思います。

　本辞典ができあがるまでの編集の過程について、少しだけ述べておきましょう。見出し項目は、はじめに編集委員の一人が暫定的に選んだ約300項目を基礎に、ほかの編集委員が項目を加えていきました。方法論関連の項目については、内外の質的研究関連の教科書や辞典を参考に、また、研究テーマ関連の項目については、『質的心理学研究』を中心にここ20年ほどの間に日本の学術雑誌に発表された質的研究論文のキーワードを参考にして、選択を進めました。人名項目についてもほぼ同様なのですが、ただ、存命の日本の研究者については、その多くが学会員であり客観的な紹介・解説が難しいということもあって、今回は見出し項目には含めておりません。その後何回か編集会議を重ね、日本の質的研究の全体に目配りをしながら取捨選択や統合を行った結果として、最終的には一般項目984、人名項目114、計1098項目にまとまりました。

　執筆者には、日本質的心理学会の会員を中心に、ベテラン、中堅、若手を問わず、その項目に関して幅広い知識と経験をもっていると考えられる方に依頼させていただきました。また、会員でカバーできない項目については非会員の先生方にもお引き受けいただき、おかげで記述の内容にさらなる広がりと厚みが出たように感じます。それぞれの執筆者から送られてきた原稿は、複数の編集委員が読み、必要に応じて執筆者と何度かやりとりを行って、全体のバランスを考えたり形式を揃えたりしながら、現在の形になりました。お忙しいなか執筆の労をとってくださり、場合によっては何度もやりとりをして記述をより精緻なものにしてくださった執筆者の皆様に対しては、感謝の念に堪えません。

　編集の過程ではいくつか、予想しなかった困難にぶつかりました。その一つが訳語の問題でした。辞典の統一性からいえば、一つの原語に対して一つの訳語が対応しているのが理想なのですが、多彩な背景をもつ質的研究だからこそなのか、なかなか思うようにはいかない事態に出会い、その都度委員の間で議論して解決の方向を探りました。たとえば、constructivismと対比的に用いられることが多いconstructionismの語に対しては複数の訳語があって、現状では、個々の執筆者の学問背景や立場によりどの訳語を用いるかが異なってい

ます。編集委員会で意見交換したり、より専門の近い先生にご意見を求めたりして統一を試みたのですが、どこかに不整合が残り、結局はそれぞれの訳語にカッコに入れて原語を付記するという形の決着となりました。辞典としてはスマートさに欠けるともいえますが、これも複数の学問分野から発展してきた質的研究の特徴としてご容赦いただければと思います。

　また、辞典という本書の性格上、原則的には、それぞれの項目はその概念の簡明な定義から入るよう執筆者の先生方にお願いしました。なかなか定義が難しい概念もあり、ご苦労をかけたりもしましたが、なんとかこのような形でまとめることができ、編集委員一同安堵しているところです。ただ、読者の皆さんに心に留めておいていただきたいのは、どの定義もあくまで今の時点で共有されていたり、研究の土台とすべきと考えられていたりする暫定的なものにすぎないということです。質的研究は常に言葉と格闘しており、その過程で定義自体もまた修正されていきます。ですから、広辞苑の改訂が現在も続いているように、本書もまた一定期間の後に改訂されていくべきものと考えます。

　本辞典が完成するまでには、執筆者の先生方も含め、非常に多くの方のお世話になりました。特に京都大学名誉教授のやまだようこ先生には、編集作業におきましても見出し項目の選定と整理および辞典の形式の決定にご尽力いただきました。また、最後になりましたが、本書が学会15周年記念出版として実現したのは、終始きめ細かな進行管理と執筆者のサポートをしてくださった、新曜社の大谷裕子さんのおかげです。大谷さんは、企画段階からかかわり、編集作業の実務のみならず、要所要所で貴重な提案をして本書を完成に導いてくださいました。編集委員一同、心より感謝申し上げます。

　2018年10月

日本質的心理学会『質的心理学辞典』編集委員会
能智正博・香川秀太・川島大輔・サトウタツヤ・
柴山真琴・鈴木聡志・藤江康彦

凡　　例

1. 編集方針

　見出し語はできるかぎり日本語表記を採用し
たが、適切な訳語がない場合や欧文の仮名読み
が定着していると思われる場合については片仮
名表記とした。英語の省略形の場合、通例と
なっている読みがある場合はルビを付した。

　訳語が一定していない重要な学術用語は、当
該項目著者の表記を尊重したうえで、なるべく
英語を併記した。

　外国語・外国人名は通例の読み方を採用し
た。「v音」は原則として「バ行」で表記して
いるが、「ヴ」の表記が通例となっている場合
はそれに従った。表記が定まっていないと思わ
れるものについては①併記する、②当該項目著
者の表記を尊重するなどの対応をした。

　異なる観点からの解説が必要と思われる項目
は、同一表記の見出しを複数立て、副見出しで
その内容の違いを示した。

2. 見出し語の配列

(1) 配列はすべて五十音順とした。外国人名は
　　姓の片仮名表記とした。
(2) 濁音・半濁音は清音と見なし、その位置に
　　おいた。
(3) 長音の「ー」は、直前の片仮名の母音を繰
　　り返すものとした。
　　「オーラルヒストリー」は「オオラルヒスト
　　リイ」
(4) 促音の「ッ」、拗音の「ャュョ」などは、独
　　立の一字と見なした。
　　「アタッチメント」は「アタツチメント」
(5) アルファベットは対応する文字ごとに仮名
　　読みした。ただし、通例となっている読み
　　方がある場合はその位置においた。
　　「AVデータ」は「エエブイデエタ」
　　「TEA」は「テイ」
(6) 記号の「・」「／」「＝」などは無視した。
(7) 同一の見出し語が複数ある場合は、副見出
　　しの五十音順または英語表記のアルファ
　　ベット順とした。

3. 見出し語の表記

(1) 見出し語に続いて、原則としてその英語表
　　記を付した。必要に応じてドイツ語〔独〕、
　　フランス語〔仏〕なども掲げた。
(2) 人名項目には〔　〕内に生（没）年を付記
　　した。
(3) 見出し語だけでは内容がわかりづらい場合
　　や同一表記の項目については、「―」のあと
　　に副見出しを付した。
　　「指標 ―現象理解の―」
　　「相互行為 ―エスノメソドロジーにおける―」
　　「相互行為 ―社会心理学における―」
(4) 見出し語のうち解説のないものは、⇨で示
　　す項目を参照していただきたい。
　　「人工物　⇨媒介物」

4. 本　　文

(1) 外国人名には原綴または英語表記を付記し、
　　日本人名にはルビを振った。
(2) 本文中の用語に外国語表記が併記されてい
　　る場合、それは著者の意向による。
(3) 邦訳がある書籍は日本語表記とし、原著の
　　初版出版年を付記した。邦訳がない書籍は
　　原著名をイタリックで表記し、原則として
　　初版出版年を付記した。

5. 参照項目

(1) 本書収載の見出し語のうち、関連するもの
　　を本文末尾の「⇨」に続いて五十音順に列
　　記した。
(2) 独立項目とはしなかったが重要と思われる
　　用語については索引に含めたものもある。
　　あわせて参照していただきたい。

6. 索　　引

　事項索引（和文・欧文）、人名索引（和文・欧
文・執筆者名）の5種類がある。和文・欧文索
引は、いずれも見出し語に加えて重要と思われ
る用語・人名を採った。

編集委員・執筆者一覧

(五十音順)

編 集 委 員 会

編集代表	能 智　正 博	*NOCHI Masahiro*
編集委員	香 川　秀 太	*KAGAWA Shuta*
	川 島　大 輔	*KAWASHIMA Daisuke*
	サトウタツヤ	*SATO Tatsuya*
	柴 山　真 琴	*SHIBAYAMA Makoto*
	鈴 木　聡 志	*SUZUKI Satoshi*
	藤 江　康 彦	*FUJIE Yasuhiko*

執 筆 者

青木 美和子　*AOKI Miwako*
青柳 肇　*AOYAGI Hajime*
青山 征彦　*AOYAMA Masahiko*
秋田 喜代美　*AKITA Kiyomi*
浅井 亜紀子　*ASAI Akiko*
浅井 幸子　*ASAI Sachiko*
麻生 武　*ASAO Takeshi*
渥美 公秀　*ATSUMI Tomohide*
天谷 祐子　*AMAYA Yuko*
綾城 初穂　*AYASHIRO Hatsuho*
荒川 歩　*ARAKAWA Ayumu*
有元 典文　*ARIMOTO Norifumi*
安藤 史江　*ANDO Fumie*
飯牟礼 悦子　*IIMURE Etsuko*
家島 明彦　*IESHIMA Akihiko*
五十嵐 素子　*IGARASHI Motoko*
五十嵐 靖博　*IGARASHI Yasuhiro*
石井 宏典　*ISHII Hironori*
石黒 広昭　*ISHIGURO Hiroaki*
石丸 径一郎　*ISHIMARU Keiichiro*
磯村 陸子　*ISOMURA Rikuko*
一柳 智紀　*ICHIYANAGI Tomonori*
伊藤 崇　*ITO Takashi*
いとう たけひこ　*ITO Takehiko*
伊藤 哲司　*ITO Tetsuji*
伊藤 直樹　*ITO Naoki*
稲葉 光行　*INABA Mitsuyuki*
伊波 和恵　*INAMI Kazue*
今尾 真弓　*IMAO Mayumi*
岩壁 茂　*IWAKABE Shigeru*

植田 嘉好子　*UEDA Kayoko*
上淵 寿　*UEBUCHI Hisashi*
上村 佳世子　*UEMURA Kayoko*
ウェルズ 恵子　*WELLS Keiko*
内田 伸子　*UCHIDA Nobuko*
浦田 悠　*URATA Yu*
江口 重幸　*EGUCHI Shigeyuki*
遠藤 利彦　*ENDO Toshihiko*
大倉 得史　*OKURA Tokushi*
大谷 尚　*OTANI Takashi*
大月 隆寛　*OTSUKI Takahiro*
大橋 靖史　*OHASHI Yasushi*
岡田 美智男　*OKADA Michio*
岡田 光弘　*OKADA Mitsuhiro*
岡部 大介　*OKABE Daisuke*
岡本 直子　*OKAMOTO Naoko*
岡本 祐子　*OKAMOTO Yuko*
岡本 依子　*OKAMOTO Yoriko*
沖潮(原田) 満里子　*OKISHIO–HARADA Mariko*
小木曽 由佳　*OGISO Yuka*
奥田 紗史美　*OKUDA Satomi*
小倉 啓子　*OGURA Keiko*
小保方 晶子　*OBOKATA Akiko*
尾見 康博　*OMI Yasuhiro*
抱井 尚子　*KAKAI Hisako*
香川 秀太　*KAGAWA Shuta*
香川 七海　*KAGAWA Nanami*
蔭山 正子　*KAGEYAMA Masako*
樫田 美雄　*KASHIDA Yoshio*
鹿嶌 達哉　*KASHIMA Tatsuya*

春日 秀朗	KASUGA Hideaki	澤野 美智子	SAWANO Michiko
勝浦 眞仁	KATSUURA Mahito	沢宮 容子	SAWAMIYA Yoko
金田 裕子	KANETA Yuko	柴坂 寿子	SHIBASAKA Hisako
金丸 隆太	KANEMARU Ryuta	柴山 真琴	SHIBAYAMA Makoto
上別府 圭子	KAMIBEPPU Kiyoko	渋谷 真樹	SHIBUYA Maki
苅田 知則	KARITA Tomonori	清水 睦美	SHIMIZU Mutsumi
河﨑 美保	KAWASAKI Miho	庄井 良信	SHOI Yoshinobu
川島 大輔	KAWASHIMA Daisuke	東海林 麗香	SHOJI Reika
川野 健治	KAWANO Kenji	荘島 幸子	SHOJIMA Sachiko
河野 麻沙美	KAWANO Masami	白井 利明	SHIRAI Toshiaki
川村 久美子	KAWAMURA Kumiko	白水 始	SHIROUZU Hajime
川本 静香	KAWAMOTO Shizuka	城間 祥子	SHIROMA Shoko
神崎 真実	KANZAKI Mami	菅野 幸恵	SUGANO Yukie
岸 磨貴子	KISHI Makiko	菅村 玄二	SUGAMURA Genji
岸野 麻衣	KISHINO Mai	杉浦 淳吉	SUGIURA Junkichi
北澤 毅	KITAZAWA Takeshi	杉浦 健	SUGIURA Takeshi
北出 慶子	KITADE Keiko	鈴木 一代	SUZUKI Kazuyo
北村 篤司	KITAMURA Atsushi	鈴木 聡志	SUZUKI Satoshi
北村 英哉	KITAMURA Hideya	鈴木 岳海	SUZUKI Takami
木戸 彩恵	KIDO Ayae	鈴木 智之	SUZUKI Tomoyuki
木下 寛子	KINOSHITA Hiroko	鈴木 栄幸	SUZUKI Hideyuki
木村 優	KIMURA Yu	鈴木 宏昭	SUZUKI Hiroaki
金馬 国晴	KINMA Kuniharu	砂上 史子	SUNAGAMI Fumiko
鯨岡 峻	KUJIRAOKA Takashi	高木 光太郎	TAKAGI Kotaro
楠見 孝	KUSUMI Takashi	田垣 正晋	TAGAKI Masakuni
窪田 由紀	KUBOTA Yuki	鷹田 佳典	TAKATA Yoshinori
熊谷 高幸	KUMAGAI Takayuki	髙橋 亜希子	TAKAHASHI Akiko
倉持 清美	KURAMOCHI Kiyomi	高橋 準	TAKAHASHI June
黒須 正明	KUROSU Masaaki	髙橋 史子	TAKAHASHI Fumiko
小泉 拓也	KOIZUMI Takuya	*TAKAHASHI, Masami*	
古賀 松香	KOGA Matsuka	竹内 一真	TAKEUCHI Kazuma
児島 達美	KOJIMA Tatsumi	竹田 恵子	TAKEDA Keiko
小島 康次	KOJIMA Yasuji	田島 充士	TAJIMA Atsushi
小林 明日香	KOBAYASHI Asuka	田代 順	TASHIRO Jun
小松 孝至	KOMATSU Koji	田中 彰吾	TANAKA Shogo
近藤(有田) 恵	KONDO–ARITA Megumi	田中 共子	TANAKA Tomoko
戈木クレイグヒル 滋子	SAIKI-CRAIGHILL Shigeko	田中 美恵子	TANAKA Mieko
西條 剛央	SAIJO Takeo	谷口 明子	TANIGUCHI Akiko
斉藤 こずゑ	SAITO Kozue	崔 裕眞	CHOI Eugene
斎藤 清二	SAITO Seiji	辻内 琢也	TSUJIUCHI Takuya
坂上 裕子	SAKAGAMI Hiroko	辻本 昌弘	TSUJIMOTO Masahiro
佐久間 路子	SAKUMA Michiko	土屋 雅子	TSUCHIYA Miyako
桜井 厚	SAKURAI Atsushi	當眞 千賀子	TOMA Chikako
佐々木 正人	SASAKI Masato	徳川 直人	TOKUGAWA Naohito
佐藤 郁哉	SATO Ikuya	徳田 治子	TOKUDA Haruko
佐藤 公治	SATO Kimiharu	得丸 智子(さと子)	TOKUMARU Satoko
サトウ タツヤ	SATO Tatsuya	戸田 有一	TODA Yuichi
鮫島 輝美	SAMESHIMA Terumi	土橋 臣吾	DOBASHI Shingo
澤田 英三	SAWADA Hidemi	富田 昌平	TOMITA Shohei

豊田 香	TOYODA Kaori	操 華子	MISAO Hanako
豊田 秀樹	TOYODA Hideki	水野 節夫	MIZUNO Setsuo
鳥越 信吾	TORIGOE Shingo	水野 将樹	MIZUNO Masaki
内藤 哲雄	NAITO Tetsuo	三田地 真実	MITACHI Mami
中川 善典	NAKAGAWA Yoshinori	南 博文	MINAMI Hirofumi
永田 素彦	NAGATA Motohiko	南山 浩二	MINAMIYAMA Koji
中坪 史典	NAKATSUBO Fuminori	箕浦 康子	MINOURA Yasuko
中村 高康	NAKAMURA Takayasu	箕輪 潤子	MINOWA Junko
中村 正	NAKAMURA Tadashi	宮内 洋	MIYAUCHI Hiroshi
中村 雅子	NAKAMURA Masako	宮坂 道夫	MIYASAKA Michio
中村 真由美	NAKAMURA Mayumi	宮本 匠	MIYAMOTO Takumi
灘光 洋子	NADAMITSU Yoko	無藤 清子	MUTO Kiyoko
西口 光一	NISHIGUCHI Koichi	無藤 隆	MUTO Takashi
西村 ユミ	NISHIMURA Yumi	村上 幸史	MURAKAMI Koshi
額賀 美紗子	NUKAGA Misako	村本 邦子	MURAMOTO Kuniko
能智 正博	NOCHI Masahiro	村本 由紀子	MURAMOTO Yukiko
野口 隆子	NOGUCHI Takako	本山 方子	MOTOYAMA Masako
野坂 祐子	NOSAKA Sachiko	森 直久	MORI Naohisa
野村 直樹	NOMURA Naoki	森岡 崇	MORIOKA Takashi
野村 信威	NOMURA Nobutake	森岡 正芳	MORIOKA Masayoshi
野村 晴夫	NOMURA Haruo	森下 伸也	MORISHITA Shinya
南風原 朝和	HAEBARA Tomokazu	茂呂 雄二	MORO Yuji
朴 東爕	PARK Dongseop	安田 節之	YASUDA Tomoyuki
橋本 広信	HASHIMOTO Hironobu	安田 裕子	YASUDA Yuko
濱 雄亮	HAMA Yusuke	八ッ塚 一郎	YATSUZUKA Ichiro
浜田 寿美男	HAMADA Sumio	矢吹 理恵	YABUKI Rie
原田 悦子	HARADA Etsuko	山口 智子	YAMAGUCHI Satoko
東村 知子	HIGASHIMURA Tomoko	山崎 浩司	YAMAZAKI Hiroshi
日高 友郎	HIDAKA Tomoo	山田 哲子	YAMADA Tetsuko
比留間 太白	HIRUMA Futoshi	山田 富秋	YAMADA Tomiaki
廣井 亮一	HIROI Ryoichi	山田 仁史	YAMADA Hitoshi
広津 侑実子	HIROTSU Yumiko	やまだ ようこ	YAMADA Yoko
福井 雅英	FUKUI Masahide	山竹 伸二	YAMATAKE Shinji
福島 真人	FUKUSHIMA Masato	山本 登志哉	YAMAMOTO Toshiya
福田 茉莉	FUKUDA Mari	矢守 克也	YAMORI Katsuya
福丸 由佳	FUKUMARU Yuka	横山 草介	YOKOYAMA Sosuke
藤江 康彦	FUJIE Yasuhiko	好井 裕明	YOSHII Hiroaki
藤田ラウンド 幸世	FUJITA–ROUND Sachiyo	吉岡 有文	YOSHIOKA Arifumi
藤野 友紀	FUJINO Yuki	吉村 夕里	YOSHIMURA Yuri
文野 洋	FUMINO Yoh	若林 宏輔	WAKABAYASHI Kosuke
保坂 裕子	HOSAKA Yuko	若山 育代	WAKAYAMA Ikuyo
細馬 宏通	HOSOMA Hiromichi	和田 仁孝	WADA Yoshitaka
前川 麻依子	MAEKAWA Maiko	渡辺 恒夫	WATANABE Tsuneo
前田 泰樹	MAEDA Hiroki	渡邉 照美	WATANABE Terumi
益川 弘如	MASUKAWA Hiroyuki	渡邊 芳之	WATANABE Yoshiyuki
松島 恵介	MATSUSHIMA Keisuke		
松嶋 秀明	MATSUSHIMA Hideaki		
松本 光太郎	MATSUMOTO Kotaro		
箕口 雅博	MIGUCHI Masahiro		

あ

アーカイブ
archives

多くの質的研究は音声や映像データを文字情報に変換したうえで分析し、その結果を研究成果として発信するが、原資料は一定期間経過後には処分されアクセス不能となる。しかし、特に貴重な資料や歴史的資料などへのアクセスが不能になったり、残存していても制限されることになったりすれば、せっかくの資料を十分に活用することができない。そこで、権利者・関係者の許諾を得たうえで、貴重な資料を保管し、他者が利用可能にするのがアーカイブである。アーカイブは、もともとは紙や現物など実物を残すことを指していたが、保管場所やアクセス可能性の問題もあり、デジタルアーカイブとしてインターネット上で公開されることも多い。その一例に、ディペックス・ジャパン（DiPex–Japan）がある。このようなアーカイブでは、それぞれ収集方法や資料整理の方針や方法が異なるため、質的分析を行うにせよ、数量的な評価を行うにせよ、注意が必要である。
⇨データ収集と分析の往復、データの管理
[荒川 歩]

IRE連鎖
IRE sequence

教育社会学者のミーハン（Hugh Mehan）が著書 *Learning Lessons*（1979）において、エスノメソドロジーや会話分析の知見を取り入れて定式化した、授業特有のシークエンシャルな組織（sequential organization）のこと。具体的には、教師による発問（initiation）－生徒の応答（reply）－教師による価値づけ（evaluation）という教師－生徒間の行為連鎖である。この連鎖は生徒の発言の後にフィードバックとして教師の評価的発言がなされる点で授業に特有であり、これをミーハンは授業の相互行為の構造の基本単位とみなした。そしてこの連鎖を通じた活動によって授業の開始、教授、終了の三つの局面（phase）が生まれ、それが連なって授業が出来上がるとした。授業のあり方を教師と生徒の相互行為に基づいて示す手法は言語学、心理学の分野などにも影響を与え、IRE連鎖を端緒として会話分析の知見を援用した教室研究が展開していった。⇨エスノメソドロジー、会話分析、ミーハン
[五十嵐素子]

IRB ⇨研究倫理委員会

iQOL
individual quality of life

個人の一人称的視点から定義づけられるクオリティ・オブ・ライフ（quality of life：QOL）概念のことである。たとえば、心理学者のオボイル（Ciaran A. O'Boyle）は個人の生活の質評価法（schedule for the evaluation of individual quality of life：SEIQoL）を開発した。SEIQoL は、当事者の具体的な体験や認識を重視した実存的なアプローチに基づく評価法であり、半構造化インタビューと視覚的アナログ尺度（visual analog scale：VAS）を併用する。QOL に関連すると認識する項目を当事者自身が選定し、各項目間の充足度（level）と相対的重要度（weight；重み）を評価するという特徴をもつ。これにより、個人の状況と生活環境との相互作用により変容するリアルなQOLを把握することができる。患者中心型のQOL評価として、今後さらなる発展が期待されている。⇨クオリティ・オブ・ライフ、実存
[福田茉莉]

あいだ
aida

自己が生命との根拠に支えられて世界と出会う際の原理、自己を成立させる根拠。木村敏は文化に根ざす暗黙の知である「あ

いだ（間）」という概念によって、精神病理学を独自に発展させた。あいだは物理的な空間や時間ではなく、生命との関係で自己を成立させている根拠を指す。自己が主体として生きるということは、行為的にも感覚的にも生命の根拠とのつながりを維持していると同時に、間主体的な世界を維持することである。音楽の合奏にたとえると、各パートの音はぴったり合っているのに、感動をもたらさないことがある。逆に、互いの音が微妙にずれているのに、感動的な演奏が実現することがある。後者の演奏は音と音を合わせるのではなく、音と音のあいだを合わせている。あいだに依拠することが水準の高い合奏を実現する。他者とのあいだに依拠しつつ自己であるという自己の二重化を生きることの困難さから、精神病理が派生する。精神病の根源は個人ではなく、個人と個人の関係性、あいだにある。そのため病いの治癒にはあいだの回復が重要になる。 ⇨木村 敏　[森岡正芳]

愛着　⇨アタッチメント

アイデア・ユニット
idea unit：IU

　文章理解や作文などの認知研究において1970〜80年代によく使われた指標で、文章や発話の共通性や多様性を分析する際の統語的な単位である。たとえばある文章を読み、理解した内容の再生を求める際、再生率を知るために元の文章をアイデア・ユニットに分割し、それらがどの程度再生されたかを算出した。ユニットには単語単位、節単位、命題単位などがあり、分析の目的や文章の長さ、説明文か物語かといったジャンルなどの属性によって適した単位が選択される。さらに、文章や発話中の表現に対するアイデア・ユニット同定のための基準は研究ごとに厳密に定義される。アイデア・ユニットにレベルを設定することで難易度の高いアイデア・ユニットが再生されたかを評価したり、カテゴリーを設定することで特定のアイデア・ユニットの言い換えや抽象化といった表現の特徴をとらえたりできる。 ⇨指標―現象理解の―、ナラティブ分析、分析単位　[河﨑美保]

アイデンティティ
identity

　「自分は〜である」という自己規定が、周囲の他者や集団から承認されることで得られる自己確信や集団所属感のこと。エリクソン（Erik H. Erikson）は、そのライフサイクル論において、人生の各段階に用意された心理・社会的問題（危機）が適切なかたちで解決されることで健全なパーソナリティが発達していくと考えた。「アイデンティティ 対 アイデンティティ拡散」は第V段階（青年期）の危機であり、青年は職業決定を猶予されたモラトリアムの期間に、それまでに身につけた資質・能力・欲望・思想などを再編してまとまりのある自己をかたち作り、それを職業などの具体的な社会的役割に適合させることによって、自分が何者であるかを自分自身や周囲の他者に証明していくとされる。アイデンティティの感覚はそこに成立する。逆に、自己の再編がうまくいかなかったり、自己規定が他者や社会から承認されなかったりすると、自己についての不確かな感覚（アイデンティティ拡散）が生じる。 ⇨自己、パーソナリティ、ライフサイクル　[大倉得史]

IPA
interpretative phenomenological analysis

　現象学と解釈学と個性記述学を理論的支柱とする、人間の生きられた経験の意味を調べる質的研究アプローチ。定訳はないが、解釈的現象学的分析と訳されることが多い。1990年代半ばにスミス（Jonathan A. Smith）が開発し、彼と共同研究者が発展させた。現象学が人間の経験の一般的構造に関心をもつのに対し、IPAは特定の経験をした人間の個人的な意味に関心をもつ。したがって、たとえば怒りの経験そのものを

調べることが研究設問（リサーチクエスチョン）なら現象学を採用するのが適切だが、医療場面での患者の怒りの経験を調べるのが研究設問ならIPAを採用するのが適切である。IPAのデータ収集法は主に特定の経験をした一人から数人を対象とする半構造化インタビューで、分析方法は解釈学的循環に基づいてトランスクリプトを読んで経験の意味を解釈することである。これまでに病気やセクシュアリティ、精神的苦痛などの研究に使われてきた。⇨ 解釈学、解釈学的循環、現象学、個性記述的方法、スミス

[鈴木聡志]

あいまいな喪失
ambiguous loss

あいまいな喪失とは、家族や恋人など親密な関係において経験される喪失のうち、失われてしまったのか、それとも、いまだ失われていないのか、存在／不在についての不確実性がある喪失のことをいう。家族療法家、家族心理学者のボス（Pauline Boss）が提唱した。①身体的には存在していないが心理的には存在している場合、②身体的には存在しているが心理的には存在していない場合の二つのタイプがある。①の具体例には、行方不明兵士、誘拐された子ども、人質・拘禁、移民、養子縁組、離婚、転勤、離家（別居）した成人子、②の具体例には、認知症、慢性精神病、脳疾患、アディクション、仕事への過度のコミットメントなどがあげられる。あいまいな喪失の場合、喪失が「一時的」か「最終的」かも不明確なため、長期間、当事者の意味づけや対処、悲嘆の過程を凍結してしまうのである。⇨ 死別、喪失、ナラティブ（ナラティヴ）、悲嘆

[南山浩二]

アカウンタビリティ
accountability

具体的な場において、ある行為や活動をそれとして観察することができ、それが何かを報告することができること。エスノメソドロジーに特有のこの概念は、ガーフィンケル（Harold Garfinkel）が翻案したもので、すべての場と行為に伴うものである。それぞれの場における、それぞれの行為や活動には、言葉や視線、道具の配置などを組織し、デザインすることで可視性が与えられる。その場にいる人たちは、このアカウンタビリティによって「次に何をするべきか」が理解できるようになる。社会秩序を産出するためには、いつでも、このアカウンタビリティ、すなわち参与者への可視性が担保されなければならない。アカウンタビリティという語には、すでに述べた、①一目でそれが何かが分かること以外に、②分かりやすい説明責任が求められること、という意味がある。②に関して、サックス（Harvey Sacks）は、不適切な行為には、それに対する理由説明が「適切な関連性（レリバンス）」をもつという、行為の規範的な構造について指摘している。⇨ エスノメソドロジー、ガーフィンケル、サックス、相互反映性、レリバンス

[岡田光弘]

アクションリサーチ
action research

現場の当事者と研究者が共にことをなすこと。正確には、当事者と研究者がともに共同当事者としてことをなすことを通して、共同知を生みだすための研究活動。問題解決を志向した実践研究と称されることもあるが、アクションリサーチの鍵は問題解決への関与性自体ではなく、問題解決にあたって当事者と研究者とが形成する独特の関係性（共同当事者）の方にある。よって、アクションリサーチを、アンケート調査、参与観察といった個別の調査手法と同列に議論することは適当ではない。これらの手法をどのような関係性のもとで活用するかが問われている。共同知の鍵は、知と信の融合にある。このことは、専門知の乱立とそれに伴う知に対する信の崩壊が深刻な現代社会において、重要な意味をもつ。アクションリサーチは、共同知だけでなく、知

を生みだす側にまわることで得られる信を当事者に生みだす。 ⇨一般化可能性、参与観察、実践研究、実践知、実践の中の理論、当事者研究　　　　　　　　　　　［矢守克也］

アクターネットワーク理論
actor network theory

　フランスの社会学者であるラトゥール（Bruno Latour）や、カロン（Michel Callon）が提唱したアプローチ。細菌やホタテ貝、新交通システムなど、非人間の生物や人工物も人間と同様にアクターと見なして、これらの異種混交のアクターからなるネットワークとして社会をとらえる点に特徴がある。具体的には、その場の関心の中心となっているもの（義務的通過点）を基点にして、そのときのアクターの振る舞いや交わされた言説をもとに、それぞれのアクターが義務的通過点に対してどのような布置連関をなしていて、それが時期によってどのように変化したかを検討する。人間と非人間とを完全に同様に扱う点については批判も多いが、人間が自分の意志で行為しているようにみえたとしても、そのプロセスにはさまざまな非人間がかかわっていることを明確にした功績は大きい。関連して、カロンは、人間と非人間とが組み合わさった主体として、ハイブリッド・コミュニティという概念を提示している。 ⇨カロン、ハイブリッド・コミュニティ、ラトゥール
　　　　　　　　　　　　　　　　［青山征彦］

アクティブ・インタビュー
active interview

　ホルスタイン（William J. Holstein）とグブリアム（Jaber F. Gubrium）が提唱した、コミュニケーション、あるいは相互行為としてのインタビュー法である。アクティブ・インタビューにおいては、調査者も回答者もアクティブな聴き手であり、アクティブな物語の語り手である。調査者は従来の中立的立場を捨て、むしろ、回答者が物語を産出しやすい環境を整え、彼らの語りを積極的に援助する役割を担う。アクティブな回答者は調査者と協同して、調査場面に持ち出されるトピックを手がかりとしながら、その場の相互行為状況や自分の経験をリソースとして、物語を紡ぎ出す。アクティブ・インタビュー法を採用すれば、調査者と回答者の協働的な物語の産出過程全体が研究対象となるので、従来のように回答だけを分析するのではなく、調査者自身の行為や語りも分析の俎上に載せなくてはならない。つまり、遂行したインタビューのプロセス全体について、克明なエスノグラフィーを作り出すことが必要になる。 ⇨インタビュー、エスノグラフィー［山田富秋］

足場かけ
scaffolding

　一人では成し遂げられない目標や実践への参加に対して、適切な援助が与えられることで課題達成を可能にすること。工事現場などで高所作業のために設置される「足場」を比喩に用いられる。ヴィゴツキー（Lev S. Vygotsky）による「発達の最近接領域」を理論的手がかりに、1976年にウッド（David Wood）らによって初めて使用された用語である。問題解決やスキル獲得を支援するチューターの機能、および手続きのモデルとして示された。なお、一人で達成可能な水準に達した場合には、支援は不要となることからその過程をfading（足場はずし）という。従来、足場かけは学習を支援する教師や熟達した仲間によって行われるものとみなされてきたが、近年、教師－学習者の二者関係以外を対象とした学習過程でも適用されている。また、学習科学領域では、学習支援にかかる関係性や学習環境を概念提示された当時よりも広範にとらえ学習環境デザインの原理として適用される動向がみられる。 ⇨学習科学、発達の最近接領域、ブルーナー　　　　　　［河野麻沙美］

遊び
play

　遊びとは、暫定的には、楽しく、自発的で、内発的で、実用的目的をもたず、それ自体として完結する活動である。「あれが遊びだ」と指し示すとして、それも人により示す現象が異なることもある。すべての特徴を併せもつというより、部分的なのである。それは家族的類似性によりつながった一連の現象であり経験であり、遊びと遊びでないものは連続的である。ピアジェ（Jean Piaget）によれば、遊びを行動で示すと、機能的、象徴的、ゲームと分けられる。内的属性として分けると、内発的動機づけ、目的より手段への注目、遊びと探索の区別、道具的行動との対比、外的ルールからの自由、能動的かかわりなどがあげられる。文脈としては、馴染み、自由選択、最小限の大人（管理者）からの干渉、ストレスがないことなどがある。それらの特徴の多くを満たしている活動はより遊び的と見なされる。核となる特徴をとらえるとすると、自発的、くつろぐ、すぐには機能的でない、行動が繰り返され、誇張され、断片化、非連続的である、などがある。⇨ごっこ遊び、ピアジェ　　[無藤隆]

アタッチメント
attachment

　アタッチメント（愛着）とは、生物個体がある危機的状況に接し、不安や恐れなどの負の感情が喚起された時に、特定の他個体に文字通りくっつく（attach）ことを通して、安全の感覚を回復・維持しようとする欲求および行為傾向を指す。ヒトの子どもも、これによってもたらされる安全の感覚に支えられて、外界への探索活動を安定して行い、また相対的に円滑な対人関係を構築することが可能になる。すなわち、子どもにとって、主要なアタッチメント対象は、危機が生じた際に逃げ込み保護を求める「安全な避難所」であると同時に、ひとたびその感情状態が静穏化した際には、今度は、そこを拠点に外の世界へと積極的に出ていくための「安心の基地」として機能することになる。こうした仕組みは、乳幼児期においてはもっぱら養育者などへの物理的な近接としてあるが、発達の進行とともに徐々に特定他者への信頼の感覚や近接可能性に対する見通しといった表象的な近接へと変じていき、まさに生涯全般にわたって人の心身の安寧や適応を高度に保障するに至る。⇨親子関係、関係性、母子関係　　[遠藤利彦]

新しい教育社会学
new sociology of education

　1970年代以降に、既存の教育社会学の理論・方法・対象への反省に基づき、英国を中心として展開された一つの学問的立場。その特徴は、①理論的にはシンボリック相互作用論、現象学的社会学、エスノメソドロジーなどに依拠し、相互行為における行為者の解釈の介在を強調し、②それをとらえる方法として、エスノグラフィーやインタビューといった質的な研究法を主として採用し、③従来の教育社会学が等閑視しがちであった教育知識の選択や伝達方法を含むカリキュラムの問題や、教師－生徒関係に代表される教室内相互作用など、学校の内部過程に着目する、というものであった。英国の教育社会学者ヤング（Michael F. D. Young）によって1971年に刊行された論文集『知識と統制』は、「教育社会学の新しい方向」という副題がついており、実質的な「新しい教育社会学」宣言の書として、今日においても、教育社会学における質的研究や解釈的アプローチの動向を振り返るうえで起点となっている。⇨解釈的アプローチ、教育社会学、質的社会学、ミクロ社会学　　[中村高康]

厚い記述
thick description

　文脈と意味を大切にして行為や出来事を記述すること。ギアーツ（Clifford Geertz）

が文化の解釈的理論を論じる際に言及し、現在では文脈の丁寧な記述を指して用いられている。行為や出来事の意味は文脈と切り離せない。たとえば「少年Aの右手が少年Bの肩に3秒間接触した」という文脈抜きの記述では、行為の意味（暴力行使なのか、呼びかけなのか）がわからない。一方、「公園で少年Aが、遊び仲間の少年Bに駆け寄り、笑顔で肩に手をかけ…」というように文脈を「厚く」とらえた記述は、行為の意味を浮かび上がらせている。容易には理解しがたい異文化を調べるときに、厚い記述がとりわけ重要となる。行為や出来事の文脈は、前後の状況から社会歴史的背景まで際限なく広がり、複雑に絡み合い、一貫性をもつとも限らない。厚い記述は、たくさんの事実をだらだらと列挙するものではなく、錯綜した文脈から意味を浮上させるものでなければならない。⇨意味、エスノグラフィー、解釈的アプローチ、ギアーツ、文脈　　　　　　　　　　　　　［辻本昌弘］

アディクション
addiction

嗜癖（addiction）は、アルコール、薬物、ギャンブル、インターネット、ゲームなどの習慣への耽溺を意味する。一方、依存症（dependence）は医学的定義であり、物質使用がその人にとって以前にはより大きな価値をもっていた他の行動より、はるかに優先するようになる一群の生理的、行動的、認知的現象であり、この定義を満たさない場合は「乱用（abuse）」である。DSM-5（精神疾患の診断・統計マニュアル）では乱用と依存症を統合したが批判もあり、その点、急性中毒、有害な使用、依存症、離脱状態などを区別するWHO（世界保健機構）によるICD-10の定義は有用である。物質や行動への依存は、人への依存の不足が問われる状態ともいえる。しかし、日本のアルコール依存症治療は、「底をつかなければ回復しない」という現場の知恵が逆に規範となり、あるいは医療者が薬物依存を犯罪とみ

ることで、当事者を支援から排除してきた側面がある。抱えている苦痛や困難をアディクションで「やり過ごしている」当事者を支援の対象とし、各種の社会資源につなぐことが求められる。⇨サバイバー、自助グループ　　　　　　　　　　　［川野健治］

アドボカシー
advocacy

一連の研究プロセスにおいて、研究者が研究対象者の権利や利益を擁護すること。アドボカシーは本来、弁護、支持、唱道などの意味をもち、法律と密接に関連した言葉である。近年になって、医療、社会福祉などの分野において、患者や障害者、高齢者など、権利の主張に困難を抱える人びとの支援において注目されるようになり、分野横断的に重要な概念となっている。なお、アドボカシーは政治学分野においても用いられるようになってきているが、この場合、政策提言、つまり特定の問題についての政治的な提言を行うことを意味する。研究における研究対象者のアドボカシーには、単に研究対象者の権利を守るという倫理的配慮のみならず、研究プロセスにおいて得られた研究対象者の声に、研究者が耳を傾け、拾い上げるとともに、それらの声を支持・擁護・代弁するということもおのずと含まれる。⇨高齢者、障害児・者、倫理　　　　　　　　　　　　　　［今尾真弓］

ATLAS.ti

ATLAS.tiは、質的データ分析を支援するソフトウェア（CAQDAS）の一つであり、ドイツのATLAS.ti Scientific Software Development社が開発・販売している。PC版（Windows、Mac OS）だけでなく、iOS版とAndroid版がある。日本語を含む多言語のテキストデータの分析をサポートしている。ATLAS.tiは、グラウンデッド・セオリー・アプローチや内容分析など、質的データ分析のさまざまな手法を支援するよう設計されている。ATLAS.tiを

用いたデータ分析では、文書中のテキスト、映像、音声、画像などの質的データに対するコード化やメモ書きを画面上で行う。定義されたコードやメモのリンク構造はATLAS.tiが維持・管理するため、紙やスプレッドシートを使った分析に比べてデータ管理の作業が大幅に効率化される。ATLAS.tiの特徴は、視覚的なデータ管理の機能が標準で備えられていることである。たとえば、コードの階層関係を管理する機能、コードやメモの関連性をネットワーク構造で表す機能がある。また2017年現在の最新版では、地理空間へのコード化もサポートされている。 ⇨ NVivo、コード化、質的データ分析、MAXQDA　　[稲葉光行]

アナロジー
analogy

　アナロジー（類推、類比）は、未知の事象を説明・推論するために、類似した既知の事象を利用した認知活動である。第一に、複雑な構造や機能の説明（例：心臓の働きをポンプで説明）、暗黙知や技の伝達、婉曲的なコミュニケーション（例：寓話、心理療法）で用いられる。第二に、既有知識領域からの類推転移による推論（例：原子構造における電子運動を、惑星の周回運動に基づいて推論）や過去の類似事例を利用する問題解決で用いられる。類推は、演繹や帰納と並ぶ推論の一つとして、あるいは、帰納の一種として位置づけられる。第三に、創造（例：回転寿司をベルトコンベアから着想）においても利用される。第四に、理論構築（例：脳をコンピュータ、社会行動をゲーム・劇・テクストとみなす）においても大きな役割を果たしている。特に、質的心理学では、人間を物語（ナラティブ）とみなすことで、多様な意味や現実をとらえようとしている。 ⇨ 学習転移、帰納、言語ゲーム、メタファー[楠見孝]

アフォーダンス
affordance

　アフォーダンスは英語の動詞アフォード（afford）からのギブソン（James J. Gibson）の造語で、環境が動物に与える意味や価値である。物質、媒質、面にアフォーダンスがある。硬い物質は動物の移動を妨げるが、住居や道具や武器などを作れる。物質の一種の水は、洗う、渇きをいやす、絵の具の溶液になる。食物は物質である。いずれも物質のアフォーダンスである。約20％の酸素を含む媒質の空気には均質性があり、光や振動、揮発する微小物質を周囲に拡散している。空気は呼吸や移動、そして視覚、聴覚、嗅覚のアフォーダンスである。物質と媒質の間にある面の配置は多様である。周囲には大別して、持ち運べる物（遊離物detached object）と地面から離せない物（付着物attached object）の配置がある。アフォーダンスの多くは動物が地球上に現れる前からあり、動物の進化をアフォーダンスが可能にした。アフォーダンスは動物の行為を調整、制御するが、刺激のように行為を引き起こさない。 ⇨ ギブソン、生態学的アプローチ、生態学的環境、生態心理学、ダーウィン、知覚システム　　[佐々木正人]

アブダクション
abduction

　問題となっている事象を最もあり得そうな仮説や理論に結びつけていく推論形式で、「仮説生成」と訳される場合もある。推論結果はまだそれ自体で正しさを保証するものではないものの、新たな資料収集や検証作業を刺激し、方向づける機能をもつ。たとえば、「○○山で貝塚が発見された」ことに対し、「貝は海でとれる」という知識をもとに、「○○山は昔海岸だったのだろう」と仮の説明を構築するのがこれにあたる。可能な説明は複数あり得るが、それまで見落とされていたところに注目した説明を発想するところに、この推論形式の価値がある。アブダクションはギリシア時代より、帰納、演繹と並ぶ第三の推論の方法としてあげられてきたが、科学的発見に不可欠なものとして詳細に論じたのは哲

学者のパース（Charles S. Peirce）である。質的研究では、KJ法で「発想法」に対応する語とされたほか、グラウンデッド・セオリーではデータから理論を構築する作業の中心に位置づけられている。 ⇨演繹、帰納、研究の理論的枠組み　　　　　［能智正博］

アプロプリエーション　⇨専有

安倍淳吉〔1915-1993〕
Junkichi Abe

　東北大学において「安倍社会心理学」とも呼ばれる独自の体系を構築し、犯罪非行や地域社会に関する研究を推進した社会心理学者。人格・社会・文化の出会いという観点から人間性（human nature）を追究した。また、微視的水準（心的過程）にも巨視的水準（大社会）にも片寄らない中間的水準から研究を展開させる中間接近法を唱えた。少年院や刑務所を舞台にした調査では、収容者の派閥発生と施設側の統制のダイナミズムなどを分析するとともに、戦争前後の仙台のアンダーワールドを犯罪者がいかに生き抜いたのか、その実態を明らかにした。下北半島での青年期社会化の調査では、近代化の波及に直面した農漁村や地方都市における青年の進路選択を論じた。
⇨社会心理学、中範囲の理論、犯罪、犯罪心理学　　　　　　　　　　　　　［辻本昌弘］

アリストテレス〔前384-前322〕
Aristotle

　ソクラテス（Socrates）、プラトン（Plato）と並ぶ、古代ギリシアを代表する哲学者。ギリシア哲学の完成者。それまでの哲学の世界説明における問題点を解消し、質料因、始動因、形相因、目的因の四つが事物の変化や運動の原因になると考えた（四原因説）。また、プラトンのイデア論を批判し、物の真の姿、普遍的な本性は目の前にある物それ自体に含まれている、という新しい考え方を主張。従来の哲学を統一的な言葉にまとめあげ、体系化したことで、後

の哲学に大きな影響を与えた人物でもある。哲学以外でも、政治学、心理学（『霊魂論』）、文学、天文学、生物学、レトリック論（『弁論術』『詩学』）、解釈学（実践知）など、幅広い知識の持ち主であり、「万学の祖」と呼ばれている。 ⇨形而上学、認識論
　　　　　　　　　　　　　　　［山竹伸二］

暗黙知
tacit knowledge

　行うことはできるが、明示的に言語化できない知識のこと。科学哲学者ポランニー（Michael Polanyi）が科学的実践のもつ特性を説明するために用いた概念。彼は一般に信じられているような科学の普遍的で没個性的な理解を批判し、科学的知識の背後には、明示的には語れないが、やろうと思えばできるタイプの知識が存在し、それが科学全体を支えていると主張した。それが暗黙知で、そのなかには自転車を乗りこなす、人の顔を識別するといったさまざまな能力が含まれる。こうした暗黙知は歴史的、身体的に構成されるため、ポランニーは、科学的知識は同時に人格的知識（personal knowledge）でもある、と主張した。この暗黙知概念は、ライル（Gilbert Ryle）の knowing how といった概念とも通底するが、後に科学社会学者のコリンズ（Harry Collins）は、より実証的な見地からラボラトリー実践における身体的技能の重要性を強調し、経営学では野中郁次郎らが、暗黙知を形式化し共有するプロセスがイノベーションの基礎となるという知識経営論を展開した。 ⇨科学社会学　　　　　［福島真人］

い

イーミック／エティック
emic ／ etic

　「イーミック」な視点とは当該フィールドの内部者の視点を、「エティック」な視

点とはほかのフィールドとの比較に関心の
ある研究者（外部者）の視点をいう。言語
学の用語である音素的（phonemic）・音声的
（phonetic）に由来する。フィールドの文化
的特徴を理解するためには、当事者が自ら
の行為を意味づける方法や当事者にとって
意味のある概念を見いだし、それを使って
個別の文化を内側から記述する一方で、文
化交差的に妥当なパターンと一致する人び
との行動を通文化的に適用可能な概念を用
いて、外側から追究することも必要とな
る。エスノグラフィーは、フィールドへの
参与を通して「内部者の視点」をつかむ一
方で、「外部者（プロのよそ者）の視点」か
ら観察した事象を体系化するという、複眼
的な視点からフィールドの文化を理解する
方法である。社会経験のプロセスを当事者
の視点から解明しようとする質的研究にお
いて、この対概念は、自らの研究の特性を
明確にする重要な視座となる。　⇨異人の
目、エスノグラフィー、第三の視点、フィー
ルドワーク　　　　　　　　　　　　［柴山真琴］

e-ラーニング
e-learning

　学習のための素材をオンラインで配信す
るような教育形態またはシステム。1990
年代後半、インターネット技術の発展と普
及を背景として、サーバー上においた知識
伝達型教材を、Webブラウザなどを介して
遠隔地から閲覧するような教育システム
が主に企業内教育、高等教育の場で利用
され始めたのが起源である。e-ラーニン
グという用語が一般化したのは2000年前
後である。オンラインのメリットによりさ
まざまな学習者層を対象として広範囲に教
育コンテンツを配信できることから教育の
多様化や民主化への寄与が期待される。一
方で、学習者と教師、学習者同士が顔を合
わせることがないため参加意識が希薄とな
り、ドロップアウト率が高くなる傾向が指
摘されている。これらを解消するために、
オンライン上の学習者コミュニティの形成

支援、学習継続を促すメンタリング、対面
授業と組み合わせるブレンディッド型学習
形態などが研究されている。　⇨インター
ネット、教育工学　　　　　　　　　［鈴木栄幸］

意義と意味　―ヴィゴツキーによる―
meaning and sense in Vygotsky

　一般に、意義と意味はどちらも記号に
よって指示される内容や事物を指すが、
ヴィゴツキー（Lev S. Vygotsky）は、言語的
思考の発達過程を分析するなかで両者を区
別するよう提起した。彼によれば、意味と
はある語を知覚する際に個人の意識の内部
に起こる出来事全体である。意味は文脈に
応じて多様であるとともに、その個人の発
達にしたがって変化する。一方で、意義と
はある語とともに生じる複合的な意味のう
ち相対的に安定した部分を指す。したがっ
て、辞書に書かれた語の説明は意義を表す
ものである。ヴィゴツキーにとって語の意
味とは、言語と思考が一体となった機能全
体を分析する単位でもある。なぜなら、意
味は個別の経験に共通性を見いだす一般化
という思考の一つの働きであると同時に、
語によって媒介された言語的現象でもある
からである。　⇨ヴィゴツキー、経験と体験、
分析単位　　　　　　　　　　　　　　［伊藤崇］

育児ストレス
parenting stress

　育児において、その養育にかかわる者が
感じる負担感をいう。日本では、類似した
概念として育児不安という語も用いられて
いる。ツルニッチ（Keith A. Crnic）とグリー
ンバーグ（Mark T. Greenberg）は、育児スト
レスには、貧困や離婚といった大きなライ
フイベントが背景にあるものから、育児が
予定通りにいかないなど日常の小さな厄介
まで、その重大さの程度には相違があるこ
とを指摘した。さらに、日常の小さな厄介
を受容し対処することによって、大きなス
トレスに発展させないことが重要である
と述べた。ラザルス（Richard S. Lazarus）と

フォークマン（Susan Folkman）も、子ども
の行動や親子相互作用への否定的経験、親
責任の軽減への願望や不全感などを含めた
広範な概念としている。つまり、親への移
行において生じる不適応の一つであるが、
その重篤度や要因によって、対処法も異な
ることが示唆される。　⇨親子関係、子育て
支援、母子関係　　　　　　　　　　［岡本依子］

いじめ
bullying
　いじめは、ある関係内の一方向的で多く
の場合継続する攻撃（aggression）として研
究されている。知らない人からの攻撃であ
れば通報できるが、加害側の心理操作など
により教師などに通報されないまま、いじ
めは深刻化することがある。いじめ研究
は、スミス（Peter K. Smith）が『学校にお
けるいじめ』（原著2014）で詳述しているよ
うに、1970年代から北欧で始まり、欧米諸
国や日本などで実態や促進・抑止要因な
どの研究がなされてきた。1990年代には、
多くの国で対策がなされるようになると
ともに、国際的な共同研究も開始された。
2000年代前半に学校銃乱射事件の多くが
いじめ被害者の報復であると示され、最近
は世界各国の研究者が共同して、いじめや
ネットいじめの対策プログラムの開発・普
及に努めている。その動向は山崎勝之・戸
田有一・渡辺弥生による『世界の学校予防
教育』（2013）に詳しい。しかし、被害側の
長期的な予後や、いじめ自殺後の学級のケ
アなどの研究は少なく、臨床的なアプロー
チや質的研究のさらなる蓄積が期待され
る。　⇨差別、自殺、ネットいじめ、不登校
　　　　　　　　　　　　　　　　［戸田有一］

異種混交
heterogeneity
　複数の異なるものごとが混じり合って共
存する状態を指す概念。特に文化心理学
では、複数の異質な思考様式が一つの社
会あるいは一人の個人に共存する状態を指

す。フランスの思想家レヴィ＝ブリュー
ル（Lucien Lévy‐Bruhl）が、いわゆる未開
社会と西欧社会に暮らす人びとの思考様式
を比較した古典的著作のなかで取り上げ
たもの。思考の歴史的発達過程を論じた
トゥールヴィステ（Peeter Tulviste）やコー
ル（Michael Cole）は、一つの社会に唯一の
均質な思考しか存在しないことはありえ
ず、そこには人びとの多様な活動に対応し
た多様な様式が存在すること、また、新た
に発生した思考様式によってそれ以前の
様式がすべて置き換えられるわけではな
く、両者が共存し得ることを指摘するのに
この概念を援用した。さらにワーチ（James
V. Wertsch）は、個人の行為を媒介する手段
（たとえば言語）の複数性とそれらの間の関
係性の成り立ちを社会文化的観点から分析
する概念として取り上げた。　⇨コール、文
化相対主義、文化多様性、ワーチ　［伊藤崇］

異常心理学
abnormal psychology
　心理的異常の要因とモデル化、また、ア
セスメントや介入の技法などの知見を提供
する心理学の一分野である。多元的情報の
統合のために認知行動療法などの臨床心理
学理論を採用し、社会、性格、感情心理学
などの基礎心理学と臨床心理学の接点とな
る領域である。クライエントが抱えている
問題を把握し（心理アセスメント）、問題の成
り立ちや原因を考え（異常心理学）、それに
よって心理的な援助を行う一連の活動に
おいて、正常と異常の判断をDSM（精神疾
患の診断・統計マニュアル）などの医学的基準
に特化して行うというように構造化するな
ら、異常心理学は精神病理学に近い。しか
し、社会生活での支障を問う適応的基準、
社会通念や法律、専門家の理論などの基準
からの逸脱を問う価値的基準、母集団にお
ける極端な偏りを問う平均的基準などの情
報を統合し、心理的解決に向けての仮説を
多元的に構成する点に臨床心理学的アセス
メントの独自性はある。この立場からは、

当事者、家族、支援者らの多声的状況を考慮する異常心理学の必要性がより強調される。⇨臨床心理学　　　　　　　　［川野健治］

異人の目
fieldworker as stranger

　フィールドで個々の事象の文化的意味に触れて驚き、文化を問い始める契機となるフィールドワーカーのまなざし。なじみのない土地や他者とのかかわり合いに居心地の悪さや不自由を経験するカルチャー・ショックの経験は、「よそ者（異人）」としての自らを実感するきっかけであり、同時に、その場の事象の意味が自ずと問われ、それを支える対象文化の枠組みや前提が意識化されてくる契機でもある。その経験に生じる「異人の目」とはつまり、研究者自身を含め、文化的な意味を自明なものとして受け止めて生きている人間のあり方自体に驚くまなざしを指す。さらにこのまなざしは、自文化も含めて「文化」をあらためて知るべきものとして見いだし、相対化して問う視点を開くことで、文化を解釈する営みの基礎となる。フィールドワークに基づく研究に限らず、質的研究は、研究者が他者やフィールドと出会う経験を積極的に引き受けることで個々の事象の意味を問う道を開くものであり、「異人の目」に基礎づけられた営みといえる。⇨異文化体験、環境移行、自明性、第三の視点、フィールドエントリー　　　　　　　　［木下寛子］

依存　⇨アディクション

一人称的読み
first−person reading

　現象学的心理学研究におけるテクスト分析法として渡辺恒夫によって2013年に提唱された技法。テクストをその書き手や話し手など他者の体験を記録したものとして読むのではなく、「自分自身が体験し、記録し、どこかに仕舞い込んだまま忘れていた秘密のノートに再会した」ものとして読む。三人称で書かれている場合は一人称に変換する。自我体験や精神病理的体験において他者の実在への懐疑が表明されることがあるが、このような記録を体験者である他者の体験としてそのまま読むと、異常という印象が避けられない。一人称的読みではテクストの作者という他者の実在を棚上げし自己のあり得る体験として読むので、異常という先入見を脱した分析ができる。フッサール現象学におけるエポケーに相当する手続きを現象学的な質的研究において果たすといえる。なおジオルジ（Amedeo Giorgi）の現象学的分析法では、逆に一人称テクストを三人称に変換することが推奨される。⇨エポケー、ジオルジ、自我体験　　　　　　　　　　　　　　［渡辺恒夫］

逸脱
deviance ; deviant behavior

　逸脱とは、刑法違反行為である犯罪はもとより、否定的評価と結びつく「普通（または社会規範や常識）」からそれた行為全般を指す包括的概念である。それゆえ状況によっては、中学生の深夜徘徊や発達障害なども含まれる。逸脱理論には、逸脱原因を行為者の生理的・遺伝的要因に求めるか、社会構造要因に求めるかで、大きく二つの流れが存在する。前者は、犯罪の生物学から逸脱の医療化現象まで多様な形態をとりつつ、今日まで逸脱理論の主流となっている。後者は、デュルケム（Émile Durkheim）の犯罪理論に始まり、シカゴ学派、マートン（Robert K. Merton）の緊張理論、ニュー・クリミノロジーなどが社会学的逸脱理論の系譜を形成している。なお、生物学的原因論も社会構造原因論も逸脱行為を実在とみなす点では共通するのに対し、相互行為論的逸脱理論を展開したのがラベリング理論や社会問題の構築主義（constructionism）である。⇨規範、社会問題の構築、ラベリング理論　　　　　　　　　　　　　［北澤毅］

一般化
generalization

　個別の研究で得られた命題をより広範な状況に適用し、一般的な主張を行うこと。一般化の方法としては、主に理論的推論と経験的一般化がある。理論的推論とは、調べた事例をもとに、新たな理論の構築や、既存の理論の精緻化や修正を提案するものであり、グレイザー（Barney G. Glaser）の「継続的比較」、ロビンソン（William S. Robinson）の「分析的帰納法」などが知られている。経験的一般化とは、個別の研究から得られた命題を、他の事象の理解や洞察のために利用することであり、厚い記述を通した「自然な一般化」のほか、ある文脈からほかの文脈への「転用可能性」、ローカル（局地的）な事例の抽象化を介して複数のローカリティをつなぐ「インターローカリティ」などがある。量的研究が平均化を通じた一般化を目指すのとは対照的に、質的研究においては典型化（極限化）を通じた一般化がしばしば重要である。⇨一般化可能性、インターローカリティ、グラウンデッド・セオリー、転用可能性、典型性　　　　　　　　　　　　　　　［永田素彦］

一般化可能性
generalizability

　通常、心理学では、ある研究で得られた知見を、以外の多様な条件や、当該研究の参加者よりも広い範囲の参加者に、外挿できる度合いを指す。こうした外挿を行うには、当該研究の参加者の特性（年齢・性別・文化・人種など）、研究条件（場所・時間・状況・課題・手続きなど）などについて、それらの特殊性を超えた一般性を想定できる必要がある。たとえば心理学の量的研究では、時空間を超えた母集団を想定することが多いが、質的研究ではこのような無限大の母集団を想定することは多くない。一般に、質的研究は社会文化歴史的文脈を重視しており、無限大の母集団を想定することは、こうした文脈を無視することにほかならないからである。その一方で、質的研究でも研究対象者などを特定の母集団の代表とみなして、知見の一般化を考慮することがある。しかし、質的研究はしばしば研究参加者の独自性やケース固有の特徴に焦点を当てており、その意味で一般化可能性の重要性は副次的なものにとどまる。⇨一般化、転用可能性、母集団、量的研究［上淵寿］

逸話記録法
anecdotal record method

　ある状況で生じている行動や事象を、時間的な流れに沿って自由に記述する記録方法。記録には、対象者の行動や行動が観察された状況（時間や場所、前後の文脈）についての客観的記述や、観察者が感受、思考したことも含まれる。日常場面における行動や事象の全体的な過程を把捉したいときや、対象についての個性記述的な理解が求められるときに有用である。また、それまで未検討であった行動や事象に関する仮説の生成を試みるときにも有用性を発揮する。保育や子育て、看護などの現場で長期にわたって収集した逸話記録をもとに、個人や集団の変容プロセスを描出したいときなどに適している。ただし、どのような行動が観察されるかは偶発的な要因に左右されやすく、かつ、対象とする行動をあらかじめ定めることはしないため、記録される行動の選択基準があいまいで、選択に偏りが生じやすい、という欠点がある。観察や記録に時間や労力を要する、という欠点や、観察者バイアスが生じやすい、という欠点もある。⇨エピソード記述、観察者バイアス、日誌法　　　　　　　　　［坂上裕子］

イデオロギー
ideology

　政治や社会、人間のあり方などについて人が抱くさまざまな信条や観念の体系。字義的には「観念の学」を意味するが、マルクス（Karl Marx）が真実を覆い隠す虚偽意識としての観念諸形態を指す言葉として用

い普及した。マルクスは階級社会において肉体的生産労働と精神的労働の担い手が分かれ、前者から遊離した観念が後者を担う支配階級による統治に利用されていると考え、政治的観念や諸制度、宗教や思想などを下部構造である生産関係に規定される上部構造として説明した。イデオロギーの背後にある利益関心が隠蔽されてそれを受け入れた人の考えや行為が制約される側面が注目され、政治的実践においてマルクス主義が虚偽意識として作動する例も指摘されてきた。イデオロギー批判は知識や学問に階級対立や社会構造が与える影響を吟味する研究を生み、客観的な科学的心理学の成果とされる心に関する知識が、社会階級や権力、当事者の利益関心など学問外部の要因の作用を受けていないか考察する視座を心理学者にもたらした。 ⇒権力、批判心理学、批判的ディスコース分析、批判理論

[五十嵐靖博]

違背実験
breaching experiment

　信頼への期待を破棄すること（breaching）によって、日常生活の秩序の成り立ちを解明しようとする実験であり、日常生活の秩序という研究課題の存在を示した歴史的意義がある。ガーフィンケル（Harold Garfinkel）は、1963年の A conception of, and experiments with, "trust" as a condition of stable concerted actions（いわゆる信頼論文）のなか、通常とは異なって、三目並べで実験者が被験者のマークを動かし、実験者のマークを置いても、被験者の約半分が、この「信頼を裏切る行為」に動じず、ゲームを「新しい基礎的ルール」の下で継続したことを紹介した。被験者は、相互行為状況を支える「もう一つの信頼」すなわち、シュッツ（Alfred Schütz）が「視界の相互性の一般定立」と呼んだものを保持し続けたのである。エスノメソドロジーは、この発見をもとに、「基礎的ルール」の実際的共有を前提にしなくても人びとの

日常経験の記述が可能であることを主張し、たとえば「ペニスを持ったアグネス」の、女性としてのパッシング（やり過ごし）を記述した。 ⇒エスノメソドロジー、ガーフィンケル、シュッツ、秩序、日常 [樫田美雄]

居場所
a place to be

　生活のなかで人が安心して自分の身をおける場所。自分の場所だと思える場所。緊張が和らいだり、くつろいだり、生き生きと活動したりできる場所。一人になることで解放され安心できる居場所もあれば、他者との関係のなかで自分が受容され、尊重されていること、関心を持たれ求められていることを感じて安心できる居場所もある。人は家庭や学校・職場など、多くの時間を過ごす生活の場をもつ。これらの生活の場がその人にとって安心できる居場所となっていることが生活を支える基盤として重要である。それぞれの生活の場の中にある特定の場所がその人にとって居場所となっていることもある。さらに地域の中などに、過ごす時間がより短い止まり木的な居場所をもつことも生活の支えとなる。生活の場が居場所として機能を果たせない場合、生活の場が1か所に限定されている場合などには、それを補完・代替する居場所をもつことが重要となる。 ⇒学校適応、場所、ひきこもり、不登校 [柴坂寿子]

異文化間心理学
cross-cultural psychology

　文化にかかわる心理学にはいくつかの領域があり、社会・文化的要因と心的機能との相互関連あるいは相互構成過程を解読する文化心理学、文化間の特徴を比べる比較文化心理学、民族に固有の心理状態を描き出そうとする民族心理学などを考えることができる。それに対して異文化間心理学は、異文化との邂逅や異文化間のかかわりを扱っており、異文化接触における人の心理について、ポジティブとネガティブの両

面を視野に入れた研究を行っている。テーマとしては、異文化不適応、異文化ストレス、異文化葛藤といった問題事象のほか、異文化適応、異文化体験における学習や成長、多文化環境でのパフォーマンス、コミュニケーションなどがある。異文化接触場面でみられる認知、感情、行動面の反応を把握したり、パーソナリティなどの内的要因、あるいは社会環境などの外的要因の適応への影響に焦点を当てたりする実証的研究もある。さらに異文化接触場面における対処を扱う研究は、心理教育や文化学習との接点へと展開している。 ⇒ 異文化接触、異文化体験、異文化適応、文化心理学

[田中共子]

異文化接触
cross-cultural contact

　文化と文化の接触場面では、新奇さへの驚きや興奮、好奇心、新たな出会いへの新鮮さや幸福感がみられるが、一方で不安感や不快感も経験される。自文化の常識を基準にして、相手の見方や考え方、行動の仕方を間違っていると評価する場合もある。異文化接触においては、個人は自文化と相手文化の相対的な違いに反応する。たとえば、個人主義の文化が顕著な地域の会社で働いていた会社員が、集団主義的な地域の会社に転勤したら、以前よりも集団の都合に合わせて働く風土に向き合い、違和感を覚えるかも知れない。周囲と軋轢を生じた場合は、悪意や差別など否定的な帰属に傾くこともある。なおベリー（John Berry）は、カナダ移民の研究から、ホスト文化と自文化への態度をともに肯定する「統合」、ホスト文化のみの「同化」、自文化のみの「分離」、いずれとも距離をとる「周辺化」を分類した。これらは、異文化接触場面における心理の基本的なモデルと考えられている。 ⇒ 移民、異文化間心理学、異文化体験、異文化適応、偏見

[田中共子]

異文化体験
cross-cultural experience

　異文化接触が異文化の邂逅場面での動態に焦点を当てるのに対して、異文化体験はより長期的で多岐にわたる個人的経験と影響の蓄積に注目するものといえる。人は生まれ育った文化的環境での体験を通じて、文化を内在化させていくが、この場合文化とは、ある集団に共有される特徴や傾向であり、構成員の認知や行動に一定の方向性を与える磁場のような力と想定される。家風、校風、社風などに各集団の文化をみることができるし、県民性や地域性、世代や性別の違いのなかにも特有の文化を想定できる。異なる国や地域での暮らしや作品にも、言葉、価値観、気候・風土、社会経済的環境などの違いが浸み込んでいる。文化の類似性を文化間距離としてとらえる場合には、それが大きいほど隔たりの大きさに強い心理的インパクトが生じる。異文化体験において人は戸惑いと発見を得て、自分が身につけてきた文化とその影響を認識していく。異文化体験は、ほかの文化を理解すると同時に、文化を相対化することで自らの視野を広げる体験ともなっていく。 ⇒ 異文化間心理学、異文化接触、異文化適応、文化

[田中共子]

異文化適応
cross-cultural adjustment

　異文化環境へ移行後、人は新環境への適応過程をたどっていく。たとえば、外国に行くと言葉や慣習の違いに最初は戸惑うが、いずれは慣れていく。この心理的変化をシンプルに表現したのが、一旦気持ちが落ち込む形をU字で表したUカーブ仮説で、帰国後の逆カルチャー・ショックを加えてW字型になぞらえたものが、Wカーブ仮説である。アドラー（Peter S. Adler）は、より詳細に異文化適応は5段階からなるとした。一旦落ち込んで回復する流れは共通するが、初期的興奮のなかで表面的な見方をする「異文化との接触」、文化差が目に

つき、混乱し圧倒される「自己崩壊」、異文化を拒絶して、怒りを表出する「自己再統合」、文化的な差異と共通点を認識し、柔軟になってくる「自律」、両文化を理解して交流が深まり、自己実現へと向かう「独立」を想定した。ただし個人差も大きく、その現れ方は多様である。創造性、柔軟性、好奇心などの人格特性、異文化交流への態度、言語などの能力、社会環境といったさまざまな影響要因が知られている。 ⇒異文化間心理学、異文化接触、異文化体験、文化変容
[田中共子]

意味
meaning

　質的心理学において「意味」はさまざまに定義されるが、総じて、言語をはじめとした記号と結びついた種々の心的現象と考えることができる。「○○という語の意味」というように所与の記号により表される対象として意味をとらえるとき、それは辞書的に一般化され、社会のなかで共有される側面と、記号の使用者において個人的に表象される側面を含み込んでいる。一方、われわれが、日常的なものからきわめて特異な出来事まで、種々の生の経験を記号を用いてとらえる過程は意味構築として考えることができ、そこで構築された意味は自己を明確化し、その後の行動を導く。これらのいずれにおいても、意味は記号や文脈・環境との関係において常に動的なものであり、時間の経過やコミュニケーションのなかで変容しつづける。このダイナミクスの探究は質的心理学の重要な目標であるとともに、研究自体もまた一つの意味構築過程としてとらえ得る。 ⇒記号、センスメイキング、デノテーション／コノテーション、媒介物、表象
[小松孝至]

意味学派
schools of sociological theory of meaning

　社会学において、個人と社会との関係を考える大きな二つの流れがある。一つは個人を超えた組織や制度など構造的なものが個人を規定するという考えのもとで規定のありようを考察する規範的パラダイムであり、今一つは生活世界における個人の解釈過程に注目し、主観的な世界や相互主観的な世界のなかで社会がいかに意味づけられているのかを考察する解釈的パラダイムである。意味学派とは、シンボリック相互作用論やシュッツ（Alfred Schütz）の現象学的社会学、ゴッフマン（Erving Goffman）の社会学、エスノメソドロジーなど、解釈的パラダイムに依拠する社会学アプローチの総称である。これらの学派は、基本となる哲学的発想や分析概念に多様な差異はあるが、人間が意味を創造し、維持し、新たに作り替える存在であるという事実を基本と考える点は共通である。 ⇒解釈学的転回、解釈的アプローチ、ゴッフマン、質的社会学、シンボリック相互作用論
[好井裕明]

意味論
semantics

　言語の意味に、言語学の観点からアプローチする学問。語や言語表現が指す辞書的な意味形式を研究する「語彙意味論」では、同意語、反意語、上下関係語のような言語形式間の含意関係や差異に着眼する。一方で、文と文の間にどのような含意関係があるのか、どのような状況で文が矛盾するのかという、コンテクストによる意味の構成性原理を研究する「構成性に基づく意味論」がある。前者では文構成の基礎単位を語彙項目（lexical item）と呼び、その集合を言語の語彙目録（lexicon）と呼ぶ。後者は語用論に（pragmatics）も近く、内的思考の言語の意味、言語形式と非言語的概念や心的表象との関係などを研究する。意味論は、哲学や論理学の学問領域でも発展した。俯瞰的にみれば、20世紀の思想において、「意味」という概念は、ソシュール（Ferdinand de Saussure）の記号学やウィトゲンシュタイン（Ludwig J. J. Wittgenstein）のゲーム理論（言語と言語の織り込まれた諸活動

の総体）の伏線ともなった。⇒ウィトゲン
シュタイン、記号学と記号論、言語学、語用
論、ソシュール　　　　　　［藤田ラウンド幸世］

移民
migration

　国家の境界を越えて移動し定着するこ
と、またその人を指す。近代商品経済の進
展を背景に、経済的に有利な環境を求めて
人びとの移動が活発になった。将来展望の
観点から、本拠地への回帰を前提にした出
稼ぎとは区別され、移動先での永住・半永
住志向を有する。ただし、出稼ぎから定住
へと移行するかたちでの移民もある。移民
は文化間の移動を経験するため、おかれた
状況に左右されながら、文化的同化、分
離、統合などの特徴を示す。また、移動先
で編成された同郷人同士の結びつきは、物
心両面で支えあう道具的および表出（情緒）
的機能を担う。日本は、1885年のハワイ
王国への官約移民以来、北南米をはじめと
する各地に移民を送り出す側であったが、
戦後の経済成長期を経て、1980年代後半
からは外国人の流入が急増した。1990（平
成2）年には、外国人労働者問題への対応
として出入国管理及び難民認定法（入管法）
が改定され、三世までの日系人とその配偶
者を合法的な就労者として受け入れるよう
になった。⇒異文化適応、越境、国際結婚、
日系人、ニューカマー　　　　　　［石井宏典］

イメージ
image

　像、画像、姿、似姿、映像、心像、表
象、形象、面影、印象など広い意味をも
つ。想像力（イマジネーションimagination）も
関連用語である。心理学では、長年にわ
たって、イメージという用語を避けてき
た。初期には、記憶や思考や直観の基本過
程と考えられ「内観法」によって研究され
た。その後は行動主義によって「意識」や
「主観」という用語と共に非科学的として
タブー視された。行動主義のあとも、内的

表象としての「心像」（心的イメージmental
image）のみを扱うなど、限定されてきた。
しかし、現代では視覚イメージ、触覚イ
メージ、聴覚イメージなど外部知覚に直接
関係した感覚もイメージとして広く研究対
象とされる。また、神経心理学や脳の情報
処理過程においてもイメージの生成や貯蔵
や変形プロセスが重視される。イメージ・
リハーサル（imagery rehearsal）を使ったイ
メージ・トレーニングやマインドフルネス
などと関連づけて身体感覚を変容させる
臨床的技法としても用いられる。⇒象徴、
想像力、ビジュアル・ナラティブ、表象
　　　　　　　　　　　　　　　［やまだようこ］

癒やし
healing

　心身の疲れや悩み、苦しみを、社会文化
的な種々の媒介物によって、緩和するこ
と。「癒やす」という動詞は、病気や傷を
なおし、飢えや心の悩みなどを解消すると
いう意味である。英語のheal はwhole（全
体）と語源的に類縁する。個人の全体を受
容され、回復につながることが癒やしの本
来の意味で、治療、治癒という言葉よりも
意味の範囲は広い。カウンセリング効果の
主要因である自己受容感や、抱え（holding）
の感覚が中核にあると考えられる。この感
覚が社会現象として求められるようになっ
たのは、1990年代、バブル崩壊期以後の
ことと推測される。この時代から、現代生
活の各領域で「癒やし系」という言葉が流
布し、癒やしを与えるものが商品化され市
場に出回る現象がみられた。スピリチュア
リティへの関心とつながって、社会文化的
現象となっている。また人びとが自分の人
生を回想し、語りを残すことで存在価値を
確認し、高めることを求める成熟社会の到
来とも重なる。⇒カウンセリング心理学 、
スピリチュアリティ　　　　　　　［森岡正芳］

医療社会学
medical sociology

　医療や保健や看護にかかわる問題に、社会学的な観点と方法論からアプローチする学問。1950年代米国で社会学の下位分野として制度化され、医療と協働しつつ行われる「医療の中の社会学（sociology in medicine）」と、医療の外部から専門職や組織などを研究する「医療を対象とする社会学（sociology of medicine）」があるとされてきた。前者に属する疾病と社会的要因についての研究は古くからあり、2018年現在も予防的な関心が向けられている。後者には逸脱などの医療化を記述ないし批判する研究も含まれる。疾患の定義に収まらない病い経験の研究も行われており、近年は、生物医学モデルを前提とせず、健康と病気という社会現象そのものを、日常生活や非近代的医療も含めて扱う「健康と病気の社会学（sociology of health and illness）」という考え方が提示されている。　⇨医療人類学、社会学
[前田泰樹]

医療人類学
medical anthropology

　医療人類学とは、病気や健康をめぐる人びとの諸活動、すなわち広義の医療を文化人類学的な立場から研究調査する学問的実践である。各種補完代替医療を含む非西洋医療の合理性の理解と、生物医学に代表される近代西洋医療の課題を克服していく視点を提供する学問的枠組みでもある。医学教育領域で医療人類学を体系化させたヘルマン（Cecil Helman）によれば、異なる文化や社会集団に属する人びとが、心身の不調の原因をどのように説明し、信頼できる治療をどのように選び、実際に病気になったときに誰を頼っていくか、などを研究する学問とされる。また、病気・健康に関する信念や実践が、人体の生物的・心理的・社会的変化とどのように関連するかを研究し、人びとが苦悩をどのように語り対処していくのかを理解する学問でもある。世界各地の民族・民俗医療における身体論や臨床実践、国際開発・災害領域における保健医療、病者や医療者の語りや実践などを研究対象とする。　⇨癒やし、ケア、文化人類学
[辻内琢也]

医療的ケア
medical care

　日常生活に必要とされる医療的な生活援助行為であり、医療ではなく教育現場から生まれた用語である。具体的には、呼吸管理に関するケア（人工呼吸器や痰の吸引など）、栄養管理に関するケア（経鼻栄養や胃ろうなど）、排泄に関するケア（導尿補助など）があげられる。これらが医師や看護師にしか許されないとなると、子どもが在宅で暮らすのは難しいため、医師自らが行う医療行為とは区別し、医師の指導を受けた家族が、生活援助のための医療的ケアを行っている。医療的ケアが注目を浴びるようになった背景には、高度な小児医療技術の進歩がある。NICU（新生児集中治療室）が整備されたことなどにより、生まれたばかりの子どもであっても手術や治療が可能となり、救われる命が増えた。それに伴い、重い障害とともに生きる子どもも増えた。家族が担う重い介護負担に対し、福祉や教育のサポートが欠かせなくなってきている。　⇨看護ケア、ケア、ケアリング
[勝浦眞仁]

因果関係の分析
causal explanation

　一般的な意味で因果関係という場合、さまざまなレベルのものが含まれる。①Aの発生がBの発生の必要条件である。②Aの発生がBの発生の蓋然性をかなり高めていると考えられる。③Aの発生とBの発生には論理的に必然性がある。このうち①は重要なものであるが、直接的な近因だけではなく、「私が生まれた（B）のは地球が誕生した（A）からである」のようにかなり広い遠因も含み得る。社会科学では因果関係を理解・予測・制御する目的でその分析

が行われるため、②の評価もあわせて加味される。実験研究ではAの発生を人工的に操作したうえでBの発生率の変化を評価することでその分析を行うが、多くの質的研究では帰納的に分析することになる。その際、属性Aをもつ対象者がBを行ったのを観察したために、属性Aをもつ対象者がB以外を行う可能性や属性Aをもたない対象者もBを行う可能性を検討しないまま、蓋然性の強さを過大に説明することがないよう注意が必要である。　⇨一般化可能性、帰納、帰納法、量的研究　　　　［荒川　歩］

インクルージョン
　⇨ソーシャル・インクルージョン

印象派の物語
impressionist tales
　ヴァン＝マーネン（John Van Maanen）が『フィールドワークの物語』（原著1988）で提示した、エスノグラフィーにおける三つの記述スタイルの一つ。美術史における印象派になぞらえて、従来の写実的物語、告白体の物語のそれぞれの作法によって「固定され、あまりにも整然と秩序立てられてしまった感のある現実」からこぼれ落ちる「挿話的な部分、複雑な部分、相矛盾する部分を強調する」スタイルとされる。実際に成稿する過程でフィールドワーカーたちの普段の会話、自慢話などにすでに「物語／語られるおはなし」（tales）としての洗練が加えられてくることになり、それらの経験のうえにエスノグラフィーとして「書かれる」ことが少なくない。エスノグラフィーが学術的著作や論文としてのみならず、広義の読みものとしても流通し広汎な読者と出会う過程なども視野に入れつつ、彼はこの印象派の物語を望ましいエスノグラフィーのスタイルの一つとして提示している。　⇨ヴァン＝マーネン、告白体の物語、写実的物語　　　　　　　［大月隆寛］

インスクリプション
inscription
　テクノサイエンス研究の視点に立つラトゥール（Bruno Latour）による概念。たとえば地図やDNAの電子顕微鏡写真のように、何らかの装置を通して「実体」を変換して示した図表や記録などのドキュメントの総称のことを指す。また、ドキュメントをアウトプットする実験装置や実験室それ自体はインスクリプション・デバイスと呼ばれる。ラトゥールは、科学や技術あるいは科学的発見とは、規格化されたインスクリプション（・デバイス）によって観察された結果を記録し、蓄積された資料を二次的・三次的に変換、要約していく社会的実践であることを示した。ただし、インスクリプション（・デバイス）を用いた観察は絶対的な科学実践を保証するものではないという視点も重要である。それぞれの調査や観察活動の視線に応じたインスクリプションが生産され、用途や目的に応じてさまざまな形態がある。よって、インスクリプションを組織的に生産、使用する実践をとらえていく必要がある。　⇨科学、テクノサイエンス研究、ドキュメント、ラトゥール
［岡部大介］

インターネット
internet
　世界規模で相互に接続された複数のコンピュータ・ネットワークのこと。ウェブ・サイト、情報検索システム、電子メール、動画・音楽の配信、ソーシャル・ネットワーキング・サービス（SNS）などは、ワールドワイド・ウェブ（WWW）を活用した代表的なサービスである。社会学者のカステル（Manuel Castells）によれば、インターネットの普及した現代では、人びとの空間と時間の感覚が「フローの空間（space of flow）」「タイムレスタイム（timeless time）」に移行したとされる。フローの空間とは、特定の場所に固定されない空間のことで、グローバル経済を支える金融システムが代

表的事例としてあげられる。タイムレスタイムとは、国家や地域ごとの時間を超越した時間感覚のことで、世界規模で複数のプロジェクトが実行できるネットワーク社会に固有の感性である。近年、インターネットを活用した量的研究や質的研究の方法論も多様化している。インターネットは量的研究や質的研究に対して、人びとの感覚の変容という影響のみならず、研究方法の側面でも影響を与えている。⇒科学、時間、ネットいじめ、ネット調査、場所　　［香川七海］

インターローカリティ
inter-locality

　研究活動が生みだす知見が満たすべき基準の一つ。自然科学においては、普遍性（ユニバーサリティ）が基準として設定されることが多い。しかし、現象の再現性を完全な形では期待できず、研究対象の個別性や特殊性を無視できない人間科学においては、普遍性を追求することは困難である。しかし、だからといって、個別性に固執すれば、対象の多様性を反映した雑多な現場報告の断片を得るだけになろう。この欠を埋める原理が、インターローカリティである。特定のローカリティ（ローカルな実践）を通して得られた知見の個別性に拘泥するのではなく、その一切を抽象して普遍性を獲得しようとするのでもない。元のローカリティとは異なる個別性や特殊性を有する別のローカリティ（実践）において、当の知見を再文脈化することを前提に脱文脈化を試みること、つまり、インターローカルな知見の転用可能性を探ること、これがインターローカリティである。⇒一般化可能性、再現可能性、再文脈化、転用可能性、ローカリティ　　　　　　　［矢守克也］

インタビュー
interview

　主に音声を介した言葉によるやりとりを通して、情報を得たりその相手を理解しようとしたりする営みのこと。聴く側はインタビュアー、聴かれる側はインタビュイー呼ばれる。インタビューの焦点は主にはやりとり相手の個人的な経験であるが、実際にインタビューを実施する場合には、語られる内容以外にも、その構造や聴き手および語り手により用いられる表現など、さまざまな検討課題がある。インタビューは一対一に限らず、一対複数、複数対複数のものもある。聴く側（目的をもつ側）とその相手の関係性をどのように位置づけるかによって、インタビューという行為が意味するものは異なってくる。聴き手と語り手を明確に分ける場合もあれば、対話のようなかたちで行われる場合もある。インタビューはまた、構造化の度合いによっても分けることができ、その度合いの順に構造化・半構造化・非構造化といった整理がなされる。また、研究者の立場では、実在論的なインタビュー、社会構成主義的なインタビューといった整理の仕方もある。⇒構造化インタビュー、半構造化インタビュー、非構造化インタビュー　　［東海林麗香］

インタビュー社会
interview society

　インタビューが調査や研究場面にとどまらず、知識や情報を得るための重要なツールとして社会に広く共有されていることを示すシルバーマン（David Silverman）の用語。インタビュー社会においては、インタビューは、調査者や研究者が特権的に実施されるものではなく、日常生活の一部として根づく行為として、人びとは日々、他者に質問し、また他者から質問されるという経験を繰り返している。また、さまざまなメディアを通して、人びとが問いを投げかけられ、それに応える様子を目の当たりにしている。それは、あたかも、インタビューがありふれた日常の実践であり、訓練や教育が必要のないものであるような錯覚を人びとに与える。このため、インタビュー社会においては、インタビューという会話の形式が広く社会に浸透して市民権

を得ると同時に、インタビューという研究実践の意義やそこにかかわる研究者の専門性について、懐疑的な問いが導き出されることになる。⇨インタビュー　［徳田治子］

インタビューのバイアス
interview bias

　インタビューにおけるデータの歪みのこと。語られた内容が語り手の考えや気持ちとずれているようにみえる際、それが歪みとみなされる。歪みをもたらす要因は、①研究手続きに関するもの、②研究者に関するもの、③研究者と協力者の関係に関するものに大別できる。①に関するものとしては、たとえば、項目の内容や言い回し、調査環境があげられる。②には、理論的背景などの研究者としてのありようがまずあげられる。また、研究者自身の属性、コミュニケーション特性、といった人となりに関するものがある。③には、研究者と協力者の間の権力関係などがある。インタビューにおいてバイアスはなくすべきものなのか、そもそもなくすことができるのかについては立場によって考えが異なる。社会構成主義の視点に立つ「アクティブ・インタビュー」のような立場では、あらかじめ本当の考えや気持ちが回答者の中に存在するとは考えず、回答者と質問者の相互作用によって語りとして産み出されると考える。そのような立場では、バイアスは問題とされない。⇨アクティブ・インタビュー、観察者バイアス、バイアス、反省性　［東海林麗香］

院内学級
hospital school

　院内学級は、病気の治療などで入院している子どもに継続的な教育を行うために、学校教育法の定めによって病院のなかに設置された学校、教室、教育の総称で、正式な用語ではない。院内学級には、①病院に併設される「特別支援学校」、②その病院を校区に含む小中学校が病院に開設している「病弱・身体虚弱特別支援学級」、③病院近くの特別支援学校から教師が派遣される「訪問教育」などがあり、施設によって異なるが小学部、中学部、高等部が設けられている。通級するには院内学級を設置している学校に転校する必要があるものの、当該児が入院前の生活とのつながりを保つことができるよう、入院前の学校と連携を図りながら教育を行っている。また、教科学習だけではなく、自立の時間を設け、身体面だけではなく、不安や自信の喪失といった精神面の健康維持のための学習も行っていることが特長としてあげられる。⇨ソーシャル・インクルージョン、特別支援教育　［近藤（有田）恵］

インフォーマル・インタビュー
informal interview

　研究者自らがフィールドに参与して行う研究において用いられるインタビュー技法の一つ。研究者はフィールドで多くの人びとと出会い、相互作用を営んでいくが、そのなかにはしばしば、自然な会話のなかで質問を発し、それに対する答えを得るという形式が含まれる。これをインフォーマル・インタビューと呼ぶ。ここではあくまでもカジュアルで自発的な相互作用が重視され、インタビューはそのなかに組み込まれるようにして遂行される。質問の手順や内容が意図的に構造化されることはなく、研究者と対象者の役割関係が明確に区別されることもない。対象者と会話を交わすことは、参与的なフィールドワークにとってごく日常的な行為であり、インタビューとしての明示的なラベルづけがなされないまま進行する。フォーマル・インタビューでは得られない貴重な情報が含まれることも多いが、その利用に際しては十分な倫理的配慮が必要であることはいうまでもない。⇨インタビュー、参与観察、フィールドワーク、フォーマル・インタビュー　［村本由紀子］

インフォーマント
informant

　主としてフィールドワークやインタビュー調査において、研究者に対してさまざまな形で情報を提供してくれる研究対象者を指す呼称。研究対象たるフィールドの一員であり、フィールド全般ないし特定の領域について、当事者であるがゆえの詳しい知識をもつ。特に参与度が高いフィールドワークにおいては、初期段階で、現場の人間関係の核となるキー・インフォーマントから適切な情報を得ておくことが、フィールドエントリーを円滑に遂行するための大きな助けとなる。また、研究が進展した段階でも、フィールドで生起する多様な事象の意味を理解し、解釈するうえで、インフォーマントの意見や示唆は大きな役割を果たす。その意味で、インフォーマントとは単に研究者の求めに従って情報を提供する受動的な存在ではなく、いわば当該フィールドの「専門家」として能動的に研究に関与する存在であるといえる。⇨インタビュー、参与観察、フィールドエントリー、フィールドワーク　　　[村本由紀子]

インフォームド・コンセント
informed consent

　「情報に基づく同意」と訳され、研究に人の参加協力を求める場合に研究者が行う倫理的手続き概念である。次の三要素から成る。①研究者が真実の情報開示・告知の義務に基づき、協力者にとっての利益と害の説明などの情報提供を行う手続き、②研究協力者が与えられた情報を正確に理解すること、協力者の能力に応じた最大の理解を保障する手続き、③研究協力者による参加への同意または拒否の自己決定、自己選択の権利の行使を保障する手続き。研究協力者の自己決定は口述で、または文書で記録され、研究過程での決定の変更、同意の撤回も保障される。歴史的には第二次世界大戦下の人体実験への反省に基づくニュルンベルク綱領（1947年）に始まり、医療領域におけるヘルシンキ宣言（1964年）で最初の研究倫理に関する国際的規範が制定され、研究協力者の利益を守ることが強調された。今日までに社会科学など各領域における研究倫理のなかで、インフォームド・コンセントは適正な研究実践を可能にする規定へと修正され続けている。⇨研究協力者、研究者倫理、研究倫理委員会、生命倫理、倫理　　　[斉藤こずゑ]

インプロビゼーション
improvisation

　音楽、ダンス、演劇などの芸術分野において、事前に計画された演奏や演技を再現しようとするのではなく、その場で作りだす表現行為。たとえば、ジャズの即興演奏、コンタクト・インプロビゼーション（身体の接触から動きを生みだす即興のダンス）、ストリートダンス、即興演劇（インプロ）などがあげられる。即興は、上演や創作を目的とするほか、教育・研修や心理療法の場でも行われる。発達心理学者のホルツマン（Lois Holzman）は、即興演劇は道具と結果の弁証法的活動、意味生成の社会的な完成活動であり、教育における認知と情動の分離を橋渡しするものだと説明している。質的研究の文脈では、即興演劇、会話、幼児のごっこ遊び、教室での教授・学習における協働的な即興が、創造性との関連で検討されてきた。災害救援活動では、刻々と変化する状況に応じて多様な参加者が臨機応変に結びつく即興（ノットワーキング）がみられる。⇨道具も結果も／結果のための道具、ノットワーキング、パフォーマンス、ホルツマン　　　[城間祥子]

う

ヴァナキュラー文学
vernacular literature

　日常生活で使用されている言語で著され

た文学を指す。ヨーロッパでは通常、中世筆記言語のラテン語以外で書かれた文学を初期作品とし、ダンテ（Dante Alighieri）の『神曲』（イタリア語）やチョーサー（Geoffrey Chaucer）の『カンタベリー物語』（英語）などがあげられる。文学の主流が各国言語となった後は、国家の主言語でない各民族言語や方言による文学を指し、18世紀に英語話者にも理解できる程度のスコットランド語で書いたバーンズ（Robert Burns）の詩を、これに含めることもある。ロマンチシズム以降、ヴァナキュラー文学は作者の帰属アイデンティティの発現としてとらえられることが多い。同時に現代では、ヴァナキュラーを「日常性」、文学を「言語による娯楽的な工夫、言語テクスト」ととらえることで、SNS上のやり取りや会話芸の音声テクスト、パーソナルナラティブなどもその一部とみなす方向性がある。俗語を意識的に使うラップの歌詞などは、代表的な現代ヴァナキュラー文学といえる。

［ウェルズ恵子］

ヴァルシナー〔1951- 〕
Jaan Valsiner

20 〜 21世紀初頭に米国、デンマークで活躍する文化心理学者。旧ソ連支配下のエストニアに生まれ、ターツ大学で博士号を得る。自由な場を求めて亡命しドイツを経て米国のクラーク大学、デンマークのオールボー大学に所属。ヴィゴツキー（Lev S. Vygotsky）などソビエト（ロシア）心理学を英語で紹介した。母子の発達研究や心理学史の研究を行い、文化心理学においては、記号的調整（semiotic mediation）こそが文化だという立場をとり、自ら1995年に*Culture and Psychology* を創刊した。日本・ドイツ・イタリア・ブラジルなどで教鞭をとり大きなネットワークをもつ。発達現象に等至性（equifinality）概念を導入、TEA（複線径路等至性アプローチ）を先導した。『新しい文化心理学の構築』（原著2007）など多数の著書がある。 ⇒ ヴィゴツキー、TEA（複線径路等至性アプローチ）　　　［サトウタツヤ］

ヴァン＝マーネン〔1943- 〕
John Van Maanen

マサチューセッツ工科大学スローン経営学大学院教授。警察や漁民、労働現場としてのディズニーランドなど、現代米国社会のさまざまな組織や小集団についてのエスノグラフィーをもとにした調査研究を重ねるとともに、質的研究についての方法論的な自省を伴う考察も行ってきた社会学者。社会学のみならず文化人類学も自文化研究として米国社会の研究に向かうようになる1980年代以降の流れのなかで、双方の領域に足をかけた組織・集団研究の、理論的な面も含めたイノベーターの一人。主著に『フィールドワークの物語』（原著1988）、*Representation in ethnography*（1995）などがある。 ⇒ 印象派の物語、告白体の物語、写実的物語　　　［大月隆寛］

ヴィゴツキー〔1896-1934〕
Lev Semenovich Vygotsky

ロシアの心理学者で、当時の心理学で支配的であった生物的・自然主義的な理論や、逆に主観的な世界を重視する観念論的心理学では人の精神を正しく研究することはできないとして、両者を総合した科学的心理学を構築しようとした。彼は人間の発達は歴史・文化的なもののなかで実現することを強調し、特に文化的道具としての言語を獲得し、身につけていくことが人間の精神活動と発達に重要な役割を果たしているとする。彼の人間発達論では、「発達の最近接領域（最近接発達領域）」に代表されるように、大人の援助や仲間との働きかけ合いが発達の実現にとっては重要であるとしているが、同時に、自らの活動によって自己の発達を実現していくという「発達の自己運動論」を唱えている。 ⇒ 社会文化的アプローチ、心理的道具、媒介された行為、発達の最近接領域　　　［佐藤公治］

ウィトゲンシュタイン〔1889-1956〕
Ludwig Josef Johann Wittgenstein

　オーストリアに生まれ英国のケンブリッジ大学などで活動した哲学者。前期の著作『論理哲学論考』（原著1922）で、世界のすべての事態は言語的命題に写像されることができ、論理計算によって真偽を決定できるとする理論により、論理実証主義に大きな影響を与えた。後期の代表作『哲学探究』では一転して、言語はチェスのゲームのようなもので、語の意味とはその言語内の使用のことであるという意味の使用説を唱え、自身の写像説を批判した。心理学についても心的概念の分析に基づく厳しい批判を投げかけ、後の社会構成主義（social constructionism）やエスノメソドロジーの源泉となるなど、言語論的転回の原動力となった。⇨エスノメソドロジー、言語ゲーム、言語論的転回　　　　　　　　　〔渡辺恒夫〕

ウィリッグ〔1964-〕
Carla Willig

　ドイツ生まれの心理学者。主に英国で活躍しディスコース分析を用いる。オープン大学（日本の放送大学のモデルとなった通信制大学）の教科書 *Introducing qualitative research in psychology：Adventures in theory and method*（2001）はベストセラーとなった。その邦訳『心理学のための質的研究法入門』は、日本の質的心理学における最初期の書籍の一つである。*The APA handbook of research methods in psychology*（2012）の第1章 Perspectives on the epistemological bases for qualitative research を執筆し、心理学研究法として質的研究を確立した。質的研究の基礎として認識論を重視し、最近は実存的心理カウンセリングでも知られる。⇨社会構成主義、談話、談話構造、認識論　　　　　　　　　　　　　　〔上淵寿〕

ヴィンデルバント〔1848-1915〕
Wilhelm Windelband

　ドイツの哲学者。チューリッヒ大学、フライブルク大学などを経て1882年よりシュトラスブルク大学で教授、その後1903年、フィッシャー（Kuno Fischer）の後継としてハイデルベルク大学に移る。19世紀を代表する新カント派の講壇哲学者。哲学史における優れた著作が多く、主著に『西洋近世哲学史』（原著1878-80）、『プレルーディエン』（同1884）、『十九世紀ドイツ思想史』（同1921）などがある。弟子には、リッケルト（Heinrich J. Rickert）がいる。隆盛する自然科学を背景にして、自然科学と文化科学（精神科学）の区分に腐心する。1894年に行われた講演「歴史と自然科学」では、自然科学の特徴を「法則定立的」とし、歴史科学を「個性記述的」とした。⇨個性記述的方法、新カント派、法則定立的方法、リッケルト　　　　〔伊藤直樹〕

ウェーバー〔1864-1920〕
Max Weber

　ドイツの社会学者、経済学者。若くして、フライブルク大学、ハイデルベルク大学などの教授を務めるが、病いを得て辞職。その後、ハイデルベルクで在野のまま研究を続け、そこでは「ウェーバー・クライス」と呼ばれる知的サークルを作り影響を与える。主な著作に、近代合理主義の展開を「脱魔術化（Entzauberung）」ととらえた『プロテスタンティズムの倫理と資本主義の精神』（原著1904-05）や、『学問論論集』（同1922）などがある。この論文集には、論文「社会科学と社会政策にかかわる認識の『客観性』」が収められており、社会科学の方法論について、認識理想としての「価値自由」、方法概念としての「理想型」などが論じられている。⇨社会学、理念型
　　　　　　　　　　　　　　〔伊藤直樹〕

上野直樹〔1950-2015〕
Naoki Ueno

　日本の認知科学者。1990年代に、レイヴ（Jean Lave）やマクダーモット（Ray McDermott）らとの交流を通して、状況的

学習論に基づく研究コミュニティを形成した。さらに、活動理論、エスノメソドロジー、アクターネットワーク理論へとそのネットワークを拡張し、個人による知識や技能の獲得としてではなく、コミュニティのメンバーや人工物との関係を形成していく過程として学習をとらえる視点を定着させた。二元論的な視点や官僚的な見方を徹底して排し、2000年代後半からは、制度的な組織やコミュニティを超えて広がる野火的活動や、資本主義的な商品経済では収まりきらない、労働や知識の交換体系を自ら組織することを通して、状況的学習論の捉え直しを図った。⇒アクターネットワーク理論、エスノメソドロジー、状況的学習論、文化－歴史的活動理論、レイヴ　　　　［岡部大介］

ウェンガー〔1952-〕
Etienne Wenger

　米国の教育学者。レイヴ（Jean Lave）とともに状況的学習論を提唱した。実際に保険会社で働くことをとおしてまとめあげられた博士論文が多くの研究者に引用されている。その論文において、「意味」とは頭の中で形成されるのではなく、さまざまなネットワークとの関係性の有無や社会的な交渉をとおして生成されることを示した。たとえば、保険請求処理に必要な道具（計算シート）の意味は、保険会社間の調整の基本原理がみえているか否かで全く異なる。ウェンガーによれば、保険請求処理係が手続き的にしかこの道具や計算式を理解していなかった場合、それは処理係個人の無能としてではなく、ネットワークへの非参加に対応したものとしてとらえることができる。⇒状況的学習論、正統的周辺参加、レイヴ　　　　　　　　　　　［岡部大介］

うつ病
depression

　DysphoriaやMelanchoria〔独〕に加えて、Depressionが今日的意味で使われたのは17世紀に遡る。その後19世紀にリペマニー（lypémanie）などの術語が登場した。1850年頃には循環性狂気の概念が提出され、後の躁うつ病への視点が示された。20世紀の変わりめにクレペリン（Emil Kraepelin）がMelancholie〔独〕ではなくDepression〔独〕の用語を選択することでこの用語が流布した。うつ病の古典的な3大症状は悲哀・抑うつ・焦燥とされたが、ICD-10では、抑うつ気分、興味と喜びの喪失、易疲労性の3症状を典型とし、それに、集中力と注意力の減退、自己評価の低下などの7項目があげられている。21世紀に入って、それまで感情（気分）障害として同一項目下に分類された双極性障害との差異が強調され、アメリカ精神医学会の診断基準（DSM-5）では抑うつ障害群として別項に記載されるようになった。⇒精神医学　　　　　　　　　　　　　　　［江口重幸］

運
luck

　ハイダー（Fritz Heider）によると、運は出来事の原因を帰属する際に用いられる概念の一つである。努力や能力とは違って、原因が分からない場合や説明ができない場合に運の概念が使われる。偶然やランダムという要因そのものの言い換えの場合もある。ただ、人は説明を放棄するというよりも、むしろ運を出来事の原因として積極的に説明に用いている。たとえば「今日は運がよい」は状態を説明しようとしているのであり、また「彼は運が強い」なら、運の強さに個人差があるかのように認識している。運を人為的な要因と結びつけて説明する考え方はいくつもあり、これらは運に関する「しろうと理論」と呼ぶことができる。運を人為的な要因と結びつけて認識する傾向は日本語だけでなくほかの言語にもみられることから、これは普遍的な傾向といえる。⇒フォークサイコロジー、迷信

［村上幸史］

ヴント〔1832-1920〕
Wilhelm Maximilian Wundt

　19〜20世紀にかけてドイツで活躍した哲学者・心理学者。近代心理学の父と呼ばれる。はじめ医学を修め生理学とその研究手法を学んだ。1873〜74年に出版した『生理学的心理学綱要』(*Grundzüge der physiologischen Psychologie*〔独〕) により名を知られるようになり、1875年にライプツィヒ大学で哲学教授となった。1879年には同大学の心理学実験室が公的なものとなり研究と教育の拠点となった。彼は感覚・知覚などの低次心理機能は実験で研究できると考え、彼のもとで反応時間や連想などの研究が数多く生みだされた。一方で記憶や思考など高次心理機能はその産物から研究すべきとして民族心理学を提唱。言語、神話、芸術、習慣、法律から高次心理機能を研究し、晩年の20年間は大著『民族心理学（全10巻）』（原著1900-1920）の出版に専心した。 ⇨ 社会心理学、心理学、民族心理学
〔サトウタツヤ〕

え

映像
visual image

　対象となる事物を、二次元上に投影したもの。対象そのものではない。静止画と動画がある。対象は具体的なものではなく「愛」など抽象的なものでも良い。また、夢や妄想などある個人の自己内における映像も想定されうる。筆記などの文字記録に比べ、写真やビデオカメラなどの映像は多くの情報量をもち、見る者に臨場感をもたらす。一方で、通常は視覚（ビデオ映像の場合は視聴覚）以外のにおいや気温などの感覚、フレームから外れた事象・対象に関する情報が欠如する。フレーミング（カメラショット、フレームに何が含まれているか）、構図（フレーム内の対象の配置）、アングル（カ

メラの位置）、ライティング（光源や量や配置）、編集（空間や時間）など、映像に組み込まれている要素によって見る者にもたらす印象やイメージが異なる。ヒトの目で見たものが生理的にとらえられるもの（vision）と、それがさまざまな方法によりいかに構築されどのようにみられる（あるいはみられない）のかを表すもの（visuality）とに区別することができる。調査研究において事実に対する客観的な視覚的記録として用いられるが、現実に対する異なる理解、解釈された表現でもあると考えることができる。
⇨ イメージ、映像社会学、映像人類学〔野口隆子・サトウタツヤ〕

映像社会学
visual sociology

　録画された映像を利用し、視覚的資料として分析する社会学的アプローチの総称。調査機材の飛躍的技術革新により、社会調査などにおいて対象となる現実や人間の相互行為を容易に録画することが可能となっており、動画分析や静止写真の解読など、これまで多様な分析手法が試行的に創造されているが、決まった普遍的な方法論はない。質問紙調査による回答、インタビューにおける聞き取りデータ、会話分析で使用されるトランスクリプトなどに比べ、映像というデータは、そこから得られる情報量は圧倒的に増大する。そして映像全体を二次元データとして書き起こす作業はまず不可能に近い。そのため、従来の社会学調査研究も同様であるが、映像社会学では、より一層どのような問題関心でもって、映像的資料の何に注目し、焦点を当てて解読するのかが重要となる。映像をいかに読み解けるのかという問いは、必然的に質的研究の質を問い直すことにもなる。 ⇨ 映像、映像人類学、AVデータ、AV機器を使った観察
〔好井裕明〕

映像人類学
visual anthropology

　映像人類学は静止画や動画などの映像を対象や手法として活用する人類学の一分野で、その中心は文化現象を映像で記録し表現するビジュアルエスノグラフィー制作の研究実践にある。歴史的には身体計測を起点に、生活文化や身体技法、儀礼などが参与観察の補助資料として映像で記録された。1930年代、ミード（Margaret Mead）とベイトソン（Gregory Bateson）が映像によってバリ島の人びとの振る舞いを分析したのが一例である。第二次世界大戦後、観察記録を軸とするダイレクト・シネマと、ルーシュ（Jean Rouch）による撮影者と被撮影者の相互作用によって現象を引き起こすシネマ・ヴェリテという映像制作の手法が現れた。その後、映像記録のフィクション性や政治性、非対称性などの理論的反省以降、映像機器の革新と普及に伴い、撮る／撮られる／視るという身体の非固定化や、多感覚的表現の導入、長期の分析を可能とするアーカイブとしての展開もみられる。⇨アーカイブ、アクターネットワーク理論、エスノグラフィー、参与観察、マリノフスキー　　　　　　　　　　　　　　［鈴木岳海］

叡智
wisdom

　古来よりさまざまな文脈で使われてきた叡智は「つかみ所がない」最も定義しづらい心理学的概念の一つとされているが、主に三つのアプローチにより研究されている。①エリクソン（Erik H. Erikson）らの理論に基づいて、心理社会的徳またはパーソナリティの特性とみなすアプローチ、②新ピアジェ学派の形式的操作期以降に関する理論的枠組みに基づいて、弁証法的思考や心の多面性（認知と感情など）に着目し、その発達した状態を叡智とみなすアプローチ、③結晶性知能の延長線上にある専門的知見を叡智とみなすアプローチである。1980年以降、さまざまな理論や定義が提唱されたが概念の文化差が指摘されたことから、複数の国や地域で文化的背景を踏まえた検討も行われた。実証研究では、バルテス（Paul B. Baltes）が中心となり、ベルリンのマックスプランク研究所で多くの実績を残した。近年ではシカゴ大学の実践的叡智の研究センターが中心となって、叡智の実用的利用を模索している。⇨エリクソン、発達心理学、バルテス、ピアジェ、文化的文脈　　　　　　　　　　［Masami Takahashi］

エーコ〔1932–2016〕
Umberto Eco

　イタリアの小説家、エッセイスト、文芸評論家、哲学者、記号学者。歴史小説『薔薇の名前』（原著1980）で、その名を知られる。中世美学に関する研究では理論と実践の区別を強調した。読者論の草分けの一人だったが、「開かれた」テクストや記号論についての考えを発展させた。真の文学テクストは開かれた意味の領域であり、単語は語彙的に閉じたものではなく、発話の文脈における作用として開かれたものであるとした。記号論については、体系的な言語から出発したソシュール（Ferdinand de Saussure）より、記号現象の全てを対象とするパース（Charles S. Peirce）に近い。しかし、その対象は社会的な慣習として文化的に認められているものに限られた。⇨記号学と記号論、テクスト　　　［小島康次］

エージェンシー
agency

　自らの意志によって行為するという主体性、ないしは行為することのできる能力を指す。行為主体性と訳されることが多い。従来は、人間の意志とほぼ同等の意味で理解されてきたが、近年、人間と非人間を同等に扱うことを主張するアクターネットワーク理論をめぐる議論から、より拡張して理解する必要性が主張されている。電池の残量が少なくなると充電を要求する携帯電話のように、非人間も行為の主体となり

得る。また、カロン（Michel Callon）は、鍬を持たない農夫という例示によって、農夫のエージェンシーが道具なしには達成できないものであることを指摘する。このように、エージェンシーは人間の心の中だけに帰属できるものではなく、人間と非人間からなるハイブリッドのネットワークによって生みだされるものと理解されるようになってきている。一方、人間が意志をもつことを前提としてきた活動理論においても、近年、個人に帰属できない、集合的なエージェンシーを考える必要性が議論されてきている。 ⇒アクターネットワーク理論、カロン、ハイブリッド・コミュニティ、文化－歴史的活動理論　　　　　　　［青山征彦］

AV機器を使った観察
observation using audiovisual devices

　観察とは、観察者が観たり聴いたり気づいたりすることによって、対象をありのままにとらえようとする方法である。しかし、刻一刻と生じては消えてゆく観察対象の行動や事象を、人の目や耳だけで、より正確により多くの情報を得ようとするには限界がある。ICレコーダーやビデオカメラなど音声や映像を記録し再生することのできるAV機器は、観察者の主観に影響されず、目の前で起こっている出来事をより正確に記録できるだけでなく、何度でも再生ができるので、観察にとって有効なツールの一つである。AV機器そのものの小型化も進み、機器を設置して遠隔操作すれば、観察者効果を軽減することもできるだろう。また、スロー再生や、タイムラプス（低速度撮影）の再生によって、リアルタイムに観察しているときには気づきにくい微細な、あるいは、緩慢な変化をとらえることもでき、研究への転用の可能性が広がりつつある。 ⇒映像、AVデータ、観察者バイアス、客観性　　　　　　　　　　　［岡本依子］

AVデータ
audiovisual data

　ビデオカメラやICレコーダーといったAV機器を用いて得られたデータである。AV機器を使わず筆記などの記録による調査の場合、調査者の主観、記録や観察の技術によってデータが影響を受けることがあるが、AVデータは影響を受けにくい。また、一度記録すれば何度も再生できるので、探索的な研究にも有効である。一方で、対象者の行動が、ビデオカメラの後ろにいる人物に影響されたり、インタビューの前後に有用な情報が得られたりすることがある。撮影フレームや記録時間の外にある文脈や情報については、データとして失われることになる。また、AVデータはそのままでは分析できないため、準備したカテゴリーにコード化したり、発話や文脈を書き起こしたりする。つまり、何らかの研究指標をもって二次加工したうえで分析に用いる。AVデータを見直したり、ほかの研究者とともに見たりすることで、研究者の研究指標や記録技術をより客観的に検証できる。 ⇒インタビュー、AV機器を使った観察、カテゴリー、観察者バイアス、客観性　　　　　　　　　　　［岡本依子］

エクリチュール
〔仏〕**écriture**

　バルト（Roland Barthes）が『零度のエクリチュール』（原著1953）において提示した概念で、書き手が用いる表現様式、言葉づかいのこと。エクリチュールは書き手が自由に選択できるものであるが、ひとたびあるエクリチュールを選びとると、書き手はその社会的制約に囚われ、自由を奪われることとなる。エクリチュールは書き手の自覚とは離れたところで登場人物の振る舞いや考え方、生き方にまでも影響を与え続ける。エクリチュールは古びたしきたりや伝統ではなく、新たに書かれたものにも常につきまとう。もし書き手が新たな表現様式を発明できたとしてもそれはまた一つのエ

クリチュールとして定位されることになる。書き手はエクリチュールを通して常に自らを意味づけざるを得ない困難に直面しており、創造と社会的制約との間でもがき続ける存在である。⇨バルト　　　［松島恵介］

エスノエッセイ
ethno–essay

　パーソナルな旅行記的な性格の強い民族誌（エスノグラフィー）を社会学者の佐藤郁哉がこのように命名した。このジャンルの書き物は、フィールドワークを行う研究者による日誌記録に近く、書き手である研究者の顔がみえるようなものが多い。佐藤はその例として、レヴィ゠ストロース（Claude Lévi – Strauss）が熱帯地域を中心に行ったフィールドワークの体験をつづった『悲しき熱帯』（原著1955）などをあげ、マリノフスキー（Bronisław K. Malinowski）の『西太平洋の遠洋航海者』（同1922）にもその要素があると指摘している。ジャーナリストが書くルポルタージュと同様に、理論的前提があいまいであったり、ニュースバリューや面白さ、読みやすさが優先されがちになったりするという指摘もなされている。質的研究におけるフィールドワークの成果の多くは、研究者の顔がみえるという点で、しばしばエスノエッセイの性格を帯びたものとなる。⇨エスノグラフィー
　　　　　　　　　　　　　　　［伊藤哲司］

エスノグラフィー
ethnography

　人びとに共有された振る舞い方や考え方のパターンとしての文化を現地の人びとの視点から描くための方法。20世紀初頭に人類学者のマリノフスキー（Bronisław K. Malinowski）によって開発された。その特徴は、①文化の諸側面の相互連関を把握する「全体論的接近法」、②現地人の「現在の事実」を詳述する「共時的分析」、③「内部者の視点」に接近する「参与観察」の採用にあった。その後、ほかの学問分野にも取り入れられ、たとえば（教育）社会学では、自国内の多様な人びと（人種・エスニシティ・社会階級などによって定義される集団）の文化理解の方法として、心理学では、文化的実践と心理過程との相互構成過程を把握する方法として導入されるなど、さまざまな学問分野で広く採用されるようになった。いずれもエスノグラフィーが、単に質的データの収集法としてではなく、それ以前の実証主義的アプローチの限界を克服し、文化的実践の具体的プロセスと共有されたローカルな意味の理解を志向する人間探究の方法として提案された点が重要である。⇨新しい教育社会学、イーミック／エティック、参与観察、シカゴ学派、マリノフスキー
　　　　　　　　　　　　　　　［柴山真琴］

エスノメソッド
ethnomethod

　エスノメソッドとは「人びとの方法」の意味である。ガーフィンケル（Harold Garfinkel）が創始したエスノメソドロジーの根本概念の一つである。ある社会のメンバー（成員）であれば、日常世界の一場面をこれまでと同じ、繰り返し再現可能な社会秩序として「見て、言う（looking – and – telling）」つまり「観察可能で、報告可能（observable – and – reportable）」である。メンバーは当該現象の内部から、熟練したメンバーの方法、つまりエスノメソッドを使って、互いに見て取れるような（witnessably）やり方で、ものごとを説明可能（accountable）な仕方で組織化している。エスノメソドロジーは、その独特な組織化の様式を経験的に記述しようとする。ここでエスノメソッドが、命題や内容に関する知識ではなく、道具的透明性を帯びる方法的知識であることが重要である。それは、使われている時に意識化されることはなく、たとえばガーフィンケルの違背実験による日常性の攪乱や、相互行為分析／会話分析の緻密な経験的観察を通して明らかにされる。⇨違背実験、エスノメソドロジー、

ガーフィンケル、会話分析、相互行為分析

[山田富秋]

エスノメソドロジー
ethnomethodology

　エスノメソドロジーとは、人びと（エスノ）が、観察可能な社会的活動を協同して作り出す方法（メソッド）を研究する学問である。1967年にガーフィンケル（Harold Garfinkel）が *Studies in Ethnomethodology*（エスノメソドロジー研究）を出版し、これが名実ともに学派創設となった。エスノメソドロジーは、現象学とウィトゲンシュタイン（Ludwig J. J. Wittgenstein）の言語哲学に知的源泉を求め、1960年代にはサックス（Harvey Sacks）の参加を得て、会話分析（conversation analysis）が生まれた。エスノメソドロジーは、社会秩序がメンバーの方法（エスノメソッド）を通して、常に達成されているという根本現象に着目し、その達成の方法を現象の外部の理論仮説によってではなく、人びとの協働活動の細部に即して、内側から明らかにしようとする。ここから、コンピュータに支援された協同作業（computer supported cooperative work：CSCW）研究のほか、教育、司法、医療、科学など、制度的場面のワーク研究が発展した。近年ではハッキング（Ian Hacking）の考えを取り入れた「概念分析」も試みられている。⇨エスノメソッド、ガーフィンケル、会話分析、サックス

[山田富秋]

越境
boundary crossing

　異質な（集合的）諸活動や文脈の間を横断する実践や学習のこと。人や人工物や規範からなる各集合体は、独自の歴史や社会が生成されており、人びとが特定の集合体の文化に馴染んでいく過程で、ほかの集合体との間に、価値観、常識、振る舞い方、人間関係などの文化的なギャップが自ずと生まれる。越境とは、こうした文化歴史的に異なる文脈間を人やモノがまたぐ過程を広く指し、その過程で生じる文脈間の分断や学習の困難、葛藤や矛盾、以前の方法の省察や前提の相対化、新たな意味の再構成などの変化が研究される。また、それら文脈間の分断、葛藤、矛盾を乗り越え、新しい集団間関係を形成したり、新しいオブジェクト（知識や概念など）を生みだしたりしていく創造的な活動も指す。活動理論家のエンゲストローム（Yrjö Engeström）が主に90年代に提案したが、同時期にウェンガー（Etienne Wenger）、ドライヤー（Ole Dreier）、ビーチ（King Beach）なども、異文脈間学習に関する各々独自の概念を提唱し議論した。⇨活動システム、活動のオブジェクト、垂直的次元／水平的次元、文化－歴史的活動理論

[香川秀太]

NVivo
（エヌヴィヴォ）

　NVivoとは、リチャーズ（Tom Richards）によって開発され1999年に発表された質的研究支援のためのコンピュータソフトウェアであり、QSR Internationalから販売されている。その原型としては1981年に発表されたNUD*ISTがある。2017年10月現在のバージョンは11であり、Windows版はStarter、Pro、Plusの3エディションが発売されている。NVivoではコードはノードと呼ばれ、階層構造を自由に作ることができるこのノードには、いわゆるコードにあたる「テーマノード」といわゆる個々の対象（人、組織など）にあたり属性を付与できる「ケースノード」が含まれる。Excelファイルでの属性読み込みにも対応している。また、自動コード機能が充実していることも特徴の一つであり、大量の言語データから何らかの潜在的な特徴を定量的に発見するのを補助することに力が入れられている。⇨ATLAS.ti、コンピュータによる質的データ分析、質的コード化、MAXQDA

[荒川 歩]

エピソード記述
episode description

　広義の対人実践（関与観察を含む）においては、時間経過のなかで無数の出来事が生起し、実践者はそこで何らかの体験をし、それが意識に残る。その意識体験を備忘録に残したものが「エピソード記録」である。そのエピソード記録をもとに、書き手が自分のその意識体験を他者に了解してもらえるように、その体験に可能な限り密着して忠実に描き直したものが「エピソード記述」である。読み手に了解してもらえるためには、まずは自分の立ち位置と取り上げる人物や事象との関係を「背景」として示し、次にその体験を読み手に了解可能なように詳細に描き出す「エピソード」を示し、最後になぜ読み手に了解を求めたかの理由、つまり、自分の体験のメタ意味を読み手に伝えたかった事情を「メタ観察」として示すことが必要になる。これは当事者の意識体験の記述であり、そこに書き手の固有性、独自性が反映されてくる。そこに従来の傍観者的な客観的記録との相違がある。⇨現象学、体験報告　　　　　［鯨岡 峻］

エビデンス
evidence

　証拠、根拠のこと。特に医学分野では、「科学的根拠」という意味で使われており、ある治療法の効果があることを示す証拠、検証結果、臨床結果を意味している。具体的には、その治療法のエビデンスは、実際に使ってみて何％の人が治ったか、といった確率で表されることが多い。これは、医療行為や治療法を選択する際の情報として、少しでも安全で効果のある治療を選ぶための指針となる。1990年代から医療の領域ではエビデンスが重視されるようになり、「根拠に基づく医療」（エビデンス・ベイスト・メディスン：EBM）の概念も提唱された。米国の心理学会でもこの概念を取り入れ、エビデンスに基づく心理療法が重視されるようになった。ただし、医療も心理療法も患者の主観的な世界を無視できないため、患者が語る体験を聞き、対話を通して物語を作りだすという「物語と対話に基づく医療」（ナラティブ・ベイスト・メディスン：NBM）の重要性も指摘されている。⇨エビデンス・ベイスト・メディスン、ナラティブ・ベイスト・メディスン　　　　　　［山竹伸二］

エビデンス・ベイスト・メディスン
evidence based medicine：EBM

　1991年にガイアット（Gordon H. Guyatt）らによって初めて提唱された医療／医学の概念、方法論。①エビデンスにはヒエラルキーがあることを認める、②臨床判断をエビデンスのみで行うことはできない、という二つの原則が設定されている。その後「個々の患者のケアにかかわる意思を決定するために、最新かつ最良のエビデンスを、一貫性をもって、明示的な態度で、思慮深く用いること」というサケット（David L. Sackett）らの1996年の定義が広く受け入れられるようになった。EBMは、①主として臨床疫学的な研究から得られる情報としてのエビデンス、②患者の価値観や好み、③治療者の臨床技能、④その実践が行われている場の文脈、の四つの要素を臨床実践において統合するものであり、それを実行するための五つのステップが構造化されている。一方で、上記の学術的な定義とは異なる「EBMとは科学的に効果が実証された治療を一律に患者に行うことである」といった通俗的な理解が一般に流布していることがEBMの大きな問題になっている。⇨エビデンス、ナラティブ・ベイスト・メディスン　　　　　　　　　　　　［斎藤清二］

エポケー
〔英〕epoche；〔独〕Epoche

　研究対象についてわれわれがもっている暗黙の前提、つまり先入見を控えようとする特別な手続き。現象学者のフッサール（Edmund Husserl）による現象学的還元の方法の最初のステップで、判断保留やカッ

コ入れとも呼ばれる。フッサールは、われわれが通常行っているものの見方には、自然科学に基づく平均的な見方や常識的知識などが自ずと入り込んでおり（自然的態度）、「事象そのもの」に接近するためには、そのような見方を一旦わきにおいて中断することが必要と主張した。一方で、その保留された自然的態度は否定したり消去したりすべきものではなく、研究者自身に深く根差した視点や価値観の現れとして扱うことができる。具体的なエポケーの手続きとしては、研究者がもつ研究対象についての憶測や先入見を批判的に吟味し、それに囚われないよう研究プロセス全般にわたって自覚する作業となる。これによって、研究参加者の生きる世界やそこでの経験の意味をあるがままに取り出す準備が整う。 ⇨ 現象学、現象学的還元、フッサール　［植田嘉好子］

M-GTA
modified-grounded theory approach

修正版グラウンデッド・セオリー・アプローチ。質的データの継続的比較分析により、特定領域で実践的に応用可能な社会的相互作用に関する理論を生みだす質的方法論。社会学者の木下康仁が考案した。M-GTA はグレイザー（Barney G. Glaser）とストラウス（Anselm L. Strauss）によるグラウンデッド・セオリーの方法論的基本特性を踏まえつつ、次の4点を強調・修正している。①生成する理論の現場での実践的応用と検証を大前提とする。②研究する人間の実践的・学術的関心や立ち位置を徹底的内省により明確化する。③分析テーマと分析焦点者の設定およびデータ範囲の意識的な限定により、データ解釈の方向性・範囲・特性を定め、理論的飽和に現実的な限定をかけるとともに、生成する理論の適用範囲も判断する。④研究する人間によるデータに根ざした深い解釈の継続的展開を重視してデータを切片化せず、独自開発した分析ワークシートを用いて概念生成を進め、概念間関係の検討を経て、結果図とストー

リーラインの形で理論を示す。 ⇨ グラウンデッド・セオリー、研究する人間、分析焦点者、分析テーマ、理論的飽和　　［山崎浩司］

エリクソン〔1902-1994〕
Erik Homburger Erikson

米国で活躍したドイツ生まれの児童精神分析家。フロイト（Anna Freud）の教育分析を受け、精神分析家の国際資格を取得後、米国に移住。エール大学、カリフォルニア大学バークレー校、ハーバード大学の教員を歴任。1951 ～ 80 年は精神分析的治療を専門とする精神病院・研究所オースティン・リッグス・センターで臨床と研究に携わった。アイデンティティ論、ライフサイクル論（精神分析的個体発達分化の図式：epigenetic scheme）、心理社会的危機、相互性（mutuality）、世代継承性（generativity）など、独自の概念と理論を提唱し、人間発達の理論的基礎を築いた。『幼児期と社会』（原著1950）、『洞察と責任』（同1964）をはじめ数多くの著作があり、20世紀後半の文化的世界を牽引する思想家でもあった。 ⇨ アイデンティティ、ジェネラティビティ
［岡本祐子］

演繹
deduction

帰納、アブダクションと並ぶ推論形式の一つであり、正しいとされる命題を前提にして「それが正しければ当然こういえる」という形で結論を導くものである。典型的には三段論法による推論、つまり、大前提・小前提・結論という論理形式を使った推論をあげることができる。社会科学においては、「もしP（という命題）が正しければQ（という個別事象）が起こる」、「Q（という個別事象）は生じない」、「したがってP（という命題）は正しくない」という構成をとる演繹的な推論が行われることが多い。これはモーダス・トレンス（modus tollens）と呼ばれ、実際の実験や思考実験にも使われる論理形式であり、仮説演繹法の基礎に

あると同時に、理論の反証とも密接にかかわっている。質的研究の分析は帰納的な推論を中心に進行するといわれることが多いが、実際には、データから導き出した仮説を検証したり反証したりする際に、慎重な演繹的推論を通じての検討が必須である。⇨アブダクション、仮説演繹法、帰納、反証可能性　　　　　　　　　　　　［能智正博］

演繹的コード化
deductive coding

　インタビューなどで得られた質的データをコード化する方法の一つ。先行研究や理論、仮説からあらかじめ分析したい概念を導き出しておき、データにその概念（コード）を付けていくコード化法で、概念主導（concept-driven）コード化とも呼ばれる。データのなかからコードを作り上げていく帰納的コード化とは反対のトップダウン型アプローチである。ただし、実際のデータ分析では、分析の最初から最後まで帰納的なアプローチを一切用いないというわけではない。理論などからあらかじめ作成したコードがデータの内容とうまく合わない場合があり、その場合はコードを修正し、よりデータの内容に即したものにしていく。つまり、実際のコード化作業は理論とデータの間を行き来しながら分析を進めていく。したがって、演繹的コード化とは、アプローチの比重がより演繹的であるかということを意味している。⇨演繹、帰納的コード化、コード化、データ収集と分析の往復　　　　　　　　　　　　［髙橋史子］

エンゲストローム〔1948- 〕
Yrjö Engeström

　フィンランド、ヘルシンキ大学活動理論・発達・学習研究センター（Center for Research on Activity, Development and Learning：CRADLE）教授・センター長。拡張的学習理論を提唱し、社会変革の実践とともに理論の発展に貢献し、牽引し続けている。ヴィゴツキー（Lev S. Vygotsky）らの流れを

くむ活動理論第二世代として、レオンチェフ（Alexei N. Leont'ev）による集団的活動のアイデアをモデル化し、分析の単位を媒介された行為から活動システムへと移行した。続く第三世代では、二つの相互に関連する活動システム間の関係に着目した。そして第四世代では、人間の生活実践における学びや発達をもとに、質的に新しい活動の創出を目指している。⇨ヴィゴツキー、拡張的学習、活動システム、媒介された行為、文化−歴史的活動理論　　　　　　［保坂裕子］

エンド・オブ・ライフケア
end-of-life care

　終末ケアやターミナルケア、緩和ケアという言葉と同様に、人生の終焉を迎える直前の時期にある患者へのケアを意味するものとして、フォーリー（Kathleen M. Foley）によって提唱された概念である。定義はいくつもあるが、現在は1998年のWHO（世界保健機関）の定義が用いられることが多い。日本では高齢社会の到来や慢性疾患の増大、死生観の多様化に伴い、医療機関にとどまらない、自宅や施設、地域社会において人生の終焉を迎える際のケアとして定義される。終末期のケアに用いられるほかの言葉との違いは、対象が診断名、年齢で限定されないこと、また差し迫った死だけではなく、いつか訪れる死について考える本人とその家族への心身のケアを指している点にある。ケアの中核に人生の終焉における本人の主体性をおき、①疼痛・症状マネジメント、②意思決定支援、③治療の選択、④家族ケア、⑤QOLの焦点化、⑥人間尊重を重要な要素としている。⇨緩和ケア　　　　　　　　　　［近藤（有田）恵］

エンパワーメント
empowerment

　社会的な差別や抑圧によって無力化された人びとが、自らの生活や人生をコントロールし、環境に働きかけていくプロセスとその結果。もともと「能力や権限を与え

る」という意味の法律用語だったが、公民権運動を背景に、1970年代、ソロモン（Barbara B. Solomon）がソーシャルワークの手法として概念化した。思想的には、セツルメント運動やブラジルの教育者フレイレ（Paulo Friere）にも遡ることができる。フェミニズム運動でも使われ、現在では、社会的弱者、生活問題に対する当事者一般にかかわり、福祉、医療、心理、教育、経営、開発など幅広い分野で用いられている。各領域で概念化や尺度化の試みが重ねられているが、その定義はいまだあいまいであり、その自由度の高さが本質を表しているのかもしれない。ラパポート（Julian Rappaport）は、これをナラティブ研究と結びつける可能性を示唆している。人間の力を信じ、平等で公正な社会関係の実現を目指す価値志向的概念といえる。 ⇨コミュニティ心理学、レジリエンス　［村本邦子］

お

老い
aging

　人間の誕生から死までの生涯を通して生じるさまざまな身体的・心理的変化のうち、成人期以降に生じる変化を老いや老化という。エイジングともいわれる。皮膚のしわや白髪、老眼、記憶力の衰えなど老化は機能の低下を伴うが、老年期における変化は必ずしも機能の低下ばかりとはいえず、バルテス（Paul B. Baltes）は成人期以降の発達のプロセスは成長（獲得）と老化（喪失）の相互作用を通して進行すると指摘している。バルテスは高齢者が心身の機能低下を補うために用いるプロセスには選択、最適化、補償の三つがあるとし、「補償を伴う選択的最適化（selective optimization with compensation：SOC）理論」を提唱した。心理学における老いや老化に関する理論は、これまでに報告された研究数と比較して決して多くなく、さまざまな研究結果や概念を包摂した老いに関する統合的な理論の構築は今後の課題として残されている。 ⇨高齢者、生涯発達心理学、認知症、バルテス、老年学　［野村信威］

応用研究　⇨政策研究

大きな物語／小さな物語
〔仏〕grand récit ／ petit récit
〔英〕grand narrative ／ little narrative

　リオタール（Jean-François Lyotard）が、その著書『ポストモダンの条件』（原著1979）において提唱した概念。社会変化、技術革新のなかで、科学的知のありようが変化しつつあり、その正当性を担保していた理念や哲学などの知の体系の有効性が失われていったことを、「大きな物語の終焉」と表した。そして、この理念や哲学が有効であった時代をモダン（近代）、失効した時代をポストモダンとした。大きな物語は、メタ物語とも表され、近代における多様な社会を統制するための普遍的な理念を背景とした物語（語り口）である。それに対して、メタ物語にはなり得ない個別的・断片的な物語を、小さな物語と呼ぶ。小さな物語は、大きな物語の背後で目を向けられなかったものを語ろうとする言説でもあり、複数の言説のもつ異質性を、解消することなく、維持しようとする。 ⇨言説、ポストモダニズム、メタナラティブ、リオタール
　［保坂裕子］

オーディエンス
audience

　マスコミュニケーションにおけるテレビやラジオなどの視聴者であり、広くはマスメディアの利用者を意味する。メディア研究やカルチュラル・スタディーズの発展とともに、受動的な情報の受け手や消費者という立場から、情報を積極的に解釈し、意味を創造し、発信するという主体的な側面が注目されるようになった。マスメディア

の情報とオーディエンスとは相互に規定しあう関係にある。この関係は、インターネットにおけるソーシャルメディアの利用によって、大きく変化している。また、オーディエンスは固定的な集団ではなく、オーディエンスが想定される文脈に応じて社会的に構成される集団とみなすこともできる。こうしたオーディエンスの被構築性を前提として、特定のメディアの制作・評価・流通の過程においてオーディエンスが果たす役割や、オーディエンスをめぐるアイデンティティの交渉過程を明らかにする研究が展開している。 ⇨映像社会学、カルチュラル・スタディーズ　　　　　［文野洋］

オートポイエーシス
autopoiesis

　システムがそれ自体を産出するシステム。自らの構成素を産出するという生成過程のネットワークとして自律的に構成される。すなわち、自らの構成素の相互作用を通して、構成素を産出するシステムを持続的に作動させるシステムであり、作動させることによって自らの構成素を持続的に産出するシステムである。言わば、システムがそれ自身への関与によって作動する自己言及的なシステムである。チリの生物学者マトゥラーナ（Humberto R. Maturana）とヴァレラ（Francisco J. Varela）が1972年に神経細胞のネットワークをモデルに提唱した。ギリシア語のポイエーシス（制作）にオート（自己）を組み合わせた造語。河本英夫は動的平衡系や動的非平衡系の世代に対し、第三世代のシステムとして位置づける。この理論は生物学よりも経営学や社会学、情報学、精神医学など他分野で広く導入され、中でも社会システムについて、自己言及的な作動を通して内と外の境界が安定化し自己が維持されるとするルーマン（Niklas Luhmann）の理論が知られている。 ⇨自己言及性、システム　　　　　　　［本山方子］

オーバーラポール
over‑rapport

　対象者との親和性や信頼関係（ラポール）の過剰を意味する語で、研究とその倫理に関して不適切さをもたらす消極的な側面を指す。ラポール形成は、対象者の経験に接近する質的研究には欠かせないが、反面、少なくとも2点で大きな問題を生みだす。第一には研究上の問題で、研究者が相手に極端な同一化や感情移入を起こしたり、現場の人間関係に巻き込まれたり縛られたりすることで、対象の記述と理解に偏りが出る可能性である。第二には研究倫理上の問題である。対象者が自己開示し、内輪に招いてくれる関係からは、研究者には豊かな情報が与えられるが、対象者は、自ら情報を研究者に提供した事実と、その情報が研究知見の一部として「暴露」されることで、心情的・社会的に不利益を被りやすい。研究者には、相手のもとに「行って（出会い、情報を得て）－戻る（離れ、書く）」という研究の全過程を視野に収めながら、「適切な関係」を形成することが求められる。 ⇨インフォームド・コンセント、関係性、共感、研究倫理、ラポール　　　　［木下寛子］

オープンコード化
open coding

　グラウンデッド・セオリーの分析は、三つのコード化（オープンコード化、軸足コード化、選択的コード化）によって構成されている。オープンコード化は、データの読み込みからカテゴリーを把握するまでの作業を指す。具体的には、データを読み込んだ後、内容毎に切片にし、それぞれの切片からプロパティとディメンションを抽出し、それらを手がかりにラベル名を付ける。そして、似たものを集めてカテゴリーを作り、名前をつける。ここにあげたプロパティとディメンション、ラベル、カテゴリーはすべて概念であるが、抽象度が異なっている。グラウンデッド・セオリー・アプローチでは、データから抽象度の低い

概念を抽出し、徐々に抽象度を上げていくことにより、分析者のバイアスがかかりにくい仕組みを作っている。⇨カテゴリー、グラウンデッド・セオリー、ディメンション、データの切片化、プロパティ

［戈木クレイグヒル滋子］

オープンダイアローグ
open dialogue

　フィンランドのケロプダス病院において実施され始めた統合失調症の新しい治療方法。セイックラ（Jakko Seikkula）らが理論的な支柱となっている。その方法は、急性期の統合失調症患者に対して、24時間以内に専門家チームが訪問し、状態が回復するまで毎日、対話を繰り返すというものである。対話とはバフチン（Mikhail M. Bakhtin）の思想を背景としたものである。対話は、入院や投薬の是非を含めて、スタッフの意見への合意を狙ったものではない。患者がどんなことを言おうともそれを否定せず、お互いが異なる論理をもつものとして認めあいつつ、患者とスタッフ、あるいは家族の間で対話を続けていくことが目指される。これは統合失調症患者が妄想や幻覚を語るために、しばしば他者との交流が途絶えてしまうことや、逆に、支援者が患者の意向をふまえず治療を進めることが起こるといったように、モノローグ的状況が生まれやすいことを防ぐ狙いがある。⇨声、社会構成主義、対話主義—バフチンの—、多声性、バフチン

［松嶋秀明］

オーラルヒストリー
oral history

　過去の出来事について当人の記憶に基づき語られたもの。また、その口述資料を活用して書かれた歴史。体験者へのインタビューを中心に据えた調査法も指す。聞き書きの伝統は古いが、20紀後半になると録音機器の開発、普及とも相まって、口述資料を後世に残そうとする実践が急増した。録音された口述記録は、文字起こしの作業を経て、読まれる資料となる。当人の言葉で語られたオーラルヒストリーは、事実探求のための素材になるだけでなく、語り手の主観的現実や主体性を伝える。研究者は、実際に起こったことと語り手が信じていることに食い違いがみられた場合、後者もまた歴史的事実として扱う。また語り手の主体性に注目することで個人と社会が相互に規定しあうさまに接近する。なお、口述資料は、現在からの想起であり、聞き手の媒介によって産出され、記録の場を包む歴史的文脈が反映される面があるといった、多重の状況と関連づけて理解する必要がある。⇨主体性、生活史法、ライフストーリー、ライフヒストリー、歴史的文脈

［石井宏典］

オールポート 〔1897–1967〕
Gordon Willard Allport

　米国のパーソナリティ心理学者、社会心理学者。社会心理学者のF. H. オールポート（Floyd Henry Allport）は実兄にあたる。欧州の性格学や差異心理学、精神病理学と米国の科学的心理学を融合させたパーソナリティ心理学とパーソナリティの特性論を創始するとともに、社会心理学の領域でも流言や偏見に関する研究業績を残している。また、『心理科学における個人的記録の利用法』（原著1942）や、ある女性が書いた多数の手紙の分析から彼女のパーソナリティを理解しようとした『ジェニーからの手紙』（同1965）は、質的方法によるパーソナリティ心理学の可能性を示した先駆的な業績といえる。⇨パーソナリティ、パーソナリティ心理学

［渡邊芳之］

岡本夏木 〔1926–2009〕
Natsuki Okamoto

　昭和・平成時代の心理学者。発達心理学、言語と認知の発達、象徴機能の発生と意味の広がりについて多くの論文や著作がある。特に『子どもとことば』(1982)、『ことばと発達』(1985)で定式化された「一次

的ことば」（一対一の生活言語）と「二次的ことば」（一対多の学校言語）の構成概念は心理学界のみならず、保育・教育界、特別支援教育界にも大きな影響を与えた。1962年に発表された論文（喃語「ニャンニャン」が記号化され、単語として確立する過程で起こることばの意味の広がりを論じた）は、観察法と半構造化実験法を併用して、般用（generalization）だけではなく縮小・限定の過程をも明らかにした。この研究は発達研究や質的研究の方法論の確立に寄与した。

［内田伸子］

オタク
otaku

特定の分野や対象について豊富な知識をもつ一方で、過度な愛着や強いこだわりも示す人を形容する言葉。社会性の欠如や興味関心の偏りなどのネガティブなイメージを伴うことが多いが、オタクと呼ばれている人自身がそれらのスティグマを甘んじて受けていることも少なくない。現代において「○○オタク」という表現は数多く存在する。「○○」の部分に当てはまる単語としては、マンガ、アニメ、ゲーム、アイドル、声優、鉄道、軍事、格闘技、政治、歴史、健康などさまざまなものがあり、オタクは多様なジャンルを形成している。「ヲタク」「おたく」「OTAKU」などさまざまな表記方法があり、基本的には同じ意味であるが、意図的に特定の表記が用いられている場合は、それぞれ文脈や定義、意味が若干異なることがある。⇨ サブカルチャー、マンガ　　　　　　［家島明彦］

親
parent

ある人を養育する立場にある人。両者の間に遺伝的関係があるとは限らず、里親、（特別）養子縁組など遺伝的関係がなくとも養育する立場になることがある。子どもの出生には両性がかかわる必要があるが、養育においては必ず両性がかかわるわけでは

ない。一人で養育する場合もあるし、同性のカップルが子どもの養育をする場合もある。生涯発達的観点に立つと親役割を担うことがその人物の成長発達につながると考えられる。また古く日本の社会には、血のつながりや法的関係ではなく、もっと広い親子の関係が存在していた。人生の節目で登場する取り上げ親や名付け親、烏帽子親などはその一例である。さらに、成長のプロセスのなかで地域の大人と擬制的親子関係を結んだり、子守を通して親子に準じた関係を結んだりすることもあった。これらの「親」は直接養育する立場ではないが、社会的、心理的に子どもを支える役割を担っており、多様な親の形があったことを示している。なお、養育関係が終了しても子からすれば親であることには変わりない。⇨ 親子関係、母子関係、父子関係

［菅野幸恵］

親子関係
parent-child relationship

親子関係とは、生物学的には、血縁関係にある父親、母親とその子どもの関係をさす。心理学的には、親子関係は血縁の有無によらず、親、子双方の働きかけ、すなわち親子の日常的な相互作用をもとに築かれると考える。ヒトの乳児は、自分を護ってくれる養育者との近接を保つための行動レパートリーである愛着行動を備えており、乳児から親に愛着行動が向けられ、それを受けた親が乳児に養育行動を向けることで、子どもから親への愛着が形成され、親子関係が構築される。親子関係は、双方の加齢とともに、親が子を世話する、という一方向的なものから対等なものへ、やがては子が親の世話をする、というように、生涯を通して変容していく。現代の日本では、離婚や死別後の再婚や事実婚による、血縁のない親子関係が増加傾向にある。また、教育期間の延長とともに親による子どもの扶養期間が長期化していることや、寿命の伸長とともに親子関係の存続期間が長

期化していることも、現代の特徴である。
⇨アタッチメント、親、家族、父子関係、母子関係　　　　　　　　　　　　　［坂上裕子］

か

ガーゲン〔1934- 〕
Kenneth J. Gergen

　米国の社会心理学者でスワースモア大学教授。もともとは社会的交換や自己に関する実験研究に取り組んでいたが、後期ウィトゲンシュタイン（Ludwig J. J. Wittgenstein）の影響を受けて論理実証主義に基づく従来の心理学を批判するようになり、社会構成主義（social constructionism）に立つ新しい心理学を構想した。著書や論文で社会構成主義を初学者にも分かりやすく解説しながら、自ら代表を務めるタオ・インスティチュートという団体を通じて、フェミニスト研究者の妻メアリー（Mary M. Gergen）とともに、研究と人びとの実践をつなぐ活動にも力を注いでいる。日本の質的心理学の発展にも大きな影響を与えてきた。　⇨関係的自己、言語ゲーム、社会構成主義、ナラティブ・セラピー　　　　　　　［東村知子］

ガーフィンケル〔1917-2011〕
Harold Garfinkel

　米国の社会学者。エスノメソドロジー（ethnomethodology）を創始した。1952年の学位取得論文『他者の知覚』では、社会秩序はどのようにして作られ、維持しているのかという社会学にとっての原問題を追求した。ガーフィンケルにとって重要な問いは、われわれが普段、日常生活世界において、当たり前のように意味ある世界をいかにして作り続けることが可能なのか、である。この問いを追究するために彼は「見えているが、気づかれていない（seen, but unnoticed）」秩序構成のありようを経験的に分析し得る、さまざまな工夫を考えた。

現在では、日常の「自明性」を問い直す質的フィールドワークの仕方から「会話分析」「相互行為分析」へと、エスノメソドロジーを端緒とする多様な質的研究が展開している。　⇨エスノメソドロジー、サックス、シュッツ　　　　　　　　　　　［好井裕明］

懐疑論
skepticism ; scepticism

　認識内容や認識の働きそれ自体さえ独断的な前提ではないかと疑い、確実なものに至ろうとする態度をいう。その一例である方法的懐疑によって、デカルト（René Descartes）は、感覚によって与えられたものの確実性を疑い、その結果明晰判明なる存在基盤として「考える私」（cogito）を発見した。またヒューム（David Hume）は、経験から法則を構築する際にわれわれが使用する帰納法的思考の確実性を疑い、それが依拠する自然の斉一性を確かめようのない独断と論難した。しかしこれらのようなあらゆる前提を疑おうとする態度は、何も知り得ないとする不可知論や、百人いれば百通りの見解を同等に認めざるを得ない相対主義に行き着くこともあり、生産的でない。日常的な常識や単なる多数派でしかない見解を疑い、経験的データを根拠にそれらの正当性を確認し、より正当な理論の定立を目指す態度は科学的懐疑論と呼ばれ推奨されるが、科学的認識のみが正当であるという独断に陥らないこともまた肝要である。　⇨科学的方法　　　　　　　　［森 直久］

外言／内言
inner speech ／ external speech

　ヴィゴツキー（Lev S. Vygotsky）によれば、子どもに習得される言葉は、まずは話し言葉として、周囲の人びととのコミュニケーションの手段として発達していく。この話し言葉を「外言」（社会的言語）と呼ぶ。幼児期後半には、こうして習得された言葉の内面化が始まる。内面化された言葉のことを、ヴィゴツキーは「内言」と名づけた。

内言の機能は、自分自身に話しかけることによって、自分の行動を支配・調節することである。ただし内言が習得される過程では、ひとりごとや集団的独語など他人に伝達する言葉としての構造をもたない言葉、すなわち「自己中心的言語」が観察されるが、これは構造的・機能的には内言へと進化していく発達途上の過渡的な形態の言葉と考えられている。こうして「外言→自己中心的言語→内言」という、言語の社会的機能から個人的機能への発達の筋道が明らかにされた。 ⇨ ヴィゴツキー、声、社会的言語／ことばのジャンル、心理言語学、媒介された行為　　　　　　　　　　　　〔朴 東燮〕

介護
care

　高齢や障害あるいは疾病などによって、衣食住を中心とする日常生活が困難になったときは、第三者による助け、すなわち介護が必要となる。要介護高齢者の増加や介護期間の長期化、また核家族化の進行、介護する家族の高齢化などから、介護を社会全体で支え合う仕組みである介護保険が2000（平成12）年に創設された。これは高齢者の自立支援、利用者によるサービス選択、社会保険方式の採用という特徴をもち、その後の改正で介護予防の体制整備、さらに2025年をめどに地域包括ケアシステムの構築が進められている。医療においては特定病因論から慢性疾患モデルへのシフト、疫学でのソーシャルキャピタルと健康の関連性の指摘なども背景に、介護はコミュニティのあり方に深く関係する。しかし、2017年に相模原で起きた障害者支援施設における殺傷事件は、コミュニティにおける介護利用者と専門介護者との関係性を揺るがした。 ⇨ 高齢者、ケア、障害児・者、慢性疾患　　　　　　　　　〔川野健治〕

解釈
interpretation

　人がさまざまな人や事象とかかわって生きているなかで、それらの経験がその主体にとってどのような意味をもつのかを明確にし、説明する行為。質的研究の場合、解釈には二重の過程が存在することになる。つまり、①当事者（話者）が行う解釈とは、研究対象となった当事者が自分の経験を解釈して語ること、②研究者が行う解釈とは、研究者である聴き手が当事者の語った経験や解釈を解釈したり（インタビュー）、当事者の振る舞いや言動を通してその場で経験されていることを解釈したりする（参与観察）ことである。当事者が行う解釈（意味づけ・納得の様式）を分類・分析する方法として、KJ法やグラウンデッド・セオリー・アプローチ、TEA（複線経路等至性アプローチ）などがある。研究者が行う解釈（読み取り）については、インタビューにせよ参与観察にせよ、研究者自身も相手やその場に影響を与える動的な存在であることを念頭においてその場を解釈する必要性が指摘されている。 ⇨ 解釈学、グラウンデッド・セオリー、KJ法、参与観察、TEA（複線径路等至性アプローチ）　　　〔澤田英三〕

解釈学
〔英〕**hermeneutics** ;〔独〕**Hermeneutik**

　テクスト解釈の技法とその理論。ヨーロッパでは17世紀に解釈学が一応の成立をみるが、質的研究との関連で重要なのはディルタイ（Wilhelm Dilthey）、ハイデガー（Martin Heidegger）、ガダマー（Hans – Georg Gadamer）、リクール（Paul Ricœur）らによって展開されてきた現代の解釈学的哲学である。ディルタイは科学全体を自然科学と精神科学（現在の人文・社会科学）に区別し、後者に固有の方法を「理解（もしくは解釈）」であるとした。ハイデガーは、人間を現存在と呼び、現存在が漠然と遂行している存在理解を明らかにする作業として「現存在の解釈学」をその著書『存在と時間』（原著1927）で展開した。これに影響を受けたガダマーは、人間の世界経験と生活実践の全体として理解を位置づけ、その構造と条

件について詳細な分析を試みており、現実経験そのものの体系的理論を解釈学として提示している。現代ではこのように、テクストだけでなく、広く人間を対象とする学問の基礎的・体系的方法として解釈学が位置づけられている。 ⇒解釈学的循環、現存在、精神科学、テクスト　　　　［田中彰吾］

解釈学的現象学
hermeneutic phenomenology

　ハイデガー（Martin Heidegger）が人間の生をあるがままにとらえる方法として現象学と解釈学とを接合した哲学的見解。人間（現存在）は世界のなかに産み落とされ、周りのさまざまな物や人びととかかわりながら、それらが自分にとってどのような意味をもつのかを解釈・了解しつつ、自らの可能性を生きていく。つまり人間は存在する限り、解釈という営みから離れることはできないという考え方が土台にある。これに影響を受け、ガダマー（Hans‒Georg Gadamer）やリクール（Paul Ricœur）がそれぞれに解釈学的な哲学を発展させた。質的研究では、人びとの「生きられた経験」や生活世界に焦点を当て、研究参加者の具体的記述やナラティブを豊かに引き出し、解釈学的循環によりデータの理解を深めていくアプローチのことをこう呼ぶ。広くは、看護学のコーエン（Marlene Z. Cohen）の解釈学的現象学、ベナー（Patricia Benner）らの現象学的看護理論、教育学ではヴァン＝マーネン（Max van Manen）の現象学的解釈学、心理学ではスミス（Jonathan A. Smith）のIPA（解釈的現象学的分析）などが含まれる。 ⇒解釈学、解釈学的循環、現象学、現存在、生活世界　　　　　　　　［植田嘉好子］

解釈学的循環
〔英〕**hermeneutic circle ;**
〔独〕**hermeneutischer Zirkel**

　解釈もしくは理解にまつわる循環。ディルタイ（Wilhelm Dilthey）は、テクストや対象の全体としての理解が部分の理解に基づき、部分の理解が全体の理解に依存するため、あらゆる解釈には全体と部分の避けがたい循環が伴うとした。ハイデガー（Martin Heidegger）はこの循環を、先行理解（物事についてあらかじめもっている理解）と解釈（物事についての分節化された理解）との関係としてとらえ直した。さらにガダマー（Hans‒Georg Gadamer）によると、われわれのあらゆる経験は、歴史的に規定された先行理解を基盤にして成立するが、そのつど新たな経験の下で先行理解が絶えず修正・拡大されていくのであり、ここには「開かれた弁証法」としての循環があるという。今日の人間科学で扱われる研究データは、そもそも個別の社会文化的な文脈に埋め込まれたものである。この点を考慮するなら、データの理解に解釈学で問題にされるような循環が伴うことは明らかである。 ⇒解釈学、弁証法、歴史的文脈　　　　　　　　［田中彰吾］

解釈学的転回
hermeneutic turn

　論理実証主義が人間科学の認識論を支配してきた英米において1960年代〜70年代に生じた認識論上の変化。その震源地はドイツのガダマー（Hans‒Georg Gadamer）らの解釈学的哲学にあるが、クーン（Thomas S. Kuhn）ら科学哲学者が取り入れて解釈学的転回と称した。この新たな認識論によると、文献、状況、行為、理由、目的といった人間科学の対象には「意味」があり、意味は主体によって解釈されねばならない。意味は単独でなく意味の網の目全体との関連でのみ解釈されるが、全体もまた個々の意味理解なくして解釈できないので、個別と全体は解釈学的循環をなす。ゆえに、刺激と反応を独立に定義して法則性を追究することは間違っている。解釈学的転回の波は人類学や社会学で先に生じ、心理学に波及するのは遅れるが、米国生まれの解釈学的認識論であるシンボリック相互作用論も含め、質的心理学の発展に果たした役割は大きい。 ⇒解釈学、クーン、シンボリック

相互作用論、認識論、論理実証主義 ［渡辺恒夫］

解釈的アプローチ
interpretive approaches

社会的現実を人びとの相互作用によって構築されるととらえ、人びとの行為の主観的意味を理解することで社会の存立メカニズムを明らかにしようとする見方。日常生活世界のなかで人びとは「状況の定義」を課されており、その解釈行為を通じて規範や社会構造が維持され、あるいは作り変えられていくと考える。現象学、シンボリック相互作用論、エスノメソドロジーなどが含まれ、ミクロアプローチとも呼ばれる。パーソンズ（Talcott Parsons）に代表される構造機能主義が人びとの行為は社会構造によって規定されるとみなすことへの批判的立場をとり、ウェーバー（Max Weber）の理解社会学に依拠しながら、人びとは意味を作りだす能動的な行為主体であることを重視した。実証主義的アプローチが目的としてきた現象の説明や一般的法則の検証よりも、社会的文脈における当事者の解釈に重点が置かれ、方法論としてエスノグラフィーの発展を促した。⇒エスノメソドロジー、ウェーバー、現象学、状況の定義、シンボリック相互作用論 ［額賀美紗子］

解釈的現象学的分析　⇒IPA

解釈レパートリー
interpretative repertoires

行為や出来事や現象を特徴づけたり評価したりするのに使われる用語のシステム。一つの解釈レパートリーは一定の範囲の用語からなり、特定のメタファーやイメージを中心にして作られる。社会学者ギルバート（Nigel Gilbert）とマルケイ（Michael Mulkay）が生化学でのある論争における科学者らの説明の仕方を説明するのに使ったこの語を、ポッター（Jonathan Potter）とウェザレル（Margaret Wetherell）が心理学に導入し、解釈レパートリーは人が特定の目的の

ために使う資源であるとした。これを使うことで人は、出来事の特定のバージョンを作ったり自身の行動を正当化したり批判をかわしたりすることが可能になる。ディスコース分析による研究はしばしばデータから解釈レパートリーを特定するが、そうした研究の多くが2、3のレパートリーの特定で終えてそれ以上の分析を進めないことには批判がある。⇒ディスコース分析 ［鈴木聡志］

回想
reminiscence

過去の経験を思い返す行為。バトラー（Robert Butler）がライフレビューを提唱して以来、回想研究が活発に行われている。研究では、回想の機能として、アイデンティティ確認、問題解決、教育・情報付与、会話、退屈軽減、外傷体験の再現、死の準備、綿密な情報保持などが指摘されている。加齢による変化について、回想の頻度は青年期と高齢者の比較では一貫した結果が得られていないが、高齢者は回想が肯定的で、将来展望が否定的になりやすいのに対して、青年期はその逆である。また、高齢者の回想内容は、最近の出来事と20歳前後の出来事が多い。青年期が回想されやすいこと（レミニセンスバンプ）は、青年期に生き方を決定づける出来事やテーマが生じやすいことが関連すると考えられている。なお、重要な他者の死などの対象喪失を経験すると回想が活性化する。⇒回想法、自伝的記憶、喪失、ライフレビュー ［山口智子］

回想法
reminiscence therapy ; reminiscence work

回想法は、高齢者が過去の思い出を語ることを通して、他者との良好な対人関係を築き、人格的な成長をもたらす心理的援助の方法である。治療を目的とした心理療法としての回想法と回想を用いたレクリエーションとして回想法がある。バト

ラー（Robert Butler）が高齢者の回想に肯定的な意義があることを指摘したことによって、回想法は欧米を中心に発展した。日本では、高齢者施設で認知症をかかえる高齢者を対象としたグループ回想法が行われるようになり、その後、介護予防や認知症予防を目的として、在宅高齢者を対象とした地域回想法などが各地で展開されている。方法には個人回想法とグループ回想法があり、昔の懐かしい音楽、写真、食物、道具を用いて五感を刺激すると回想が活性化しやすい。実践では情動機能の回復、意欲の向上、対人交流の活性化、援助スタッフや家族の肯定的変化など多数の効果が報告されているが、効果の実証やプロセスの記述が研究課題となっている。 ⇨回想、地域保健、認知症、ライフレビュー　　　［山口智子］

外的妥当性　⇨一般化可能性

回答の容器
vessel-of-answers

　ホルスタイン（William J. Holstein）とグブリアム（Jaber F. Gubrium）は、旧来の構造化された（たとえば質問票を用いた）インタビューを「回答の容器」アプローチとして批判する。つまり、従来の調査においては、インタビュー回答者の語りは、研究者の求める回答が収められた受動的な「回答の容器」として認識されてきた。従来は、質問の中立性や公平性を担保するために、質問内容や質問順番に統制を加え、インタビューという相互行為に対する調査者の影響を最小限に抑え、それによって、相互行為から発生する、質問とは無関係にみえる回答の要素を抜き取ろうと努力してきた。ところがホルスタインらは、どんなに形式的で標準化されたインタビューであっても、回答者を回答の容器に還元することは不可能であると主張する。アクティブ・インタビュー概念が明らかにしたように、インタビューの相互行為プロセスにおける回答者は、調査者と協働で物語を構築す

るアクティブな物語の語り手なのである。
⇨アクティブ・インタビュー、相互行為―エスノメソドロジーにおける―、質問紙調査
［山田富秋］

ガイドされた参加　⇨導かれた参加

ガイド付き自伝探求法
guided autobiography

　米国の心理学者マクアダムス（Dan P. McAdams）によって、自己定義的なライフストーリーをとらえるために開発された半構造化インタビュー。マクアダムスは、アイデンティティを過去、現在、未来を統合する自己定義的なライフストーリーとして位置づけ、さらに、それを語ることが人生にまとまりと目的をもたらすとしている。具体的には、人生を一冊の本に見立て、各章のタイトルとともに大まかな経験を語ってもらう質問や、人生の重要な出来事（絶頂経験、どん底経験、ターニングポイントなど）についた尋ねる質問など、七つの領域にわたる質問から構成される。マクアダムスを中心とした研究者らは、主体性と親密性にかかわる主題の語られ方や登場人物の描写、ネガティブな事柄とポジティブな事柄がどのように結びつけて語られるかなどに注目してライフストーリーの分析を進めるとともに、それらとさまざまな人格特性や精神的健康との関連をとらえる研究を行っている。 ⇨半構造化インタビュー、マクアダムス、ライフストーリー・インタビュー
［徳田治子］

解離性障害
dissociative disorder

　ジャネ（Pierre Janet）は、1887年に解離（dissociation）という用語を考案し、それまで機能していた個々人のパーソナリティ体系に、何らかの衝撃や外傷が加わることで、別の人格が産み出され、それが本来のものと別に新たな機能を果たすことと定義した。当初この概念には必ずしも病理学的

な意味は含まれなかったが、米国でジャネの影響を受けたプリンス（Morton Prince）らによって、1890年に精神病理学的用語として使用されるようになった。その後、精神分析に取り入れられ（転換性ヒステリーに対する解離性ヒステリー）、20世紀末には、解離性同一性障害（多重人格障害）の流行に伴って再び注目された。現在の用語法では、この障害には、かつてのヒステリーの下位項目とされた、解離性健忘、解離性遁走、解離性昏迷、トランスおよび憑依障害、運動および感覚の解離性障害、解離性知覚麻痺および感覚脱失など（ICD‐10）が含まれる。アメリカ精神医学会の診断基準（DSM‐Ⅲ・Ⅳ・5）では、離人症も解離性障害群に分類されている。 ⇒ 精神医学、精神障害　　　　　　　　　　　　　　［江口重幸］

会話
conversation

　すべての社会生活の基盤であり、それ以外のすべての活動のシステムの基盤となるもの。ジンメル（George Simmel）は、会話に代表される社交という相互行為の形式は、内容を問わず社会生活の根底にあるという。ゴッフマン（Erving Goffman）は、話し手と聞き手から成り立ち、純粋な社交である会話には、社会構造とは独立した独自の「相互行為秩序」があるとする。サックス（Harvey Sacks）は、会話に、「一時に一人が話す」という順番交替の実践を可能にしているシステムを発見し、それに基づいて会話分析を構想した。会話は、話し手と聞き手というアイデンティティを交替させていく活動であり、「聞き手がいない時には、話し手は存在できない」ということが、その基本的な性格である。会話において、話し手は、単に音や言葉を発するのではない。すべての発言内容と話し方は、聞き手に向けてデザインされている。また、会話には、理解のトラブルが生じたなら、話し手の面子を失わせず、それを解決していく構造的な仕組みがある。 ⇒ 会話の修

復、会話の順番交替、会話分析、活動システム、サックス　　　　　　　　　　　［岡田光弘］

会話の修復
repair

　発話において、聞き取りや理解にかかわるさまざまなトラブルに対処し、それを解決する手続きのこと。会話においては、トラブルが起きるたびに相互理解が損なわれたり、流れが中断されたりするようなことはない。また、修復の対象となるトラブル源が、何らかの「誤り」を含んでいるとは限らないし、すべての「誤り」が修復されるわけではない。それゆえ、修復がなされるとき、それは、そこでの相互行為に「適切に関連している」ものとしてみなされる。修復の手続きは、「開始」と「操作（実行）」という、二つの要素から成り立つ。会話のなかに、「トラブル源」と呼ばれる、理解や聞き取りについての困難が認められたとき、まず「修復の開始」によって、会話の流れから、一旦、外に出る合図が示される。そのうえで、実際の「修復の操作（実行）」が行われることで、元の流れに引き戻され、相互理解が達成される。 ⇒ 会話、会話の順番交替、会話分析、隣接対、レリバンス　　　　　　　　　　［岡田光弘］

会話の順番交替
turn‐taking

　サックス（Harvey Sacks）らが解明した、会話を行うために欠かすことのできない、基盤となる実践のこと。話し手となるのは、その都度1人だけであり、誰かが話し手のときには、ほかの人は聞き手になる。次に別の誰かが話し手になると、今まで話し手だった人が聞き手になる。これが、会話の順番交替である。会話の参加者には、次の二つのことが決定的に重要である。①今の話し手の発言が、いつ終わるのかを予期すること。②今の話し手の発言が終わるときに、誰かが次の話し手になること。今の話し手の発言が終わる場所は、別の人が

「適切な関連性」のもと、話し手となれる場所である。その場所が分かるということは、会話という活動の根幹をなす。これができないと、話を聞いている、理解しているとはいえない。「次に誰が発言順番をとるか」をその都度に決める、この実践があることで、日常会話の順番交替、そして相互理解が達成されていく。⇨会話、会話の修復、会話分析、隣接対、レリバンス

[岡田光弘]

会話フロア
conversational floor

ある話題を媒介にした話し手と聞き手の役割関係を一つの単位にして、多人数の会話の関係をとらえる概念である。シュルツ（Jeffrey J. Shultz）、フロリオ（Susan Florio）とエリクソン（Frederick Erickson）により1982年に提唱された。話し手の周りに多数存在する聞き手の役割に着目する点が特徴である。話し手が発言権を獲得し、それを聞き手側が承認することで、会話フロアが維持される。シュルツらが観察したイタリア系アメリカ人家庭の夕食時の会話では、話し手の発言の重なりや流動的な話し手の交代が許容されており、「目を合わせて黙って聞く」「コメントを投げ込むことができる」など、聞き手の役割の違いによって四つのタイプの会話フロアが導き出された。このタイプ分けを用いて教室を観察すると、一見固定的な授業の参加構造も場面により微細に変化していることがとらえられた。さらに、協同的な学習場面を含む授業では、子ども同士の会話フロアの特徴や、会話フロアの数や規模、タイプがより複雑に変化していく過程をとらえることが可能である。⇨会話の順番交替、教室談話、参加構造

[金田裕子]

会話分析
conversation analysis

「当たり前に起きている会話」を対象に、その場の参与者たちが（順番交替のルールな

ど）リソースを用いて、理解を積みあげていく実践を記述する学問領域。言語による相互行為である会話は、話し手と聞き手から成り立っており、社会構造とは独立した「相互行為秩序」をもっている。特に、日常会話は、それ以外のすべての活動システムの基盤となっている。だが、会話分析が出現するまで、自らのよって立つ基盤である、会話のメカニズムに目配りした学問領域は存在しなかった。サックス（Harvey Sacks）とシェグロフ（Emanuel A. Schegloff）らは、会話分析という形で、この問題を解く道筋をもたらした。会話においては、「なぜ、いま、この」発言なのかという理解に基づいて、システムとして記述できるような秩序のもと、「一時に一人が話す」という実践が達成されていく。また、理解のトラブルには、それを修復する堅固なメカニズムがある。会話は、こうした実践によって、理解が積み上げられて、進行していく。⇨エスノメソドロジー、会話の修復、会話の順番交替、サックス、隣接対　[岡田光弘]

カウンセリング心理学
counseling psychology

予防、発達促進、治療などの多様な役割をもつ応用心理学。人の生涯を通して、発達的・情緒的・社会的・教育的・職業的など、個人的・対人的な機能を充実させることを目指している。その役割は、悩みや不適応の軽減、危機の解消、精神的障害に結びついた問題への対処などもあるが、より力点がおかれているのは、問題発生の予防と、個人・集団・組織の成長発展である。主に次のような特徴がある。①健康な部分・強さや資質に焦点を当てる。②個人の特性よりも人と環境との相互作用や影響がその人の体験や関心をどのように形作っているかに重点をおく。③教育やキャリアの発達、および教育環境・職場環境を重視する。④文化に配慮した実践によって人びとのウェルビーイングを改善しようとする。以上の面からニーズを効果的に満たす働き

をする専門家として、科学者・研究者であり、同時に実践家でもあるという科学者－実践家モデル（scientist‐practitioner model）が採用されている。⇨心理療法、臨床心理学 ［無藤清子］

加害者臨床
batterers treatment

　非行・犯罪、児童・高齢者虐待、DV、ハラスメント、いじめなどの加害者に対する臨床的支援。加害者の行動を変化させ、暴力や虐待の再発防止を目的とする。加害者臨床においては、加害者の人格を行為と切り離して尊重するという立場が求められ、加害者を理解する中で、加害者でありながら、一方で被害者でもあるという面が見えてくることもある。各国において、暴力・虐待の種類によりさまざまな脱暴力のためのプログラムが実践されているが、多くの場合、加害者が自分が加害者であるという当事者意識を高め、暴力や虐待を認めるための働きかけからスタートする。欧米のプログラムの効果評価では、一定の効果が認められているという立場もあるが、結果はまだ一貫していない。日本ではまだ少ないが、性犯罪者へのプログラムや、児童虐待の加害者である親に対する支援を通じて家族再統合を目指すプログラムなどが実践されている。⇨いじめ、ドメスティックバイオレンス、犯罪心理学、犯罪被害者、非行臨床 ［小保方晶子］

科学
〔英〕science；〔独〕Wissenschaft

　①世界や現象のあり方を客観的にとらえようとする学問のあり方。物理学などの自然科学がその代表であって、測定や数量化によって主観を排除する客観主義、現象を単純な要素に分解して考えようとする還元主義、思弁よりも実験などを通じて事実を確認しようとする実証主義に基づいて、機械論的に世界や現象を理解しようとする。心理学など自然科学以外の学問でもその

ような特徴を共有する研究は科学といえる。②さまざまな科（専門分野）に分かれた学問のあり方。明治の初めに西周がこの和製漢語を考案したときの意味。科学はまず理学と文学に分類され、前者が物理学、地理学、心理学などに、後者が国文学、英文学、独文学などに細分される。現在の自然科学、人文科学、社会科学という学問分類もこれに通じていて、特に人文科学、社会科学には①の意味での科学ではない学問も含まれる。⇨科学的方法、客観主義 ［渡邊芳之］

科学社会学
sociology of science

　科学をその分析対象とする社会学の一部門。社会科学はもともと自然科学のモデルを社会に適応するものだったが、1970年代以降特に科学自身をその分析の対象とするアプローチが興隆してくる。科学的実践の社会的性格を分析するものだが、ブルア（David Bloor）のストロング・プログラムに代表される強い社会構築主義（social constructivism）、コリンズ（Harry Collins）の経験主義的相対主義、自然と社会に対して対称的なアプローチを提唱するカロン（Michel Callon）、ラトゥール（Bruno Latour）らのアクターネットワーク理論、さらに、フェミニスト理論や、文化論的アプローチなどのさまざまな流派がある。これらの多くは、自然科学とその社会的な要因との間の複雑な相互作用を明らかにすると同時に、社会科学における自然の意味の再検討や、社会構築主義における社会概念の限界、専門家と一般人の関係の再検討、さらには、科学的知識観察における反照的な問題といったさまざまな論点を提供している。⇨アクターネットワーク理論、技術の社会的構築論、自然主義的転回、シンメトリー、ラボラトリー ［福島真人］

科学的概念
scientific concept

　ロシア（旧ソ連）の心理学者、ヴィゴツキー（Lev S. Vygotsky）によって使用された概念。ここでいう「科学」とは、広く「学問」という意味でもとらえられ得る。主に学齢期以降、教科教育を通して獲得される知識であり、具体的事物に共通する性質を抽象的に意味づけた概念および、関連する個々の概念との関係を論理的に接続させた上位概念間の体系的なネットワークにより構成される。この科学的概念を学ぶことで学習者は、言葉の意味を別の言葉によって論理的に意味づける操作を示す自覚を、随意に発揮して自らの思考を制御することができるようになるとされる。ヴィゴツキーは学習者が、抽象的な科学的概念を、具体的な情報を多く含む生活的概念と関連づけることによって、また非自覚的に習得された生活的概念を、自覚的に随意にとらえ直すことによって認知的な発達を遂げるととらえた。書き言葉との親和性の高さが指摘されている。⇨ヴィゴツキー、生活的概念、発達の最近接領域、ピアジェ　　　　　［田島充士］

科学的方法
scientific method

　ある学問やその研究成果が、自然科学がそうであるような意味で科学とみなされるために必要となる研究の方法や手続き。その目的は現象についての客観的なデータを得ることであり、測定、観察、実験、調査という手続きが科学的方法を特徴づける。測定とは、現象をなんらかの尺度によって数値に変換することであり、測定によって現象を数量的・統計的に分析することができるようになる。観察とは、現象を自然に生起している状態のままで目視したり、記述したり、測定したりすることをいう。実験とは、現象に人為的な操作を加えて、その結果を観察することをいい、実験によって、現象と現象との関係を因果的に理解することが容易になる。調査とは、現象と現象との関係を多数の事例の系統的な観察から明らかにすることをいう。研究分野や研究対象によって、これらの方法のどれが用いられるか、どれに重きがおかれるかは変化する。⇨実験科学、調査　　　　　　［渡邊芳之］

学習
learning

　学習は、個体発生過程での経験に起因する行動変容、つまり個人が後天的に特定の行動が可能になることと定義されてきた。この定義には、①学習とは個人の変化である、②行動の変化は可視化できる、という暗黙の前提がある。誰の、どの時点の、どんな行動を、どのくらいの期間、どんな方法で記録・比較するかは、観察者（指導者、養育者、研究者など）によって任意に設定される。つまり「学習」は観察という社会的カメラワークによって創られる変化であり、学習とは学習を可視化する実践と再定式化できる。このように個体主義的に観察され、可視化されてきた「学習」は、近年個人を越えた集合的で社会文化歴史的な概念に変遷しつつある。ヴィゴツキー（Lev S. Vygotsky）は学習を個人ではなく「共に実践する集合形態」に帰属させ、エンゲストローム（Yrjö Engeström）は活動システムの変化とした。ホルツマン（Lois Holzman）は学習と発達の弁証法による発達環境の集合的創造を強調し、即興的パフォーマンス（インプロ）を通した集団での発達環境づくりを提唱した。⇨学習環境、状況的学習論、星座、パフォーマンス、文化－歴史的活動理論　　　　　　　　　　　　　　　　［有元典文］

学習科学
learning sciences

　「人はいかに学ぶか」という学習理論をベースに、学校などさまざまな学びの場を対象として、協調活動やテクノロジーによる学習支援を繰り返し行って学びの質を上げ、学習プロセスを詳細に分析して理論の改訂を図る実践的研究分野。認知

科学、教育学、人工知能などの研究者が90年代半ばに集結して創設。従来の学習研究との違いは、「デザイン研究（design-based research）」という継続的アクション・リサーチ型の研究手法と、学習過程の支援かつ記録ツールとしてのテクノロジーの活用にある。後者の特徴を重視する場合はCSCL（computer supported collaborative learning；コンピュータに支援された協同学習）という分野名で呼ばれる。2000年代半ば以降は教育行政も巻き込んだ「デザイン社会実装研究（design－based implementation research）」が標準となり、その実践的で頑健な研究成果をもとに、各国あるいは国際的な教育改革に影響を与え始めている。研究成果の一つとして、人が潜在的にもつ学ぶ力の実証と、それを引き出す学習環境のデザイン原則の提唱がある。⇒コンピュータに支援された協同学習、社会実装、状況的学習論、デザイン研究　　　　　［白水 始］

学習環境
learning environment

　学習を個人内に閉じた過程ではなく、個人と社会との間の集合的で社会文化歴史的な過程だととらえた場合の、学習者の外部にある学習を成立させる条件または状況のこと。このことに関して、レイヴ（Jean Lave）とウェンガー（Etienne Wenger）は「学習者の視点からみた日常的実践における学習の資源がおかれている場」を「学習のカリキュラム」と定義し、それは実践への「参加」を通して生じるものだとして、学習環境が実践者の学習を導き、支えていることを示した。またヴィゴツキー（Lev S. Vygotsky）は、大人や仲間の援助・協働によって子どもの発達の未来が先取りされるゾーン（発達の最近接領域）があることを指摘し、学習と発達を社会的な協働として再定式化した。こうした社会的な状況を設計・再設計することで学習を積極的に支援する場づくり（またはその設計自体）を「学習環境のデザイン」と呼び、学習させたい

内容に合わせて、利用可能な人工物、他者との共同、学習の目的・意味・意義を人為的に設定する教授技術的方略として利用されている。⇒ヴィゴツキー、社会的分散認知、正統的周辺参加、発達の最近接領域
　　　　　　　　　　　　　　　［有元典文］

学習障害
learning disabilities；
specific learning disorder

　発達障害者支援法において規定されている発達障害の一つ。日本では、文部科学省によって「基本的には全般的な知的発達に遅れはないが、聞く、話す、読む、書く、計算する又は推論する能力のうち特定のものの習得と使用に著しい困難を示す様々な状態」と定義され、ほかの障害や、環境要因ではなく、中枢神経系の機能障害が原因と推定される。DSM-5（精神障害の診断・統計マニュアル）では「限局性学習症／限局性学習障害」として神経発達症群に分類される。学習障害のある子どもは、学校生活において学業不振となりやすく、二次障害として不登校や学校ぎらいという不適応に至ることも多い。WISC-ⅣやKABC-Ⅱ、DN-CASなどを用いたアセスメントに基づき、必要に応じて通級による指導などを活用しながら支援を進めていくことが望ましい。⇒発達障害、不登校　　　［谷口明子］

学習転移
learning transfer

　先行課題で学習した知識を、別の（後続）課題での解決に使用すること。学習転移論は、パラダイムシフトと共にその定義を変えてきた。第一の形式陶冶説は、難しいラテン語や幾何学などの学習により、記憶力や論理的思考力のような基礎的な心的機能が向上し、その能力がほかの場面に転用されると考えた。第二の同一要素説は、学習を刺激と反応の連合ととらえ、課題の具体的要素、たとえば、学習内容や色や形などの課題の知覚的刺激特性が共通していると

きに転移が生じるとした。第三の一般原理説では、学習者を、そうした課題の具体的特性、つまり表層構造のむしろ深層にある抽象的な一般原理を能動的に抽出する反省者ととらえ、具体的文脈の束縛から脱する脱文脈化の過程を転移とした。最後に、状況論・活動理論では、脱文脈化の発想を批判し、一般原理自体が、科学的実践や学校の文脈に埋め込まれたものと主張した。そして、「個人による知識移送」の世界観を示す学習転移に代わる概念として、各集合体の相互行為の特徴を分析したり、集合体間関係を再設計する再文脈化や越境論を示した。 ⇨越境、再文脈化、状況的学習論、文化－歴史的活動理論　　　　　　［香川秀太］

学習の理論
theory of learning

　学習の理論には主に次の三つの立場がある。一つめの行動主義では、生理的な反射から経験を通して派生する、刺激と反応との連合過程を学習とし、それら外部から観察可能なものを研究対象とすべきであるとした。二つめが認知主義で、むしろ外からは不可視な内的過程を軸においた。特に教育心理学の領域では、たとえば、記憶の種類、記憶・学習方略、教授方法、概念や既有知識や動機づけの種類、課題の特徴といった諸変数と、課題達成成績との因果関係などを調査しながら、個人による知識獲得や理解を重視して、そのより良い教授－学習方法を模索・検証する教授主義を推進した。両者は、個人の変化を学習とする点、論理実証主義的に調査を進める点で共通する。三つめの状況論、活動理論では、それらの発想を批判し、人と人、人とモノとの相互行為や文化－歴史的な集合体（関係性）の変化過程こそ学習と位置づけ、社会構成主義的に研究を進めた。代表的なものに、レイヴ（Jean Lave）の状況に埋め込まれた学習、エンゲストローム（Yrjö Engeström）の拡張的学習、ホルツマン（Lois Holzman）のパフォーマンス心理学がある。

⇨学習、拡張的学習、個体主義パラダイム、状況的学習論、文化－歴史的活動理論

　　　　　　　　　　　　　　［香川秀太］

CAQDAS
（カクダス）
　⇨**コンピュータによる質的データ分析**

拡張的学習
expansive learning

　エンゲストローム（Yrjö Engeström）によって1987年に出版され、提唱された、活動理論を基盤とした社会的学習論である。人間の認知の創造的な潜在能力に焦点化した、知識と思考の弁証法的理論に基づいている。これまでの学習論とは異なる特徴として、既存のものの習得ではなく、未だ存在しないものの創出へ向けられた学習であるという点があげられる。またその学習の主体が個人ではなく、社会的活動システムによって追究される点である。拡張的学習はまた、ヴィゴツキー（Lev S. Vygotsky）による発達の最近接領域のとらえ方を押し広げるものでもある。つまりここで起こる学習は、垂直的な観点から見いだされる対象追究のみならず、水平的なつながりのなかに見いだされる矛盾をきっかけとした活動の新たな集団的創出を含意しているのである。この学習論は、発達的ワークリサーチによって社会実践のなかで具体化されている。 ⇨エンゲストローム、ヴィゴツキー、発達の最近接領域、発達的ワークリサーチ、文化－歴史的活動理論　　　　　　　［保坂裕子］

可視／不可視
visibility ／ invisibility

　知覚可能であることと物理的に実在することとを峻別する立場からの、人工物の媒介によって対象化されることによる「あること」と「ないこと」。たとえば「ある児童の成績が学級で上位である」という可視性は、児童の内なる何らかの実在の観察によってではあり得ず、フーコー（Michel Foucault）による表（タブロー）や段階のよう

な序列化の人工物によって、社会技術的に組織化された現実であると考える。レイヴ（Jean Lave）とウェンガー（Etienne Wenger）によれば、理解（可視性）と人工物とは分離できない弁証法的関係にあり、その意味で心理学は「知能指数」や「発達段階」などさまざまな観察のテクノロジーを開発して「個人の発達」という人間理解を可視化することに寄与してきたといえる。しかし上野直樹によれば「個人」や「個人の変化」は単なるフィクションではなく、学習や発達を可視化し、焦点化する道具やその使用を含む、ある種の社会的実践の組織化のあり方そのものである。 ⇨ 上野直樹、個体主義パラダイム、星座、正統的周辺参加、フーコー 　　　　　　　　　　　　　［有元典文］

仮説
hypothesis

　事実や現象・認識について説明する未確立の命題のこと。事実や現象・認識についてのある範囲での普遍性をもつ体系的な説明を理論とするならば、不確実性を伴う理論が仮説である。事実や現象・認識に関する予測ともいえる。研究は問題意識をもつところから始まるが、研究設問（リサーチクエスチョン）の立て方によって、研究における仮説の位置づけは大きく二分される。先行研究または日常的経験から素朴に導かれた研究設問の真偽をデータによって確認する仮説検証型研究においては、仮説は研究プロセスの初期に立てられ、研究プロセスのなかで一貫して検討対象となり、結論においてはその真偽が判断される。一方、多様なデータからボトムアップ式に事実や現象・認識について説明する命題を立ち上げる仮説生成型研究においては、仮説は領域固有性や不確実性を含みつつも研究の結論として提示される。 ⇨ 仮説検証型、仮説生成型、理論 　　　　　　　　　　［谷口明子］

仮説演繹法
hypothetico–deductive method

　仮説演繹法は、①帰納法により仮説を形成し、その仮説から予測される事象を演繹する、②この予測を実験や観察などで得られたデータと対照する、この一連の手続きをいう。「目に見える」データから「目に見えない」仮説を導出し、その仮説を「目に見える」データによって確認しようとするため、心理学のように確認すべき仮説が「目に見えない」構成概念に由来する学問領域では有効である。データが予測の通りであった場合、仮説が確証された（confirmed）という。仮説に適合するデータがさらに一つ発見されただけなので、確証とは帰納法の再度の適用によって、仮説が真である蓋然性を高める手続きでしかない。すなわち、確証によって仮説の真偽は決定できない。データが予測を裏切った場合、仮説が反証された（falsified）といい、こちらは仮説が偽であることを積極的に決定できる。ポパー（Karl Popper）は、科学的事実の蓄積は仮説の反証による方が有効であると考え、反証主義（falsificationism）を提唱した。 ⇨ 帰納法、反証可能性［森 直久］

仮説検証型
hypothesis proving

　先行研究や日常的経験から立てられた仮説の真偽を明らかにすることを目的とする研究スタイルのこと。仮説検証型研究においては、仮説は研究の出発点となり研究全体を一貫して導くものとなる。それゆえ、検討に値する、意味のある仮説を立てることが重要となる。仮説検証型研究の仮説は、たとえば、「男子児童のほうが女子児童よりも攻撃性が高いだろう」のような基本的にはイエス・ノーで答えられるクローズド・クエスチョンの形をとる。仮説検証型研究においては、研究プロセスの初期に立てられた仮説について検討できるデータのみをあらかじめ絞り込まれた形で収集し、データを根拠として当該仮説の真偽に

ついて検討し、仮説が検証されるか棄却されるかの判断を行うという直線的なプロセスをたどる。考察においては、なぜ当該仮説が検証されたのか、あるいは検証されなかったのかが、先行研究や現象の特徴に基づきつつ論じられることになる。量的研究法の強みを発揮できる研究スタイルである。⇨仮説、仮説生成型、理論　　［谷口明子］

仮説生成型
hypothesis making

　先行研究や日常的な経験から立てられた素朴な研究設問（リサーチクエスチョン）のもとに収集された種々のデータ（面接によるインタビューデータ、観察によるエピソード記述、記録や日誌などの文書資料など）からボトムアップ式に事実や現象・認識を説明する命題を導きだすことを目的とする研究スタイルのこと。あらかじめ立てられた仮説の真偽を検討する仮説検証型研究に対して、仮説生成型研究においては、「どのような～」という現象そのものを問う研究設問が立てられることが多く、データから立ち上がってきた仮説が研究の結論として提示される。たとえば、「成人した不登校経験者は自らの不登校経験をとのように意味づけているのか？」という研究設問に対して、結論として「成人した不登校経験者は自らの不登校経験を"成長のための準備期間"と意味づけているようだ」のような仮説が導かれる。研究プロセスは、データと理論の間を往還する円環型プロセスをたどることが多い。質的研究法の強みを発揮できる研究スタイルである。⇨仮説、仮説検証型、理論　　　　　　　　　　　［谷口明子］

家族
family

　家族の概念は、歴史的・文化的な流れのなかでとらえ直されており、多くの人に馴染み深い概念であるものの、その本質をとらえるのは容易ではない。1980年代ごろまでは、夫婦・親子・きょうだいなど少数の近親者を主要な成員とし、成員相互の深い感情的かかわりあいで結ばれた幸福（well‐being）追求の生活共同体という概念が中心だった。それに対して、近年では、ひとり親やステップファミリー、里親や養子縁組、同性カップルといった多様な家族関係の存在を背景に、精神的つながりや個人の考えが重視されるようになっている。それゆえ、当事者が家族と了解した存在を家族のメンバーと考えるなど、家族の概念もより多様化している。家族が互いに支え合う関係として存在する一方で、家族内不和や子どもの貧困、虐待といったマルトリートメントなど、家族を取り巻く問題は複雑化しており、家族支援に向けた取り組みは、ますます重要になっている。⇨親子関係、家族心理学、家族療法、夫婦関係
　　　　　　　　　　　　　　　　［福丸由佳］

家族心理学
family psychology

　発達心理学と臨床心理学を母体に20世紀に誕生した、家族についての心理学的研究。初期は個人、特に子どもが育つ環境としての家庭についての研究が主であったが、1950年代に家族を一つの動的集団としてとらえる研究が米国で始まった。発達心理学では子どもの発達研究→母子研究→父親を含めた親自身の発達や家族全体の研究へと進み、臨床心理学では文化人類学者ベイトソン（Gregory Bateson）らによる家族をシステムととらえる視点が導入され、システム的家族療法が誕生した。家族心理学は実証研究と実践研究を両輪とし、①関係性への着目、②文脈の重視、③パワーやジェンダーの視点をもつ点が特徴である。家族とはなにかについての普遍的定義はなく、「家族とは人びとの認識と言説（ディスコース）を通じて社会的に構築される『社会的副産物』である」という、社会構成主義（social constructionism）の立場から理解される。⇨家族、家族療法、生涯発達心理学、フェミニズム、臨床心理学　　　［矢吹理恵］

家族療法
family therapy

　家族を一つのシステムとしてとらえた心理療法。個人が示している問題行動や症状は、家族システムの歪みのサインであると認識して家族全体を治療、援助する。システムにアプローチするという視点では、その対象は家族に限らず、家族を取り巻く学校、職場、地域社会のネットワークも射程となる。主に次のような家族の属性にアプローチをする。家族の機能にアプローチをして、家族のコミュニケーションを変化させる。家族の構造にアプローチをして、家族の組み立て方を変える。家族の発達にアプローチをして、一世代または多世代に引き継がれた問題や課題を修正する。家族療法のものの見方である、問題行動を示す個人や家族メンバーの誰かを問題の原因とみなさない、つまり家族の誰をも悪者にしないということは、家族との援助関係を築き、家族と協力をしながら治療を進めるためにも重要な方法である。⇨家族、家族心理学、心理療法　　　　　　　　　　[廣井亮一]

課題分析
task analysis

　課題分析はもともとピアジェ（Jean Piaget）によって子どもの認知プロセスを研究するために開発された方法であるが、グリーンバーグ（Leslie S. Greenberg）によって心理療法プロセス研究へと導入され、クライエントが特定の問題の解決に至るまでに通過しなければいけない治療作業のステップを明らかにして、治療的変容プロセスをとらえる方法として発展した。課題分析の手続きは、まず課題の始まりと終わりを示す指標を定義し、研究者の仮説モデルを作成する。次に、その課題をもっとも明確に示す少数の「純金」サンプルを選び、部分的解決しか得られなかった例との比較から課題に必須なステップや条件をより厳密に示していく。課題分析によって効果が示された心理療法がより効果的になっているのか、量的に検証することも課題分析の総合的研究プログラムの一部と考えられている。課題分析は、感情変容、治療関係の問題の解決プロセスなどの研究に用いられてきた。⇨プロセス研究　　　　　　　　　　　[岩壁茂]

ガダマー〔1900-2002〕
Hans-Georg Gadamer

　ドイツの哲学者。1960年に著した主著『真理と方法』で、ディルタイ（Wilhelm Dilthey）による解釈学を超える新しい哲学的解釈学を打ち立てた。「方法」とは近代科学の（自然科学的）方法を指すが、それを範とする了解的方法のような精神科学的方法をも含む。一方「真理」とは、科学的方法の限界を超え出るような人間の世界経験における解釈学的真理を指す。ヘーゲル（Georg W. F. Hegel）に従って理解を歴史との対話と対決の弁証法とし、ハイデガー（Martin Heidegger）の哲学に依拠して、有限な人間存在の様式は理解（了解）であるとした。そのうえで、それ自身歴史的であること、解釈学的世界経験とは開かれた対話的思索であることを強調し、解釈学的循環に新たな意味づけを行った。⇨解釈学的循環、ハイデガー　　　　　　　　　　[小島康次]

語り合い法
in-depth interview ; katariai method

　調査者と協力者で自由に語り合いながら、協力者の体験世界がどのようなものであるかを探索していく非構造化（ないしは緩やかな半構造化）インタビュー法。客観主義的なインタビュー法が、「情報提供者」としての協力者が語った言葉を分析するのに対して、語り合い法では、協力者自身もまだ十分に意識化・言語化できていない体験の実相を、調査者と協力者で協働して明るみに出していこうとする（協力者は「協働的探索者」として位置づけられる）。またその際、協力者の語った言葉のみならず、調査者に間身体的・間主観的に感じられた協力者の思いやその場の雰囲気、さらにはそのよう

に感じられた背景にある調査者自身の経験などをも分析の対象としていく。そのようにして、なかなか言葉にならないが確かに協力者が生きている体験世界に迫り、それが従来の学知に対してどのような新たな意味やインパクトをもつかを考察していく方法である。 ⇨ 間主観性、体験、半構造化インタビュー、非構造化インタビュー　［大倉得史］

語り継ぎ
narrative transmission

　戦争、災害、事件、事故などある出来事を体験した人が、それらを体験していない人や次世代に伝えていくこと。出来事の重大性が大きいほど語り継ぐことの重要性が増すが、重大性が大きいほど語り継ぐことの難しさも増す。語り継ぐことの困難を乗り越えていくためには、何を伝えるかだけではなく、どのように伝えていくのかを考えることが必要である。たとえば、語り手と聴き手の役割が固定化されてしまうと、語り手の言葉が「権威的な言葉」として受け取られ、聴き手は無批判に語り手の言葉を肯定するか、全面的に拒否するしかなくなってしまう。両者の間に対話（応答）的な関係が生まれるよう、両者を結ぶ媒介者の存在も有用である。また自分の体験が切実であるほどすぐに他者に語ることはできない。語られることだけではなく、語らない・語られないことにも注目する必要がある。 ⇨ 語り部、ナラティブ（ナラティヴ）
［菅野幸恵］

語り部
story-teller

　一般には、昔話、民話、神話などを現代に語り継いでいる人びとを指す。ただし、質的心理学研究の領域では、戦争、災害など、自らの人生にとって大きな衝撃を与えた出来事について語る活動をしている人びとを意味することが多い。これには、いくつかの理由・背景がある。まず、そうした語りをライフストーリーととらえ、自己形成や生涯発達の視点から取り上げる立場がある。特に、ネガティブな体験からの回復過程、レジリエンス（抵抗力）などの観点から、語り部を扱った研究は多数にのぼる。次に、そうした語りの社会的背景に注目する視点がある。たとえば、戦争や災害に関する語りについて、美談、奉仕、悲哀など特定の鋳型（ドミナントストーリー）を媒介として、社会が求める語りを強制していないか、あるいは、そもそも言語化することが困難な出来事に関する語りを当事者に強制していないか、といった問題意識である。 ⇨ 災害、トラウマ後の成長、物語的自己、ライフストーリー、レジリエンス
［矢守克也］

カタルシス
catharsis

　自分の制御を超えてしまうような感情体験、葛藤、あるいはわき上がってくる衝動や欲望などを、言葉や身体運動、芸術活動などで表現して発散すると、時にそれらの葛藤や感情体験が引き起こす「症状」や「問題行動」などがある程度治まったり消失したりする。このような「心がすっきりする」作用のことをカタルシスという。カタルシスを最初に治療として用いたのが、オーストリアの生理学者であり精神科医でもあったブロイアー（Josef Breuer）である。彼の「アンナ・Oの症例」はカタルシスの顕著な効果例として広く知られている。アンナの内的な心理状態を言語化して、ナラティブとして表出させることの治療的効果は、後にフロイト（Sigmund Freud）によって取り上げられ、精神分析理論とその技法の発展に寄与することとなった。 ⇨ 精神分析、フロイト　　　　　　　［田代 順］

学級文化
classroom culture

　学校の学習や生活のために集団として組織された学級において、社会的・文化的・物理的環境との相互作用によって形成され

成員間に共有される、学級独自の象徴表現や意味の体系。成員が学級において行為を生成させるときに参照される体系であり、たとえば、学級の文化的所産、社会的相互作用における媒介物の用い方、定型的な行動様式、規範や価値観などが含まれる。「学級」という単位は制度として規定されているが、汎学級的な事象については「教室文化」がしばしば用いられる。学級文化を用いる場合は、固有名をもつ成員から成る特定の学級における特徴的な事象である点で、ローカリティが前提とされることが多い。したがって、学級文化は学級編制時には所与のものでも固定化されるものでもなく、集団と個人との間で相互交渉的に形成され、年度を通して変容しうる。なお、教育や研究の課題によって、教育実践としての学級文化活動や、社会的特性である学級雰囲気や学級風土を学級文化に含めることがある。 ⇨学校文化、教室、文化、ローカリティ　　　　　　　　　　　　〔本山方子〕

カッコ入れ　⇨エポケー

学校外学習
learning outside school

　学校という場所や文化の外で生じる学びのこと。互いに重複する部分もあるが大別すると、①公園での遊びや家庭での家事の手伝いなど、日常生活文脈の学び、②地域のボランティア、NPO法人の活動など、地域コミュニティへの参与過程で構成される学び、③職場の実践に参加する学び、④演劇やアートに触れるワークショップなど、プレイフルな学び、⑤放課後の無料塾など、補償教育における学びがあげられる。学校外学習研究は、単に対象とするフィールドの種類を意味するだけではなく、脱文脈的な個人の変化として学習現象をとらえてきた従来の学習論の前提の見直しにもつながった点で、心理学に重大なインパクトを与えた。たとえば、レイヴ（Jean Lave）は、学校の算数と日常のスーパーでの計算とを比較調査して、両者の学びの質的相違を発見し、いかなる学習も文化的状況に埋め込まれており、文化ごとに多様であると主張した。この考えは、その後の状況的学習論、活動理論、学習科学の発展に大いに寄与し、逆に学校内教育の改編に影響を与えている。 ⇨学習科学、拡張的学習、状況的学習論、成人学習、ワークショップ　　　　　　　　〔香川秀太・神崎真実〕

学校教育
school education

　一定の施設や設備、専門の教職員を有する制度的、計画的、組織的、継続的な教育機関である学校において行われる教育。原則的には同年齢の被教育者集団と教育職員の資格を有する専門職としての教育者の二者からなる。明確な意図のもと課程や学年といった組織の編成原理と教育計画によって、規定された修業年限の間継続的に行われる。生涯発達の初期（青年期）までに集中的に行われ、課程の修了には社会的、国家的な承認が得られる。社会の利害関係から直接的影響を受けない状況において営まれ、家庭教育や社会教育と比べると公的な性格が強く公教育制度として確立している。社会的機能として文化・価値の伝達や創造によって当該社会の維持や存続および発展を担うとともに社会的出自によらない人材の選抜や配分の基準となる個人の能力を意図的、計画的、組織的に育成する点で社会的選別機能を担う。学校教育の特質や社会的機能は学校化された社会においては自明視されやすいが、エスノグラフィーや教室談話研究において可視化され研究対象となる。 ⇨学校文化、教育学、教育社会学、教室談話、批判的教育学　　　　　〔藤江康彦〕

学校適応
school adjustment

　子どもと学校の調和状態、または調和していく過程のこと。子どもが学校の要請に応じつつ他者と協調的に生きる状態を示す

「外的適応」と、子どもが被受容感や安心感をもつことを示す「内的適応・適応感」に分けられる。外的適応と内的適応がともに良好／不良なケースだけでなく、過剰な外的適応の結果として内的適応が不調和状態に至るケース（過剰適応）や、内的適応の結果として外的不適応とみなされるケース（問題行動）がある。コミュニティ心理学や学校心理学では、子どもが環境や関係性のなかに生きていることを重視する。そのため、子どもが学校の要請に応じることをイメージさせる「学校適応」ではなく、子どもと学校の「折り合い・適合」という概念が用いられる。質的研究では、子どもと学校を分断せずに一つのシステムとしてとらえ、子どもと学校の関係性の変容や、問題が構成される様相などが記述される。⇒適応、仲間関係、不登校　　　［神崎真実］

学校文化
school culture

制度的、社会的、文化的性質の交錯によって特徴づけられる、学校特有の象徴表現や意味の体系。学校内の役割に応じた行動様式や生活様式の総体。学校は教育制度に基づく機関であり、学校文化は汎学校の文化としてインターローカリティを帯びる。別の制度との差異として学校全般の文化があり、下位には国・地域間、時代間、校種間、役割間で差異化されるインターローカルな文化がある。たとえば、幼稚園文化と小学校文化、教師文化と生徒文化などである。一方で、それぞれの学校には現場なりの特徴があり、学校文化はローカリティを有している。教師や生徒の信念、カリキュラム、保護者の教育観や家庭環境、地域の歴史や特性、管理職の経営判断など多様な要件が相互作用し、学校の個性を形づくる。よって学校文化は、汎学校としての文化と現場独自の文化の両面を包括して形成されている。なお、学校文化は、個人の行為形成において参照されるとともに、暗黙的明示的に規制としても機能してお

り、学校適応などにおいて問題化される場合がある。⇒インターローカリティ、学級文化、学校適応、教師文化　　　［本山方子］

活動
activity

行動の社会的かつ歴史的意味を確認することができる最小限の分析単位を活動と呼ぶ。活動は日常談話においては、行動と同じくきわめてあいまいで、多義的な意味で用いられている。しかし、心理学においては行動概念と比較対照される概念であり、生活を組織する何かしらの行動の束をとらえる構成概念である。行動として人の動きをとらえるならば、その行動はどのような状況でなされたものであれ等価な動きとして扱われるが、実際にはそれがどのような活動において出現したものかによってその行動の意味は異なる。ヴィゴツキー（Lev S. Vygotsky）は主体が対象に対して何らかの人工物を用いて働きかける媒介行為を描出し、後にレオンチェフ（Alexei N. Leont'ev）がそこに集団活動を射程に入れた、操作、行為と階層性を有するシステムを活動理論としてまとめた。その後エングストローム（Yrjö Engeström）が文化多様性に配慮した活動理論を提起している。⇒ヴィゴツキー、エングストローム、活動システム、活動のオブジェクト、行動、文化–歴史的活動理論

［石黒広昭］

活動–行為–操作
activity–action–operation

ヴィゴツキー（Lev S. Vygotsky）による行為レベルへの限定を超える枠組みとしてレオンチェフ（Alexei N. Leont'ev）によって定式化された活動理論における概念である。活動は対象、すなわちある目的への動機によって構造化される。活動の対象は、物質的な場合もあれば観念的な場合、知覚による場合もあるが、背後に必ず欲求がある。そして人間の活動を実現させるのが行為であり、行為は達成しなければならない意識

的目標へ向かうための過程である。人間の活動は、行為、あるいは行為の連鎖という形で存在する。行為には、意図的側面（何を達成しなければならないのか）のほかに、操作的側面（どのような方法で、どのようにすればそれを達成できるのか）がある。操作は、目標達成のための客観的－対象的条件によって方向づけられた、行為を遂行し、実現する方法である。操作の連鎖によって行為が実現し、行為の連鎖によって活動が実現するという入れ子構造になっている。⇒ヴィゴツキー、活動、活動システム、活動のオブジェクト、文化－歴史的活動理論

［保坂裕子］

活動システム
activity system

　ひとまとまりの集団的な形成体であり、複雑に媒介された構造を有している。活動理論に基づく人間理解のための分析単位として、拡張的学習の提唱者であるエンゲストローム（Yrjö Engeström）によってモデル化された。人間の媒介された行為の文化的・技術的側面の分析をねらいとし、六つの相関する要素、主体（subject）、媒介ツール（mediational tool）、対象（object）、ルール（rule）、コミュニティ（community）、分業（division of labor）から成る。活動システムは、社会文化的目的へ向けられた対象（オブジェクト）／（動機）によって方向づけられており、主体は媒介ツール（記号や概念を含む）によって対象へとアプローチする。その際、この媒介された行為の根底にある社会的媒介の要素、つまり、行為が埋め込まれた活動の社会的文脈としてのコミュニティ、活動を方向づけたり制限したりするルール、社会的に階層化された活動の分業が、複合的に影響する。⇒エンゲストローム、拡張的学習、活動のオブジェクト、媒介された行為、文化－歴史的活動理論　［保坂裕子］

活動のオブジェクト
object of activity

　（諸）主体が志向するもの、あるいは（諸）主体の動きを方向づけるもの。活動理論において、活動を区別する際の軸とされ、オブジェクトは対象と翻訳される。活動理論の祖レオンチェフ（Alexei N. Leont'ev）が「活動の対象は真の動機である」と主張したように、対象は動機と結びつけられ、対象／動機とも表現される。活動理論家カプテリニン（Victor Kaptelinin）とナルディ（Bonnie A. Nardi）は、対象とは、諸個人や諸集団が、「何を」だけでなく「なぜ」それを行っているかを理解するための分析ツールであり、かつ多様な存在や現象の価値を生み決定する「意味生成の担い手」とした。また、レオンチェフはobjectをロシア語にて、「精神と無関係に存在する物質」を意味する*objekt*と、「思考や行為の目的や内容」を指す*predmet*とで区別し、後者を活動の対象とした。そして、活動理論家エンゲストローム（Yrjö Engeström）は、対象を、集合的活動を方向づけると同時に、相互行為のなかで変形加工されて成果物へと発達していくものと位置づけた。⇒越境、活動－行為－操作、活動システム、文化－歴史的活動理論　［香川秀太］

活動理論　⇒文化－歴史的活動理論

カテゴリー
category

　もともと哲学用語であり、事物の特性を区分するうえで基本となる分類のこと。量的研究では名義尺度など特定種類のデータを表す用語として使われる。しかし、質的研究では、帰納やアブダクションによるデータ分析の手続きであるコード化によって生みだされる概念の一つであり、比較的抽象度の高いものを指す。言い換えれば、研究者が研究対象の現象を概念レベルで把握するために、その現象を構成するさまざまな部分に概念的な名称をつけたものであ

る。グラウンデッド・セオリーでは、カテゴリーは理論産出における重要な構成要素に位置づけられている。ただし、どの流派のグラウンデッド・セオリーかによって、どのようにカテゴリーが生成されるべきか、コアカテゴリーの生成を必須とするか否か、また、どのような概念的要素がカテゴリーを構成すべきかについて、著しい手続きおよび見解の違いがある。⇒アブダクション、帰納、グラウンデッド・セオリー、コード化　　　　　　　　　　　　　［山崎浩司］

カテゴリー関連図 ―図解―
category scheme (diagram)

　理論の産出を目指すグラウンデッド・セオリーでは、カテゴリー（一番抽象度の高い概念）を正確に把握するだけでなく、カテゴリー同士を関連づけて現象を示すことが重要である。この作業を助けるものがカテゴリー関連図である。各カテゴリーは、ディメンションの組み合わせの違いによって異なるカテゴリーと結びつくが、カテゴリー同士がどのような根拠で結びついているのかを可視化することで、分析者の思い込みによるカテゴリーの関連づけを防ぐだけでなく、どのようなディメンションが不足しているのか、どのディメンションをどう変化させればプロセスと帰結がどう変わるのかまで検討することができる。さらに、それぞれのカテゴリーがどのようなラベルで構成され、カテゴリー同士がどのようなディメンションの組み合わせによって結びついている（と分析者が考えている）のかが一目瞭然であることは、他者との議論を行いやすくする。⇒グラウンデッド・セオリー、軸足コード化、選択的コード化、ディメンション　　　　　　［戈木クレイグヒル滋子］

カテゴリー分析
category analysis

　データをある程度短い部分に分けたり、部分を要約したりしながら、データの概念化・カテゴリー化を進める手続きを重要な部分として組み込んだ分析方法のこと。データの共通性を取りだし、理論やモデルの生成、アイデアのアブダクションなどを目的とする。データの流れやつながりよりも、データの内容を重視して分析する傾向がある。比較的適用範囲が広いということもあって、カテゴリー分析に属する分析方法は、KJ法やグラウンデッド・セオリーの手続きなど複数提案されている。共通する手順として、初期には、データを小さな意味のまとまりに分け、コードないしラベルと呼ばれる見出しをつける。続いて、それらをより大きな意味のまとまりに分類しカテゴリーを生成する。後半では、カテゴリー同士を関係づけていく作業が行われる。その過程で図表が使用され、結果が図示されることもある。⇒IPA、グラウンデッド・セオリー、KJ法、シークエンス分析　　　　　　　　　　　　［沖潮（原田）満里子］

カルチュラル・スタディーズ
cultural studies

　文化を歴史的・社会的な構築物ととらえ、そこにある権力関係を明らかにしようとする知的潮流。文化が中流階級を中心にエリート主義的に定義されてきたことへの労働者階級からの批判として、1960年代の英国で勃興した。その後、人種やエスニシティ、ジェンダーの視点を加え、従属的立場におかれた人びとの日常生活を内在的に明らかにすることで、規範や正典とされるものを批判的にとらえなおそうとしている。ジャマイカ出身のホール（Stuart Hall）を筆頭に、バーミンガム大学現代文化研究センターに集った人びとによる、1980年代から90年代の議論が大きな影響力をもっている。文化を、意味をめぐって不断の折衝が繰り広げられる場ととらえ、主体の積極的なかかわりを強調する点に特徴がある。日本では、1990年代半ばから2000年代初頭にかけて注目を集めた。カルチュラル・スタディーズの源流として、マルクス主義や構造主義、ポスト構造主義、ポ

ストコロニアル批評などがあげられる。
⇒サブカルチャー、ポストコロニアリズム、
ポストモダニズム　　　　　　　　〔渋谷真樹〕

カロン〔1945-〕
Michel Callon

　パリ国立高等鉱業学校教授、同大学イノ
ベーション社会学センター所長などを歴
任。ラトゥール（Bruno Latour）、ロー（John
Law）らとともにアクターネットワーク理
論の創始者の一人として知られている。人
間（human）と非人間（non-human）の区分
を疑い、物質のエージェンシーに注目す
るその議論は、1980年代以降の科学技術
社会論の分野に多大な影響を与えるとも
に、いくつかの重要な論争を引き起こし
た。関心領域は幅広く、科学と技術の人類
学、イノベーションの社会経済学、科学技
術と民主主義、市場の人類学、医療と健康
の社会学など、多岐にわたる調査活動を
展開し、2010年代においてもなお旺盛な
執筆活動を継続している。　⇒アクターネッ
トワーク理論、エージェンシー、ハイブリッ
ド・コミュニティ、文化-歴史的活動理論、
ラトゥール　　　　　　　　　　〔土橋臣吾〕

河合隼雄〔1928-2007〕
Hayao Kawai

　日本の心理臨床家、心理学者。米国やユ
ング研究所で学び、日本人として初めてユ
ング派分析家の資格を取得した。また、欧
米で習得した心理療法をそのまま日本人に
当てはめるのではなく、日本文化に根ざし
た心理療法のあり方を模索した。事例研究
を大切にし、日本でそれまで学問としてほ
とんど認められてこなかった臨床心理学を
学問として定着させることに貢献したこと
でも知られる。その臨床スタイルは、セラ
ピストが自らをクライエントの鏡のような
存在として提供し、クライエントの自己治
癒力が芽生えるのを待つというものであっ
た。晩年は文化庁長官の激務にありながら
も、昔からのクライエント数名には定期的

に面接を続け、病いに倒れた日も体調不良
をおして面接を行ったという。　⇒心理療
法、分析心理学、ユング　　　　〔岡本直子〕

川喜田二郎〔1920-2009〕
Jiro Kawakita

　日本の文化人類学、人文地理学者。京都
帝国大学で山岳部に入り、今西錦司、梅
棹忠夫らと共にカロリン諸島や大興安嶺
山脈を探検した。その後、ネパールを研究
フィールドにし、自然を守りながら村民
のための技術協力を行う「ヒマラヤ保全協
会」を結成した。実験科学、書斎科学と対
比した野外科学を提唱し、新しい発想を
生みだす方法としてKJ法を開発し、移動
大学によって実践した。その著書『発想
法（正・続）』（1967・1970）や『知の探検学』
（1977）は、企業研修にも取り入れられ広く
社会に影響を与えた。　⇒KJ法、野外科学
　　　　　　　　　　　　　　〔やまだようこ〕

がん
cancer

　がんとは、すべての悪性腫瘍の通称であ
る。悪性腫瘍は、人間の体内の正常細胞が
何らかの理由で異常細胞となり、体内で異
常に増殖して腫瘍を形成し、ほかの組織や
臓器に広がることで、臓器や生命に重大な
影響を与えるものである。日本では2015
年時点で、年間80万人以上が新たにがん
と診断され、部位別罹患者数は、男性では
胃、肺、大腸、女性では乳房、大腸、胃の
順で多い。また、高齢になるほど罹患率が
増加する。治療法は、がんの進行度や部位
などによって異なり、外科療法や抗がん剤
を用いる化学療法などが行われる。がん罹
患後の生存率は、がんの種類や年齢などに
よってさまざまだが、がんの早期発見や治
療法の目覚ましい進歩によって、がん経験
者は増加している。がんの罹患は、患者の
心身への影響に留まらず、就労継続などの
社会的側面や、家族をはじめとする周囲へ
の影響等、多岐に渡ると共に、それらが相

互に関連しあっている。有効な支援システム構築のためには、患者・経験者、家族、医療者らがもつ、それぞれの苦悩や支援ニーズを明らかにするための研究が重要である。⇨緩和ケア、クオリティ・オブ・ライフ、苦悩、モーニングワーク、病いの語り

[上別府圭子・小林明日香]

環境
environment

　生き物の周囲にあるモノや状態の総体をいう。われわれを取り巻くものすべてが環境である。心理学は人間の心的な働きを研究の対象としてきたが、知覚や認知、感情などの作用が周囲の諸対象や文脈によって異なる効果をもつことから、心理現象が起こる生態学的な環境の文脈へ関心が向けられるようになった。環境を構成する秩序の段階に応じて、物理・化学・生物学的作用をもたらす物理的環境、他者の存在や行動からなる対人的環境、集団生活に伴うルールや記号・象徴などの社会的対象を含む社会文化的環境を区別することができる。放射能汚染の問題をとっても、それら異なるレベルの間に複雑な相互関係が発生することが理解され、環境の認知がそれによって誘導される感情を左右するといった、人間と環境との相互関係に心理学的解明が必要とされる。居心地といった比較的簡単な事柄においても、環境が質的な差異を伴う人間経験の基礎にあることがうかがわれる。
⇨環境心理学　　　　　　　　　[南 博文]

環境移行
environmental transition

　有機体（人間）と環境との間に、非可逆的な変化が生じて、それ以前にあった生活の基盤となっていた環境との依存関係が後戻りのできない変異を起した事態をいう。環境心理学者、ワップナー（Seymour Wapner）らが提唱した概念。自然災害や事故など、環境の側に変化の起点があり突発的に起きる場合や、卒業・結婚・退職など、生涯発達において社会的に予期されたライフイベントとしての節目、家族や知人との死別や別離など対人的な喪失を伴う事態、個人の意志に基づいて住む場所や仕事を変えるなどの自発的な生活の場の変化など、多様な発生の形態がある。なじみのある旧い環境の喪失と、新しい環境への適応において新たな関係や知識、スキルが要請されるといった面でストレスを伴いながらも、成長の機会ともなり得る課題事態であり、その差を生みだす個人あるいは集団の認知の様式や態度、過去経験などのあり方を解明することが、環境移行研究の主題となっている。⇨環境、環境心理学　[南博文]

環境－行為系
environment-action system

　人間を含めた動物が、周囲にある事物とかかわり合う過程のなかで、徐々に振る舞いが組織化され、一定の目的に供するようにまとまりを成す状態。行為が環境と能動的にかかわるなかで、行為が環境との接触面に発見し、利用する関係のシステムであり、生態心理学者、ギブソン（James J. Gibson）のアフォーダンスの理論に基づいて、2011年に日本の心理学者、佐々木正人がカブトムシの起き上がり行為の観察において使い始めた用語。行為は、ある終局状態を志向するが、それを達成する際に利用される周囲の事物はあらかじめ規定されていない開放系である。むしろ手元に接触可能な事物は何でも行為の試行に供され、そこで発見された価値（たとえば自分の体を回転させる）との間に、相補的な循環システムを成すように調整される。環境の配置（レイアウト）のなかから、行為が見つけ出すアフォーダンスは無数ではなく、その生体の機構に応じた限られた環境－行為の組があると予想され、それを見つけ出すことが生態心理学の目標となる。⇨アフォーダンス、行為、生態心理学　[南博文]

環境心理学
environmental psychology

人間と環境との相互作用における心理学的な過程を扱う学際的研究領域。人間や動物の知能や行動特性が、生まれ育った環境の影響を受けることは知られていたが、生物学者、ユクスキュル (Jakob von Uexküll) の「環世界」論を発端として、生き物にとっての「周囲」とのかかわりを主題とする心理学が要請された。環境は物理的な特性であるだけでなく、その生物種の感覚器官・機能によって異なる構造をもち、知覚・認知・記憶・感情などの心理過程によって媒介される。心理的な性質をもった環境と個人および集団との相互作用を特定することが環境心理学の問題系を作り出した。主な研究領域としては、生態的な知覚システムの研究、環境の認識や表象、イメージなどの特性を扱う環境認知の研究、環境内での探索、道探し、なわばりの形成などの空間行動の研究、居住空間の快適性や質的属性の評価・診断を扱う環境評価の研究などがある。また、人間の成長・発達に及ぼす物理的、対人的、社会的環境の影響を体系的に明らかにすることも環境心理学の課題である。⇨環境、環境移行、環境－行為系、生態心理学　　　　　[南 博文]

関係性
relationship

ある特定の人と人との間柄を表す「関係」に対して、「関係性」とは、①より一般的な対人関係の傾向を指す場合、②間身体的・間主観的な交流や関係の歴史などを含意した、よりふくよかな意味をもたせる場合、③分離・独立した二人の人物がまずあり、双方がかかわり合うというよりも、関係そのものの自律性・先行性を強調する場合、などに使われる。①については、「あの子と周囲の人との関係性は、不信感と攻撃性に彩られている」といった用法が考えられる。②については、「乳児と養育者の関係性は、どのような相互行為をして

いるかということ以上に、日常的にどのように気持ちを向け合っているかに規定される」といった用法が考えられる。③については、「未だ自他の意識のない乳児の体験世界は養育者との関係性に大きく規定されており、そこから自己についての意識（愛に値する安定的な自己にしろ、バラバラで不安定な自己にしろ）が析出してくる」といった用法があり得る。⇨間主観性　　　[大倉得史]

関係的自己
relational self ; relational selves

重要な他者との文脈における自己についての概念や知識のこと。重要な他者には、個別の特定の他者（たとえば、母親と一緒にいるときの自己）や集団（部活の仲間と一緒にいるときの自己）、さらには一般化された他者（generalized other）を含む。類似の概念として、ジェームズ (William James) は、個人は複数の異なる社会的自己（social selves）をもつと仮定し、またミード (George H. Mead) は、自分が相互作用を行う他者全体、すなわち一般化された他者の立場からみた自分自身の姿を想像し、それを取り入れることによって、自己認識が作り出されると述べた。関係的自己は、他者との関係に応じて異なることがあり（たとえば、父親と一緒にいるときはおとなしいが、親友と一緒にいる時は騒がしい）、関係に応じて自己が変化する程度や動機についても検討されている。⇨ジェームズ、自己、自己理解、ミード　　　　　　　　　　　[佐久間路子]

関係論的パラダイム
relational paradigm ; relationalist paradigm

関係とは本来複数のモノを同時にとらえようとするときの認識形式である。モノをそれ自体として存在可能なものとすれば、モノとモノとの関係は二次的派生物と認識される。物体間の接触はこのような関係として把握されやすい。このような個体主義的な現象把握に対して、あらゆるモノは関係のなかにあり、関係のなかでこそその特

性が表出されるとするのが関係論的パラダイムである。たとえば、言葉の意味は関係のなかでしかとらえられない。どんな発話もそれ自体としてその意味を認識することはできず、ほかの発話や行為、環境を参照することで意味がわかる。コミュニケーション、対人行動、精神機能などの理解においてもそれは重要な視座を与えうる。関係論的パラダイムは個人の能力や行為の自律性を批判し、その社会性を主張しているという点でガーゲン（Kenneth J. Gergen）らの社会構成主義（social constructionism）の見解と重なるところが多い。⇨ガーゲン、関係的自己、社会構成主義、バフチン　[石黒広昭]

還元主義
reductionism

　心理学では二つの異なる意味をもつ。第一は、心理学における諸現象はより基本的な科学分野（たとえば生理学など）の枠組みによって説明可能であるという考え方である。唯物論に立てば、心的状態は脳の状態と同一となり、心理学は神経科学に還元される。これに対し、哲学者サール（John R. Searle）は因果的還元と存在論的還元を区別し、心の現象は脳の現象に因果的には還元できる（意識はニューロンの振る舞いから説明できる）が、存在論的には還元できない（意識はニューロンの振る舞いそのものではない）と主張する。第二の意味は、複雑な事象は単純な諸原理によって説明できるという考え方であり、たとえば、生体の行動を一定の要素的な刺激に対する一定の要素的な反応とみなす。この要素還元主義の考え方は、要素に分解されない全体こそが心的経験にとって本質的であると主張するゲシュタルト心理学によって否定された。⇨史的唯物論、存在論　[東村知子]

看護学
nursing science

　看護学とは、個人、家族、地域社会に由来する、健康にまつわる事象を概念化し、科学的な根拠に則り説明するとともに、事象に対する看護師の判断と推論を用いて看護実践を説明する知識体系である。看護学は、人の誕生から死までのライフステージや、疾患の状態などの健康段階を踏まえ、人間を統合的かつ包括的に理解するためにあり、多様な学問分野を融合し、「看護実践の蓄積」「看護理論」「看護教育の発展」の三つを柱に発展してきた。現在では、ライフステージや健康段階、対象の性質に応じて、母性看護学、小児看護学、成人看護学、高齢者看護学、在宅看護学、精神看護学、地域看護学、そしてこれら全分野に関連する家族看護学などの分野に分かれ、さらには、時代の変化に伴い、災害看護学や国際看護学などの分野も登場している。今後、社会の変化とともにさらなる看護師の活躍が期待され、看護実践の質の向上や発展に向け、看護実践の知の蓄積、特に、事例研究の蓄積が見直されている。⇨看護ケア、看護研究、高齢者ケア、在宅看護、理論　[上別府圭子・小林明日香]

看護ケア
nursing care

　保健師助産師看護師法において、看護師とは、厚生労働大臣の免許を受けて、傷病者もしくは褥婦（出産後の女性）に対する療養上の世話または診療の補助を行うことを業とする者をいう。看護ケアは、この医療専門職である看護師が行う、あらゆる場であらゆる年代の個人および家族、集団、コミュニティを対象とし、その対象がどのような健康状態であっても、独自にまたはほかの職種などと協働して行われる世話、ないし支援の実践である（米国看護協会）。この実践には、健康増進および疾病予防、病気や障害を有する人びとあるいは死に臨む人びとがより良く生きることを支えることが含まれ、人間の尊厳をまもることがその基盤にある。こうした支援は、看護師から対象となる相手へと一方向的に行われるものではなく、その相手との双方向の関係、

つまりケアする者がケアされる構造におい
て、あるいは「共にいる」という関係にお
いて成り立っている。 ⇒看護学、看護研究

[西村ユミ]

看護研究
nursing research

　看護の実践、教育、管理など、看護専門
職にとって重要な視点に関する系統的かつ
科学的な探究方法。その焦点は、人間の
ニーズ、病い経験、健康の維持・増進、そ
れらにかかわる生活、それを支える看護実
践に当てられており、目的に即して、質的
研究、量的研究、仮説検証型研究、実験研
究、トランスレーショナルリサーチ（橋渡
し研究）など多様なデザインが選び取られ、
倫理的配慮の下で行われている。その始ま
りは、ナイチンゲール（Florence Nightingale）
がクリミア戦争の際に、情報を得てそれを
統計学的に分析し、軍人の罹患率と死亡
率、これらへの影響要因の分析をしたこと
にある。その後、1900年代半ばより米国
で起こった看護の大学化と大学院博士課程
の設置によって発展し、現代においては、
多様な方法論が議論され、エビデンスに基
づく看護の基礎となる知が創出されてい
る。 ⇒看護学、看護ケア　　　　[西村ユミ]

監査
audit

　質的研究の質の評価法の一種である。具
体的には、研究の発端や目的から研究の成
果やその発表に至るまでのプロセスを、主
たる研究従事者とは別の者がていねいにた
どることで、研究のプロセスの信用性、倫
理性、問題点などを明らかにすることを目
的とする。こうした特徴を監査が有するこ
とによって、一般的には、質的研究は一定
の質が保証されると考えられる。具体的に
は、次のような二つの立場による監査が行
われる必要がある。まず、研究成果を享受
する立場にある論文の査読者や論文の読者
が、当該の質的研究を監査によって理解

し、批判できるように工夫することが重要
である。さらにもう一つの立場、すなわち
研究を生みだすプロセスで研究者と協働作
業をする研究協力者らが、当該の質的研究
を、その立場から理解しコメントできるよ
うに、研究プロセス全体を可視化すること
が望ましい。 ⇒質的研究の質、信用性の基
準、妥当化、妥当性　　　　　　　[上淵 寿]

観察
observation

　質的心理学の主要な研究方法の一つ。特
定の対象や場を肉眼もしくはAV機器を用
いて注意しながら見て、記録することに
よって、研究データを収集する方法。観察
対象に操作を加えるか否かによって、実験
観察と自然観察に分かれる。観察者自身が
観察対象の面前にいるのか、さらには観察
対象者と行動をともにするのか、あるいは
マジックミラーなどを通して姿を見せずに
観察するのかという参加・参与／非参加・
非参与の相違は大きい。参加・参与の場合
には、観察対象と同じ時空間に共在するこ
とにより、視覚以外からの情報もまた主観
的に採集することが可能だが、観察者の行
動が観察対象に影響を与え、観察しようと
する行動が大きく変化する場合もある。ま
た、観察方法においてサンプリングを導入
するか否かによっても収集されるデータが
変わる。たとえば、特定の行動のみをあら
かじめ選定して記録する事象見本法、一定
の決められた時間で記録する時間見本法
などがある。 ⇒AV機器を使った観察、参加観
察、参与観察、自然観察法、実験的観察法

[宮内洋]

観察者バイアス
observer bias

　観察においては、観察者が有している期
待や知識、属性などが、対象者の行動の記
録や評定、解釈に影響し、時にそれを不適
切なまでに歪めてしまう危険性がある。こ
れを観察者バイアスという。具体的には、

観察者の期待や仮説に沿うように行動の記録や評定が歪められることや、日頃からよく知っている対象には過大な評価をしがちであること、観察対象が好ましい特徴を有していると、その特徴とは関係のないほかの行動についても好意的な見方をしがちであることがあげられる。また、観察対象と観察者が、価値観やパーソナリティの点で著しく異なる特徴をもつ場合、その特徴にかかわる行動の評価が過度に厳しく、あるいは甘くなりがちであることも知られている。これらは、量的研究においてはデータの信頼性、質的研究においては信用性にかかわるものであり、信頼性あるいは信用性を高めるための努力が不可欠である。
⇨ インタビューのバイアス、信用性の基準、信頼性、バイアス　　　　　　　　［坂上裕子］

観察の単位
unit of observation

　観察を行うにあたっては一般的に、目的や対象の性質に応じて、どのような単位あるいは区切りで現象を記録、分析するかを定めておくことが多い。よく用いられる単位や区切りには、時間、事象、場面の三つがある。①時間見本法とは、一定の時間帯に生じた主な行動を逐一記録する方法である。観察時間を一定の間隔に区切り、各時間単位における行動の生起の有無や持続時間などを記録し、集計する。行動の一般的傾向や規則性などをとらえたいときに有用である。②事象見本法とは、特定の事象に着目し、その事象を一つの単位として記録する方法である。ある事象が生起してから終結に至るまでの流れをとらえたいときに有用である。③場面見本法とは、対象とする行動が繰り返し生起しそうな場面や、日常生活のなかで意味のある場面を選択し、そこでの行動を記録する方法である。場面間の比較を行い、場面による行動の違いをとらえたいときや、特定の場面における行動の特徴をとらえたいときに有用である。
［坂上裕子］

感受概念
sensitizing concept

　シンボリック相互作用論の方法論を唱えたシカゴ大学の社会学者ブルーマー（Herbert G. Blumer）が1954年に提唱した概念。調査研究の初めに指示する内容が、属性や要素、外的基準によって明瞭で特定的に決められる概念「限定概念（definitive concept）」から始まることに疑問を呈し、本来社会学の概念は感覚的道具であり、リアリティ感があって感覚的に分かりやすい概念を一般的なガイドとして理論化を図っていくべきとして、この概念を提出した。フィールドワークなどで現実の多様性を丁寧に把握するために、研究初期には概括的に方向性のみをとらえる概念を用い、調査が進むにつれて概念規定自体を精緻なものにすることで、調査者も当初気づかなかった仮説や理論を柔軟に作り出していくことができる。ブルーマーの指導を受けたストラウス（Anselm L. Strauss）がグレイザー（Barney G. Glaser）と共に、グラウンデッド・セオリー・アプローチ（GTA）を構築するにあたって、この概念がその基礎となった。⇨ グラウンデッド・セオリー、シンボリック相互作用論、ストラウス、フィールドワーク　　　　　　　　［秋田喜代美］

間主観性
intersubjectivity

　もともとは現象学において超越論的主観性との関連で取り上げられてきた概念であるが、質的心理学の枠内でいえば、身近な対人関係において、相手の心情が言葉を介さずに、また意識的解釈によることなく、自分の側に直観的、直覚的に通底し、ある意味として感得されるという事態を指す。その根底には、二者身体間で情動が比較的容易に相互に通底するという事実がある。学者によっては二者身体が共鳴・共振する様を外部観察的に見てそれをこの用語で指す場合もある。しかし重要なのは共鳴・共振の客観的な事実そのものではなく、二者

関係の一方の当事者に相手の心情がある意味として体験されるという事実である。実際、関与しながらの観察に従事する研究者や対人実践に従事する実践者にとっては、相手の心情について何かが「感得される」ことが次の対応を導いている。したがって、この用語はあくまで実践の当事者の意識体験に力点をおいて理解すべきものである。⇒現象学、メルロ＝ポンティ　　［鯨岡 峻］

感情
affect ; feeling

　和語としての感情は、英語圏において、感情現象全般を指し示す"affect"あるいは"affective phenomena"に相当する広義の概念といえる。したがって、その下位には、主観的情感（feeling）、情動（emdotion）、気分（mood）、情動的態度（emotional attitude）などが広く包摂される。主観的情感とはまさに何かを感じること、すなわち、晴れやかな気持ちやホッとした気持ちといった、人が主観的に感じとる心の動きのことを指す（感情をこの主観的情感のみを指していう場合もある）。しかし、こうした主観的状態は、特異な生理的変化や顔の表情および特定の行為傾向を伴うことがある。こうした複数の側面が絡み合いながら発動される現象を情動という。情動が一過性の反応であるに対し、一般的に気分とされるものは、何となく憂うつとか、いらいらして落ち着かないといった比較的微弱で長く持続するような心的状態を指す。気分は情動ほどに先行事象が明確でなく、ほとんど自覚されない形でも生じ得る。情動的態度とは、好き・嫌い、憎悪・敬愛・思慕といった、個人がある特定の対象あるいは他者に対して一貫してとる心的スタンスをいう。⇒情動　　　　　　　　　　［遠藤利彦］

感情労働
emotional labor

　感情演技が労働の一環でなされる場合を、ホックシールド（Arlie R. Hochschild）は感情労働と名づけた。感情労働には、表出感情と内面がずれている表層演技（surface act）と、状況から想定される感情表出と大きくずれた感情を内面との違和感なく表出する深層演技（deep act）がある。現代の社会生活上、化粧や服装の選択なども感情表出のコントロールを全くしないでいると、適応的とはみなされない。これらの見え方の操作は、程度の差こそあれ、社会生活を営むなかで多くの人がしており、ある程度の感情演技も円滑な人間関係のために必要であろう。しかし、それが労働として避けがたい場合、長期的には自己疎外などの問題が生じると懸念された。その後、看護や保育などの対人援助職においては、質の高いケアのために必須である側面が強調され、感情労働をしやすい環境などが論じられるようになった。⇒感情、化粧［戸田有一］

関心
interest

　関心とは、一定の方向性と持続性をもった人間の志向性のことを指す。人は関心に応じて価値を見いだす（価値の原理）。関心のないことには価値は見いだせない。そのため一人ひとりの内面や意味世界、事例の詳細に関心がなく、全体的傾向をつかみたいという関心をもつ人は、質的研究には価値を見いだせず、あんな研究には意味がないと批判することになることも少なくない。ところが同じ質的研究を標榜している人びとですら、お互いの関心の違いに気づくことができずに、方法論を遵守することが正しいと思い込むことによって、信念対立に陥ることもある。何を知りたいのかという研究関心抜きに、正しい研究法が転がっているということは原理的にあり得ない。必ず研究関心に応じて（相関的に）、それを明らかにするために有効なフィールドを選択し、対象者を選び、データ（テクスト）を集め、分析する（解釈する）ことになる。これが構造構成主義をメタ理論とした構造構成的質的研究法（SCQRUM）の考え

方である。 ⇨構造構成主義　　［西條剛央］

間テクスト性
intertextuality

「間テクスト性」は、文学理論と記号論の研究者であるクリステヴァ（Julia Kristeva）が提唱した概念で、「テクスト間相互関連性」ともいわれる。クリステヴァは、「間テクスト性」を「…あらゆるテクストは引用のモザイクとして構築されている。テクストはすべて、もう一つの別なテクストを吸収、変形したものである」と定義している。この概念には、書かれたものも含むあらゆる言表は発信した側から受信した側に一方向的に進むのではなく、受け取る側で多様な解釈とテクストの置換が想定されている。クリステヴァのこの概念は晩年のソシュール（Ferdinand de Saussure）のパロール論と、表層のテクストの背後に別の意味が含まれているというアナグラム論、そしてバフチン（Mikhail M. Bakhtin）の対話による意味の生成という発想がもとになっている。「間テクスト性」はテクストの多様な解釈と意味生成の可能性を述べたもので、ドゥルーズ（Gilles Deleuze）の多様な意味生成を論じた「リゾーム」ともつながりをもっている。 ⇨ソシュール、対話、バフチン、パロール　　［佐藤公治］

緩和ケア
palliative care

WHO（世界保健機関）による2002年の定義によれば、「生命を脅かす病に関連する問題に直面している患者とその家族のQOLを、痛みやその他の身体的・心理社会的・スピリチュアルな問題を早期に見いだし的確に評価を行い対応することで、苦痛を予防し和らげることを通して向上させるアプローチ」（緩和ケア関連団体会議作成日本語定訳）である。この定義では、従来の考え方と比較して、早期から治療と並行して行われるものであることが強調されている。2007（平成19）年に施行されたがん対策基本法に基づくがん対策推進基本計画においても、治療の初期段階ないし診断時からの緩和ケアが重点的に取り組むべき課題として明記されている。緩和ケアには、緩和ケア病棟でのケアに加え、治療中の病院における緩和ケアチームによるものや、在宅での往診や訪問看護の下で行われるケアなどがある。 ⇨エンド・オブ・ライフケア、がん、看護ケア　　［前田泰樹］

ギアーツ〔1926-2006〕
Clifford Geertz

米国の文化人類学者。ウェーバー（Max Weber）の影響を受け、文化を意味ある象徴体系の総体としてとらえ、『文化の解釈学』（原著1973）において「文化の研究はどうしても法則を探究する実験科学の一つにはならないのであって、それは意味を探究する解釈学的な学問に入る」として、解釈学的人類学の創始者となった。行動科学全盛の時代に、刺激への人びとの「反応」ではなく「行為の意味」を記述することを唱えた厚い記述の説は、日本の質的心理学の興隆のなかでもたびたび引用された。主要フィールドの一つであるバリ島の権力のあり方を劇場国家として特徴づけて政治学や法学にも影響を及ぼすなどし、人文社会科学における解釈学的転回の源の一つと目されている。 ⇨厚い記述、解釈学的転回
　　［渡辺恒夫］

記憶
memory

記銘ー保持ー再生／再認という認知的情報処理モデルで理解されることが多い現象。19世紀後半から20世紀初頭にかけてドイツで活躍した心理学者のエビングハウス（Hermann Ebbinghaus）は、保持過程に関する実験研究を行った。その後、脳内保持

過程に関する研究は、情報処理における記憶貯蔵の役割に注目したワーキングメモリ研究へと発展している。一方、記憶の社会性に着目した研究は、想起（remembering）研究と呼ばれ、古くはバートレット（Frederic C. Bartlett）に始まり、1980年代後半からはミドルトン（David Middleton）とエドワーズ（Derek Edwards）を中心に研究が進められてきた。想起研究では、思い出すこと（想起）や思い出さないこと（忘却）が他者とのやり取りにおいてどのように遂行されるかに関心があり、想起現象は脳内にとどまることなく外部にも広がっていく。たとえば、震災や戦争の記念碑が震災や戦争体験にかかわる人びとの想起をどのように媒介するかがディスコースの分析により明らかにされた。 ⇒共同想起、体験報告、ディスコース心理学　　　　　［大橋靖史］

記憶障害
memory disorder

　かつて取り込まれた情報を想起することができない、あるいは、新たな情報を記銘することができないなどという状態を記憶障害という。認知心理学では、エピソード、知識、行為、手続きのいかんを問わず、体験を脳が処理できる形に符号化し、貯蔵し、再生（想起）する機能の総体を記憶ととらえるが、さまざまな原因によりそのいずれかの機能に問題が生じたことで記憶障害が生ずると考えられている。記憶障害には、その原因の発症時期より新しい出来事を健忘する前向性健忘、その時点より前の出来事についての想起が障害される逆向性健忘がある。また、ほかに自己の体験を時間軸上に正確に定位できない、会話が断片的で作話的になりやすいなどの症状がでることがある。記憶障害は認知症や高次脳機能障害などの中核症状の一つとされており、健常な人の物忘れとは違い一見軽度にみえても日常生活や社会生活、また職業上さまざまな支障を生じやすい。 ⇒記憶、高次脳機能障害、作話、認知症　　［青木美和子］

危機予防モデル
crisis prevention model

　危機とは「人生の重要な目標の達成が妨げられるような事態に直面した際に、それまでの対処法では解決できない結果生じる状態」（Gerald Caplan）であり、危機につながる可能性のある個々の事象をリスクという。危機予防には、個々のリスクが危機に至らないようにするリスク・マネジメントと、危機発生後の被害を最小限度にとどめ二次的な被害を回避するために行われるクライシス・マネジメントがあげられる。これらを含む危機予防モデルとして、カー（Mary M. Kerr）は包括的な学校危機予防モデルを提示している。情報収集や予防教育を行う「予防・緩和段階」、危機対応計画の作成や訓練を行って危機に備える「準備段階」、直後の対応を行って安心・安全を確保する「対応段階」、中長期的なサポートやそれまでの対応の検証を行って再発防止を目指す「回復段階」の循環モデルであり、学校以外にも広く援用可能である。
　　　　　　　　　　　　　　　［窪田由紀］

記号
sign

　記号とは、ある事物・事象を代理するもののことである。ソシュール（Ferdinand de Saussure）は、言語において記号表現（シニフィアン）と記号内容（シニフィエ）が結合した全体を記号（シーニュ）と考え、パース（Charles S. Peirce）は、記号を解釈する解釈者の代わりに解釈項を措定し、それ自体も記号であるとした。普遍的な性質として、①コミュニケーションを媒介する社会的・文化的に共通の約束事（コード）がある、②あるものがほかの何かを表す、③意味は差異的な関係性のなかで決まる、などがある。バルト（Roland Barthes）は『モードの体系』（原著1967）で、ファッションという高次の意味作用に関する言語表現の分析を通じて文化現象の多層的意味を明らかにする方法を展開した。エーコ（Umberto Eco）

は、記号を実体としてではなく関係性とみる見方を継承して、言語を土台とする文化の単位であるとした。 ⇨エーコ、記号学と記号論、バルト　　　　　　　　[小島康次]

記号学と記号論
semiology and semiotics

　記号およびその意味連関を研究する学問のことで、ソシュール（Ferdinand de Saussure）は記号学（semiology）と呼び、パース（Charles S. Peirce）は記号論（semiotics）と呼んだ。前者は体系的な言語を対象とする言語学の延長上に記号を考えたために、背後にコードの存在を予想するような記号使用を問題にした。それに対して後者は記号がいかなる条件のもとで機能するかという考察から出発した。そのために、何かが何かを表わすと解釈できる記号現象すべてを対象とした。また、解釈者の代わりにそれ自体、記号である解釈項を設定することで記号論の一般化を図った。エーコ（Umberto Eco）は記号の意味としての文化的単位を解釈項と結びつけ、それがさらに次の解釈項を生みだす無限の意味作用を引き起こすものとした。これによって記号論は自立的な体系としての成立を保証されるに至った。文化を記号ととらえる活動は、イデオロギーを生みだす契機ともなるし、イデオロギーに対する批判にもなり得るとされた。 ⇨エーコ、記号、ソシュール、パース、バルト　　　　　　　　　　[小島康次]

記号的道具　⇨媒介物

帰国児童生徒
returnee students

　親の勤務などに伴って日本国外に滞在した後に、帰国した児童生徒。文部科学省は「学校基本調査」において、海外勤務者などの子どもで、1年を超える期間海外に在留し、調査の前年度間に帰国し、調査年の5月1日時点で小学校・中学校・義務教育学校・高等学校・中等教育学校に在籍する児童生徒を帰国児童生徒と定義し、その人数を把握している。しかし、これは操作的な定義であり、海外在留の理由や期間、帰国後の年数などに絶対的な基準はない。入学者選抜で特別な配慮がなされる場合には、個々の学校が条件を定めている。日本人の海外活動が活発になり始めた1960年代から、帰国児童生徒の編入学や学校適応の困難が顕在化し、日本政府は、受け入れる学級や学校の設置や、編入学の機会拡大を推進してきた。帰国児童生徒の教育においては、日本の環境への適応に加え、海外で習得した特性の伸長や、日本で育った児童生徒との相互啓発の重要性も指摘されている。 ⇨異文化間心理学、異文化接触、異文化体験、異文化適応　　　　[渋谷真樹]

記述的観察
　―マイクロ・エスノグラフィーの―
descriptive observation in micro–ethnography

　マイクロ・エスノグラフィーにおける参与観察の第一段階の観察で、「フィールドの全体像を把握するために、フィールドで生じている事柄を幅広く観察して詳細に記述することを中心とした観察」のこと。人類学者のスプラッドリー（James P. Spradley）は、フィールド調査で必要になる観察の形は、どのような問いを立てるかという探究の仕方によって基礎づけられると考え、「記述的観察」→「焦点的観察」→「選択的観察」という3段階を踏んで参与観察を進めることを提案した。探究すべき問いが未確定な状態でフィールドに入ることが多い「記述的観察」の段階では、網羅的な記述をするうえで、すべての社会的状況がもつ九つの要素（①空間、②行為者、③活動、④物体、⑤行為、⑥出来事、⑦時間、⑧目標、⑨感情）を縦軸と横軸にした9×9マトリックスをガイドとして使うことが推奨されている。「記述的観察」では、フィールドの複雑性を把握しつつ、フィールドを特徴づける重要な事象や意味カテゴリーなど、その後の調査を方向づける具体的な視点を見い

だせるかどうかが鍵になる。 ⇨研究設問
（リサーチクエスチョン）、焦点的観察、スプ
ラッドリー、選択的観察―マイクロ・エスノグ
ラフィーの―　　　　　　　　　　［柴山真琴］

記述の意味づけ
making sense of description

　同じ状況に身をおいたとしても、人は他
者と同じように感じ、思い、反応し、体験
するわけではない。質的研究者は、研究対
象となる人びとが日常世界においてどのよ
うな経験をしているのか、その経験にどの
ような意味を与えているかに関心を示し、
人びとが構築してきた意味を理解したいと
願っている。たとえば、病いにかかる、怪
我をするといった客観的な出来事が、自身
の世界において意味をなすのは、その客観
的な出来事に対する主観的な意味づけによ
る。この意味づけのプロセスを理解するた
めには、人びとが日常世界あるいはリアリ
ティをどのように構成しているのかを研究
のなかで再構成することが求められる。つ
まり、記述の意味づけには人びとの体験・
経験をデータとして収集し、データ分析の
なかで再構成し、その意味を理解していく
作業が含まれる。このデータの意味を理解
する作業が、記述を意味づけていくプロセ
スとなる。 ⇨質的研究、質的データ分析
　　　　　　　　　　　　　　　［操華子］

記述のコード化
coding of description

　コーディングとも呼ばれ、インデックス
化（indexing）と同義語で使用される。研究
者が手にした逐語録やフィールドノーツ、
写真や録画などのローデータの分析を開
始する際、共通して取り組む作業である。
データの意味を考えつつ、適切なユニット
にデータを切り分け、切り分けたデータの
断片の特徴をふまえ、命名していく。この
作業を通し、ローデータを意味づけてい
く。一般に、記述的な意味合いの強いコー
ド化から分析的・説明的な意味合いの強い

コード化へと進み、データの抽象化、概念
化を目指す。質的データ分析方法によって
コード化の分類は異なるが、代表的な質的
研究であるグラウンデッド・セオリーで
は、オープンコード化、軸足コード化、選
択的コード化に分類している。グラウン
デッド・セオリーの生みの親であるストラ
ウス（Anselm L. Strauss）は、かつて彼の著
書のなかで「（質的）研究の素晴らしさは、
ほとんどコーディングの素晴らしさによる
ものである」と述べている。 ⇨オープン
コード化、軸足コード化、質的コード化、選
択的コード化　　　　　　　　　［操華子］

技術の社会的構築論
social construction of technology : SCOT

　近年興隆する技術社会学の中核的理論
の一つ。ヒューズ（Thomas Hughes）、ベイ
カー（Wiebe Bijker）、ピンチ（Trevor Pinch）
といった歴史家、社会学者が中心になって
主張した議論。科学社会学が、科学的探求
のプロセスを、多彩な論争のフェーズか
ら、それが収束し、対象が科学的事実とし
て確立していくという過程としてみること
を参照し、技術もまた、その初期の多様性
が、最終的に特定のレベルに落ち着くと、
標準的なテクノロジーとして定着するとい
う図式を呈示した。発展の初期段階では、
多様な社会集団のニーズを前提とするた
め、社会的構築の言葉が使われる。英国、
オランダなどを中心に影響力が強いが、他
方、技術発展の初期段階に注目しすぎる点
や、あるいは社会集団を中心とした分析枠
組みなどへの批判がある。近年ではこの前
提を超えて、より細密なユーザー論、使用
中のテクノロジー論、さらに技術の長期的
発展可能性といった活発な議論の展開がみ
られる。　　　　　　　　　　　［福島真人］

基礎付け主義
foundationalism

　基礎付け主義とは、信念や判断の構造に
ついて、知識を究極的に基礎づける絶対確

実な基盤となるものの存在を認める立場である。その基盤を、理性とする立場を大陸合理論、経験にみる立場を経験論と呼ぶ。デカルト（René Descartes）らの大陸合理論は、神などを絶対確実性の「保証人」として想定するのに対し、ロック（John Locke）らの経験論はそうした「保証人」なしに人間の経験を基礎とみる穏健な方向をとる。これらの延長上にカント（Immanuel Kant）の超越論的観念論やフッサール（Edmund Husserl）の超越論的現象学がある。対して反基礎付け主義といわれるものを、ローティー（Richard Rorty）や、ポスト構造主義ほかのポストモダニストが主張した。彼らは、基礎的信念自体が内容なき同義反復（トートロジー）であって、ほかの信念の基礎としては働かないなどと指摘した。なかでも相対主義者は文化間の差異を強調することで、文化や人間のあり方を問い直した。⇨経験主義、合理主義、存在論、認識論、本質主義　　　　　　　　　［金馬国晴］

キツセ〔1923-2003〕
John Itsuro Kitsuse

社会問題の構築主義（constructionism）の提唱者。1960年代の初期段階ですでに、相互行為論的逸脱論を展開し、シコレル（Aaron V. Cicourel）との共著論文では「公式統計は組織活動の産物である」と主張するなど、社会問題の構築主義に通じる基本的なアイデアを表明していた。当時の米国の逸脱理論は、規範的志向性をもった構造機能主義と葛藤論的志向性をもったラベリング理論とが対立する状況にあったが、キツセは、ラベリング理論の理論的弱点を克服し相互行為論的アプローチを徹底することで社会問題の構築主義を提唱した。その後、「実在か構築か」をめぐって方法論上の論争が起きるが、1970年代半ばから長年にわたり社会問題の構築主義を主導した。⇨社会問題の構築、ラベリング理論
　　　　　　　　　　　　　　　　［北澤　毅］

城戸幡太郎〔1893-1985〕
Mantaro Kido

戦前、戦後の日本の心理学と教育学の発展に大きな貢献をした心理学者、教育学者。城戸は一貫して自らの学問を教育の実践とのかかわりのなかで追究する姿勢をもち続けた。それは、彼が主張した、心理学や教育学には実践的な性格が欠けているという批判になっている。城戸の思想の根本にあるのは、教育は人間が文化を創造し、形成していくことと、文化のなかで一人ひとりが自己を実現していくという「文化的個性化」の考えであった。そこで、心理学は文化心理学であり、教育心理学は文化形成を促すものであるべきだとした。彼は、文化、社会の発展と人間の発達を統一的にとらえていく心理学、教育学を創り出していくことを目指した。⇨教育心理学、実践研究、文化心理学　　　　　　　　　［佐藤公治］

気になる子
difficult child

主に集団保育の場において、保育者からみてほかの子どもとは異なる状態像を示す子どもを指す言葉として用いられる。「落ち着きがない」「友だちと遊べない」などの特徴があげられることが多いが、必ずしもそれらに限定されるわけではなく、現場の状況や文脈によって指し示す状態像は異なる。1990年代から保育研究において「気になる子」という用語が散見し始めた。特定の子どもが「気になる子」と把握される背景として、保育者のもつ実践知の枠組みや保育環境と子どもの意図や行動が合致していないこと、およびそこから生じる関係性の不全を指摘する研究がある。一方、近年では「気になる子」という用語を、発達障害とは診断されていないが何らかの発達的課題を抱えていると思われる事例を指し示す言葉、つまり子ども個人に所属する特性を指し示す言葉として使用する例が増えている。⇨関係性、発達障害、保育
　　　　　　　　　　　　　　　　［藤野友紀］

記念日
anniversary

　過去の何らかの出来事について、それを想起・記銘することを意図して指定される。記念日は、当該の出来事の記憶を保持し、それを継承しようとするとき重要な役割を果たす。人間の記憶は、身体に貯蔵された狭義の記憶だけに依存するのではなく、環境へと広く滲出して保有されているからである。記憶が場所と連動しているのと同様に、「今年もまたあの日がめぐってきた」など、記憶は特定の期日とも連動しており、それが記念日効果を担保している。他方で、記念日には注意すべき別の働きもある。つまり、記念日は、出来事の忘却を促進、より控えめにいっても、出来事に「一区切り」つける作業を促進してしまう一面も有している。たとえば、亡くなった方の年回忌は、もちろん故人を偲ぶための機会であるが、同時に、それは、故人に対する供養の営みに一区切りをつけて日常生活を確保する働きももっている。⇒記憶、災害、生態学的アプローチ、想起、物語的自己　　　　　　　　　　　　［矢守克也］

帰納
induction

　演繹、アブダクションと並ぶ推論形式の一つで、広くはアブダクションも含む。典型的には、個々の具体的な事象や事例から共通属性を抽出し、それを前提として一般的・普遍的な命題を導き出すという形をとる。たとえば、複数の「カラス」について「黒い」という属性を直接観察した場合、そこから「すべてのカラスは黒い」という結論を導く。既存の理論をトップダウン的にデータに押しつけずにボトムアップで仮説生成をしようとする質的研究の場合には、データの分析における基本的な推論方式として重視される。ただ、演繹とは異なり、前提が真であっても導き出された命題が正しいとは限らない。観察された99羽のカラスが黒かったとしても、100匹目が白いカラスである可能性を完全には排除できないからである。この形の推論は蓋然的なものにとどまり、結論としての命題にも、「すべての…」ではなく、「多くの…」「ほとんどの…」などといった形容詞がつくことがある。⇒アブダクション、演繹、研究の理論的枠組み　　　　　［能智正博］

帰納的コード化
inductive coding

　インタビューなどで得られた質的データをコード化する方法の一つ。理論から導かれる概念や仮説をもとにあらかじめコードを作り、データにそのコードを付けていく演繹的コード化とは反対に、データのなかからできる限り調査対象者の意味世界に即した言葉を用いてコードを立ち上げ、コード間の関係性を分析しながら概念やストーリーを見いだしていくボトムアップ型のアプローチである。特にグラウンデッド・セオリーに基づく研究法で用いられる。先行研究が少ない領域で仮説生成的な研究を行う場合や、既存の研究の前提を問う際、既存の研究などに有効である。個々の研究法のなかでオープンコード化やデータ駆動型あるいはデータ主導（data-driven）コード化と呼ばれることもある。実際のコード化作業では、演繹的コード化と組み合わせて、理論とデータの間を行き来しながら分析を進めていくことが多い。⇒演繹的コード化、オープンコード化、帰納、グラウンデッド・セオリー、コード化　　［髙橋史子］

帰納法
inductive method

　推論形式としての帰納を用いてデータを整理する方法の総称。帰納とは、観察された具体的な事象から、一般的・普遍的な命題を導き出す推論形式であり、少ない観察からの思いつき的な推論とは異なる。質的研究においてはKJ法やグラウンデッド・セオリー・アプローチにおいて帰納的な推論が援用されている。これらの研究法で

は、すでに観察された事象（データ）から一般的なカテゴリーを生成し、カテゴリー間の関係を命題化（仮説生成）する。新たに得られたデータがそれまでに生成されたカテゴリーによって説明されたり、すでに生成された命題を否定すると判断されたりする時は、さらにデータ整理を続ける必要がある。ある程度の量の新たなデータがそれまでの推論を否定しない状態になった時（飽和）、データの整理を終了できる。なお、研究仲間（ピア）と共に行ったり、研究熟達者（スーパーバイザー）の指導を受けたりすることによって、帰納的な推論にありがちな間違いや安易な終了を避ける必要がある。⇒演繹、帰納、グラウンデッド・セオリー、KJ法、理論的飽和　　　　　　［サトウタツヤ］

規範
norm

　規範とは、行為を拘束したり可能としたりする制度化された力である。デュルケム（Émile Durkheim）は、ある行為は、犯罪的だから共同意識を傷つけるのではなく、それが共同意識を損なうから犯罪的なのだ、と犯罪を定義したが、ここでの共同意識が規範概念の一つの原型である。そしてバーガー（Peter L. Berger）とルックマン（Thomas Luckmann）は、「いま、ここ」を超越する力をもつ言葉を用いることで、人びとは身の回りで生起する出来事を客観化し類型化するという。こうしてわれわれの私的経験は匿名化され、同じカテゴリーを担う人びと（親、教師、女性、日本人など）にとっての規範となる（ここで「規範」とは、役割や成員カテゴリーをめぐる一般化された「期待」「権利」「義務」を意味する）。人間は、自ら社会的事実を構成しその事実に自らが拘束されるという意味で、「社会的事実は規範的構成物である」というのが社会学の事実認識の基本である。⇒構築主義、社会構成主義、制度、文化　　　　　　　　　　　　　［北澤　毅］

ギブソン〔1904-1979〕
James Jerome Gibson

　米国の知覚心理学者。オハイオ州生まれ。プリンストン大学で哲学を専攻し、新実在論のホルト（Edwin Holt）の『意識の運動理論』から影響を受けた。スミス大時代の1941年から空軍心理テスト部門でパイロットの空間定位テストを作成し、「地面が視覚の基礎である」という発想を得て『視覚ワールドの知覚』（原著1950）を著した。1949から年コーネル大に在籍、1966年に基礎定位、触－身体覚、聴覚、味覚、嗅覚など全注意系を『生態学的知覚システム』（同1966）に著した。中年以降の聴力低下の中、生態光学を土台とする『生態学的視覚論』（同1979）をまとめた。伝記に妻の発達心理学者エレノア（Eleanor Gibson）の『アフォーダンスの発見』（同2002）とリード（Edward Reed）の『伝記ジェームズ・ギブソン』（同1988）がある。⇒アフォーダンス、生態学的アプローチ、生態心理学、生態学的環境、ダーウィン、知覚システム
　　　　　　　　　　　　　　　［佐々木正人］

木村　敏〔1931- 〕
Bin Kimura

　日本の代表的な精神医学・精神病理学者。京都大学名誉教授。西田哲学を精神病理学に導入し、統合失調症の症状理解に独自の観点を提示した。人間の時間感覚を三つの様態に分類し、アンテ・フェストゥム（祭りの前）を統合失調症的、ポスト・フェストゥム（祭りの後）を躁うつ病的、イントラ・フェストゥム（祭りの最中）をてんかん的とする人間学的時間論による精神病理の解明を行った。また「あいだ」という文化概念をもとに、精神病の根源に主客を成立させている根拠との関係の病理を読みとろうとした。河合臨床哲学シンポジウムを主宰し臨床哲学という学際領域を開拓したことや、ヴァイツゼカー（Viktor von Weizsäcker）の心身医学、生命哲学の翻訳紹介を通して独自の生命論を展開したこと

でも知られる。 ⇨あいだ 　　　［森岡正芳］

虐待
abuse

　他者に対して暴力的に接したり、必用な世話をしなかったりすることなどによって、酷い扱いをすること。心理学においては特に児童虐待、高齢者虐待が取り上げられる。児童虐待は身体的虐待、性的虐待、ネグレクト、心理的虐待に分類される。児童虐待の影響として攻撃性、おびえや孤立、自尊感情の低下などが現れる。PTSDを発症することもある。児童虐待の背景は国や時代によって大きく異なるが、日本では少子化、核家族化、コミュニティの弱体化、経済不況などが主な要因とされている。子育て支援や社会的養護の充実が虐待予防には重要であり、また被虐待児のケアとしてトラウマに着目した心理療法が多く開発されている。高齢者虐待は米国では虐待、放任、搾取に分類され、予防と対応について法整備されている。日本でも高齢者虐待は深刻化しており、介護者にかかる過剰な負担を減らし、コミュニティのなかで高齢者をケアし、高齢者の人権を守ることが求められている。 ⇨児童相談、児童養護、社会福祉学 　　　　　　　　［金丸隆太］

脚本分析
script analysis

　精神分析の流れをくむ米国の精神科医バーン（Eric Berne）によって1950年代後半に開発された。脚本分析とは、統合的心理療法として体系化された交流分析（transactional analysis：TA）の基本概念の一つである。交流分析では、人生を一つのドラマとみなし、各自が独自のシナリオを演じているのだが、そのなかの一定の固定化された役割を「脚本」と呼んでいる。脚本は、幼児期に両親から与えられたメッセージ（禁止令）によりきっかけを与えられ、その後の対人関係によって強化・固定化され、ついにはあるテーマを繰り返して生き

るようになる。それは無意識の人生対処法といってよく、「ねばならぬ」に縛られているところが特徴である。脚本から脱却するには、「脚本チェック・リスト」などに従って、自分の生育歴を系統的に調べ、親の禁止令に対して自分が幼時期に決断した状況を再現し、いまより建設的な生き方を選択する再決断療法を行う。 ⇨交流分析、主題分析、人生の意味、TEA（複線径路等至性アプローチ）、ライフヒストリー 　［箕口雅博］

キャズデン〔1925- 〕
Courtney Borden Cazden

　米国の教育社会言語学者。1970年代以来、米国における学校教育のエスノグラフィーの中心的存在であり、子どもの言語発達、公教育における言語の機能に焦点を当てて研究を重ねてきた。小学校教師としての経験と、民族学および言語学研究者としての洞察と方法論的厳密さとを組み合わせ、教室の相互作用を分析するための中心的な方法論を民族誌と談話分析を取り入れ確立することに貢献した。教室談話研究を教室のコミュニケーションシステムの研究と位置づけ、教室における言語の機能を、①命題情報の伝達、②社会的関係の構築と維持、③発話者のアイデンティティや態度の表明、からとらえる視点は、教室談話研究を超えて広く授業研究や教育実践研究においても共有されている。 ⇨エスノグラフィー、学校教育、教室談話、授業研究、ディスコース分析 　　　　　　　　［藤江康彦］

客観主義
objectivism

　現実に存在するのは世界（しばしば物理的世界のこと）であり、それを対象とする認識はそれに従属する副次的な存在に過ぎないと考える立場。主観主義の対語である。客観主義からすれば、認識は認識主体によって多様であり、かつ私秘的であるゆえデータの公共性を旨とする科学の主題にはならない。むしろその認識を生みだす対象の、

公共的なあり方に基づく科学が推奨される。正統な弁証法的唯物論を主張する三浦つとむからすれば、対象－認識－表現の相対的に独立した三項からなる、継時的あるいは循環的な連関のなかでそれぞれの項を考察するのが、真の科学的態度である。客観主義はこの連鎖を断ち、かつ対象と認識の相対的独立性を認識の対象への従属性として考える間違った思考である。なおしばしば唯物論は客観主義と混同されるが、三浦はこれを弁証法的ならぬゆえ「タダモノ論」と揶揄している。　⇨ 活動のオブジェクト、事実―社会構成主義の視点から―、事実―主観と客観の対立の視点から―、主観主義、素朴実在論
[森 直久]

客観性
objectivity

　言説や主張を導く手続きに独断的・恣意的過程がみられないこと。言説や主張の内容の確認が公共的に行えること。近代心理学は、客観性を重視する近代科学に範をとって、観測の公共性・再現性を重視する学範（ディシプリン：学問分野のこと）を作り上げた。公共的な観察が可能な「行動」を対象に、「測定」という数値化の技術によってデータを収集し統計処理を行って心について論じることが重視された結果、実験やアンケートなどを用いてデータを数値にして処理することが客観性の担保だと見なされることが多く、言語データやその意味解釈に基づく研究が軽視されがちとなった。客観性は、個人による解釈または個人の経験に基づく言説や主張（主観性）、特定の個人が根拠なく行う言説や主張（独断性・恣意性）と対置させられることが多いものの、主観性は独断性・恣意性と同義ではなく、心理学を含む学的思考にとって主観性は客観性と共に重要である。　⇨ 客観主義、事実―社会構成主義の視点から―、事実―主観と客観の対立の視点から―、主観主義、主観性
[サトウタツヤ]

キャリア
career

　語源はラテン語の"carrus"。16世紀には「疾走」を、19世紀に入り「一生の行路・経歴」を意味するようになったとされる。働き方が多様化するなかで、キャリアの意味があいまいに使用されることから、文部科学省中央教育審議会（2011〔平成23〕年1月31日）はキャリアを「人が、生涯の中で様々な役割を果たす過程で、自らの役割の価値や自分と役割との関係を見いだしていく連なりや積み重ね」と定義した。この定義は、働くことを狭義に職業生活に限定せず、家庭生活、市民生活などを含めた広義なものであり、キャリア研究の第一人者スーパー（Donald E. Super）がキャリアの定義を「ライフ・キャリア・レインボー」として人生役割にとらえたものとほぼ同じである。定義を明確にするために、狭義な使用（職業・職務・職位・経歴・進路など）においては「職業キャリア」「ワーク・キャリア」、広義な使用（上記の文部科学省の定義）においては「ライフ・キャリア」を使用する傾向がある。研究では明確に定義づけて使用することが望ましい。　⇨ キャリア教育、クオリティ・オブ・ライフ、社会的アイデンティティ、生涯発達心理学、ライフ
[豊田 香]

キャリア教育
career education

　1999（平成11）年12月の文部科学省中央教育審議会答申「初等中等教育と高等教育との接続の改善について」において、日本で初めて公的に使用された語。その後2011（平成23）年1月の中央教育審議会において「一人一人の社会的・職業的自立に向け、必要な基盤となる能力や態度を育てることを通して、キャリア発達（＝社会の中で自分の役割を果たしながら、自分らしい生き方を実現していく過程）を促す教育」と定義された。雇用制度の見直し、知識の高度化、個人の長寿化などを背景に発達段階に応じた

キャリア教育が必要であるとし、文部科学省・厚生労働省・経済産業省が主導している。教育内容は、就職前には、小中高大の学校教育全体での労働観や職業観の育成、インターンシップなどを通した学校から仕事への円滑な移行、就職後には、専門職大学院などによるリカレント教育や国家資格等の取得支援などが展開されつつある。現状に適応するためのエンプロイアビリティの向上と、現状を改善改革するためのシティズンシップ教育の両面が、キャリア教育では重要とされる。 ⇨ キャリア、クオリティ・オブ・ライフ、社会的アイデンティティ、生涯発達心理学、ライフ　　　　[豊田 香]

教育学
pedagogy ; study of education

人間形成という価値的営みを対象とする学問である。主に三つの側面を有する。①教育それ自体の価値を前提とし、子どもを教育する技術やそれについての知識や考え方を意味する「ペダゴジー（教授学）」としての教育学、②政治や経済などと同様に、教育も社会的事実とみなし、実証的な社会科学的方法でとらえようとする「教育科学」としての教育学、③教育哲学や教育社会学、教育心理学、教育方法学といった学問の総称としての教育学、といった意味がある。戦後教育学に大きな影響を与えた勝田守一は、政治や経済など教育の外側の価値に従属させられる状況への対抗として、教師の教育実践の中から、子どもの発達を軸にした、教育に固有の価値を拾い上げ、経済や政治などから相対的に自立した教育の価値を措定した。そしてその価値に基づいた実践を積み上げながら教育学を構成した。質的心理学研究はその系譜において、教師や子どもの、語りや実践から教育の価値やローカルな知を構築することに深くかかわっている。 ⇨ 学校教育、教育社会学、教育心理学、実践研究　　　　[藤江康彦]

教育工学
educational technology

教育工学は、人の学習のあらゆる面に関する問題を分析し、それらの問題を解決するための方法を設計、開発、実行、評価するための理論と実践からなる学問である。教授・学習過程を支援する道具およびそれらの利用方法の開発を中心的課題とする。教育工学は実践的にアプローチすることが特徴であり、理論と実践の関係性に着目すると、主に次の四つの研究がある。①優れた実践を研究対象とし一般化する研究：実践を繰り返し、パターンを取り出し典型化を目指す。②理論を実践する研究：「原理－応用」に基づいて行われるが、現場の文脈に根ざした実践知を明らかにすることを目指す。③教育現場での事象を解明する研究：教授・学習プロセスやその構造など実践の創造における内在的機能の解明を目指す。④現場における実践と理論を弁証法的に発展させる研究：授業研究をはじめ教師教育に関する研究を中心にアクションリサーチとして位置づけられ、研究者と実践者の協働を通して知の構築を目指す。 ⇨ アクションリサーチ、学習科学、教師研究、授業研究、授業実践　　　　[岸 磨貴子]

教育困難校
school with educational difficulties

学習指導や生徒指導など教育活動の遂行において、教師の教育負担が重い学校。低学力や欠席過多、暴力事案、いわゆる非行を含む問題行動の頻出など、対処に時間と負担がかかる諸問題を抱えていることが多い。高校の場合、入試一次募集時の定員不充足や中途退学者率の高さ、卒業後の進学率の低さなどがみられ、受験偏差値が概ね低くランク付けされることから「底辺校」とみなされた時期があった。しかし、序列的、抑圧的表現を避けることに加え、近年、学校で対処する問題が多様化、複合化し、期待される教育活動の円滑な遂行に困難をしばしば伴うことから、この呼称が用

いられている。高校には、中学在学時に低学力や不登校、いじめ、暴力行為、家庭の不和や貧困など学修上、対人関係上の問題を経験した生徒が相当数おり、学校不信や修学困難の遠因にもなっている。一方で、教師集団が問題状況と教育課題を共有して学校改革に至ったケースは少なくなく、「学び直しの場」としての機能も果たされている。　⇨社会構成主義、生徒指導

[本山方子]

教育社会学
sociology of education

　教育にかかわる諸現象を、主として社会学の方法や理論を用いて解明しようとする学問領域。その歴史は19世紀末から20世紀初頭の学問動向にまでさかのぼる。とりわけフランスの古典的社会学者デュルケム（Émile Durkheim）は、教育の心理学とともに教育の社会学を教育科学の一領域と定位して、この学問独自の存在意義を主張した。その後、1920年代には米国で学会創設や専門学術雑誌の創刊がなされ、学問の制度化が進んだ。第二次世界大戦後には、内外ともに現代の諸問題に連なる本格的な研究の蓄積が進んだが、1960年代までは教育機会の不平等や産業化といったマクロな社会問題に関心が集中しがちで、教育の中身がブラックボックス化されているとの批判を生んだ。そうした批判に応え得る新しい視点として、1970年代以降は学校内のメカニズムを詳細に検討しようとするミクロ社会学的な関心が高まった。それに伴って質的研究にも注目が集まるようになり、現在に至っている。　⇨新しい教育社会学、質的社会学、社会学、ミクロ社会学

[中村高康]

教育心理学
educational psychology

　教育に関する諸事象について心理学的に探究する学問。「教育」の「心理学」として次の性質をもつ。①心理学の知見や理論を教育現象に応用する、応用心理学としての性質、②教育実践上の問題の構造を心理学的視点から明らかにし、心理学の概念や方法、道具を用いて探究していくという性質、③教育科学の一分野として、心理学の枠組みを用いて教育学を実証的なものとして定位していくという性質、④教育実践研究として、臨床的、質的に採取されたデータからボトムアップに心理学の理論を精緻化、拡張していくという性質、⑤教師や教育の対象者である学習者の認知や思考、情動、人格、病理などについて、質的、臨床的に探究していくという性質である。教育実践との関係において「教育心理学の不毛性」が課題として継続的に指摘され議論が続いている点に、学術共同体として教育実践との関係を基盤として存立していること、社会における学問としてのありかたについてきわめて高い反省性を備えていることが見いだせる。　⇨学校教育、教育学、実践研究

[藤江康彦]

教育評価
educational evaluation

　教育評価とは、評価主体が、試験や検査、観察などを通して、学習者に関する情報を収集し、そのデータを教育目標に照らして解釈し価値づける行為である。よって、教育評価のありかたは、「評価主体」「評価対象」「データ収集法」「データ」「評価基準」、それぞれのありかたによって特徴づけられる。なお、教師のみならず学習者も評価主体になり得る。教育評価の実践上の役割は、学習者にとっては、自らの学習状況の省察や教育目標の達成状況の把握、それに基づく学習活動の質向上である。教師にとっては、学習者の学習状況の把握や自らの学習指導の省察、それに基づく学習指導の質向上である。加えて、教師にとっては、専門家としての熟達を支えるための活動でもある。また1980年代後半より教育評価の真正性が問われるようになった。仕事や社会生活、家庭生活などの

文脈を模した課題解決状況において、学習者が真に当該の概念を理解し、獲得した知識や技能を活用できるか、転移の可否などを質的に判断することが目指されている。⇒学習、学習転移、教師の成長、真正性、省察　　　　　　　　　　　　　［藤江康彦］

境界横断　⇒越境

境界オブジェクト
boundary object

　異なるコミュニティの境界にあって、形を変えないまま共用されることにより、コミュニティ間の協働を支える人工物のこと。スター（Susan L. Star）が提案した。たとえば、病院の問診票は、医師にとっては診断の助けになる一方、研究者にとっては臨床研究のデータになり得る。スターは、用途や扱う情報の種類によって以下の４タイプを示している。①入れ物：多様な情報を標準的な方法で整理する（例 図書館）。②理想型：複雑な現実を抽象化することで、さまざまな用途に利用できる（例 地図）。③境界が重なる領域：扱う内容や意味合いは異なるが範囲は同じである（例 アマチュアの動物収集家とプロの生物学者にとってのカリフォルニア州）。④用紙・ラベル：標準化された様式によって情報を伝達する（例 問診票）。エンゲストローム（Yrjö Engeström）は、越境において、境界オブジェクトが異なるコミュニティ間の対話を支える重要な役割を果たしていると指摘している。　⇒越境、エンゲストローム、スター　　　［青山征彦］

共感
empathy

　共感とは、生物個体が、他個体の心的状態、特に感情状態を共有し、また理解し、さらにそれらに基づいて反応する心理行動的傾向あるいは能力を指し、ことにヒトでは、生涯にわたって自他間の多様な相互作用において枢要な働きをなすものとされる。具体的には道徳的判断や向社会的行動を動機づけ、一方で攻撃行動を抑止する役割を果たし得る。一般的に、そこに潜在する機序には、以下の２種類のものがあるとされる。①情動的共感は、ヒト以外の生物種にも広く認められる原初的な感情共有であり、個体の感情状態が、瞬時に、表情や生理的状態なども含め、知覚した他個体の感情状態に同化してしまう（他者が感じていることを感じてしまう）プロセスである。②認知的共感は、ヒトおよびその近縁種などにおいて飛躍的に進化したとされる、相対的に高次な認知活動と顕在的な意識が伴う、いわゆるメンタライゼーションといわれる（他者が考え感じていることを理解する）プロセスである。　⇒ケア、ケアリング　　　　　　　　　　　　　［遠藤利彦］

教師研究
teacher research

　教師の実践と経験世界にアプローチする研究領域。行動科学と認知科学による学習研究の前進を背景として、子どもの学習を支え促す教師の役割と実践への関心が高まったことで漸増的に研究が推進され、領域化した。教師に関する言説は古代ギリシャ哲学にもよくみられるが、現代の教師研究は、教師の職務状況とそこで形成される教師文化などの理解を目指す社会学的研究、心内過程としての認知、情動、動機づけ、行動に着目して教師の実践的知識の内実や省察に基づく思考、学習過程などを明らかにする心理学的研究、個人史から教師の専門職としての経験の意味と価値を追究するライフヒストリー研究、またその追究をアクチュアルな物語に基づいて紡いでいくライフストーリー研究、教師が子どもたちと共に生きる個別具体の世界の解明を目指す現象学的研究などにより推進されている。研究者が学校や教室に参与して教師の経験世界に関与没入するものもあれば、教師が自らの経験世界から課題を探究するものもある。　⇒教師文化、実践的知識、情動、省察　　　　　　　　　　　　　　［木村 優］

教室
classroom

「教室」ということばは、単なる物理的空間以上の意味を込めて用いられる。一つには、教科内容を学ぶ知的な場である。「料理教室」など学校外も含めた学習の現場の象徴としての意味が強い。二つには、複数の人間が社会的関係を形成し維持する場である。「学級」と称され、教師と生徒といった固定されたメンバーからなる閉ざされた社会的環境としての意味が強い。三つには、制度的な場である。制度や、成員間で共有されているローカルな規範に規定される、固有の価値体系や言語使用が成員の行為や思考に制約を与える場である。学校外の「日常」生活と対比的にとらえられ「学校教育の制度的特殊性」の象徴としての意味を強く有する。生徒や教師にとっては毎日の生活のなかの多くの時間を過ごす居場所でもある。また、教室の原風景は集合的記憶として具体的な来歴の違いを超えて共有されうる。さらに、教室の時間は、教室における多様な志向や経験が、量的単位時間ごとに時間割、日課、学期、年間計画という直線的で階層的な構造に再編されている。⇨教室談話、時間、社会的言語／ことばのジャンル、集合的記憶、制度　［藤江康彦］

教室談話
classroom discourse

「教室」という教育実践の場において、現実に使用されている文脈化された話しことばによる相互作用。「現実に使用されていることば」とは、いわゆる「発言」といった公的な発話だけではなく、つぶやきやふざけ、冗談など教室で生成されるあらゆる話しことばを含む。「文脈化されたことば」とは、特定の授業や学級の状況において意味が生成され、状況次第で意味が異なる可能性をもつことばである。主として次のような研究課題を有している。①学校や教室といった社会的文脈における文化的道具としての教室談話に媒介された、子ども

の学習活動のありようの質的解明、②談話の組織化過程に着目した、授業に特有の談話構造や規範の解明や「教室」という社会的制度的環境の特殊性の解明、③認知や話しことばの研究として、「教室」という場における人間の知的営みである談話が相互行為としてどう成り立っているのかの解明、である。⇨会話フロア、教室、授業研究、談話、媒介物　［藤江康彦］

教師の成長
teacher development

教員養成段階から、教員として採用されて初任、中堅、熟練と、キャリアに応じて専門的力量が形成されていくこと。教師は一般に成長につれて学習指導や生徒指導の力量を向上させていく。中堅期は、マンネリ化による停滞に陥ることもあるが、学校の中核となり同僚性を育んでいく段階でもある。熟練期には学校組織マネジメントを担っていくという特徴があげられる。成長には、知識や技術を獲得して適用することだけでなく、実践を省察して再構成することが大きな役割を果たす。研究としては、面接調査によりライフストーリーやライフヒストリーが検討されてきた。キャリア段階ごとにも観察調査や面接調査がなされており、たとえば模擬授業や教育実習、学校内での授業や授業研究会などの場面が研究対象とされている。新任と熟練で、授業のデザインや授業中の意思決定、他者の授業を見たときの読み取りや解釈に相違があることも明らかにされている。⇨教師研究、ライフストーリー、省察、同僚性　［岸野麻衣］

教師文化
teacher culture

教師の行動原理や認知傾向を規定する信念やアイデンティティに影響を及ぼす文化のこと。教師文化は時代、国や地域、職場環境により異なる様相を呈することから、実践の個性化、教育信念や教育哲学の形成、自律的な成長といった教師個々人

の教育実践と専門性開発に密接関与する。欧米ではウォーラー（Willard Waller）、ローティ（Dan C. Lortie）、ハーグリーブス（Andy Hargreaves）らの研究により個人主義、現在主義、保守主義という側面が見出され、日本では稲垣忠彦、久冨善之、佐藤学らの研究により公僕、労働者、技術的熟達者、省察的実践家という類型が見出された。また、欧米と日本の研究共に、教師文化の中核には子どもの育ちを支えるケアリング文化が位置することを明らかにした。教師文化には、教師の孤立、燃え尽き、脱専門職化を助長する要素が原初的および不可避に包含することから、その対抗文化としての協働文化の重要性が国内外の教師文化研究者により示され、協働文化の構築や成熟を促し得る実践と組織、そして研究アプローチが求められる。 ⇒ アイデンティティ、教師の成長、ケアリング、省察的実践、適応的熟達、同僚性　　　　　　　　　　［木村 優］

供述分析
statement analysis

　裁判で事実の認定が争われる事例について、被疑者・被告人、目撃者、あるいは被害者などの関係者が語った言葉（供述）を対象に、真の体験者が自らの記憶によって語ったものかどうかを心理学的に分析すること、またその方法。人が過去の出来事について語るとき、基本的には自身の体験の記憶によるものと思われているが、実際には純粋に記憶のみによって語ることは不可能で、そこにはいわゆる知識や伝聞、あるいは想像や推測、さらには意図せざる誤謬や意図的な虚偽も入り込む。また、供述は一個人の独白ではなく、供述を聴き取ろうとする聴取者の質問に導かれるもので、その供述者と聴取者の対話には、問題の事件の捜査にかかわる周辺状況が複雑に絡み合って、そこに意図的あるいは非意図的な誘導や暗示の要因が働く。そこで供述を単に信用性の基準でみるだけでなく、その供述の起源が記憶、知識、伝聞、想像…のど

こにあるかを究明する供述分析が求められる。 ⇒ 自白、信用性の基準　　　［浜田寿美男］

共同学習
collaborative learning ; cooperative learning

　少人数を単位とした学習形態、または教育方法のこと。小集団学習や相互に協力し合ったり、作業や認知的活動を分担したりするなどして、学習が進められる。学習者間の相互作用を基盤とし、学習や問題解決が行われる。近年、コンピュータやICTの発展・普及により、対面・少人数による学習活動から、インターネットを利用し、多人数での学習活動が可能になった。「きょうどう」に用いられる漢字（共同／協働／協同）には領域や研究者によって固有の使用がみられ、認知科学、教育工学では「協調学習」が類似概念としてある。また、その目的や定義の詳細、研究の志向性についてもばらつきがみられる。たとえばジョンソン（David W. Johnson）らは学習の原理として競争（competition）と対置して協同（cooperation）をとらえており、認知的学習だけでなく、社会性の育成も強調している。ウェブ（Noreen M. Webb）はその認知過程に着目し、学習者間の相互作用がもたらす学習成果・理解深化の要因について、①他者を刺激に起こる認知的葛藤、②他者からの足場かけ、③認知的精緻化、の三つをあげている。 ⇒ 互恵的教授、コンピュータに支援された協同学習、三宅なほみ［河野麻沙美］

共同性
communality

　ものごとや場所に込められた意味を共にする過程を通して人と人とが結びあい、〈わたしたち〉というまとまりが形成されること。個体同士が共通のものごとによって媒介される三項関係の成立を基礎とする。共同性は、固有の場所に互いに身をおき、同じ対象に向かう営みを通して生成される。たとえば、家族の共同性は、家という器のなかで寝食を共にする日常のなかで

育まれる。他方で、共同性は、自他の類型化を契機として意識される。たとえば、出自をめぐる共同性は、家庭、町内、市町村、都道府県、地方、国家などといった包含関係にある多層を特徴としており、これら複数の共同性のうちのレベルが強調されるかは、目の前の相手や想定された他者をどのように類型化するかによって左右される。共同性は、その単位が大きくなればなるほど、具体的な出来事を共にせず、直接的関係にない人びとを束ねるイデオロギーとして作用する。 ⇨ 意味、家族、共同体、三項関係、場所　　　　　　　　［石井宏典］

共同想起
collective remembering

　共同性や集合性（collectivity）を有した集団や規範との関連で遂行される想起。言語や図像によって表現された過去、あるいは個人内に貯蔵された過去としての記憶（memory）と異なり、過去に言及する主体的、能動的な行為（主として言語行為）に力点がおかれた用語が想起であるが、共同想起の場合、その行為が共同性や集合性を伴う。これに関する研究では言語行為が前面に出ることから、文化、制度、語り手と語られ手の関係などと、想起内容や様式との関連が問われることになる。また集合性が強調されることで、個と個の間での、あるいは個と集団との間での共振や葛藤が主題化されることになる。共同性は多様な解釈をもつ。個体の集まりに解消できない集団心（group mind）のようなものを認める「強い解釈」と、個の集積に還元する立場の両極を歴史的には振幅してきた。ワーチ（James V. Wertsch）は、過去への多様な態度が社会文化的道具によって媒介されることを共同性とする「分散型解釈」を提唱している。 ⇨ 共同性、社会構成主義、集合的記憶　　　　　　　　　　　　　［森 直久］

共同体
community

　固有の場所や地域を基盤とした共同の営みを通して、互いの存在を支えあうようになった社会。かつて日本の村では、生存のためにも家同士が結合し、自然の循環の中に人間活動を位置づける自給的な暮らしが営まれていた。産業化と商品経済の進行とともに、賃労働に就いて生活必需品を購入するといった生活形態が主流となると、家同士の結びつきは弱まり、自給自立の営みは周辺化された。哲学者の内山節によれば、近代化の過程で解体すべき封建遺制として位置づけられた共同体は、現代社会を覆う閉塞感のなかで未来の可能性として語られるようになった。特定の機能を追求する組織（アソシエーション）とは異なり、共同体は、自然と人間の関係を含め、生きる世界のすべてを包摂する。内山はまた、地域社会の全成員が一つに結合するといった共同体イメージは実態的ではなく、小さな共同体の集積がさらに共同体を形成するという、共同体の多層性を指摘する。 ⇨ 共同性、自立、他界観、場所　　　　　　　　　［石井宏典］

共同注意
joint attention

　共同注意とは、2生物個体が、同一の対象を注視し、かつその対象に対する心的状態を共有している（並び見かつそのことを共に意識している）状態を指す。ヒトにおいては、通常、生後9か月前後から現出するとされ、この2個体と1つのモノという三項関係状況において、養育者などがモノに対するラベリングを行うなかで、子どもの語彙獲得が急速に進んでいくとされている。また、この共同注意とほぼ同時期に、その発展型として現れてくるものに社会的参照（social referencing）があり、それは三項関係状況において、個体が他個体の表情に注目するなかで、共同注意の対象となっているものに対して、他個体がいかなる心的状態を有しているかを知ることが可能となる現

象を指す。これは、周囲の他者の視線と表情だけからコストやリスクを負うことなく、他者の心を自身の心にコピーして活用するきわめて効率的な学習装置とされ、ヒトの心的機能の飛躍的進化に寄与しているとされる。⇨間主観性、三項関係 ［遠藤利彦］

共変移
consequential transitions

一般化（generalization）を説明するための概念。従来の学習転移（learning transfer）概念に対する批判的検討に基づき、それに代わるものとして、社会文化的アプローチをとる心理学者ビーチ（King Beach）によって提案された。転移概念が脱文脈化された狭い学習を取り扱う傾向があるのに対して、変移（transitions）概念は、個人だけでなくその個人が所属する社会的活動もまた変化する存在であるという前提に立ち、両者の関係の発達的変化をとらえることを重視する。個人と社会的活動の関係のあり方によって、変移は①側方（lateral）、②相互（collateral）、③包含（encompassing）、④媒介（mediational）の4タイプに整理されている。変移概念は、知識の一般化のみならず、アイデンティティの一般化も説明の対象範囲とすることに特徴があり、変移により個人のアイデンティティの変化が起こる事象を指して、特に共変移と呼んでいる。⇨アイデンティティ、一般化、学習転移、社会文化的アプローチ ［藤野友紀］

共約可能性
commensurability

異なる理論や言語などの体系間で、相互に理解や翻訳が可能で、齟齬や断絶の残らない状態。通約可能性。原義はその対極である共約不可能性（incommensurability）で、ギリシア数学に由来する。整数1と2は、共通の尺度1によって割り切ることができ共約可能である。しかし、整数1と、辺を1とする正方形の対角線（$\sqrt{2}$）は、共通の尺度をもたず割り切れないため共約不

可能である。クーン（Thomas S. Kuhn）はこの関係をパラダイム論に援用し、古い科学理論から新しい科学理論への進化は非連続的で、両者は質的に断絶し共約不可能であると主張した。質的研究者は、その言語や知識、価値意識が異なる以上、調査対象者との共約可能性を安易に前提できない。欺瞞を含むナラティブ、言語以前の身体性など、共約可能性を成り立たせる要素と、それでもなお残存する齟齬や断絶、その双方に着目することを、共約可能性の概念は要請する。⇨科学、クーン、パラダイム
［八ッ塚一郎］

協力的な探求
collaborative research

協力的な探求とは、研究者が、現場の人びととの間で協力関係を樹立し、その関係に基づいて行う研究活動のことである。協力的な探求では、研究者が現場に参与し、現場の人びとの言説や活動の意味を理解し、実践的研究を展開する。研究者が現場の文脈に参加して行う参与観察や、そこから得られた知見をもとに現場のベターメントを図るアクションリサーチは、協力的な探求の例である。グループ・ダイナミックスの立場から、協力的な探求の初発段階では、研究することを必ずしも目的として表明せず、現場の人びととの協力関係の樹立に専念すること（協働的実践）が必須であるとして、協働的実践を協力的な探求の一つであるアクションリサーチの必要条件とする考え方もある。⇨アクションリサーチ、グループ・ダイナミックス、ベターメント
［渥美公秀］

局所性 ⇨ローカリティ

局所性学習症 ⇨学習障害

儀礼
ritual

日常的に反復される実践（practice）とい

う概念の中核にある行為の一つで、形式的行動の純化されたパターンを示す。ここでいう儀礼は、主に伝統的、集合的なそれを示すが、個人的に構成されたものも含み得る。文化人類学的研究が示すように、多くの社会で儀礼的行為はその社会の秩序を構成する最も重要な文化的装置であるが、他方儀礼の構成要素は歴史的に繰り返された一連の所作に基づき、その由来、意味などについては行為当事者にとっては不明である場合が少なくない。また儀礼の執行は強制的で、個人の恣意的な変更を許されない。その結果、儀礼についての個人的な解釈はしばしば欠落している場合が多く、単に決められた所作を反復しているという場合が普通である。こうした儀礼の性質により、ブロック（Maurice Bloch）のような人類学者は、儀礼こそが最も日常的なイデオロギー装置であると主張した。またブルデュー（Pierre Bourdieu）は日常的実践（practice）の一つの極としてこの儀礼をあげている。 ⇨ 実践、社会的実践、ハビトゥス　　　　　　　　　　　　　　［福島真人］

＜

クィア理論
queer theory

　ジェンダー・セクシュアリティの諸問題に対して自然的、必然的、本質的な立場をとらず、文化的に構築されているという視点から性を問い直す理論である。1990年にデ・ラウレティス（Teresa De Lauretis）によって提唱された。クィアには「奇妙な」「変態、倒錯者」という意味があり、転じてヘテロセクシュアル（異性愛者）やシスジェンダー（生まれた時に割り当てられた性別と、自分が社会的、感情的、肉体的に認識している性別とが一致している者）ではないセクシュアリティを包括する用語となった。また、LGBT（レズビアン・ゲイ・バイセクシュアル・トランスジェンダー）や人種、アイデンティティといった固定した枠組みを相対化した連帯の可能性を示す概念として肯定的に用いられるようになった。クィアに関する社会学的分析のみならず、既存の文学作品や映画をクィアな視点からとらえ直す試みも行われている。 ⇨ ジェンダー、性的マイノリティ、セクシュアリティ、ダイバーシティ（多様性）、トランスジェンダー　　［荘島幸子］

クヴァール〔1938-2008〕
Steinar Kvale

　デンマークの心理学者。主著 *InterViews : An introduction to qualitative research interviews*（1996）は、質的調査インタビュー法の基本書として広く読まれている。調査インタビューをインタビュアーとインタビュイーの相互作用を通して知識が生成される営みとし、両者のまなざし／見解の間で生じるもの（インター・ビュー）と位置づけた。ポストモダン以降の質的研究の動向を、心理学だけでなく広く社会科学での展開として描き出すとともに、インタビューを職人技（craft）になぞらえ、インタビューの質やインタビュアーが備えるべき専門性、インタビューという実践にかかわる倫理的問題についても積極的に論じ、質的調査インタビューの発展に大きく貢献した。 ⇨ 鉱夫／旅人としてのインタビュアー　　　　　　　　　　　　　［徳田治子］

クーリー〔1864-1929〕
Charles Horton Cooley

　「鏡に映った自己（looking glass self）」や「第一次集団（primary group）」といった概念で知られる社会心理学者。米国社会学協会の創立メンバーの一人である。広く、自己、集団、社会組織、社会過程について研究を行った。彼は、自己は、単独では存在し得ず、デカルト（René Descartes）の「われ思う、故にわれあり」は個体主義的であると批判した。本来的に「われわれ思う、故にわれあり」なので、社会的な自己をこ

そ探究の対象にすべきであると主張した。そして、自己は、鏡としての他者を通じて知ることができ、他者の認識についての想像、他者の評価についての想像、そして、これらについての自己感情として形づくられるものなのだとした。 ⇨シカゴ学派、シンボリック相互作用論、トマス、ミード

[岡田光弘]

クーン〔1922-1996〕
Thomas Samuel Kuhn

米国の科学史学者、科学哲学者。物理学から科学史・科学哲学に進む。主著である『科学革命の構造』（原著1962）で、科学の進歩は漸進的なものではなく、科学的思考や研究のあり方を規定する枠組みであるパラダイムの転換（パラダイム・シフト）によって起きるとするパラダイム論を提唱するとともに、パラダイムが安定して研究成果が順調に生みだされている時期の科学を通常科学、パラダイムに合わない知識が徐々に増加してパラダイム転換が近づく時期の科学を異常科学と位置づけた。この『科学革命の構造』は多くの言語に翻訳されて広く読まれ、専門家だけでなく一般の人びとの科学観にも大きな影響を与えた。 ⇨科学、科学的方法

[渡邊芳之]

クオリティ・オブ・ライフ
quality of life : QOL

一般に「生活の質」と訳されることが多いが、lifeは生命・生活・人生を表す言葉であり、総じてそれらの豊かさを表す概念である。その人がどれだけ自分らしい生を送り、生活に満足しているか、幸福を感じているかの程度であり、尺度によって測定されることが多い。QOL概念の構成要素は、物理的環境や生活環境、身体機能、主観的幸福感、社会参加の有無まで実にさまざまであるが、研究に際しては、人びとの生命・生活・人生に影響する諸側面について、内容的妥当性の高い尺度が選択される。また医療や看護の領域では病者の視点に立脚し、自律性に基づいた医療的介入やケアを提供するという意味、あるいはその姿勢としてQOLを扱うこともある。治療方法の選択（意思決定場面）や緩和ケア、障害者のノーマライゼーションなど、病者の価値観やライフスタイルに合った介入やケアの重要性が指摘されており、QOL向上を目指す取り組みが実施されている。 ⇨iQOL、緩和ケア

[福田茉莉]

苦悩
suffering

犯罪、病い、死、自然災害、政治的暴力、貧困など人びとが生きていくなかで不可避的に遭遇する困難な経験に対して表出される感情的、情動的反応を示す。苦しみ、苦難とも訳される。苦悩の経験がもたらす意味は一様ではない。それは、苦悩が、人が自らの生において何を大切にし、それが失われたり、傷つけられたりする経験とどう向き合っていくかという個々の生き方の問題と密接にかかわるためである。医療人類学者のクラインマン（Arthur Kleinman）は、苦悩（サファリング）を、①予期できない偶然の不幸によって生まれる突発的苦悩、②慢性疾患や死などを含む慢性的苦悩、③ホロコースト、原爆、大量虐殺など、政治的、経済的、社会的な極限状況においてもたらされる社会的苦悩の三つに区分した。また、苦悩の経験を個人の問題として限定することなく、他者とのつながりや社会、文化、歴史、政治的な文脈が果たす役割に目を向けることの重要性を指摘している。 ⇨クラインマン、証人

[徳田治子]

クラインマン〔1941- 〕
Arthur Kleinman

米国の精神科医にして人類学者。ハーバード大学において、1970年代以降、アイゼンバーグ（Leon Eisenberg）やグッド（Byron J. Good）らとともに、当時の現象学的社会学や解釈学的人類学の影響を受け、疾患

(disease)／病い（illness）の二分法や、説明モデルという概念をもとに臨床的医療人類学の基礎を築いた。台湾や中国をフィールドとする医療人類学的研究を皮切りに、慢性的な病いや社会的苦悩の経験、さらにそのケアからモラルにかかわる領域までを横断する広範な議論を展開している。著書の多くは翻訳されていて、『臨床人類学』（原著1980）、『病いの語り』（同1988）、『精神医学を再考する』（同1988）、『八つの人生の物語』（同2006）などがある。 ⇨ 医療人類学、苦悩、説明モデル、病いの語り　　　［江口重幸］

グラウンデッド・セオリー
grounded theory

　先行する理論や仮説からではなく、現場から直接得られた観察や発話の資料に基づいてボトムアップで作られた理論モデル。社会学者グレイザー（Barney G. Glaser）とストラウス（Anselm L. Strauss）によって1967年に提案されたもので、比較的狭い範囲に適用される基本的社会過程を明らかにする領域密着型理論から出発し、最終的には時代や文化を超えた形式的理論へと発展するものとされた。また、そうした理論を構築するための、質的データの収集から分析に至る研法方法論を指すこともある。特にその分析面は、1980年にストラウスとコービン（Juliet Corbin）によって3局面にまとめられた結果、質的研究に段階的手続きを与えるものとして受け入れられ、質的研究が社会科学研究として幅広く認知されるきっかけの一つを作った。現在では、シャーマズ（Kathy Charmaz）版や木下クレイグヒル版、木下康仁のM-GTAなど、手続き的にも多様化しており、より幅広いテーマの領域密着型理論の構築に貢献している。 ⇨ オープンコード化、軸足コード化、選択的コード化　　　［能智正博］

グラウンド・ルール
ground rules

　談話を解釈する際、その適切性に関して参照される潜在的知識、あるいは社会的規範のこと。スポーツにおいては、競技場の状況により決められる規則があり、これをグラウンド・ルールと呼ぶが、談話も産出される状況によりその解釈の基盤となる独特の知識や規範がある。談話のグラウンド・ルールは、スポーツとは異なり、参加者に明示されず、暗黙裡に参照される。マーサー（Neil Mercer）は、同じ教室場面において、同じ課題を用いて話し合いを行わせたとしても、探索的な話し合い、知識共有的な話し合い、言い争い的な話し合いといった異なる型の話し合いが行われる要因に児童・生徒が参照するグラウンド・ルールの差異をあげ、話し合いを変化させるには、グラウンド・ルールの意識化と、参加者による新たなグラウンド・ルールの構築と同意が必要であるとし、これを実現するための協働思考（thinking together）という教育プログラムを開発している。 ⇨ 教室談話、談話、ディスコース、ディスコース分析、ディスコース理論　　　［比留間太白］

グリーフ　⇨ 悲嘆

グリーンハル〔1959- 〕
Trisha Greenhalgh

　英国の医師。ケンブリッジ大学で社会・政治学を学んだ後、オックスフォード大学で医学を修めた。1995年に糖尿病の研究でケンブリッジ大学医学博士号を取得。ロンドン大学教授、クイーンメリー大学教授を経て、2015年よりオックスフォード大学プライマリ・ケア健康医学の教授を務める。EBM（エビデンス・ベイスト・メディスン）と医療におけるナラティブについての研究を進め、1998年にハーウィッツ（Brian Hurwitz）との共同編集で、『ナラティブ・ベイスト・メディスン』を出版。EBMとナラティブ・ベイスト・メディスン（NBM）に関する著作を多数執筆し邦訳もされている。NBMに関する国際的なワークショップを主催することも多く、日

本でも開催された。 ⇨ エビデンス・ベイスト・メディスン、ナラティブ・ベイスト・メディスン
[斎藤清二]

クリニカル・ジャッジメント
clinical judgement

臨床判断ともいわれ、医療専門職が患者のケアに決定を下す重要な実践能力として位置づけられている。看護研究者のベナー（Patricia Benner）によれば、看護師が、患者が抱える問題や課題、懸念を理解し、重要な情報に留意し、それらの課題などに対して親身になってかかわりながら対応をするそのやり方のことをいう。このやり方には、ドレイファス（Hubert L. Dreyfus）が見いだした、一人前レベルの実践に特徴的な熟考された意識的な判断と、中堅や達人レベルの実践に特徴的な全人的な把握と直観的な見きわめ、の両方が含まれる。達人の臨床家は、熟慮による直観、倫理的姿勢、経験から得られた実践知、状況・文脈に依存した相互のかかわり、患者のいつものあり方への注意、また患者のナラティブに耳を傾けることを通じて患者を知り、それらの知に基づいた判断を行うことが可能である。 ⇨ 実践知、実践的知識、省察、ナラティブ（ナラティヴ）
[西村ユミ]

グループ・インタビュー
group interview

1人のインタビュアーに対して、3人以上のインタビュイーが回答する手法である。対象者の属性やインタビュー内容によって類型化されている。①スモール・グループ・インタビューは、参加者間の人間関係のダイナミズムを明らかにする手法である。②ブレインストーミングは、インタビュアーが指示をあまり出さず、参加者が自由に意見を出しあい、新しい発想を生みだすものである。③ノミナル・グループ・インタビューは、インタビュアーが参加者から個別に意見を集約しまとめたうえで、司会者が各参加者にフィードバックする。

参加者同士は顔を合わせないため、独立性が保たれやすい。参加者が専門職で専門的知見を扱う場合、デルファイ・グループ・インタビューと呼ばれる。④フォーカスグループ・インタビューは、インタビュアーが質問を設定し、10名弱のインタビュイーの議論の相互作用によって、意見が形成される手法である。いずれにおいても、司会者には、インタビュイーの意見をまとめる力量が求められる。 ⇨ インタビュー、グループ・ダイナミックス、フォーカスグループ・インタビュー、ナラティブ（ナラティヴ）
[田垣正晋]

グループ・ダイナミックス
group dynamics

家族、組織、コミュニティなどさまざまな集合体（一群の人びととその物的・制度的環境の総体）の全体的性質（集合性）の動態（ダイナミックス）に関する学問分野。研究者と当事者の協同的実践を方法論的前提とし、研究対象の集合体たる現場のベターメントのための実践的かかわりを重視する研究姿勢が大きな特徴である。また、集合体を、それを構成する個人に還元するのではなく、あくまでも一つの全体としてとらえようとする理論的視座をもつ。レヴィン（Kurt Lewin）によって1930年代に創始され、初期にはレヴィンを中心にリーダーシップや集団決定法の現場研究が盛んに行われた。レヴィンの没後、実験室研究が主流になり、個人還元主義的傾向が高まったが、その後、社会構成主義の影響を受けて再生した。その実践的な研究姿勢は、現在の質的研究の中でも重要な位置を占めている。 ⇨ アクションリサーチ、社会構成主義、センスメイキング、ベターメント、レヴィン
[永田素彦]

グレイザー〔1930-　〕
Barney G. Glaser

米国の社会学者、グラウンデッド・セオリーの共同開発者。コロンビア大学での院

生時代に調査研究の権威ラザースフェルド（Paul Lazarsfeld）と中範囲の理論で有名なマートン（Robert K. Merton）の下で社会学の研鑽に励む。その後、理論系譜の異なるストラウス（Anselm L. Strauss）と医療社会学の分野での共同研究を始め、死の認識の仕方や時間的側面に関する理論的著作を表すとともに、その方法論をグラウンデッド・セオリーとして提起することになる。1990年代初頭、方法上の基本スタンスの違いからストラウスとは理論面で袂を分かちクラシック・グラウンデッド・セオリーを標榜、1999年には博士論文取得希望者をサポートする狙いからグラウンデッド・セオリー研究所を立ち上げこれを主宰している。⇒グラウンデッド・セオリー、ストラウス　　　　　　　　　　　［水野節夫］

クレイム申し立て
claims-making activities

　社会問題の構築主義（constructionism）は、社会問題を、客観的に観察可能な社会状態ではなく、「問題として想定された状態」についてクレイムを申し立てる活動であると定義した。ここで「クレイム申し立て」とは、クレイムメーカーが他者に苦情を訴え「問題として想定された状態」を変えようとする活動を意味するが、誰かがクレイムに反応し何らかの行動を起こさない限り、クレイム申し立て活動はその先に展開できず消滅してしまう。この点についてスペクター（Malcom Spector）とキツセ（John I. Kitsuse）は、初期のクレイム申し立て活動は、私的な厄介ごとを公共の問題に変えようとする試みであると指摘している。つまり、社会問題が駆動し始めるためには、クレイムに対する受け手の反応が連鎖的に生起するかどうか、さらにはクレイムが公共性（社会性）を獲得できるかどうかが決定的な契機となるということである。⇒キツセ、社会問題の構築　　　　　　［北澤毅］

クロスケース分析
cross-case analysis

　クロスケース分析は、質的研究において複数のケースを比較し共通点や相違を詳細に検討する分析を指すが、大きく分けて2種類ある。一つは複数ケース研究であり、少数のケースから直接得られた一次的なデータを扱う。もう一つは、すでに刊行されているケース論文、つまり二次的データを対象としたメタ・ケース分析であり、個別のケース研究から得られた知見を総合する。メタ・ケース分析には主に三つの異なる手法がある。①散在するケース研究を集めてデータベースを構築する研究。②さまざまな面において共通点が多くあるが、失敗例と成功例など、ある側面において大きく異なる2ケースを取り上げて比較するケース比較法。③異なるケース研究において得られた共通の理論的示唆について検討する、ケースのメタ統合。ケース研究が中心となる臨床心理学の領域において、個別ケースから得られた知見を統合することは大きな課題である。⇒事例研究、メタ統合　　　　　　　　　　　　　　　　［岩壁茂］

クロンバック〔1916-2001〕
Lee Joseph Cronbach

　米国の教育心理学者（クロンバッハとも表記する）。アメリカ心理学会会長などの要職も歴任した。主としてテスト（検査）項目の作成や教育測定の分野に貢献した。数多くの業績のなかでも、特に1951年に*Psychometrika*誌に発表したα係数は「クロンバックのα」としてよく知られている。現在でも心理尺度構成の際には簡易に計算できることから、信頼性を担保する指標として用いられる頻度が高い（クロンバックの信頼性係数と呼ばれることもある）。クロンバックのα係数とは、テスト得点や尺度項目全体でのまとまりである内的整合性を推定するものであり、時間をおいて前後で測定値を比較するなどの、測定値の安定性を指す意味での信頼性とは区別される指標で

ある。 ⇨信頼性、統計学　　　　　［村上幸史］

け

ケア
care

　一般的には、①世話・保護、②配慮・関心・心配、という意味で使われる。①では身体的・物理的な側面、②では心理的な側面が強調され、管理の意味も含まれる。ケアとは、文脈依存的な概念であり、ケアの問題は、長い歴史のなかでは「私的」領域とされていた。高齢者や子ども・障害者をめぐるケアが「負担」として認知され、「公的」な社会問題とされたのは最近のことである。また、ケアが翻訳されずに片仮名言葉のまま多用される背景には、日本語では「子どものケア」には「保育」「育児」、「病者のケア」には「看病」「看護」などの用語が確立しており、ケアの仕手／担い手と受け手の属性・役割とその関係を限定せずに、社会的弱者の支援問題を総じて論ずる必要性が出てきたからといえる。ケアが学問的に主題化されたのはとりわけ倫理との関係においてであり、心理学、哲学、女性学、社会学、教育学、看護学、福祉学など、今もその議論は、学際的言説空間において広がりをみせている。 ⇨医療的ケア、看護ケア、緩和ケア、ケアリング、高齢者ケア　　　　　　　　　　　　　　［鮫島輝美］

ケアリング
caring

　受容的で応答的な関係性と、その倫理や哲学を表現する概念。ケアの行為を指す言葉としても用いられる。近年の議論の端緒は、1971年に哲学者メイヤロフ（Milton Mayeroff）が公刊した『ケアの本質』にある。メイヤロフは、他者が成長し自己実現するのを援助する、それを通して自らも自己実現を果たすという人間のあり方をケアリングとして概念化した。看護の領域では、ベナー（Patricia Benner）が、ケアリングの概念において、被看護者に巻き込まれ関与するという看護者のあり方を表現している。教育学にケアリングの概念を導入したノディングズ（Nel Noddings）は、自律した個人を前提とする正義の倫理に対し、相互依存的な主体の関係的な倫理としてケアリングを提起した。ノディングズの議論は、女性の道徳性発達の研究を通して「ケアの倫理」を提唱したギリガン（Carol Gilligan）の議論とともに、フェミニズム理論としてのケアリングを導いている。 ⇨看護学、関係性、ケア、フェミニズム　　　［浅井幸子］

経営学
management studies

　企業という特定の組織単位・領域を研究対象とする学問体系。米国のテイラー（Frederick W. Taylor）による『科学的管理の原理』（原著1911）の出版が初のマネジメント視点の概念的具体化である。社会の一部として生起される市場で経済主体（個人・企業・政府など）が市場競争原理のなかでいかに行動し、価値の創出と資源の配分を効率化するかにおいての法則性を探求する経済学とは異なり、経営学では主体性をもつ企業の視点から組織的意思決定の精度や生産効率性の向上をいかに具体化し、体系化するかに主眼がおかれている。経営資源としてのモノとカネの分析と実践的技法の研究、たとえば会計・金融・税務管理領域の深層分析を主とする商学とは異なって、企業が保持するあらゆる資源、すなわちヒト・モノ・カネ・知識・技術など、より広く展開された視座から経営要素の動態性（dynamic nature）の研究が経営学では追求される。経営組織論と経営戦略論の両大領域が交差・並進しながら学術的進化を続けている。 ⇨科学的方法、経営組織論、パラダイム、方法論　　　　　　　［崔 裕眞］

経営組織論
management organization theory

　人為的組織体の本質と管理実践技法を研究する学問体系。経営学をはじめとして、経済学、政治学、社会学、心理学、人類学、そして生物学に至るまで、その学際的展開は広範囲に及ぶ。構成要素としての個人と、その個人が所属する組織の関係性を分析するミクロ的視点と、特定組織の構造形成・転換と進化のような構造的特性を分析するマクロ的アプローチがあるが、組織研究の動態性そのものと今日の経営組織を構成する個人間のコミュニケーション技術の飛躍的発展から、この両領域を明確に区画することは難しくなっている。経営組織論の古典としては、ヴェーバー（Max Weber）の官僚制による組織管理の合理化理論や、バーナード（Chester I. Barnard）の共通目的明示・協同意志の共有を促す構成員間の緊密なコミュニケーションを基盤とする組織のシステム論などが代表的である。最新の経営組織論としては、企業構成員による新たな知識創造と経営の理論化に主眼をおいた野中郁次郎のナレッジマネジメントがある。　⇒科学的方法、経営学、パラダイム、方法論　　　　　　［崔　裕眞］

経験主義
empiricism

　人間の精神の成立について、生得的側面を否定し、すべてが後天的な外界との相互作用によって構築されるとする哲学、心理学的立場。経験主義は、意思・判断などの高次精神機能としての「理性」に対し、感覚・知覚などの低次精神機能による物理的世界の認識つまり外的な物体の認識を人間精神の基礎におく。17世紀に活躍した哲学者ロック（John Locke）が代表的な論者であり、著書『人間知性論』（原著1659）においてこの経験論的認識論を体系化した。英国の哲学者に支持者が多いことからイギリス経験主義（経験論）ともいう。磨いた書字版（白紙の意）を意味する「タブラ・ラサ（tabula rasa）」の語に代表されるように、個人（の精神）は本来白紙状態で存在し、生後に外界からの刺激を経験することではじめて精神を構成する観念を得る。またこれら観念同士が結びつくことによって複雑な観念そして精神構造が生まれるとする。　⇒形式主義、合理主義、認識論　　［若林宏輔］

経験的研究
empirical research

　権威や伝統などによる独断的教条、あるいは先入観や思い込みによってではなく、現実に観察されるデータに基づいて進める研究をいう。経験や調査、観察などの方法によってデータ採取を行い、帰納法を用い仮説を構築する。その仮説から演繹される事象をさらなる観察や実験によるデータと対照し、仮説の確証あるいは反証を行う。このような手続きをとることが一般的である。データとは基本的に感覚に依拠する形で記される観察文であり、感覚を超えた理論に基づいて書かれた文、すなわち理論文は、対応規則によって観察文に翻訳されることが期待される。経験主義（empiricism）と呼ばれるこの立場を徹底しようとしたのが論理実証主義である。しかしながら観察文を得る手続きのなかに、すでに理論が前提として含まれているとの主張は観察の理論負荷性といわれ、厳密な意味での経験主義に基づく研究の可能性は疑われている。　⇒仮説演繹法、経験主義、論理実証主義　　　　　　　　　　　　　［森　直久］

経験と体験
〔独〕**Erfahrung ／ Erleben（Erlebnis）**；
〔英〕**experience**

　体験は、ドイツ語Erleben（Erlebnis）の訳語である。ドイツ語で、経験／体験は、Erfahrung ／ Erleben（Erlebnis）であるのに対して、英語にはこの区別はなく、ともにexperienceである。この概念を思想のうちに採り入れたドイツの哲学者ディルタイ（Wilhelm Dilthey）の英訳では、体験は

lived experienceとされる。経験が、人間が環境世界に働きかけ、また環境世界から作用を受けることの総体であるのに対し、体験は、この経験概念を含みつつ、経験する者が経験する事象を自らのものとした個人的なものであり、それゆえに生きられた直接的なものであり、したがってそれだけ客観性、普遍性を欠くものである。ディルタイではさらに、体験Er‐lebenは、無定形で流動的な「生Leben」を圧縮し、有意義化したものであるとした。体験が生の表現（Ausdruck）と呼ばれるゆえんである。ディルタイは、この生の表現を理解する（verstehen）、すなわち追体験（nacherleben）することを通して、体験をより客観的で普遍的な精神科学的知の基礎としてゆくのである。 ⇨自己理解、ディルタイ、当事者性
[伊藤直樹]

形式主義
formalism

　内容や素材に対して形式を重視する立場の総称。ここではカント（Immanuel Kant）の認識論について述べる。カントによれば、神ではない人間は、本来的な世界のありよう（物自体）を知ることはできないが、アプリオリな形式によって、われわれにとっての客観的な世界が浮かび上がってくる。形式とは、あらゆる経験に先立って人間の感性や知性に備わり、直観や思考を可能にする条件であり、感性においては対象のあらゆる具体的な性質を取り除いても残る空間と時間、知性においては判断を可能にする概念（カテゴリー）である。われわれにとらえられる現象が、認識活動に相関的であるにもかかわらず客観的であり得るのは、対象の多様な像を形式に基づいて統一すると同時に自己意識でもあるような「統覚」の働きによる、というロジックを組み立てることで、カントは合理主義と経験主義の対立を乗り越え、科学的知識の妥当性を確保しようとした。 ⇨経験主義、合理主義
[東村知子]

形而上学
metaphysics

　世界の根本原因や、人間や物の存在理由など、見たり聞いたりできないものについて考える哲学の一分野。神・世界・霊魂なども研究対象となる。アリストテレス（Aristotle）が「第一哲学」と呼んだものに起源があり、「第二哲学」である自然哲学（今日の自然科学）とは質的に異なるものとされた。厳密にいえば、感覚や経験を超えた世界を真の実在（本体）ととらえ、その世界の普遍的な原理について思惟や直観によって認識しようとする。しかし、感覚や経験が不可能な世界は認識できないため、不可知論や実証主義の立場からは、独断論として批判されてきた。また、カント（Immanuel Kant）がアンチノミー（二律背反）によって形而上学の問題には答が出ないと主張し、哲学では中心的な考えではなくなっている。一般的にも、今日、形而上学という言葉は、事実を離れた抽象的な議論を揶揄するために使われることが少なくない。 ⇨アリストテレス、実在論、実証主義
[山竹伸二]

形成的評価
formative evaluation

　教育評価は、実施時期や機能という点から、教育活動に先立ってレディネスをとらえるための「診断的評価」、教育活動の後でその活動を振り返るための「総括的評価」、「形成的評価」に分類される。このうち、形成的評価は、教育活動の過程で目標に応じた成果が得られているかを適宜把握し判断することで、指導の軌道修正や学習環境の改善など、以降の活動に活用することを目的として行われる評価活動である。授業における形成的評価は、教師が、授業中の学習者の行為や発話、学習者間の相互作用、生じた出来事をデータとして継続的に記録し解釈して、学習者における学習内容の理解度や学習への志向性などを把握することによって行われる。この場合、観察

者バイアスの影響も受けやすく、教師による学習者理解のあり方や鑑識眼が厳しく問われる。単元や学期などを単位として行われる形成的評価は、その単位ごとに実施するテストやワークシート、作品などの成果物を手がかりに、学習者の理解度や目標達成度を質的量的に把握することによって行われる。 ⇨解釈、観察、観察者バイアス、教育評価　　　　　　　　　　　　［藤江康彦］

継続する絆
continuing bonds

　大切な人を亡くした人が、死別後も故人との間に何らかの関係性や結びつきを保持している状態。従来の悲嘆モデルでは、遺された者は悲嘆を解決するために故人との絆を切断する必要があるとされ、いつまでも故人を忘れないでいることは病的な悲嘆として問題視された。これに対しクラス（Dennis Klass）らは、死別体験者は必ずしも故人との絆を断ち切る必要はなく、その関係は形を変えながら継続していくこと、そしてそれが悲嘆と向き合ううえで能動的に作用することを明らかにした。故人との関係は一定不変のものではなく、時間とともに変わっていく可能性がある。また、継続する絆は故人との内的関係として理解されることが多いが、故人との絆を継続・転換していくプロセスは社会的・文化的な側面を有しており、対人的な営みとしてとらえる視点が必要とされる。 ⇨悲嘆　［鷹田佳典］

形態素
morpheme

　意味をもつ最小の単位を表す言語学の用語である。単語「男の子」は「男＋の＋子」の三つの形態素から成るように、単語は1個以上の形態素から成る。世界の言語を形態素で分類すると、中国語、ベトナム語などの孤立語と、ドイツ語、ロシア語などの屈折語、および日本語、トルコ語などの膠着語の3類型がある。孤立語は1単語が1形態素に対応する言語である。屈折語は単語の内部に格変化や活用などの文法的機能を表す形態素が埋め込まれている言語である。膠着語は単語に接頭辞や接尾辞（後置詞）のような形態素を付着させることでその単語の文のなかで文法関係を表す。日本語では名詞の格を助詞で表し（「私」＋「が」）動詞の活用を助動詞で表す（「食べ」＋「た」）というように、自立語（内容語）＋付属語（機能語）がセットになっている。「私は風になりたい」という文は、「私＋は＋風＋に＋なり＋たい」と形態素解析できる。 ⇨形態素解析、テキストマイニング、分かち書き　　　　　　　　　　　　［いとうたけひこ］

形態素解析
morphological analysis

　自然言語のテキストデータ（文）から、対象言語の文法や、辞書と呼ばれる単語の品詞などの情報に基づき、形態素（言語で意味をもつ最小単位）の列に分割し、それぞれの形態素の品詞などを判別する作業である。たとえば「私は貝になりたい」という文は、「私＋は＋貝＋に＋なり＋たい」と形態素解析できる。日本語では（ローマ字表記を除いて）分かち書きをしないので単語の境界判別の問題があり、機械による自然言語処理による形態素解析が困難であった。しかし辞書データや機械学習により意味的な精度を高めることにより、機械による形態素分析はより正確になってきており、テキストマイニングやかな漢字変換ソフトウェアなどに応用されている。テキストマイニング用の形態素解析システムとして、JUMAN、茶筌（ちゃせん）、MeCab（めかぶ）などが各Webサイトから無料ダウンロードできる。 ⇨形態素、テキストマイニング、分かち書き

［いとうたけひこ］

傾聴
active listening

　よく耳を傾けること。研究の文脈では、他者とかかわる態度としての傾聴、データ収集のスキルとしての傾聴、研究倫理とし

ての傾聴、という三つの側面がある。傾聴は、カウンセリングの分野でいわれてきたように、対象の理解やラポールの形成につながる。これは他者とかかわるにあたっての基本的態度であるが、研究においては聴き手の側に目的があって協力を求めているため、一層その重要性が増す。傾聴は語りやすい環境を作り出し、語りたいという思いを高めることとなる。そのため、密度の濃いデータを得ること、データ収集時のバイアスを避けることにもつながる。自分本位で相手に敬意を払わない聴き方は、語りの内容にマイナスの影響を与えかねない。そしてこのような姿勢は、聴きたいことのために踏み込みすぎて語り手に不快感を抱かせるなど、研究倫理にも反することとなる。 ⇨ラポール　　　　　　［東海林麗香］

系統発生
phylogenesis

　一つの種が現れてから今日に至るまでの進化の過程を表す概念。進化心理学や比較認知科学は、たとえば、チンパンジーやボノボといった霊長類との比較により、人間の心、人間性の由来といったものを研究してきた。生態心理学の枠組みでは、ダーウィン（Charles Darwin）がミミズの行為にある種の知性を認めたように、下等とされる生物種との行為の生成プロセスの比較によっても、人間の心に迫ることができる。発生という考え方に影響を受けたピアジェ（Jean Piaget）は、知の個体発生としての認知発達と、系統発生としての科学の歴史を組み合わせた発生的認識論を提唱した。生物学的なものと文化的なものは対立的にとらえられやすいが、ヴィゴツキー（Lev S. Vygotsky）は個体発生において、系統発生と歴史発生が合流し、高次精神機能が生物学的・歴史学的起源の双方をもつことを強調した。近年では、人間の進化が生物学的な基盤をもちつつも、文化を継承することで進んだという主張も出てきている。⇨ヴィゴツキー、個体発生、進化、ダーウィ

ン、ピアジェ　　　　　　　［松嶋秀明］

系譜学
genealogy

　歴史学的な記述に対するものとして提案された分析と記述の様式。西洋社会のキリスト教的道徳と価値観を根底から疑い問い直したニーチェ（Friedrich W. Nietzsche）の論考をもとに、フーコー（Michel Foucault）が提起した。伝統的な歴史記述は、事物や物事の起源、その正当な由来や変遷を暗黙裡に前提し、あるいは明示的に記述して特定しようとする。あるべき正しい未来を前提とする進化主義的な発達図式もまた、物事の現在の姿を正しい形態として自明視し、そこに至る道筋を唯一のものと絶対視する点で同型である。それに対し、起源や未来、物事の正常な流れなどを一切前提せず、現在の姿すら偶然の産物として対象化し、それが形成されるに至った雑多な背景や諸条件、偶然の経過や成り行きなどを詳細に記述し、異なる姿を取り得た同等の可能性の一つとして特定しようとするのが系譜学的な記述である。 ⇨フーコー、歴史性、歴史的文脈　　　　　　　［八ッ塚一郎］

KJ法
KJ method

　もともと野外科学のデータをまとめるための方法として川喜田二郎により1967年に開発され、アブダクション的な性質をもつことから「発想法」と名づけられていたもの。川喜田二郎のイニシャルをとってKJ法と呼ぶ。KJ法とは、蓄積されたデータから必要なものを取り出し、関連するものをつなぎあわせてボトムアップに整理し、統合する手法の一つである。分析にカード（紙片）を活用するところに大きな特徴があり、内容や質がまちまちな情報をまとめ、全体を把握するのに有効な技法である。分析の手順を重ねるKJ法のことを特に累積KJ法と呼ぶ。KJ法では、データをただ分析するだけでなく、異質な雑然と

したデータの山のなかから意味のあるまとまりを見つけ、新しいアイデア、仮説を見いだすことが重要と考える。データとの対話を通して、当初は考えてもいなかったような発想を生みだすことが目指される。
⇒アブダクション、川喜田二郎、発想法
［木戸彩恵］

KJ法A型 ―図解化―
A-type KJ method（chart-making）

KJ法A型・図解化は累積KJ法の視覚化の段階であり、「空間配置」と「配置に基づく図解化」の二つのステップで構成される。空間配置の際には、「どのような相互関係に配列すれば、最も意味が首尾一貫した、落ち着きのよい構図ができるか」を探す。適切な空間配置ができているか否かは、その配置の意味する内容をストーリーにしてつながるかどうかを確認することによって分かる。配置に基づく図解化にあたっては、まずは小グループを輪取りで囲み、表札を書き記す。KJ法ではこれを島と呼ぶ。同様にグループ編成の順序にしたがい上位のグループも輪取りをしたら、島と島の間を関連する記号（たとえば、「−」関係あり、「→」生起の順、「＝」同じなど）を用いてつなぐ。輪取りと記号を使い分けることにより、数種類にまたがる概念の複雑な多角的・多重的関係を、きわめてすっきりと表現できる。 ⇒川喜田二郎、KJ法、KJ法B型―叙述化―、表札
［木戸彩恵］

KJ法B型 ―叙述化―
B-type KJ method（explanation）

KJ法B型はA型図解の文章化をさす。どの部分から説明を行うかは個々に委ねられるが、「基本的発想データ群」すなわちBDA（basic data for abduction）から説明を始めることが一般的である。BDAは、グループ編成時の最初の小さなグループもしくは、その小さなグループが2、3個集まった程度のグループである。最初のBDAからスタートして、隣接する場所から文章化

を行う。B型の実施は、①諸要素の組み合わせからヒントが暗示されてくる「統合発想」、②「構造修正」、③ストーリーをつなげる中間項を加える「構造の追加」を一連の過程とする。図解の甘さを見破り、思案を鍛え、新しいものをつかみだす意味で、きわめて重要である。簡易的な方法として口頭発表をすることも有効な手段とされる。 ⇒川喜田二郎、KJ法、KJ法A型―図解化―、表札
［木戸彩恵］

ケーススタディ ⇒**事例研究**

ケースマトリクス
case matrix

ケースマトリクスは、複数のケースの特徴を比較するために研究者が作成するさまざまな形の表である。質的研究ではデータ量が非常に多いために、各協力者の特徴を一度に見渡すことが難しい。そこで、複数の協力者の情報を異なる観点から比較して全体の傾向をとらえるためにデータを要約して、視覚的に表現するための工夫をする必要がある。ケースマトリクスはそのための手法である。ケースマトリクスを作るうえでの規則はなく、研究者がさまざまな目的に適合したマトリクスを何度となく作って分析を進めていく。一般的には、一軸に各協力者、もう一方の軸に、協力者の特徴、出来事の展開と帰結の時系列の整理、特定のコードやカテゴリーの現れ方など、さまざまな比較の観点を加える。コード化の作業は、一人ひとりの協力者のデータをミクロな視点から理解していく視点を提供するが、ケースマトリクスは、マクロな視点からデータ全体を見渡す分析ツールである。 ⇒クロスケース分析、コード化 ［岩壁茂］

ゲートキーパー
gatekeeper

直訳すれば「門番」であり、「守衛」とも訳せる。研究を行おうとするフィールドには、しばしばこのゲートキーパー（門番・

守衛）が存在する。ゲートキーパーがいる場所に部外者が立ち入ろうとすれば、用件と行き先を告げて許可をもらわねばならない。ゲートキーパーは、あらかじめ決められている基準をもとに、入境を許可したり、あるいはそのための手続きを踏ませたりする。むろん不許可になることもあり、部外者は新たに書類を整えるなど出直しを迫られることもある。たとえば学校というフィールドに研究者が入ろうとすれば、学校長をトップとする組織のなかで決められたルールに従って、ゲートキーパー役の教職員が学校という敷地内に立ち入ることを決定することになるだろう。このようにゲートキーパーの許可を得て初めて、研究協力者と出会うことができるようになるケースも多い。 ⇒研究協力者、フィールド、フィールドエントリー　　　　　　　［伊藤哲司］

ゲーミング
gaming

　ゲーミングとは、ゲームを用いた広義の問題解決を目的とする活動を指す。「シミュレーション＆ゲーミング」という分野に位置づけられ、ゲームに参加する、ゲームを作り上げるといった能動的意味をもつ。ここでのゲームとは現実世界をモデル化したシミュレーションであり、そこにプレーヤーが参加し、さらに「デブリーフィング」と呼ばれるゲーム後の活動を参加者が振り返るプロセスにより、シミュレーションが提示するモデルの理解・概念化が行われる。その結果、ゲームの経験が現実世界と結びつけられ、さらに問題解決に向けて行動が変化することも期待される。ゲームという言葉から一般にエンターテインメントの手段ととらえられることもあるが、あえて区別するためシリアスゲームと呼ばれる分野もある。また現実世界をゲームのようにとらえ問題解決を目指すゲーミフィケーションと呼ばれる分野もある。これらの概念は完全には一致しないが、相互の関連性もある。 ⇒共同学習、経験と体験、

省察、デブリーフィング、ワークショップ
　　　　　　　　　　　　　　　［杉浦淳吉］

劇学的動機論
grammar of motives in dramatism

　劇学者バーク（Kenneth Burke）が提唱した劇学（dramatism）における、人間の行動・行為の意味（動機）を理解するための概念的枠組み。劇学においては、自分達の行動・行為を意味のあるもの（シンボリックな行為）と考え、その意味としての動機を理解可能にしようと試みる存在として人間をとらえる。そのうえで、行動・行為が生じた文脈を記述し、その意味を解釈したものを動機とする。動機は、行為（act）、場面（scene）、行為者（agent）、媒体・道具（agency）、意図・目的（purpose）という基本的要素（五つ組：pentad）が言語的に記述されることで解明される。心理学的動機は行動・行為の原因として高度にシンボル化された心理的装置・力動を意味する傾向が強いが、劇学的動機は五つ組とその組み合わせ（ratio）により、行為者のおかれた文脈・環境とかかわらせることで、十全に理解される内的論理を意味する。 ⇒劇学的分析、ゴッフマン　　　　　　　［苅田知則］

劇学的分析
analysis of motives in dramatism

　演劇鑑賞においては、特定の行為者による行為であっても、行為が行われる場面や、その行為を観察するオーディエンス（観察者）によって、行為の動機についての解釈（内的論理）が異なる。劇学では、演劇的喩えを導入し、動機の記述に必要な要素（五つ組：pentad）と、それらの要素の反復や集合（組み合わせ：ratio）、およびそれらの機能について分析する。たとえば、場面と行為者の組み合わせに注目すると、場面（環境要因や状況）によって行動・行為が誘発された、もしくは行為者の個人特性（精神状態・構造）によって行動・行為が導かれたというふうに、動機が解釈される傾向が

強くなる。五つ組と組み合わせを動機の文法として分析することで、特定の行動・行為の意味としての動機がどのような性質を帯びているかを把握し、さらにほかの要素・組み合わせによる記述の可能性を検討することで多元的な動機の理解に繋げる方法を劇学的分析という。 ⇒劇学的動機論

［苅田知則］

ゲシュタルト心理学
gestalt psychology

　ゲシュタルト心理学とは、精神を細分化しその結合や構成の法則から理解しようとする構成主義的心理学（structural psychology）に対し、個々の要素ではなく、それら要素の全体として現れる心理学的現象の存在の指摘と探究を行う心理学である。19～20世紀に活躍したオーストリアの哲学者であるエーレンフェルス（Christian von Ehrenfels）が初めて「ゲシュタルト（質）」という概念を用い、20世紀に入りドイツにてヴェルトハイマー（Max Wertheimer）を中心としたベルリン学派が、知覚心理学上における「プレグナンツの法則（簡潔の法則）」などの発見とともに提唱した。ゲシュタルトとは「形態」「姿」「まとまり」を意味するドイツ語（Gestalt）に由来する。たとえば、人は幾何学的図形や音楽を、個々の要素（線分、音素）の総和以上のまとまりをもった意味と構造（三角形、メロディー）として理解する。のちにレヴィン（Kurt Lewin）が社会心理学の領域に展開した。
⇒還元主義、トポロジー心理学、レヴィン

［若林宏輔］

化粧
cosmetics ; skin-care ; make-up

　化粧とは顔を中心とする身体に意図的な加工（肌の手入れ、顔面の色・質感・形の変容）を施し、容貌に変化をもたらす行為であり、「ケア」と「ビューティフィケーション」という二つの側面から成り立つことが多くの社会で共通の認識とされている。化粧行為における「ケア」は、自己や身体を慈しむ行為であり、手入れ、健康の維持といった目的が含まれる個人内的（intra-personal）性質をもつ。一方、「ビューティフィケーション」は、自分らしさをアピールする宛先（他者や場所）を想定し、その宛先との対峙を目的とする対人的（inter-personal）性質をもつ。現代では、「ケア」はスキンケア、「ビューティフィケーション」はメイクアップを示すものとして分類されている。なお、日本の傾向として化粧は青年期以上の女性の多くが何らかの形で取り入れている。そのため、女性の身だしなみの一つとみなされることが多い。
⇒ケア

［木戸彩恵］

ケリー 〔1905–1967〕
George Alexander Kelly

　米国の心理学者。認知的人格理論や認知臨床心理学の父とも呼ばれる。修士までは物理学、数学、社会学を専攻するなど異色の経歴をもち、「パーソナル・コンストラクト心理学」という独自の体系を作り上げた。コンストラクトとは、人間や動物が、自分の行動の指針を立てることができるような、言語的もしくは前言語的な、世界についての説明と予期のパターンとプロセスを指す。ケリーは、そうしたパターンは個々人で異なっており、また人間は代替的なコンストラクトを選択できると考え、それを質的・量的に測定する方法と、人生の可能性を広げるような選択を援助する臨床技法を開発した。 ⇒現実構成論、構成主義、構成主義的心理学、構築主義、パーソナル・コンストラクト

［菅村玄二］

権威的な言葉／内的説得力のある言葉
authoritative discourse ／ internally persuasive discourse

　ロシア（旧ソ連）の文芸学者であるバフチン（Mikhail M. Bakhtin）によって使用された概念。権威的な言葉とは、聞き手独自の解釈を加えて発話内容を理解することを話

し手が想定・許容しない関係のもとで展開される談話を示す。一方の内的説得力のある言葉は、聞き手の自立的な思考により、発話内容を解釈することが期待される関係のもとで展開される談話を示す。ただしこれらの概念の関係は、必ずしも相反するものではない。内的説得力のある言葉は、話者が自立した自己意識を育む過程において、かつて権威的であった言葉のなかから区別されると示唆されているからである。権威的な言葉を、大人が愛情をもって子どもに接する関係のなかで展開する談話としてとらえる研究者もいる。このような視点に立てば、この談話を通して習得した情報を苗床とし、しだいに、独自の視点からの解釈を語る内的説得力のある言葉を主導していくようになる子どもの成長像が描かれ得る。 ⇨ 言説、対話、対話主義―バフチンの―、他者―バフチンにおける―、バフチン

[田島充士]

研究アプローチ　⇨研究の理論的枠組み

研究協力者
confederate

　心理学実験に参加してもらう人を「被験者」「実験参加者」、調査への回答者を「被調査者」「調査回答者」などと呼び、「調査協力者」はその総称といえる。質的研究では、インタビュイーを「調査協力者」ということもあり、さらに進んで、研究を生みだすプロセスにおいて研究者と協働作業をするという意味を強調して「研究協力者」という呼称を使うこともある。一方、一部の社会心理学的実験においての「研究協力者」は独特の意味をもち、それぞれの実験設定のなかで、あらかじめ決められたシナリオに従って動くいわゆる「サクラ」を指す。実験場面で人の行動を検討する社会心理学実験において相互作用を探究するために、「サクラ＝研究協力者」は決められた働きかけ・行動をする（褒める、威張る、痛がるなど）よう依頼され、その際の実験参加者の反応が観察されることになる。これはディセプションに当たるため、研究倫理上、実験後にデブリーフィングを行うことが必要となる。 ⇨ディセプション、デブリーフィング

[北村英哉]

研究計画書
research proposal ; study plan

　これから実施する研究に関する一連の流れと方向性を示したもので、研究を実施する前に作成する。背景、目的や意義、手続き、研究対象、期待される成果など、項目ごとに分かりやすく記載する。研究構想とは異なり、具体的かつ実現可能な研究プロセスの提示が要請される。大学院への進学や研究倫理審査、研究助成の獲得などの際には必要不可欠である。近年では、研究倫理の重要性が指摘され、研究を実施する前に研究倫理審査委員会の承認を得る必要がある。研究倫理審査委員会では前述の項目に加え、インフォームド・コンセントの手順、データの管理方法、安全の確保、利益相反の有無なども研究計画書のなかに記載するよう規定している。質的研究では、現場での新たな発見や気づきによって、当初の研究設問（リサーチクエスチョン）が変容し、研究の方向性を見失うという事態が起こり得る。そのため、その要否にかかわらず事前に作成しておくことが望ましい。 ⇨研究設問（リサーチクエスチョン）、研究倫理 [福田茉莉]

研究者倫理
research integrity

　研究者が責任をもって公正に研究を遂行するために求められる規範。研究公正または責任ある研究行為とも呼ばれる。公正な研究活動のために研究者が果たすべき基本的責任として、たとえば日本学術会議の「科学者の行動規範」では、研究者は「自らが生みだす専門知識や技術の質を担保する責任を有し、さらに自らの専門知識、技術、経験を活かして、人類の健康と福祉、社会の安全と安寧、そして地球環境の持続

性に貢献するという責務を有する」とされている。一方、研究者が留意すべきものとして文部科学省は「研究活動における不正行為への対応等に関するガイドライン」を定めており、「ねつ造・改ざん・盗用」の三つが特定不正行為として位置づけられている。研究不正に対しては、「研究者自らの規律や、研究機関、科学コミュニティの自律に基づく自浄作用」が基本とされるが、近年では研究機関が責任をもって防止にかかわることが求められている。 ⇨研究倫理、研究倫理委員会、倫理　　　［川本静香］

研究する人間
methodologically–reflective researcher

　M-GTAで方法論的に強調される、実践的かつ徹底して内省的な研究者のこと。M-GTAでは、特定の目的や価値観をもった研究者その人を、社会活動としての研究過程のうちに明確に位置づける。「研究する人間」は、研究期間中、なぜこの研究をするのか、生成する理論を誰にどのように応用してほしいのか、といった問いと徹底的に向き合い、明確化し続けることを求められる。この過程の初期で研究テーマが形成され、データ収集後にデータ特性を踏まえて分析テーマと分析焦点者が限定される。研究する人間は、この限定によりデータに根ざした分析展開を担保しつつ、常に自覚的な判断と解釈により、概念生成や概念間関係の検討などの分析を進めていく。さらに、分析結果を応用する人間の観点や状況を常に意識し、現場の現実に適合した実践的な概念・理論の生成をめざす。M-GTAは、このように研究する人間を方法論的に位置づけることで、客観主義（objectivism）的GTAとも構成主義（constructivism）的GTAとも異なる実践的GTAを確立している。 ⇨M-GTA、客観主義、構成主義、分析焦点者、分析テーマ
　　　　　　　　　　　　　　　　［山崎浩司］

研究設問（リサーチクエスチョン）
research question

　学術研究として問う意義があり未解明であり取り組み可能である問い。フィールド調査を開始して、まず出来事の意味にとまどい、次にこういうことかと推測し、素朴な仮説をもつ。さらにその仮説を確認し、解釈に確証を得る。このように自らの思考を繰り返し省察し、残った問いが研究設問へと昇華する。そして、研究設問に基づき焦点化された観察を行っては設問を見直し、問いを先鋭化させる。論文を作成するまでこの作業は続き、研究目的自体を見直すこともある。研究設問の有効性は、調査者の「自己」「現場」「学問」の三つの文脈の均衡による。調査者自身にとって切実な問いは追究の継続と深化を促すが、偏れば独善的な問いになる。現場の文脈で研究の社会的意義をみいだすことは問題の核心を保持させるが、偏れば無批判に現場を擁護したり、現場に埋没して研究活動を無意味化したりする。学問的には新たな知見の提出や既存概念の再検討につながる問いに価値があるが、偏れば当事者の生活感情や問題意識と乖離した論述となりかねない。 ⇨エスノグラフィー、仮説生成型、観察者バイアス、フィールドワーク　　　［本山方子］

研究デザイン
research design

　研究プロジェクトのための体系的な計画。研究計画と似ているが、あえて言えば研究デザインには研究のあり方の構想、イメージというニュアンスがあり、これに対して研究計画の方は最終的に文書にまとめて研究計画書にするというように具体的である。しかし両者の区別は明確ではなく、両者を同じものと考える見解もある。フリック（Uwe Flick）によると良い研究デザインは明確な研究設問をめぐって作られ、限られた資源と時間で研究ができるようにし、サンプリングと手法を決定させる。また彼は質的研究の基本デザインに、事例

研究、比較研究、遡及的研究、スナップ
ショット、縦断的研究の四つがあるとして
いる。マイルズ（Matthew B. Miles）とヒュー
バーマン（A. Michael Huberman）は研究デザ
インとして、限定的な研究設問をもち厳密
なサンプリングを行うタイトなデザイン
と、あまりはっきりしない研究設問で手法
を固定しないルーズなデザインの二つをあ
げ、前者を質的研究の経験に乏しい研究者
に、後者を経験のある研究者に勧めてい
る。⇨ 研究計画書、研究設問（リサーチクエ
スチョン）、研究目標　　　　　　［鈴木聡志］

研究日誌
field diary ; field journal

　フィールドノーツとは別に研究者が書き
記すことがある、フィールド経験の私的記
録。代表的なものに人類学者マリノフス
キー（Bronisław K. Malinowski）の日記がある。
フィールドノーツを、調査対象に関して網
羅的で詳細かつ正確に記録するものとして
扱う場合、研究日誌は、そこに収まらない
ものを自由に書き出せるものになる。その
際、この日誌は、フィールドにおける調査
者の感情の揺れ動きや振る舞いを率直に記
録できるものになるため、研究者のフィー
ルドでのポジションや態度をめぐる洞察を
促して、安定した調査を可能にする。ま
た、記録される事柄は一見ごく個人的な経
験だが、そこには、異なる自明性をもつ社
会や他者との出会いによるカルチャー・
ショックと、それを経由して相手に親しむ
過程が反映される。そのため研究日誌は、
対象となる場や他者の理解を導く手がかり
になると同時に、研究者がフィールドでの
経験を通じて、いかにしてその文化を知る
に至るか、参与から解釈が生じる過程を明
らかにする重要な資料にもなる。⇨ 異文
化適応、観察者バイアス、フィールドでの立
場、フィールドノーツ、マリノフスキー
　　　　　　　　　　　　　　　［木下寛子］

研究の理論的枠組み
theoretical framework

　研究で扱う問題の位置づけ、研究設問の
設定、調査の設計、データの収集と分析の
方法、結果の解釈の仕方など、研究のすべ
ての側面に影響を及ぼす学問的方向性のこ
と。特定の学問的系譜に位置づく文献リス
トや特定の方向性をもった概念・定義・モ
デル・理論に立脚する。教育学者のメリア
ム（Sharan B. Merriam）によれば、「理論的
枠組み」の選択は、質的研究をデザインす
る段階での最重要事項であるとされる。自
分が依拠する特定の学問的方向性の下で先
行研究が検討され、それを踏まえて研究設
問が設定され、その解明に必要な調査の内
容と方法が設計され、自分の学問的方向性
や研究設問と整合的なデータ分析・解釈の
仕方が決定されるからである。理論の生成
を目指す質的研究では、事前に理論は必要
ないと誤解されることがあるが、「理論的
枠組み」なしには研究を構想することもで
きない。「理論的枠組み」は、質的研究の
一連の過程を統べる重要な基盤といえる。
⇨ 仮説生成型、研究設問、研究デザイン
　　　　　　　　　　　　　　　［柴山真琴］

研究目標
research goals

　その研究が目指すもの、最終的に得よう
とするもの。研究論文における目的（study
objectives; aims; purposes）よりも広い概念で、
必ずしも明文化されるわけではない。たと
えばマックスウェル（Joseph A. Maxwell）は
研究目標を個人的な目標（卒業論文や修士論
文の作成など）、実用的な目標（特定のプログ
ラムや製品が機能するかどうかなど）、研究上の
目標（特定のテーマに関する知見の発展）に区
別しているが、個人的な目標が論文のなか
で触れられることはめったにない。一般に
研究は事実や理論を明らかにするために行
われるが、質的研究では量的研究とは異な
る目標のために行われることがある。つま
り後者ではすでにある仮説を検証するこ

と、ユニバーサルな知、客観的事象にかかわる知、説明的な知を生むことを目指すのに対し、前者では新たな仮説を生みだすこと、ローカルな知、主観的な体験にかかわる知、了解的な知を生むことを目指す。⇨研究デザイン　　　　　　　　［鈴木聡志］

研究倫理
research ethics

　人や動物などを対象とした研究を実施する際に、研究者が協力者（あるいは対象となる動物）の尊厳と権利を守り、研究が適正に推進されるために遵守すべき規範のこと。たとえば、ナチスドイツでの非人道的な人体実験に対して行われた医療裁判の結果として1947年に提示されたニュルンベルク綱領、1964年のヘルシンキ宣言と、その精神に基づいて1979年に作成されたベルモント・レポートなどがある。現在では、各学会や大学などがさまざまに規定や指針を定めているが、総じてベルモント・レポートの三原則（人格の尊重・善行・正義）が基礎となっている。研究者は、研究の実施に際して、研究倫理に係る規定や指針に基づき、インフォームド・コンセントや個人情報保護のためのデータ管理など、必要な手続きを行うことが求められるが、研究によって配慮すべき事項が異なるため、必要に応じて倫理審査委員会による第三者からの意見を活用することが有効である。⇨インフォームド・コンセント、研究者倫理、研究倫理委員会　　　　　　［川本静香］

研究倫理委員会
research ethics committee：REC

　第二次世界大戦時の人体実験の反省から、医学研究をはじめとして社会科学研究でも研究の倫理審査が制度化されてきた。研究者の属する機関や当該研究との利害関係がない、独立した第三者集団による審査会議体として「研究倫理委員会（REC）」または「研究倫理審査委員会（research ethics review board）」が設けられる。そこでは事前に策定した研究倫理規程に照らして申請研究計画の倫理的適合性を審査し、適合すれば研究の実施を許可し、倫理的問題があれば修正要求を行う。他方で研究者の所属機関ごとに設けられた「機関内審査委員会（institutional review board：IRB）」でも審査者、被審査者ともに匿名で研究の倫理審査を行う。日本ではIRBが多いが学会などの組織による審査はRECに相当する。また複数機関の共同研究では、倫理審査集約化の目的で中央倫理審査委員会が設置されることもある。一般にREC審査には、①国の倫理指針、学会や機関の研究倫理規程などの規準と運用の明確化、②専門、非専門の審査委員の選出基準、③審査者と被審査者の審査結果をめぐる意見交換、などの重要課題がある。⇨インフォームド・コンセント、研究協力者、研究者倫理、生命倫理、倫理　　　　　　　　　　［斉藤こずゑ］

限局性学習症、限局性学習障害
　⇨学習障害

言語学
linguistics

　近代の言語学は、言語の構造や人間と社会の規範が反映されたコミュニケーションを研究する学問領域である。言語体系の分析単位（音素、形態素、文法素、文、談話）をもとに音韻論、統語論、意味論、語用論として発展した。19世紀には歴史言語学や比較言語学が主流であったが、20世紀初めのソシュール（Ferdinand de Saussure）を起点として近代の言語学は始まった。ソシュールの二分法的概念（たとえばラングとパロール）は、近代の言語学に連なる流れを生み、同時に文化人類学などにも影響を与え、後に構造主義に発展した。言語学においては米国のブルームフィールド（Leonard Bloomfield）らが構造主義言語学を築いた。20世紀後半、チョムスキー（Noam Chomsky）が、言語の構造ではなく、文法を生みだす人間の能力、すなわち、生得的言語能力に着眼し、普遍文法を中心とした

理論言語学を築いた。また、同時期に、言語学から社会言語学、心理言語学、言語人類学、応用言語学が分化し、それぞれ独立した学問になった。 ⇨構造主義、社会言語学、ソシュール、パロール、ラング

［藤田ラウンド幸世］

言語学的分析
linguistic analysis

ある発話やテクストの一部が備える言語の特徴的な使用に注目してデータを分析する方法。たとえば、文法や言語の形式、言外に含まれる話し手と聞き手のポジション、受動態と能動態の用いられ方、メタファーの使用法などに着目する。インタビューをはじめとする質的研究の多くは、言語を用い、また言語によって知を生成する営みとして位置づけられる。そのため、それらの言語学的な特徴に注目することは、発話やテクストの意味を探索し、その意味を検証するうえで重要な着眼点を提供してくれる。また、言語学的な素養は、インタビュアーの問いのあり方や、応答における感受性や質を高めるうえでも重要である。海外では、数量的な分析をする際に統計学が必要とされるように、インタビューをはじめとする質的データやテクストの分析においても、言語学の技法の習得が不可欠とする見解もある。日本においてもそのようなトレーニングや教育環境が整うことが期待される。 ⇨言語学、ディスコース分析

［徳田治子］

言語ゲーム
language‒game

「言語は実在を写す像である」とする一般的な言語観に対立する、後期ウィトゲンシュタイン哲学の基本概念。語はチェスの駒のようなもので、ゲームの文脈のなかでのみ意味を担う。ゲームは規則があって成立するが、規則は独立の実在ではなく活動のなかで作り出される。言語ゲームはわれわれの生活形式の一部をなす。言語ゲーム

の構想は、語の意味とは言語内におけるその使用のことであり、文とは主張したり命令したり質問したりするための道具であるという、意味の使用説と一体になっている。「痛い」という叫びも話者の私的な感覚を指示するのではなく、攻撃者を非難したり救援を求めたりする道具であり公共的に機能する。私的な感覚質を指示するような言語は私的言語と呼ばれ、概念上の混乱に基づくとして否定される。ただしこのような言語観は、他者の他者性・不可知性を隠蔽するものではないかという批判もある。 ⇨ウィトゲンシュタイン、他者

［渡辺恒夫］

言語コード理論
code theory

バーンスティン（Basil Bernstein）による、談話と、談話が生産される場である社会との関係の理論。ここでいうコードは言語システムの上位に位置する。言語システムが、ある意味を語彙と文法の選択、その音声化、あるいは書記化を通して具現化するのに対して、言語コードは言語システムの外側に位置する社会による意味の選択に関係する。社会システムの分業から発生する階級関係が権力と統制の分配に影響し、それぞれが対人関係場面における文脈間の差異の認知と文脈内での実現に関係し、その文脈において、どのような意味が適切な関連性をもっているかという意識を形成する。談話はこの意識に基づいて産出される。ある社会の成員は、その社会のなかで生産される談話の意味を理解する、あるいは理解に失敗することを通して、コードを獲得し、コードが選択する意味を志向する。この過程を通して、社会システムは再生産され、個人のアイデンティティが形成される。 ⇨限定コード／精密コード、談話、バーンスティン

［比留間太白］

言語論的転回
linguistic turn

　英語圏の哲学では20世紀の前半から分析哲学が主流を占めるに至るが、その特徴はたとえば自由意志は存在するのかといった哲学史上の難問に対し、伝統的に形而上学で論じられてきたような検証不可能な議論の仕方をやめて、自由や意志や責任といった言葉の意味と用法を分析することによって言語論的に解決しようというところにある。これを、分析哲学は哲学史上に言語論的転回をもたらしたという。なかでもライル（Gilbert Ryle）、ウィトゲンシュタイン（Ludwig J. J. Wittgenstein）による心的概念の分析やオースティン（John L. Austin）による言語行為論は、社会構成主義（social constructionism）やエスノメソドロジー、ディスコース分析などの原動力となり、人間科学全体にも言語論的転回をもたらした。たとえば言語行為論によると自己の意図について述べることは支援や賛同を得るための社会的行為であり、意図の実在を脳内に客観的に探し求めるなどは的外れも甚だしいことになる。⇒エスノメソドロジー、社会構成主義、ディスコース分析
　　　　　　　　　　　　　　〔渡辺恒夫〕

現実構成論
construction of reality

　社会的および個人的現実は、誰にとっても同じ意味をもつような客観的存在ではなく、人びとの相互作用、特に言語的相互作用によって生みだされた共同主観的存在であると考える立場。共同主観的現実の生成には、制度、文化、時代、役割や立場、加えてそれらの正当性もかかわるが、これらもまた言語的相互作用によって生みだされたものである。客観的現実なるものは、個々の認識と言語行為の対人的相互作用を経て一時的に安定している仮象であり、実際は常に変更の可能性を含んだ動的、流動的な相にある。心理学を含む学問的認識も例外ではない。現実認識に対する特定の人びとや権力の関与を想定し、特権的認識を批判的に検討しようとする。バーガー（Peter L. Berger）とルックマン（Thomas Luckmann）の「日常世界の構成」（原著1966）は古典的な論考の一つである。なお彼らは、行為と現実認識の弁証法的関係を強調し、主観主義と客観主義の対立を超えようとしている。⇒現象学、社会構成主義、バーガー、弁証法
　　　　　　　　　　　　　　〔森 直久〕

検証
verification

　検証とは、一般的に命題を客観的証拠によって証明することを指す。質的研究では、厳密な意味で検証は困難である。質的研究の仮説命題は、一方向的で単純な因果関係を想定したものではなく、多くの場合、少数の事例について、具体的な生活文脈上での多様な事物の相互関係を前提としたものであるからである。ゆえに、質的研究は仮説生成に徹し、量的研究で仮説検証を行うという考えも強い。また、ポパー（Karl Popper）に代表される反証主義者は、科学理論は検証ではなく、反証可能性をもつもののみだとする。それならば、質的研究で生成される命題の多くは反証可能性の判別が困難なため、科学的ではないことになる。その一方で、ブルア（Michael Bloor）とウッド（Fiona Wood）が示すように、質的研究者は自身を道具として文化を理解（了解、〔独〕verstehn）するのであり、その意味で仮説検証でも反証でもなく、身体に染みいるように深くかかわることで事象を味わい、理解をするという主張もある。⇒科学的方法、仮説、仮説検証型　　〔上淵 寿〕

現象学
〔英〕**phenomenology**；〔独〕**Phänomenologie**

　意識への現れを記述する学問。多くの哲学者が「現象学」という言葉を用いているが、質的研究との関連で重要なのはフッサール（Edmund Husserl）が提唱し、その後ハイデガー（Martin Heidegger）、メルロ＝ポ

ンティ（Maurice Merleau‐Ponty）、サルトル（Jean‐Paul Sartre）、レヴィナス（Emmanuel Lévinas）らによって展開された哲学の一潮流としての現象学である。現象学は「事象そのものへ」を格率とし、憶測や先入見を排して意識に直接現れたものに還帰することで、われわれの知を根拠づけようとする。歴史的には、近代自然科学の方法を人間的事象に適用するなかで心理学、社会学、言語学などの人間科学が19世紀半ばに成立するが、現象学はこうした人間科学に通底するナイーブな実証主義への批判という意義をもつ。つまり、データから因果関係を分析して人間的事象を「説明」するという方法を無批判に採用するのではなく、ある経験が生じる現場に立ち返ってそれを厳密に「記述」することで人間についての知を立ち上げる試みなのである。⇨エポケー、現象学的還元、現象学的心理学、人間科学 ［田中彰吾］

現象学的還元
phenomenological reduction

現象学を提唱したフッサール（Edmund Husserl）が提案した方法であり、自然的態度の一般定立の徹底的変更とされる。われわれは素朴に、諸事物や世界が自身の向こう側にあると信じている。この素朴な自然的態度において、われわれは、意識の志向性が関心を向ける対象世界に我を忘れて没頭している。現象学的還元は、この素朴な定立、自己忘却を一瞬停止し、世界の構成にかかわる意識の志向性の働きを反省的に見つめ直すことを企てる。フッサールの弟子のフィンク（Eugen Fink）によれば、現象学的還元の結果、われわれは自然的態度をないものにしたり、この態度とは別のところへ行ったりするのではない。自然的態度において、その素朴性のゆえに気づけないでいる意識と世界との関係、世界の存在の意味をとらえ直そうとする徹底した態度が還元の根本に潜んでいる。⇨エポケー、現象学、フッサール ［西村ユミ］

現象学的心理学
phenomenological psychology

フッサール（Edmund Husserl）の創始した現象学の考え方を心理学に応用し、現象学の観点から心理学の諸問題を考察しようとする学問領域。実験・観察による実証的心理学や、無意識の解釈をベースとする深層心理学とは異なり、人びとの意識に現れる経験の意味や価値に焦点を当てる。米国の現象学的心理学を牽引したジオルジ（Amedeo Giorgi）は、その方法と目的を、①現象に対するできる限り開かれた、前提をおかない態度、②現象の背景とそれが現れる文脈を、記述によって明確にする、③現象の生きた意味を把握する、とした。自然科学としての心理学では主観的現象を切り離すが、現象学的心理学では個人の主観的経験を探究し、そこから人間の経験の普遍的で必然的な成り立ちを明らかにしていく。ジオルジの方法のほかに、スミス（Jonathan A. Smith）のIPA（解釈学的現象学的分析）、ラングドリッジ（Daren Langdridge）の批判的ナラティブ分析などがある。⇨IPA、現象学、ジオルジ、批判的ナラティブ分析 ［植田嘉好子］

健常者
non‐handicapped person

心身に障害や疾病がない健康な人。障害者との対比で使用される。しかし、健常者という言葉を使用するのは差別的であるといわれるほど、この言葉は近年使用されない。質的研究においても、障害者を対象とするものは散見されるが、「健常者を対象とした」と記述されているものはほぼ見られない。自閉症スペクトラムの定義に変遷があったように、これまで障害がある・ない、と白黒をはっきりさせていたものを、現在では自閉的な傾向がどの程度あるかを連続体（スペクトラム）でとらえるようになった。人は何かしらの自閉的傾向や側面を少なからずもっているということでもある。また、人は何かしらの不自由さや苦手

なもの・不得意なものを抱えながら生きており、そのような側面から見ても健常者という概念は実態にそぐわない。健常者がマジョリティなだけであり、自分たちとは異なる人びとを障害者としているだけという考えもある。 ⇨障害児・者

［沖潮（原田）満里子］

言説
discourse

　一定のまとまりをもったものの言い方や語り。英語のディスコース（discourse）あるいはフランス語のディスクール（discours）の訳語として、フーコー（Michel Foucault）の影響を受けた哲学や社会学で使われることが多い。心理学において言説の観点が重要なのは、言説（あるいは言語）が現実や主体を構成するからである。たとえば、医学的言説のなかでは「患者」は専門的な治療の受動的な受け手である。ところが近年では「患者様」という言い方が広まっていて、こうしたものの言い方は医療サービス言説ということができ、この言説において患者は医療サービスを買う買い手、医療従事者は医療サービスを売る売り手となり、両者は店での客と売り手のような対等な関係となる。もし売り手が提供するサービスが料金や待ち時間といったコストに見合わないと買い手が判断するなら、そのサービス利用を中止するのは買い手たる患者にとって当然の権利となる。こうした言説の働きを分析するのがフーコー派ディスコース分析である。 ⇨談話、ディスコース、ディスコース理論、フーコー、パーカー ［鈴木聡志］

現存在
〔独〕**Dasein**；〔英〕**being-there**

　ドイツの哲学者ハイデガー（Martin Heidegger）が人間の実存的なあり方について示した用語。人間が「いま、ここに、現に（Da）」に「存在する（sein）」ものとして、自らのあり方を問題にしつつ、そこでの可能性をめがける存在という意味である。ハイデガーは『存在と時間』（原著1927）において、事物（世界）とは何かを問うためには、それを問うている人間自身の存在をまず明らかにする必要があると論じた。現存在としての人間は、①「気分」によって自分が投げ込まれている世界を告げ知らされ、②それを自ら「了解（解釈）」しつつ、③「語り」によってその可能性を他者（ほかの現存在）と共有するという三つの契機をもつ。また身の回りの事物や人びとを客観的に存在するととらえるのではなく、人間の「気遣い」に相関して現れる意味の網の目と規定し、このような現存在のあり方を「世界内存在」と呼んだ。この考え方は、後にビンスワンガー（Ludwig Binswanger）により現存在分析として精神病理学にも取り入れられた。 ⇨解釈学的現象学、現象学、現存在分析、実存、ハイデガー ［植田嘉好子］

現存在分析
〔独〕**Daseinanalyse**；〔英〕**daseinsanalysis**

　ビンスワンガー（Ludwig Binswanger）によって創始された精神医学の方法で、患者の主観的世界を解釈し、その意味を了解することを目指している。本来は、ハイデガー（Martin Heidegger）による現存在（人間）の本質を分析する方法を指す言葉であり、これはフッサール（Edmund Husserl）の現象学的な思考法に強い影響を受けている。このハイデガーの現存在分析は、人間のあり方の本質を見事にとらえているため、ビンスワンガーはその分析内容はそのまま精神病の患者にも応用できると考えた。また、彼は精神疾患を人間本来のあり方から逸脱した状態（頽落）、世界内存在の変容として考えたが、同じく現存在分析を標榜したボス（Medard Boss）は、こうしたビンスワンガーの考え方に批判的であった。 ⇨現象学、現存在、ハイデガー、フッサール

［山竹伸二］

限定コード／精密コード
restricted code ／ elaborated code

　バーンスティン（Basil Bernstein）の言語コード理論の初期に示された階級関係に対応した話し言葉の差異をとらえる概念。限定／精密とは、意味と語彙文法の選択肢が限定されているのか、精密な広がりをもつのかに関係する。限定コードが用いられている状況では、挨拶のように語彙文法が限定されているため、どのような話し言葉となるか予想が可能である。表現の可能性が制約されているため、意味の伝達と理解においては、身振りや表情といった言葉以外のチャネルや言外の状況への参照が必要となる。言葉は状況に強く埋め込まれており、言葉によらずに意味の伝達が達成される。一方、精密コードの場合は、語彙文法の複雑な構成によって意味を構築することが可能であるため、言葉以外の状況への依存度が低くなる。したがって、言葉が意識されるとともに、状況を超えた伝達と理解が可能となる。限定コードは労働者階級に、精密コードは中産階級、そして学校教育場面でみられる。　⇒言語コード理論、バーンスティン　　　　　　　　〔比留間太白〕

現場心理学
field psychology

　質的研究における「現場」は、その意味の多重性を込めて「フィールド」というルビが振られることがある。やまだようこはそのような「現場（フィールド）」を、「実践」「自然」「生態」「日常性」といった言葉と照らし合わせ検討したうえで、「複雑多岐の要因が連関する全体的・統合的場」と定義している。その言葉を冠した「現場心理学」は、「実験心理学」の対義語として用いられることが多い。本来複雑多岐の要因が絡み合っているところから重要とみなされる要因を抽出し、それらの因果関係の特定を目指してシステマティックな方法を用いるのが「実験」である。「実験心理学」は、物理学を範としたそのような方法を用いる。一方、「現場心理学」は、複雑多岐な要素の絡み合いを、できるだけそのままにとらえようとする志向性をもち、「現場」がもっている質感をすくいとろうとする。そこで用いられるのが、フィールドワークを始めとする質的研究の方法である。　⇒フィールド、フィールド研究、フィールド心理学、モデル構成的現場心理学、野外科学　　　　　　　　　　　　　　〔伊藤哲司〕

顕名性
onymity

　名前を顕わにすることでもたらされる「実際に生きている、存在する個人である」という性質。実存する「その人」を具体的に表すという点で、戸籍名とは限らず、芸名やペンネームのような通称でも成立し得る。抽象的なカテゴリーとしてではなく、具体的かつ単一不可分な実体としての個人の存在を強調する語である。ホワイトヘッド（Alfred N. Whitehead）によれば、具体的な生（具体性のある生）は、知恵と驚きをもたらすとされる。たとえば病者・障害者がアドボカシー（権利擁護）のため、自らの病いの経験を、自分の名前を公表して発信することが、しばしば行われる。これは、顕名性を保って具体的な生の経験を伝えることが、市井に大きなインパクトを与え得ることの証左である。質的研究においては、現実的存在（actual entity）としての人間を研究対象者とするために、対象者の等質性を前提とした "n" の表記がそぐわない場合も多い。倫理的観点から「その人」をどのように表現するのかもまた、質的研究における課題である。　⇒個性記述的方法、実存、匿名性、ライフ、倫理　　　　〔日高友郎〕

権利擁護　⇒アドボカシー

権力
〔英〕power；〔仏〕pouvoir

　一般的に、権力という概念は、法の下に人びとを一括して支配し抑圧するようなイ

メージとしてとらえられることが多い。しかしフーコー（Michel Foucault）によれば、17世紀に、資本主義の発展にしたがって、工場・学校・軍隊などにおいて人びとの個々の身体を巧妙に規範化・秩序化し従順なものへと変化させていくような新たな権力の様態が現れた。こうした場においては、統制が容易になるような近代的な時空間が構成され、そのなかで練習や訓練などによって身体の有用な力が最大化される技術が用いられるという。つづいて18世紀には、社会科学的な統計などの手法によって人びとの生に全体的に働きかけながら、それを巧みに管理・調整する権力が出現した。この権力は、人びとを抑圧する力として現れるのではなく、むしろ人びとの健康を増進させ生活を向上させるといったような、本質的に生を保護するスタイルをとるものである。身体や生命に関与するこれらの新たな権力をフーコーは「生権力」と名付けている。⇒フーコー　　　　　［松島恵介］

こ

コアカテゴリー
core category

　理論産出の際にその中心的位置を占めるとされるカテゴリーのこと。この用語は、グラウンデッド・セオリーの共同開発者であるグレイザー（Barney G. Glaser）とストラウス（Anselm L. Strauss）が提起したもので、彼らはコアカテゴリーの特徴として、①現象の予測や説明をするうえでの関連性、②現象把握の際の有効な作動性、③ほかの諸カテゴリーとの多様な関係性、④理論への統合可能性の4点を、またコアカテゴリーと判断する際の規準としては、①多くのカテゴリーや諸特性との関連で中心に位置していることが確認できるかどうか（中心性の規準）、②対象とするデータのなかにしばしば登場してくるかどうか（頻発性の規準）、③多様なバリエーションを見いだすことができるかどうか（多様性の規準）、④理論的飽和化に耐えられるだけの内実を備えているかどうか（飽和化の規準）、⑤フォーマル理論への含意を見いだすことができるかどうか（理論的含意の規準）の5点をあげている。⇒カテゴリー、グラウンデッド・セオリー、グレイザー、ストラウス、理論的飽和　　　　　　　　　　　　　　［水野節夫］

行為
action

　有意味な振る舞いとして了解可能なかたちに構造化された身体的・心理的な所作またはその連鎖。心理学において行為は多様なとらえられ方をしているが、質的心理学では以下の各点が強調されることが多い。①行為の意味はその文脈を参照することで初めて了解可能になる（指標性）。②行為は文脈との参照関係を通して意味づけられるが、同時に文脈は行為を通して特定される（相互反映性）。③行為はあらかじめ設定されたプランや意図によって決定されるのではなく、行為の渦中で文脈を参照しながら、その都度具体的に方向づけられる（状況性）。④行為は行為者単独ではなく、文脈に含まれる他者や事物と一体となって生成・展開される（媒介性）。⑤個々の行為はより大きな社会文化的なシステムに埋め込まれ、それに制約あるいは方向づけられるが、時としてこうした上位のシステムに変化をもたらす契機ともなる（社会文化性）。⇒状況的認知、相互反映性、媒介された行為　　　　　　　　　　　　　　［高木光太郎］

合意形成
consensus building

　複数主体間の意思の一致を図ること。特に討議を通じて利害や価値を調整し、相互の意思の一致を図る社会的意思決定の過程をいう。近年、組織開発、地域活性化、テクノロジー・アセスメントなどさまざまな分野で、異質な当事者同士の対話や相互学

習を重視した合意形成の手法が多数開発され実施されている。たとえば、クーパライダー（David Cooperrider）のアプリシエイティブ・インクワイアリーは、「価値を認める」ナラティブを引き出し、共有し、それをもとに組織の将来ビジョンを協同で描き実現することを目指す手法である。このような合意形成の手法では、一般に、ナラティブのもつ現実構成力と多声性がもたらす創発力を活かす工夫がなされている。また、合意形成過程についても、地域づくりや組織開発などさまざまな分野で豊富な調査研究例があり、合意形成過程の視覚化などの工夫も提案されている。なお、合意形成を社会秩序形成の基礎とみなす発想は伝統的に根強いが、最近では合意を前提としない秩序形成にも注目が集まっている。
⇒アクションリサーチ、境界オブジェクト、ナラティブ（ナラティヴ）　　　　［永田素彦］

交換
exchange

　主体が何らかの対象を外部とやりとりすることをいう。生物は物質を主体の外部と交換することで自己を維持しており、生命システムの基本的な仕組みの一つである。人間の場合、主体間の相互作用が記号的に行われることに特徴があり、プレゼント（記号）が人の気持ち（意味）を表すように、物質的なものも含めて人のやりとりは意味の交換として成り立ち、社会の基本要素となる。言語の交換は会話を成り立たせ、価値物の交換は経済を成り立たせるが、これらの記号化された対象の社会的交換が人間に固有の社会システムを作る。交換には贈与交換と市場交換があり、前者は人びとの間の具体的な人格的つながりを形成・維持・強化する機能があり、後者は個別の人間関係に依存しない対象の等価交換のシステムを作る。発達的には会話の成立とともに1歳後半ごろから原初的な交換的行動が開始され、順に高次化していく。
⇒所有、媒介された行為、媒介物、レヴィ＝

ストロース　　　　　　　　　　　［山本登志哉］

好奇心
curiosity

　好奇心とは、周りの環境を探索し、そこから情報を得て、理解可能にしていく動機づけである。探索行動と情報・知識を得るという関連する二つの面からなる。好奇心があることにより、理解に至ることが肯定的感情を伴い、喜びと結びつくと同時に、不確実なことによる不快感を減らす。そのような意味での好奇心を説明する第一の理論は、不確実さという負の状態を減らすという動因による働きを好奇心であるとする。第二の理論は分かっていることによる確実さと分からないという不確実さのバランスを求めるというものである。第三の理論は、人は意味づけを行うことに動機づけられ、それは不確実を確実に変えると同時に、新たな不確実さを作り出す過程だとする。古典的な動因説からこのように活動の過程へと注目されることにより、好奇心は、人間の知的活動と情動的なあり方の統合的な把握に位置づけることに発展した。
⇒遊び、情動　　　　　　　　　　　［無藤隆］

合議制質的研究
consensual qualitative research：CQR

　現象学的アプローチやグラウンデッド・セオリー・アプローチなどに基づいた質的研究法であり、ヒル（Clara E. Hill）らによって開発された。合議を使った分析における手続きや手法が明確に示されているのが特徴である。複数の研究者がチームを組み、個別にデータ分析を行い、それを持ち寄って話し合う合意・分析ミーティングを定期的にもつ。これによって、一個人のみがデータ分析に携わることによるバイアスを減らし、共通認識に基づく一定の客観性を確保する。また、話し合いを繰り返すことによって、メンバー間の見方の違いについて掘り下げ、現象の理解を深めていく。分析結果は外部監査者による信憑性のチェッ

クを得ることも手続きの一部とされる。インタビューデータを中心に扱い、中核概念を抽出し、その関係をとらえる。心理療法プロセス研究を中心として、北米ではもっとも広く使われている質的研究法の一つである。⇒監査、グラウンデッド・セオリー、プロセス研究　　　　　　　　　　　［岩壁 茂］

高次精神機能
higher mental function

　高次精神機能は、ほかの動物種とは違う人間独自の随意的記憶、随意的注意、知覚、概念形成、思考、意思などを表わす概念である。つまり、高次精神機能は、人間に固有な心理的特質をとらえるための概念である。人間の活動のなかに中間的媒介物が入ることによって、自然的・直接的な心理過程が、間接的な過程に転化するというのは、ヴィゴツキー（Lev S. Vygotsky）が人間の心理を研究するうえで第一の仮説としたことであった。ここでいう中間的媒介物は、たとえば閉じた書物の特定のページを見分け、素早く開くために使われる「ページの端を折る」工夫や「しおり」「付箋」という人工物のようなものである。高次精神機能の実例として、ヴィゴツキーは言語のほかに、記字法や計算のさまざまな形式、記憶術のための諸工夫、代数記号、芸術作品、文字、地図をあげている。これらをもって環境に立ち向かう人間の心理活動は、そのことによって環境に変化を与えるとともに、自分自身の行動や思考を変化させ、それをより合理的なものにする。⇒ヴィゴツキー、内面化、媒介された行為、文化心理学　　　　　　　　　　　［朴 東變］

高次脳機能障害
higher brain dysfunction

　病気やケガにより、脳に損傷を受けることで認知機能がうまく機能しなくなることを認知障害と呼び、高次脳機能障害もその一つである。高次脳機能障害といえばこれまで失語・失行・失認などが主な症状とされてきたが、厚生労働省が2001（平成13）年度から開始した「高次脳機能障害支援モデル事業」において集積された脳損傷者のデータを慎重に分析した結果、記憶障害、注意障害、遂行機能障害、社会的行動障害などの認知障害のために日常生活や社会生活への適応が困難な人びとが数多く存在することが判明した。国は、支援対策を推進する観点から、行政的にこの一群が示す認知障害を高次脳機能障害と呼び、診断基準を定め、リハビリテーション、社会復帰および生活支援のモデルプログラムを作成した。高次脳機能障害は、医療、福祉、就学・就労などの現場で注目されつつあるとはいえ、この障害に対する理解と地域における支援体制づくりが求められている。⇒記憶、記憶障害、失語症、認知［青木美和子］

公衆衛生
public health

　ウィンスロー（Charles–Edward A. Winslow）の定義によると、公衆衛生とは、「組織化されたコミュニティの努力を通して、疾病を予防し、寿命を延長し、健康と能率の増進を図るサイエンス（科学）でありアート（術）である」。英語のpublic healthを公衆衛生と訳したのは、コレラの流行といった時代背景のなか、「衛生」に「生命をまも（衛）る」という意味を込めたからといわれている。公衆衛生では、人間の健康を集団（ポピュレーション）の健康としてとらえ、組織的なアプローチによって、より健康な方向へと導く。公衆衛生を司る行政機関として、政令市および東京都特別区を除く都道府県では、国（厚生労働省）－都道府県（衛生主管部局）－保健所－市町村という一貫した体系が確立されている。保健所や市町村保健センターは公衆衛生活動を担う主要な行政機関であるが、学校や職場においても公衆衛生活動が展開される。行政で公衆衛生活動を担う職種としては、保健師が最も多い。⇒家族、環境、災害、システム、地域　　　　　　［藤山正子］

口述史 ⇨オーラルヒストリー

構成主義
constructivism

　ピアジェ（Jean Piaget）によれば、言語学、数学、物理学、生物学、社会科学などの多くの科学は、すでにそれぞれの構造主義（structuralism）によって営まれている。それは、学説や哲学ではない。一つの方法であり、人間の科学を活気づけ鼓舞し続けている理論的態度である。彼によれば、構造というものには次の三つの特徴がある。①それは固有の全体性である。②構造は一つの変換の体系であり、自身の法則をもっている。③自分自身を自己制御する。構造は、実証主義的な態度で、対象や現象を単に静的に記述するだけでは得られない。なぜならば、それは動的で全体的なシステムだからである。構造主義は、変換の体系であるその構造が、先立つ構造の自己制御によってどのように生まれたのかと問うとき、必然的に構成主義になる。システムの揺らぎや不均衡化によって再均衡化、つまり自己組織化が生じ新しい構造が生まれてくるのを直視するのが構成主義である。
⇨構造主義、ピアジェ　　　　　［麻生 武］

構成主義的グラウンデッド・セオリー
constructivist grounded theory

　1967年以来グレイザー（Barney G. Glaser）とストラウス（Anselm L. Strauss）により提案されてきたグラウンデッド・セオリーの批判的乗り越えとして、2000年以降にシャーマズ（Kathy Charmaz）が提案した理論モデルまたはその方法論。グレイザーとストラウス版の分析的戦略（継続的比較、コード化、メモ書き、理論的サンプリング）やストラウス版のアブダクション的論理を踏襲する一方で、知識構築の哲学的基盤を社会構成主義に求め理論の生成を目指す点に特徴がある。研究者は、研究参加者および研究者双方の多様な視点と多元的リアリティの存在を前提としたうえでデータ収集

と分析を行う。研究者の主観性の存在を認め、研究プロセスにおいて研究者が省察的であることを求める。理論を、研究対象となる現象の解釈的描写の一つで、特定の社会的、歴史的、文化的、状況的文脈において、研究参加者と研究者の相互作用を通して構築されるものととらえるところに、シンボリック相互作用論の強い影響がみられる。⇨アブダクション、社会構成主義、シンボリック相互作用論、プラグマティズム
［抱井尚子］

構成主義的心理学
constructivist psychology

　「主体は現実を能動的に構成する」と考える理論群に基づく心理学。ここでの主体とは人間のみならず下等動物も含み、現実とは世界、他者、自己、あるいは夢、いわゆる幻覚や妄想なども含まれる。能動的とは主体が外部世界の情報を受動的に受け取るだけの存在ではなく、主体が自らの活動を通してそのプロセスに積極的に参与する側面があることを強調している。構成とは言語的にであれ、前言語的にであれ、現実を作り上げることを意味する。この思想は仏教哲学にまで遡るが、直接的にはファイヒンガー（Hans Vaihinger）に影響を受けたケリー（George A. Kelly）や、ピアジェ（Jean Piaget）らの認識論が先駆的貢献とされる。ラディカル構成主義（radical constructivism）をはじめ多様な流派があるが、2000年代以降はマホーニー（Michael J. Mahoney）やニーマイアー（Robert A. Neimeyer）が中心となり、広義ではガーゲン（Kenneth J. Gergen）らの社会構成主義（social constructionism）を含む大きな思潮として認識されるようになってきた。⇨ケリー、現実構成論、構成主義、社会構成主義、パーソナル・コンストラクト　　　　　　　　　　　［菅村玄二］

構造化インタビュー
structured interview

　構造化の程度によるインタビュー区分の

一つ。質問の順番や言い回しなど、あらかじめ決められた型に従って均一に行われるインタビュー形式であり、「質問紙型のインタビュー」ともいわれる。主として、世論調査など、大規模な調査で実施され、対面式のインタビューのほか、電話などでのインタビューでも用いられる。どの研究協力者にも同じ質問が同一のことば遣いと順序で行われることが目指される一方、インタビュアーとインタビュイーの自由なやりとりやインタビュアー側の即興性や柔軟性は、データの信頼性を損なうものとして退けられる。回答者の反応によって質問の言い回しや順番を変更したり、追加の質問をしたりするといった柔軟性をもたせることができないため、後に行われるデータ処理の手続きを想定しながら、分かりやすく、回答しやすい質問項目を入念に準備しておくことが必要である。⇨インタビュー、半構造化インタビュー、非構造化インタビュー
[徳田治子]

構造構成主義
structural constructivism

　構造構成主義とは、西條剛央によって提唱・体系化された、人間科学のための一切の前提をおかない超メタ理論である。質的研究は、客観主義に立脚する量的研究の限界を超えるべく、そのアンチテーゼとして台頭した物語学や構築主義といったポストモダンの思想に依拠していることが多い。それは、素朴に実在や真理といった概念を前提とするモダニズムに対して、客観世界の把握の原理的不可能性を掲げ、言語論的転回に依拠し、言語により語られたものに重きをおく。しかしその前提上、語られない世界は扱うことができないという原理的限界をあらかじめ孕むことにもなった。構造構成主義においては、客観的世界を前提とする客観主義や、意味世界を前提とする物語論といったメタ理論は、研究関心に応じて有効なフレームワークとして選択すればよい世界観の一つに位置づけることが可

能になる。⇨関心、言語論的転回、構築主義、社会構成主義、物語学
[西條剛央]

構造主義
structuralism

　戦後フランスの代表的思想。後のポスト構造主義とともに、ポストモダンという一大思想潮流を形成。人間を主体的に行動する存在とみなしたサルトル（Jean－Paul Sartre）の実存主義に対して、レヴィ＝ストロース（Claude Lévi－Strauss）は人間を無意識の構造に規定された存在だと主張し、一躍、思想シーンの中心に躍り出た。人間は主体的に考え、理性的に行動する以前に、すでにその思考、行動そのものが、社会構造によって決定されており、無意識のうちに一定の方向へ促されている。そうした人間のありようを解明した点で、構造主義は近代的な理性主義を超える考え方として、現代の哲学、思想に大きな衝撃を与えた。ソシュール（Ferdinand de Saussure）の言語学が源流となっており、文芸批評にも強い影響を与えている。ほかに代表的な構造主義者としては、アルチュセール（Louis P. Arthusser）、バルト（Roland Barthes）、ラカン（Jacques Lacan）、フーコー（Michel Foucault）などがいる。⇨ソシュール、バルト、フーコー、ポスト構造主義、ラカン、レヴィ＝ストロース
[山竹伸二]

構造人類学
structural anthropology

　ヒトについて研究する学問である人類学のうち、構造を重視する志向性をもった潮流をこう呼ぶ。ここでいう構造とは、さまざまな事象における歴史的、一回性的、偶然的要素に対する共時的、普遍的、法則的要素である。ソシュール（Ferdinand de Saussure）の構造言語学に端を発した構造主義を、レヴィ＝ストロース（Claude Lévi－Strauss）が親族組織や神話の研究に応用して構造人類学を大成した。そこでは、たとえば婚姻規則が男性による女性の交換

という構造に還元され、あるいは神話にみられる諸要素間の変換や二項対立、媒介といった構造が抽出される。構造主義は概ね1950年代から80年代にわたって多方面に影響力を発揮し、心理学ではピアジェ（Jean Piaget）がその代表者と目される。 ⇒構造主義、神話学、ソシュール、ピアジェ、レヴィ＝ストロース　　　　　　　［山田仁史］

構造的ライフレビュー
structured life review

　構造的ライフレビューとは、過去の思い出の想起を促す高齢者向けの対人援助技法である回想法（reminiscence therapy）の一つの手法を示す。エリクソン（Erik H. Erikson）の理論に基づいてハイト（Barbara Haight）により体系化された。ライフレビューが心理的な効果を促進するための条件として構造化（structure）、評価（evaluation）、個別性（individuality）の3点があげられる。高齢者への対人援助に関する最低限の知識やスキルを習得した治療的聞き手（therapeutic listener）と話し手との二者間で行われ、人生全体の統合や受容を目標とする。バトラー（Robert Butler）により指摘されたライフレビューの概念は老年期に行われる、人生を批判的に振り返る行為を意味するが、実際に援助手段として用いるための技法はハイトの手法に基づくことが多い。 ⇒回想、回想法、ライフストーリー・インタビュー、ライフレビュー　　　　　［野村信威］

構築主義
constructionism

　現実世界の事物や対象は客観的な実在ではなく、人びとの相互作用を通して社会的に構築されたものとする考え方。社会構築主義（social constructionism）ともいう。最広義には社会構成主義と同義だが、系譜と対象の違いにより使い分けられることが多い。犯罪者や非行少年の属性を、当人の生来的な本質ではなく社会的な相互作用の産物とみなすラベリング論を起源の一つとする。そのため構築主義の語は、シンボリック相互作用論をはじめ社会学の系譜に親和的である。社会問題に実体はなく、それを問題として主張するクレイム申立ての活動によって構築されるとするキツセ（John I. Kitsuse）らの主張を通して、ジェンダー論など社会問題・社会運動を分析する視座として普及した。歴史的事象や科学知識など広範な問題に応用されており、実在の位置づけをめぐる多くの論争を喚起している。相対主義に陥りやすく社会問題の解決に寄与しないとの批判もある。 ⇒クレイム申し立て、社会構成主義、社会問題の構築、シンボリック相互作用論、ラベリング理論　　　　［ハッ塚一郎］

行動
behavior

　行動とは、人間を含む生物個体が行う振る舞い（所作）全般を指す。このなかには意識して行うものとそうではないもの、言い換えれば随意的な行動と反射的な行動の両方が含まれる。行動分析学では、「死人ができることは、おそらく行動ではない」という「死人テスト（dead-man test）」というふるいにかけて行動ではないものを判別する方法も提示されている。これによれば、日常用語としての行動として想起される、歩く・話す・食べるといった、他者からも観察が可能な顕現的行動のみならず、非顕現的行動である、考える・思う・感じるといった私的事象も行動として含まれる。行動は、その生起に影響を及ぼす環境要因によって、レスポンデント行動（行動の前に起こる事象・刺激によって誘発されるもの）とオペラント行動（行動の後に起こる事象・刺激によって、生起確率が変動するもの）に分けられる。この場合、行動と反応はほぼ同義に使われることが多い。 ⇒環境　　　［三田地真実］

行動主義
behaviorism

　心理学における行動主義は、それまで意識を扱おうとしていた流れに対して、科学

的アプローチを適用しようとしたワトソン（John B. Watson）によって提唱された。ワトソンは、心理学は客観的に観察可能な行動を対象にするべきと主張した（行動主義宣言）。この考えをさらに発展させたのがスキナー（Burrhus F. Skinner）で、顕現的行動だけではなく、非顕現的な私的事象である「考える」などの行動も同じ行動の原理で説明できると考え、自らを徹底的行動主義と称し、客観的な行動のみを対象とする方法論的行動主義と明確に区別した。新行動主義といわれるハル（Clark L. Hull）は、環境（刺激＝S）と行動（反応＝R）の間に、媒介する有機体を設定したが（S–O–R）、この考え方は媒介変数が単なる仮説構成体に過ぎず科学的に実証できないという問題があった。同じく新行動主義のトールマン（Edward C. Tolman）の期待の理論は後の認知的な考えにつながった。⇒学習、心理主義、認知行動療法（CBT）　　　［三田地真実］

口頭伝承
oral tradition

狭義には人類社会において口伝えで受け継がれてきた物語の総称であり、①神聖で真実の物語とされ太古に起きた事柄にかかわる神話、②歴史的事実とされ現実の地名や人名が頻出する伝説、③虚構の物語として時間や空間を特定せず娯楽や教訓を含む昔話、に大きく三分される。一方、広義では諺やなぞなぞ、世間話や噂話なども口頭伝承に含めることができる。広義にとらえた場合、質的研究において行われるナラティブ分析や物語学、あるいはインタビューや日誌法、オーラルヒストリーと称される研究法ともかかわるものとみなし得る。また口承性ないし音声の文化（オーラリティ）は、しばしば書承性すなわち文字の文化（リテラシー）と対立するものとしてとらえられるが、両者の間には連続性や相互交渉が存在することにも注意すべきである。⇒神話学、伝記、伝承、ナラティブ（ナラティヴ）、物語学　　　［山田仁史］

公認心理師
licensed psychologist

心理に関する支援を要する者に対し、心理学の専門的知識および技術をもって支援を行う者。心理師という名称は、国家資格である公認心理師に対して用い、これ以外に使用することはできない（名称独占）。国民の心の健康の保持増進に寄与することを目的に、保健医療、福祉、教育、司法・犯罪、産業・労働など、さまざまな分野に通用する汎用性の高い資格であり、次の四つの行為をなすことを業とする。①心理に関する支援を要する者の心理状態を観察し、その結果を分析すること。②心理に関する支援を要する者に対し、その心理に関する相談に応じ、助言、指導その他の援助を行うこと。③心理に関する支援を要する者の関係者に対し、その相談に応じ、助言、指導その他の援助を行うこと。④心の健康に関する知識の普及を図るための教育および情報の提供を行うこと。なお、公認心理師は業務独占の資格ではないため、既存の民間資格の名称である心理士も、心理師と同様の業務を行うことが可能である。⇒心理療法　　　［沢宮容子］

鉱夫／旅人としてのインタビュアー
interviewer as a miner ／ traveler

クヴァール（Steinar Kvale）が、調査インタビューにおけるインタビュアーのあり方を説明するために用いたメタファー。それぞれ、インタビュー実践に関する異なる認識論と対応している。鉱夫メタファーは実証主義的な認識論と対応し、インタビューを情報収集のプロセスと位置づける。インタビュアーは誘導的な質問をできるだけ避け、インタビュイーのなかに埋蔵されている純粋な経験やその本質的意味を掘り起こそうとする。これに対し、旅人メタファーは、ポストモダン的な認識論と対応し、インタビューを知識が生成されるプロセスと位置づける。インタビュアーは、人びとと積極的に言葉を交わし、そこで得られた物

語を自らの言葉で語り直すとともに、新しい知識や価値をもたらす旅人になぞらえられる。クヴァールは、研究計画の段階から自分がどちらの立場でインタビュー調査を実施しようとしているかを確認しておくことを勧めている。 ⇨インタビュー、クヴァール

[徳田治子]

合理主義
rationalism

　人間の精神の成立について、生得的に観念・概念の一部と、それを外界から獲得する普遍的な生得的基盤の「理性」の存在を認める哲学・心理学的立場。理性主義は、感覚・知覚などの低次精神機能としての「経験」に対し、判断・意思などの高次精神機能における純粋論理性を根拠に、精神の能動性を人間精神の基礎におく。代表的な論者は、デカルト（René Descartes）、ライプニッツ（Gottfried W. Leibniz）である。欧州諸国の哲学者に支持者が多いことから大陸合理主義ともいう。二人は優れた数学者であり、感覚・経験的認識を排除し、抽象化することで理解される数的世界（論理・明証性をもつ体系化された存在）を本質的な知識とした。これは個人の経験を超えた普遍的知識であり、人間がそれを理解可能なのは、あらかじめ人間にはそれらを理解するための理性が備わるためとする。よって合理主義者は、すべての精神的行為を、生得的な認知能力と普遍的な精神を前提にとらえる。 ⇨経験主義、認識論

[若林宏輔]

交流分析
transactional analysis：TA

　米国の精神科医、バーン（Eric Berne）によって開発された、個人の成長と変化に関する学問体系。第三勢力である人間性心理学の一つに数えられる。国際交流分析協会（ITAA）は、交流分析の応用領域としてカウンセリング、教育、組織、サイコセラピーの四つを定めている。人は皆「OK」な存在であることと、自律性を重視してお

り、この人間観から各応用領域での成長と変化を支援する。理論的には構造分析、やりとり分析、ゲーム分析、脚本分析から構成される。交流分析は、常に新しい研究結果を取り込み、基礎理論が更新され続けていくことも特徴であり、近年は精神力動的な考え方を背景にもつ関係性理論も統合されている。技法的には契約を重視することが大きな特徴である。日本では心身医学領域での導入から始まり、質問紙法のパーソナリティ検査であるエゴグラムの開発などを通して浸透していった。 ⇨脚本分析、心理療法、人間性心理学

[金丸隆太]

高齢者
older adults

　一般には、発達段階における高齢期に至った人びとで、21世紀日本では一般に65歳以上の人びとを指す。高齢者は、生きてきた時間が長いため、人生経験が豊富である反面、体力や気力の衰えを意識せざるを得ない。このような高齢者一般の特徴を明らかにする研究がなされてきた。一方で、生きてきた時間が長いことから、高齢者一人ひとりにおける生活空間、人生経路、希望・未練といった主観は多様である。多様な高齢者のありようをどのようにとらえるのか、それが高齢者を対象にした質的研究の課題の一つといえる。また、現代日本の高齢者は超高齢社会という時代背景のなかで生きている。マクロな時代背景とミクロな生活実践をあわせてすくいとることは、高齢者を対象にした研究において避けられない課題になっている。 ⇨高齢社会、主観性、中範囲の理論、発達

[松本光太郎]

高齢社会
aged society

　一般に65歳以上の高齢者の総人口に占める割合（高齢化率）が、7%を超えた社会を「高齢化社会」、14%を超えた社会を「高齢社会」という。高齢化率が2017（平成29）

年10月時点で27.7％に上る日本は「超高齢社会」である。高齢者は第二次世界大戦直後の1947（昭和22）年には375万人（4.8％）で、2017年には3515万人（27.7％）へと9.4倍に増えている。一方、0〜14歳の人口は2757万人（総人口比率35.3％）から1559万人（12.3％）へと減少している。1947年から2017年にかけて、0〜14歳人口に対して、高齢者人口は16.6倍増え、少子高齢化が進んでいる。少子化と相まって、かつて珍しく貴重であった高齢者が多数派になった日本の超高齢社会では、高齢者の位置づけを更新することが社会的課題といえる。このような社会背景のなかで、新たな高齢者理解を提示することが質的研究には求められている。 ⇨高齢者、老年学 ［松本光太郎］

高齢者ケア
care for older adults

　65歳以上の人びとがもつ多様なニーズに対する包括的、継続的な援助的かかわり。高齢者の年齢幅は広く、心身の健康や経済の状態、家族関係、生活歴や価値観、死生観など個人差も大きい。比較的健康な高齢者には健康維持や生きがい作り、就労支援などのサービスが求められ、高齢になるにつれて買い物や移動・運転など日常生活上の課題、災害時の避難や介護医療、終末期など個別的で生命にかかわる問題が多くなる。このように高齢者のニーズは地域在住の高齢者への一般的なサービスからリスク要因の高い高齢者への個別的な援助まで連続的で福祉、医療、心理にまたがった多様なものとなる。高齢者ケアにおいては高齢者を取り巻く全体的な布置と変化を視野入れてチームケアを行い、高齢者のQOLを高める方向で問題の解決・改善を図ることが重要である。少子高齢社会のなかで、このような多岐にわたる高齢者ケアをどのように実現するかは重要な課題である。 ⇨介護、高齢者、高齢社会 ［小倉啓子］

声
voice

　バフチン（Mikhail M. Bakhtin）は、人間のことばは声によってのみ作られると考えた。語られたり文字に書かれたりする発話はある視点（声）から表現され、主体の視点、意図、世界観などによって作られる。ある声は他者の声と切り離されることなく社会的関係のなかで存在し、発信者の視点だけでなく受信者の視点や認識に基づく応答があるときに成立する。また、声は具体的な特定の他者に向けて発せられるという意味で宛名をもっている。日常会話のなかで、発話はコミュニケーションの連鎖のなかに存在するため、単独でなく先行する発話への応答として、またその後の他者の反応を予測して生みだされる。そうした意味で発話は話者の声だけでなく、少なくとも宛先の声も反映しており、その二つ以上の声が出会い対峙し意味が作られていく。こうした複数の声の併存が、対話における多声性（ポリフォニー）の前提となる。 ⇨オープンダイアローグ、対話、対話主義—バフチンの—、多声性、バフチン ［上村佳世子］

コード化
coding

　質的研究においてコード化とは、質的データの一部にその特徴やエッセンス、顕著な特徴をとらえた単語や短い文章を付ける作業を指す。コードは、データを要約したり凝縮したり、分析の対象となるデータの箇所を見つけやすくする。コード化は研究の進展によって変化する。初期のコード化は、データを見やすくする索引作りの性質が強く、比較的小さく区切ったデータの部分に対して記述的なコードが付けられる。データの分析が進むとより長い文章に対してコード化され、データの意味を抽出し、概念やテーマを創出することを目的とする。データ分析の過程において、データの全体が見渡せるようにコードブック、またはコード表が作られる。複数の研究者が

かかわる場合、コード化マニュアルを作ることによって、その手続きコードの定義を具体的に示す。コード化には、インビボコード化、焦点化コード化、軸足コード化などさまざまな手法が提案されてきた。⇨軸足コード化　　　　　　　　　　［岩壁 茂］

コードマトリクス
code matrix

　複数の事例を対象として質的データの収集を行った場合に、コード化した質的データを、横軸にコード、縦軸に事例というようにして、表形式にまとめたもののことをコードマトリクスと呼ぶ。ただし、コードや事例の数により、横軸に事例、縦軸にコードを表記してもかまわない。インタビューや参与観察などで得られた質的データを分析する際に用いる。表形式にまとめてデータを視覚化し一覧できるかたちにすることによって、コードの出現傾向に気づき事例全体の特徴や傾向を把握したり、調査対象となっている複数の事例に共通するパターンを見いだしたり、類似事例をまとめて類型化を行ったりすることがしやすくなる。コードマトリクスを用いることで、調査対象の事例について、①複数の事例に共通する全体的な説明（概念モデルの生成）を行うこと、②個別の事例の特殊性を明確化することを並行して行うことがしやすくなる。⇨コード化、データ　　　［髙橋史子］

コーパス
corpus

　コーパス（corpus）は、corpora の複数形で、集められた言語資料を意味する。本来はアナログの資料も含まれるが、近年ではコンピュータを利用し、母語話者の発話記録（話しことば）や小説（書きことば）、あるいはその両方のテクストを網羅的に集めた、データベース化した大規模な言語資料を指す。コーパスを用いた言語研究では、大量の言語データから必要な情報を抽出し、統計的検定により有意差を検証する研究手法が採用されるが、同時に計量的な分析結果に対する質的な解釈も必要となる。コーパス言語学は、米国ブラウン大学によって1961年ごろに編纂された *Brown Corpus* から発展し、コーパスを用いた語彙研究や文法研究が盛んになった。日本語に関しては、国立国語研究所コーパス開発センターのコーパス（話しことば、書きことば、歴史、近代語、ウェブを母集団としたコーパス）が知られている。言語教育にも応用され、コーパスに基づく作文支援ツールなどのオンライン学習支援ツールの開発も行われている。⇨インターネット、研究の理論的枠組み、言語学、テクスト［藤田ラウンド幸世］

コール〔1938- 〕
Michael Cole

　カリフォルニア大学サンディエゴ校コミュニケーション学部名誉教授・同比較人間認知研究所（LCHC）所長。ヴィゴツキー（Lev S. Vygotsky）、ルリア（Alexander R. Luria）ら、ソ連（現ロシア）の心理学に強い影響を受けた文化－歴史的活動理論（cultural–historical activity theory：CHAT）の中心的研究者の一人。従来の実験的研究のもつ普遍性の前提を批判し、文化－歴史的アプローチに基づく新たな心理学としての文化心理学を提唱した。文化人類学的手法を用いて、文脈のなかで媒介された行為を分析単位として認知と発達の研究に取り組んだ。また1970年代後半から子どもの学習障害についての介入的研究を進めた（その後、第五次元に発展）。米国や西欧にヴィゴツキーらの研究を紹介するうえで重要な役割を果たし、またLCHCは日本も含む各国の研究者が訪れる国際交流拠点となっている。⇨ヴィゴツキー、第五次元、媒介された行為、文化心理学、文化－歴史的活動理論
　　　　　　　　　　　　　　　［中村雅子］

国際結婚
international ／ transnational marriage；
intercultural ／ cross−cultural marriage

　人種、民族、文化、国籍などが異なる者同士の結婚。夫婦の国籍の違いを強調した international marriage ／ transnational marriage、文化的背景の違いを強調した intercultural marriage ／ cross−cultural marriage などの用語があるが、日本では国籍などが異なる夫婦を包括的に「国際結婚」と表現する。あらゆる結婚は、成人期に構築する最も親密な人間関係における文化折衝として位置づけられるが、国際結婚では国籍、言語、宗教など、結婚生活の大枠を規定する文化が夫婦間で異なるため二重の文化折衝となる。夫婦の出身国同士の歴史的・政治的・経済的関係が夫婦関係のあり方に影響を与えることから、夫婦関係を家族システムのみならず、家庭や地域を超えたマクロな国際関係の枠組みを含んでとらえることが必要である。少数母集団かつ社会文化的・政治経済的にも多様性・流動性が高い集団であることから、研究にあたっては個々の夫婦のおかれた状況・文脈を重視し、生涯発達を視野に入れた夫婦の文化変容のプロセスを質的に追うことが有益と考えられる。 ⇨ 異文化接触、家族心理学、生涯発達心理学、夫婦関係、文化
[矢吹理恵]

告白体の物語
confessional tales

　ヴァン＝マーネン（John Van Maanen）が『フィールドワークの物語』（原著1988）で提示した、エスノグラフィーにおける三つの記述スタイルの一つ。写実的物語に対する批判や反省も含めた反応として現われたもので、「人格化された著者性」「フィールドワーカーの視点」「自然さ」の3点を作法とする。「高度に個人的なスタイルと、書き手自身のために書き手が自らに与える大きな権限」を特徴とし、記述される対象と同時に、時にそれ以上に書き手自身が前面に出てくることで、自伝的な細部が重要視され、それがフィールドワーカーの視点と同一化してゆくことで、書き手の内省やフィールドでの認識論的問題に直面した際の処理に至るまでが告白されていくことになる。ある種の回心録的な内容を含むこともあるこのスタイルは幅広く試みられるようになっており、その告白の質も変化に富んできている。 ⇨ 印象派の物語、ヴァン＝マーネン、写実的物語
[大月隆寛]

互恵的教授
reciprocal teaching

　学習活動の参加者が何らかの恩恵を享受できるように設計された協同的な学習の指導形態のこと。パリンサー（Annemarie S. Palincsar）とブラウン（Ann L. Brown）は、テキスト理解を改善する指導手続きとして位置づけている。要約（summarization）、質問生成（question generation）、明確化（clarification）、予測（prediction）といった認知的方略の学習を中心とし、テキスト理解を、対話を通して支援する方法として検討された。この方法は、少人数グループでの学習活動で構成されており、学習内容や読解対象の理解に加えて、協同による学習を進めること、学習コミュニティを構築すること（fostering community of learning：FCL）を目的にしている。冒頭では教師や年上の人材による支援がなされ、題材の議論を進める。思考を外化（externalization）したり、他者が外化したものから学んだりすることを通して理解が深まる。こうした議論で他者との相互作用を通して、そのあり方や効果を次第に認識し、学習者同士だけでも学習が進められるようになるため、教師−学習者間だけでなく、学習者同士でも互恵的な学習が展開されるようになる。 ⇨ 共同学習
[河野麻沙美]

個性記述的方法
idiographic approach

　哲学者ヴィンデルバント（Wilhelm

Windelband）が、自然科学に対等なものとしての歴史科学の意義を主張する文脈で用いた概念。人がそれぞれ独自な存在であることを強調し、その独自性をできるだけそのままの形で理解しようとする方法のことを指す。心理学では、オールポート（Gordon W. Allport）のパーソナル・ドキュメントの研究以来、パーソナリティ分野においてその理論的意義に関する議論とともに実証的研究の蓄積がある。そのなかには、そもそも対立する方法と考えられていた法則定立的方法と折衷あるいは融合しようとする試みもみられる。たとえば、個性記述的方法の「方法」を強調する場合には、個性記述を集積して法則定立を目指すということにもなり得る。質的心理学の実証方法や結果の正当性をめぐる議論の背景に個性記述的方法に関する長年にわたる議論があると同時に、質的心理学の展開そのものが個性記述的方法に関する理論的発展に貢献しているともいえる。⇨ヴィンデルバント、パーソナル・ドキュメント、法則定立的方法　　　　　　　　　　　［尾見康博］

子育て支援
support for child-rearing

　子育て支援とは、子育てにかかる経済的負担の軽減や保育の拡充、仕事と子育てを両立できる仕組み作りなど、安心して子育てができる環境整備により、次代の社会を担う子ども一人ひとりの育ちを社会全体で支援することである。日本における子ども・子育てをめぐる課題として、少子化、核家族化や地域とのつながりの希薄化による育児の孤立、待機児童の増加などがあげられる。これらの課題に対処するため、2015年4月より「子ども・子育て支援新制度」が開始した。市町村が主体となって地域の子育て支援へのニーズに基づいた「市町村子ども・子育て支援事業計画」を策定し、待機児童の解消に向けた保育施設の増設などの「量」の拡充、施設や子ども園の職員配置・待遇の改善などの「質」の向上

の両面からの支援が図られている。子どもの年齢や親の就労に応じた多様な支援が存在し、必要とするすべての家庭が利用できる支援を目指している。⇨育児ストレス、親子関係、虐待、児童養護、乳幼児保育
　　　　　　　　　［上別府圭子・中村真由美］

個体主義パラダイム
individualistic paradigm

　認識と行為の主体（エージェンシー）を個人（個体）に帰属させる観察の枠組みのこと。行動主義、情報処理的・計算主義的アプローチのように心理学において中心的だった認識論的個人主義または方法論的個人主義を、状況的学習論のように行為主体性を個人のみに帰属させない立場から呼ぶ名付け。認識や行為の参照枠を個人に設定した場合に「花子が自転車に乗れた」と記述され得る事態は、参照枠を広げ、事態が埋め込まれた状況が見渡せるようにカメラをズームアウトした場合、「花子が自転車に乗れた、という事態が観察可能（可視）になるような、補助者、仲間、人工物、課題の構造を含む状況がそこに成立している」と表現される。個体主義はパラダイムではあるが単なるフィクションではなく、個人（だけ）の能力や学習を可視的にする研究やツールの開発の基礎となることで、教育、支援、医療、デザインなどの具体的実践に現実的影響を与えている。認識と行為の主体を個人に還元しない立場には、状況的学習論、システム論、生態心理学、進化心理学などがある。⇨エージェンシー、可視／不可視、社会的分散認知、正統的周辺参加、生態心理学　　　　　　　［有元典文］

個体発生
ontogenesis

　生物個体の発生全般を指し、人間の生涯発達を扱う研究全般は、個体発生を扱っているといえる。個体発生をどのようなメカニズムでとらえるのかは、理論によって立場が分かれる。ピアジェ（Jean Piaget）は、

知の個体発生としてのヒトの認知発達のメカニズムを詳細な観察から明らかにした。彼は発達を、環境と自己の相互作用によって、シェマに外的な刺激を取り入れていく（同化）ことと、既存のシェマに合わないときにシェマ自体を変化させる（調節）ことという二つのモメントが作用すると考えた。一方、ヴィゴツキー（Lev S. Vygotsky）は、人間の高次精神機能の発達には、本質的に社会、文化、歴史的過程がかかわっていると考え、個体発生は、系統発生と歴史発生とが合流したところに生まれるとした。こうしたヴィゴツキーの発達論は、質的心理学の大きな潮流の一つである「文化心理学」のもとになっている。 ⇒ヴィゴツキー、系統発生、ピアジェ 　　[松嶋秀明]

ごっこ遊び
social play

　ごっこ遊びとは、2歳から就学前の幼児がよく行う遊びで、ふり遊びや見立て遊びなどと同様に、目の前にないものを、別の身近なものを用いて表象し、特定のイメージを形成しながら行う象徴遊びの一種である。現実で経験した出来事のイメージを、物や場を見立てたり役割を分担して演じたりすることで再現しているといわれる。ガーベイ（Catherine Garvey）は、ごっこ遊びの構成要素として「プラン（配役によって経験され行われる、一連の出来事から成り立つもので、動作や出来事を組み込むための青写真）」「役割」「物の見立て」「状況設定（実際の場所とは異なる別の場所として振る舞うこと）」をあげている。なお、年齢が上がると、複数のストーリーを組み合わせる、架空のイメージを作り出す、リアルなイメージを求める、物や場の特徴や仲間の動きに対して即興的に動くなど、より現実世界とイメージの世界を複雑に行き来するようになる。 ⇒遊び、象徴 　　[箕輪潤子]

ゴッフマン〔1922-1982〕
Erving Goffman

　日常的な出会い、集まり、会話などの対面的な相互行為場面において、人びとがいかなる振る舞いを通して、社会的自己やリアリティを構成しているのかを、微視的な視点から分析した社会学者。相互行為における配慮の焦点としての「面子（フェイス）」、公共空間において見知らぬ者同士が相互行為を秩序化する様式としての「儀礼的無関心」、役割行為を遂行しつつ、その行為に対する距離を自己呈示する人びとの「役割距離」の感覚、それがほかの人びとに知られてしまうと自己に対する信頼と評価を損なうことにつながるような差異としての「スティグマ」、人びとが相互行為場面において有意味な事象を選別し、自明の現実を構成する際に動員される「フレーム」など、社会的現実の構成過程を記述するうえで示唆に富む、独創的な概念や視点を提起した。 ⇒エスノメソドロジー、自己呈示、ミクロ社会学 　　[鈴木智之]

ことばのジャンル
　　⇒**社会的言語／ことばのジャンル**

子ども理解
understanding of children

　発達援助者が、子どもの発達的・教育的ニーズをとらえること。実践者が目の前のその子をどう理解するかは、実践の内容や方法を規定する。言い換えれば、創造的な実践構想力は広く深い子ども理解に支えられている。子ども理解は、「子ども一般」ではなく、「目の前のその子」という特定性が重要である。その子の示す具体的事実を問題にするが、ある一瞬を切り取って静止画像のように分析するのではない。生活し発達する主体としてのその子の生活史から、その子の生きる物語を読みとろうとするのである。そのためには、子どもとの非言語的なものも含め応答を検討することが必要である。それゆえ、子ども理解と実践

の往還は、子どもの具体的事実から出発する事例研究が重要となる。子ども理解のカンファレンスはその一つの方法である。子ども理解は実践的な要請に応えるものであることから、子どもの声を深く聴き、言葉にならない思いに心を寄せて、子どもの語り出しと言語化を援助するなど、生活綴方の教育実践に学ぶことも多い。⇨教師の成長、実践記録、実践研究、省察的実践

[福井雅英]

コミュニケーション
communication

マスコミ、組織、集団、対人などコミュニケーションの射程は広く、学問領域によって視座も異なることから、きわめて包括的な概念といえる。さまざまな学問を包摂するコミュニケーション学で広く受け入れられている見解は次のように集約される。コミュニケーションとは言語・非言語を含むシンボルを用いたメッセージや情報のやり取りで、意味の生成および再構築を指す。文脈を伴わないコミュニケーションはありえず、マクロ（社会、文化、歴史的背景など）、そしてミクロ（場の状況、対人関係など）のコンテクストに即した解釈が重要となる。また、常に変化する動的プロセスであり、不可逆性をもつ。他者との共同作業で、互いに影響し合うことを通して関係性は変容し、アイデンティティ、権力、社会的リソースなどが交渉されたりもする。メッセージの送り手とされる側の意図の有無にかかわらず、受け手が何がしかの意味を与えた時点で、コミュニケーションは生起するとみなすか否かについては意見が分かれる。⇨アイデンティティ、意味、解釈、権力、文脈

[灘光洋子]

コミュニケーションによる妥当化
communicative validation

インタビューなどの研究手続きの後で、トランスクリプトやその解釈を研究参加者に読んでもらい、研究協力者の真の意図を研究者が誤解していないか、確認をとることを指す。この際に問題となるのは、研究協力者の意識していない、あるいは意図していない行為の意味を研究者が読み取った場合、その妥当化は、この手続きでは得られないことである。つまり、人の行為は、一旦実現した後は、行為者自身の意識や意図を離れて、別の解釈が可能となる。また、人の行為は行為者の意識や意図通りに行われているとは限らないのである。しかし、一方で、研究協力者の意図を無視した一方的な解釈を流通させてよいかどうかは倫理的問題として残る。このような問題が、コミュニケーションによる妥当化の限界として存在することを、研究者は自覚する必要がある。⇨研究協力者、コミュニケーション、妥当化、妥当性、メンバーチェック

[上淵 寿]

コミュニティ・オブ・プラクティス
⇨**実践共同体**

コミュニティ心理学
community psychology

コミュニティ心理学は、人間に及ぼす社会システムや環境面の力を重視し、人間にとって生活しやすい環境に整備するため、人と環境の適合性を最大にするための基礎知識と方略に関して、実際に起こる心理・社会的な諸問題の解決に具体的に参加しながら研究をすすめる心理学である。1965年、米国における地域精神保健活動を母体に、コミュニティの心理・社会的問題の解決と予防に貢献する心理学者独自の領域として旗揚げされた。コミュニティ心理学の発想や視点は、「個人と環境との適合（fit）を図るためには、個人の内的諸要因の改善だけでなく、その個人をとりまく環境的諸要因（集団、組織、制度、文化・社会的環境）への働きかけと変革が重要である」との共通認識を有し、援助サービスのタイプや提供の仕方も、「予防的・成長促進的」「間接的」「多面的・総合的」「連携と協働を強

調」という特徴をもつ。 ⇨危機予防モデル、市民参加、生態学的アプローチ、ネットワーキング　　　　　　　　　　　　［箕口雅博］

語用論
pragmatics

言語学の領域で、話し手・聞き手、コンテクスト、指示対象、社会・文化的前提、推意などを考慮しながら、コミュニケーションにおける言語運用にかかわる諸相（発話と意図、言語形式と参与者の関係など）を考察する。その射程は多岐にわたるが、中心的なものとして、発話行為、ポライトネス、談話を対象とした研究があげられる。発話行為に関する研究では、発話を何らかの行為（たとえば、「許可」「警告」「依頼」の遂行と考え、どのような言語方略を駆使して意図を伝えようとするのかが焦点となる。ポライトネス研究は、面子を鍵概念とし、社会的要因（年齢や権力など）と相互行為のなかで交渉される対人関係の距離（親密さなど）に留意しながら、相手に対する配慮が言語のやりとりによって実現される仕組みを分析する。談話の分析には、会話の構造や秩序をみようとするもの、言語実践と社会との相互作用をみようとするものなどがある。 ⇨会話分析、談話、ディスコース分析、発話行為　　　　　［灘光洋子］

混合研究法
mixed methods research

単一の調査プロジェクトにおいて、質的・量的両方のデータを収集、分析、統合することで、現象に対するより包括的な理解を志向する第三の方法論的アプローチ。質的研究者と量的研究者の間で1980年代を中心にパラダイム論争が展開されたが、混合研究法はその帰結として誕生し、1990年以降に急速にその体系化が進んだ。知識構築の哲学的基盤を、プラグマティズム、批判的実在論、または弁証法の多元主義や変革パラダイムに求める者が多い。量的研究主導型から質的研究主導型まで、多様な混合研究法が存在する。研究設問（リサーチクエスチョン）が研究デザインを導き、研究デザインが質的・量的データの統合方法を導く。クレスウェル（John Creswell）による、収斂デザイン（質的・量的データを並行して収集・分析）、説明的順次デザイン（量的研究結果を質的研究で説明）、探索的順次デザイン（質的研究結果に基づく尺度開発や仮説検証）の三つの基本型デザインと、その発展型としての応用デザインが代表的である。 ⇨パラダイム論争、批判的実在論、プラグマティズム、変革のパラダイム、弁証法的多元主義　　　　　　　　　　　　［抱井尚子］

コンピュータに支援された協同学習
computer supported collaborative learning : CSCL

コンピュータを活用した協同学習の実践、またはそのためのシステム。1980年代に本格化したCSCW（computer supported collaborative work）やグループウェア（グループで働くことを支援するインターフェース技術）の研究を背景に、ヴィゴツキー（Lev S. Vygotsky）の社会文化理論や状況的学習論などに基づく社会的・関係論的学習観を思想的基盤として成立。CSCLを冠した最初の国際学会は1995年に開催された。思考の可視化、共有作業空間の構築、アウェアネス支援、学習成果の蓄積・共有など、学習の場における多人数活動を支えるコンピュータ技術の開発と、協同学習のメカニズムや学習環境デザインに関する理論的・実践的研究を両輪とする学際領域である。社会的・関係論的学習観は従来の学校的実践が前提としている個体主義的学習観を乗り越えようとするものであり、この意味でCSCL研究には学校改革への志向が組み込まれている。 ⇨ヴィゴツキー、共同学習、個体主義パラダイム、社会文化的アプローチ、状況的学習論　　　　　　　　　　　　［鈴木栄幸］

コンピュータによる質的データ分析
CAQDAS：computer-assisted qualitative data analysis software

　CAQDAS（カクダス）は、インタビューデータ、フィールドノーツ、映像、音声といった質的データの分析作業を支援することを目的に設計されたソフトウェアの総称である。CAQDASとしては、ATLAS.ti、MAXQDA、NVivoなどのソフトウェアが有名である。CAQDASを用いたデータ分析では、元文書、コード化の対象（語句、文、パラグラフなど）、コード、メモといった、分析作業で扱われるさまざまなデータのリンク構造をCAQDASが維持・管理する。そのため、紙やスプレッドシートを使った分析に比べて、データ管理の作業が大幅に効率化される。CAQDASは、元文書とコードの関係を比較・検討する作業を容易にすることから、元文書と研究者の「解釈」との間の飛躍を減らす目的で用いることができる。ただし、研究目的に適した質的データ分析の方法論を選び、その方法論に即した分析作業を実践するのは研究者自身である。つまりCAQDASを用いても分析結果の「質」が保証されるわけではないという点に留意する必要がある。
⇨ATLAS.ti、NVivo、コード化、質的データ分析、MAXQDA　　　　　　　　　[稲葉光行]

さ

災害
disaster

　被災者の心的ストレス、心のケアなどの臨床心理学にかかわるテーマ、および、リスク認知・コミュニケーション、避難行動などの社会心理学にかかわるテーマを通して、災害は心理学と接点をもってきた。しかし、今後は、こうした実務的なテーマだけでなく、原理的な水準に立ちかえって、災害を（質的）心理学の再編・再考に役立てることが重要である。たとえば、社会学者の真木悠介は『現代社会の存立構造』（1977）で、人間、社会、自然の三項関係を社会分析の基盤的視座として提示しているが、災害を、この三項関係を根底から揺るがす（と同時に、新たなものに再編する）契機となる事象として位置づけることも有効だろう。また、災害というカタストロフィックな出来事をめぐって生じる特殊な時間感覚（「もう」を「まだ」として後悔する、「まだ」を「もう」として絶望するなど）を、時間研究の刷新に役立てることも期待できる。
⇨カウンセリング心理学、災害復興、時間、被災者、レジリエンス　　　　　[矢守克也]

災害復興
disaster recovery

　明確な定義はないが、物理的被害だけでなく、災害によって傷つけられた人びとの健康、心、関係、さらに災害によって深刻化した既存の社会課題までを広く射程とし、そこからの回復や、改善、受容を目指す運動のこと。「興」の字は神輿を担ぐ人びとを指しているとされ、復興が集合的な現象であることを指している。日本では1995年の阪神淡路大震災や2004年の新潟県中越地震以降、「復興とは何か」という問いが高まりを見せた。主たる当事者は被災者だが、災害を機に被災地に入る外部者との交流、協働がそのあり方に大きくかかわる。どのような復興を目指すのか、復興の目標をできるだけ早く共有することが重要だが、被災者が無力感を抱いていたり、未来に希望をもてなかったりするために、目標を議論することができない場合は、まずは自らが取り組むことが可能だと思えるような復興の主体形成が肝要となる。
⇨被災者、復興支援　　　　　　　　　　[宮本匠]

再現可能性
reproducibility

　①同じ条件が与えられれば、ある現象が何度も繰り返し観察できること、あるいは

現象についての同様なデータが繰り返し得られること。公共性（または間主観性、現象やデータが誰からでも観察可能であること）と並んで、科学的データの客観性を構成する要素とされている。②実証研究の結果やそこで得られた知見が、同じ手続きを用いた追試においても同様に再現されること。結果が再現されない（再現可能性が低い）場合には知見の客観性が疑われるため、再現可能性は研究成果の科学的妥当性の重要な判断基準となっている。再現可能性を低める要因としては、データの捏造や変造、疑わしい統計処理などの研究不正や、研究方法と手続きの記述が不十分であること、結果に影響する重要な変数が統制されていないこと、研究対象となる事象自体の生起確率が低いことなどが考えられる。　⇨科学、科学的方法

[渡邊芳之]

再声化
revoicing

議論のなかで、ある子どもの発話をほかの参加者が口頭もしくは書き言葉によって再発話することをいう。教師主導による知識伝達型の授業の参加構造を変え、子どもによる話し合いを組織化するための一手段として、オコナー（M. Catherine O'Connor）とマイケルズ（Sarah Michaels）によって1993年に提案された。具体的には、教師が子どもの発話を繰り返したり、「あなたが言いたいのは～ということ？」と言い換えたりしながら問いかけることで、①発話内容についてさらに議論する場を作り出す、②話し合いのなかでの立場を明確にする、③誰が何を発話したのかという「著者性」を保証する、④学術的な言葉に言い換えることで、子どもの発話を教科の概念の世界と取り次ぐ、などの機能をもつことが指摘されており、それにより子どもの概念理解を促したり、聴くことによる参加を支援したりすることが示されている。現在では、小グループでの子ども同士の議論における相互作用の質や理解の深まりを検討す

る際に、子ども同士による再声化も検討されている。　⇨IRE連鎖、キャズデン、教室談話、参加構造、発話

[一柳智紀]

在宅介護
home care

広義には、心身の障害や老化により、自立して生活を営むことに支障のある人に対して、在宅にて介抱・世話をすることである。この場合、介護の与え手には家族も含まれている。また元来、介護の受け手は、寝たきり老人などの高齢者であったが、医療の進歩や疾病構造の変化により、慢性疾患患者や障害者もその対象となっている。狭義には、「施設介護」の対義語として使われる用語で、介護保険制度における居宅サービスを指す。この場合、家族はサービスの受け手に含まれる。また、「在宅」とは「自宅」のことだけを示すのではなく、ケアハウスなども含まれ、「生活の場」としての意味合いが強い。サービス内容は、①ホームヘルプサービス、②デイサービス、③短期入所（ショートステイ）が「在宅三本柱」としてあげられる。「在宅ケア」とほぼ同義語であり、「在宅医療」「在宅看護」との違いは、狭義の意味で、訪問する専門職の差として用いられている。　⇨介護、在宅看護

[鮫島輝美]

在宅看護
home nursing

広義には、療養・支援を必要とする人を自宅において手当て・世話することをいう。この場合、看護する側は限定されず、家族だけでなく専門職も含まれる。専門職が行う看護に特化する場合は、訪問看護師が行うという意味で、「訪問看護」という用語が積極的に使われているが、「在宅看護」との区別は明確ではない。看護学においても「在宅看護」という概念整理は十分には行われておらず、多くの定義が、「在宅」という場における看護の与え手の行為やその意味についてであり、その帰属先が

与え手に限定されており、看護の受け手は対象化されている。また、類義語として、「地域看護」「公衆衛生看護」「継続看護」という用語があるが、問題とされているのはそれぞれ、対象のいる場、個ではなく集団としての対象、対象の同一性にとどまっており、本質論に終始している。看護を社会的相互行為としてとらえ、脱文脈的な規範的アプローチを再文脈化するような概念化が待たれる。 ⇒ケア、在宅介護 ［鮫島輝美］

サイバネティックス
cybernetics

米国の数学者ウィナー（Norbert Wiener）が中心となって創始した学問領域である。機械、生体、個体群（共同体）を問わず、入力刺激に対する感受性と自己制御を、通信と制御と統計力学（エントロピー）の問題として統一的に定式化しようとする。たとえば、出力と目標状態とのずれを出力結果のフィードバックによって、循環的、漸進的に最小化しようとするメカニズムが想定される。このような機構を有した場合、機械であっても「目的に向かって進もうとする」傾向を認めることができ、それ自体は物質的過程である神経生理学的機構から、どのように心理なるものが創発するのかの議論を通じて、機械論と生気論の対立を乗り越えようとする立場でもある。ガードナー（Howard Gardner）のいう「認知革命」とともに心理学に導入された印象が強いが、ゲシュタルト心理学における知覚の恒常性や集合的行動研究との接点も存在する。また近年の自己組織化などのシステム論の先鋒とも評されている。 ⇒システム、情報科学 ［森 直久］

再文脈化
recontextualization

脱文脈化に代わる概念として、活動理論家ヴァン・オアーズ（Bert van Oers）が提案。従来は、数や量の概念などを用いた抽象的思考を発達させることによって、それまでの具体的な文脈に依存した状態から抜け出す脱文脈化が進行するとみなされ、学習転移の議論が進められていた。これに対し、ヴァン・オアーズは、抽象的思考もまた一つの文脈に埋め込まれた文化的活動であるとみなし、以前に参加していた抽象的思考を行う文脈を、別の新しい社会関係（文脈）のなかに再配置し、再構成していく過程を「水平的再文脈化（horizontal recontextualization）」と呼んだ。つまり、脱文脈化を、文脈ないし文脈間関係の再構成（再文脈化）の過程と位置づけ直した。また、たとえば同じ教室内で、最初、靴屋を演じる遊び活動を行っていた子どもが、そこから靴のサイズを測定する測定活動へと移行していくように、既存の活動の内側から新しい活動が漸進的に生みだされていくような過程を「垂直的再文脈化（vertical recontextualization）」とも呼んだ。 ⇒学習転移、越境、状況論、文化−歴史的活動理論 ［香川秀太］

作話
confabulation

記憶障害に伴って起きる症状の一つ。記憶障害者は、自分の健忘を自覚しているとは限らない。嘘をつこうという意図なしに記憶が欠落した部分を補うために架空の話を作ることがある。これが作話である。作話は、大きく当惑作話と空想作話の二つに分類される。当惑作話は相手からの質問に対して、あるいは記憶に基づいた応答を要する場面で発せられる誤った記憶内容である。記憶がなく、それを思い出せないということも自覚できない状態で発せられ、情報空白をその人の生活歴や現在の環境からあってもおかしくない程度の誤った内容を自動的に補てんするかたちで生産されることが多い。空想作話は、時間的、空間的、その人の生活歴からみてもとうてい考え難い空想的な話題を展開する。空想作話はしばしば自発的に産出され、自らが発した内容に従って行動しようとすることもある。

人は自らの状況を常に物語のなかに位置づけようとする。作話はその現れともいえる。⇨記憶、記憶障害、高次脳機能障害

[青木美和子]

サックス〔1935-1975〕
Harvey Sacks

会話分析の創始者。当初は法律を研究していたが、1959年以来、カリフォルニア大学バークレー校の大学院生として、ガーフィンケル（Harold Garfinkel）や、指導教員だったゴッフマン（Erving Goffman）と交わり、両師にも多大な影響を与えた。63年からロサンゼルス自殺防止センターの研究員となり、センターへの電話会話録音をデータとして研究を展開した。64年からの講義録が残されており、以後の質的研究にとっての重要な知的源泉となっている。68年までの成果は、成員性カテゴリー化装置の分析として知られ、その後も、40歳での早過ぎる死まで、シェグロフ（Emanuel A. Schegloff）らとともに「観察に基いた科学」を目指して、会話分析という学問領域の創設に大きく貢献した。⇨エスノメソドロジー、ガーフィンケル、会話分析、ゴッフマン、成員性カテゴリー化装置

[岡田光弘]

サッチマン〔1951-〕
Lucy A. Suchman

米国の文化人類学者。1979年からゼロックス社のパロアルト・リサーチ・センターにおいて、人とマシンの相互行為分析を行った。それまでの実験心理学的なヒューマン・インタフェース研究ではなく、エスノメソドロジーの関心に基づき日常的なユーザの姿を分析対象とした。1980年代後半からは、個々の人工物との相互行為を超えて、空港の管制室などにおけるワークプレイス研究を開始した。その特徴は、モニターのような道具、同僚の様子や会話などを資源とした緊密なアンサンブルとして仕事の現場を描き直した点にある。これら一連の人工物研究、ワークプレイス研究は「知的な人工物」のデザインを根本的に問い直す視点を与えた。⇨エスノメソドロジー、会話分析、実践、相互行為分析、ワークプレイス研究

[岡部大介]

サバイバー
survivor

巨大災害・戦争・犯罪被害・難病・アディクションなどの剥奪的・トラウマ的な状況を経て生き延びた（サバイバルした）人のこと。フェミニズムや公民権運動の影響で、社会の周縁におかれがちなサバイバーの苦悩が私的なものではなく社会的なものとして着目されるようになった。当事者を無力な被害者としてではなくレジリエンス（復元力）をもつ人とみなすことで、同様の状況を経験した人がその苦悩の意味を提供する「ピアサポート」が可能になることもある。一方で問題もある。たとえば、同様の状況において死亡したり苦悩が続いていたりする人に対してサバイバーが罪悪感（survivor's guilt）を抱いてしまうことがある。また、回復の過程で専門家の手を借りることは、サバイバーに対して当該社会の理想的人物像を押しつけることにもなりかねない。専門家の意向には社会の多数派の意向が反映され、それが結果として抑圧的に働くこともあり得るからである。⇨虐待、災害、トラウマ後の成長、PTSD（心的外傷後ストレス障害）、被災者

[濱 雄亮]

サファリング　⇨苦悩

サブカルチャー
subculture

中心的、または上位／主流とみなされる文化とは並列には語り得ない、周辺的で傍流の文化のこと。ただし、何が中心的で主流な文化かということは、時代や社会によって変化し所与ではない。むしろ、たとえば「暴走族」という周辺的で傍流の活動が「語るべきもの」とみなされることを通

して、同時に、それに対応した中心的で主流な文化も立ち現れてくる。よって、主流の文化がまずあって、それに対する明確で自覚的な抵抗の実践としてサブカルチャーをとらえるのではなく、日常的な人びとの実践を通して、自ら生成、変容させていくものとしてサブカルチャーをとらえる傾向にある。シカゴ学派において、1960年代から、とりわけ逸脱行為や非行少年を対象に、その独自の価値観や秩序を記述するフィールドワークが蓄積された。今日では、マンガ・アニメ、音楽、ファッションなどにみられる、主に若者による価値生成もサブカルチャーの研究対象になっている。 ⇒逸脱、オタク、シカゴ学派、非行少年、マンガ 　　　　　　　　　　［岡部大介］

差別
discrimination

　意識するしないにかかわらず、あるカテゴリーおよびそのカテゴリーに当てはまる人びとに向けられた忌避・排除・攻撃という具体的な行為の総体をいう。日本においてこうしたカテゴリーには、被差別部落、障害者、在日コリアン、同性愛者などがあるが、支配的文化や社会においてこれらは常に負に意味づけられたものとして非対称的に「しるしづけられ」ている。支配的文化や社会における非対称的なカテゴリー化という現象を考えるとき、差別は個人の意識に帰責し得るものではない。いまわれわれが普段「当たり前」に生きている生活世界には、忌避・排除・攻撃という行為を差別ではないとして説明する多様な言説や理屈が存在している。こうした言説や理屈に囚われ、差別があるのに「ない」と正当化するとき、われわれは誰かが行う具体的な差別という行為と共犯関係を構成するといえる。日常的に生起する多様な差別事象の解読は、質的研究にとって重要な課題である。 ⇒いじめ、スティグマ、性的マイノリティ、偏見 　　　　　　　　　［好井裕明］

参加観察
participant observation

　観察の形態は、観察者と観察対象者とのかかわりの有無によって、参加観察と非参加観察とに分けられる。参加観察は、観察者と観察対象者との間にかかわりがある観察方法をさす。「参与観察」「関与的観察」「関与しながらの観察」ともいう。狭義には、参加観察とは、観察者自身が特定のフィールドにおける社会集団の生活に参加し、集団の一員としての役割を担い、その役割を通して対象者とかかわりながら、そこで生起する事象を多角的に、長期にわたり観察する方法を指す。研究対象である事象を集団内部の視点から生き生きとした形で記述し、理解したい場合に適している。広義には、観察者が対象者に自身の存在を明示しながら行う観察を、参加観察ということもある。この場合には、観察者が対象者と積極的にかかわりをもちながら観察を行うこともあれば、対象者とのかかわりを最小限にとどめながら観察を行うこともある。 ⇒非参加観察、フィールド研究
　　　　　　　　　　［坂上裕子］

参加構造
participation structures

　ある相互作用において、人びとがとる役割や権利、義務の配分やそれら相互の関係・配置を指し、教室談話研究において多く用いられてきた概念である。生徒の文化的背景と教室における言語使用の様式との齟齬を明らかにする目的でフィリップス（Susan Philips）が提示した参加者構造（participant structures）に続き、エリクソン（Frederick Erickson）らが提唱した。参加者構造が、（教師により）展開された相互作用タイプの分類を志向したのに対し、参加構造は、実際の相互行為のなかで関係や配置が変容するダイナミックな過程や構造の多彩さを記述することを志向した概念である。参加構造は、相互作用の各時点において、発話リズムなどを含む言語的側面と、

距離や視線の向きなどを含む非言語的側面の総体として実現されている。会話の順番取りや、聞き手・話し手役割の多様性、会話フロアといった概念を援用してそれらを読み解き、相互作用のダイナミズムを明らかにする研究が行われている。⇨ 会話の順番交替、会話フロア、教室談話、発話

［磯村陸子］

三項関係
triadic relationships

「人−モノ（媒介項）−人」で成り立つ関係。乳児期には生後3か月頃までに人と人の二項関係ができ、目を見合ったり、ほほえみあったりして情動的交流を行う。生後6か月頃からは人とモノの二項関係ができ、手操作によってモノを意図的に扱うことができる。両者がむすびついた三項関係は、生後10か月頃から可能になる。三項関係は、指さしや提示など共同注意（joint attention）により人と人が共に共存し協力的な関係を作る基礎になる。また、意味するモノ（記号媒体）で意味されるもの（意味内容）を表示する表象機能やシンボル機能など、ことばを媒介にした語り行為の基礎ともなる。人と人の二項関係は、自己と他者が対面・対峙・対話する関係（対話関係）を作り、カウンセリングやナラティブ・インタビューの基礎になってきた。三項関係では、自己と他者が並ぶ関係になり、共存して同じものを共に見る共同注意の関係（共存関係）を作る。ビジュアル・ナラティブは、ビジュアルを媒介にした三項関係を基礎にしている。⇨ 共同注意、ビジュアル・ナラティブ

［やまだようこ］

産物としてのエスノグラフィー
ethnography as product

「特定のフィールドについて記述した報告書」と「その報告書を生みだすための研究方法」というエスノグラフィーの二つの用法のうちの前者のこと。文化人類学では「民族誌」、社会学では「モノグラフ」と呼ばれてきた。エスノグラフィーを書くことは、単に表現技術の問題ではなく、いくつもの選択によって成立する営為である。民族誌の執筆をめぐっては、1980年代以降のポストモダン的転回のなかで、①実在の問題（書くことができるのは、唯一絶対の客観的事実ではなく、再構成された部分的現実ではないか）、②表象の問題（民族誌は単なる報告ではなく、書き手の視点やレトリックに影響された言語表象ではないか）、③解釈可能性の問題（調査者自身の関与、人びとの多声的状況や解釈過程をどう開示するか）、④権力の問題（書く側と書かれる側の関係が非対称な権力の優劣関係として構築されていないか）などが議論されてきた。これらの論点は、質的研究（特に観察研究）の成果を産み出す過程でも重要な省察点となる。⇨ 表象、方法としてのエスノグラフィー、ポストモダニズム、レトリック

［柴山真琴］

サンプリング
sampling

母集団に所属するものから一部をサンプル（標本）として取り出すこと。標本抽出ともいう。母集団が有限であるならば全数調査を行えばよい（たとえば国勢調査）が、母集団が理論的に無限であったり、全数調査を行うにはコストがかかりすぎたりするなど全数調査が現実的ではない場合、母集団を代表する一部を抽出するサンプリングを行う。量的研究では一部のデータによって得られた結果から母集団にも適用できる特性を推測する推測統計による分析を行うため、母集団から無作為に抽出するランダム・サンプリングを基本とする。質的研究ではそもそも母集団の大きさが小さかったり、大量のサンプルを分析で扱うことが難しかったりすることが多い。そのため、協力者に同様の特性をもつ人を紹介してもらうスノーボール（雪だるま式）・サンプリングや、生成された理論を補強するような対象者を抽出する理論的サンプリングなどが用いられる。⇨ スノーボール・サンプリン

グ、母集団、ランダム・サンプリング、理論的サンプリング　　　　　　　　　［春日秀朗］

サンプリング戦略
sampling strategy

　研究の目的や進展に応じて対象選出の方法を工夫すること。量的研究では、母集団と同じ性質をもつとされる集団を統計的に抽出する確率的サンプリングが一般的だが、質的研究では、研究対象となる事象について豊かな情報を与えてくれる事例を抽出する非確率的サンプリングが重視される。それゆえ質的研究では、研究の目的や進行に合わせて対象選出の方法を周到に考える必要がある。理論的関心から対象としてふさわしい対象を選ぶこともあるし、理想的な対象を得られない場合さまざまな伝手を頼って対象に出会うこともある。また、研究の初期段階では、周囲の協力してくれそうな人に依頼するという方法や、最初に協力してくれた人に知人を紹介してもらい、さらにその知人を紹介してもらうといった方法をとる場合もある。分析が進んで仮説や理論の起点が生じた段階では、その仮説や起点を確認したりより精緻化させるためのサンプリングをする場合もある。⇨サンプリング、スノーボール・サンプリング、目的的サンプリング、ランダム・サンプリング、理論的サンプリング　　　　［菅野幸恵］

参与観察
participant observation

　研究者が、研究の対象とする人びとの日常生活あるいは特定の活動に深く参与しながら観察すること。人類学者のマリノフスキー（Bronisław K. Malinowski）が自身の長期フィールドワーク経験に基づき、参与観察を科学的な研究手法として確立させた。インタビューや見学をするだけではなく実際に現地の生活や活動に加わることで、身体感覚として文化を理解したり、当事者たちが言語化していない暗黙のルールや技法に気づいたりすることが可能になる。ときには偶然の失敗によって現地の文化を知ることもある。参与観察の最中、研究者は参与者としての主観的な視点と、観察者としての客観的な視点の間を行き来する。研究者が抱いた主観的な感覚や感情も重要な研究データである。また、語りや文書などの言語化された情報にとどまらず、現地の天候やにおい、肌で感じる湿度や温度、周りの動植物などにも注意を向けて観察し、一見すると取るに足りないように思える事柄も網羅的に記録する。　⇨厚い記述、インフォーマント、エスノグラフィー、フィールドワーク、文化人類学　　　［澤野美智子］

し

死
death

　死の問題に対してはこれまで哲学、宗教学、医学、歴史学、人類学、社会学、看護学、そして心理学などのさまざまな学問分野から多様な研究が行われてきており、死生学や自殺予防学といった死を扱う学際的な研究分野も近年発展してきている。死を検討する際には、一人称（我、自分自身）の死、二人称（汝、身近な他者）の死、そして三人称（見知らぬ他者）の死に区別されることが多い。そのなかでも質的研究は主として、一人称の死あるいは二人称の死という複雑かつ困難な側面に対して、臨床的・実践的な問いを掲げて迫ってきたといえる。前者についてはたとえば死にゆく個人が死をどのように受け入れるのか、また後者については近しいものとの死別をどのように意味づけるのかといった、具体的な臨床・実践現場で生起する問いである。⇨死生学、死の受容、死別、悲嘆　　［川島大輔］

ジー〔1948- 〕
James Paul Gee

　米国のディスコース分析の理論家、リテ

ラシー研究者。談話の分析が言語に焦点を当てがちであるのに対し、談話の成立には、談話が産出される状況において、話者が適切な役割を果たし、適切な活動を行うことも必要であるとして、談話を単に言語だけでなく、話者の振る舞い、存在、価値観、信念が組み合わされた複合体ととらえる大文字のD（capital D: Discourse）を提唱した。この概念はリテラシーが単に読む・書くための、語彙文法の獲得や語用の習得だけではなく、社会文化的活動に埋め込まれたものであり、社会文化的状況や活動の違いによって、必要とされるリテラシーも異なると主張するニュー・リテラシー研究の形成に寄与した。近年は、デジタル世代のリテラシー論を展開している。⇨談話、ディスコース、ディスコース分析、ディスコース理論　　　　　　　　　　［比留間太白］

CSCL
　⇨ **コンピュータに支援された協同学習**

シークエンス分析
sequential analysis
　質的研究におけるシークエンス分析は、ある語り（ナラティブ）を、それが生起した文脈に位置づけ、その語りを含む相互行為の連鎖（シークエンス）全体から、当該の語りを分析する方法の総称として用いられる。この意味でのシークエンス分析には、会話分析、ディスコース分析そしてナラティブ分析が含まれる。ここでは会話分析におけるシークエンス分析を紹介する。アトキンソン（John W. Atkinson）とヘリテージ（John Heritage）は、会話分析の根本的な分析態度をシークエンス分析として明確に表現しなおした。たとえば発話行為論（speech act theory）は、発話を文脈から抜き出して単独で分析する。しかしながら、問い／答えというやりとり（隣接対）を考えれば分かるように、どの発話がどの発話の前にくるか、後にくるかというシークエンスによって、問いと答えという発話の意味

が決まる。つまり発話の意味は、具体的なシークエンスのなかで考察しなければ、理解できないのである。⇨会話分析、発話行為　　　　　　　　　　　　　　　　［山田富秋］

SeiQOL　⇨iQOL

ジェームズ〔1842-1910〕
William James
　米国の哲学者、心理学者。ハーバード大学にて生理学、心理学、哲学の教鞭をとる。*Principles of psychology*（1890）で心理学草創期の理論形成に大きく寄与したほか、パース（Charles S. Peirce）とともに、プラグマティズムを提唱した。真理とは普遍のものではなく、生の主体である個人の経験の只中において発動するものであり、そこで有用となる観念こそが真であるとの考えのもと、主著『宗教的経験の諸相』（原著1901-02）では、古今東西の宗教経験の証言を収集し、その経験が当人の人生にいかなる影響をもたらしたかについて考察した。彼の思想はデューイ（John Dewey）らに引き継がれ、米国を中心に今なお多くの分野で影響を与えている。⇨宗教、デューイ、パース、プラグマティズム　　［小木曽由佳］

ジェスチャー
gesture
　手を中心に、体のさまざまな部位によって他者に対して行われる身体表現をさす。特にOKサインなど特定の文化や共同体で決まった意味を担うものを「エンブレム」と呼ぶ。心理言語学者マクニール（David McNeil）は会話内の発話とともに産出されるジェスチャーを「自発的ジェスチャー」と呼び、映像的（対象の形や動きを表現するもの）、暗喩的（抽象的なイメージを表現するもの）、直示的（対象を指し示すもの）、ビート（繰り返し打つ動作）という四つの次元を定義している。これらは排他的ではなく、一つのジェスチャーが複数の次元を持ち得る。ジェスチャーは発話に随伴しやすい一方、

発話との間に表現の不一致が起こることがあり、発話と別経路で産出されている可能性がある。ジェスチャー研究者の喜多壮太郎は1990年に発話とジェスチャーを脳内で並行に処理したうえで同時に表現させる「情報パッケージ仮説」を提唱している。 ⇨ジェスチャー分析、非言語的データ

[細馬宏通]

ジェスチャー分析
gesture analysis

ジェスチャー分析の方法は、頻度に注目するか、時間構造に注目するかで大きく二つに分かれる。前者はジェスチャーを分類し、分類群の各頻度を条件間で比較する方法で、非言語コミュニケーション研究でよく用いられる。後者は時間構造を考える方法で、ケンドン（Adam Kendon）による「単位」「フェーズ」の概念を用いる。ジェスチャーはリラックスした位置（レスト・ポジション／ホーム・ポジション）から始まり、あちこちで方向転換や一時停止をしたのち、再びレスト・ポジションに戻る。この一連の動きを「ジェスチャー単位」と呼ぶ。ジェスチャー単位はさらに、複数の動き（準備、ストローク、復帰など）と一時停止（ホールド）からなる「ジェスチャー・フェーズ」に分けることができる。フェーズを体の部位ごとに記述し、自他の視線や発話との時間関係を調べることで、会話分析的なジェスチャー分析が可能になる。 ⇨会話分析、ジェスチャー

[細馬宏通]

ジェネラティビティ
generativity

エリクソン（Erik H. Erikson）が「精神分析的個体発達分化の図式」（epigenetic scheme）において、第Ⅶ段階 成人中期の心理社会的課題としてあげた概念。ジェネラティビティは、generation（世代）とcreativity（創造性）を組み合わせた用語で「世代継承性」または「生成継承性」と訳される。ジェネラティビティとは次世代の

創生とケアを意味し、①次世代を生み育てること、次世代に深い関心を注ぎ関与すること、②ものを創造すること、③他者を支えることなどが包含される。子どもを生み育てることだけでなく、職業を通じて次世代の組織や社会そのものを発展させることなども含む広い概念である。ジェネラティビティが達成されない対極は、他者に関心をもてず生産性の乏しい「停滞・自己陶酔」の状態である。エリクソンは「ジェネラティビティ 対 停滞・自己陶酔」を成人中期の心理社会的危機とした。ジェネラティビティは、世代連鎖的関係性と自己完結的個体性の二つの特質をもち、両者が入れ子のように関連し合って達成される。 ⇨エリクソン

[岡本祐子]

ジェンダー
gender

人間の性別のこと。生物学的・解剖学的な性別を表す「セックス」と対比させて使うときには、ジェンダーは社会的・文化的な性別を指す。ジェンダーは、もともとは文法上の性別を表す言葉であった。1950年代から、医学領域の心理学者であるマネー（John Money）によって、性別の自己認識を表す言葉として使われた。その後、この意味ではジェンダー・アイデンティティが使われるようになった。このように医学領域でのジェンダーは、身体の性別と対比した脳または心の性別という意味をもつことがある。一方1970年代頃より、社会科学の分野において、社会的・文化的な性別を指す用法が現れ、この用法では性役割に近い意味をもつこともある。特に深い含意はなく人間の性別を指すこともあるが、学問領域によって意味合いがやや異なってくる場合もある。 ⇨トランスジェンダー、フェミニズム

[石丸径一郎]

ジオルジ〔1931- 〕
Amedeo Giorgi

米国の心理学者で、フッサール（Edmund

Husserl）に基づく現象学的な質的研究法の創始者。デュケイン大学、セイブルック大学院大学などの教授を歴任。主流の科学的心理学には心という対象への方法的適合性がないと批判し、現象学に方法を求めて独自の研究法を開拓した。ほかの現象学的心理学のようには解釈学を取り入れず、体験記述テクストを段階的に分析して本質的な構造的特徴を取り出すという現象学の基本に忠実であろうとする方法は、記述的現象学と呼ばれる。記憶研究者という実験系の出自にもかかわらず、その方法は臨床系にも迎えられて汎用性を示しつつある。人間科学研究国際会議（IHSRC）の指導者でもあり、幾度か来日するなど日本にも知己が多い。⇨解釈学、現象学的心理学　［渡辺恒夫］

詩学
〔英〕poetics；〔希〕Peri poiētikēs

　詩学とは、文芸としての詩の本質、形式、ジャンルに特有な機能、構造、叙述・創作の方法を探究する理論である。これは、文学に関する一般理論であると同時に、美学の一つの領域でもある。アリストテレス（Aristotle）の『詩学』では、悲劇の詩作が人間の行為と生のミメーシス（模倣）とその意味の探究の重要な契機としてとらえられていた。質的研究の領域において、詩学は、人間における主観的（あるいは間主観的）な意味のナラティブな探究の契機と、そこで生成しつつある関係性の構造を探究する知的創発の契機として着目されている。バフチン（Mikhail M. Bakhtin）の多声楽的言語論、ブレイディ（Ivan A. Brady）の人類学的詩学論、ヴィゴツキー（Lev S. Vygotsky）の心的情動論などの視点で、詩学は、人間の生のリアリティと意味創造に関するナラティブな批評の枠組みとして、あるいは、その表現創作技法の哲学として再評価されている。⇨アリストテレス、解釈学、カタルシス、対話主義—バフチンの—
　　　　　　　　　　　　　　　　［庄井良信］

シカゴ学派
Chicago School

　質的研究の源流としては、1920年前後のシカゴ大学社会学部で形成されたフィールドワークとエスノグラフィーの伝統を指す。技法のみならず、市井に飛び込み、社会の周縁や底辺におかれた人びとの生活や活動に密着する態度を指すこともある。当時のシカゴは社会変動と数々の問題（貧困、不適応、犯罪、対立、環境、差別など）に直面していた。同大の社会学者パーク（Robert E. Park）は都市を実験室にたとえ、屋外に出て学ぶ姿勢を重視した。トマス（William I. Thomas）らはドキュメントの使用とライフヒストリー法にも道を開いた。これらが1960年代にブルーマー（Herbert G. Blumer）らのシンボリック相互作用論に受け継がれた。なお、都市社会学ではバージェス（Ernest W. Burgess）の同心円理論や人間生態学（環境への適応という観点で棲み分け現象を分析する）を指す。いずれにせよ現在のシカゴ大学の研究動向を指すのではない。哲学、政治学、経済学などにもシカゴ学派と呼ばれる潮流があるが内容は異なる。⇨エスノグラフィー、シンボリック相互作用論、トマス、ブルーマー、ライフヒストリー
　　　　　　　　　　　　　　　　［徳川直人］

自我体験
ego experience

　「私はなぜ私なのだろう」といった、一見自明であることについて突如疑念を抱いたり、「私は私である」といった自身の自明性を強烈に意識したりする体験。理論的論考としては、1920年代のドイツの青年心理学者であるビューラー（Charlotte Bühler）やシュプランガー（Eduard Spranger）が、青年期特有の自我の発見という文脈で取り上げたのが最初である。ビューラーは「自我が突如その孤立性と局限性において経験される」ものとし、シュプランガーは「個性化の形而上学的根本体験」としている。その後日本において哲学的・臨床心理

学的・発達的視点をもった自我体験にかかわる実証的研究が進められ、概要が明らかとなってきた。それによると、一部の人にみられる1回限りの特殊で強烈な経験というよりも、少なくとも半数程度の人にみられ、児童期後半から青年期初期を中心として、それ以外の時期にも起こるもので、複数回ゆるやかに経験される現象であることが分かってきた。⇨一人称的読み［天谷祐子］

時間
time

　時間を「刻み方」の記号論とみれば文法をもつ言語システムとなる。リズムは「取って」拍子となるように時は「刻んで」時刻となる。「区切る」がリズムを生み時間を作る。その刻みの「間」が時−間となる。異なる文法による異なる時間の言葉（time code）が想定される。時制（過去−現在−未来）をもつ時間は、「私」からみた主観的時間（A系列）の言葉。時計は、無時制で、前後関係、順序のみを示す客観的時間（B系列）の言葉である。前者は内在化され持続する一人称の時間であり、後者は外在化され経験から離れた三人称の時間である。それぞれの文法の違いが計時法の違いを生む。さらに相互行為と同期（synchronization）による二人称の時間（E系列）の言葉がある（ダンス、会話、綱渡り、生物時計、など）。哲学者マクタガート（John McTaggart）は、存在論の立場からA、B系列を論じた。野村直樹は記号論の立場からE系列を定義した。樽味伸の「素の時間」はE系列に相当する。時間が「言語論的転回」（linguistic turn）を起こしている点が本説明の特徴である。　　［野村直樹］

時間的展望
time perspective

　レヴィン（Kurt Lewin）によれば、ある時点における心理的過去および未来に対する見解の総体であり、レンズ（Willy Lens）によれば、個人の心理的生活空間における過去・現在・未来の統合であり、認知的動機づけの個人差変数である。時間的展望には、時間的展望の広がり、過去と未来への肯定・否定の評価である時間的態度、過去・現在・未来のいずれかの優勢性である時間的指向性、時間の流れる速さの時間評価がある。現在は過去から、未来は現在からの積み重ねの結果なので、過去を通して未来を構想し、未来を予期して行動することで、われわれの行動は現在の規定を乗り越えていく。また、経験や物事を出来事の前と後といった時間で秩序立てて語り、ライフの質を高める。人生の意味づけは、単に過去を正当化するためのものではなく、未定の未来に向かって、終わらない過去を問い続け、現在をよりよく生きるためのものである。⇨回想、時間、自伝的記憶、存在論、レヴィン　　　　　　　［白井利明］

軸足コード化
axial coding

　軸足コード化は、グラウンデッド・セオリーを用いた分析において、オープンコード化の次に行われる作業である。概念（カテゴリー）同士の関係を検討し、関連づけることによって現象をとらえようとする。軸足コード化の作業は、以下にあげる二つの部分から成る。まず、パラダイムを用いて、それぞれのカテゴリーを現象別に分類すると同時に、そのなかでの位置関係をとらえる。その後、カテゴリー関連図を用いてカテゴリー同士の関係を検討し、ある状況が異なる状況に変化するまでにたどる複数のプロセスを把握する。グラウンデッド・セオリーでは、どの事例もいずれかのプロセスには当てはまるという意味での普遍化を目指すため、なるべく多くのプロセスをとらえることが重要である。軸足コード化の最後には、リサーチ・クエスチョン（研究設問）に応える現象が把握できたかを確認するとともに、カテゴリー関連図を文章にしたストーリーライン（理論）を書く。⇨カテゴリー関連図—図解—、グラウン

デッド・セオリー、選択的コード化、パラダイム―グラウンデッド・セオリーの―
[戈木クレイグヒル滋子]

自己
self

自己には、"I-self"、すなわち主体（能動的行為者・知者）としての自己と、"Me-self"、すなわち対象（被知者）としての自己という二つの側面がある（ちなみに一部、精神分析などでは、後者のみを限定的に自己とし、前者を"ego"、いわゆる自我と呼ぶことがある）。一般的に、主体としての自己には、①自己動作主性の感覚、②自己分離個別性の感覚、③自己連続性の感覚、④自己覚知の感覚という四つの要素が含まれると仮定されている。一方、客体としての自己には、自身のさまざまな特徴や役割などの知覚、より具体的には自らの物質的な属性（身体的特徴や所有物など）、社会的な属性（社会的役割や関係性など）、精神的な属性（思考や感情などの心的過程など）に関する理解が含まれるとされている。それは多くの場合、自己概念や自己表象として言及されるものでもあり、そこには広く、自伝的記憶や自己評価なども包摂されると考えることができる。⇨自己像、自己理解、理想自己
[遠藤利彦]

思考発話法　⇨発話思考法

自己エスノグラフィー
autoethnography

調査者自身の経験のエスノグラフィーである。自叙伝的な記述を通し、個人と文化を結びつける重層的な意識のありようを明らかにしていくことを目的とする。人類学者による自身の経験の記録を起源とし、1979年に人類学者ハヤノ（David Hayano）がこの用語を初めて使用した。その後は定義や用法の規定があいまいなまま、類似する用語のもとで行われた研究も多い。共通するのは、調査者が自分自身の個人的な生を重視し、自分の身体感覚や思考・感情に注意を払いながらその経験を振り返り、想起してストーリーとして記述するという方法である。自伝、回顧録、日誌など「自己物語」と類似しているが、理論が組み込まれた研究の形態をとり、批判的・分析的・解釈的な検討を経る点に違いがある。近年では、メタ自己エスノグラフィーや、2人以上で行う対話的自己エスノグラフィー、協働的自己エスノグラフィーなど、さまざまな形で展開されている。⇨エスノグラフィー、自伝、物語的自己 [沖潮（原田）満里子]

自己言及性
self-reference

あるものがそれ自身について関与または言及する性質。古くは新約聖書にクレタ人の預言者エピメニデスが「クレタ人は嘘つきだ」と言ったとして、自己言及のパラドキシカルな性質が示されている。観測作用そのものが観測されるものに影響を与えるという量子力学の不確定性原理の議論や、神経生理学のオートポイエーシス理論などに触発され、近代の科学や社会が前提とする因果論や目的論、主客二元論などに対し、観測者が同時に観測される側に取り込まれ、自身に言及し自ら定義するという自己言及性の議論がシステム論において進展した。社会学者ルーマン（Niklas Luhmann）によれば、自己言及性とは、環境との差異化を自律的に図りその境界を維持し続けようとするシステムの性質であり、経済、行政、司法、教育など種々の社会システムは、それぞれ自己を目的として自己産出しており、知識や経験、言説はシステムの再生産を意図して生産されている。学術研究も研究を目的として研究なるものを産出する自律的なシステムであり、自己言及性を有する。⇨オートポイエーシス、システム、ダブル・コンティンジェンシー [本山方子]

自己像
self-image

　自分自身についてもっているイメージや自己のとらえ方のこと。自己概念や自己認識と同義に使用されることもある。現実の自己像だけでなく、理想（こうなりたい）や義務（こうあらねばならない）といった観点からの自己像、過去・現在・将来といった時間軸や肯定・否定といった評価から見た自己像、さらには自己の視点だけでなく他者の視点（自分はきっと他者からこう見られているだろう）に基づく自己像などを含めると、さまざまな自己像が想定可能である。それらの自己像の差異が、自己を高める動機づけとなったり、不適応をもたらしたりする。対象者（クライアント）の内面世界をとらえるために用いられる描画による心理検査法では、対象者がもつ自己像が描画に投影されると仮定されており、描画全体の印象、形式、内容などから対象者の自己にかかわる心理状態が解釈される。　⇨ 自己、心理検査、理想自己　　　　　　　　［佐久間路子］

自己呈示
self-presentation

　他者に対して自己を示すことであり、他者の印象を管理することを意図しているものをいう。印象管理、印象操作ともいう。自己呈示には主に、①適切な印象を与え他者との関係を自分にとって有利に導いたり、②他者から望ましい評価を得ることで自尊感情を維持したり、③他者の印象と自己概念が一致することでアイデンティティの感覚を確立したりする機能がある。主張的な自己呈示の例として、取り入り、自己宣伝、示範、威嚇、懇願がある。また自らの遂行を妨害する要因を作り出すことで、失敗しても自己評価の低下を避けることを目的とした行為であるセルフ・ハンディキャッピングも自己呈示の一つである。自己呈示は他者に向けての行為であるが、たとえば他者の前で社交的に振る舞うと、自分自身の評価も社交的に変容し、その後の行動も社交的になるというように、自分自身に影響を与えることがあり、この現象は自己呈示の内在化と呼ばれる。　⇨ ゴッフマン、自己、社会心理学　　　　　［佐久間路子］

自己目録作り
personal inventory

　エスノグラファーがフィールドに入る前に行う自己評価のこと。エスノグラフィーにおける参与観察は、調査者が研究対象とする人びとの生活や活動のなかに入り込み、人びととの日常的な相互作用を通してデータを収集する手法であることから、調査計画を立てる段階で、ツールとしての自分自身の特性を理解しておくことが何より重要となる。人類学者のアングロシーノ（Michael Angrosino）は、自己評価の観点として、①自分の情動的状態や態度、②自分の身体的健康と精神的健康、③自分の得意な領域と苦手な領域、④フィールドの人びとやそこの社会的・政治的状況についての先入観をわきにおく能力、の4点をあげている。こうした自己点検は、自分がうまく機能するフィールドを選ぶ一助となるだけでなく、自分自身も生まれ育った社会や文化の影響を受けていることを自覚し、他文化の人びとを研究する際に自文化（自民族）中心主義に陥ることを回避するための手立てともなる。　⇨ 参与観察、自民族中心主義、フィールド　　　　　　　　　　［柴山真琴］

自己物語　⇨ 物語的自己

自己理解
self-understanding

　自分自身の考え、態度、行動、価値観、性格などのさまざまな観点から、自分についての洞察を深めること。心理療法においては、面接などを通して自己理解を獲得することが目標の一つとなっている。自己理解の発達過程に関して、デーモン（William Damon）とハート（Daniel Hart）は、ジェームズ（William James）のI-Meの自己論に基

づき、自己のさまざまな側面（自己定義、自己評価、自己の関心、一貫性、独自性など）に関する複数の質問からなるインタビュー法を用いて、客体的自己と主体的自己の両側面を含む幼児期から青年期にかけての自己理解の発達モデルを提唱した。客体的自己については、身体的自己、行動的自己、社会的自己、心理的自己の四つの側面が独立に発達するのではなく、それらの側面がカテゴリ的自己規定、比較による自己査定、対人的意味づけ、体系的信念と計画という四レベルの共通の組織化の原理に沿って進むと仮定し、自己理解の発達を側面とレベルの二次元でとらえた。 ⇨ジェームズ、自己

[佐久間路子]

自殺
suicide

　自殺は自らの死の意図と結果予測性で定義され、たとえば辛い状況を紛らわすための自傷行為とは区別される（が、自傷行為は後の自殺の危険性を高める）。ただし、小児の場合や、精神症状がある場合など、意思を確認しがたい事例も多く、「誰に防ぐ責任があるか」をめぐるディスコースは自ずと多声的になる。自殺に影響する危険因子（精神疾患、経済、疼痛など）や保護因子（ソーシャルサポートなど）は遺族らへの聞き取り調査である心理学剖検（psychological autopsy）などで明らかにされてきた。自殺の対人関係理論（interpersonal theory of suicide）では、周囲への重荷意識（負担感の知覚）、気にかけてくれる人がいない（所属感の減弱）、未遂経験などで死への恐れが低下している（自殺の潜在能力）ことから自殺企図を予測し介入する。日本は1998年に自殺者が急増して3万人台となり、自殺対策基本法（2006〔平成18〕年）、自殺総合対策大綱（2007〔平成19〕年）を端緒に各地で多様な対策が行われた後、2017年には急増前の水準となったが、主要7か国では最も高い自殺死亡率を示している。 ⇨多声性、ディスコース

[川野健治]

事実 ―社会構成主義の視点から―
fact from the view of social constructionis

　現実世界において実際に生じたとみなされる事象であり、観察者から離れて客観的に存在するととらえられることが多い。しかし、社会構成主義（social constructionism）の見方に立てば、そもそも事実を「主観－客観」の枠組みで考えること自体に疑義を呈することもできる。というのも、経験された事象のうち「事実」として自他への説明を伴って選択されたものを、自らの「主観」から出てそれが「客観的」であると判断することは誰にもできないからである。その一方、「事実」が主観的なものであるといった言説もまた、説明する必要のある観念とみなすこともできる。「客観的事実」はあり得ないとしても、主観の内部では「事実」は確実に生成されている。このように生成される「事実」をめぐる経験の語りは、主体と対象との不可分性の故に説得力をもちうる。こうした場合、質的研究は「事実」が主観においていかに生成され、それがいかなる過程で社会のなかで説得的に共有されるのかに関心を持つことになる。 ⇨現象学、事実―主観と客観の対立の視点から―、社会構成主義、主観－客観問題

[藤江康彦]

事実 ―主観と客観の対立の視点から―
fact from the view of subjective and objective conflict

　空想世界の架空のことではなく、現実世界において実際に生じた事象。日常生活においては大半の場合、「事実」として検証されぬままに大量に流通され続けている。自らが見た事象をナイーブに「事実」としがちであるが、それは主観的である可能性がきわめて高く、絶対視することは危険だろう。たとえば、目撃者本人が意図せずに見誤っていたり、目撃者の錯覚さらには幻覚であったりする可能性まである。事実か否かは、経験的に、もしくは自然科学的に検証されるが、その検証は難しい。このこ

とに乗じて、ナチスドイツによる虐殺はなかったなどと主張する「歴史修正主義」者もまた台頭する。過去のみならず、いま目の前で生じた事象であっても、「事実」であることの証明は難しい。質的研究では「事実」とされる事象の生成過程にも目を向け、疑う態度を持ちたい。さらに、その事象が「事実」として切り取られた環境に対してもまた慎重になるべきである。目撃者全員が殺された可能性すらあるのだから。 ⇒観察、事実―社会構成主義の立場から―、出来事 　　　　　　　　　　　[宮内洋]

自助グループ
self-help group

　共通の問題を抱えている当事者が相互援助を目的として、基本的には当事者自身が作った自主的な活動を行うグループ。自助と訳されるが、本来セルフヘルプには、個人主義で自助を意味する「セルフ」と、社会変革を目指す相互扶助「ヘルプ」の二つの意味がある。グループの機能は、自己変容と社会変革である。参加者の多くは、自己変容を目的として参加し始めるが、次第にメンバー間に共通する問題を見いだし、個人の問題を社会の問題としてとらえるようになる。そのため、メンバーの自己変容のみを目的とするグループもあるが、多くのグループでは社会変革をも目的とする。米国のキリスト教的伝統を背景にもつAA（Alcoholic Anonymous）などの匿名グループでは、クロストーク（グループメンバーの発言に対して、直接意見・感想・質問などを言うこと）がなく、言いっ放し聞きっ放しが原則だが、日本発祥のグループでは匿名でもなく、クロストークがある対話型のグループも多い。地域にはさまざまな問題に関する自助グループが存在する。 ⇒アディクション、イデオロギー、カタルシス、共感、共同体 　　　　　　　　　　　[藤山正子]

システム
system

　システムとは、その複数の要素が互いに相互作用することでつながり合い、その全体が一つのまとまりとして維持され、境界を可能とし、境界の外の環境と区別できるあり方をいう。その相互作用の性質が構造であり、システムがその結果として環境のなかでどう振る舞うかが行動である。システムの内部と外の環境の間に通常、相互作用が起こりえて、それを開かれたシステム（開放システム）と呼ぶ。その相互作用はシステム内部のあり方に影響するだろう。同時にシステムの行動とその相互作用が環境側に影響を与えるだろう。システムの全体としての行動を記述することに止まると、そのシステムのなかが記述されず、ブラックボックスとなるが、システムのなかで生じる要素のつながりの動的プロセスを記述すると、システムと外の環境の関係を、そのシステムが変容する過程としてとらえることに向かう。なお、システムはさらに大きなシステムの一部となり得る。下位システムと上位システムの関係や並列するシステム間の関係として生態系を描き出すことができる。 ⇒環境－行為系、システムビュー、知覚システム 　　　[無藤隆]

システムビュー
system view

　認知的人工物を使った知的活動における人工物の役割をとらえる視点として、ノーマン（Donald A. Norman）はシステムビューとパーソナルビューをあげた。システムビューは、主体が人工物を利用して課題に取り組む様子を俯瞰する観察者の視点である。観察者が目にするのは、「主体－人工物」が統合されたシステムとして機能することで与えられた課題が解決されていく様子であり、この時、人工物が主体の能力を増幅しているようにみえる。たとえば、ある人（主体）が会議の日程を覚えておくために手帳（人工物）を使い始めたとする。

そのとき、その人は手帳を持たないときと比較してより確実に会議に出席できるようになる。これを外から観察すれば、手帳によってその人の記憶が強化されているようにみえる。一方で、会議の日程を覚えておくという課題は、手帳の有無に関係なく、常に不変なものとしてとらえられる。⇨ノーマン、パーソナルビュー、ユーザー・インターフェース　　　　　　　［鈴木栄幸］

死生学
thanatology ; death studies

　死を扱う学際的な学問分野。Thanatologyは、字義的には「死学」と訳すべきではあるが、死を扱うことは同時に生に迫ることであることから一般に「死生学」と訳される。また日本語では区別されないことも多いが、thanatology が死に関する広範囲の議論をその対象とするのに対して、death studies は死に臨む人や死別の悲しみに直面している人などへのケアとその周辺に関するより臨床的・実践的な研究を指す。研究の歴史は古いが、現在の死生学の礎を築いた先駆者として広く認識されているのは、『死の意味するもの』（原著1959）を著した米国の心理学者ファイフェル（Herman Feifel）である。死生学における質的研究の位置づけとして、特に死別による悲嘆や死にゆく過程にかかわる研究では多くの質的研究が実践されており、死の受容の段階モデルや「死のアウェアネス理論」はその後の研究に大きな影響を及ぼした。近年でも、悲嘆研究における「継続する絆」は、今日欠くことのできない概念の一つとなっている。　⇨死、死のアウェアネス理論、死の受容、継続する絆　　　　［川島大輔］

自然観察法
natural observation

　自然観察法とは、人間の行動を自然の状況（natural setting）でありのままに観察する方法であり、実験的な状況（experimental setting）で観察を行う実験的観察法と対置

される。人間が生活する生の状況を重視し、そこで生活する人がどのように行動するかを把握することに主眼がある。しかし、人間生活全般となると膨大な観察となるため、実際には時間や場面、事象をサンプリングして観察する時間見本法、場面見本法、事象見本法などを用い、研究目的に応じた観察の単位を設定して選択的な観察が行われる。記録方法としては、行動目録法のように量的に分析が可能な記録法もあれば、行動描写法や日誌法のように人間の行動やその成り立ちの質を言語的に記録する記述的な観察もある。自然観察法では、ほかの方法と比べて観察者バイアスが働きやすいため、観察者の訓練や観察後の省察が重要となる。　⇨AV機器を使った観察、観察者バイアス、観察の単位、実験的観察法

　　　　　　　　　　　　　　　［澤田英三］

自然主義的探究
naturalistic inquiry

　自然科学に特徴的な実験的・操作的条件下での調査ではなく、さまざまな要因が絡まる日常的な文脈のもとで生態学的妥当性が高いデータを収集することをいう。科学哲学で「自然主義」という語が用いられる場合には、社会科学・人間科学において自然科学と同じ目的と方法がとられることを意味する場合が多いのだが、質的研究の文脈における「自然主義的探究」の語は、意味がかなり異なることに注意しなければならない。後者の意味での自然主義は、社会科学で主流だった実証主義に対抗して20世紀半ばに登場した立場であり、社会的存在としての人間の主観的な観点から、彼らの行為や世界の意味を明らかにすることを目指す。よく知られているのは、グーバ（Egon G. Guba）とリンカーン（Yvonna S. Lincoln）による1985年の著書 *Naturalistic inquiry* であり、同書のなかで彼らは、ポスト実証主義と対比させながら自らの立場を自然主義的探究と特徴づけている。⇨エスノグラフィー、自然観察法、自然主義

的転回　　　　　　　　　　　　　[能智正博]

自然主義的転回
naturalistic turn

　1990年代以降強まってきた、自然概念に対する関心の高まりを示す言葉。自然という概念はそれ自体が歴史的に複雑な経路をたどってきたが、科学社会学において、ブルア（David Bloor）のストロング・プログラムに代表される、強い社会構築主義（social constructivism）的な科学分析は、自然科学者からの強い反論を招くことになった。こうした反発を受け、科学社会学内部でもアクターネットワーク理論のように、自然と社会に同等の価値を見いだすというタイプの議論が盛んになってきた。こうした背景には、自然を研究するという行為が、そう簡単に社会的に構築できないという科学者の実感に加え、社会構築主義の背後にある人間中心主義（社会を人間による恣意的な合意とみなし、故に脱構築可能と考える）に対する強い理論的な批判が存在する。共通するのは、社会構築主義における社会という概念自体が決して自明のものではなく、自然的性質と複雑に関係し合っており、常にその内容についての吟味が必要だという点である。⇨アクターネットワーク理論、科学社会学、シンメトリー　[福島真人]

持続可能性
sustainability

　ある状態や事柄が将来的にも継続していくことができること。1980年代より、環境問題における自然資源とその保護や利用のしくみに対して用いられ、その後は人びとの活動や組織のあり方についても用いられるようになった。持続可能性が語られる文脈では常に、何らかの基準で望ましいとされる状態があり、それが現行の仕組みでは達成または維持することが困難であるという認識のもと、いかにして達成し、維持することができるかが焦点となる。社会的な活動や組織は、外部または内部の環境条件の変化に適応できなければ存続することはできない。したがって、持続可能な活動や組織には、そうした環境の変化に応じて自身を変革しつつ再生産するしくみが備わっていることが求められる。社会の内部環境の主要な変化の一つが、構成員の交替である。世代を超えて、維持すべき状態についての価値と維持のための手段を継承できることが重要な要件となる。⇨オートポイエーシス、ジェネラティビティ、伝統芸能　　　　　　　　　　　　　[文野洋]

実験科学
experimental science

　実験を研究の主要な方法とする科学で、自然科学の多くはこの方法を重視している。心理学では実験心理学（experimental psychology）と呼ばれ、行動を引き起こす条件（独立変数）を明確にして、条件と行動（従属変数）との関数関係をみる。実験は、仮説演繹法によって行われることが多い。仮説演繹法とは、あらかじめ仮説を立てて、実験によって経験的なデータを集めて検証し、仮説が妥当か否かを統計的に決定し、仮説を修正していく方法である。実験では、自然環境では得られない純粋な環境である「実験室」を作り、変数を人為的に操作して、少数の変数に限定して検証するので、明確な因果関係の追及に適している。しかし、多くの変数が同時に相互作用する野外科学やフィールド科学、研究者と研究協力者の相互作用が影響をもつ人間科学には適しない場合も多い。また、実験は仮説を検証するのには適しているが、新しい仮説や理論を生成するには、質的研究法のほうが適する場合も多い。⇨現場心理学、フィールド心理学、野外科学[やまだようこ]

実験的観察法
experimental observation

　自然観察法が人間の行動を自然の状況でありのままに観察する方法であるのに対して、実験的観察法は実験法（experimental method）とも呼ばれ、研究目的によって何らかの条件統制が施されている状況下で人間の行動を観察する方法（observation in controlled setting）である。研究者は、一定の状況下で、ある行動に影響すると思われる条件を系列的に変化させること（独立変数の操作）によって、それに伴う行動や内的状態の変化を観察し（従属変数の測定）、条件と行動との因果関係やそのメカニズムを解明する。実験的研究では、内的妥当性（独立変数と従属変数との因果関係に確信がもてる程度）を高めるために、日常からかけ離れた不自然な状況設定が行われることがあるため、生態学的妥当性（日常場面への一般化可能性）を重視した実験計画が求められる場合もある。⇨ 違背実験、仮説演繹法、自然観察法、実験科学、内的妥当性、生態学的妥当性　　　　　　　　　　［澤田英三］

失語症
aphasia

　大脳の言語機能に関与する一定領域が、後天的かつ器質的に損傷されることによって生じる言語の表出と理解が障害された状態を失語症という。失語症になると、人によって程度はさまざまであるが、言語機能の言葉を聞いて理解する「聞く」能力や文字を読んで意味を理解する「読む」能力、また、言葉を「話す」能力、文字を書いて表現する「書く」能力が障害される。失語症のリハビリテーションは、コミュニケーションを向上させることを目的とし、残存する言語能力の活用、障害された言語機能の回復の訓練、また、非言語性手段の利用によって進められるが、この障害は、コミュニケーションの困難という一次的な問題にとどまらない。現代のように多量の情報交換や多様な対人的ネットワークの構築が必要とされる社会において、失語症は就学・就労をはじめ社会参加に大きな障壁となっており、失語症体験への理解と社会的支援が求められている。⇨ 高次脳機能障害
　　　　　　　　　　　　　　　　　［青木美和子］

実在論
realism

　観念論に対立し、言葉や概念といったものに依存することなく物体や外界が実在すると考える哲学的立場。たとえば、われわれは、自分たちが知覚しているとおりに物体や外界が存在すると素朴に信じているが、これは「素朴実在論」と呼ばれる実在論の一種である。素朴実在論から主観的な要因を取り除き、客観的に観測できるものだけで構成される世界を想定すると「科学的実在論」と呼ばれる立場に近づく。実在論はある意味で脆弱な立場であるが、それは実在論を成り立たせる知覚や観測の脆弱さに由来する。世界の実在は確かなものに感じられる一方で、それは夢のようにはかなく消え去るものかもしれないからだ。したがって、より洗練された実在論は、知覚される外界の実在性だけでなく、それと一見対立する観念や理念の実在性を許容する立場に接近することになる。実際、古代から中世までの実在論は、普遍的な概念の実在性を肯定するものであった。⇨ 科学的方法、客観性、主観性、素朴実在論　［田中彰吾］

実証主義
positivism

　経験的事実のみを知識の唯一の源泉として認め、感覚的経験によって確証できない超越論的実在や形而上学的実体を否定する哲学的立場。観察と実験に基づく自然科学の経験的方法を、知識獲得の最善のモデルとみなし、社会科学も同じ方法によって探究されるべきであるとした。イギリス経験主義やフランス啓蒙主義の流れに連なり、19世紀の「科学の制度化」を背景として成立した。「実証主義」という言葉を最初に用いたのはサン＝シモン（Claude Henri de Rouvroy, Comte de Saint – Simon）であるが、その構想を引き継ぎ「実証哲学」を体系的に完成させたのは、社会学の創始者とされるコント（Auguste Comte）である。人間の意識に与えられる感覚を認識の出発点にお

くという点で、実証主義の成立は近代心理学の確立に重なるとする見方もある。実証主義は20世紀に記号論理学と結びついて「論理実証主義」となり、いまも心理学に影響を及ぼしている。⇨科学、科学的方法、ポスト実証主義、論理実証主義　［東村知子］

実践
practice

　実践とは理論や主義に基づいて実際に環境や社会に働きかけることである。アリストテレス（Aristotle）のテオリア（理論）、ポイエーシス（制作）、プラクシス（実践）の3分類では実践に対する理論の優位性が主張されていたが、マルクス（Karl Marx）の「フォイエルバッハに関するテーゼ」においてその立場は逆転され、実践を中心とした両者の統合が主張されるようになった。彼にとって人間の活動は社会的実践であり、対象的活動でしかありえない。コール（Michael Cole）は日常生活実践では、人工物による媒介活動の組織化が起きているとする。人工物は人間の歴史の所産であり、人間の社会的実践のありようを規定するものであるが、同時に実践によって生産されるものでもある。心理学では社会的実践をとらえることによって、個人と社会という二元論を回避することが目指されている。⇨アリストテレス、コール、マルクス、理論　［石黒広昭］

実践共同体
community of practice

　人びとがたがいの成員性を認めあいつつ共同で特定の実践を営む場を示す。レイヴ（Jean Lave）とウェンガー（Etienne Wenger）は学習を個人の知識獲得としてではなく、この実践共同体への参加として描き、ウェンガーらは後に「共通の専門スキルや、ある事業へのコミットメントによって非公式に結びついた人びとの集まり」と定義している。実践共同体には、路上ライブに集まった集団のように非公式でアクセスの容易なものから、学校や企業における会議など公式で、アクセスに資格が必要なものまで多様なものが想定できる。参加の経路はさまざまで、新参者が周辺的な役割から、やがて十全に参加することもあれば、非参加のアイデンティティをもつことや、周縁性を感じることもある。学習が本質的に社会的な性質をもつと考える研究潮流において基本概念として受け入れられている。⇨ウェンガー、成員性、正統的周辺参加、状況的学習論、レイヴ　［松嶋秀明］

実践記録
practical documents

　実践を記録すること、実践を記録したもの。実践の当事者による場合と、観察者や専門の記録者、陪席の記録者など当事者以外による場合がある。授業記録や保育記録、カウンセリング記録、看護記録、議事録、裁判記録などがあり、記録の読み書きには少なからず専門的技能を要する。実践という、理念に基づく目的的な営為の過程が描かれるものの、記録の目的に応じて記述や描写の仕方は異なる。専門領域ごとに了解された書式に基づくものや、記録者自身の体験を自らの視点から自由に描くものがある。日誌のように文章で記述されたり、発話記録としてまとめられたりする。実践記録がつくられる理由については、①記録すること自体が日常業務である場合と、②実践自体に工夫や提案などの価値がある場合と、③実践研究や事例研究の一環として記録される場合がある。記録すること自体に意味があることもあるが、多くは実践の省察と構想のために活用されたり、実践の事実と過程について、関係者間で共通認識に立つために活用されたりする。⇨実践、実践研究、事例研究、保育記録　［本山方子］

実践研究
practical study

　実践研究とは、実践そのものを研究対象

とするもので、研究主体の相違から、①当事者による自身の実践を対象にした研究、②研究者や他の実践者などの第三者による、実践を対象にした研究、に大別される。①では、実践者自身が、日々の営為や活動の過程・成果を分析的にとらえ、評価を行う。教育を対象とした心理学研究において市川伸一は、教育実践や教材開発をただ行うだけでなく、少なくともデータに基づいて自己内省的な評価を含めることが必要であるとしている。②では、実践の事実をもとにその様態や過程を詳述したり、実践の構造やメカニズムを明らかにしたりするなど、①が実践を基盤にしているのに対して、②では学術的成果の導出手続きに倣い、質的・量的手法を用いて行うものである。石黒広昭は教育実践の目的は教育実践そのものを良くすることであるとし、「何が良いか」についての批判的検討を含めた分析と具体的な実践の変革手続きを編み出すことが求められるとした。 ⇨ アクションリサーチ、教育評価、実践の中の理論

[河野麻沙美]

実践コミュニティ　　⇨実践共同体

実践知
practical knowledge ; clinical knowledge

　ある自然的環境、または社会的環境にある対象や問題に対して、専門家が働きかける際に用いられる知見・知恵のこと。対象の性質や構造が、知識の体系として説明される理論や科学の知識に対して、「実践知」は経験的・実践的に語られたり、実践や問題解決のなかで身体的に表現されたりする。蓄積され、広く認識されているような事柄は経験則や経験知として形式化され共有されているものがあるが、暗黙的に個人や特定の集団で共有しているものもある。類似表現の「実践的知識」と明確な区別がされずに使われることもあるが、砂上史子らは、「個別具体的な状況で発揮され更新される実践者独自の暗黙の知識や思考

様式、方略の総体」と定義し、具体的な問題解決状況を通して明確化され、行為のなかで反省することによって生成される「実践的知識」と区別している。一方、宮崎清孝は教師の実践知を自らの経験のなかで蓄積・獲得したもの、また、当事者が所持し、使用しているが反省的に知られていない点を特徴としている。 ⇨ 暗黙知、教師研究、実践、実践的知識、実践の中の理論

[河野麻沙美]

実践的知識
practical knowledge

　実践的な諸問題の解決過程において、問題表象をとらえ、解決に向けた思考を可能にする選択や判断に用いられる知識のこと。当該の学問領域において認められる「理論的知識（theoretical knowledge）」とは異なり、専門家や実践者がその実践過程において機能させている知見や暗黙的な理解に基づくふるまい、固有の場面で適用される個別的で具体的な知に表象される。実践や他者の観察などから経験的に得られたり、先達からの言語・身体による直接的・間接的に伝授・形成されたりする。エルバズ（Freema Elbaz）による研究を嚆矢に、教師の実践的知識をとらえる研究が国内外で展開されている。エルバズは、教師には不明瞭で言語化されない暗黙的な知識があることを指摘した。実践知との違いについては言語化されているか、また、当事者の自覚の有無などの観点から意図的に使い分けられることもある。 ⇨ 教師研究、実践、実践知、実践の中の理論

[河野麻沙美]

実践の中の理論
theory in practice

　不安定で不確実で複雑で曖昧模糊とした状況のなかで行われる特定の実践を機能させている事象と法則の関係のこと。グランド・セオリー（誇大理論）と異なり抽象性や一般性には乏しいが、具体性と個別特定性を備えた生き生きとした現象と知を表象す

る。1974年にアージリス（Chris Argyris）と
ショーン（Donald A. Schön）によって実践の
認識論が整理され、実践を既定済の科学原
理や技術の適用過程とみなす「理論の実践
化」、存在想定する優れた実践のなかで働
いている原理や法則を抽出する「実践の典
型化による理論構築」と区別された。「理
論の実践化」と「実践の典型化による理論
構築」が結果として実践と理論の乖離を生
みだしたり、実践者の主体性を剥奪したり
する危険性を孕む一方で、あらゆる実践に
理論が埋め込まれるという認識から生成さ
れる理論は、実践に潜む現象や関係性の理
解を助け、その問題発見や解決に寄与す
る。⇨ 実践、主観－客観問題、省察的実践、
組織学習、理論　　　　　　　　　　［木村 優］

実存
existence

　現実に存在するもの。中世のスコラ哲学
では「本質（essentia）」と対をなす概念と
して「実存（existentia）」が用いられた。本
質は、個別具体的な事物に共通する何かで
ある。椅子を例にしていうと、脚が4本の
ものから丸太状のものまで、プラスチック
製から木製のものまで、椅子にはさまざま
なものがある。これらすべてを椅子として
成り立たせている共通の何かが椅子の本質
である。一方、この椅子、あの椅子、と
いった具合にそれぞれの姿で現れているの
が椅子の実存である。では、人間の場合、
一人ひとり異なる表情をもった個別の人間
すべてに共通する「本質」はあるだろうか。
仮にあるとして、そうした本質を論じるこ
とに意義があるだろうか。むしろ、一人ひ
とり異なる姿で現れている実存について考
えることが重要ではないだろうか。現代の
哲学者サルトル（Jean–Paul Sartre）は、人
間について「実存は本質に先立つ」と述べ、
個々に実存する人間の根源的な自由を強調
する実存主義を展開した。⇨ 現象学、実存
主義、人間科学、人間性心理学　　　［田中彰吾］

実存主義
existentialism

　とりわけ1940年代～50年代に流行し
た哲学的・文学的な立場のこと。パスカ
ル（Blaise Pascal）やキルケゴール（Søren
A. Kierkegaard）、ニーチェ（Friedrich W.
Nietzsche）の思想を源流とし、ハイデガー
（Martin Heidegger）の実存主義的現象学を経
て、サルトル（Jean–Paul Sartre）によって
社会に広められた。実存主義は心理学にも
派生し、現存在分析学を創始したビンスワ
ンガー（Ludwig Binswanger）や、反精神医
学運動を展開したレイン（Ronald D. Laing）、
実存分析を創始したフランクル（Viktor E.
Frankl）、実存心理学を提唱したメイ（Rollo
May）などが理論や実践の発展に寄与した。
「実存は本質に先立つ」というサルトルの
言葉どおり、孤独や不安を抱えた不条理な
個的実存を中心におき、自由や責任、意味
や価値などを強調する点にその特徴があ
る。質的研究においては、特に解釈学的現
象学などにその影響がみられる。⇨ 解釈
学的現象学、実存、人生の意味　　　［浦田 悠］

質的研究
qualitative research

　質的な研究は量的な研究と対比される。
量的研究は、現象を数えられる量に還元
し、それを統計的に処理して、因果的な関
係への推論を行う。それに対して、現象の
詳細を主に言語的に記述し、そこでの直感
を含めた検討を行うことにより、現象を
解明するのが質的研究である。また、量
によってとらえられないところ、文脈（社
会・文化）に大きく依存するところ、研究
者と対象者が互いに相互作用して事実が作
り出されるところ、さらに研究者は対象者
が属するコミュニティにこそ寄与すべきだ
という理念などにより、その方法論は要請
される。その種別として、①量的客観的研
究を基本とする実証主義、②実証主義の補
完としての質的研究を指すポスト実証主
義、③権力的社会の変革を目指す批判理

論、④現実は当事者の主観的・相互作用的構築によるもので、研究は研究者の主観と対象者との相互的関係のなかで作られるものという立場をとる社会構成主義（social constructionism）・解釈主義、⑤当事者・地域住民との民主的で対等な関係のなかで役立とうとする参加型研究などに分けられる。⇨アクションリサーチ、エスノグラフィー、解釈的アプローチ、質的心理学、ナラティブ分析　　　　　　　　　　［無藤 隆］

質的研究の質
quality of qualitative research

　質的研究の質とは、研究の倫理性が高く、現実の生の人の姿を適切に描いており、そこから重要な示唆が得られることである。では、どうしたら質を高めることができるか。現代の研究プロジェクト自体が厳しい競争に曝されている時代では、これは研究者にとってきわめて重大な問題である。質的研究自体のもつ倫理性からいえば、人や社会の幸福につながる研究は質が高い。また、複雑すぎて通常の研究者が量的研究では扱いにくい問題を適切に扱う研究は質が高い。さらに、心理学の量的研究では見落とされがちなローカリティや生活の詳細なありさまを描き、そこから得られる意味を記す質的研究は質が高い。一方、研究の質を高めるには、上記着目点だけを重視するのではなく、研究が一定の真実の理解に到達できるようなプロセスや研究の手続きの質の高さも重要である。この問題は、妥当性や信用性などの問題として検討されてきた。　⇨意味、監査、信用性の基準、妥当性、ローカリティ　　　　　　［上淵 寿］

質的コード化
qualitative coding

　データに即した分析カテゴリーを生成する質的分析法の一つである。社会学者コフィー（Amanda Coffey）とアトキンソン（Paul Atkinson）が1996年の著作 *Making sense of qualitative data* で紹介したもので、彼らは特に名前をつけているわけではないが、日本では質的コード化と呼ばれている。内容や語りの特徴に沿ってデータを区分し、適宜ラベルを与えコード化する。続いて、ラベルについて繰り返しデータ間の比較を行い、各々の語りの類似性と差異から個々のラベルを整理、統合するカテゴリーを生成する。生成されたカテゴリーは、再度データに立ち戻って検討され、修正を加えられることによって洗練される。この過程を通して、データに即したカテゴリーの生成を行う手法である。グラウンデッド・セオリーの影響が強いが、理論飽和を前提とせずとも、詳細なコード化が行えること、データの意味づけに重きをおくことから、事例研究の分類・分析や、統計分析と併用した分析などに用いられている。　⇨仮説生成型、コード化、グラウンデッド・セオリー、質的データ分析　　［髙橋亜希子］

質的社会学
qualitative sociology

　質的データ、たとえば語りや文書記録などの言語資料や写真やビデオなどの映像資料の分析に重きをおいて進められる社会学的研究の総称。ただし、質的社会学を性格づけるのは、使用されるデータの形態だけではなく、同時にその選択を導く社会観や科学観でもある。社会学では一般に、計量的分析が、集合的次元において観察される秩序や法則の把握を目的とする実証科学を志向する。それに対して質的分析は、人びとが活動（行為、相互行為）を通じて有意味な日常生活の現実をいかに構成していくのかを、行為者の主観的ないし相互主観的視点に沿って解き明かしていくことを目指す。こうした認識論的立場において、質的社会学は、ウェーバー（Max Weber）の理解社会学、ミード（George H. Mead）らのシンボリック相互作用論、シュッツ（Alfred Schütz）らの現象学的社会学、ガーフィンケル（Harold Garfinkel）らのエスノメソドロジー、さらには構築主義（constructionism）

の社会学との親和性が高い。 ⇒エスノメソドロジー、構築主義、質的研究、社会構成主義、シンボリック相互作用論　　　[鈴木智之]

質的心理学
qualitative psychology

　質的なアプローチをとる心理学または質的な手法を用いる心理学関連領域の研究分野。実験や質問紙などの手法でデータをとり数値で結果を示して考察を深める量的な研究に対して、面接や観察などの手法によりデータをとり言葉や図像で結果を示しつつ考察を深めるのが質的な研究のスタイルである。ブルーナー（Jerome S. Bruner）が1986年に人間の思考様式には「論理実証モード」と「ナラティブモード」があると提唱し、サービン（Theodore R. Sarbin）が *Narrative psychology*（1986）を出版し、ポーキングホーン（Donald E. Polkinghorne）が *Narrative knowing and the human sciences*（1988）を出版した1980年代が一つの画期である。日本では、社会心理学におけるフィールドワーク的な研究、発達心理学における日誌研究などが先導的な役割を果たし、1990年代から定性的研究やフィールド心理学の名のもとに質的な研究を行う心理学者たちが活動を開始した。2002年に『質的心理学研究』が創刊されて潜在的ニーズが明らかになり、2004年に日本質的心理学会が設立された。 ⇒心理学、ナラティブ（ナラティヴ）、ブルーナー[サトウタツヤ]

質的データ分析
qualitative data analysis

　質的研究で質的データを分析すること。データにはコードを付して分析することが多い。グラウンデッド・セオリーのデータ分析のように特定の質的研究法に固有の分析法もあるが、多様な研究に使える独立した分析法もある。またそれらには、データの時系列を保存して分析するシークエンス分析（ディスコース分析など）と、時系列を捨象してテーマあるいはカテゴリーを抽出して分析する主題分析（グラウンデッド・セオリーの分析など）に分かれるが、両者の特徴を有する手法（SCATなど）もある。また、データに潜在する意味を見いだすために、マトリクスやネットワークなどの視覚的手段を用いたデータの変換、縮約、表示も行われており、それらには、要素を書き込んだ表を操作して分析する質的マトリクスや、要素同士の意味上の関連や因果関係などを矢印や曲線で結んだ意味ネットワーク、因果ネットワークなどがある。 ⇒コード化、コンピュータによる質的データ分析、シークエンス分析、主題分析　　[大谷尚]

質的なメタ分析
qualitative meta−analysis

　メタ統合の同義語。したがって質的なメタ分析とメタ統合は互換的に使われることが多いが、両者を区別する論者や、メタ統合を類似した諸手法を包括する語として使用する論者もいる。「メタ分析」とあえて言うのは、この語が先に量的研究で使われているので量的研究について知識のある研究者が理解しやすいためである。しかし量的研究におけるメタ分析とは考え方も手法も異なるので、誤解を招きやすい用語かもしれない。質的なメタ分析もメタ統合も資料とする一つひとつの質的研究よりも包括的な知見を生みだすことを目指す。質的研究の多くはローカルな知を生みだすことを目的とするから、質的なメタ分析ないしメタ統合は質的研究一般と相いれないのではないかとの批判がある。 ⇒文献レビュー、メタ統合　　　　　　　　　[鈴木聡志]

質的評価
qualitative evaluation

　質的評価は、質的研究法に基づく評価である。評価の対象は、主に、実践・介入活動など何らかの目標をもって実施されるプログラム（事業）であり、その価値（value）や意義（significance）が、インタビュー、フォーカスグループ、観察、事例研究など

の方法で評価される。質的評価の前提となるのが、多様なステークホルダー（利害関係者）やプログラムの実施コンテクストにおけるリアリティの理解である。なかでも、参加者の経験への理解に焦点が当てられる。そして、本来の活動目的や意図に沿った経験がなされていたか、あるいは、予期・意図しない経験はあったか、もしあれば、その内容はどのように理解・解釈できるかが評価される。評価研究者のワイス（Carol H. Weiss）は、参加者のインタビュー、観察、関連資料などの情報のトライアンギュレーションはプログラムのプロセス評価に、そして包括的な質的評価は、プログラムの理論の構築・再構築に有効であるとした。 ⇨ インタビュー、トライアンギュレーション、フォーカスグループ・インタビュー　　　　　　　　　[安田節之・小泉拓也]

質問紙調査
questionnaire survey

　質問項目が書かれた紙に、調査協力者に回答を記入してもらうことによってデータを得る、言語を用いる調査法のことをいう。協力者のパーソナリティや態度など主観的な特徴を測定することを目的として行われる。インタビューや実験室実験などと比較して短時間で大量のデータを得ることが容易であるなどの利点があげられる一方で、内面を深く知ることが難しいなどの欠点ももつ。質問紙調査では、量的データ、質的データともに得ることが可能である。量的データを得る際は、概念を測定するための信頼性・妥当性が確保された尺度によって、主観的な情報を数値に変換するリッカートスケール法が用いられることが多い。質的データを得る際には、自由記述や文章完成法などが用いられる。得られた大量のデータをもとに量的データに統計的な検定を行うほか、質的データはKJ法などの質的データ分析、数量化３類や対応分析による量的分析を行うことも可能である。 ⇨ 質的データ分析、信頼性、妥当性、量

的研究　　　　　　　　　　　　　[春日秀朗]

史的唯物論
〔英〕historical materialism；
〔独〕Historischer Materialismus

　史的唯物論は、マルクス主義の自然・社会・歴史把握の総称であり、歴史発展の原動力は人間の意識・観念にはなく、社会の物質的な生産にあり、生産過程における人間相互の諸関係は、生産力との関係で弁証法的に発展すると考える立場である。ヴィゴツキー（Lev S. Vygotsky）は、この史的唯物論の考えを、行動発達の領域において実証しようと試みた。ヴィゴツキーは、チンパンジーの道具的知能が人間の知能と連続している一方で、非連続的でもあるという事実から、チンパンジーの道具の使用や制作と、人間によるそれらとの違いを分析・考察した。また、エンゲルス（Friedrich Engels）の議論を導入し、人間固有のものとして、労働という本質的な要因を取り出した。そして、労働とは、道具を媒介にした外的自然の支配であると同時に、人間自身の自然をも支配する過程であることから、人間の心理過程を支配する要因について、道具的媒介のアナロジーとしての「記号的媒介」という考えに思い至ったのである。 ⇨ ヴィゴツキー、高次精神機能、媒介された行為、マルクス、歴史主義　　[朴東燮]

自伝
autobiography

　伝記のうち、本人が自分の人生を振り返りながら個人の生涯を主題として描いたもの。18世紀後半から自我の概念が変化し始め、自己の歴史を語り出版しようとする動きが現れたことで、「自伝」という言葉が誕生した。時に記憶の誤りや事実の誤認はあっても、本人自らが何を書くかを選び、表現をし、時に分析まで行うところが伝記と異なる。日本では、人それぞれに特有な個人レベルの歴史を色川大吉が自分史と呼んだことで、1980年代以降多数の自

分史が出されている。社会的成功者の成功体験記がかつての典型であったが、人生の変化や転機を体験した一般高齢者の自伝のほか、闘病記や障害者の体験記も数多く出版されるようになり、医療人類学などの研究領域で重視されている。自伝は、生涯発達的な視点から、行動や感情の変化、人生の変遷などについて分析可能な情報が得られる資料として、さらなる活用が期待される。 ⇨ 医療人類学、回想、伝記、ナラティブ（ナラティヴ）、ライフレビュー　　　［橋本広信］

自伝的記憶
autobiographical memory

　ある個人に生起した出来事の記憶という意味でエピソード記憶（episodic memory）に類似した概念であるが、特に自己（self）、自我（ego）に関連した体験記憶を指す。心理学研究の生態学的妥当性（ecological validity）への反省に根ざす日常記憶研究（everyday memory studies）を契機として盛んに研究されるようになった。そのため機械的に学習（rote learning）されたリスト項目の正確な再現というエピソード記憶研究が焦点を当てる内容面よりは、記憶が人の生活において果たす役割、たとえば記憶による自己概念の構築、人生の物語化などの機能面が注目される。研究者によって定義や着目点が多様で、しばしば統一感に乏しい印象を受ける概念であるが、エビングハウス（Hermann Ebbinghaus）に始まる実験室的記憶研究と差別化し、機能面に着目した定義と研究を打ち出した点に主たる新規性がある。 ⇨ 回想、伝記、物語的自己、ライフストーリー　　　　　　　　　　　［森 直久］

児童相談
child guidance

　狭義には児童福祉法の下、児童相談所が中心となって進める子どもの福祉に関する相談。広義には子どもに関する相談全般。児童相談所が行う児童相談における基本的機能は、市町村援助、相談（調査、診断、判定）、一時保護、措置の四つである。児童福祉司（ケースワーカー）、児童心理司、医師などの専門職が中心になって業務に当たる。主な児童相談の内容は、18歳未満の子どもの養護相談（虐待を含む）、障害相談、非行相談、育成相談（不登校を含む）、いじめ相談である。広義の児童相談は、市町村の教育相談センター、病院の小児科や児童精神科、学校のスクール・カウンセリング、私設の相談室などさまざまなところで行われている。児童相談では子どもと保護者のみならず、関係するさまざまな人の相談を行うことになり、その実施に際しては心理療法、心理アセスメント、コミュニティワークなど、さまざまな技術が求められる。 ⇨ 児童養護、障害児・者、地域保健、知的障害　　　　　　　　　　［金丸隆太］

児童養護
children's social care

　保護者のない児童や、保護者に監護させることが適当でない児童を、公的責任で社会的に養育し、保護するとともに、養育に大きな困難を抱える家庭への支援を行うことを社会的養護という。その中心になるのが児童養護で、その方法は大きく特別養子縁組、里親委託、施設委託に分かれる。施設には措置する子どもの年齢や特性に応じて、乳児院、児童養護施設、児童心理治療施設、児童自立支援施設、自立援助ホームなどがある。各施設で福祉職や心理職が連携をしながら養護に当たっている。日本の児童養護の対象は虐待を受けて保護者から離された子どもが中心となっており、養護の方針は2017（平成29）年の「新しい社会的養育ビジョン」により、子どもの人権を尊重して家庭と同様の養育環境を与えることを目指している。この方針を実現するために、児童福祉法を適宜改正しながら、市区町村、児童相談所の役割を強化し、支援体制の構築が図られている。 ⇨ 虐待、児童相談、社会福祉学　　　　　　　　［金丸隆太］

死のアウェアネス理論
awareness of dying ; theory of awareness contexts

　病院で死にゆくことがどう社会的に構成されるのかについての社会学における理論。グレイザー（Barney G. Glaser）とストラウス（Anselm L. Strauss）が丹念なフィールド研究から1965年に明らかにした。死にゆくプロセスのなかでの医療者・患者・家族の相互行為に着目し、「相互作用に関与する一人ひとりが患者の医学的病状判定について何を知っているか、そして彼女／彼が知っていることをほかの人びととはどこまで知っていると彼女／彼自身が思っているのか」を「終末認識文脈」とし、四つの文脈に分けて説明している。患者が医療者から自らの終末期を知らされていない「閉鎖」認識文脈、患者が医療者を疑っている「疑念」認識文脈、双方ともに終末期であることを知りながら、そのような事実がないように互いに振る舞う「相互虚偽」認識文脈、患者も医療者も終末期であることを知り、そのことをオープンに話し合う「オープン」認識文脈に分けられる。この認識枠組みは、死にゆく過程を扱う関連領域に大きな影響を与えている。　⇨ Ｍ-GTA、グラウンデッド・セオリー、死生学、シンボリック相互作用論　　　［近藤（有田）恵］

死の受容
acceptance of death

　キューブラー＝ロス（Elisabeth Kübler-Ross）は末期患者との対話から、死を目の前にした人びととの心の状況を５つの段階で示した「死の段階説」を提起した。死の受容はその最後の段階に当たり、怒りや不安、嫉妬といったさまざまな感情を経験した後に訪れる、最後の休息のときを指す。死にゆく運命をめぐるさまざまな感情を吐き出した後に訪れる怒りや抑鬱も覚えないこの時期は、一見、穏やかな時のように思われる。だが、ロスによれば、この時期、死にゆく人びとはほとんどの感情を失っており、「幸福の段階と誤認してはならない」と指摘する。彼女の説には必ずしも積極的な死の受容の意味合いはなかった。その後、医療現場においては、死にゆく者と遺される者との間で積極的な死への向き合い方が重視され、死の受容にたとえば心身ともに安らかな死といった新たな意味合いが付け加えられ、到達すべき目標としてとらえられてきた感がある。この考え方は、緩和ケアやエンド・オブ・ライフケアのあり方に大きな影響を与えている。　⇨ エンド・オブ・ライフケア、緩和ケア

［近藤（有田）恵］

自白
confession

　刑事事件で犯人と疑われた者が自らの罪を認めること、また認めて語った物語。裁判においては、自白が当の被疑者の任意性を侵さない状況で聴取され、その自白内容が客観的証拠と合致するなどして信用性の基準を満たせば、有罪立証の重要な証拠となる。ところが、現実の刑事捜査では、無実の被疑者が執拗な取調べに負けて虚偽の自白に落ち、取調官の追及に沿って自ら犯行筋書を語って、裁判でもそれが任意性・信用性の基準をクリアすると判断され、冤罪が成立してしまうことがある。また、時に虚偽の自白に落ちた無実の人が、起訴後の法廷で自白を維持することもある。そこで、調書として文書化された自白、あるいは録音・録画で可視化され自白について、犯人が自らの犯行体験を語ったものといってよいかどうかを検証するために、心理学的分析が求められることがある。その意味で自白は質的心理学のフィールドの一つとして注目される。　⇨ 供述分析、作話、信用性の基準　　　［浜田寿美男］

指標 ―現象理解の―
measure for understanding phenomenon

　研究においては明らかにしたいことを端的に表現するために測定されるもので、得られた結果が何を意味しているのかを判断

するために用いられる規準である。心理学では心拍や脳波などの生理的指標、反応時間や頻度といった行動指標など、測定結果が数量として得られ、そのまま指標として用いられるものもあれば、心理尺度を用いた得点化、記述や発話といった質的なデータからコード化などの変換手続きを経て得られる指標もある。同じデータであっても何を指標とするかによって見えるものが異なり得るため、理論的に妥当な指標を設定することが肝要となる。複数の指標を立て測定することで多面的な分析が可能となる。また、構成概念が操作的に定義され適切な指標が確立されることで、異なる条件下で得られたデータ間の比較が可能となり当該研究領域の進展にもつながる。 ⇒分析単位　　　　　　　　　　　　［河﨑美保］

自閉症スペクトラム
autism spectrum

　自閉症スペクトラムとは、1943年にカナー（Leo Kanner）によって初めて報告された自閉症の概念を広い視点で再構成したものである。従来、自閉症は、社会性の障害、言語発達の遅れ、こだわりを有するとされてきたが、この新概念では、言語に遅れのないアスペルガー症候群も含む、多様な症状の連続体とみなしている。この障害は症状によって定義されるものだが、脳の特性によって生まれる点では共通理解が得られている。発生は4対1で男児に多く、バロン＝コーエン（Simon Baron-Cohen）は、自閉症を極端な男性脳によるものとみなしている。また、近年、当事者による自伝が多く出版され、そこでは感覚過敏の記述が非常に多いが、診断基準に現れたのは2013年発行のDSM-5（アメリカ精神医学会の診断基準第5版）が初めてである。2010年代以降、自閉症の発生率は100人に1人といわれるようになり、社会環境の変化も増加要因と考えられる。脳の特性と社会変化の両面を見すえた支援が必要である。 ⇒コミュニケーション、当事者研究、特別支援教育、発達障害　　　　　　　　　［熊谷高幸］

死別
bereavement

　他者が亡くなったことによる喪失。または死によって重要な他者を失ったという事実に由来する状態。死別に関する研究は1917年にフロイト（Sigmund Freud）によって発表された「喪とメランコリー」から始まるとされる。精神分析の観点から愛する人の死に対する反応を扱ったもので、死別には正常な反応と病的な反応があるということが解明されるきっかけになった論文である。1944年には、リンデマン（Erich Lindemann）が実証的データによって死別後の心理過程を明らかにし、その後の死別研究の発展の里程標になったとされる。1972年にはパークス（Colin M. Parkes）が死別研究を整理している。21世紀になってからは、シュトレーベ（Margaret S. Stroebe）らが死別研究に関するハンドブックを出版している。身近な他者を喪うことは辛く悲しい経験であるとされるが、近年では、それだけにとどまらず、死別という喪失からの成長やレジリエンスが注目されている。 ⇒トラウマ後の成長、悲嘆、レジリエンス
　　　　　　　　　　　　　　　　　［渡邉照美］

市民参加
public participation

　市民生活にとって重要な政策の形成や決定に対して、市民自身が参画することを意味する用語である。ただし、心理学の領域においては、心理学というリサーチ（研究）活動に対する参画という視点が重要である。現場の当事者と研究者が共にことをなすことを通して共同知を生みだすための研究活動として定義されるアクションリサーチは、研究に対する市民参加のための有力な一形態として位置づけることができる。また、近年、脚光を浴びているオープンサイエンス運動も、研究への市民参加を後押ししている。たとえば、天体の観測、動植

物の観察といった分野に典型的にみられるように、研究データの収集の段階から、ビッグデータなどを通じたデータの共有の段階まで、研究活動を研究者社会に閉塞させることなく市民参加を通じて推進しようとする運動は、（質的）心理学の分野でも今後重要性を増していくであろう。⇨アクションリサーチ、参与観察、実践知、当事者研究、データ　　　　　　　　　　［矢守克也］

自民族中心主義
ethnocentrism

　自分の民族の価値観を唯一の基準として、ほかの民族を否定的に判断する態度。「エスノセントリズム」といわれたり、民族は同じ文化を共有すると考えられることから「自文化中心主義」と訳されたりすることもある。1906年に米国の社会科学者サムナー（William G. Sumner）によって初めて用いられた。自分の所属している集団（内集団）はほかの集団（外集団）よりも優越しているという価値観を包含している。1950年に『権威主義的パーソナリティ』を著したドイツ人哲学者・社会学者アドルノ（Theodor W. Adorno）らは、エスノセントリズム尺度を作成し、自民族中心主義傾向の強い人は、内集団と外集団をはっきり区別し、外集団に対して拒否的な態度をとる傾向があることを明らかにした。自民族中心主義は、どのような民族集団にも存在し、社会化を通して成員が身につけていくため、次世代へと継承される。⇨差別、多文化主義、文化相対主義、文化多様性
　　　　　　　　　　　　　　　　　［鈴木一代］

自明性
taken-for-grantedness

　現象学的社会学者シュッツ（Alfred Schütz）の日常生活世界論における基本概念。シュッツは、日常生活世界は自然的態度に基づく世界であるとする。そこで暮らすわれわれが自然的態度を維持しており、特別な疑念や衝撃を抱かない限り、そこに

ある対象や事実、世界をあるがままのものやこととして認知し了解している。自明性とは、それ以上問われたり疑われたりすることないもの、そこに与えられているものとして、事物など諸々の対象を認知する様式のことをさす。たとえばわれわれが常識的知識を駆使して、現実を了解し他者と交信するとき、それ以上疑う必要のないものやことが了解や交信を進めるうえで、核心的な機能を果たしている。「自明性」の領域で維持されているさまざまな実践的知がもつ特性や問題性を読み解くことは質的研究にとって重要な作業といえる。⇨間主観性、現象学、現象学的還元、シュッツ
　　　　　　　　　　　　　　　　　［好井裕明］

シャーマズ〔1939-〕
Kathy Charmaz

　米国の社会学者。カリフォルニア大学サンフランシスコ校（UCSF）社会学研究科の博士課程在学中に、グラウンデッド・セオリーの考案者であるグレイザー（Barney G. Glaser）とストラウス（Anselm L. Strauss）に師事する。後に構成主義的グラウンデッド・セオリーを提案し、グラウンデッド・セオリーをより解釈的な理論モデルへと発展させた。同じUCSF出身で、ストラウスとの共著で著名となったコービン（Juliet Corbin）と並んで、グラウンデッド・セオリー第二世代の一人とされる。英国の情報科学研究者ブライアント（Antony Bryant）と2007年に *The SAGE handbook of grounded theory* を共同編集し、21世紀におけるグラウンデッド・セオリーの新たな展開を牽引している。⇨グラウンデッド・セオリー、社会構成主義、構成主義的グラウンデッド・セオリー　　　　　　　　　　［抱井尚子］

社会運動
social movement

　社会の現状に対して批判的な目を向け、社会の変革を試みる組織的な活動。伝統的には社会運動といえば労働運動であり、政

治的な変革あるいは革命を目指したもので
あった。先進国を中心に、社会が豊かにな
るにつれ、労働運動が下火となり、革命を
意図した運動はかなり少数派となった。そ
の代わり、人権、平和、環境、ジェンダー
などの問題に取り組む運動が主流となり、
運動体の目標も、国際的なものからローカ
ルなものまで多種多様なものになってい
る。また、ボランティア活動をきっかけと
して社会の矛盾に気づき、運動に関与する
ような人も見られるようになった。運動を
広げたり普及させたりする手法も時代とと
もに変化を遂げ、現在ではインターネット
をさまざまな形で利用する運動も盛んと
なっている。レヴィン（Kurt Lewin）の構想
したアクションリサーチも社会の変革を目
指すという一面をもっており、社会運動に
通ずる点がある。 ⇨ アクションリサーチ、
市民参加　　　　　　　　　　　［尾見康博］

社会科学
social science

　科学的観点から諸事象を研究しようとい
う学問の近代化のなかで、自然科学とは別
に社会科学、人文科学などの分野のとらえ
方が成立するようになった。社会科学に属
するのは、経済学、法学、政治学、経営
学、社会学、教育学、国際関係論などが主
となるが、心理学とりわけ社会心理学も加
えられることも多く、またこれらすべての
研究ツールともなる統計学を含むこともあ
る。ほかに、地域研究や文化人類学、メ
ディア学／社会情報学、社会言語学、社会
福祉学などを包括することもある。社会科
学では、文献研究や論理だけでなく、実際
に現象や現場を調べて実証に基づいて議論
を組み立てることで「科学」と呼べる水準
を目指す。一方で、「科学」とは何かも容
易ではない問いであり、また客観性をめぐ
る議論から、こうした社会的現象に対して
真に客観的な研究があり得るのかも議論の
題材である。現在では領域の相互浸透も増
している。 ⇨ 科学、経営学、社会学、社会

言語学　　　　　　　　　　　　［北村英哉］

社会学
sociology

　社会学は「社会の予測や統制の困難さを
説明する学」である。社会学は、元々「市
民社会の自己認識の学」であった。つま
り、王や貴族ではなく、市民が社会設計と
社会運営の主役となるための道具として
構想された。しかし、始祖コント（Auguste
Comte）以来、「思い通りにならない社会」
の解明に集中してきた社会学は、次第に、
その社会設計学的性格を弱め、現在では、
社会の不透明さ（予測困難性や統制困難性）を
受け入れるための、説明学となっている。
つまり、経済学や政治学を基盤とした国家
や官僚の未来予測に対しては、その安易さ
を厳しく指摘する批判科学の立場をとり、
予想外れに困惑している社会内存在（個人
や組織）に対しては、外れた理由を示して、
納得を供給するヒーラー（healer）の立場を
とっている。社会設計の困難さを克服する
新しい社会理解の形を示せるかどうか、社
会的現実への関与能力を取り戻せるかどう
かが、21世紀の社会学の課題であるとい
える。 ⇨ 市民参加、社会科学、社会的実践
　　　　　　　　　　　　　　　［樫田美雄］

社会関係資本
social capital

　社会における人びとの信頼関係、協働、
相互扶助、ネットワーク、共同体の重要性
を表す説明概念。1980年代に社会学者の
ブルデュー（Pierre Bourdieu）により、人間
のもつ資本として文化資本と経済資本と共
に分類された。さらにコールマン（James S.
Coleman）により、社会関係資本は限定性
と偶発性に左右される経済資本と異なっ
て、個人の知識やスキルといった人的資本
の発展や拡張に寄与することが示された。
この理論的前進を受け、1990年代には政
治学者のパットナム（Robert D. Putnam）に
より、地域共同体による社会関係の濃淡が

統治効果と社会的安定性に影響を及ぼすことが明らかにされ、広く一般社会に普及する概念にもなった。社会関係資本は、個人の発達促進や幸福追求に連関する他者存在の意義を補填するだけでなく、人びとの協働組織の発展に寄与することから、経済学や教育学において企業や学校の組織改革の研究が進められている。なお、社会関係資本の研究では人間関係の微細な分析が必須であるため、面接や観察などの質的研究法の重要性が増している。 ⇨ 共同体、信頼、ネットワーキング　　　　　　　　［木村 優］

社会言語学
sociolinguistics

社会と言語とのかかわりを研究する学問。個人や集団の日常的に観察される自然なことば、すなわちその言語使用（language use）の談話や会話データを分析する。分析の焦点は、ジェンダー、年齢、社会階層（社会方言）、地域ごとの発音や方言（地域方言）による言語変異（language variation）、会話内の相互行為、バイリンガルの言語選択などのミクロな研究から、言語や言語教育の言語政策（標準語、公用語）、言語と力関係などのマクロな研究まで、社会が反映された言語にかかわる研究蓄積がある。1960年代に理論言語学のチョムスキー（Noam Chomsky）が理論の統制のために「言語」を母語話者の生得的に備わる言語能力だけに焦点を当てたことに疑義を申し立て、ハイムズ（Dell Hymes）は伝達能力を主張した。また、ラボブ（William Labov）の言語変異研究は、当時珍しかった社会学のサンプリングの手法を用いて話しことばを分析し、言語変項と社会変数の関連性を明らかにした。ラボブの言語変異研究は社会言語学の基盤を築くうえでパイオニアとしての役割を果たしたとされる。 ⇨ アイデンティティ、言語学、談話、ディスコース研究
　　　　　　　　　　　　［藤田ラウンド幸世］

社会構成主義
social constructionism

われわれの接する現実は言語によって社会的に構成されているとする人間科学のメタ理論。最広義には構築主義（constructionism）と同義だが、系譜としてはバーガー（Peter L. Berger）らの現象学的社会学に連なる。自然科学のメタ理論である論理実証主義は、事物の実在を前提にその厳密な測定を志向し、研究者は中立的な観察者として対象から明確に一線を画す。しかし、言語を使用する人間は必然的に関係的な存在であり、対象から一線を画すことは原理的にあり得ない。「予言の自己成就」現象に象徴されるように、研究者は研究対象や協力者に常に影響を与え、絶えず影響を受けながら、互いを対象として構成し続けている。それゆえ、現実の社会的な構成性を暴露するだけで終わったり、実在の位置づけをめぐる研究者同士の論争に終始したりするだけでは不十分である。社会関係のなかで常に新たな言説を生成し、現実構成の可能性を豊かにし続けることが研究の目的かつ使命として導き出される。 ⇨ 現実構成論、構築主義、ナラティブ・セラピー、人間科学、論理実証主義　　［ハッ塚一郎］

社会実装
social implementation

科学技術振興機構・社会技術研究開発センター（RISTEX）における、社会技術の概念の議論から生まれた言葉である。「問題解決のために必要な機能を具現化するため、人文学・社会科学・自然科学の知見を含む構成要素を、空間的・機能的・時間的に最適配置・接続することによりシステムを実体化する操作」と定義される。実際に社会のなかで適切に配置されシステムが実体化された後が、社会実装の局面とされる。研究の進捗度合いを示す研究開発段階と生産物の特徴の2軸から達成度がはかられる。前者は、①準備段階、②概念・モデル・技術などの提示、③実験室デモ、④単

発実験、⑤社会実験、⑥部分的定着、⑦波及の基準でとらえられる。後者は開発手法と汎用性によって検討され、その基準として、開発手法には①観察・分析、②既存の方法論の適用、③既存の方法論の改善・組み合わせ、④新方法論の開発が、汎用性には①局所解の提示、②汎用システムが、それぞれ設定されている。⇒システム、持続可能性、混合研究法　　　　　　　［安田裕子］

社会心理学
social psychology

　群衆の研究などは20世紀初頭からあり、また集団としての人間の研究の必要性はヴント（Wilhelm M. Wundt）の民族心理学の提唱においても示されている。オールポート（Floyd H. Allport）は、「社会的刺激に対する反応としての行動」を取り上げることを強調した。社会的刺激という概念には、他者、自己が含まれている。現代の社会心理学は、個人過程、自己過程、対人行動、対人相互作用、集団過程、集合現象などを中心分野として含み、対人関係や社会的態度、社会的文脈のなかでの人間の個人的・集団的行動およびその基盤となる認知過程を取り上げている。集団間の問題や文化の問題は、近年多く扱われるようになった。研究方法として実験を用いる場合、社会心理学独特のディセプションなどがあり、現代においては倫理的配慮が重視されている。また、量的研究のみならずアクションリサーチや観察を取り入れるなど、質的研究法の導入も盛んに行われている。⇒ディセプション、デブリーフィング
　　　　　　　　　　　　　　　　［北村英哉］

社会的アイデンティティ
social identity

　人は自分がなんらかの集団やカテゴリーに所属していると自覚し、集団における成員性（たとえば国籍や出身校、所属サークルなど）を自己の属性の一つとして認識している。この認識に、誇りや愛着、恥ずかしさや嫌悪といった感情的意味合いが加わったものを社会的アイデンティティと呼ぶ。タジフェル（Henri Tajfel）らによって提唱された。人は一般に、より望ましい自己評価を得るように動機づけられており、所属する集団に誇りや愛着などのよい感情をもつことで、肯定的な社会的アイデンティティを獲得しようとする。このことが、内集団をほかの集団よりも優れていると評価したり、内集団により多くの資源や報酬を割り当てようとしたりする「内集団バイアス」「内集団ひいき」と呼ばれる現象の原因になると考えられている。社会的アイデンティティは容易に形成され得ることが実験から示されている一方、この理論は支持できないとする研究結果もある。　［東村知子］

社会的言語／ことばのジャンル
social language ／ speech genre

　ロシア（旧ソ連）の文芸学者であるバフチン（Mikhail M. Bakhtin）によって使用された概念。両概念は議論の文脈により別々に使用されるが、本項では同じ意味をもつものとして扱う。特定の社会集団においてやりとりされる、特有の語彙などを含んだ、相対的に安定した構造を有する談話を示す。同様の意味をもつ概念として社会的方言もあげられる。話し合うテーマについて、話し手と聞き手との間で情報の共有が期待される場合、この情報を省略した発話を行っても、相手は自分の発話の意図を理解してくれると判断されることがある。この期待が裏切られず、共有すると思われる情報を省略した発話を交わし続けることに成功した結果として立ち現れる、特定の話者間に限り意思疎通が可能となる特殊なジャーゴンの使用を含む談話が社会的言語／ことばのジャンルである。⇒言説、対話、対話主義―バフチンの―、他者―バフチンにおける―、バフチン　　　　　　［田島充士］

社会的状況　⇒状況

社会的表象
social representation

われわれの認識と行為の対象は、すべて社会的に意味づけられ表現された表象であるとする、モスコヴィッシ（Serge Moscovici）の提唱した欧州社会心理学の主要理論。社会的に共有された心的表象とみなし、米国の認知社会心理学と同一の研究を行う論者もある。しかし、実際の理論はデュルケム（Émile Durkheim）の集合表象論から全体論的な発想を受け継いでおり、社会構成主義に属する。社会的表象はわれわれを取り巻く体系をなし、複雑な現代社会で生じる前例のない現象や新たな科学知識などの新奇な事象を、人びとに身近なものとなるよう馴致し続ける。「精神分析」などの新奇な事象は、分類と命名を通して既存の社会的表象の体系へと係留される。係留された事象は反転し、名前に相当する固有の実質をもつと誤解され、コミュニケーションを通した流通の結果、物象化され社会的現実として強固な特定のリアリティを獲得する。 ⇒ 現実構成論、社会構成主義、精神分析、表象　　　　　　　　[八ッ塚一郎]

社会的分散認知
socially distributed cognition

認知の分析単位を、個人内から個人と外部とを含むシステムに拡大し、個人の認知として観察されていた事象を、社会文化歴史的に構成され、具体的に配置された道具や他者との相互行為、つまり社会的に分散されたシステムとして再定義した場合の認知の性質のこと。この立場では、これが人間の認知の基本特性であり、認知の種類として分散認知があったり非分散認知があったりするということではない。艦船や旅客機の運行をエスノグラフィカルに分析したハッチンス（Edwin Hutchins）は、個人のマインドではなく、道具や人の配置構造を分析単位とし、それらが航行という知的な行為の具体的メカニズムを構成していることを明らかにし、こうした個人を超えた認知

システムを「機能システム」と呼んだ。社会的分散認知の考え方は、知的な活動を社会的な仕組みで解決してきた人間の営為に着目する立場である。この観点は、人間の認知の社会性が、個人の認知的遂行に焦点を当てる学校教育には十分に活かされていないことを指摘することにもつながった。⇒ 個体主義パラダイム、社会文化的アプローチ、状況的学習論、文化 − 歴史的活動理論
　　　　　　　　　　　　　　[有元典文]

社会病理学
social pathology

暴力、虐待、いじめ、ひきこもり、自殺、アルコール・薬物への依存、犯罪、非行など、個人の逸脱行動、さらに社会的差別、不平等や格差、偏見・憎悪などの社会問題を対象とする幅広い学問領域である。苦しみ・病気などをも意味する接頭辞パトス（pathos）は、人間精神の能動性や理性を意味するエートス（ethos）と対比すると、受動的、感情的、情動的、身体的、非合理的な側面を表現する言葉である。自らに降りかかる、ままならない、統制しにくい事態として感受されるパトスは、そうした状態からの解放、治癒、逃避、闘争などのための生のエネルギーとなる。そこから臨床活動への要請、芸術的な表現、身体と感情の重視、社会的権利の主張など多様な様相を呈する。しかし他方では、自傷ならびに他害の問題行動や逸脱行動をも駆動し、触法行為となる場合もある。多くの逸脱行動と社会問題を対象にし、苦悩と苦難の機微（臨床実践）を把握し、その機制（社会分析）を考えるのが社会病理学である。 ⇒ 逸脱、加害者臨床、差別、社会問題の構築、犯罪
　　　　　　　　　　　　　　[中村 正]

社会福祉学
study of social welfare

社会福祉学とは、狭義には、子ども、障害者、女性、高齢者、経済的困窮者などの社会的な支援を要する人びとの生活全般の

改善、権利の擁護（アドボカシー）を目的にした、援助方法や制度政策のあり方を考える学問である。心理学や社会学はもちろん、法学（特に社会保障法）や政治学、行政学といった隣接分野と重なり合う部分が多い。したがって、社会福祉学の研究者のテーマは、人びとの行動や心理といったミクロレベルから、社会福祉サービスの供給体制といったマクロなものまできわめて広範囲にわたり、それぞれの調整を考える。心理学や社会学が、前述の人びとの様態を明らかにする学問とすれば、社会福祉学は、記述にとどまらず、介入を主眼においている。社会福祉学では質的調査も量的調査も同等に重視されている。社会福祉士という国家資格の受験科目にも明確に位置づけられている。自治体が住民に対して行う社会福祉ニーズの調査においても、質的研究法がしばしば用いられる。 ⇒高齢者、子育て支援、障害児・者、ソーシャルワーク

[田垣正晋]

社会文化的アプローチ
sociocultural approach

社会文化的アプローチは精神や行為の社会性を強調し、それらが生物学的であると同時に文化的であることを主張する理論や学派の総称である。社会的実践の中で更新され続ける人工物の意味や価値が重要な研究対象となっている。その理論的系譜はヴィゴツキー（Lev S. Vygotsky）の心理学とアメリカ文化人類学である。ヴィゴツキーは精神過程の発生的分析を示すため、「文化」よりも「歴史」をキーワードとしたが、共時的な社会システム間の差異の理解を目指した文化人類学ではその所産である「文化」が重要であった。ヴィゴツキーも「文化」を用いるが、それは通常は生物学的な成長に対する社会的な発達を強調する類としての「文化」を指し、各社会システムが生みだす個別文化ではない。社会文化的アプローチでは、精神や行為は社会的、歴史的、文化的にとらえるべきであるとされて

いることから、正確には「社会的、歴史的、文化的アプローチ」と呼ぶべきであるとする見解もある。 ⇒ヴィゴツキー、文化人類学

[石黒広昭]

社会文化的状況 ⇒状況

社会問題の構築
social construction of social problems ;
constructing social problems

社会問題の構築主義（constructionism）が提唱されたのは、スペクター（Malcom Spector）とキツセ（John I. Kitsuse）の『社会問題の構築』（原著1977）においてである。彼らは、社会問題の存在を客観的に同定しようとする構造機能主義に代表される実在論的立場を批判し、社会問題をクレイム申し立て活動の産物であり社会的に構築されたものであると主張した。その後、構築主義を展開する論理のなかにも実在論的認識が密輸入されていると批判され（いわゆるontological gerrymandering批判）、何を実在とみなすかをめぐって構築主義を標榜する研究者は多様に分化していく。しかし、この「実在から構築へ」という構築主義的パラダイム転換は社会問題の社会学を越えて広範な学問領域に影響を及ぼし、「客観性」を帯びた社会問題論や「正統的」歴史観を脱構築する方法としての地位を獲得することになる。 ⇒キツセ、クレイム申し立て、構築主義、パラダイム、ラベリング理論

[北澤 毅]

写実的物語
realist tales

ヴァン＝マーネン（John Van Maanen）が『フィールドワークの物語』（原著1988）で分類、提示した、エスノグラフィーにおける三つの記述スタイルの一つ。「経験に基づく著者性」「典型的形式」「現地の人びとの視点」「解釈の全能性」の4点を特徴的な作法とする。書き手は「お座なりにほんのちょっと顔を出した後は、描写された

世界の中に多かれ少なかれ埋没していく
フィールドワーカーとして」のみ姿を見せ
るのが通例で、書き手はそこで再現／表現
された「世界が現実の世界であることに自
信をもっている」と共に、匿名であること
を示唆し「個人の個性を描くことは意識的
に抑える」ことで、いわゆるリアリズムの
約束事に素朴に従うようなスタイルになっ
ている。その意味で、いわゆる「事実」に
即した記述に素朴に従い、書き手の主観性
や書き手自身の姿は表立って描かれること
は少ない。世間的な意味でのエスノグラ
フィーとしても最も認知されてきたスタ
イルといえる。⇒印象派の物語、ヴァン＝
マーネン、告白体の物語　　　　［大月隆寛］

写真による喚起法
emotional arousal on memory using photographs

　回想法を実施する際、視覚的イメージと
して写真を用いることで、セッション参
加者の記憶や感情の喚起を容易にさせる
手法。インタビューにも用いられる。写真
は、ある特定の現実場面を瞬間的に切り取
る写実的な表現手段である。そのため、写
真の主題以外の要素、たとえば、町並み、
家財道具、持ち物などの細部から世相や流
行を想起させるなど、想起刺激を豊かに含
む。また、複数の人物像が主題の写真から
は、自らの対人関係性が想起されやすくな
る。参加者に関係の深い対象についての写
真を用いると、想起がより促される。写真
を手がかりにすることで、個人回想法の場
合、「人－人」の二項関係から「人－手が
かり（媒介ツール）－人」の三項関係を成立
させ、言語以外のコミュニケーションチャ
ンネルを持たせることができる。グループ
回想法の場合、グループメンバーが視覚的
イメージを共有し得るという利点がある。
⇒インタビュー、回想、回想法、三項関係
　　　　　　　　　　　　　　　［伊波和恵］

シャロン〔1949-　〕
Rita Charon

　米国の医師、文学博士。生物学と教育学
をフォーダム大学で学んだ後、1978年に
ハーバード大学医学部を卒業。1999年に
コロンビア大学にて、ウィリアム・ジェー
ムズの弟、ヘンリー・ジェイムズ（Henry
James）の研究で文学博士号を取得した。コ
ロンビア大学医学部の教授を務めるととも
に、2000年から同大学において、ナラティ
ブ・メディスンの教育プログラムを立ち上
げ、現在までその最高責任者を務めてい
る。2009年には同大学に同コースの大学
院修士課程を開設した。主要医学誌に次々
と論文を発表するとともに、2006年には
『ナラティブ・メディスン』を出版し、日
本でも関連するワークショップを主催し
た。⇒ナラティブ・メディスン　　［斎藤清二］

宗教
religion

　宗教の定義には実にさまざまなものがあ
るが、聖なるものについて文化的・制度的
に組織された信念体系を核とする。人間の
生きる意味や世界の存在理由など究極的な
問いへの答えと、厳密に定められた儀式・
慣習とをもつ。宗教人口としては、キリス
ト教徒、イスラム教徒、ヒンドゥー教徒の
順に多いとされる。宗教概念にはしばしば
個人の信念も含まれるが、制度的な側面を
排したものを特に宗教性やスピリチュアリ
ティと呼ぶこともある。日本において「宗
教」という言葉がreligionの翻訳として今
日的な意味で用いられるようになったのは
明治に入ってからであるが、現代日本で
は、日常的な文脈において否定的な含意で
用いられることも少なくない。一方で、ス
ピリチュアリティは、緩和ケアをはじめ、
対人援助領域の実践や研究で広く重視され
ている。なお、宗教にかかわる諸現象を心
理学の側面から研究する宗教心理学は、心
理学黎明期の19世紀末にすでにみられて
おり、最も古い心理学分野の一つであると

いえる。 ⇒スピリチュアリティ　　　[綾城初穂]

集合的記憶
〔英〕collective memory；
〔仏〕mémoire collective

　アルヴァックス（Maurice Halbwachs）によれば、記憶は本来的に社会的（集合的）な現象であり、純粋な意味において「個人の記憶」というものは存在しない。そもそも記憶は社会的に学習され、言語や習慣などの社会的な枠組みのなかでしかそれは維持されないし、想起されないのである。記憶はまた、その集団の社会的枠組みに沿った形に変容させられる。集合的記憶はその集団のアイデンティティを確認し維持できるような形にまとめられ、また同時に、集団はそのような記憶を共有することで自らのアイデンティティと集団の凝集性を維持する。ただし記憶は集団のありようによっていかようにも変化するものではない。記憶の実在性および過去から現在への連続性は、集団や社会において表象されている時間枠組み・空間枠組みによって一定程度維持されるものと考えられる。　⇒記憶、共同想起、社会構成主義、想起　　　[松島恵介]

縦断的研究／横断的研究
longitudinal study ／ cross-sectional study

　発達、あるいは、経時的変化を研究対象としようとするとき、複数の異なる時点においてデータを収集し比較する。その際、同じ対象者から異なる時点で複数回データを収集する方法を縦断的研究といい、異なる時点にいる異なる対象者からほぼ同時期にデータを収集する方法を横断的研究という。たとえば、1〜3歳の幼児の発達をとらえようとするとき、縦断的研究では、同じ子どもの1歳、2歳、3歳時点でデータを採るため、2年かけて追跡することになるが、横断的研究の場合、異なる1歳児、2歳児、3歳児を対象とし、時点ごとの集団の平均値や特徴で比較する。縦断的研究は変化をとらえようとする期間と同じだけ

データ収集に時間がかかるが、同じ対象者からのデータであるため変化のメカニズムにアプローチしやすい。一方、横断的研究は短い期間にデータ収集が可能であるが、個人差への配慮からより大きな集団を対象とし、年齢差に基づく発達や経時的変化を概観できる。　⇒研究デザイン、個体発生　　　[岡本依子]

習得
mastery

　ヴィゴツキー（Lev S. Vygotsky）は、文化的発達におけるすべての機能は、最初は、精神間カテゴリーとして社会的関係のなかで起き、次にこれが精神内カテゴリーとして子どもの内部へと移行するなかで行われるとする。ヴィゴツキーは、社会的なものは個人の内部に移っていく過程では、精神間カテゴリーの構造や機能は修正と変形が起き、自分のものになっていくという。これが彼の「内化」の考えである。ヴィゴツキー派のワーチ（James V. Wertsch）は、「内化」をいくつかの水準に分け、「自分のものになっていく」段階の前に「習得」を位置づける。「習得」は、社会・文化のなかにある知識や理解の仕方を学んでいく段階で、社会や学校教育などで必要なものを機械的に受け入れていき、学んでいくことに力点がおかれる。「習得」を超えるためには、自己の内部でほかの考え方との間の葛藤や抵抗を感じながら、再検討していくことが必要になる。　⇒ヴィゴツキー、社会文化的アプローチ、専有、内面化、ワーチ　　　[佐藤公治]

修復　　⇒会話の修復

主観−客観問題
subject-object problem

　真理とは主観と客観の一致であるとする西洋の伝統的認識論に立つ限り、主観の確実性から出発するデカルト以後の近代哲学は、主客の一致を確かめるべき第三の視点

に訴えることなくしては困難に逢着せざるを得ない。これが主観－客観問題である。バークリ（John Berkley）は客観の実在を否定し、ヒューム（David Hume）によれば客観の法則的認識とは主観の習慣に過ぎず、カント（Immanuel Kant）は主観のアプリオリな形式を客観に押しつけることで認識が成立するとした。以上の議論では主観の複数性は考慮されないが、20世紀に入ると論理実証主義が科学的認識の検証における観測の間主観性を唱え、フッサール（Edmund Husserl）も客観世界の実在確信の根拠を主観的現象の構造に求めつつ、ほかの主観によっても観測され得るという確信をも根拠づけなければならないとして間主観性論への途を開いた。今日、主観－客観問題は主観－主観問題へと装いを変えてさらに難問化しているといってよい。⇨間主観性　　　　　　　　　　［渡辺恒夫］

主観主義
subjectivism

客観主義の対語である。認識を通じてしか世界について知ることはできないし、世界の見方は認識者によって多様であるから、主観的認識こそが科学の対象となるべきと考える立場をいう。対話的な言語表現を通じた意味の共有を目指すことで、データの公共性の要件を満たそうとする。三浦つとむのいう弁証法的唯物論からすれば、客観主義と同様、対象－認識－表現の相対的に独立した三項連関のなかで認識をとらえず、認識への対象の反映を認めない点で、客観主義と同様科学的態度としては誤っている。物理的世界の存在を前提とし、能動的活動である認識への反映を認め、客観と主観は同時に成立すると考える態度（弁証法的唯物論）が正当な科学的態度である。ギブソン（James J. Gibson）は自らの生態学的アプローチ（ecological approach）を、客観を強調する行動主義（behaviorism）と主観を強調する現象学（phenomenology）の統合と述べるが、数少ない正当な科学

的立場の表明である。⇨客観主義、行動主義、現象学、史的唯物論、弁証法　　［森 直久］

主観性
subjectivity

私が赤い花を観賞するとき、赤色に対応する電磁波の波長や花の形態は客観的に実在するのに対し、色の感覚や美的感動は主観的とされる。すなわち前者が物理学の領分なら後者は心理学の領域のはずである。にもかかわらず科学的心理学は主観的なものは観測の公共性・再現性がないとして、物理的刺激や脳神経活動との相関が見いだされる限りで対象としてきた。主観的領域にそれ自体の価値を認めて現象世界と呼んで研究対象としてきたのが現象学である。現象世界は「いま・ここ」を中心とした遠近法的構造を備え、その中心として想定された自我は、志向性の作用である想起によって過去へ、予期によって未来へ、想像によって虚構世界へと、単なる感覚世界を乗り越えて地平を広げていく。このような、自我から発して志向性によって構造化された現象世界のあり方を、フッサール（Edmund Husserl）は主観性と呼んでその解明を目指したのだった。⇨現象学、フッサール　　　　　　　　　　［渡辺恒夫］

手記
experience note

手記とは自分の体験やそれに基づく感想を自分で文章に書いたもののことであり、パーソナル・ドキュメントの一種である。体験記ともいう。自伝、日記、手紙、ブログ、ツイッターなども広義では手記に属する。しかし、多くの場合、日記は日々の記録で自分が読者なのに対して、手記はある出来事の記録であり、複数の読者を想定して公開されている場合が多い。手紙は読ませる対象が通常一人である。自伝はライフストーリーやライフヒストリーの観点をもった手記である。病気体験の当事者（本人、家族）による手記は、特に闘病記と呼

ばれている。ブログやツイッターは自分の体験や感想に基づいている限り手記の一種である。オールポート（Gordon W. Allport）は『心理科学における個人的記録の利用法』（原著1970）のなかで、心理学研究において自伝、日記、手紙などの手記を含むパーソナル・ドキュメントを研究対象にすることを提言した。現在では、公開されている手記を分析対象の資料として質的研究やテキストマイニングなどによる研究が行われているほか、ナラティブ教材として教育的に活用されてもいる。 ⇒オールポート、回想法、自伝、パーソナル・ドキュメント、物語的自己 ［いとうたけひこ］

授業研究
research on teaching

　狭義には教授−学習過程を対象とするが、広義には子ども、教師、教材、メディア、教育目標、学習集団、学習形態など教室という環境の諸側面を対象とした臨床的研究である。授業研究のあり方は、研究の目的や主体、着目する授業の側面、研究上のアプローチ、によって多様である。手法としては、授業を中心とした教室場面の観察に基づいて採取した映像、音声、文字記録などに基づくトランスクリプトの質的量的分析やエスノグラフィーを基盤とする。授業研究の目的は概ね次の3点である。すなわち、①授業を学習の現場ととらえたうえで、授業過程における学習や規範の生成と共有、教室談話の成立機制といった諸現象の解明、②子どもや教師のカリキュラム経験の解明や、アクションリサーチを通した授業やカリキュラムの評価と改善、③教師を反省的実践家ととらえ、「事例を通した学習」の場として授業者と参観者が協働的に省察を行うことを通した教師の職能発達支援、である。 ⇒アクションリサーチ、教室談話、授業実践、省察、学びの共同体 ［藤江康彦］

授業実践
teaching practice

　教師が、児童・生徒・学生など授業への参加者と共に、学習活動を展開していく一連の営み。教室での参与観察などの研究により、教室談話の分析や授業中の出来事のエピソード分析がなされてきた。また教師への面接調査により授業についての信念や思考も検討されてきた。これらの成果として、教師は授業実践を行ううえで、学習内容についての目標や意図を持ち授業をデザインしながら、授業の過程で参加者との相互作用を通して、即興的に思考し意思決定を行っていることが明らかにされている。一方で参加者の側も教室での関係性やアイデンティティを背景に各自の文脈で授業に参加していることや、授業への参加の仕方において学級文化やグランドルールが役割を果たしていることなどが明らかになっている。授業実践の質の向上には、参加者の学習過程をとらえ直し、実践を再構成していく省察が不可欠であり、そのために学校では授業研究や実践記録の検討がなされている。 ⇒学級文化、教室談話、授業研究、実践記録、省察 ［岸野麻衣］

熟達
expertise

　熟達とは、初心者から熟達者になるまでの通常10年以上の長期的な学習過程を経て、経験に基づく実践的知識を獲得し、高いレベルのパフォーマンスを発揮することをいう。熟達は仕事、スポーツ、芸術などさまざまな領域においてみられる。熟達は、定型的なスキルを早く正確に実行する定型的熟達と、それを踏まえて状況に応じて柔軟にスキルを実行ができる適応的熟達に分かれる。実践的知識の獲得には、経験の反復による練習が重要である。特に、初心者の練習においては、熟達者が、目標の達成度など結果の知識を与えるフィードバックが大きな役割を果たす。フィードバックをもとに結果を振り返ること（反省）

により、熟慮を伴う練習がなされ、実践的知識の獲得が促進される。実践的知識には言語化ができない暗黙知がある。熟達者が、協同で作業することなどを通して初心者の熟達を促進し、実践的知識を伝承していく仕組みが徒弟制である。 ⇨暗黙知、実践的知識、省察的実践、伝承、徒弟制 [楠見 孝]

主体性
subjectivity

　主体（subject）とは客体（object）に対して何らかの道具（tool, instrument）を介して働きかける存在であり、伝統的にはその主体に内在するとされる特性を主体性と呼ぶ。主体の働きかけによって対象は変容（transformation）し、その結果として主体も変わる。労働がそのよい例である。主体が自らの自由意志で行動を発動するとき、日常談話ではそのような態度を示す人のことを「主体性のある人」と呼ぶことがある。しかし、関係論や社会構成論では、主体性のとらえ直しが進み、行為主体性（agency）という表現が用いられることが多い。たとえばカロン（Michel Callon）は、ある人が示す能力（capacity）は固定的でもなければ、内在的なものでもなく、その人がおかれた社会的なネットワークの中で生成されるという。それゆえ非人間であっても行為主体性を発揮することができるとされる。 ⇨エージェンシー、カロン [石黒広昭]

主題分析
thematic analysis

　①先行研究や理論に基づいたトップダウン式、②協力者から得られた語りや観察の資料に基づいたボトムアップ式、③ボトムアップ式とトップダウン式の併用を用いて、事象のパターンを明らかにする分析手法。主題分析は心理学以外の分野で古くから使用されていたが、1998年心理学者のボヤツィス（Richard Boyatzis）により、上記三つの手法が提案され体系化された。分析手法のバリエーションの多さに加え、量的

研究と質的研究の併用などの自由度の高さや、分析的厳密性の追求が特徴といえる。分析的厳密性を担保するためのよいコードとは、①ラベルとその定義、②コードの適用条件の設定、③肯定的な具体例と否定的な具体例を包含することとされ、コード化過程の可視化も重要とされる。コード化の基礎技術として注目されることも多いが、国外ではさまざまな研究テーマでの質的研究に貢献している。 ⇨演繹的コード化、帰納的コード化、妥当性、量的研究 [土屋雅子]

シュッツ〔1899-1959〕
Alfred Schütz

　ウィーン生まれの社会学者、現象学者。ナチズムの手を逃れて1939年に米国に亡命、ニュースクール・フォー・ソーシャル・リサーチで教鞭をとる。まずはベルクソン（Henri Bergson）の生の哲学、次いでフッサール（Edmund Husserl）の現象学に依拠しながら、ウェーバー（Max Weber）の理解社会学の哲学的基礎づけを試みた。シュッツが展開した「自然的態度の構成的現象学」は、自明性をもった社会的現実としての日常生活世界が経験のうちでいかにして構成されているのかを、志向性や意識の地平構造といった現象学的知見に基づいて探究することに特徴づけられる。主著に『社会的世界の意味構成』（原著1932）、弟子ルックマン（Thomas Luckmann）との共著『生活世界の構造』（同1975）などがある。 ⇨意味学派、現象学、生活世界、多元的な現実 [鳥越信吾]

守秘義務
confidentiality

　「職務上知り得た他者の個人情報を漏らしてはいけないこと」と定義され、今日では人を対象とした職業の多くで法律によって定められており、研究や教育の従事者においても同様である。特に研究者倫理における守秘義務では、研究協力者に関する情報－氏名、研究で得た回答、意見、人間関

係など、個人の特定されるすべての情報は、職務上知り得た秘密とみなされ、正当な理由なく、故意または過失によって他者に漏らした場合には倫理違反として罰せられる。研究協力者からインフォームド・コンセントを得る場合に、守秘義務に関しても説明し明確にしておく必要がある。個人情報の開示が許される正当な理由は、他者の生命の危険、重篤な心身の侵襲を除き、慎重な判断が必要となる。質的研究では個々人に深くかかわる内容の情報自体が重視されるため、データ収集、分析、発表および研究終了後のデータ管理など、研究のすべての段階において、匿名化、符号化に加え、個人の特定を許さない重層的な安全性チェックによるデータ管理の工夫を慎重に行う必要がある。 ⇨インフォームド・コンセント、研究協力者、研究者倫理、研究倫理委員会、生命倫理　　　　　　　　　［斉藤こずゑ］

手話
sign language
　手指動作と非手指動作を用いた視覚言語。手指動作には、手型、位置、運動が、非手指動作には、視線、眉の上げ下げ、口形、首の傾きなどが含まれる。ろう文化を背景としたろう者の第一言語であり、ストーキー（William Stokoe）の研究などにより独自の文法をもつ自然言語であることが確かめられている。たとえば、CL（classifier）やロールシフトなどの特徴的な文法がある。世界各国、地域によって手話の種類や文法構造は異なり、世界会議などの場では国際手話（international sign）が用いられることがある。日本で用いられる手話は、日本手話（ろう者が用いる自然言語）、日本語対応手話（手指日本語。日本語の語順に合わせて手を動かす）、中間型手話に大別される。国内では手話通訳士や手話通訳者派遣制度が普及しつつあるのに加え、近年、手話言語条例が各地で制定されてきている。⇨ろう文化　　　　　　　　　　　［広津侑実子］

準実験デザイン
quasi-experimental design
　さまざまな事情により実験計画法において満たすべき条件の一部を満たせない場合に、できる限り内的妥当性を確保しようと計画される実験のデザイン。統制群と実験群に対して実験参加者を無作為に割り当てられない場合などが典型。たとえば、新たな教授法の効果を見るために、ある小学校の5年1組に新しい教授法を試行し5年2組には試行しなかったとする。事後テストでの得点差が教授法の効果であることを示すためには、介入（処遇）前に事前テストを実施し、そもそも両クラスの平均点に差がないことを示す必要がある。ただし、かりに事前テストの平均点に差がなかったとしても、事前テストと事後テストの間に実施されるクラス独自の活動や学級文化のようなもの、そしてそれらと教授法との交互作用が事後テストの得点差を生じさせている可能性を否定できない。これが準実験デザインの限界となるが、現実社会への介入を前提とした場合には当然の制約でもある。⇨研究デザイン、ランダム・サンプリング
　　　　　　　　　　　　　　　　［尾見康博］

順番交替　⇨会話の順番交替

障害学
disability studies
　障害学とは、治療やリハビリテーションによる身体機能向上を問題解決の方針とする「医学モデル」を、社会問題を個人の努力で解決させる「個人モデル」であるとみなし、問題解決には社会が責任を負うべきだという「社会モデル」をこれに対置して、障害（者）理解の枠組変更を迫った当事者運動的学問である。当初の障害学は、「欠損（impairment）」（A）と「障害（disability）」（B）を概念上区分して、「A」を「B」に接続させない施策を要求して、成果をあげた。しかし、「障害」も「障害者の生活」も多様である。近年では、「単純性血管腫

（赤あざ）」や「性同一性障害」のように、「A である」という認知自体が、社会的で差別的である事例から、「世界の意味編成そのもの」を問う文化研究の流れや、個人と社会に多様な対応策があり得る場合に、状況の多様性を踏まえた議論をするべきだという障害の経済学や障害社会学の流れなど、諸潮流に分化しつつあり、当事者運動的側面を弱めつつある。⇨差別、社会学、身体、身体障害、性同一性障害　　　［樫田美雄］

障害児・者
a person or a child with disability

　日本の障害者基本法の第2条1項において、障害者とは「身体障害、知的障害、精神障害（発達障害を含む。）その他の心身の機能の障害（以下「障害」と総称する。）がある者であって、障害及び社会的障壁により継続的に日常生活又は社会生活に相当な制限を受ける状態にあるもの」とされており、年齢の規定はない。本法律は何回かにわたる改正を経て、障害者の定義を拡大してきた。現在は、発達障害が精神障害に含まれることや、生活上の制限の原因に、社会的障壁をあげていることが特徴である。社会的障壁とは、同条2項によれば「障害がある者にとって日常生活又は社会生活を営むうえで障壁となるような社会における事物、制度、慣行、観念その他一切のもの」である。2017（平成29）年時点での日本の障害者の総数は、約859万人であり、国民の6.7％程度と換算できる。社会福祉行政においては一般的に、18歳以上が障害者、同未満は障害児とされる。　⇨社会福祉学、身体障害、精神障害、知的障害、発達障害
［田垣正晋］

障害者家族
family of person with disability

　親、その子、また同じ世帯を共有している祖父母などを含む拡大家族のなかに障害（身体障害、知的障害、精神障害、発達障害）のある構成員がいる、第一次社会的集団。障害者家族研究は親への子どもの障害告知や親の障害受容を中心に始まった。日本では歴史的に社会的弱者のケアを家族に委ねる傾向が強く、介護負担の緩和を目的に家族支援研究も行われた。しかし、「家族はケアの担い手、障害者本人を受け手」と位置づけるあまり、本人よりも家族の意思決定が重視されるなどのパターナリズムへの批判が身体障害者当事者からなされ、あらためて障害者本人の自己選択・自己決定の視点が重要視されるようになった。また、先天性だけでなく後天性障害の研究、介護負担だけでなくレジリエンスなどの強みに焦点を当てた研究、当初注目された母親だけでなく父親やきょうだいなど障害者家族の各構成員の立場のライフヒストリー研究やエスノグラフィー研究など、多様かつ多側面から家族をとらえるアプローチが行われるようになっている。　⇨家族、障害児・者、障害受容　　　　　　　　　　［山田哲子］

障害受容
acceptance of disability

　障害受容とは、障害者における望ましいとされる心理状態の総称のことである。学説史的には、リハビリテーション心理学において発展してきており、ライト（Beatrice Wright）が定義したように、「障害は不便かつ制約的なものであるが、自分の全体を価値低下させるものではないと認識すること」とされていた。この操作的定義は、第二次世界大戦における傷痍軍人に対する質的なインタビュー調査で整理された。その後、米国では、この定義をもとにした障害受容尺度という心理テストが開発され、リハビリテーションプログラムの効果の検証に用いられた。日本でも、前述の定義が受け入れられたものの、尺度は作られなかった。臨床現場においては、障害受容は、障害の医学的な状態の理解、効果のないリハビリテーションの断念など複数の意味において用いられ、混乱が起きている。最近の質的研究では、障害受容は時間的あるいは

社会文化的な文脈を踏まえ、慎重に用いるべきであるとされている。 ⇒障害学、障害児・者、慢性疾患、モーニングワーク、病いの語り ［田垣正晋］

生涯発達心理学
life span developmental psychology

　個体発達は生涯続く過程であり、生物学的過程と文化的過程の相互交渉のうえに当人の構成過程が働き成り立つものとする学問分野。特に成人期の発達を補償、選択、最適化という原理によりとらえる。子ども時代は生物学的・遺伝的影響が主に向上に向けて強く働き、成人期は文化の影響が強く、高齢期に再び生物学的影響が衰退に向けて強くなる。発達は常に初期から諸要因により一定範囲で生じるように規定されつつ、個人独自の発達経路が生じて、それにより次が影響されていく。そういった発達は獲得と喪失のダイナミックな過程である。生涯発達に伴い、利用可能な心的・身体的・人間関係的・環境的な資源の再配分が起こり、成長、維持・回復、喪失の三つの過程に対応しての調整に向けられる。発達には柔軟性があり、一定の限界はありつつも、変化の可能性は常にある。さらに個体発生的文脈主義と歴史的文脈主義をとり、年齢に対応する変化、歴史と対応する変化、非規範的なもの（多くの人に共通するものではない）などに着目する。 ⇒環境移行、発達、発達心理学 ［無藤　隆］

状況
situatedness

　認知を図とした時の地として、理論構成上導入される、認知の文脈としての構成概念。社会的実践に参加する行為者に生じる認知に、影響を与えると考えられる社会的実践の構造のことを指し、認知の原因であると同時に結果でもある。レイヴ（Jean Lave）とウェンガー（Etienne Wenger）は「状況に埋め込まれた学習」のなかで、状況を、形容詞「状況に埋め込まれた（situated）」として用いるが、名詞「状況（situation）」としては数か所でしか用いておらず、索引を立ててもいなければ、定義も与えていない。「状況に埋め込まれた」という表現が含意することは、状況に埋め込まれていない活動はないということ、行為者が世界の中で世界とともに行う活動を対象とすること、行為者と活動と世界が弁証法的に互いを同時に作り上げているということである。このようにレイヴらは状況を動的にとらえており、認知を時間的空間的に位置づけたり、文脈依存的に制約したりする条件であるという解釈は誤りだとしている。 ⇒状況的学習論、正統的周辺参加、文化的文脈、文脈、歴史的文脈 ［有元典文］

状況的学習論
situated learning theory

　レイヴ（Jean Lave）とウェンガー（Etienne Wenger）の著書『状況に埋め込まれた学習』（原著1991）に代表される、1990年代初頭に提唱された学習理論。学習を「教育のカリキュラム」に沿った意図的な教授行為の結果としてではなく、社会的実践の一側面として再定義した。学習者個人よりも実践共同体の生成・変化に焦点を当てる点に特徴があり、個人の学習を共同体の生成過程の一部ととらえ、学習主体を「個人を含む系（システム）」として定式化する学習論といえる。日常的実践に従事する学習者には、特に教え込まなくても、実践共同体の特徴としての「学習のカリキュラム」が利用可能で、認知と行為はその支援の下にある。学習のカリキュラムを構成する学習資源として、共同体に特有の人工物（道具、記号、ルール、空間配置など）、成員性、アイデンティティがあげられる。「個人を含む系」の発達を目指す場合、必要とされるのは学習者個人を「鍛える機能」ではなく、学習環境をデザインし、共同体ごと個人を「支える機能」だといえる。 ⇒学習環境、社会的分散認知、状況的認知 ［有元典文］

状況的認知
situated cognition

　人間の認知は、個別具体的な状況と不可分であり、他者や道具などと切り離して考えることはできないと考える立場。状況論とも呼ばれ、日本においては質的心理学の源流の一つとなっている。認知を個人のなかで完結する情報処理過程と見なし、一般的な法則性を追究しようとする従来の心理学に対して批判的な立場をとる。思想的な源流としては、ヴィゴツキー（Lev S. Vygotsky）やレオンチェフ（Alexei N. Leont'ev）に端を発する社会文化的アプローチや活動理論、ミクロ社会学におけるシンボリック相互作用論やエスノメソドロジー、会話分析などがあげられる。代表的な研究者として、状況に埋め込まれた認知という概念を提案したサッチマン（Lucy A. Suchman）、正統的周辺参加や実践共同体という概念を提案したレイヴ（Jean Lave）とウェンガー（Etienne Wenger）、日本では佐伯胖や上野直樹があげられる。もともと学校やワークプレイスでの実践をとらえ直す研究が中心だったが、近年は、研究者自身が新たな実践やコミュニティを作り出す動きもみられる。　⇨ 上野直樹、サッチマン、社会文化的アプローチ、正統的周辺参加、レイヴ、ワークプレイス研究　　　　［青山征彦］

状況に埋め込まれた学習
　　⇨ 状況的学習論

状況の定義
definition of the situation

　状況の定義は、たとえば「この場は遊びだ」「食事の場だ」など、その場の参加者によって行われる積極的な状況の意味づけであり、ときには逸脱した状況の定義によって、その場が混乱させられることにもなる。状況の定義は、研究者の理論的定義、客観的定義の問題である以前に、その実践の参加者らによって組織化され、社会的に観察可能となるように表示されているローカルな状況的実践である。つまり、状況とその定義といったことは、参加者らが、そうしたものをマークし、また、状況やその境界の理解を相互的に表示しあい、組織化するローカルな状況的行為のなかにあると考えるのである。ここでいう「状況」はある特定の行為のいわゆる「外部」にある静的な、実体あるいは枠組みではなく、ある目的をもった参加者たちが相互行為的、かつ、社会・道具的に組織した結果、事後的に現出されるものである。このような「状況」や「状況の定義」についての定義はエスノメソドロジー（ethnomethodology）の観点と類似する。
⇨ エスノメソドロジー、シカゴ学派、シンボリック相互作用論、状況的認知、トマス
　　　　　　　　　　　　　　　　［朴 東燮］

状況論　⇨ 状況的学習論、ズナニエッキ

象徴
symbol

　何らかの「意味するもの」によって、それとは別の何らかの「意味されるもの」を意味するという記号的な関係の一つ。この記号（sign）には、乳児が母親の足音を聞いて授乳を予期し唇と突きだすような信号（signal）、山に煙が立つのを見て火が燃えているのを知るような指標（index）、積み木を並べて電車に見立てるような象徴（symbol）、そしていわゆる言語的記号が含まれる。信号や指標では、意味するものと意味されるものとが知覚的・行動的な文脈にはめ込まれた部分と全体という関係にあって、両者が距離化していないのに対して、象徴は本来無関係であった一方に他方の意味を与えるという形で両者が距離化している。ただ、見立てやごっこ遊びにみられる象徴では、両者がなお物理的特性において類似している点で有縁だが、言語的記号になると、両者に有縁的関係はなく、その関係は恣意的である。なお、この言語的記号を象徴機能に含めるかどうかは学者に

よって異なる。 ⇒記号、ごっこ遊び、表象

[浜田寿美男]

焦点的観察

—マイクロ・エスノグラフィーの—

focused observation in micro-ethnography

マイクロ・エスノグラフィーにおける参与観察の第二段階の観察で、「フィールドを特徴づける重要な人物・行為・プロセスや文化的領域（文化的な意味カテゴリー）に焦点を絞って行う観察」のこと。「焦点化観察」と呼ばれることもある。人類学者のスプラッドリー（James P. Spradley）は、フィールドで探究する問いに応じて、「記述的観察」→「焦点的観察」→「選択的観察」と観察の形を変えながら、データの蓄積とデータに潜むパターンの探索を進めることを提案した。この段階での観察では、「記述的観察」を通して把握しつつある、フィールドを特徴づける重要な事象や文化的領域を特定し、探究すべき問いを絞り込み、再設定した問いの下でさらなるデータ収集を行う。フィールドで生起している物事が見えるようになることと的を射た問いを発するようになることが連結するという点で、「焦点的観察」は、マイクロ・エスノグラフィー研究の質を左右する重要な調査段階といえる。 ⇒記述的観察—マイクロ・エスノグラフィーの—、スプラッドリー、選択的観察—マイクロ・エスノグラフィーの—

[柴山真琴]

情動

emotion

情動とは、生物個体が主に生存や適応に絡む重要事象に遭遇した際に生じる、通常は一過性の心身反応を指す。一般的に、嬉しい、悲しいなどの主観的情感のみならず、身体全体が熱くなる、心臓がドキドキするといった生理的変化、および眉間の皺や口角の引き上げ・下げといった独特の顔の表情などを伴う。たとえば喜び、怒り、悲しみ、恐れ、嫌悪、驚きなどが典型的な

情動といい得るものである。遭遇事象に対する認知的評価（appraisal）、すなわちその事象が生物個体自身にとって正負いかなる意味を有しているか、また自身がそれにどれだけの対処可能性を備えているなどに関する即時的評価から始動し、逃げる、闘うといった特定行為に向けた動機づけおよびそれを可能ならしめるための身体の準備状態の生成を経て、具体的な行為や顔面表情の表出、そして時にそれらに対する制御へと至る一連のプロセス全体のことを情動という術語で表すこともある。 ⇒感情、動機づけ

[遠藤利彦]

小児がん

childhood cancer

小児がんとは、小児期に発生するがんの総称である。日本においては、年間2000〜2500人の子どもが新たに小児がんと診断される。代表的な小児がんの種類は、急性白血病、悪性リンパ腫、脳腫瘍などである。小児がんの治療は、化学療法、外科的治療などを併用した集学的治療が必要であり、専門機関での治療は数年にわたる。小児がんは成人がんとは異なり、治療反応性が高い。さらに、近年、治療技術の進歩により治療成績は目覚しく改善し、小児がんの治癒率は80％に上るともいわれる。一方で、99.9％の者に晩期合併症がみられるとの研究がある。そのため、疾患の治癒を目指すだけでなく、子どもの治療後の生活を見据えた心理社会的支援などの多職種によるトータルケアと、長期的なフォローアップが重要である。また、小児期から成人期への移行期である思春期、若年成人期の患者の、特有の心理社会的な問題を踏まえた自立支援が、近年重要な課題となっている。 ⇒がん、青年心理学

[上別府圭子・小林明日香]

証人

witness

心的外傷（トラウマ）や慢性的な病いと

いった苦悩の経験をはじめ、自らの生にかかわる重大な出来事や経験から知り得た事柄を証言として他者に語りかける者、または、その語りに立ち会い、新たな証人としてその物語を生きる者をいう。シャロン（Rita Charon）によるナラティブ・メディスンをはじめ、病いや傷つきの語りの聴取を軸とする臨床実践では、主として、後者の立場から、患者やクライエントの苦悩の語りを聴き取る専門家のあり方や倫理的課題を、証言を受け取る証人というメタファーでとらえるようになっている。これらの立場では、聴き手となる専門家が一人ひとりの物語やその存在を唯一無比の証言として受け取り、そこに立ち会う者としてどのような証人となるかが、語り手となる患者やクライエントが抱える痛みや苦しみの緩和およびそこからの回復に大きな役割を果たすと考える。そして、そのような物語に耳を傾け、受け取り、自ら行動していく実践者のあり方を重要な専門性の一つであると位置づけている。 ⇨苦悩、シャロン、ナラティブ・メディスン

[徳田治子]

情報科学
information science

計算理論や情報理論などの情報に関する基礎理論、コンピュータやネットワークを実現するためのハードウェア・ソフトウェア技術、ならびに情報技術の応用に関する学問分野全般を指す。コンピュータ科学（computer science）や情報学（informatics）と呼ばれることもある。コンピュータ技術の黎明期においては、主に計算理論やコンピュータアーキテクチャ、プログラミング言語、コンパイラ、アルゴリズムなどに研究の関心が寄せられた。その後、コンピュータやネットワーク技術の進展にあわせて情報科学の社会的役割や主たる研究領域も変化しており、最近ではビッグデータやデータマイニング技術を扱うデータサイエンス、WebやIoT（internet of things）技術、ディープラーニング（deep learning）に

代表される人工知能技術などへの期待が高い。また、コンピュータとユーザとのインタフェース研究、エージェントやロボットと人とのインタラクション研究において、エスノメソドロジーや質的研究の手法が1980年代の後半から導入されている。 ⇨サイバネティックス、人工知能、データ、認知科学、人－人工物相互作用

[岡田美智男]

所有
possession

特定の主体の特定の資源に対する支配力が、それをめぐる相互作用の主体間に承認されている状態をいう。資源の獲得と配分の仕方は動物の生きる基本的なかたちを特徴づけ、その所有形態は系統発生的に進化してきた。人間の所有の目的は自己消費に限定されず、むしろ他者による消費を予定して社会的に獲得・生産され、交換によって集団を超えて流通し、主体間で配分・再配分される点に著しい特徴があり、この特徴が資源をめぐるダイナミックで多様な社会システムを可能にしている。近代法では所有権は個人が対象に対してもつ排他的で絶対的な支配権とされ、すべての法を理論的に基礎づける普遍的公理の位置に固定されるが、法社会学者の川島武宜は所有権概念自体歴史的に発生・変化してきたものであり、その具体的な形態は歴史文化的な相対性をもつことを重視した。発達的にみれば、資源をめぐる相互作用が規範的に調整され、その形態やそれに伴う理解が高次化されていく過程が所有の個体発生過程である。 ⇨交換、権力、文化、文化的実践

[山本登志哉]

自立
independence

自らに関することを自らの裁量と責任で営むこと。「依存」の対概念。但し「人に依存せず独力で行うこと」を自立とし、受動的で未熟な依存を「自立」の対立項とす

る主張や、安全基地としての親への依存が自立を促すとする主張、助け合いのように他者との互恵的な関係や相互依存を前提とする主張がある。また、自立の下位分類として、心理的自立、社会的自立、生活的自立、身辺自立、経済的もしくは職業的自立などがあげられるが、自立を目的概念とすると達成困難となることを鑑み、近年では、自立の自己決定性が強調されている。すなわち「種々の手助けを利用しつつ、援助要請を含めて自己決定を行い、自らが望む生活や人生を送ること」を自立とする。総じて、主体性、自主性、自律性がからみあって自立が論じられている。加えて、自立を能力等として個人に帰属させる個体論的な論じ方と、関係性のネットワークにおいて自立を見いだす関係論的な論じ方があり、自立概念を多義的にしている。⇨主体性　　　　　　　　　　　　　［本山方子］

事例
case

　事例（ケース）とは、多様な意味で用いられる言葉であるが、一般には個別性のある事実、あるいは個別の出来事のシークエンスなどを意味する。たとえば医療や対人援助の領域では、患者やクライエント、支援の対象者などを、具体的な個人というよりは「ある定義された状況にある一人の人」という意味で「事例」と呼ぶことが多い。しかし、質的研究としての事例研究の対象となる「事例」とは、その対象者個人であるとは限らず、当事者と支援者の相互交流のシステムを一つの事例と考える方が適切であることも多い。また、職場や組織など、ある特定のフィールドで起きる複数の出来事のシークエンスを研究する場合には、そのフィールドそのものを一つの事例と考えることができる。いずれにせよ、事例は個別性と時間性をその特徴としており、事例の研究は、個性記述的な研究としても、また、ある程度法則定立的な研究としてもデザインが可能である。⇨実践

研究、質的研究、授業研究、事例研究、ナラティブ・ベイスト・リサーチ　　［斎藤清二］

事例研究
case study

　事例研究は、質的探究を行うためのもっとも一般的な方法の一つであるが、ステイク（Robert E. Stake）は「事例研究は必ずしも一つの独立した研究法を示唆しているわけではなく、むしろそれは何が研究されるべきかという対象の選択である」とする。事例研究の対象は必ず固有性をもっており「境界をもったシステム」である。臨床においては一人の患者あるいはクライエントが「事例」として扱われることが多いが、質的研究の観点からの事例研究はそれに限定されるわけではない。ある一つの動的な社会システムを対象として、そのシステム全体が時間経過とともにたどったプロセスからできるだけ多層的な厚いデータを収集し、描写し、分析することによって、何らかの有益な知見を導き出し、提供することが事例研究の目的であり、研究者が描き出す良質な物語がその最終プロダクトとなる。⇨実践研究、質的研究、授業研究、事例、ナラティブ・ベイスト・リサーチ
　　　　　　　　　　　　　［斎藤清二］

新カント派
neo-Kantianism

　19世紀後半のドイツで、カントの批判主義を受け継いだ講壇哲学の一潮流。自然科学の隆盛した19世紀のドイツでは、哲学に求められたのは、個別化した学問の基礎理論であり、科学的認識を解明する認識論であり、自然科学と精神科学（社会・文化科学）との区分の基礎づけであった。新カント派は、この役割を担った。初期には、自然科学者ミュラー（Johannes Müller）やヘルムホルツ（Hermann Helmholtz）が属し、フィッシャー（Kuno Fischer）や、リープマン（Otto Liebmann）や、ツェラー（Eduard Zeller）などがいる。後には、一方にコー

ヘン（Hermann Cohen）、ナトルプ（Paul Natorp）、カッシーラー（Ernst Cassirer）などの「マールブルク学派」がある。この学派の特色は、カントの批判主義を論理的、超越論的に推し進め、諸科学の批判的基礎づけとしての哲学を企てた点にある。他方で、ヴィンデルバント（Wilhelm Windelband）に始まり、リッケルト（Heinrich J. Rickert）、ラスク（Emil Lask）などの「西南ドイツ学派」がある。 ⇨ヴィンデルバント、リッケルト　　　　　［伊藤直樹］

人工知能
artificial intelligence

　人間や動物などの備える知能や知性の一部をコンピュータやロボットに実装し、それを応用しようとする研究やその手法を指す。1956年のダートマス会議で初めて使われた言葉である。知能や知性の定義そのものが明確ではなく、それぞれの時代における知性観に合わせ、手段目標分析を用いた汎用的な問題解決や計画立案、探索手法、プロダクションシステム、論理的推論、機械学習、ニューラルネットワークなどの研究が進められた。1980年代の後半には、知識獲得におけるボトルネックの問題などから人工知能の「冬の時代」を経験した。しかし、2006年に隠れ層の数の多いディープニューラルネットに対する効率のよい学習手法が提案され、音声認識や物体認識、機械翻訳、コンピュータ将棋や囲碁などの領域で従来手法を凌ぐ性能を示したことから、人工知能研究が再び注目されることとなった。また、人とロボットとのインタラクションを扱うHRI（human-robot interaction）研究では、そのインタラクションの様相に対する質的研究の重要性も高まりつつある。 ⇨サイバネティックス、情報科学、データ、人-人工物相互作用　　　　　　　　　　　　　　　［岡田美智男］

人工物　⇨媒介物

心身二元論
mind-body dualism

　人間の心と体を、二つの異なる原理によって統制される実体としてとらえる哲学的立場。西洋における心身二元論は古い起源をもち、プラトン哲学やキリスト教の「霊肉二元論」にその源流をみることができる。今日の人間科学に大きな影響を与えたのは、17世紀に哲学者デカルト（René Descartes）が展開した心身二元論である。デカルトは世界全体を「思惟実体（res cogitans）」と「延長実体（res extensa）」に区別した。前者は、自ら考えることを原理とする実体で、われわれの心を指す。後者は、延長をその原理とする実体で、縦・横・深さという三方向の広がりをその本質とする物体を指す。思惟実体と延長実体という二元論で成立するデカルトの世界観において、人間の身体は延長実体に属する。心は、意識を備え、言語を操ったり意志を働かせたりする特別な存在であるが、身体は一般的な物体と同じように、物理的な法則にしたがって作動する機械と位置づけられた。 ⇨客観性、主観性、身体、身体性　　　　　　　　　　　　　　　　［田中彰吾］

真正性
authenticity

　真正性とは、本物であることをことさらに価値づけたり、権威づけたりする時に使う言葉である。本物という言葉は、本物というモノだけではなく、本物の行為、すなわち、本番を表すこともある。これらは、さまざまな場面で使われ、たとえば、トリリング（Lionel Trilling）による「ほんものの自我」、テイラー（Charles Taylor）による「ほんものの倫理」、江藤淳による「文学におけるフォニイ論争」などがある。このように、本物とは、本物ではないもの、すなわち、偽物に対して本物に価値があることを強調するときに使われ、本番とは、練習に対して本番の行為が正式であることを強調するときに使われる。しかし、それら

が、価値があるか正式であるかは、個人の欲求や関心や、個人が参加している、さまざまな実践共同体のあり方によって違っている。このことから真正性にこだわる姿勢は選別や差別や排除につながる危険性もある。 ⇒実践共同体、状況的学習論、真正の学習　　　　　　　　　　　　　［吉岡有文］

人生の意味
meaning in life ; meaning of life

　人生や世界がどのようなものであり、そこでのさまざまな経験がどのように人生観として統合されうるのか、ということに関する概念。生きがい、人生の目的（purpose in life）、意味づけ、センスメイキングなども含む多様な概念の混成物であるが、近年の心理学においては、①一貫性をもって人生を理解していること、②人生の中核的な目標や目的をもっていること、③人生が本質的にもっている価値や意義を経験していることなどが含まれることが多い。オーストリアの精神科医であったフランクル（Viktor E. Frankl）のロゴセラピーやアドラー（Alfred Adler）の個人心理学などを源流とし、現在は、ポジティブ心理学を中心として意味の保有や探究を測定する心理尺度を用いた実証研究が進められている。また、ナラティブ心理学など質的心理学の多くの研究でも潜在的なテーマとなっている。⇒意味、実存主義、センスメイキング、ナラティブ心理学、ポジティブ心理学　　［浦田 悠］

真正の学習
authentic learning

　真正の学習とは、佐伯胖らによれば、学校用に加工された文化ではない本物の文化という意味で「真正の」文化的実践へ参加することである。「文化的実践」とは、ものごとの意味の根源に立ち返り再吟味し味わい直し、新たな文化の作り手として世界にかかわる実践のことであり、「参加」とは、個人的な自分探しのいとなみであると同時に社会的な人びとの共同的ないとなみ

に加わっていくことである。その背景には、ヴィゴツキー（Lev S. Vygotsky）やデューイ（John Dewey）の思想、認知心理学者の比較認知研究、人間の思考の「情報処理モデル」の限界、上野直樹らの「学校の言語ゲーム」などの日常知と学校知の可視化、ブラウン（John S. Brown）とコリンズ（Allan Collins）らの認知的徒弟制、レイヴ（Jean Lave）とウェンガー（Etienne Wenger）の正統的周辺参加などがある。 ⇒実践共同体、状況的学習論、真正性、正統的周辺参加、認知的徒弟制　　　　　　　　　　［吉岡有文］

身体
body

　身体は、一方で、精神に対する物体、あるいは主体に対する客体として位置づけられた歴史があるが、他方で、市川浩が『精神としての身体』という書物を著したように、二元論の一方に位置づけられない、人間の両義的なあり方を特徴づける存在として議論されてきた。その議論は、身体が物体つまり「延長」としてとらえられると、他方の精神（思惟）との間になんら共通項や交差の可能性を見いだすことができず、二つの実体が相互に作用しあうことがなぜ可能か、という「心身問題」を生みだした。この問題に対し、身体は世界の内部に存在する一つの物体であるのに先立ってまずは世界が現われる場であると主張し、身体を世界に住み込んでいる「自己の身体」としてとらえることで問題を乗り越えようとしたのが現象学である。これを積極的に論じたのはメルロ＝ポンティ（Maurice Merleau‐Ponty）であり、意識でもモノでもない「実存」の両義的なあり方の分析として身体論を展開した。 ⇒現象学、主観‐客観問題、身体化、身体性、メルロ＝ポンティ　　　　　　　　　　　　　［西村ユミ］

身体化
embodiment

　技能、行為、知識などが身体に定着す

る過程。英語のembodimentは身体性とも身体化とも訳されるが、身体化という場合、何かが身についていく過程が重視される。たとえば、断肢した部位に義肢を装着し、義肢の使用に慣れていく過程では、当初ぎこちなかった姿勢制御が安定し、運動時の義肢の軌跡が健常なそれに近づいていく。身体化に関して最もよく知られるのはメルロ＝ポンティ（Maurice Merleau‒Ponty）の身体論であろう。彼は道具使用や運動習慣を題材に、身体図式が更新される過程として身体化を論じた。また、社会学者のブルデュー（Pierre Bourdieu）は、人びとが無自覚に実践している知覚・行為・思考の総体としてのハビトゥスが、文化資本の格差とセットで身体化される階級的なものであることを明らかにした。認知科学では、レイコフ（George Lakoff）とジョンソン（Mark Johnson）が、出来事に意味を見いだす認知そのものが、イメージ図式とともに身体化された過程によって基礎づけられているとしている。 ⇨ 身体性、媒介物、ハビトゥス
[田中彰吾]

身体障害
physical disability

　身体障害とは、一般的には、手足などの運動機能障害、視覚障害、聴覚言語障害、内部障害を指す。内部障害には、心臓、腎臓、大腸や小腸、膀胱、免疫機能の不全なども含まれている。日本においては、身体障害者福祉法によって詳細に身体障害の内容や程度が定められ、障害の程度は重い順に1～6級（一部に7級）となっている。身体障害者とは、この法律の定める身体異常の障害がある18歳以上の者であって、都道府県知事などから身体障害者手帳の交付を受けたもの、と規定されている。2017（平成29）年時点では、383万人程度と見込まれている。ただし、さまざまな事情で、身体障害者手帳の交付を申請しない人びともいるために、身体障害者の実際の人数はより多いと予想される。また、前述の障害の程度が社会生活上の困難さを反映していないという指摘もかねてよりなされており、ホームヘルプサービスなどの援助を受ける際には、「障害支援区分」というサービスの必要度を示す基準が活用される。 ⇨ 障害児・者、精神障害、知的障害、発達障害、慢性疾患
[田垣正晋]

身体性
embodiment

　知覚や行為を考える際、要因を限定した測定や実験を主とする自然科学に対して、身体と環境との関係を重要視する場合に、広く身体性という語が用いられる。身体性を扱う質的研究は、しばしばメルロ＝ポンティ（Maurice Merleau‒Ponty）を参照する。メルロ＝ポンティは人間の知覚を、肉体をもたない主体による対象との関係としてではなく、空間に住まう主体と環境との関係としてとらえ、意識を「身体を媒介とした、ものへの関係」とした。しかし、普段の生活において自分の身体がいかに世界に巻き込まれているかを意識することは難しい。そこで、身体性を扱う研究では、異文化、病い、災害、日常の微細なトラブルなど、通常の身体のあり方がうまく働かない場面に注目し、身体性を浮かび上がらせることが多い。現象学的社会学の流れをくむエスノメソドロジーや会話分析、ジェスチャー分析、空間内の知覚に身体性の問題を取り入れたギブソン（James J. Gibson）のアフォーダンス論も、身体性を考えるうえで重要である。 ⇨ アフォーダンス、エスノメソドロジー、ジェスチャー分析
[細馬宏通]

シンボリック相互作用論
symbolic interactionism

　人間を身振りや言葉など有意味シンボル（象徴）を駆使し生きる存在としてとらえ、このシンボルによって媒介される過程を研究する社会学のアプローチ。象徴的相互行為論ともいう。ブルーマー（Herbert G. Blumer）やターナー（Ralph H. Turner）、シ

ブタニ（Tamotsu Shibutani）らによって展開された。①人間は意味によって行動し、②意味は社会的な相互作用のなかで創造され、③意味を解釈する主体は人間である、という基本的な考え方をもとに、自我や役割、相互行為におけるコミュニケーション過程、集団間関係などわれわれが社会的存在として日常を生きる多様な過程が分析された。ただ人間の社会的行為は大半が意味をもち、意味をやりとりするものであり、意味を生成し媒介する道具を「象徴」と呼ぶだけでなく、「象徴」がどのように実際に使われているのかを考えるとき、その発想はさらにエスノメソドロジー（ethnomethodology）につながっていく。 ⇨エスノメソドロジー、社会学、ミクロ社会学　　　　　　　　　　　　　　［好井裕明］

シンメトリー
symmetry

　科学社会学において、対立する二つの原則を同等に扱うという方法論的な原則を示す。社会学者ブルア（David Bloor）が、科学者自身が論争する相手との間で、自分の正しい研究は研究する自然を直接反映しているが、相手の間違った議論は、それが自然以外の理由（社会的、政治的など）によって歪められている、とする論法を用いるのに対して、科学社会学者は、そうした成功、失敗のすべてを社会学的にシメトリカル（対称的）に説明すべきだと主張したもの。ブルアのこの主張は科学の社会構築主義（social constructivism）の最も強い主張の一つ。その後アクターネットワーク論者によって、むしろ自然と社会という要素を対称的に扱うべきだという形に拡張された。後者は拡大された対称性とか、対称性人類学といった名前で呼ばれることもある。 ⇨アクターネットワーク理論、科学社会学、カロン、自然主義的転回、ラトゥール
　　　　　　　　　　　　　　［福島真人］

信用性の基準
criteria of credibility

　ある言明の内容が正しいと判断するに足るかどうかを判断するための基準のこと。ただし、内容自体の正しさを判断する基準ではなく、その言明を生みだした手続きが適切かどうかを判断する基準である。イソップ物語の狼少年の逸話においては、最後に彼が叫んだ「狼が来た」という言明の内容は信用すべきであったが、この少年が事実と異なる言明を常に意図的にしていたため、発言者の日頃の言動が信用性の基準として機能してしまい、彼の最後の発言は信用されなかった。量的研究においては、妥当性と信頼性が信用性の基準にあたる。質的研究においては、手続きの明瞭さ、監査可能性、結果の真正性などが信用性の基準を構成する。また、研究者がもっていた思い込み（バイアス）が覆された形跡があること、意味的飽和が達成されたことも重要である。刑事裁判では、自白の真偽を判断する際の基準に、任意性と信用性が検討される。たとえば殺人において「やりました」だけでは信用されず、動機や手順について詳細にかつほかの証拠と整合的に語る必要がある。 ⇨監査、質的研究の質、自白、真正性、本当らしさ　　　　　［サトウタツヤ］

信頼
trust

　信頼の中核は「この対象を信じて頼ることができるだろう」という期待や信念である。この期待や信念の抱きやすさにあたる個人の認知特性は、山岸俊男の一般的信頼やエリクソン（Erik H. Erikson）の基本的信頼として概念化されている。信頼には、①人が対象との関係を保つ際の潤滑油としての機能や、②人が社会的存在として発達し、健康な自己感を保つことを支える機能がある。①に関しては、一般的な対人場面を対象にした社会心理学や経済学の研究から、ある対象への信頼が形成されることで、その対象のリスクに備えるための認知

的コストが低減することが明らかにされてきた。②については臨床心理学や発達心理学の研究から、重要な他者との信頼関係がアイデンティティの発達や適応に資することが示されてきている。なお、従来の研究は行動や認知の面から信頼にアプローチしてきたが、近年では信頼の生物学的な背景を探る脳科学領域の研究も行われ始めている。 ⇨アイデンティティ、エリクソン

[水野将樹]

信頼性
reliability

テスト得点などの測定値が、偶然誤差に左右されずに一貫している程度を表す指標。測定値の分散は、一貫している部分（真値と呼ばれる）の個人差による分散と誤差の分散に分解できるが、そのうちの真値の分散の割合として、信頼性は定義される。この定義には、何を測りたいかという測定の目的は含まれていない。言い換えれば、測りたいものでなくても一貫している部分は真値に含まれ、信頼性に寄与するということである。たとえば、タブレット端末を使用した記述式テストの場合、タブレット端末使用の慣れ・不慣れは、測りたいものではないが一貫した個人差であるため、真値に含まれ、信頼性に寄与する。そこが、測定の目的との関係で定義される妥当性と大きく異なる点である。信頼性の推定には、1回の測定で推定が可能なα係数が多用されているが、1回の測定であるため、再度測定するとどうなるかという、測定の機会を超えた一貫性はα係数では評価できない。 ⇨質問紙調査、妥当性

[南風原朝和]

心理学
psychology

心や精神と呼ばれる現象を扱う学問。18世紀中盤以降、学範（ディシプリン：学問分野のこと）としての内実を伴い始めた。一般に、心の構造・機能・発生に関心を寄せる一般心理学と社会における心のあり方に関心を寄せる応用心理学に二分できる。感覚・知覚・記憶のメカニズムを扱う心理学、発達や進化を扱う心理学が前者に含まれる。臨床心理学、教育心理学、法心理学、交通心理学などが後者に含まれる。精神的な不調や機能不全を扱う心理学は、そのメカニズムに関心をあてれば異常心理学であり一般心理学となるが、現実場面での対応や介入に関心をあてれば応用心理学となるように、両者の境目は良くも悪くもあいまいさを残している。研究対象は主にヒトであるが、動物を扱う研究もある。研究の方法論としては、実験、質問紙法、面接、観察などが用いられる。結果の分析法としては、得られた結果を数量として表して分析する量的研究法と言語や図像などとして分析する質的研究法がある。 ⇨質的心理学、心理学の歴史 [サトウタツヤ]

心理学の歴史
history of psychology

心について扱う学問の原型はアリストテレス（Aristotle）の『心について』（De Anima〔羅〕）に遡る。長い間、心霊学との分離が難しかったが、ヴォルフ（Christian Wolff）が18世紀前半に『経験心理学』と『合理心理学』を刊行して体系化を図った。一方で、18世紀後半にはカント（Immanuel Kant）が心理学は実験もできず数式で表現することもできないため科学になれないと論じた。感覚生理学の進歩と民族心理学的な関心が19世紀中頃に高まり、ドイツのヴント（Wilhelm M. Wundt）が1879年に体系的な実験研究や訓練を行う心理学実験室を設立し、学範（ディシプリン：学問分野のこと）としての心理学が成立した。19世紀末には臨床心理学や法心理学など応用心理学の萌芽がみられ、20世紀には精神分析、行動主義、ゲシュタルト心理学が勃興し、20世紀中盤には認知心理学が勢いを得た。この潮流のもと、ブルーナー（Jerome S. Bruner）が1986年に人間の思考様式に論

理実証モードとナラティブモードがあると提唱し、後者では意味づけが重要であるとした。民族心理学や意味づけの重視が質的心理学へとつながった。⇨ ヴント、ブルーナー、民族心理学　　　　　　［サトウタツヤ］

心理教育
psychoeducation

　心身の健康にかかわる問題への対処・予防のため、対処スキルの習得と増大を図るもので、その対象者は問題を抱える人だけでなく、健康な人を含めたすべての人である。心理教育には、①現在の問題へ取り組む問題解決的なもの、②疾病や問題を防ぐための予防的なもの、③心理的な成長や新たなスキルを獲得するための開発的なものなどがあり、いずれにおいても専門家が一方的に情報を伝えるのではなく、専門家を含む参加者の相互交流を重視する点に特徴がある。それぞれのプログラムは、個人を対象としたものと、集団を対象としたものがあり、問題解決のために話し合い具体的に実行に移すもの、専門的知識を伝えるもの、エンカウンター・グループ（グループアプローチの一つ。グループメンバーとの交流を通して、自己理解や他者理解を深め、心理的成長を目的とする）のような体験を通じて行われるものなどがある。学校では、心理教育はスクールカウンセラーの活動の一つでもあり、児童生徒や保護者全体の自己対処力の向上を目指している。⇨ カウンセリング心理学、学校教育、学校適応、危機予防モデル
　　　　　　　　　　　　　　［小保方晶子］

心理言語学
psycholinguistics ; psychology of language

　心理学の分野内、または心理学的な観点で行われる言語研究。前者は、言語心理学とも呼ばれるが、言語学と心理学の境界域が広がり後者のような研究には心理言語学という呼称が使われるようになった。言語理解における心理現象、言語産出における心理現象、言語獲得の過程とその仕組み、の三つに関する研究がされている。そのなかでも、子どもの言語発達に関する実証的な研究をする発達心理言語学と発話の産出や理解の心理学的解明をする実験心理言語学が特に知られている。また脳科学との関連も深く、1980年以降、脳内の各部の生理学的な活性を測定しイメージ化するという脳機能画像技法の急速な発展により、言語の理解、産出、獲得のメカニズムに関する新たな発見が期待される。これらの成果は、言語と認知や言語と思考の関係、言語構造、動物の言語などの解明にも繋がるとされている。⇨ 言語学、発達心理学
　　　　　　　　　　　　　　　［北出慶子］

心理検査
psychological testing

　個人や集団に対して何らかの課題を与え、その心理状態や心理的特性を把握する方法。心理検査は、列挙された質問項目に対して選択肢を選ぶことで回答していく質問紙法（目録法）、あいまいで意図の分かりにくい刺激や課題に対してどのように反応するかをみることで性格や心理状態を推測する投映法（投影法）、ルールの決まった課題遂行時の作業スピードと正確さをみる作業検査法の3種に分類される。個々の心理検査の弱点を補い合うために、複数の異なる検査を組み合わせるテスト・バッテリーが行われている。信頼性・妥当性・費用対効果の低い検査の使用が課題となっている。心理検査は人事労務の領域やキャリアカウンセリングなどで使用されることも多いが、医療領域では保険点数を請求できる検査として盛んに使用されており、臨床心理職の大きな仕事領域の一つとなっている。⇨ 信頼性、妥当性　　　［石丸径一郎］

心理師、心理士　⇨ 公認心理師

心理主義
psychologism

　社会から個人の内面へと人びとの関心が

移行する傾向、社会現象を社会や環境からではなく個々人の内面から理解しようとする傾向を心理主義という。人間の行動の原因は性格や自己意識をはじめとする内面にあって、行動を変えるためには内面を変えなければならないと理解してしまう傾向でもある。心理主義を採用することは、社会や環境、そして特殊な環境である他者から切り離された孤立した人を想定することにつながる。このように、人が社会や環境のなかで誕生し育まれてきたことに注意が払われていないことは、人や人の心を理解する枠組みとしては不十分である。人が生きている現場あるいは脈絡を重視する質的研究において、心理主義に陥らない人の単位を示していくことや構想していくことは大きな課題である。⇨アイデンティティ、観察の単位、個体主義パラダイム、心身二元論、他者　　　　　　　　　　　　［松本光太郎］

心理人類学
psychological anthropology

心理人類学という用語の初出は、シュウ（Francis L. K. Hsu）の *Psychological anthropology：Approaches to culture and personality*（1961）である。民族誌データがある程度集積された1920年頃に二つの理論化への志向が生まれた。一つは、社会（the social）と個人の心理（the psychic）を別次元とし社会次元に着目する立場、もう一つは、社会と個人の関係を研究するべきだとするミード（Margaret Mead）やベネディクト（Ruth Benedict）らの立場で、「文化とパーソナリティ派」と呼ばれた。しかし、1960年代に「文化」概念が問い直され、個々人は相互に異なりながらもどこかで「同じ」と思い得る範囲に「文化」があるとされるようになり、従来の「文化とパーソナリティ」論が、成員一人ひとりが文化の写し（replica）を生育過程で獲得すると考えたことが、同一文化内の個人差への考慮がないと批判された。また、個人と社会・文化の一生続く相互作用のプロセスへ

の関心は、パーソナリティ以外の認知・思考・学習などの心的機能にも拡大し、「心理人類学」という新領域が生まれてきた。⇨文化心理学　　　　　　　　　［箕浦康子］

心理的健康
mental health

心理面における健康のこと。しばしば、日常の対人関係やストレスへの対処能力も含まれる。精神的健康、精神保健、精神衛生、メンタルヘルスともいう。特にメンタルヘルスという場合には、心理状態だけでなく、心理的健康を増進する活動を含める場合もある。WHO（世界保健機関）の定義では、自分の可能性を認識でき、人生の一般的なストレスに対処でき、生産的で実り豊かに働くことができ、自分のコミュニティに貢献できるような、精神的に満たされた状態とされる。また、アメリカ心理学会の定義では、生産的な活動を行え、健全な対人関係をとれ、変化に適応し逆境に対処できる能力を導くような、日々の活動における効果的な心理機能とされる。心理的健康は、人間関係をはじめとしたコミュニティ（地域社会・学校・企業など）と相互に影響し合うため、心理的健康を促進するためのアプローチでは、しばしば、個人だけでなく集団に介入することが目指される。⇨公衆衛生、精神医学、地域保健、臨床心理学　　　　　　　　　　　　　［綾城初穂］

心理的道具
psychological tool

ヴィゴツキー（Lev S. Vygotsky）は、人間は道具を使って自分の活動性の範囲を無限に広げるという点で、あらゆる動物を凌駕するとして、人間の発達に果たしている道具の役割を強調する。人は道具を生みだし、それを文化のなかに蓄積してきた。人は文化的道具を媒介にしながら外部の対象に働きかけ、またそれらを理解していく。これが自己の精神世界を形成していく過程であり、それを支えているのが文化的道具

である。ヴィゴツキーは、文化的道具を自然の諸過程を支配する手段としての道具（技術的道具）と、社会的交通や結合の手段としての言語に代表される心理的道具を区別している。心理的道具は、自分ないしは他人の行動に対する心理的作用の手段であり、内面的な活動の手段である。ヴィゴツキーは文化的道具のなかでも言語の働きを重点的に取り上げているが、人と人との間の社会的活動＝コミュニケーションの手段であったものが、個人の内的な思考活動の手段になっていくからである。⇨ヴィゴツキー、記号、社会文化的アプローチ、媒介された行為、媒介物　　　　　　［佐藤公治］

心理療法
psychotherapy

　心の悩みを抱えて来談したクライエント（client）に対して、専門的な訓練を積んだセラピスト（therapist）が、クライエントとの信頼関係をもとに、さまざまな心理学的技法を用いて支援すること。セラピストはクライエントとの言語的・非言語的コミュニケーションを通して、クライエントの症状や問題行動を消失、軽減させたり、クライエントの生きやすさや精神的健康を回復、増進させたりすることを目指す。心理療法には、精神分析療法、認知行動療法（CBT）、来談者中心療法をはじめ、さまざまな理論と技法がある。クライエント個人を対象として行われる場合が多いが、家族、集団を対象に行われることもある。臨床心理学においては心理療法、精神医学においては精神療法という呼称が、通常用いられる。なお、心理療法を行う者は、セラピスト以外に、心理療法家（psychotherapist）、カウンセラー（counselor）などとも呼ばれ、心理療法を受けるクライエントは、来談者とも呼ばれる。⇨精神分析、認知行動療法（CBT）、来談者中心療法　　　　　　　　　　　　　　　［沢宮容子］

神話学
mythology

　神話を研究する学問であり、民族学、人類学、社会学、歴史学、言語学、文学、哲学などのほか心理学からのアプローチもある。フロイト（Sigmund Freud）は神話を、隠された意味をもつ夢と比較して、その属する文化のあり方に光を当てるものと考えた。またオイディプス神話のように、人類の本質そのものを解明する手がかりとなる場合もあると論じた。ユング（Carl G. Jung）の分析心理学では、原初的イメージを元型と呼び集合的無意識のうちに内在されたものとみなした。河合隼雄は日本神話に頻出するトリオの神々において、真中の神が何もしないという「中空構造」の存在を指摘し、これが日本人のリーダーシップにおける調整機能の重視など、さまざまなメンタリティにつながっていると考えた。レヴィ＝ストロース（Claude Lévi–Strauss）の構造人類学では神話は親族構造とならび重要な分析対象となった。⇨河合隼雄、構造人類学、フロイト、ユング、レヴィ＝ストロース　　　　　　　　　　　　　　　［山田仁史］

す

垂直的次元／水平的次元
vertical view ／ horizontal view

　学習・発達に対する二つの見方。垂直的次元は、学習・発達を、スキルや知識の水準がより低次の段階からより高次の段階へと上昇していく（より有能になっていく）熟達過程としてとらえる。一方、水平的次元は、人びとは特定の文脈のなかでのみ（垂直方向へ）発達していくのではなく、多様な社会的文脈をあちらこちらに横断し人やモノの関係が変化していくことととらえる。その過程でたとえば、以前の文脈での熟達が次の文脈では否定的に位置づけられ省察を迫られたり、両文化の特質を混交さ

せる形で文脈や文脈間関係を創り変えたりする。水平的次元は、1990年代に活動理論家エンゲストローム（Yrjö Engeström）らが、垂直的次元一辺倒だった従来の学習論に対し、新たにスポットライトを当てるべき学習の側面として言及したもので、越境の概念と並列して論じられる。ただし、両次元は単純な二項対立関係にあるのではなく、前進しようという垂直運動と、複数の文脈の間の水平運動とは、異種混交しながら進行する。⇨越境、学習転移、学習の理論、拡張的学習、文化－歴史的活動理論

［香川秀太］

図解 ⇨**カテゴリー関連図**

SCAT
（スキャット）

Steps for Coding and Theorization

　質的研究のための質的データ分析手法の一つ。大谷尚によって2007年に提案されたもので、マトリクスのなかにセグメント化したデータを記述し、そのそれぞれに、〈1〉データのなかの着目すべき語句、〈2〉それを言い換えるためのデータ外の語句、〈3〉それを説明するための語句、〈4〉そこから浮き上がるテーマ・構成概念、の順にコードを考えて付していく4ステップのコード化と、〈4〉のテーマ・構成概念を紡いでストーリーラインを記述し、そこから理論記述を行う手続きとからなる分析手法である。この手法は、比較的小規模のデータの分析にも有効である。また、明示的で定式的な手続きを有するため、初学者にも着手しやすいだけでなく、分析の妥当性確認が行いやすい。くわえて、分析過程に脱文脈化（〈1〉－〈4〉）と再文脈化（ストーリーラインと理論記述）の手続きを有しており、理論化に適している。SCATはシークエンス分析と主題分析の両方の特徴を有しており、多様なパラダイムの研究で用いることができる。⇨シークエンス分析、質的データ分析、主題分析、ストーリーライン、パラダイム

［大谷尚］

スクール・カウンセリング
school counseling

　学校において児童生徒の心理的な発達を援助する活動。実際の活動形態は国によって大きく異なる。日本の場合は、文部省（当時）により1995年から始められた公立学校におけるスクール・カウンセラーの活動が、その代表例。この事業はいじめや不登校の支援を主眼としてスタートした。その後規模を拡大させながら発展を続け、現在では「チーム学校」という考え方に基づき、多職種連携の一員として配置の拡大が進められており、多くの学校にスクール・カウンセラーが勤務している。主な業務は児童生徒や教職員、保護者の相談・助言、教職員のコンサルテーション、相談対象者の心理アセスメント、メンタルヘルス研修、関係機関との連携やコミュニティ支援、学校危機対応における心のケアなどである。高度な専門性と外部性が重視され、資格や研修、スーパービジョンなどについて全国で共通した制度の確立が求められる。⇨学校適応、発達障害、不登校

［金丸隆太］

スター〔1954-2010〕
Susan Leigh Star

　米国の社会学者。ストラウス（Anselm L. Strauss）に師事、シンボリック相互作用論の流れをくむ。彼女自身が玉ねぎアレルギーであるという日常的な題材から出発し、標準や分類からこぼれ落ちるものに注目したり、情報システムのように、見過ごされやすいインフラストラクチャーにあえて目を向けたりするユニークな議論を展開した。なかでも、複数のコミュニティ間の協働を支える人工物である、境界オブジェクトの概念がよく知られている。科学技術社会学を中心にしつつ、アクターネットワーク理論、活動理論の研究者とも交流し、*Computer Supported Cooperative Work*誌の創刊にもかかわるなど多方面で活躍したが、2010年に急逝した。⇨アクター

ネットワーク理論、境界オブジェクト、シンボリック相互作用論、ストラウス、文化－歴史的活動理論　　　　　　　　[青山征彦]

スティグマ
stigma

　語源は、ギリシア語で、印、刺青。奴隷や犯罪者や反逆者の身体上の刻印。烙印。ゴッフマン（Erving Goffman）はこの用語を否定的に扱われる社会的アイデンティティ一般（たとえば「障害者」「黒人」）に拡張し、相互行為秩序の観点から検討した。社会科学的には、スティグマ化（stigmatization）のメカニズムの探究が重要である。たとえば、生活困窮者が生活保護を受けることが、一方では救済でありながら、もう一方ではスティグマ化でもあり得ることが、保護が忌避される原因、ひいては漏給率が高止まりする原因であるといわれている。なお、現代では性的マイノリティが自らを誇りをもってクィアと自称するように、既存の否定的なスティグマを隠蔽せず、そのままで肯定的に再評価する転換作業（スティグマの転換）が当事者によって行われることがあり、反差別の手法としての可能性に期待が寄せられている。　⇒イメージ、カテゴリー、ゴッフマン、差別、ラベリング理論
　　　　　　　　　　　　　　　　[樫田美雄]

ステークホルダー
stakeholder

　行政や企業といった組織の運営、および事業の遂行に対して、直接的、間接的に深く関係している人びとのこと。「メンバー」よりも利害関係という意味合いが強く、日本語では「利害関係者」と訳され、専門職に限らず非専門職もそこに含まれる。ステークホルダーという言葉は、企業の経営を論じる際によく用いられるだけでなく、近年はほかの文脈でも使われる。たとえば、高齢化が進むコミュニティの活性化においては、自治体職員、社会福祉や住民団体はもとより、交通事業者、小売店な

ども該当する。また、地域の観光資源の活用方法を考える場合においては、経営者のみならず観光客もステークホルダーになり得る。最近は、問題解決を志向するタイプの質的研究においてもこの用語は使われており、ステークホルダー同士の問題に関する合意のみならず、非合意の合意がテーマとされることもある。　⇒アクションリサーチ、実践研究、フィールド研究　　[田垣正晋]

ストーリーライン
storyline

　一般的には研究対象となる現象を文章表現したものをいう場合もあるが、特にグラウンデッド・セオリーの手順のなかでは、諸概念間の関連を表す「カテゴリー関連図」を、文章の形で表したものを指す。グラウンデッド・セオリーでは研究対象を概念レベルで整理し把握していくことを試みるが、その際の概念は抽象度の低いものからより高いものへ順次段階的に水準が上げられていく。現象を概念化するに当たっては、抽象度に応じてオープンコード化、軸足コード化、選択的コード化が行きつ戻りつしながら用いられ、抽象度を上げていく途中のさまざまな段階でストーリーラインが作られる。そして最終的には、コアカテゴリーを中心に抽象度の高いいくつかのカテゴリーが関連づけられるが、それら相互の関連を文章表現したストーリーラインが、最終生成物たる理論となっていく。⇒オープンコード化、グラウンデッド・セオリー、コアカテゴリー、軸足コード化、選択的コード化　　　　　　　　　[森岡崇]

ストーリー領域
storyrealm

　ナラティブにおける発話行為（語り方）を意味し、語り手と聴き手の関係が現れる領域のことで、物語世界と対になる用語。ストーリー領域は物語が語られる基盤をなし、そこでは語り手と聴き手が問いや応答といった相互行為（対話）を通して協働で

物語の展開を方向づけるだけでなく、語り手や聴き手の物語に対する価値評価や態度が現れている。ナラティブは、これまで主に語られたことに注意が向けられてきたが、その意味を十分に理解するためには、むしろ語り手と聴き手のコミュニケーションのあり方に着目する必要がある。語られた過去の物語が語り手の現在の価値評価として表されるのも、聴き手との相互行為を通してである。語り手と聴き手の関係に非対称な権力関係が孕まれ、それが語りがたさや沈黙などを生みだし物語の内容を左右していることに気づくことができるのも、この領域である。ナラティブの理解には、こうした権力行使や物語の価値評価などが込められた発話行為の領域が無視できない。⇨コミュニケーション、対話、ナラティブ（ナラティヴ）、物語世界　　　　　　［桜井 厚］

ストラウス〔1916–1996〕
Anselm L. Strauss

　米国の社会学者・社会心理学者。質的調査研究の分野ではグレイザー（Barney G. Glaser）と共にグラウンデッド・セオリーを共同開発した人物として知られている。理論的系譜としてはブルーマー（Herbert G. Blumer）のシンボリック相互作用論の流れをくむ論客として位置づけることができ、その流麗な文体で提示される社会的世界論やアイデンティティ論、交渉的秩序論などは特に有名である。医療社会学の分野では慢性疾患や死の認識の仕方などに関する経験的調査研究を始めとした研究業績も数多い。出会う相手を温かく包み込むような人間的魅力に満ち溢れた稀有な人物であっただけに、生前、共同研究者からの信頼も厚かった点はうなずけるところがある。⇨グラウンデッド・セオリー、グレイザー、死のアウェアネス理論、シンボリック相互作用論、慢性疾患　　　　　　　　　　［水野節夫］

ストレスマネジメント
stress management

　ラザルス（Richard S. Lazarus）は、「外界の刺激」が直接的にストレス反応をもたらすのではなく、刺激が脅威的であるか否かを判断する「認知的評価過程」、脅威的と判断された刺激に対処する「対処過程」によって「ストレス反応」が規定されるとした。ストレスマネジメントは、ラザルスの提起したストレス過程に沿って、「ストレスとなり得る刺激自体をなくしたり減らしたりする」「認知過程に働きかけて否定的な物事のとらえ方を改善する」「さまざまな対処方法を身に着ける」「リラクセーションなどで、生じたストレス反応を緩和する」ことで、ストレスによる心身や行動面への悪影響を緩和する取り組みである。セルフケアの方法として、労働者のメンタルヘルスの保持・増進、児童生徒の学校不適応の予防などのために、広く普及している。日常的なストレスに加え、自然災害や事件・事故後の心理支援においても、ストレスマネジメントの理論と技法が活用されている。⇨心理教育　　　　　　　［窪田由紀］

ズナニエッキ〔1882–1958〕
Florian Witold Znaniecki

　ポーランド生まれの社会学者。米国に渡り、シカゴ大学のトマス（William I. Thomas）とともに、『ヨーロッパとアメリカにおけるポーランド農民』（原著1918–20）を著す。農民たちが交換した手紙や生活史記録などをデータとして用いながら、社会変動と移住による環境の変化に農民たちがいかに適応していったのかを記述したこの著作は、生活史研究の先駆けと評価される。また本書は、「社会的価値」と「態度」の相互作用のなかで「状況の定義」が構成され、人びとの行為が導かれるという視点を提示している。ズナニエッキは、『社会学の方法』（同1934）において、社会学を文化現象としての社会的実在を対象とする科学と位置づけ、そこで使用されるデータが、意識的な

人間主体の経験や活動にかかわる「人間係数」であるという点で、自然科学とは異なると主張した。⇨生活史法、状況の定義

[鈴木智之]

スノーボール・サンプリング
snowball sampling

スノーボール・サンプリング（雪だるま式サンプリング）とは、次々に人を紹介してもらうことで雪だるま式にインフォーマント（情報提供者）の輪を広げていく戦略である。「代表的」あるいは「典型的」と考えられるインフォーマントを抽出する有意抽出法の一つである。なかでもスノーボール・サンプリングは、ラポール（信頼関係）がある程度形成されているインフォーマントを軸に、人的ネットワークをたどることからネットワーク標本抽出法に分類される。質的研究で広く使われるサンプリングの方法であり、最初に知り合いになったインフォーマントから、研究にとって適切と思われる人物やそれに類した人物をインフォーマントとして紹介してくれるように依頼することで、一つの事例から次の事例へと進むことが可能になる。⇨インフォーマント、サンプリング、サンプリング戦略

[木戸彩恵]

スピリチュアリティ
spirituality

語源である「spirit」の状態を意味する。「spirit」は肉体的な側面に対する非肉体的な息・活力・魂のようなものであり、特にユダヤ・キリスト教文化では「神（父）の息」と考えられている。そのため宗教性との区別があいまいで、宗教性の下部概念とみなす立場と、宗教を超えた幅広い概念（例：人文学）とする立場がある。歴史的にはジェームズ（William James）が1902年に『宗教的経験の諸相』で言及しており、その後流行した超心理学でも中心的な概念として取り上げられた。20世紀における行動主義の台頭により、宗教性と関連の強いスピリチュアリティは一時心理学から排除されたが、近年また徐々にその研究数が増えてきている。日本では、2000年以前はスピリチュアリティということば自体がほとんど認知されず、精神性や仏性などと訳されていた。近年その認知度は高まってきているが、オカルト性を含んだ日本独自の解釈がされているという懸念もある。⇨行動主義、ジェームズ、宗教、超心理学

[Masami Takahashi]

スプラッドリー〔1933–1982〕
James P. Spradley

米国の人類学者、エスノグラファー。1969年よりマカレスター大学人類学部教授として教鞭をとる。初学者にも分かりやすいように意図された、12のステップから成るエスノグラフィーのフィールドワークの系統的アプローチ法を開発し、これを『参加観察法入門』（原著1980）として著した。都市の社会的底辺にある人びとに関するエスノグラフィーや、聴覚障害の子どもに向き合う家族の世界に焦点を当てたエスノグラフィーなど、いくつかの研究も出版されている。⇨エスノグラフィー、参加観察、参与観察

[田中美恵子]

スミス〔生年非公表〕
Jonathan Alan Smith

英国の心理学者。ロンドン大学バークベック校教授。IPA（解釈的現象学的分析）の開発者。ケンブリッジ大学で英語を専攻してジャーナリズム界に身をおいた後にオックスフォード大学にてハレ（Rom Harré）に師事。社会心理学を基本にアイデンティティの哲学などに興味をもつ。1996年に論文Beyond the divide between cognition and discourseを公刊しIPAを世に知らしめた。次いで、妊娠・出産における母親への移行における自己のあり方についてIPAを用いた研究を行った。さらに、健康、セクシュアリティ、精神的苦痛、アイデンティティなどの問題についてIPAを

用いて精力的に研究を続けている。また、*Qualitative psychology*（2007）など質的研究全般や質的研究法に関するテキストも数多く著している。⇨IPA、解釈学、現象学、個性記述的方法　　　　　　　［サトウタツヤ］

スモールストーリー
⇨**大きな物語／小さな物語**

せ

成員性
membership

　ある実践共同体に参加している状態を表す用語である。どのような実践共同体であれ、成員性を有していれば、人は自分がそこでコンピタンスを発揮していることを経験しており、他者のふるまいの意味や動機がわかり、どのように関係をもてばよいかがわかる。また、コミュニケーションや活動をともにするためのリソースをもってもいる。成員となるうえでは、当該の実践共同体への参加こそが重要であり、必ずしも「資格」「役割」といった物象化（reification）を伴わない。成員性をもつことは、当事者のアイデンティティをかたち作るものにもなるが、参加の条件は、ときに本人にとってプレッシャーを与えるものにもなるし、共同体の一員であることに周縁性を感じることもある。実践共同体へのアクセスは、誰にとっても容易なものもあれば、ゲートキーパーによって厳格にコントロールされているものもある。⇨正統的周辺参加、状況的学習論、実践共同体、多重成員性、徒弟制　　　　　　　　　　　［松嶋秀明］

成員性カテゴリー化装置
membership categorization device

　成員性に基づいて、さまざまな類型化を行う規則とその使用法のこと。単に人を指示するのではなく、人が分類される点を指示して、成員カテゴリー装置と訳されることもある。エスノメソドロジーにおいては、パーソンズ（Talcott Parsons）が「文化」と呼んだものを「成員性」と呼ぶ。「成員性」は、人びとが類型化を行うことを可能にしており、また、その人びとの「成員性」は、具体的にどのような類型化を行うかによって表示される。サックス（Harvey Sacks）は、「一貫性規則」「節約規則」「カテゴリーと結びついた活動」のように、「成員性」に基づく常識によって、社会的な相互行為をスムーズかつ豊かな推断に富んだものにしている類型化の規則とその使用法を特定した。また、サックスは、社会調査において、調査対象者が同時に複数のカテゴリーに当てはまるのに、どの属性が「適切な関連性（レリバンス）」をもつのかに無頓着な実証主義の営みには致命的な弱点があることを指摘し、成員性カテゴリーの分析によって、それを克服しようとした。⇨エスノメソドロジー、会話分析、サックス、実証主義、レリバンス　　　　　［岡田光弘］

生活史法
life history method

　生活史資料を用いた人間理解の方法。生活史資料とは、本人の手による自伝や、調査者の媒介によって産み出される伝記やライフストーリーをはじめとして、日記、手紙、写真、映像、創作など、幅広い個人的記録を含む。個人の主観的現実や、生の軌跡、個人と社会の相互規定性などを把握し、考察するために活用される。社会科学における生活史法の源流の一つとして、移民の自伝や手紙を活用したトマス（William I. Thomas）とズナニエッキ（Florian W. Znaniecki）の『ヨーロッパとアメリカにおけるポーランド農民』（原著1918-20）があげられる。社会学者の中野卓は、1977年の編著『口述の生活史』において、特定個人の語る生活史を正面から取り上げ、調査者と被調査者との出会いと関係のなかで実践する研究のあり方を提起した。研究者

は、インタビュー場面では主体的な聞き手となり、成果をまとめる局面では収集した諸資料の編集を担う編み手となる。 ⇨ インタビュー、オーラルヒストリー、伝記、ライフストーリー、ライフヒストリー〔石井宏典〕

生活世界
〔独〕**Lebenswelt**；〔英〕**life‒world**

　現象学の創始者フッサール（Edmund Husserl）が提唱した概念で、人間が日々生きている具体的な意味世界のこと。ただし、日常生活の事実をそのまま意味しているわけではない。それは人びとの「生きられた経験（lived experience）」が成立する根源的地平であり、相対的な世界でありながらも普遍的な構造をもつ。フッサールはこのような人間の生の意識から意味としての経験を成り立たせる領域を生活世界と名づけ、近代の客観主義的・合理主義的な学問世界と区別した。しかし通常は、客観的学問の世界が優位であると素朴に信じられているため、エポケーを通じてその優位性を逆転し、生活世界における生きられた意味を明らかにしなければならないとした（現象学的還元）。これによって学的世界はあらためて基礎づけられ、本質的学問として再出発できるという。この概念は、後にメルロ＝ポンティ（Maurice Merleau‒Ponty）によって身体に基づく生活世界へと変奏され、また、シュッツ（Alfred Schütz）により現象学的社会学の主要概念とされた。⇨ エポケー、現象学、現象学的還元、フッサール　　　　　　　　　　　〔植田嘉好子〕

生活的概念
everyday concept

　ロシア（旧ソ連）の心理学者、ヴィゴツキー（Lev S. Vygotsky）によって使用された概念。自然発生的概念とも呼ばれる。主に、同じ空間にいる相手とのコミュニケーションにおいて、具体的な対象物を指示するものとして機能する知識を示す。大人が「花」などといいながら、同じ空間にいる子どもに具体的な対象物を示す、主に話し言葉のなかで展開される知識が想定される。生活的概念は言葉は子どもの生活環境における事象の、具体的な特徴を把握する形で意味づけられる。したがって「花」という言葉が、「バラ」「サクラ」などと並列的に使用されるような事態が生じ得る。この場合の「花」は、「バラ」「サクラ」などの具体的な性質を論理的に抽象化した上位概念として機能してはいないのである。その意味で生活的概念は真の概念とはいえず、ヴィゴツキーも仮の名称であると断っている。学齢期以前に子どもらが得ている知識の多くは、生活的概念として機能しているものである。⇨ ヴィゴツキー、科学的概念、発達の最近接領域、ピアジェ　〔田島充士〕

星座
constellation

　現実を構成する多様に解釈可能な事象のうち、特定の要素だけを取捨選択し、地から図を浮かび上がらせる観察のことを指す。星座を見る際、頂点となる星以外にも周辺に数多の星が見えるが、それらは星座としては観察されない。星座とは、宇宙に実在する形象ではなく、神々や動物のイメージを参照し、あえて見ることとあえて見ないことを行った社会文化歴史的な観察である。たとえば「学習」「知能」「成功・失敗」「音階」がその例である。学習を例にあげた場合、どんな行動に注目し、過去のどの地点とどの未来とを比較するかは、観察者によって任意に設定される。複雑な現実の成り立ちのなかから、学習者の人生の任意の期間を切り取り、その間の特定の行動変化をあえて可視的にすることは、科学的な操作というよりは人間的な思惑であり、ここでいう星座の観察である。状況的学習論や社会文化的アプローチは、人間の行動に関して、個体主義パラダイムとは異なる要素をピックアップして、それら要素の連なりから描きだす観察のあり方だととらえられる。 ⇨ 可視／不可視、観察、個体

主義パラダイム、社会文化的アプローチ、状況的学習論　　　　　　　　　　　［有元典文］

政策研究
policy studies

　中央政府および地方自治体における公共政策、および、ステークホルダー（利害関係者）が関与しながら政策が形成され実施される過程に関する研究のことである。ヨーロッパでは、質的研究を活用する動きがみられ、学会の開催や、論文の特集号の刊行がなされている。日本においても、地方自治体の社会福祉や地域保健分野において質的研究が導入されている。たとえば地域福祉計画、障害者計画といった行政計画を策定する際の、住民や地域団体のキーパーソンに対する個別のインタビューやフォーカスグループ・インタビュー、質問紙調査における自由記述データの分析などである。質的研究の特徴の一つは、特定の文脈に限定されたデータをもとにして、ローカルな知見を生みだすことであり、これは、地方自治体の地域事情の検討に適している。ただし、質的研究の特徴が十分に理解されていないことが多く、研究者による理論上の支援が求められる。⇨アクションリサーチ、グループ・インタビュー、参加観察、質問紙調査、フォーカスグループ・インタビュー　　　　　　　［田垣正晋］

省察
reflection

　過去の経験の振り返りや現時の状況下での認知過程や情動状態を思考のなかで確認することで、自身の活動や信念などの問題を把握し、それらの問題解決を志向し展望する思考様式。心理学者のデューイ（John Dewey）が1933年に「思考の方法」の一種として問題解決に資する省察の重要性を示し、示唆、知的整理、指導観念、推論、行動に基づく仮説検証、という5局面が重層する探究過程として論じた。その後、1983年に哲学者であるショーン（Donald A. Schön）が専門職の実践と見識を特徴づける概念枠組みとして検証を進めた。ショーンによる専門職の実践事例研究から、自身の行為を伴う経験後にその経験を振り返り内省することで行為を改善していく省察の様式と、自身の行為の進行中に思考を意識し、立ち止まり、状況と対話しながら現時の関係把握、認知モニタリング、情動状態へのアプローチなどを行うことで状況改善に向けた適切な判断を可能にする省察の様式が明らかとなっている。なお、省察の二様式は互いに連続し重層しており、密接不可分な関係にある。⇨経験と体験、情動、省察的実践、デューイ、認知　　　［木村 優］

省察的実践
reflective practice

　専門職の実践過程における個別具体的な問題状況を見きわめる「状況との対話」と、問題解決を目指す「行為の中の省察」を基盤とした実践とその構築主義的認識。1983年に哲学者のショーン（Donald A. Schön）により専門職の行為、思考、実践の認識論を表す概念として提起された。科学的理論や技術を問題解決に合理的に適用する技術的合理性モデルの認識論と、そのモデルの基盤となる実証主義哲学に支配された専門職の実践を解放、脱構築し、専門職の研究と教育のパラダイム転換を引き起こした。専門職による問題状況の把握と診断、省察的思考の展開、実践の中の理論生成、問題解決の選択と実行という一連の過程であり、実践と理論の二重ループの学習の積み重ねと組織学習により、専門職自身のフレーム（世界の見方）が絶えず問い直されていく。この問い直しにより、実践は常に刷新され続け、実践の効果も長期的に増すとされる。省察的実践の概念は現在、幅広く多様な専門職の研究の理論的支柱に位置づく。⇨構築主義、実証主義、実践の中の理論、省察、組織学習　　　　　　　［木村 優］

政治
politics

一般に、さまざまな場面で、権力と公共性を巡って、人びとが構成する社会的現実と、それに対する人びとの関心のあり方のこと。伝統的には、国家による公権力と人びととの関係や、公的領域における利害関係の調整などが中心的な話題として議論され、アクター間の対立や協調の動態に関心が寄せられてきた。最近では、市民社会の諸団体・諸組織や各種のメディアなどさまざまなアクターを交え、多様な権力のあり方やローカルな公共性についても論じられるとともに、科学・文化・歴史など多様な領域との関係も検討され、さらに、何を政治的課題として構築するかということに関する議論も展開されてきている。こうした政治概念の拡張に伴って、社会に権力が遍在することが明らかになり、そのあり方が問題になっている。たとえば、さまざまなマイノリティに関する分野でのアイデンティティ・ポリティクスや語りの政治性など質的心理学研究との親和性が高い。⇒アイデンティティ、権力、市民参加、社会運動　　　　　　　　　　　［渥美公秀］

生殖 (リプロダクション)
reproduction

リプロダクションは、ミクロには出産をマクロには社会の再生産を意味し、個人のライフ（生命、生活、人生）をはじめ、親子や家族、そして社会の持続的な生成を扱う。リプロダクティブ・ヘルス／ライツは、1994年にカイロで開催された国際人口・開発会議で承認を得た、女性が身体的・精神的・社会的な健康を維持し、子どもを産むか、いつ何人産むかなどを自ら選択・決定する権利を指す。思春期保健、性感染症、家族計画、不妊と不妊治療（生殖補助医療）、人工妊娠中絶、妊産婦の健康、母子保健、ジェンダーに基づく暴力などのテーマがある。また、次世代の価値を生みだす行為に積極的に関与する側面も重要である。心理社会的観点を強調し老年期までの人生を8段階に分け発達理論を提唱したエリクソン（Erik H. Erikson）は、成人後期の心理社会的危機を「生殖性 対 停滞性」とした。生殖性はgenerate（生みだす）とgeneration（世代）をかけあわせたgenerativity（ジェネラティビティ）として生産性や創造性を含めて理解される。⇒家族、ジェネラティビティ、妊娠・出産、ライフ　　　　　　　　　　　　　　［安田裕子］

生殖補助医療
assisted reproductive technologies：ART

ヒトの妊娠・出産を科学技術をもって補助する医療のことであり、不妊治療と重なる概念である。体外受精や精子、卵子、着床前胚の凍結保存など、用いられる技術はさまざまで、急速に発展しつつある。日本では2015年には子どもの20人に1人、約5万人が体外受精で生まれているが、生殖補助医療についての法的整備はほとんどされていない。また、諸外国では同性カップル、事実婚夫婦、シングルなど多様な家族形態の人びとに治療を受ける権利を認める傾向にあるが、日本では法律婚下の異性愛カップルに限られるなど、伝統的な家族の枠内から離れず、旧来の伝統的家族観が結果として補強される傾向にある。さらに、当該医療の実践に関しては「死後生殖」「代理懐胎」「子どもの出自を知る権利」など、倫理に関する議論は必須といえる。新しい形での親子関係や家族のあり方にまで視野に入れた議論が必要であろう。⇒親子関係、家族、生殖（リプロダクション）、性的マイノリティ、妊娠・出産　　　［竹田恵子］

精神医学
psychiatry

人の精神の病的状態に関連する研究や治療にかかわる医学の一分野。精神障害者を解放したピネル（Philippe Pinel）を創始者とし、1990年代にクレペリン（Emil Kraepelin）が早発性痴呆と躁うつ病を二大疾病単位

として提唱した後に医学として確立した。1950年代に抗精神病薬クロルプロマジンが開発されて後、向精神薬による治療が普及するにつれ、フロイト（Sigmund Freud）を創始とする精神分析は衰退していく。今日では、生物－心理－社会モデルを背景に多側面を統合的に診断することが謳われ、面接と観察を基本にしつつ、DSM（精神疾患の診断・統計マニュアル）などの症候論的診断と脳画像などの補助診断器具も用いたエビデンスベイスト・メディスン（evidence-based-medicine）への志向が主流である。公認心理師法（2017〔平成29〕年施行）では多職種連携が掲げられたが、先のモデルの「生物」では向精神薬や医療者－当事者間の相互交渉の意味づけ、また「社会」では制度（精神科病院や専門職、精神保健の関連法・制度）を使った精神療法による管理とQOLなどにおいて、質的心理学においては協働できる。 ⇨質的心理学、精神障害　［川野健治］

精神科学
〔独〕**Geisteswissenschaften**

　精神科学とは、ドイツ固有の学問区分で、非自然科学の総体のこと。それゆえ、ドイツ語では単数形Geisteswissenschaftとするよりも、複数形でGeisteswissenschaften、すなわち精神諸科学とすることが多い。日本での区分に沿えば、精神科学とは、人文科学と社会科学を合わせた全体のことである。歴史的には、ディルタイ（Wilhelm Dilthey）の『精神科学序説』（原著1883）で用いられ、ミル（John S. Mill）の使う「道徳科学（moral sciences）」の語が、ドイツ語翻訳では（Geisteswissenschaften）と訳されており、以後それが膾炙していく。ディルタイ自身は、「歴史的－社会的現実を対象とする諸科学の全体」を精神科学と呼んでいる。ヴィンデルバント（Wilhelm Windelband）は、この同じ領域を「歴史科学」と呼び、またリッケルト（Heinrich J. Rickert）は、「文化科学」と呼ぶ。ここには、対象によって学を区分するか、方法に

よって区分するかという、古くて新しい問題がある。心理学は、この渦中にあるといってよい。 ⇨解釈学、科学、新カント派、ディルタイ　　　　　　　　　　　［伊藤直樹］

成人教育
adult education

　成人に対する教育のこと。成人学習ともいう。子どもに対する教育学をペダゴジー（pedagogy）と呼ぶのに対して、成人に対する教育学をアンドラゴジー（andragogy）と呼ぶこともある。大学などの学校によるフォーマルな教育と、社会教育などのノンフォーマルな教育の両方を含む。内容も、識字から、企業内での人材育成や大学院での専門家養成までと広範にわたる。理論としては、成人のニーズに合わせたプログラム開発に主眼をおいたノールズ（Malcolm S. Knowles）のアプローチが知られている。これとは別に、変革のための成人教育を主張する流れもある。農民への識字教育を実践したフレイレ（Paulo Freire）は、教育によって社会問題への関心を高めていくことを目指した。また、メジロー（Jack Mezirow）は、学ぶことによって、学習者が世界を理解する準拠枠が変容する可能性を強調した。関連して、組織学習の分野では、コルブ（David A. Kolb）が、学習者が自らの経験をもとに理解を深めていく経験学習を提唱している。また、近年、一度学習したことを捨て、新たに学び直す学びほぐし（学習棄却）の重要性が注目されている。 ⇨教育学、熟達、省察、組織学習、ワークショップ
　　　　　　　　　　　　　　　［青山征彦］

精神障害
mental disorder

　統一された定義はなく、精神および行動の異常を操作的診断基準により分類した医学的意味と、障害福祉サービスなどの必要性を法的基準により定めた福祉的意味の主に二つがある。WHO（世界保健機関）が採択している国際生活機能分類では、臨床的

に有意な症状と個人的な機能不全の両方が存在する状態とされており、厚生労働省の統計でも使用されている。これに加えてアメリカ精神医学会が発行しているDSM（精神疾患の診断・統計マニュアル）が操作的診断的基準の代表である。日本の「精神保健及び精神障害者福祉に関する法律」では、統合失調症、精神作用物質による急性中毒またはその依存症、知的障害、精神病質その他の精神疾患を有するものと幅広く定義している。一方、「障害者基本法」では、精神障害により継続的に日常生活または社会生活に相当な制限を受ける者が精神障害者であると定めて、生活上の支援の必要性という福祉的意味から障害をとらえている。 ⇨ 生活的概念、精神医学、操作的定義　　　　　　　　　　　　　［吉村夕里］

精神分析
psychoanalysis

　フロイト（Sigmund Freud）の創始した心理的治療の方法であり、患者の無意識を解釈することで、症状の解消を目指す心理療法の一つである。具体的には、患者の幼少期について親子関係を中心に分析し、抑圧された無意識の欲望（エス）、不安を避けようとする自我の無意識的な防衛、無意識化された道徳規範（超自我）に焦点を当て、それぞれを解釈することで、患者に自らの無意識に気づかせる。この方法は、その後の心理的治療に絶大な影響を与え、多様な心理療法の展開の礎を築いた。フロイト以後は、自我心理学、対象関係論、ラカン派など、多くの学派に分かれたが、力動精神医学として20世紀半ばの精神医療をリードしただけでなく、思想、文化、芸術の領域にまで影響を与えた。現在は科学的実証性に乏しいことから、一時期の勢いは失われている。ただ近年では、スペンス（Donard P. Spence）やストロロウ（Robert D. Stolorow）らのように、解釈を絶対に正しい真実とは見ず、治療者と患者の間で構成された物語である、という主張も出てお

り、一部で注目されている。 ⇨ 心理療法、フロイト、ラカン、力動精神医学　　［山竹伸二］

生成継承性　⇨ ジェネラティビティ

生態学的アプローチ
ecological approach

　ギブソン（James J. Gibson）の構想の中心には情報の理論、生態光学（ecological optics）がある。伝統的に光学は放射光に基づくが、ギブソンは放射光が空気中の塵や物質面の肌理で散乱反射して、空気中を定常状態に満たした状態の照明を視覚の根拠とした。照明下ではどこでも360度方向からの光が包囲する。ギブソンはそれを「包囲光（ambient light）」と呼んだ。包囲光は周囲の環境面の配置を投映し視覚情報（包囲光配列）となる。たとえば、日中では包囲光の上半球の構造は粗く、下半球は地面の肌理を投映し密である。上下で違う肌理の構造は、ヒトなど脊椎動物の凸状単眼も、節足動物（昆虫）の凹状複眼も利用可能であり、肌理の流動が姿勢と移動を制御する。周囲面を自然遠近法の原理で立体角群として投映する包囲光配列では、動物の移動に伴い、一つの面を投映した立体角の縁に入れ子状に埋め込まれているほかの立体角が現れる。つまり包囲光配列には環境の部分と全体の視覚が同時に含まれている。 ⇨ アフォーダンス、ギブソン、生態心理学、生態学的環境、ダーウィン、知覚システム　　　　　　　　　　　　　［佐々木正人］

生態学的環境
ecological environment

　ギブソン（James J. Gibson）は、環境は物理的世界ではなく、知覚する能力をもち、自発的に動く動物を取り囲むところとした。動物と環境は相補的で、ある環境（たとえば北半球西岸に分布する流量と流速が増加し濁った河川）はそこに棲息する動物（産卵に遡上する親鮭）を意味する。環境は地面を基礎とし、山、谷、樹木、葉、植物細胞など

の大きさの多様な層で構造化し、小さな単位が大きな単位に埋め込まれていて境界がない。つまり環境分析の固有の単位はない。環境の配置には不変と変化の両面がある。たとえば、床、壁などは相対的に不変であり、家具の配置は変化する。環境の持続は、出来事に出来事が入れ子した系列である。一年は季節から、季節は変化しながら循環する一日の系列からなる。ギブソンは環境を物質、媒質、面に大別した。物質は異種の混淆物で、硬さ、密度、粘性などがあり、媒質の空気は高い均質性のある無色、無臭、透明な気体である。物質と媒質の間に面がある。環境は多数のアフォーダンスを備えている。 ⇨アフォーダンス、ギブソン、生態学的アプローチ、生態心理学、ダーウィン、知覚システム 〔佐々木正人〕

生態学的妥当性
ecological validity

たとえば、カメラのレンズによってとらえられた映像のなかでの対象の間の距離が、それらの事物の実際の距離と同じではないように、知覚が直接扱っている刺激特性（近刺激）と、その生態環境下での物理的状態（遠刺激）との間にはギャップがある。近刺激は、遠刺激の「手がかり（cue）」となるが、それが遠刺激の性質をどの程度反映するかは、生態的な条件によって確率的に決定されるというブルンスウィック（Egon Brunswik）の確率的機能論のなかで提唱された概念。近刺激が遠刺激を代表する程度の高さが、生態学的妥当性であり、環境側の要因・変数の間の相互連関性にかかわる指標である。この概念が拡張されて、心理学研究における測度や変数が、それが対象として扱おうとする現実世界の相互関係をどれだけ代表するか、という研究デザインの現実環境場面への当てはまりを評価する観点となった。環境の秩序構造そのものを探究するギブソン（James J. Gibson）の生態心理学は、その方向で高い妥当性を目指す研究である。 ⇨環境心理学、妥当性、

ブルンスウィック 〔南 博文〕

生態学的知覚システム ⇨知覚システム

生態心理学
ecological psychology

ギブソン（James J. Gibson）は最後の著作タイトルを生態学的アプローチとし、理論が完結していないことを示した。生態心理学の用語は最晩年のメモに数か所みられる。その頃ギブソンは認知様式の一般理論を構想し、知覚とは環境に存在する場所、物、ヒト、動物や、進行中の出来事についての意識で、それに対し世界に存在しないことの想起、想像、夢、まだ存在しないことの予期、判断や予測、幻覚などを非知覚的意識とした。非知覚的意識は知覚経験によって外界の情報に敏感になった知覚系の、情報のない場面での作動だとした。さらに環境の理解（knowing）は知覚の拡張であり、道具（望遠鏡、顕微鏡、多種の計測器）、言語的叙述、絵や動画などの利用もあるとした。ギブソン理論に人類学、言語発達研究などを取り入れる試みにリード（Edward Reed）の『アフォーダンスの心理学』（原著1996）がある。1981年に国際生態心理学会が創設され、学会誌Ecological Psychologyが刊行されている。 ⇨アフォーダンス、ギブソン、生態学的アプローチ、生態学的環境、ダーウィン、知覚システム 〔佐々木正人〕

性的マイノリティ
sexual minorities

性的なあり方が少数派である人びとのこと。同性愛者、両性愛者、トランスジェンダー、インターセックス（性分化疾患）を指すことが多い。字義通りにとれば意味は幅広く、たとえば不妊や早漏なども含めることができる。小児性愛者などと一括りにされる可能性があるため、この言葉を嫌う人びともいる。類義語としてはLGBTやLGBTAIQ（lesbian, gay, bisexual, transgender, asexual, intersex, questioning/queerの頭文字）が

あるが、文字をいくつ連ねてもカバーしきれない範囲があるため使用を避ける者もいる。SOGI（sexual orientation and gender identity）のマイノリティという言い方もあり、これは性指向と性同一性（性自認）のマイノリティのみを指す。現時点では用法が一定しておらず、何を指したいかによって慎重に言葉を使用する必要がある。⇨クィア理論、ジェンダー、性同一性障害、セクシュアリティ、トランスジェンダー

[石丸径一郎]

制度
institution

制度とは、デュルケム（Émile Durkheim）以来、社会学の根本的な概念である。方法論的全体主義に立つデュルケムにとって、制度とは個人を拘束するものである以上に、個人が社会で存立することを可能にする必要不可欠な土台である。すなわち、人間は制度を通して自己のアイデンティティを確立し、制度の文脈のなかで自己の利害関心を形成する。その問題提起を継承したパーソンズ（Talcott Parsons）にとって制度化とは、一定の文化的価値と規範が社会システムの制度として正当性を付与され、それが規範的で道徳的な役割期待として相互行為場面において働くことを意味した。エスノメソドロジーは、こうした制度的場面自体が、メンバーの方法（エスノメソッド）を協働で働かせることによって絶え間なく構築されており、こうした人びとの実践から離れては存立しないことを明らかにした。「制度的文脈の会話分析」は、たとえば、教育などの制度的場面が、日常的に維持される方法的手続きを研究する。⇨エスノメソッド、エスノメソドロジー [山田富秋]

性同一性障害
gender identity disorder

性同一性障害は精神疾患名であり、ジェンダーアイデンティティ（性自認、性同一性）と身体的な性別（生まれた時に社会的に割り当てられた性別）とが一致しないために性別違和感をもつ状態である。典型例では、自分の身体的な性別を強く嫌い、その反対の性に強く惹かれた心理状態が続く。精神医学的支援や身体治療など医学的治療が必要な場合に、医学概念として扱われる。性同一性障害は female to male（性自認が男性、身体的性別が女性）と male to female（性自認が女性、身体的性別が男性）に分類される。国際的には「性同一性障害」という診断名ではなく、病理的な意味合いのない「トランスジェンダー」を使用することが多い。2013年、アメリカ精神医学会による DSM-5（精神疾患の診断・統計マニュアル）においても「性同一性障害」から「性別違和（gender dysphoria：邦訳は日本精神神経学会による）」に変更された。「障害」という用語が削除されたことにより、「疾患」「障害」としての語義が薄まった。国内外において性同一性障害の脱（精神）病理化が広まりつつある。⇨ジェンダー、性的マイノリティ、セクシュアリティ、ダイバーシティ（多様性）、トランスジェンダー [荘島幸子]

正統的周辺参加
legitimate peripheral participation

レイヴ（Jean Lave）とウェンガー（Etienne Wenger）によって、徒弟制をモデルとして提唱された学習論。「学習」を個人内での知識獲得としてとらえるのではなく、何らかの価値観を共有した実践共同体への参加としてとらえる立場である。「新参者」は、ある実践共同体において必ずしも重要ではない役割を与えられて「周辺的（peripheral）」に参加するが、参加の過程で古参者のふるまいをみながら、次第に「十全（full）」的な参加を果たす。このように参加のあり方の変化に伴って、人とモノとの関係性が変化し、技術や知識の熟達が生じる。学習者の実践共同体内でのアイデンティティも変化する。周辺的から十全な参加という一方向の変化のみが想定されているわけではなく、実践共同体に参加しない

という「非-参加のアイデンティティ」や、そこで「隙間の共同体」を形成すること、参加できないと感じられる「周縁性」が経験されることなど、参加のあり方は多様である。⇨成員性、状況的学習論、実践共同体、多重成員性、徒弟制　　［松嶋秀明］

生徒指導
student guidance

　文部科学省によれば「児童生徒が社会の中で自分らしく生きられる大人へと育つよう、その成長・発達を促したり支えたりする意図でなされる働きかけの総称」であり、児童生徒が社会性を身につけたり、社会に受け入れられるかたちで自己実現することを願いながら、自主的で主体的でもある成長・発達の過程を支援していく働きかけを指す。教科指導と並んで、学校教育の根幹を支えるものである。生徒指導は本来、すべての児童生徒を対象とするものであり、また、特定の教師だけではなく、すべての教師が共通理解を図りつつ協働することが目指される。しかし、非行やいじめなどの問題行動への対処では、特定の児童生徒への、（生徒指導主事など）一部の教師による対応がクローズアップされがちである。方法としても、厳格な「毅然とした」対応が志向される一方、教育困難校においては生徒とぶつからず、登校しつづけられることを保障する指導や、対話的で修復的な対応の方向性も模索されつつある。
　⇨学校適応、教育困難校、非行少年［松嶋秀明］

青年心理学
adolescent psychology

　青年心理学は、子どもと大人の間にいる人を青年と呼び、その青年を対象とした心理学である。青年心理学には、発達心理学・社会心理学・臨床心理学など多様なアプローチがある。青年心理学はアメリカ資本主義の危機の中、ホール（G. Stanley Hall）が1904年に著した『青年期』が始まりである。青年期（adolescence）は主体的な自己

形成の開始の時期であり、10代初めに性や自我が芽生えて始まり、20代半ばには社会に移行し、自分にも他人にも責任をもち始めて終わる。青年期は人類の誕生からあるものではなく、産業革命後、ある年齢層の人びとが中等教育の普及で労働の義務を猶予され、アイデンティティの探求が可能になり、市民社会の一員として新しい社会の担い手となることが期待されて、歴史的に誕生した。現実には社会による労働力の形成と配分のための期間であり、モラトリアム（安全な所に身をおいて自分を試しアイデンティティを作る猶予期間）は現代社会では必ずしも保障されていない。⇨アイデンティティ、エリクソン、発達、発達心理学、ライフ　　　　　　　　　　　　　［白井利明］

生命倫理
bioethics

　生物医学の進展によってもたらされた倫理的問題を探求する学際的な学問領域。1970年にポッター（Van Rensselaer Potter）が地球環境や未来世代を視野に入れた生存の探求として提唱したが、実際には、臓器移植、人工妊娠中絶、生命維持治療の中止など、社会的関心の高い生物医学領域の倫理的問題に限局された探求として普及した。20世紀後半の医療では、専門家のパターナリズムが批判され、研究被験者と患者の権利が確立されるなど、専門家の職業倫理が大きく転換された。その一方で、生物医学がもたらす問題はしばしば宗教的・文化的な価値や規範に影響されるため、万人が共有し得る普遍的な価値や規範のみに依拠する意思決定のあり方に探求の関心が向けられた。そのために、生命倫理の四原則（自律尊重、無危害、恩恵、正義の四つの倫理原則）や決疑論（一般的な道徳規則の適用が不明確な事例について、模範的事例との類比などにより推論する方法）などの汎用的な理論が展開されるとともに、法律やガイドラインなどの策定が指向されるなど、実用的な性格をもっている。⇨インフォームド・コンセン

ト、倫理 　　　　　　　　　［宮坂道夫］

SECI モデル
SECI model（in knowledge creating theory）

　ナレッジマネジメントにおける知識創造のメカニズムを4段階のフェーズで説明するフレームワーク。野中郁次郎と竹内弘高による *Knowledge-creating company*（1995）で提唱されて経営組織理論の新領域を開いた。知識は「正当化された真の信念」として定義され、第一の創造フェーズの共同化（socialization）では組織内の個々人による暗黙知の創造と共有が行われる。続きの第二段階の表出化（externalization）では共有された暗黙知が一般化可能な形式知として転換され、ここから形式知の新たな組み合わせを通して新知識の創出が行われる第三段階を結合化（combination）と定義している。第四フェーズの内面化（internalization）では、組織内に広まった新知識を個人レベルで実践し、新たに習得される暗黙知経営が行われる。SECIモデルはナレッジマネジメントの動態的な本質（dynamic nature）とともに、個人と組織の相互的関係性を表明する概念的基盤となっている。⇨科学的方法、経営組織論、パラダイム、方法論
　　　　　　　　　　　　　　［崔　裕眞］

セクシュアリティ
sexuality

　人の中核的な特質の一つで、性の多様な側面を含む。思考、欲望、価値、役割、関係性など人の活動全般を指し、セックス、ジェンダー、性的アイデンティティ、性的指向、エロティシズム、愛情および生殖などが複雑に絡み合ったものである。社会的規範から明示的もしくは暗黙的に「正常」や「普通」のセクシュアリティが規定されやすい。社会において支配的な異性愛パラダイムとは異なる人びとを「性的（セクシュアル）マイノリティ」といい、レズビアン、ゲイ、バイセクシュアル、トランスジェンダーの頭文字からLGBT（さらに、アセクシュアルのAやクエスチョニングのQなどを加えたLGBTQAやLGBT＋など）と表現される。異性愛者（heterosexual）や心と体の性自認が一致したシスジェンダー（cisgender）を含む包括的なセクシュアリティを表すために、性的指向（sexual orientation）とジェンダーアイデンティティ（gender identity）の略語を組み合わせたSOGIという概念も用いられている。性の多様性や重層的なありようを示し、それにまつわる権力性と政治を把握するには質的研究が有益である。⇨クィア理論、性的マイノリティ、性同一性障害、ダイバーシティ（多様性）、トランスジェンダー
　　　　　　　　　　　　　　［野坂祐子］

世代継承性　⇨ ジェネラティビティ

摂食障害
eating disorders

　食行動の異常、体型認知の歪みなどを特徴とする病態の総称である。いくつかの型に分類される。必要以上に食事を拒む拒食、極度の痩せや無月経、歪んだ体型認知、強い痩せ願望などを特徴とするものを神経性無食欲症（anorexia nervosa）という。性格は完璧主義的、強迫的な傾向がみられる。対して、食欲のコントロールができずに大量の食べ物を摂取する過食を繰り返し、場合によっては自発嘔吐や下剤乱用などの代償行動を伴うものを神経性過食症（bulimia nervosa）という。体重の程度はさまざまであるが代償行動によって正常値内に収まるか、それ以下の場合も多い。神経性無食欲症の反動で神経性過食症に移行するパターンもみられる。患者は女性が圧倒的に多く、思春期・青年期に好発するが、30〜40代での遅発例もみられる。拒食や過食はそれ自体が異常行動であると同時に、当初は軽いダイエットやストレス解消のつもりであっても、徐々に習慣化しやめるにやめられなくなる嗜癖行動（addictive behavior）でもある。⇨アディクション
　　　　　　　　　　　　　　［奥田紗史美］

説明

explanation

事象の科学的説明のこと。explain（ラテン語：explanare）の原義は、平明に明らかにすること。学術的に重要なのは、「科学における説明」とは何かということであり、これはそもそも「科学とはどのようなものか」という根本的な問いに関連する。説明の理論として、大きくいって三つがあげられる。一つめは、演繹的な推論であり、これはヘンペル（Carl Hempel）の理論でいえば、D−Nモデル（演繹的−法則的deductive–monologicalモデル）である。手に持った石を放すと地面に落ちるという現象が、万有引力の法則によって説明されるように、ある法則（説明項）によって、個別的な事象（被説明項）が説明される場合である。二つめは、帰納法的な推論であり、ヘンペルでいえばI−Sモデル（帰納的−統計的inductive–statisticalモデル）である。これは、統計的法則に基づいて、個別的事実が説明され、高い格率が与えられる場合である。以上の二つに対して、三つめとしてあげられるのは生物学などで用いられる目的論的説明である。 ⇨演繹、帰納、帰納法　　　　［伊藤直樹］

説明可能性　⇨アカウンタビリティ

説明モデル

explanatory models：EMs

臨床過程にかかわるすべての人（個々の患者、家族、治療者など）が、それぞれに抱いている疾病のエピソードとその治療についての考え方のこと。患者と治療者がもつ（大きく異なることの多い）この説明モデル間の相互作用（相互にコミュニケーションし、変換−再構成−フィードバックという翻訳過程を経て接近したり、遠ざかったりする力動過程）を、ヘルスケアの中心的構成要素として据えることで、医療人類学における重要な概念となった。クラインマン（Arthur Kleinman）やグッド（Byron J. Good）らは、患者や家族の説明モデルが病いの意味論ネットワークを形成すると定式化し、それを聴き取る重要性を説いた。クラインマンが『臨床人類学』（原著1980）第3章において詳細に述べているように、説明モデルが疾病のエピソードを説明する際の視点は、①病因、②症状の始まりとその様態、③病態生理、④疾病の経過、⑤治療法の5点におかれる。 ⇨医療人類学、クラインマン　　［江口重幸］

接面

human interface

人と人が触れ合うとき、そこには独特の空間が生まれる。それは物理的な空間そのものではなく、それを通して相手の心情がこちらに通底し、逆にこちらの心情が相手に通底するような独特の空間であり、これを「接面」と呼ぶ。これは一方が他方に気持ちを持ち出す（相手の気持ちに寄り添う）ことを条件に成り立つものである。保育であれ、看護であれ、医療であれ、すべての対人実践は、この接面で把握されるものを取り上げるか否かに、その実践の質の善し悪しがかかっている。ゆえに実践にとってこれは要になる概念のはずである。しかし、接面から把握されるものは接面の当事者にしか感じ取ることができず、それをエビデンスとして示すことができない。そこに実践の世界でこれまで接面が真正面から論じられてこなかった理由がある。だが、実践にとってこれが要になることは明らかで、それを鑑みれば接面を取り上げるための新たなパラダイムの創出が求められる。 ⇨あいだ、関係論的パラダイム　　［鯨岡峻］

セルフヘルプ・グループ　⇨自助グループ

漸次構造化法

progressive structuring

質的研究において、質的データを分析し、論文などの研究成果物に仕上げていく方法の一つ。質的研究の一連のプロセス（問題設定、データ収集、データ分析、論文執筆）を、時期ごとに分けて段階的に進めていく

のではなく、すべての作業を並行して行い、それぞれの作業による成果を相互に補完させながら、最終的な記述（ストーリー）を徐々に完成させていく方法で、佐藤郁哉により概念化された。データの収集や分析がすべて終わってから研究成果の執筆をゼロから始めるのではなく、調査の初期段階にすでに論文のアウトライン作成などを始めておき、問題関心をより明確で具体的な仮説や調査項目に落とし込む作業や、データ収集やデータ分析の作業という調査のプロセス全体を通じて、ストーリーを徐々に構造化し、肉付けしていき、研究成果として完成させていくという方法である。
⇒研究デザイン、質的研究、データ、データ収集と分析の往復　　　　　　［髙橋史子］

センスメイキング
sensemaking

　過去から現在に至る実践について「腑に落ちる」こと。ディシジョンメイキング（今後の実践を構想し、計画し、意思決定すること）と並び、協同的実践の二つの局面をなす。ワイク（Karl E. Weick）によれば、センスメイキングとは、人びとが、語りを通じて、経験している事象に対して回顧的に意味を付与するプロセスであり、①アイデンティティ構築に根づく、②回顧的である、③有意味な環境を制定（enact）する、④社会的である、⑤進行中のものである、⑥抽出された手がかりが焦点となる、⑦正確性よりももっともらしさ主導である、という七つの特性をもつ。一見すると過去を向いた後ろ向きの営為に思えるが、心底から、過去についてセンスメイキングできれば、これからの行為は自ずと変化する。その意味で、センスメイキングは、過去の解釈にとどまらず、未来を変える力をももっている点が重要である。学説史的には、エスノメソドロジーや認知的不協和理論の影響を受けている。⇒アクションリサーチ、エスノメソドロジー、ディシジョンメイキング
［永田素彦］

選択的観察
　―マイクロ・エスノグラフィーの―
selective observation in micro‒ethnography

　マイクロ・エスノグラフィーにおける参与観察の最終段階の観察で、「焦点的観察で見つけた典型的な行為やプロセスの証拠・実例を中心にデータを蓄積するために行う観察」のこと。人類学者のスプラッドリー（James P. Spradley）は、「記述的観察」→「焦点的観察」→「選択的観察」という3段階を踏んで、探究する問いの精緻化と観察の焦点の絞り込みを同時に進めることを提案した。「選択的観察」では、「焦点的観察」で蓄積したデータの暫定的分析とその分析に適した概念・理論の模索との往還を繰り返しながら、「焦点的観察」時の問いをより概念的に明確な問いに組み直すことが要請される。すなわち理論的な問いが再設定され、分析概念が析出され、焦点を当てた事象が理論的にとらえ直されることによって、限定的な観察が可能となる。記述的→焦点的→選択的と観察段階が進むにつれて、観察の範囲が狭められていく一方で、問いが理論的に練り上げられ、フィールドの特徴を映し出す事象に対する洞察が深まっていく点に特徴がある。⇒記述的観察―マイクロ・エスノグラフィーの―、焦点的観察、スプラッドリー、データ収集と分析の往復
［柴山真琴］

選択的コード化
selective coding

　グラウンデッド・セオリーを用いた分析で、オープンコード化から軸足コード化までの手順を繰り返してたくさんの現象を把握したら、選択的コード化に進む。選択的コード化は、複数の現象を統合し、より抽象度の高い現象を把握するために行われる作業である。まず、パラダイムを用いて、軸足コード化でとらえた各現象の中心となっているカテゴリー（概念）の位置関係をとらえる。その後、カテゴリー関連図を用いて、ディメンションの組み合わせの

新曜社 新刊の御案内
May.2018～Aug.2018

■新刊

小杉亮子
東大闘争の語り　社会運動の予示と戦略

深い分断と対立を経て東大闘争は何を遺したのか。党派や立場の異なる語り手44人が半世紀後に明かす闘争の全局面。語り手の生活史を掘り起こし，1960年代学生運動の予示的政治の力を描き切る。社会運動史の新しい扉をひらき称賛と共感を呼ぶ。

ISBN978-4-7885-1574-1　A5判480頁・本体3900円＋税

J.-F.ドルティエ／鈴木光太郎 訳
ヒト，この奇妙な動物　言語，芸術,社会の起源

ヒトは二足で歩き走り，ことばをしゃべり，物語り，絵を描き，歌い踊る。道具を作って使う。神や霊を畏れ敬う。動物としてのこの数々の奇妙さは，いつ，どのようにして生じたのか？　進化心理学の成果をもとに，人間の本性の新たな見方を提示する一冊。

ISBN978-4-7885-1580-2　四六判424頁・本体4300円＋税

前川啓治・箭内 匡 ほか
ワードマップ　21世紀の文化人類学　世界の新しい捉え方

『文化を書く』の批判，グローバル化による「未開」の消失などを乗り越えて甦る新世紀の文化人類学。そのパラダイムシフトの認識＝存在地図を，超越論的，不可量部分，生成変化，存在，レジリエンス，リスクなどの新鮮なキーワードで描出。

ISBN978-4-7885-1582-6　四六判384頁・本体2800円＋税

「よりみちパン！セ」シリーズ，小社より再スタート！

岸 政彦　　　　　　　　　　　　　　　*大好評5刷出来！*
はじめての沖縄

かつて「沖縄病」だった著者が，研究者として沖縄に通い始めたときに目にした孤独な風景。繰り返しその風景に立ち戻りながら，沖縄で生まれ育った人々による人生の語りを記録し，そこから沖縄の「歴史と構造」へと架橋する。各紙絶賛のかつてない〈沖縄本〉。

ISBN978-4-7885-1562-8　四六判256頁・本体1300円＋税

■新刊

「よりみちパン！セ」シリーズ，増補改訂版も順次刊行！

新井紀子

改訂新版　ロボットは東大に入れるか

驚愕のベストセラー『AI vs 教科書が読めない子どもたち』に登場し，著者がわが子のように育て，東大模試で偏差値76.2を叩き出した最強のAI〈東ロボくん〉の成長と挫折のすべて。AIにしかできないことは何か。そして，人間に残されていることとは何か。

ISBN978-4-7885-1563-5　四六判304頁・本体1500円＋税

立岩真也　　　　　　　　　　　　　　　　　　　　　　　*たちまち重版！*

増補新版　人間の条件　そんなものない

「できる」か「できない」かで人間の価値は決まらない。できれば「多く取れる」それも正しくない。人間がそのままの姿で生きている，そのことの価値と意味を様々な運動の歴史と深い思索の数々を参照しながら論理的にやさしく説き起こす。

ISBN978-4-7885-1564-2　四六判432頁・本体1800円＋税

小熊英二

決定版　日本という国

いまの日本は，福沢諭吉の「鼻毛抜き」から始まった？　私たちはどのようにして「日本人」になったのか。またその背景にはどのような仕組みがあったのか。そしてこれからの「日本」はどこに行くのか？　この国に生きるすべての人必読の近・現代史。

ISBN978-4-7885-1567-3　四六判192頁・本体1400円＋税

白川静 監修／山本史也 著

増補新版　神さまがくれた漢字たち

漢字は，言葉は，単なる情報やコミュニケーションの手段ではなく，その成立のうちに豊かで恐るべき人間の思索とその歴史の深みが刻印されているのです。漢字を見る目を180度変えた〈白川文字学〉のもっともやさしい入門書！

ISBN978-4-7885-1565-9　四六判192頁・本体1300円＋税

村瀬孝生

増補新版　おばあちゃんが，ぼけた。

人間は──生まれる／遊ぶ／働く／愛する／死ぬ。しかも，ぼける。ならば，混沌を恐れず，感性をぼけに沿って緩めていこう！　この1冊でぼけを丸ごと学ぼう！　多数の4コママンガ＋イラストと，谷川俊太郎氏による巻末解説「ぼけの驚異」を収録。

ISBN978-4-7885-1566-6　四六判192頁・本体1300円＋税

■震災・戦後史

東北学院大学震災の記録プロジェクト・金菱清（ゼミナール）編

3.11霊性に抱かれて 魂といのちの生かされ方

海の慰霊，寄り添う僧侶，亡き人への手紙と電話，原発に奪われた家族と故郷，オガミサマ信仰，疑似喪失体験にみる霊性の世界観。
ISBN978-4-7885-1572-7　四六判192頁・本体1800円＋税

深谷直弘

原爆の記憶を継承する実践 長崎の被爆遺構保存と平和活動の社会学的考察

被爆遺構や慰霊碑が点在・保存され，体験や記憶のない市民や若者が平和活動に力を尽くす長崎。次世代に向けて被爆継承を探る。
ISBN978-4-7885-1579-6　Ａ５判256頁・本体3500円＋税

■医療論・現代思想

村上陽一郎

〈死〉の臨床学 超高齢社会における「生と死」

「なかなか死ねない時代」に人はいかに死ねばよいか。超高齢社会をむかえて喫緊の問題を，安全学の泰斗が根底から問い直す。
ISBN978-4-7885-1561-1　四六判232頁・本体1600円＋税

J＝N.ミサ, P.ヌーヴェル編／橋本一径 訳

ドーピングの哲学 タブー視からの脱却

ドーピングは競争・向上をめざす近代スポーツが生み出した必然では？　撲滅できない根本原因を根底から問う問題提起の書。
ISBN978-4-7885-1546-8　四六判328頁・本体4300円＋税

倉田 剛

現代存在論講義 Ⅱ 物質的対象・種・虚構

論理学を武器とする現代存在論の本格入門。中間サイズの物質的対象、種、可能世界、虚構的対象について論じる各論編。
ISBN978-4-7885-1544-4　Ａ５判192頁・本体2200円＋税

■文学・エッセイ・思想

村上克尚　　　　　　　　　　　　　　　　芸術選奨（評論等部門）新人賞 受賞！

動物の声、他者の声 日本戦後文学の倫理

泰淳・大江・小島などの作品に現れた「動物」の表象を手がかりに戦後文学の陥穽を衝き，文学・共同体の再生を企図する力作。
ISBN978-4-7885-1537-6　四六判400頁・本体3700円＋税

新曜社編集部 編／最果タヒ・玉城ティナ・滝口悠生・小沢健二 ほか 著　　2刷出来！

エッジ・オブ・リバーズ・エッジ 〈岡崎京子〉を捜す

岡崎京子『リバーズ・エッジ』をめぐる，クリエイター33人による奇跡のようなアナザーストーリー。唯一無二の永久保存版。
ISBN978-4-7885-1557-4　四六判280頁・本体1900円＋税

■心理・発達・脳科学

友田明美・藤澤玲子　　　　　　　　　　　　　　　　　　　**好評重版！**

虐待が脳を変える　脳科学者からのメッセージ

虐待は脳を変える！　虐待された人たちのこころのケアに取り組み，虐待が脳に与える影響を研究してきた医師のメッセージ。
ISBN978-4-7885-1545-1　　四六判 208 頁・本体 1800 円＋税

苧阪直行・越野英哉

社会脳ネットワーク入門　社会脳と認知脳ネットワークの協調と競合

人文社会科学と脳科学や情報学が相互乗り入れして成果をあげている，脳と社会とのかかわりの研究の最前線をわかりやすく紹介。
ISBN978-4-7885-1571-0　　四六判 232 頁＋口絵 8 頁・本体 2400 円＋税

帯刀益夫

利己的細胞　遺伝子と細胞の闘争と進化

利己的なのは遺伝子ではなく，細胞という乗り物である──細胞進化の歴史から見えてきた，遺伝子と細胞の関係の新しい理解。
ISBN978-4-7885-1577-2　　四六判 288 頁・本体 2600 円＋税

E.H.エリクソン／中島由恵 訳

アイデンティティ　青年と危機

アイデンティティの概念は私たちの人間理解に深く，大きな影響を与えてきた。世界中で読み継がれてきた名著の完全新訳！
ISBN978-4-7885-1549-9　　四六判 464 頁・本体 3300 円＋税

E.テーレン＆ L.スミス／小島康次 監訳

発達へのダイナミックシステム・アプローチ　認知と行為の発生プロセスとメカニズム

発達のプロセスとメカニズムを解明する新しいパラダイム，ダイナミックシステムの原理とその例証を提示した画期的な本の完訳。
ISBN978-4-7885-1570-3　　**A 5 判** 464 頁・本体 4600 円＋税

発達科学ハンドブックシリーズ

日本発達心理学会 編／尾崎康子・森口佑介 責任編集

9. 社会的認知の発達科学

心の理論，共同注意，社会的相互作用など発達心理学の研究成果を中心に，各分野における第一線の研究者が先進的な研究を紹介。
ISBN978-4-7885-1575-8　　**A 5 判** 308 頁＋口絵 2 頁・本体 3200 円＋税

日本発達心理学会 編／藤野 博・東條吉邦 責任編集

10. 自閉スペクトラムの発達科学

これまで治療の対象とされてきた自閉症を「発達の多様性」という視点でとらえ直し，最先端の知見をもとに新たな方向性を探究。
ISBN978-4-7885-1576-5　　**A 5 判** 304 頁・本体 3200 円＋税

違いにより、カテゴリー同士を関連づけていく。この作業で、抽象度の高い現象をとらえることができれば、より汎用性が高い理論の産出につながる。⇨オープンコード化、カテゴリー関連図―図解―、グラウンデッド・セオリー、軸足コード化、パラダイム―グラウンデッド・セオリーの―

[戈木クレイグヒル滋子]

専門
profession

　専門とは、ある現象に対して、独立した説明言語をもち、その説明言語を用いた知識体系と技術を蓄積し、それを伝える方法を確立することで社会的特権が与えられ、一つの独占領域を獲得することである。たとえば、医療がその最たるものである。医療とは、医学用語をもち、「機械的人間観」に立脚し、体内の現象を物理的・化学的言語を用いて説明する生理学、形態的正常を定義する解剖学を基準とし、機能的・形態的異常を「正常からの逸脱」とする病理学を基盤として、その現象に診断（名前）を与え、その診断に基づく対処方法の体系（治療）を、対象に施す生業（はどこ）の総称である。専門の領域は、専門家集団の日々の活動によって維持、拡大、縮小され、その境界も変化している。複雑化する社会において、専門分化する傾向が強まることで、領域間の関係性が薄れ、閉塞感が強まっている。今後、専門間で領域を争うのではなく、隙間を埋め、境界を越境していくような、融合的学際的な態度が求められている。⇨越境

[鮫島輝美]

専有
appropriation

　ヴィゴツキー（Lev S. Vygotsky）は、人間の精神活動とその発達は、社会的なものが個人の内部のなかで「内化」されていくことで実現するとしたが、彼の考えた内化は、社会的なものを機械的に内部へ「転移」するようなものではない。そこでは、

主体が自分にとって本当に必要な知識や理解の仕方であり、自分の手で変換と再構成という変形の過程が行われ、そこではじめて自分のものになっていく。ヴィゴツキー研究者のロゴフ（Barbara Rogoff）は、内化に代わって「専有（アプロプリエーション）」という用語を用いて、主体が知識などを再構成していく能動的な活動によって「自分のものにしていく」ことを重視する。ヴィゴツキー自身も、発達は必要な技能や知識を自分の手で形成していく自己運動過程としており、内化も本来は「専有」＝「自分のものにしていく」という意味で解釈されるべきものである。⇨ヴィゴツキー、社会文化的アプローチ、習得、内面化、ロゴフ、ワーチ

[佐藤公治]

そ

想起
remembering

　想起とは一般に単なる記憶内容の再生と理解されているが、過去という時間を生成する時間的な営みでもある。想起によって、過去から現在へと至る時間の持続性が生みだされる一方で、現在から断絶された過去という異質な時間が生みだされる。想起という行為はまた、その主体である自己の生成にも関与する。想起によって、過去の自己が現在の自己に接続されることで、ひとつづきの持続性をもった時間的自己が構成されるが、その一方で、たとえばトラウマのように、現在の自己とは相容れず、また自己に同化しきれないものとしての過去の自己が生みだされることがある。このような過去の自己は、現在という時間とは乖離（かいり）した過去のなかに位置づくことになる。なお、想起において現在への接続を果たした過去は、その内容が現在のリアリティに適合するように無意図的に再構成されることがある。その一方で、現在との接

続に失敗した過去は、その独自の異質性・他者性をはらんだリアリティをもちながらも一つの事実として存在し続けることになる。 ⇨記憶、共同想起、自伝的記憶、社会構成主義、集合的記憶 ［松島恵介］

造形表現
art expression

　造形表現は二次元または三次元空間に絵画や彫刻、工芸などの作品を製作する行為であり、構成要素とプロセスから成る。構成要素とは、表現する主題（テーマ）や製作への動機、絵の具や粘土などの視覚的・空間的素材を指す。プロセスとは、主題や製作への動機という表現者の心理過程が契機となり、絵の具や粘土などの視覚的・空間的素材を使用して絵画や彫刻などの製作物が表現されるプロセスと、視覚的・空間的素材を見たりそれらに触れたりするなど素材にかかわることによって主題や製作への動機が生まれるプロセスの両方を指す。このように造形表現は、構成要素とプロセスが融合して作品が製作されるまでの一連の活動である。造形表現の研究は多様な学問分野で行われている。教育学では造形表現の教授法やカリキュラム論など、心理学では造形表現にかかわる認知発達や知覚のメカニズムなどが主要な研究テーマであり、脳科学では素材の視知覚と触覚にかかわる神経心理学的メカニズムなどが明らかにされつつある。 ⇨教育学、心理学、活動、動機づけ、認知 ［若山育代］

総合学習
integrated learning ; integrated studies

　ある特定の主題を中心とし、その追究を通し、教科の枠を越えた総合的な理解や学習者の認識の総合を目指す形式の学習である。学習者の主体性・興味関心に重きをおくこと、生活と関連する題材や教科横断的な題材を扱うこと、学習者の経験を学習内に組織することが特徴である。デューイ（John Dewey）の経験主義的な教育理論とそれに基づくシカゴ実験学校での教育実践、日本での木下竹次の合科学習、戦後のコア・カリキュラム運動などにルーツがある。問題解決学習・体験活動・探究学習などが行われ、課題の構造化の度合い、課題選択の自由度と選択の主体、教科との性質の近さなどから数種類の分類がある。日本では1999（平成11）年改訂学習指導要領から「総合的な学習の時間」が必修化され、小学校、中学校、高等学校において実施されている。 ⇨教育学、経験主義、デューイ ［髙橋亜希子］

相互行為 ―エスノメソドロジーにおける―
interaciton in ethnomethodology

　個人間、個人と集団、集団間で、言語や身振りなど多様な記号やシンボルを媒介させ、お互いの振る舞いの意味を伝達しあい、ある秩序を達成する相互のやりとりのことを指す。エスノメソドロジー的な発想においては、個人は日常の「今、ここ」において、多様な意味や秩序を創造し、維持し、さらには変革するために必要な諸々の「方法（ethnomethods）」を駆使しあう存在として考えられている。そしてその「方法」は単独で生起するのではなく、会話分析（conversation analysis）の基本的知見である「隣接対（adjacency pair）」や「会話の順番交替（turn–taking）システム」のように、常に人びとの会話や身振りなどのやりとりのつながり（シークエンス）のなかで生起する。このつながりは外在的な規範ではなく、常に互いが相手の姿をモニターするという微細な身体的実践を通して作り続けられる状況的な達成である。 ⇨エスノメソドロジー、会話の順番交替、会話分析、相互行為―社会心理学における― ［好井裕明］

相互行為 ―社会心理学における―
interaction in social psychology

　人と人が互いに働きかけあうことを相互作用としてとらえていく場合、そのための行いを相互行為と呼ぶことができる。われ

われは人と暮らし、社会生活を営むなか
で、互いを意識しながらやりとりを繰り返
す。相手を明確に意識する場合も、しない
場合もある。よく知る人も、社会的カテゴ
リーとして眺めるだけの人も、すれ違うだ
けの匿名の人もいる。だが共存するからに
は、互いに期待する行為や存在の仕方があ
り、場の秩序の共有がある。相互行為は拒
否やくい違いなどのリスクとも隣り合わせ
で、挨拶などの決まり文句はそれを和らげ
る儀礼といえる。相互行為をめぐる探究
は、多様な広がりをみせている。たとえ
ば、社会的な現実は人間がシンボルを操作
し相互作用するなかから立ち現れる、とみ
るのがシンボリック相互作用論である。対
人的相互作用を、資源の交換の観点からみ
れば社会的交換理論につながる。人格研究
では、他者との相互作用様式の一貫性とし
て人格をとらえる見方がある。ひきこもり
では他者との相互作用が滞った状態が認め
られる。 ⇨シンボリック相互作用論、パー
ソナリティ、ひきこもり 　　　［田中共子］

相互行為分析
interaction analysis

　相互行為分析とは、広義の意味では、人
類学や言語学で発展を見た、記録された相
互行為データの経験的分析を指すが、狭義
の意味では、西阪仰が命名した、いわゆる
ウィトゲンシュタイン派エスノメソドロ
ジーを指す。サックス（Harvey Sacks）が創
始した会話分析を、相互行為を組み立てる
規範的手続き、つまり概念の論理文法の分
析としてとらえなおせば、相互行為分析は
会話分析を包摂した相互行為分析／会話分
析として表すことができる。相互行為分析
／会話分析は、相互行為における理解が、
個人のプライベートな心的現象ではなく、
むしろ、相互行為において公的に表示され
公的に観察できる社会的現象としてとらえ
る。相互行為の参加者は公的な観察可能性
を手がかりとして、相互理解を共同で達成
する。その意味で、相互行為分析／会話分

析の研究対象は、繰り返し産出可能で、典
型的な行為の認識可能性を生みだす特定の
手続きにある。相互行為分析／会話分析
は、相互行為を記録した経験的データの細
部から、当該の特定の手続きを解明する。
⇨ウィトゲンシュタイン、会話分析、サック
ス 　　　　　　　　　　　　　［山田富秋］

相互反映性
reflexivity

　文脈に依存した表現が、解釈学的循環に
よって文脈を指示するかたちで組織され、
当たり前で、一目でそれと分かる意味を生
みだすメカニズム。エスノメソドロジー研
究に特有のこの概念は、すべての行為の進
行に伴うものであり、反省や自己観察のよ
うに、実践から距離をおいて、ときどき起
こるものではない。たとえば、相手の発言
内容が分かるためには、相手の抱いている
信念が分かっていなければならない。だ
が、相手の信念を知るための最大の手掛か
りは、相手の発言なのである。この相互依
存性のジレンマは、発話のおかれている位
置などのもたらすアカウンタビリティに
よって、常に、その都度、解かれている。
これは、相互反映性によって、その文脈に
おける意味が固定され、それぞれの場面が
進行すること、すなわち、場面自体が自己
組織性をもつということである。サックス
（Harvey Sacks）による会話分析は、個々の
発言や行為と文脈との相互構成的な関係に
ついて、経験的で手堅く、具体的な研究成
果を手にすることを可能にした。 ⇨アカ
ウンタビリティ、エスノメソドロジー、解釈
学的循環、サックス、文脈依存性 ［岡田光弘］

操作的定義
operational definition

　物理学者ブリッジマン（Percy W. Bridgman）
が提唱した概念。あらゆる科学的概念は一
連の操作として定義される、と考える。心
理学の概念は、物理学の概念のように厳格
に操作できるとはいえないが、たとえば、

友人に協力した回数によって協調性を定義したりする。このように、操作的定義をすることは、概念の曖昧性、多義性を排し、客観性を担保するために必要な条件と考えられている。操作的定義の思想的背景となる操作主義は、論理実証主義とともに、20世紀前半に隆盛を誇った新行動主義の理論的基盤ともなり、現代の心理学研究にも大きな影響力を与えている。その影響力は、主として科学的心理学と呼ばれるような分野に対してのものであるが、質的心理学ですら多かれ少なかれ影響を受けていると考えられる。多義性や変容性をそのまま尊重するような立場でない限り、操作にまったく依存せずに定義することは難しいからである。 ⇒量的研究　　　　　　　　［尾見康博］

喪失
loss

　何かを失うこと。喪失には、ペンをなくすという瑣末な喪失から、失踪などのあいまいな喪失、配偶者や子どもなど重要な他者の死、病気や事故による身体の損傷、離婚、失業、犯罪被害、災害、戦争、故郷の喪失など人生に大きな影響を与える重大な喪失がある。重大な喪失を経験すると、悲しみ、抑うつ、怒り、罪悪感などの情緒的反応（悲嘆）が生じる。突然の、または、繰り返される暴力的な喪失はトラウマになるが、喪失に対処することで、希望を抱きながら苦痛に耐える勇気をもつなどトラウマ後の成長が認められる場合もある。喪失後のプロセスについては、フロイト（Sigmund Freud）のモーニングワークが知られているが、近年、継続する絆や、ストレス理論の立場から直面化と回避という正反対の対処を往復することが適応的とするモデルが提唱され、レジリエンスとの関連が検討されている。 ⇒あいまいな喪失、継続する絆、トラウマ後の成長、悲嘆、モーニングワーク　　　　　　　　　　［山口智子］

想像力
imagination

　目に見えないものを思い浮かべる能力をいう。想像は経験に基づくが、加工され新たなものが付加され、文脈に合うように再構成される。想像力は象徴機能の働きを統合し、複合する働きであり、知覚、表象、想起、思考、推理など認識の営みすべてにかかわる。想像力には現実を離れ、新たな現実や精神世界、未来についての表象を作りだす創造的な面と、デマや恐怖により判断を誤らせる破壊的・否定的な面がある。想像力を対象化し、その正負の結果を予見・評価する能力をメタ的想像力という。質的研究においては、インフォーマントによる体験の想起や語り、研究過程におけるテーマの設定、対象の設定や理解、得られたデータの解釈などにおいて想像力は密接に関連する。ミルズ（C.Wright Mills）は個人環境に関する私的問題と社会構造に関する公的問題を統一的に把握する能力を社会学的想像力と呼んだ。 ⇒イメージ、記憶、認知　　　　　　　　　　　　　［鹿嶌達哉］

相対主義
relativism

　事実や価値に対する人間の認識や判断はすべて相対的であるとし、絶対的な真理や道徳を認めない哲学的立場。「何が」相対的かによって認識的相対主義や道徳的相対主義、「何に」相対的かによって文化相対主義や言語相対主義のように区別される。相対主義は「相対主義のパラドクス」と「同一性」という二つの問題を抱える。相対主義の主張に相対主義自体も含まれるとすれば、その主張も相対的であること、つまり絶対主義の主張も認めざるを得ない。逆に相対主義自体は含まれないとすれば、相対主義は絶対的に正しい主張をすることになり、いずれも矛盾が生じる。また、相対主義は「同一の」意味内容に対して、その認識や判断の真偽が文化や言語によって異なることを主張するが、真偽が異なるな

らばそもそも「同一の内容」といえるかという指摘もなされる。ただし、グッドマン（Nelson Goodman）のように積極的に相対主義を主張する立場もある。 ⇒科学、実在論、社会構成主義 ［東村知子］

双方向的インタビュー
interactive interview

インタビュアーとインタビュイー双方が、自身の経験や考え、感情を積極的に語るという、日常的なやりとりに近い相互作用や対話を発展させていくインタビュー。聴き手や語り手が特定の参加者に固定されない点で一般的なインタビューの形とは異なっている。多くは2人から4人の小グループで実施され、協力者はインタビューに協働的に参加する意味合いが強まるため、参加者や共同研究者とも呼ばれる。インタビュアーにもテーマにかかわる個人的な経験があると役に立つことが多く、それぞれが自身のストーリーを共有する機会があるのが特徴である。また、個々の参加者がそれぞれセッションにもち込んだストーリーと同等に、参加者間の相互作用のなかで明らかになったことや参加者が一緒に学んだことも説得力のあるストーリーとして論文のなかで提示されることもある。この方法は、緊密な相互関係や強い信頼関係が必要となる個人的あるいは感情的なトピックについて調査するときに有用である。 ⇒アクティブ・インタビュー、語り合い法、非構造化インタビュー ［沖潮（原田）満里子］

ソーシャル・インクルージョン
social inclusion

すべての人びとを社会の構成員として包み支え合うという理念。福祉、労働、教育などの分野の実践から政策までに適用されるようになっている。脱工業化とグローバル化による経済変動が生みだした社会的弱者の増大に対して1974年にルノワール（René Lenoir）が用いた社会的排除（ソーシャル・エクスクルージョン）概念の反対概念とし

て位置づけられる。福祉国家の再編のなかで1990年代から英仏政権により社会的排除対策が提唱され、ソーシャル・インクルージョンはEUの社会政策の基本となっている。一方、教育分野では統合教育が形式的な場の共有に終わっているとして、1980年代から個別の教育的ニーズに応えて連続性のある多様な学びの場を保障するインクルージョンの理念が広がっている。2006年に採択された「障害者の権利に関する条約」ではあらゆる段階の教育制度および生涯学習としてインクルーシブ教育システムが提唱されている。 ⇒障害学、障害児・者、特別支援教育 ［吉村夕里］

ソーシャルワーク
social work

生活問題への個別支援から社会資源の活用・開発までを包括した実践の総称である。当初はケースワーク（ソーシャル・ケースワーク）と呼ばれ、精神分析理論に基づく診断主義の影響を受けたが、現在はさまざまなシステムへのミクロからマクロのかかわり全体がソーシャルワークとされている。都市部の貧困地域の生活改善を図った、19世紀末の英国のセツルメントと慈善組織協会の友愛訪問が起源とされる。先駆者のリッチモンド（Mary Richmond）は1922年にソーシャルワークを、人と社会環境に対する働きかけを通してパーソナリティの発達を図る過程だと定義している。一方、2014年に国際ソーシャルワーカー連盟は、社会変革と社会開発、社会的結束、および人びとのエンパワーメントと解放を促進する実践であり、生活課題に取り組みウェルビーイングを高めるよう、人びとやさまざまな構造に働きかける活動であると定義している。 ⇒エンパワーメント、システム、社会福祉学、精神分析 ［吉村夕里］

組織エスノグラフィー
organizational ethnography

企業や工場などの近代組織を対象にし

て行われる人類学的・社会学的フィールドワークの作業およびその作業を通して作成される調査報告書。1920年代半ばから1930年代のはじめにかけて米国イリノイ州のホーソン工場で行われた、いわゆる「ホーソン研究」がその源流とされる。特に、文化人類学者のウォーナー（Lloyd Warner）の指導のもとに同工場で実施された作業観察研究は、本格的な組織エスノグラフィーの端緒とみなされてきた。1940年代から60年代にかけては、シカゴ大学とコロンビア大学の社会学部のスタッフを中心にして組織を対象とする参与観察的研究が盛んに行われていた。その後、20年ほどの停滞期を経て、1980年前後から再び人類学者や社会学者によるフィールドワーク的な組織研究が、欧米を中心にして頻繁に行われるようになっていった。その背景としては、組織文化に対する関心の増大や社会科学全般における質的研究法の再評価の動きなどがあげられる。　［佐藤郁哉］

組織学習
organizational learning

　組織の存続・発展を目的とし、組織構造や価値前提の変更を伴って行われる内外環境への能動的かつ長期的な視点に基づく適応プロセス。その原点はサイアート（Richard M. Cyert）とマーチ（James G. March）による1963年の著書『企業の行動理論』に見いだせるが、研究活発化の背景には、組織学習論の祖とされるアージリス（Chris Argyris）とショーン（Donald A. Schön）の功績が欠かせない。1990年にシステム思考に基づく「学習する組織」を提唱したセンゲ（Peter M. Senge）により、学術的のみならず実務的にも広く関心を集めた。組織学習には大別して二つの水準がある。既存の枠組みの範囲内で行われる修正活動を「低次学習」、既存の枠組み、価値前提に疑問を呈することから始まる革新的な活動を「高次学習」と呼ぶ。双方とも、組織にとっては車の両輪のように重要な組織学習

だが、パラダイムシフトなど大きな環境変化への対応には、難易度は高くとも高次学習の実現が不可欠とされる。 ⇨ 共同学習、経営組織論、省察　［安藤史江］

ソシュール〔1857–1913〕
Ferdinand de Saussure

　スイスの言語学者。言語の歴史的変化や言語間の比較が主だった19世紀までの言語学に対し、言語の本質とは何かを明らかにしようと試みた。まず、言語を同時代的に研究する共時的視点と歴史的に見る通時的視点を区別したうえで、共時的視点から分析することの重要性を説いた。共時的視点としてすべての言語活動をランガージュ、そのなかで言語体系をラング、個人の言語行為をパロールというように区別し、ラングの構造を解明しようとした。また、言語は記号表現であるシニフィアンとそれによって表される概念であるシニフィエが結びついたものであるとし、記号学としての言語のとらえ方を示した。彼の示した概念は、20世紀以降、構造言語学や音韻論へと発展した。 ⇨ 記号学と記号論、構造主義、パロール、ランガージュ、ラング
　　　　　　　　　　　　　　　［北出慶子］

素朴実在論
naïve realism

　外界にある事物は、人の認識とは無関係に実在すると考える立場。人は事物そのものを知覚しており、逆に、いま目の前に知覚しているものは事物そのものである。このことはわれわれが日常生活を送るうえでの前提となっているが、哲学や心理学はこの前提に対して疑いの目を向けてきた。その一つに、人は見間違いや聞き間違いをするため、必ずしも事物そのものを知覚するとはいえないとする錯覚論法がある。誤った知覚も正しい知覚も知覚像は同じであるのに実在の世界のあり方が異なる、という理屈を推し進めれば、知覚像の世界（内界）と実在の世界（外界）を対置させる心身二

元論、あるいは知覚像の世界のみを認め、知覚されていないものやほかの主体の存在は不可知であるとする独我論に陥る。これに対し、素朴実在論を擁護する野矢茂樹の立場や、心身二元論と独我論、素朴実在論のすべてを批判的に乗り越えようとする廣松渉の理論がある。 ⇨ 心身二元論 ［東村知子］

素朴理論
naïve theory

　人が身の回りの事物や現象を分類したり、その原因や法則を理解したりしようとするときに用いる、学校教育などを通じて教えられたのではなく、自身の経験から自然に成立してくる理論のこと。子どもは発達の過程で、自然の事物のしくみについての素朴理論（素朴物理学、素朴生物学）や、人の行動や心の働きについての素朴理論（素朴心理学）を身につけていくことで、周囲の事物や人びとを理解し、それに合わせておおむね適切な行動をとれるようになる。一方で、素朴理論が対人関係における思い込みや迷信的な行動につながったり、現象の科学的な理解を妨げたりすることも少なくない。特に素朴心理学による人間行動の理解は、環境要因の力に比べて個人側の要因の行動への影響や意志の力、人の行動の一貫性などを過大に見積もろうとすることから、人間行動の心理学的な理解としばしば対立する。 ⇨ フォークサイコロジー

［渡邊芳之］

存在論
ontology

　単に個々の事物（存在者）の特殊な性質ではなく、存在そのものの意味や根本規定を研究する学問。ウォルフ学派の存在論を独断論として批判したカント（Immanuel Kant）以降、哲学は存在論から認識論に転換したとされるが、後にハイデガー（Martin Heidegger）、サルトル（Jean–Paul Sartre）などによる人間存在の分析を通じた新たな存在論の試みが起こっている。たとえば、喪失や障害といった生活者に影響し続ける「不在」をテーマとするとき、質的研究において存在論の意義が見いだせよう。また、世界についての人間の経験の外部に、「現実的」存在があるのかどうかを問うことは、心理学における研究パラダイムを特徴づける。たとえば伝統的実証主義は外部にリアルな現実があり、それを把握しえると仮定し、ポスト実証主義は「群盲象を撫でる」の説話のごとく、リアルな現実はあるとしても確率的にしか把握できないとするが、構成主義においては地域的な相互交渉を通して具体的に構築されたものが現実である。 ⇨ 認識論、ハイデガー ［川野健治］

た

ダーウィン〔1809–1882〕
Charles Darwin

　19世紀の英国の博物学者。『種の起原』（原著1859）など17の書物を出版した。『ランの受精』（同1862）は世界中の種を検討し、葯、小嘴、唇弁などからなる受粉器官の形の多様性として適応の意味を示した。『植物の運動力』（同1880）は、多種の幼根、茎、葉など全部分が回旋すること、その動きが接触、重力方向、光の日周期、温度や湿度などの複合因から決まることを示した。『ミミズと土』（同1881）ではミミズが荒土を食べ消化管を通過させて肥沃土に変えることを明らかにし、さらに夜の寒気、乾燥を避けるために葉、小枝などを巣穴に引き込む際に、穴ふさぎにふさわしい性質が識別されていることを示した。いずれも生物の動きを広範かつ長期に観察し、それが環境の意味を具現する事実を実証した生態学的な質的研究の成果といえる。 ⇨ アフォーダンス、ギブソン、生態学的アプローチ、生態心理学、生態学的環境 ［佐々木正人］

ターンテーキング ⇨ **会話の順番交替**

ダイアリー法
diary method

　日記のような個人的記録を用いる調査法の一種。調査者の側のタイミングで一斉に実施する質問紙調査は、想起バイアスの発生や、生態学的妥当性の低さという問題がある。これを克服するために、体験からあまり時間が経たないうちに記録したり、日常生活のなかで自然に記録したりすることを目指すのがダイアリー法である。記録のタイミングの観点から分類すると、1日1回夜に記録してもらうといった「間隔による記録」、ランダムまたは時点を指定して電話やアラームを鳴らすといった「合図による記録」、定義された出来事が起きた時に記録する「出来事による記録」の3種がある。従来は日記帳への記録という方法を取っていたが、スマートフォンのメモやメール、録音などの方法をとってもよい。言語による記録の代わりにセンサーを活用したEMA（ecological momentary assessment）という方法も発展しつつある。⇨ 質問紙調査、生態学的妥当性　　　　　　〔石丸径一郎〕

体験
〔英〕lived experience；〔独〕Erlebnis

　体験とは論者によりさまざまな用法があり、体験と経験を区別する場合とほぼ同義の場合とがある。哲学の流れでは、Erlebnis（ドイツ語で体験）であり、ディルタイ（Wilhelm Dilthey）の体験−表現−了解という図式のなかにある。体験は個のあり方であると同時に社会的・歴史的であるとされる。体験を人間存在としての深さにおいて把握しようとするとき、たとえば、ハイデガー（Martin Heidegger）の実存的体験といった言い方もなされる。特に教育界では哲学的流れに影響されつつ、言葉による間接的な学習活動と、それと対比して、心身による活動に際しての対象への直接的かかわりにおける体験と、さらにそこでの変容としての学びという整理がなされる。体験と経験を区別し、特に深い個人的意味を感じるものを「経験」とする用法も散見されるが、「体験」をその深い意味として用いる場合もある。活動を通して対象にかかわる際にその身体のあり方に注目することにより、体験を身体的体験と解する場合もある。⇨ 経験と体験、現存在、実存、身体性　　　　　　　　　　　　　　〔無藤隆〕

体験記　⇨手記

体験報告
report on experiences

　語り手自身が体験した出来事について報告すること。自身が体験した出来事を他者に語るという行為は、カウンセリングや問診、取調べ、回想法などわれわれが生活するさまざまな場面においてなされている。ディスコース研究では一般に、こうした体験報告内容の真偽について一旦棚上げし、聴き手と話し手の間で話し手の体験がどのように構成されているか、その報告の仕方を明らかにしてきた。しかし、報告内容の真偽が最も重要な問題となることがある。たとえば取調べ場面での被疑者の自白内容である。このため発達心理学者の浜田寿美男は、供述の変遷分析から供述生成プロセスを推察し、そのことにより自白の信用性を判断する供述分析を開発した。また、東京自白研究会のメンバーは、体験したことが明らかな体験報告の語り方と犯行供述における語り方との違いに着目し、体験報告としての供述の品質鑑定を行う技法（スキーマ・アプローチ）を開発した。⇨ 記憶、供述分析、ディスコース分析　〔大橋靖史〕

対抗的ナラティブ
counter narrative

　マスターナラティブに個人や集団、コミュニティの次元で対抗し、脱構築する機能を果たす知識形態とその語り方。マスターナラティブは社会のなかで流通する支配的ナラティブであり、単純化され個人の行為に抑制的に働くため、それぞれの個

人の経験にはかならずしも適合しない。対抗的ナラティブの生成には二つの源泉がある。一つは、人びとの経験の語りである。とくに一貫性をもたなかったり矛盾したりあいまいな語りは、語り手が自己のアイデンティティやマスターナラティブに反する対抗的ナラティブを産出する過程を表しているとも考えられる。なお、この産出過程には聴き手が参与していることにも注意が必要である。二つめは、こうした個人的経験ではなく、それまではマイノリティや周辺化されたコミュニティに流通していたナラティブが、社会状況や時代の変化に適合してマスターナラティブに取って代わる場合である。対抗的ナラティブは、集団やコミュニティにおける多様なナラティブのなかに潜在しているのである。 ⇒ アイデンティティ、脱構築、ナラティブ（ナラティヴ）、マスターナラティブ　　　　　　　　［桜井 厚］

第五次元
the fifth dimension

コール（Michael Cole）が主導する、主に恵まれない環境におかれた子どもたちのために放課後に学びの場を作る介入的研究プロジェクト。ヴィゴツキー（Lev S. Vygotsky）の「発達の最近接領域」の概念に基づき、大学外の地域拠点に独自の文化、規範、価値、儀礼をもつ活動システムを形成する。1987年にカリフォルニア州サンディエゴで始まり、多くの研究者の参加とともに拠点を増やし、他州や海外にも広がった。遊びと学びの融合、大学生と子どもたちのある種の対等性のある交流、「魔法使い」とのやりとり、コンピュータの活用、大学と地域拠点の協働などの特徴をもつ。短命な拠点もある一方、1989年から2018年現在まで継続している拠点もある。地域貢献、学術研究、大学教育を不可分に組み合わせることで、持続性を実現している。1997年からは、ほかの研究者らとともにカリフォルニア大学サンディエゴ校の取り組みとして現地で発展形とし

ての地域連携プログラム（UCLinks）を展開している。長年の継続の間にかかわりをもち、プロジェクトの影響を受けた研究者も多い。 ⇒ ヴィゴツキー、学校外学習、活動システム、社会的実践、発達の最近接領域

［中村雅子］

第三空間
the third space

教室において、教師と生徒との間で、双方の意見やものの見方の交流や葛藤によって相互作用的に生成される新たな対話的意味空間。ギュティエレス（Kris D. Gutierrez）らは、教師による支配的スクリプトに生徒が参加、寄与、適合する「公式な空間」か、教師のスクリプトに対抗する生徒が、対抗的スクリプトを生成する「非公式な空間」か、という二元論を超えた談話空間である「第三空間」を提起した。葛藤を契機とした対話を通して、ことばや知識がよりメタ的、拡張的にとらえ直され、より超越的な知が生成されうるなど、新たな意味が協働的に創出される可能性が示唆される。第三空間の成立要件は、生徒による「破壊的アンダーライフ」（disruptive underlife）である。アンダーライフとは、自身を取り巻く制度や慣習から距離をおいて発展する活動領域のことで、破壊的アンダーライフは、組織の放棄や根本的な変革をもたらすような活動により構成される。教師の支配的スクリプトが崩壊するのみならず生徒の対抗的スクリプトの変容も生じる点で学習の契機となりうる。 ⇒ 学校教育、学校文化、教室談話、対話、他者―バフチンにおける―［藤江康彦］

第三の視点
researcher's perspective to interpret cultures

第一の視点（当該文化・社会の内部者や当事者の視点）と第二の視点（外部者の視点）の間で意味理解の橋渡しを可能にするような研究者のまなざし。内部者の視点には、その意味世界（文化）は自明であるために改まった理解の必要性が生じないが、完全な

外部者は内部者の事情や意味に通じておらず、意味世界への接近に至らない。そのため研究者（外部者）は参与観察やインタビューを通じて内部者の視点に接近しようとする。その過程は、研究者自身の自明な意味世界を前提にして進むため、必然的に自文化と対象文化との比較を起こし、両者を相対化するまなざしをもたらす。内部者の視点に近づく努力を通じて到達する、この「第三の視点」とは、内部者には自明で問われない意味世界に親しみつつ、相対化して、外部者に分かる言葉で報告する、いわば「文化の解釈者」の視点である。このまなざしは、第一、第二の視点を踏まえつつ、あらためて対象文化をめぐって意味理解を問い直す態度を導く。 ⇨イーミック／エティック、異人の目、解釈、解釈学、当事者性　　　　　　　　　　　　　［木下寛子］

対象者へのフィードバック
feedback to participants

　調査対象となった研究協力者に対して、提供されたデータがどのように用いられ、どのような結果に結び付いたのかを伝えること。質的研究においては扱うデータが対象者の行為や語りなどであり、研究へのコミットメントが高くなる。またデータ収集や分析、論文掲載までに時間がかかりがちである。そのため量的データを統計的な結果としてフィードバックするのとは異なり、状況や相手に合わせた個別的な配慮が必要となる。コミットメントが高い分、搾取することにならないよう、そして相手を害することのないよう、配慮することも重要である。フィードバックの方法は、研究の手法やアプローチ、相手との関係性によって変わりうる。たとえば、文字に起こしたプロトコルを渡してデータの扱われ方を示すと共に実践の省察に活用してもらう場合もあれば、分析の過程でみえてきたことを伝える場合や、論文として公表するにあたって結果をみて意見をもらう場合、最終的に論文になったものを渡す場合など、

さまざまである。 ⇨インタビュー、研究協力者、研究者倫理、研究倫理、参与観察
　　　　　　　　　　　　　　　［岸野麻衣］

対称性　⇨シンメトリー

ダイナミック・アセスメント
dynamic assessment

　評価者が学習者を支援しながら発達を促し、学習者の思考過程を描き出すとともに、課題解決までに必要な支援の量や質によって学習者の潜在能力を測定しようとする評価のこと。ヴィゴツキー（Lev S. Vygotsky）の「発達の最近接領域」、フォイヤーシュタイン（Reuven Feuerstein）の「認知構造変容理論」を基盤とする。従来の試験や心理検査のような「静的」アセスメントが「何ができて何ができないか」といった現在の水準を標準化して示すのに対し、ダイナミック・アセスメントは学習者とのかかわりのなかで得られる情報をもとに、どのように、どの程度学習者のパフォーマンスを伸ばすことができるかといった潜在的な水準とそれへのアプローチを量的・質的に示す。とりわけ、教科学習だけでなく、発達障害の子どもへの対応、臨床場面などにおいて、対象者の思考過程や変容過程を質的にとらえることで、そのニーズや可能性に添った具体的な支援を提案することを可能にする。 ⇨ヴィゴツキー、教育評価、質的評価、発達の最近接領域　　［一柳智紀］

第二言語習得
second language acquisition

　すでに言語を習得している者が新たにほかの言語を習得することを総称して第二言語習得という。第二言語教育への関心を背景として1970年代に本格的に始まった第二言語習得研究は、発達パターンや学習者言語の変異の研究や中間言語語用論の研究などを含む学習者言語の研究と、受容か産出か相互行為かというマクロな習得条件の研究や学習者要因の研究などを含む第二言

語習得にかかわる条件や要因の研究に分けられ、これまですでに膨大な研究成果が蓄積されている。*Modern Language Journal* の特集号（1997年、82号第2巻）をきっかけとして起こった社会ターン（social turn）以降、実際の社会のなかで他者との相互行為に従事する第二言語ユーザーが注目され、会話分析やナラティブ分析に基づくアイデンティティの研究、学習歴に沿ったモチベーションの研究、第二言語ユーザーのライフストーリー研究など、第二言語習得研究においても質的研究が盛んになった。⇨アイデンティティ、ナラティブ（ナラティヴ）、ライフストーリー　　　　　　　　　［西口光一］

ダイバーシティ（多様性）
diversity

　人間の多様性を意味する用語である。人間社会は、その構成員の中に、性別、国籍、年齢、人種、宗教、心身の状況などにおいて非典型とみなされるマイノリティの人びとを抱えている。具体的には、性的マイノリティ、外国籍者、高齢者、多数派とは異なる宗教を信奉する人びと、障害者などである。生物にも多様性（biodiversity）がみられるように、人間社会もまた多様であり、その多様性が尊重され、受容される社会であることが重視されるようになっている。ダイバーシティはもともと、1950〜60年代の米国における人種差別撤廃に向けた公民権運動に遡るが、以降は企業組織における有色人種や女性の積極的な採用や差別ない処遇の実現といった経営戦略としてダイバーシティの実践が普及してきた。日本においても企業における多様性の共存、ダイバーシティのアプローチが浸透しつつある。⇨障害児・者、性的マイノリティ、性同一性障害、トランスジェンダー、ニューカマー　　　　　　　　　　［荘島幸子］

代表性
representativeness

　数量的研究ではサンプルが母集団の諸特性と一致している程度をいい、一致度を保証するために確率抽出法がとられる。質的研究でも同様に、母集団の特性（たとえばスチューデント・アパシー）をあらかじめ選択基準として設定し、それに合致するものを、代表性をもつ事例（個人、集団、現象、状況）とする場合もある。代表性は個性記述的研究では問われないが、何らかの一般化が想定されるときには問題となる。質的研究では一般化される類型（母集団に相当するもの）と代表性は相互に規定されるため、調査課題、分析枠組み、解釈や理論との関連性などと照合しながら事後的に決められることが多い。事例には豊かな情報量とテーマに関連した多くの次元・要因・側面が含まれ、それが顕在化していることが求められる。質的研究における代表性には平均性、典型性（その特性を明示的に顕示している）、独自性（まれな属性や出来事を有する）、多様性（幅広い事例に根差している）がある。⇨サンプリング、事例研究、妥当性、典型性、目的的サンプリング　　　　　　　　［鹿嶌達哉］

代弁
parental proxy talk

　辞書的には、本人に代わって、他者が第三者に対してメッセージを伝えることであるが、心理学においては、子どもや乳児に代わって、大人や年長者がその意図や感情を言語化する現象として研究されている。三者関係だけでなく、親子や幼児−保育者といった二者関係においても代弁がみられる。たとえば、子どもが何かを食べたときに、親が「おいしい」と発話するなどである。バフチン（Mikhail M. Bakhtin）は、ある種の人格を有するものとして声を定義しているが、代弁とは、他者の声を宿した発話といえる。さらに、代弁は、コミュニケーションにおける非対称な関係性を補うときにみられ、前言語期の乳児を対象とすることが多い。とくに、乳児に向けられた代弁は、代弁者の半解釈を経て文化的に方向づけられやすく、子どもは話しはじめる前か

らコミュニケーションに巻き込まれ文化的な意味に触れる。その意味で、文化的コミュニティへの導かれた参加を促す道具ともいえる。⇨声、母子関係、対話主義—バフチンの—、導かれた参加　　　　　［岡本依子］

タイポロジー
typology

　類型論。事物や現象をいくつかの典型的なタイプに分類したうえで、そのタイプのいずれかに当てはめることによって個別事例の性質を理解しようとする方法。たとえばパーソナリティ心理学では、分裂型、躁うつ型、粘着型の三つのタイプを、あるいは内向型と外向型の二つのタイプを定めて、個人のパーソナリティをそのうちのいずれかに分類することによってその性質を理解しようとする。タイポロジーは現象をざっくりとシンプルに理解するのに適しており、測定や数量化を介さずに現象を理解しようとするという意味で質的なアプローチといえる。ただし個別事例間の微妙な差異は捨象されざるを得ないし、タイプをまたぐほどの大きな変化が起きない限り現象の変化がとらえられない。このためパーソナリティ心理学の領域では、差異や変化のとらえやすい特性論のほうが多く研究や実践に用いられるようになっている。⇨質的研究　　　　　　　　　　　　　［渡邊芳之］

対話
dialogue

　複数の人間が向かい合ってことばを交換し合い、意味を共有する過程をいう。バフチン（Mikhail M. Bakhtin）は人間の存在のあり方を、完結した自己——すなわち個人——の範疇に閉じるのではなく、自分と相容れないものとの並存において意味が現れてくると考えた。人と人が相互に働きかけコミュニケーション（交通）するなかで話し手と聴き手の声が出会い、相互に活性化し、融合することなく互いに変容しながら新たな意味が生成される。対話はコミュ

ニケーションを行うなかで、他者の声を受けて自らの声を対峙させていく動的な相互作用過程である。これは対面的コミュニケーションにおいて顕在的に現れるだけでなく、相手の応答を想定した発話や潜在的な自己内対話、他者のことばの代弁においても成立する。このように複数の声を対峙させ特定の文脈のなかで位置づけることによって、人間は他者を認識し理解していく。⇨声、対話主義—バフチンの—、他者、多声性、バフチン　　　　　［上村佳世子］

対話主義　—バフチンの—
dialogism

　人間の生活は本来対話性をもつ、すなわち、人間は他者のことば、異なる視点や意識と交流し関係を織りなすことで存在するとしたバフチン（Mikhail M. Bakhtin）の立場をいう。われわれは常に他者の眼で自分をみたり評価したりするというように、「私」と他者の関係が人間の意識の基盤である。人間は常に外的にも内的にも自分でない他者と対話している。われわれの発することばは、他者に直接向けられた発話も活字になった小説作品なども含め、何かに反論したり確認したりするものであって、他者の応答や反論を予想して生みだされる。こうした意味で、ことばは多方向的であり内的に他者との論争が含まれている。また、意識は自己完結的ではなく、脱中心的、多元的で混沌としており、私という存在も閉鎖された個人として完結するのでなく、相容れない他者を含んだものとして成立する。このような間の複数の対話が併存している状態が多声性（ポリフォニー）である。⇨声、対話、他者、多声性、バフチン
　　　　　　　　　　　　　　　［上村佳世子］

対話的構築主義
dialogical constructionism

　ライフストーリー研究などのオーラルな語りを収集、分析、解釈、記述するための方法論、認識論。語り手の過去の自己や遭

遇した体験は、現在におけるインタビューという対話を通して構築される物語世界によって表象されると考える。科学的客観性を重視する実証主義や語りのデータの「飽和」によって一般化を目指す解釈的客観主義とは異なり、語りを語り手と聴き手の「対話」という相互行為による「共同制作」の産物と考えることから、自己や社会、文化に接近する。相互行為のあり方を規定する「対話」はストーリー領域において表されており、どのような物語世界を産出するかだけでなく、定型的な語りや沈黙を強いる機能をもつ語り手と聴き手の非対称な権力関係にも注意を向けさせる。語られたことだけでなく語り方にも焦点を合わせる厚い記述によって、さまざまな文脈における意味の世界が明らかとなる。 ⇨ 厚い記述、一般化、実証主義、対話、理論的飽和 ［桜井 厚］

対話的自己論
dialogical self theory

オランダの心理学者ハーマンス（Hubert J. M. Hermans）とケンペン（Harry J. G. Kempen）が提唱した自己の理論であり、ジェームズ（William James）によるI−Meの自己論に、バフチン（Mikhail M. Bakhtin）の多声性の概念を統合して作られた。主体としてのIを一極集中化された全知の存在とは認めず、自己の分権的力学を主張した。またジェームズが仮定した複数のMeをポジションという概念を導入して主体化し、Iポジションと呼んだ。一人の自己の世界観に、異なるIポジションをとる複数の自己があり、それらが対話し、それぞれの世界を関係づけながら物語ることによって、自己世界が形成されると考える。一人の同じ自己の世界観が、「開放的な私」と「閉鎖的な私」のように、Iポジションによって全く異なることもあり得る。ハーマンスらが開発した自己対面法という質的データと量的データを組み合わせた面接が用いられる。⇨ ジェームズ、多声性、ハーマンス、バフチン、ポジショニング論 ［佐久間路子］

絶えざる比較
constant comparison

理論産出を狙いとした質的データ分析の全局面にわたって、データやカテゴリーなどの比較を継続的に行うこと。1960年代にグラウンデッド・セオリーの共同開発者であるグレイザー（Barney G. Glaser）とストラウス（Anselm L. Strauss）が理論産出の目的から、質的データの体系的かつ段階的な分析手法として提起したものである。対象データの明示的コード化と分析との同時並行的作業を特徴とするこの手法は、理論の創造的な産出を促す潜在的可能性を秘めているだけに、ある種のあいまいさと柔軟性に対応できるだけの地道な訓練を必要としている。このため、分析者の技量と理論的感受性に大きく依存する側面をもっている。この手法は、各々のカテゴリーに適用可能なできごとを比較する第一段階、複数のカテゴリーとそれらの諸特性を統合する第二段階、理論の及ぶ範囲を限定づける第三段階、実際に理論を書きあげる第四段階という四つの段階からなっている。 ⇨ グラウンデッド・セオリー、グレイザー、質的データ分析、ストラウス、理論的感受性
［水野節夫］

他界観
image of the next world

他界は、人が死亡した時、その「たましい（魂、霊）」が行くとされる場所、あるいは、亡くなった祖先が住まうとされる場所である。人が死んでもたましいは残る、あるいは「他の世界（あの世）」に行くというイメージは多くの民族に普遍的にみられ、宗教や文化や葬送儀礼や祭を形作ってきた。極楽浄土、黄泉、天国、地獄、死者の国など、その呼び名は多様であるが、上方にある天上他界や山上他界、海のかなたにある海上他界、下方にある地下他界など、文化や宗教を超えたイメージの共通性も大きい。やまだようこ（編）『この世とあの世のイメージ』（2010）によると、「死後の世

界はない」と考える現代人においても、身近な人の死は「無」ではなく、あの世から見守ってくれるとイメージするなど、死者との関係性は合理的な判断だけでは割り切れない、世代を超えた人生物語（ライフストーリー）として大きな意味をもつ。人生観や死生観の根幹ともかかわるため、宗教学や民俗学だけではなく心理学のテーマとしても重要である。 ⇨死生学、スピリチュアリティ、ライフサイクル、ライフストーリー 　　　　　　　　　　　　　　［やまだようこ］

多元的な現実
multiple realities

　銀行業務のかたわら、独学で研究活動を続け、独自の「現象学的社会学」を展開したシュッツ（Alfred Schütz）による現実に対するものの見方。現実をどのように措定するのかについては多様な考え方があるが、社会科学においては、基本的に、「現実」として眼前の社会構造は強固で自明であることが前提となっており、この世界のなかの全員がその世界を同様に見て生活していることもまた前提となっていよう。しかし、シュッツはそのような「客観的現実」と呼ばれる世界のみを重視したわけではなく、日常生活に生きる一人ひとりの視点から世界を描こうと、独自の理論を作った。各々の「主観的現実」を重視することによって、日常世界に生きる一人ひとりが多元的な現実を生きているとみなした。つまり、身体的に拘束される日常的世界とは別に、空想、宗教、音楽、演劇などの自由度が高まる世界にもまた同時に生きていると考えた。このような見方が、シュッツによる多元的現実論である。 ⇨シュッツ、出来事 　　　　　　　　　　　　　　　　［宮内洋］

他者
the other

　他者の現れは研究方法で異なる。実験（操作主義）では因果関係を「説明」する。信頼性（恣意的反応を排除する）のために、他者＝被験者は主体＝実験者から分離していなければならない。つまり操作主義において他者は主体の認識の影響は受けず、仮説に適合するかどうかが第一特性である。他方、質的心理学では他者を「理解」しようとする。象徴的相互行為や現象学的解釈では、相互作用を通して他者の行為を想像し、理解する。構成主義やエスノメソドロジーは、構成員によって構築されている社会・文化の知識の在り方を研究対象とするが、知識は共有されているのだから、他者性とはコミュニティにおける外部性・周縁性（あるいは未成熟）である。かように、質的研究では他者を此岸におくので、対話や研究、支援を通しての主体の在り方が他者性に影響する。オリエンタリズムのように、固定的カテゴリーの当てはめが他者性を損なうことにも留意すべきである。 ⇨他者─バフチンにおける─、他者─レヴィナスにおける─ 　　　　　　　　　　　　　　［川野健治］

他者 ─バフチンにおける─
the other in Bakhtin

　バフチンは、すべての人びとは、ほかの誰にも共有することができない、唯一でかけがえのない視点から外部世界の意味を解釈する存在ととらえる。したがって、自分以外のすべての人は、自分の視点を完全には理解できないという意味で他者となる。一方、同じ経験をしたことがある話者との交流では、相手は自分の発話を容易に理解するという期待が高まり、これらの経験に関する情報を省略した、その相手との間でのみ理解可能な語彙を含む談話（社会的言語／ことばのジャンル）が立ち現れることもある。この談話を共に運用する他者の、いわば他者性は相対的に低下する。ただしバフチンはこの種の談話に慣れた結果、話者の言語認識が一面的になり過ぎることを問題視している。そのためアウトサイダー的視点から、慣習化された談話の一面性を批判し、言葉の多様な解釈を迫る、いわば高い他者性をもつ人物（ソクラテスがその一例

にあげられる）を高く評価することもある。
⇒言説、社会的言語／ことばのジャンル、対話、対話主義―バフチンの―、バフチン

［田島充士］

他者 ―レヴィナスにおける―
the other in Levinas

他者は不意に顕現（エピファニー）し、私に問いかけるものである。絶対的に他なる（だから私に利害の及ばない）者の面前に立つ私は、ただ自らの責任でのみ問いかけに応え、かかわりを選んでいる。たとえばある時、通勤途中に駅で苦しそうにしゃがみこんでいる人を見かけた私は、見過ごせないと思う。その人の年齢、職業、期待できる謝礼を吟味する前に、私を起点とした彼とのかかわりが立ち現れる。それは、いきなり性的欲望にとらえられ、愛する主体としてエロス的対象に接近することにも似ている。つまり他者は、分析と選択という近代的思推によって明らかにされるのではないのだ。レヴィナスのいう倫理的主体は、ベールに覆われたままの他者に対してここに居ると宣言し、そのあり方をもって他者の無限性を証明する。つまり「関係ない」といえないのだ。主体が引き受けられる程度に応じて、責任は「無限に」重くなる。その背景には、第二次世界大戦において、捕虜になっている間に家族、知人、同胞をアウシュビッツで亡くしたというレヴィナス自身の経験があるのだろう。⇒他者、他者―バフチンにおける―

［川野健治］

多重成員性
multimembership

ウェンガー（Etienne Wenger）が「正統的周辺参加論」を拡張するなかで、複数の実践共同体に所属する成員のアイデンティティを記述するために提案した概念である。それぞれの実践共同体に、そこで獲得された成員性のいずれをも保持しつつ参加している状態を表す。複数の実践共同体をつなぎ、相互に新しいアイデアをもちこむ役割をとる人物をブローカー（broker）と呼ぶが、ここでも多重成員性が経験されている。この場合、たとえば、カウンセリング理論を学んだ教師が、精神的な不適応を起こした生徒への個別ケアと、学校教師としての集団指導との間で葛藤するといったように、二つの実践共同体間の緊張関係が生じることがある。なお、このような緊張関係をウェンガーは個人内で調停する必要があるとしているものの、これは状況的学習論が本来放棄したはずの個人概念の再導入につながるといった批判もある。⇒成員性、正統的周辺参加、徒弟制　　［松嶋秀明］

多声性
polyphony

自立した対等な人格に由来する複数の言葉が相互に影響を与えつつ共存するという性質。元は音楽用語で多声音楽を指し、小説など芸術作品を評する概念として比喩的に転用されたもの。特に、ロシアの思想家バフチン（Mikhail M. Bakhtin）がドストエフスキーの小説を評価する際に用いたことで知られる。バフチンは、ほかの人格からの影響関係を前提しない西欧の伝統的思考様式をモノローグ的なものと呼び、対して異質な人格に由来する言葉同士の相互作用を前提する思考様式をポリフォニー的なものとした。心理学や人類学では、現実の人びとの言葉を多層的に意味解釈する視点を提供するほか、特権的立場に立って外部から調査対象者をながめるのではなく、対象者との対等な関係性を持ちながら、内部から出来事を記述しなければならないとする方法論的概念としても援用される。⇒権威的な言葉／内的説得力のある言葉、声、対話主義―バフチンの―、バフチン、モノローグ

［伊藤崇］

多声的ビジュアルエスノグラフィー
⇒ビジュアルエスノグラフィー

脱構築
deconstruction

脱構築とは、ハイデガー（Martin Heidegger）の思想を継承、発展させたデリダ（Jacques Derrida）が、その著書『グラマトロジーについて』（原著1967）でソシュール（Ferdinand de Saussure）批判によって提起した20世紀後半の思想である。ポストモダニズムとの結びつきが強く、米国でポスト構造主義の方法として影響力をもった。形而上学の「ロゴス中心主義」が前提とする二項対立（パロール 対 エクリチュール、魂 対 肉体）の階層秩序を解体し、差異を生みだし、先へと延ばし続ける運動に対し「差延（différance）」という造語をあて、二項対立を決定不能なものとすることで、ロゴスの支配する「現前の形而上学」の解体を目論んだ。デリダによれば、テクストの意味はシニフィアンとシニフィエの「差異の痕跡の戯れ」で、決定不可能なものとされる。ド・マン（Paul De Man）は、差延によるテクストの多義性と自由な解釈可能性を示し、脱構築批評を目指した。 ⇒ ソシュール、デリダ、ハイデガー、ポスト構造主義、ポストモダニズム　　　　［小島康次］

妥当化
validation

社会的場面で人はさまざまな意見を交換していくが、妥当化とはそこで自分の意見が正しい、適切だという判断をしていくことを意味する。集団においては、周囲の意見がどこにあるかによって、社会的現実が構築されている。たとえば、ある集団において多数派が信じていることは、その中においては妥当なものにみえてくる。自分の意見を他者の意見と比較して、一致していたり支持されたりすることを、妥当さの証明とみることが合意的妥当化である。なお自己妥当性仮説の考え方では、ある思考に対して個人の確信度が高い場合は、態度への影響も大きいとされる。こうした社会心理学的なとらえ方による実験研究の一方で、質的研究においては、妥当化は研究の質を高めるための方法論のなかで積極的な意味を担っている。クヴァール（Steinar Kvale）は妥当化を、研究結果を明確化し、分析結果の確認を重ね、結果を理論的に見直すことであるととらえている。量的研究における妥当性は数値で表されるのに対し、質的研究ではこのような吟味の手続きが重視される。 ⇒ コミュニケーションによる妥当化、メンバーチェック　　［田中共子］

妥当性
validity

テスト得点などの測定値が、測定の目的としているものによって決定される程度。測定値の分散は、測りたいものの個人差だけでなく、それとは関係ない誤差の分散を含む。誤差の一部は、繰り返し測定しても個人ごとに一貫した値をとる系統誤差で、残りはその時々に変動する偶然誤差である。信頼性は、偶然誤差の分散が小さければ高い値をとるが、妥当性はそれに加えて、系統誤差の分散も小さくないと高くならない。たとえば、一貫して、測りたいもの以外の個人差を測っている場合、信頼性は高いが妥当性は低くなる。したがって、信頼性が高いことは妥当性の高さを保証しない。一方、妥当性が高ければ必然的に信頼性も高いことになる。妥当性を評価するには、もし妥当性が高いならばどのようなことが予測されるか（たとえば、特定の外部変数と高い相関関係があるなど）をリストアップし、その予測を検証していくという手順を踏むのが一般的である。 ⇒ 質問紙調査、信頼性　　　　　　　　　　　［南風原朝和］

ダブル・コンティンジェンシー
double contingency

自分の行為は相手の出方に依存しているが、それは、相手からみても同様であり、そのため相手の行為も自分の行為も起こりえないという状態。二重の偶有性。行為選択は自己決定ができない循環的な相互規定

性にある。提起した社会学者のパーソンズ（Talcott Parsons）は、この問題は、安定的なシンボル体系と、価値合意や社会秩序の共有によって解決されるとした。それに対し、ルーマン（Niklas Luhmann）は、自己言及的な社会システムがそれ自体の触媒としてダブル・コンティンジェンシーという問題を作り出しているとする。ルーマンによれば、コンティンジェントなものは必然的でも不可能なものでもなく、今のありようも別のありようもとりうる。社会システムはいかなる確かさにも基づいておらず、行為は予測によって規定することができないが、予測すること自体を通して相手に関するリアリティの確かさが生みだされ、コンティンジェンシーが縮減される。社会システムは、不確かさを吸収する、行為の予測や期待の連続性において、自己産出的に生成される。　⇨オートポイエーシス、コミュニケーション、自己言及性、システム、社会学　　　　　　　　　　　　　　［本山方子］

ダブルバインド
double bind ; contradictions

　1956年にベイトソン（Gregory Bateson）によって理論化された。明示的なメッセージとその裏に隠されたそれとは相反する否定的メッセージ（メタメッセージ）を同時に受け取ることにより、またそのメッセージが応答不可能であるゆえに、膠着状態に陥るという特殊なコミュニケーション状態を説明するための造語である。矛盾したメッセージを受け取り続けることで、その意味を理解する際の論理階梯が混乱する。とくに子どもがこのような状況に晒され続けることにより、メッセージの論理階梯の学習そのものが困難となり、統合失調症のような症状を呈するようになると指摘した。しかし、矛盾が新たな飛躍の契機となる可能性も示しており、コンテクスト解釈のプロセスを重視した学習論を示している。エンゲストローム（Yrjö Engeström）はさらに活動理論を援用し、ダブルバインド状況を脱却する道筋を検討する過程、ダブルバインドの創造的側面に着目することで、拡張的学習論を展開している。　⇨エンゲストローム、拡張的学習、文化－歴史的活動理論、ベイトソン　　　　　　　　　　　　　　　［保坂裕子］

多文化主義
multiculturalism

　多文化主義とは、一つの社会の内部において異なる複数の文化の共存を認め、各集団が対等な立場で扱われるべきだという考え方である。同化主義と融合主義を否定し、文化の多様性を価値ある資源として尊重することから文化多元主義と同義で使われることもあるが、ポスト構造主義、ポスト植民地主義、批判理論の影響を受け、より平等で公正な多文化社会への変革を目指すこともある。文化の多様性の許容レベルによっていくつかの類型に分けられる。許容レベルの最も低いものから順に①マイノリティの多様な自己表現や社会参加をマジョリティが私的生活面で容認するリベラル多文化主義、②公的生活面でも多文化主義が政府や企業に採用され、革新を生み、効率を高めるとして、言語や宗教などの多様性を取り入れていくコーポレイト多文化主義、③平等な社会の実現を目指し、人種、ジェンダー、階級などによって構造的に生みだされる経済格差、制度的差別などの問題に向き合っていく批判的多文化主義などである。　⇨移民、社会運動、批判理論、文化、文化多様性　　　　　　　　　［岸磨貴子］

多様性　⇨ダイバーシティ

ダントー〔1924-2013〕
Arthur Coleman Danto

　米国の歴史哲学者、美学者。コロンビア大学教授。アートの哲学、表象論など多くの著作がある。著書『物語としての歴史』（原著1965）において、歴史的「事実」とされてきた記述が、時間的に後の出来事から遡る「物語文」で記述されていることを明

らかにした。彼は「物語文は、時間的に隔てられた二つの出来事E1とE2を照合するが、記述されるのは第一の出来事である」とした。たとえば「1917年に『ラモーの甥』の著者が生まれた」というのは、「物語文」である。リクール（Paul Ricœur）の『時間と物語』（同1983–85）など、物語（ナラティブ）論に大きな影響を与えた。 ⇒時間、ナラティブ（ナラティヴ）、リクール

[やまだようこ]

談話
discourse

統一した全体を構成するひとまとまりの語、句、節、あるいは文の集合のこと。ディスコース（discourse）を言語学では談話と呼ぶ。談話は会話やインタビューやスピーチなどの話し言葉と、新聞、広告、書物などの書き言葉の両方を含むが、話し言葉を「談話」、書き言葉を「テクスト（text）」と呼んで区別する場合がある。なおヨーロッパ言語学では談話のことをテクストと呼ぶ。そしてdiscourse analysisを言語学では通常「談話分析」という。会話分析は社会学にルーツがあるが、会話を対象とするため言語学ではこれを談話分析に含んでいる。また談話分析のなかで談話の背後にある思想や政治などのイデオロギーの問題を解明しようとするのが批判的ディスコース分析（批判的談話分析、クリティカル・ディスコース分析ともいう）である。 ⇒言説、ディスコース、ディスコース心理学、ディスコース理論、批判的ディスコース分析 [鈴木聡志]

談話構造
discourse structure

発話されたもの、または、記述されたものについて、文章中の語句や文の間の役割的関係や、話題の推移といった構造。砂川有里子は、談話を話し言葉、書き言葉を問わず「コミュニケーションを行うための言語の運用プロセス」そのものとしている。その分析によって、質問と応答間の関係、

会話においては文脈を把握したり、会話の順番交替や発言間の関係をもとに発話者間の関係や発話者の発話空間（会話フロア）での立ち位置や関係性（参加構造）をとらえたりする。教室における談話構造を明らかにしたミーハン（Hugh Mehan）は、固有のパターン化した構造を明らかにし、発話の順番配置（turn allocation）に暗黙のルールがあることを指摘した。好井裕明はその場に固有の、形成される規則に則った会話を営むことで秩序が守られ、制度的状況が維持されているとし、教師と学習者の役割を見いだせることを指摘している。談話の構造を対象とした分析では、発話の主体と関連づけられて検討される。 ⇒会話の順番交替、会話フロア、参加構造、談話、ディスコース分析、ミーハン [河野麻沙美]

ち

地域医療
community medicine

狭義には地域における診療であり、広義では地域の医療機関で行うすべての業務を含む。日本では、世界に先行する少子高齢化の急速な進展、疾病構造の大幅な変化、財源やサービス需要の増加、ニーズの多様化・グローバル化、高度技術化などの急激な変化に対応できるだけの、地域医療提供体制の構築が求められている。医療法に基づき、都道府県は、医療計画を定め、医療圏の設定、医療圏ごとの基準病床数、5疾病5事業（広範かつ継続的な医療の提供が必要と認められる5疾病、医療の確保に必要な5事業）および在宅医療などの体制を規定する。医療区域ごとに地域医療構想（地域医療ビジョン）を策定する。医療は病院から在宅へと主軸を移しており、かかりつけ医制度も検討されている。地域医療は、介護や福祉と連携しながら、地域全体で住民の健康を支える地域包括ケアのなかで体制構築が進め

られるようになってきた。地域医療・介護ネットワークや他職種連携の取り組みも広まりつつある。 ⇒医療的ケア、高齢者ケア、在宅介護、在宅看護、地域　　　　[藤山正子]

地域保健
community health care

　地域住民の健康の保持および増進に寄与することを目的とした対策、提供される保健サービスやケア。英語のcommunityは、社会的共通点や認知的共通点をもつ人びとの集団を指すが、日本語の地域は、より地政学的（地理的・政治的）境界という意味合いが強くなる。地域保健における地域という境界は、行政区域に限らず、住民の生活の場が中心となる生活圏でとらえることもできる。医療が医療契約を結ぶ人、福祉が福祉制度を申請する人が主な対象者になるのに対し、保健は契約に限らず、地域住民全体を対象とし、医療や福祉につながっていない、より健康レベルの高い住民、あるいは、医療や福祉につながることのできない住民のセーフティネットとしての役割を含む。よって、地域保健は、地域で生活する住民に対して切れ目のないサービスやケアを提供するうえで重要な役割を担い、地域医療や地域福祉と連携して活動展開されることが望まれる。質的研究は、医療や福祉サービスにつながりにくい人びとの潜在的なニーズの抽出などに有用であろう。 ⇒共同体、公衆衛生、子育て支援、地域医療、まちづくり　　　　　　　[藤山正子]

チーム・エスノグラフィー
team ethnography

　2人以上の調査者が調査設計、参与観察やインタビュー、データ分析、エスノグラフィー執筆までのすべての段階においてチームとして協働しながら研究を進めていく方法。チームの構成員は同分野または他分野の研究者、現場の専門家や調査協力者などさまざまな人びとが想定される。従来のエスノグラフィーは1人の研究者が調査を行うことを前提としているが、エリクソン（Ken C. Erickson）とストゥル（Donald D. Stull）は、性別、年齢、人種、階層などの属性や専門分野の異なる人びとが協力して学際的な調査を行うことによって、多角的な視点から現場の多声性を描きだすことができることを強調した。一方で、協働的なチームを確立するためには、構成員の能力や関心が補完的であり、その関係性が対等で非競争的であること、定期的に顔を合わせてフィールドノーツを共有し、データの解釈をすり合わせるといった活動が必要とされる。 ⇒多声性　　　　　　　[額賀美紗子]

知恵　⇒叡智

知覚システム
perceptual system

　動物は周囲の光、音、力、化学物質の流動から情報を獲得する。情報は感覚受容器が入力する刺激ではなく、複雑な次元で変化する高次の変数で、それが環境の性質を特定する。情報を獲得するために組織化した身体器官をギブソン（James J. Gibson）は知覚システムと名付けた。脊椎動物には五つの知覚システムがある。第一が重力方向を特定する基礎的定位システムで、身体底面と前庭の感覚が共変し、地面の傾斜と自己の姿勢を同時に知る。第二が触覚システムで、たとえばモノを振ると筋や腱への力学的流動の変化から不変な慣性値が分離される。第三が嗅覚と味覚システムで、空気中や口中の化学飛沫拡散が情報となる。口蓋は味を識別する受容器の複合する知覚器官で、食物の肌理、粒度、比重などの情報を解き放つ。第四が聴覚システムで、球状の波面と、周波数の混合する波列が情報で、第五が両眼－頭部－全身姿勢からなる視覚システムである。各知覚システムの情報は冗長である。たとえば炎は、聞く、嗅ぐ、見る、熱などから知覚できる。 ⇒アフォーダンス、生態学的アプローチ、生態学的環境、生態心理学、ダーウィン [佐々木正人]

知識
knowledge

広義には、「人間が知っていることの一切」を知識と呼ぶが、狭義にはそのうち、正しさが確かめられた確実な認識のみを指す。この狭義の知識が体系化されたものが学問である。近代社会は、自然に関する狭義の知識をもとに産業化し、社会に関する狭義の知識をもとに分業を発展させ、社会を民主化してきたが、現代社会ではこの基本的な社会発展の構図が疑われている。すなわち、自然科学分野においては、高度に専門化され細分化された科学技術は、部分的な計算可能性しか保持しておらず、普遍的な「正しさ」とは別物であったことが露呈した。社会科学分野においては、経済も政治も設計どおりには動かないことが明らかになりつつある。専門知の普遍的通用性が疑わしくなった現在、「体系化された学問知」に依存するのではなく、「市民の常識」を基盤にして人間世界の秩序を再構想しようとする動きが強い。この動きに呼応して日常性の哲学、日常性の社会学、日常性の心理学への関心が高まっており、その探究法としての質的方法に期待が寄せられている。 ⇨ ウィトゲンシュタイン、生活世界、知識社会学、バーガー 　　　　［樫田美雄］

知識構築
knowledge building

知識構築とは、知識を内的なものではなく、実体のある「もの」とみて、書くことや話すことを通して作りかえる試みを指す。知識構築を学びのゴールに掲げる教育実践プロジェクトとして「知識構築プロジェクト」がある。トロント大学OISEの学習科学者ベライター（Carl Bereiter）とスカーダマリア（Marlene Scardamalia）が「書きながら知識を深める」知識変容型の作文研究や「習熟しながらゴールを高める」熟達化研究などの認知研究をもとに前身のCSILEプロジェクトを1983年に立ち上げて以来30年、世界20か国以上で展開している。学習者はクラスで共有した問題について電子掲示板KF（knowledge forum）も用いて対話・作文しながら考えを深める。作文の際には「私の考えは」「証拠は」などといった「書き出し」も活用でき、それがそのまま評価にも使えるという「変容型評価」も実践する。知識構築が成功裏に起きるための12の学習環境のデザイン原則について、教育関係者コミュニティで共有し、教育行政も巻き込んで多様な実践を展開する学習科学実践の典型例である。 ⇨ 学習科学、デザイン研究 　　　［白水始］

知識社会学
sociology of knowledge

知識と社会の関係を問う社会学。シェーラー（Max Scheler）は、実証科学の知、教養の知、救済の知の3種の知識を、コント（Auguste Comte）のように段階説的に扱うのではなく、同時に併存するものとして扱ったうえで、相互のバランスと協調を実践的目標とした。この思考は教育哲学に大きな影響を与えている。マンハイム（Karl Mannheim）は、知識が中立的・客観的であるようにみえながら、歴史的かつ社会的な影響を受けたものとして存在していることを「存在被拘束性」と呼び、さまざまな形態の「虚偽意識」を分類し論じた。そのうえで、特定の利害や階級から自由な知識人の役割を強調した。知識と社会との関係を、経験的に検討する方向は社会心理学や科学技術社会論に展開し、社会学という知識に焦点化して考える方向は、「社会学の社会学」に展開した。知識の範囲を人びとの常識にまで拡大する方向は、現象学的社会学に展開し、社会学のもっとも生産的な領域の一つとなっている。 ⇨ 社会心理学、知識、史的唯物論 　　　［樫田美雄］

秩序
order

秩序とは整っている様子のことである。人間の世界が秩序立っているかどうかの

判別においては、2種類の秩序観がありうる。一つは「秩序と混乱」を対比的に考える秩序観、すなわち、望ましさを基準にしたものであり、平和を秩序と考えれば、戦争は秩序ではない、とするものである。もう一つは、「秩序と無意味さ」を対比的に考える秩序観、すなわち、社会的有意味性を基準にしたものであり、当該現象に有意味さがある限り、秩序があるとするものである。この後者の秩序観を得て、社会科学の秩序研究は、大きく進展した。すなわち、逸脱現象や違法状態を対象に、それらが「整っている事象である」という前提で生成条件や展開パターンを探ることが可能となったのである。会話分析において、沈黙や割り込みや言い直しが研究され、継起的な秩序が発見された。さらに秩序を有意味さに依拠させることで、社会成員の独立的意思からの議論が不要になり、生活世界の自生的秩序や慣習的秩序に関する日常性の社会学が成立した。 ⇨逸脱、ガーフィンケル、会話分析、サックス、文脈 ［樫田美雄］

知的障害
intellectual disability

①発達期（18歳未満）に発症し②知的機能と③日常生活を営むうえでの適応機能に困難を示す障害。日本では、身体障害、精神障害（発達障害を含む）とならび、障害者基本法で障害として定義されている。医学では精神遅滞、医学では精神遅滞、DSM-5（精神疾患の診断・統計マニュアル）では知的能力障害（知的発達症）と呼ばれ、2018年6月に改訂されたWHO（世界保健機関）のICD-11ではdisorders of intellectual developmentとされ、知的発達症の訳語が検討されている。日本では1999年に法律や教育の分野にて使用されていた精神薄弱から知的障害に用語を統一した。人口の約1%が知的障害を有するとされ、診断は臨床的評価と、知的機能および適応機能に関する標準化された検査に基づく。これまで重症度の区分は知能指数（intelligence quotient：IQ）という数値のみにて判断されたが、DSM-5よりIQ値が示す概念的領域に加えて社会的領域・実用的領域の三つの視点から総合的に判断されることになった。個人に必要な支援は療育・教育・介護が中心となり、また家族に対する支援の視点も重要である。 ⇨身体障害、精神障害、発達障害 ［山田哲子］

中年期の危機
midlife crisis

ライフサイクルにおける折り返し地点である中年期に、身体的、心理的、社会的変化に伴って、アイデンティティが揺らぐこと。危機は回復するか悪化するかの分岐点を意味し、心を発達させ、変容させる転換点ととらえられる。生涯発達過程において、青年期はアイデンティティを確立していく時期として注目されていたが、中年期は比較的安定した時期とみなされていたため、中年期の危機について研究され始めたのは1980年代からである。中年期に最初に注目したのはユング（Carl G. Jung）であり、中年期を「人生の正午」と位置づけ、自分と世界に対する見方に決定的な変化が訪れるとした。日本においては、岡本祐子が、中年期にはそれ以前に獲得されたアイデンティティの揺らぎと立て直しという危機が起こるとした。アイデンティティに対する問いは、青年期にとどまらず、人生の岐路に遭遇するごとに繰り返され、ラセン式に発達するというアイデンティティのラセン式発達モデルを示した。 ⇨アイデンティティ、エリクソン、ジェネラティビティ、ユング ［渡邉照美］

中範囲の理論
middle-range theory

マートン（Robert K. Merton）が提唱した概念。「中範囲の理論」とは、経験的な調査のなかで蓄積される「小さな作業仮説」と、社会システムの一般理論のような「大きな概念図式」とを架橋するために、研究

対象の規模を限定し、理論の一般化水準を経験的に検証可能な範囲に定めた理論である。マートンは、物理学と比較して、歴史の浅い社会学が包括的な理論を志向するのは時期尚早であるとし、パーソンズ（Talcott Parsons）の社会システム理論を批判した。そして、個別の研究対象について仮説を積み上げ、理論と調査の相互作用を通じて検証可能な理論を発展させることが重要であると主張した。ここで中範囲とは、中レベルの抽象化を目指すことではなく、最高度に抽象化された理論を限定的な研究対象について展開することを意味する。実際にマートンは、緊張理論、潜在的機能、予言の自己成就など、社会学にとっての重要な中範囲理論を次々と提唱していった。

［北澤 毅］

超越論的現象学
〔英〕transcendental phenomenology；
〔独〕transzendentale Phänomenologie

　超越論的態度を重視する現象学。現象学では、「自然的態度」と対をなすものとして「超越論的態度」が重視される。自然的態度とは、われわれの周囲にある事物や、それらの総体としての世界の実在を素朴に信じている日常的なあり方を指す。超越論的態度とは、日常生活を支えているもろもろの素朴な信念をカッコに入れて判断を停止し（エポケー）、あらゆる経験の源泉としての純粋な意識の流れに立ち返ることを指す。人間科学との関係で超越論的態度が重視される場面があるとすれば、それは、われわれの人間理解がさまざまな常識、先入見、偏見、前提などによって、経験それ自体から遠ざかってしまうことが多々あるからである。超越論的現象学が重視するのは、可能な限りこれらの臆見を排して、もう一度ありのままの経験へと還帰し、それを記述することである。その意味では、単に記述を積み上げることより、何度も新たに経験の始まりに立ち会うことが重要である。⇒エポケー、現象学、現象学的還元　　　［田中彰吾］

調査
research

　質的研究において被調査者と調査者の関係は中心的課題である。質的研究を動機づけてきたのは、研究の問いに対応した妥当な調査方法の開発・多様化であった。そのなかで、調査の実施を通して被調査者の何を調査者はとらえているのか、被調査者と調査者の関係は質的研究の中心的な課題であり続けている。被観察者に内在していて一貫した特性をとらえているのか、それとも「観察の理論負荷性」として知られる調査者があらかじめもっている知識によって観察した被調査者の特性なのか、さらに調査者との間柄だからこそ引き出せた被調査者の特性なのか、はたまた被調査者に内在した一貫した特性というもの自体棄却するのか。このように質的研究における調査とは、調査の枠組みである被調査者と調査者の関係に自覚的であること、さらに被調査者と調査者の関係を新たに構想している一面さえもっている。⇒インタビュー、参加観察、質問紙調査、方法、方法としてのエスノグラフィー　　　　　　　［松本光太郎］

超常体験
anomalous experiences

　現在の自然科学の知見からは説明できないような超常的な出来事の体験。ディスコース心理学者ウーフィット（Robin Wooffitt）は超常体験を、超常的な出来事の体験を他者に報告するディスコースの問題としてとらえ直し、超常体験語りのディスコース分析を行った。一般に、超常体験を語ると、それを語る人の人格や能力が疑われる可能性がある。そのため、超常体験語りにおいては、出来事の超常性とそれを体験した自身の正常性を同時に満たす語りを行うことが求められる。たとえば、両者を同時に満たす語りとして、「ちょうどXしているとき…そのときY」（Xには日常の平凡な状況、Yには劇的な出来事が挿入される）といった、語りの定式化がなされる。超常体

験は、報告者の体験そのものに研究者が直接アクセスしにくい現象であることが多いため、ディスコース分析では従来の記憶研究パラダイムに縛られることなく、想起行為に純粋に焦点を合わせた分析が可能となる。 ⇨体験報告、超心理学、ディスコース心理学　　　　　　　　　　　　　　［大橋靖史］

超心理学
parapsychology

　テレパシー、透視、サイコキネシス（念力）など、心とモノあるいは心同士の相互作用を科学的な方法で研究する学問。超心理学に対し懐疑的な立場の研究者はこれを疑似科学とみなすことが多いが、一方、これを信奉する超心理学者は自身の研究の科学的厳密性を強調する傾向がある。両者は一見すると対立しているが、現象の原因を、前者は認知のバイアスに、後者は認知能力の特殊性に求める傾向があり、いずれも内的な認知過程として扱っている点は共通している。これに対し質的研究では、この問題を内的認知過程の問題としてではなく、実験者と被験者の言語的やり取りにおけるディスコースの問題としてとらえ直し、疑似科学の批判をかわしながら、厳密な科学性に関する説明や描写がいかに構築されるかを明らかにする。また、臨死体験や体外離脱、心霊体験といった現象についても、そうした体験についていかに語られるか、その語りの定式を明らかにする実証的研究が可能となる。 ⇨体験報告、超常体験、ディスコース心理学、ディスコース分析　　　　　　　　　　　　　　［大橋靖史］

沈黙のことば
silence language

　人間のコミュニケーションは、大半が言語などシンボルを媒介として実践されている。しかし、人間は同時に、言語によって明文化され得ないようなコミュニケーションや多様な現実を日々作り上げている。こうしたシンボルを媒介としないコミュニ

ケーションや他者との現実構成、秩序維持などに用いられる暗黙裡のルールとでもいえる現象を総称的に指す言葉。『沈黙のことば』（原著1959）、『かくれた次元』（同1966）など人類学者であるホール（Edward T. Hall）の研究が代表的。会話分析やディスコース分析など言語的相互行為に焦点を当てる質的研究は多いが、同時に身振りや手振り、微細な身体動作や人間間の距離などシンボルを媒介としない秩序のありようを読み解く作業は、人間の質的な営みを分析するうえで、もう一つの基本であり、重要な作業である。 ⇨アクティブ・インタビュー、質的データ分析、病いの語り　　　　　　　　　　　　　　［好井裕明］

て

TEA（複線径路等至性アプローチ）
trajectory equifinality approach

　文化心理学に依拠した、過程と発生をとらえる質的研究の方法論である。TEAは、人間の文化化の過程を記述する手法「複線径路等至性モデリング（trajectory equifinality modeling：TEM）」と、対象選定の理論「歴史的構造化ご招待」、内的な変容過程を理解・記述するための理論「発生の三層モデル」により構成される。TEAの開発過程の観点からも方法論の観点からも、TEMがその中心にある。TEMは、等至性（equifinality）の概念を発達的・文化的事象に関する心理学的研究に組み込もうと考えたヴァルシナー（Jaan Valsiner）の創案に基づき開発された。等至性の概念では、人間は開放システムととらえられ、時間経過のなかで、また歴史的・文化的・社会的影響を受け、多様な軌跡を辿りながらもある定常状態に等しく（equi）到達する（final）存在とされる。TEMでは、人間の発達や人生の径路の複線性・多様性を、時間経過と文化的・社会的背景とともにとらえるこ

とが目指される。 ⇨ヴァルシナー、キャリア、ダイバーシティ（多様性）、発生の三層モデル、歴史的構造化ご招待 ［安田裕子］

TAE
thinking at the edge

　TAEは、現象学の流れを汲む哲学者であり、心理臨床家ロジャーズ（Carl R. Rogers）の後継者でもあるジェンドリン（Eugene Gendlin）が、ヘンドリクス（Mary Hendriks）と共同開発した「分かっているがうまく言葉にできない意味感覚（フェルトセンス）を言葉にする系統だった方法」である。人間の身体は状況やシンボル（言語を含む）から意味感覚を感受しているが、その感覚には複雑な秩序が暗在するとするジェンドリンの「暗在性哲学（philosophy of the implicit）」に基づく。その複雑な秩序を、意味感覚と言語表現を随所で照らし合わせながら、言語表現に展開していく系統的な手順が、TAEステップである。自己の経験やアイデア、他者観察、文字化資料など、意味感覚が得られる対象に広く適用でき、質的研究にも応用される。教示に従い書き込むと系統的に手順をたどってTAEが展開できるワークシートも考案されており、初心者でも取り組める。 ⇨暗黙知、意味、現象学、質的研究 ［得丸智子（さと子）］

定型的熟達
routine expertise

　仕事などの熟達において、初心者が、熟達者のコーチングを受けながら、経験を反復する練習によって、手続き的な実践的知識を蓄積し、定型的な事柄については、速く、正確に、自動化されたスキルによって実行できるようになることを定型的熟達という（例：レジ打ちを素早く正確にできるようになること）。定型的熟達化は、領域によって異なるが、初心者が1年から3年くらいの経験を経て、一人前の仕事ができる段階にあたる。その熟達の過程において、初心者は失敗もするが、経験を重ねること

で、熟達者からの支援が徐々に少なくなっても、一人で実行できるようになる。しかし、新奇な状況での対処はうまくいかないことがあり、この点が適応的熟達者とは異なる。なお、仕事のうえでスキルや知識を一通り覚えてから後、動機づけやスキルの限界によって、それ以上の熟達に進まないキャリア・プラトーが生じることがある。 ⇨キャリア、実践、実践的知識、熟達、適応的熟達 ［楠見 孝］

ディシジョンメイキング
decision making

　今後に向けて実践の方針を決定し、計画を立てること。センスメイキング（過去から現在に至る実践について「腑に落ちる」こと）と並び、協同的実践の二つの局面をなす。ディシジョンメイキングには視野を広くとることが肝要であり、そのためには現状の徹底的な観察と分析が必要となる。エンゲストローム（Yrjö Engeström）の文化－歴史的活動理論は、現状分析を通じて視野を拡大するための有用なツールである。また、将来のビジョンを描くことも、ディシジョンメイキングの重要な部分を占めている。まず将来の理想の状態（ビジョン）を描き、そのうえでそのビジョンを実現するプロセスを策定する未来志向型のディシジョンメイキングは、問題とその原因を分析し、原因の除去を目指す従来型の問題解決型アプローチと対照的であり、しばしばポジティブ・アプローチと称される。その具体的な手法には、多数の利害関係者によるコミュニティづくり手法であるフューチャー・サーチ、組織開発の手法であるアプリシエイティブ・インクワイアリーなど、さまざまなものがある。 ⇨アクションリサーチ、センスメイキング、合意形成 ［永田素彦］

ディスコース
discourse

　談話、言説、discourseの心理学での言い方。discourseの訳語に言語学では「談

話」を当てて主に話し言葉を指し、哲学や社会学では「言説」を当てて主に書き言葉を指すことが慣例になっていることから、それらと区別するために鈴木聡志が提唱した。同様に言語学では「談話分析」、哲学や社会学では「言説分析」と訳されるdiscourse analysisを、心理学では「ディスコース分析」と呼ぶことも提唱した。ディスコースあるいは実際に使われた話し言葉や書き言葉を心理学のトピックとすることはポッター（Jonathan Potter）とウェザレル（Margaret Wetherell）に始まる。彼らによると、言葉はさまざまな働きをするために使われ、その使用はさまざまな結果をもち、何かを構成し、同じ現象が異なったやり方で述べられる。こうした仮定に基づいて彼らはディスコース分析を提唱した。質的研究、特に質的心理学でディスコースの語を用いることは、言語論的転回後の人間観に立つことにつながり、実生活において人間がする言語行為の重要性を強調することになる。 ⇨言説、談話、ディスコース研究、ディスコース分析、ポッター　　［鈴木聡志］

ディスコース研究
discourse research

　ディスコースをデータとする研究の総称。これに属するのは主にディスコース分析（または談話分析、言説分析）による研究である。ウェザレル（Margaret Wetherell）によると、学問としては心理学、社会学／カルチュラル・スタディーズ、社会言語学、人類学、教育学、政治学にまたがり、使用されるデータの形態にはインタビュー、フォーカス・グループ、ドキュメント、メディアにおける表象、自然な状況で生起した会話、政治的なスピーチがある。研究領域としては、社会的相互作用、精神・自己・意味付与、文化と社会関係、の三つがある。ディスコース研究を構成する研究の伝統として、彼女は、会話分析とエスノメソドロジー、社会言語学とコミュニケーションのエスノグラフィー、ディスコース

心理学、批判的談話分析と批判的言語学、バフチン（Mikhail M. Bakhtin）に基づく研究、フーコー派の研究の六つをあげている。
⇨言説、談話、ディスコース、ディスコース理論、ディスコース分析　　［鈴木聡志］

ディスコース心理学
discursive psychology

　心理学におけるディスコース分析。ただし、心理学者エドワーズ（Derek Edwards）とポッター（Jonathan Potter）によれば、ディスコース分析は心理学にとって研究方法の違い以上の変革を意味するものであり、これまでの心理学や社会心理学に対し根本的な理論的再考を求めるものであった。そこで、彼らは、自らの研究に対し、単なる研究方法や研究技法であると誤解されやすいディスコース分析という名称ではなく、ディスコース心理学という新たな名称を付与することとした。既成の心理学では、脳内で処理される情報の内的心理過程としてとらえられてきた記憶や帰属、態度、感情といった問題群が、心の内部の問題ではなく、人と人とのやりとりのなかで遂行される行為の問題としてとらえ直されることとなった。たとえば、「覚えている」「分からない」といった言葉が人と人とのやり取りにおいてどのように使われているか、その使われ方に焦点が当てられる。⇨エスノメソドロジー、会話分析、社会構成主義、ディスコース分析　　［大橋靖史］

ディスコース分析
discourse analysis

　言葉を用いた説明の組織化についての分析。言説分析、談話分析と訳されることもある。フランスの哲学者フーコー（Michel Foucault）にかかわる文献のなかでは「言説」という訳語が一般に用いられ、個人の発話を超え、外部からそれを方向づけたり影響を与えたりする意味のまとまりについての分析を指す。一方、言語学においては主に「談話」という訳語が一般に用いられ、

言語表現の意味を単に一般的な語義から理解するのではなく、実際の言語使用のなかでとらえていく語用論の分析の一種とされている。そして、心理学においては「ディスコース」という表記が用いられることが多く、ひとまとまりの現実の言語表現であるディスコースに焦点を当て、説明や描写がどのように組織化されているか、心的状態に関するディスコースがいかに用いられているか、また、ディスコースがどのようにしてイデオロギーによって支えられているかなどを明らかにする。 ⇨語用論、言説、談話、ディスコース心理学 ［大橋靖史］

ディスコース理論
discourse theory

言説や談話と訳されるディスコース（discourse）に関する理論。フーコー（Michel Foucault）らから後、ディスコースに特別な意味が与えられた。まずディスコースは歴史的に変化する。次にディスコースは権力やイデオロギーとかかわりをもち、社会的現実を生み、人の行動の指針となる。また一つのディスコースを無効なものとする対抗ディスコースがあるし、複数のディスコースが争うことがある。今津孝次郎が教育言説について述べたことを参考に、こうしたディスコース理論が示唆する研究課題をあげると、①一定の言説がいつ現れ、それを作ったのは誰で、どのような組織だったのか、②それに対する別の対抗言説が誰によってどのように対置されたか、③せめぎあう言説がどのようにマスメディアで取り上げられて広がっていったか、④ある言説が立法や行政や司法にどのように影響したか、⑤その言説はどのような実践を導き出したか、があげられる。 ⇨言説、言語論的転回、ディスコース、ディスコース研究、フーコー ［鈴木聡志］

ディセプション
deception

研究上、データをとる対象の人びとと、実験参加者あるいは調査協力者に対して偽りの操作をすること。①虚偽の情報を伝える積極的な場合と、②重要な情報を伝えない消極的な場合の2種類がある。調査においても真の目的を伝えない場合には広い意味でディセプションに含まれる。ディセプションが行われる背景には、人間を探究する学問ならではの要請がある。たとえば同調の実験を行う際に、「人の同調の様子を調べます」と言って実験を行うと、普段の行動と異なる規範的で望ましい行動のみを示してしまうことがあり、研究の妥当性が低くなる。そこで観察の真の目的を隠したり、作業の意味について異なる説明をしたりすることがある。かつては自らの立場を偽ってフィールドに入るような研究もみられたが、近年は倫理上ディセプション全般により厳しい審査が行われ、その実行が難しくなる傾向にある。やむを得ずディセプションを行う場合は、原則として必ずデブリーフィングを行う。 ⇨研究協力者、デブリーフィング ［北村英哉］

ディメンション
dimension

プロパティとディメンションは、グラウンデッド・セオリー・アプローチの中核となるものである。ディメンションは、プロパティという視点からみたときのデータの位置づけを示すもので、分析者にデータの位置がどうであるかだけでなく、その位置が変化したときに状況やプロセスがどう変わるのかまで意識させる効果がある。ある概念について、それぞれのプロパティからみたディメンションが、どの範囲で変化するのかにより、その概念の性質が明らかになる。また、ディメンションの範囲の違いによって、事例ごとの特徴を把握することもできる。さらに、軸足コード化と選択的コード化で、カテゴリー関連図を使ってカテゴリー同士の関連を示す際にも、ディメンションはカテゴリー同士をつなぐ根拠を示すという大きな役割を担っている。

⇨オープンコード化、カテゴリー関連図―図解―、軸足コード化、選択的コード化、プロパティ　　　　　　　　［戈木クレイグヒル滋子］

ディルタイ〔1833–1911〕
Wilhelm Dilthey

　ドイツ19世紀後半の哲学者。1882年よりロッツェ（Hermann Lotze）の後任としてベルリン大学教授。主著に『精神科学序説』（原著1883）、『記述的分析的心理学』（同1894）、『精神科学における歴史的世界の構成』（同1910）など。哲学史上は「生の哲学」「解釈学」などで知られる。自然科学が隆盛する19世紀にあって、精神科学的知の基礎づけ、すなわち「歴史的理性批判」を目指した。1890年代後半までは、「心理学」を基礎においたが、それ以後は「解釈学」を基礎におく。心理学史上は、説明的心理学を批判し、後の「了解心理学」につながる「記述的分析的心理学」を提唱したことで知られる。また、90年代後半には、実験心理学者のエビングハウス（Hermann Ebbinghaus）と論争を行った。
⇨解釈学、体験　　　　　　　　　［伊藤直樹］

データ
data

　そこから情報が引き出される素材（の集まり）のことで、事実や資料として学術的研究の分析の土台となる。厳密にいえば、英語では単数形はdatumなのだが、慣用的にはdataの語を単複いずれにも使う。質的研究によく使われるデータとしては、研究者自らが収集したインタビューの逐語録や参加観察のフィールドノーツがあげられるが、前段階の音声資料やフィールドメモもデータに含めることがある。また、質的研究には研究者以外の者が生成した日記、写真、公的記録などが使われることも少なくないし、ときには数量的データも補足的に用いられる。なお、dataの訳として「与件」「所与」が与えられていることから分かるように、データという語は「受

け取る側には変えられない」という含みをもつ。ただ質的データの扱いには多かれ少なかれ研究者の解釈が伴い、結果的に得られる情報が研究者によって異なる場合もあるため、「データ」という言葉よりも「テクスト」と呼ぶべきとする主張もある。
⇨質的データ分析、テクスト、非言語的データ　　　　　　　　　　　　　　　　［能智正博］

データ収集と分析の往復
back–and–forth movement between data collection and analysis

　フィールドワークによる仮説生成型研究において、データの収集とその分析のプロセスが、相互依存的に行き来しつつ同時に進行すること。フィールドエントリーから間もない全体観察期間には、網羅的なデータ収集が分析に先行して行われるが、やがて観察の焦点が定まり、研究設問（リサーチクエスチョン）が精緻化するにつれ、フィールドワークは理論的サンプリングに基づく選択的なデータ収集の段階へと移行する。このとき、焦点を当てている事象を読み解くための理論枠組みを見きわめ、それに適した概念ツールを用いて収集済みのデータを分析する試みが必要になる（特定の概念カテゴリーによって事象を分類する、事象間の関係を叙述するなど）。選定した概念ツールが最適でなければ枠組みを変更し、不足するデータを追加収集して、再度分析を行う。この手続きを繰り返すことで初めて、研究設問に対する答えとなり得る仮説の萌芽が立ち現れる。　⇨仮説生成型、フィールドワーク、理論的サンプリング　　［村本由紀子］

データの管理
data management

　取得したデータは、適切に管理されなければならない。研究倫理教育のなかでは、プライバシーの保護との関連から大事な項目として考えられている。データとして得られた個人情報は、鍵のかかる場所に、厳密に保管する。鍵をもつ人や鍵にアクセス

できる人、開封のための錠の番号を知る人は、研究に直接関係する限られた者でなければならない。誰でもいつでも見られるような環境は、避ける必要がある。データの整理や分析の作業をする際にも、データへのアクセスが制限されるよう配慮する。電子的な保管の場合、ハッキングや機材の置き忘れにも注意を要する。ファイルにパスワードをかけ、セキュリティを確実にする。分析に際しては協力者名を記号化し、個人と記号の対応表も厳重に保管する。結果の公表に際して情報を匿名化したり改変したりした場合の、元情報との対応メモなども同様である。研究が終了したらシュレッダーを使うなどして、内容が読み取れないようにして廃棄する。 ⇨ 研究協力者、研究倫理　　　　　　　　　　　［田中共子］

データの生成
data generation

　われわれはフィールドから、個人から、あるいは何らかの素材から、データを得ている。自然観察や参与観察を行う場合、言葉や数字や図や映像によって記録された情報がデータとなる。一次的な記録を、フィールドノーツに編集することも多い。室内での対話やフィールド面接では、語りの録音、声を含む映像、聞き書きの記録などが残る。そのほかに協力者の様子や印象に関するメモ、当日の状況の覚え書き、新聞やインターネットなどの公表情報、質問への自由記述、日記や手紙など私的な文章、絵や図など描かれたもの、組織の規範や構成の資料など多様なものがデータとして使われる。研究上の問いに対応させて、何をデータとするか、どこに注意を向けるか、どのような観点で現象を切り取るかは、研究者に任されている。いずれも研究者自身が探り針となり、データ生成のツールとなって情報を収集していく。そして見いだしたそれらのデータに根ざした形で、研究の主題が掘り下げられていく。 ⇨ インタビュー、映像、観察、フィールドノーツ、

メモ書き　　　　　　　　　　　　　［田中共子］

データの切片化
line by line coding

　データの切片化は、グラウンデッド・セオリーの分析で用いられる特徴的な技法である。質的研究では、研究者が道具となって分析を行うため、分析者のバイアスがかかりにくくなるような状況を作る工夫が必要となる。データの切片化は、そのために用いられる技法である。文脈のなかでデータをみていると、分析者流のバイアスのかかった読み方や解釈をしてしまう可能性が高くなるので、データを切片（slice）にして、一つの切片だけをみることで、文脈から切り離そうとする。内容ごとに一つの切片にするため、内容がたくさん詰まった、いわゆるデータがリッチな部分は小さな切片に、そうでない部分は大きな切片になる。データを切片化し、一つの切片をいろいろな角度から眺めてプロパティとディメンションを抽出する作業は、データを詳細に検討することにもつながる。 ⇨ オープンコード化、グラウンデッド・セオリー、ディメンション、プロパティ　［戈木クレイグヒル滋子］

テーマ分析　⇨ 主題分析

適応
adjustment

　個体が周囲の環境条件やその変化と調和的な関係を保っている状態のこと。この調和的な関係が崩れ、本人または周囲の環境に不利益が生じている状態が不適応である。人間が適応すべき環境には、寒暖や騒音・自然環境などの物理的環境、身の回りの対人関係や文化などの社会的環境、そして、自分自身の心という心理的環境の三つがある。社会科学においては人間と社会的環境や心理的環境との関係について論じられる。質的研究においては、個人の適応が脅かされるライフイベントを経験した後に再び適応に至るまでのプロセスを、本人の

回顧的な語りや参与観察、エピソード記述などに基づき明らかにすることを目的にするものも多い。また、「適応」とはどのような状態なのかという概念定義を問い直す研究もある。個人の生のありようの手ざわりを捨象しない質的研究法は、適応をテーマとする研究と相性がよく、数多くの優れた質的研究が発表されている。 ⇨環境、プロセス研究、ライフイベント 〔谷口明子〕

適応的熟達
adaptive expertise

　定型的熟達の次の段階の概念として波多野誼余夫らが提唱した概念である。仕事などの熟達において、定型的熟達者がさまざまな経験を積み重ね、柔軟な手続き的知識を蓄積して、状況に応じて規則が適用できるようになることを指す（例：レジ打ちを素早く正確にできるのに加えて、客に応じた心配りやトラブルに適切に対応できるようになる）。さらに、文脈を越えた類似性認識（アナロジー）ができるようになり、新たな状況において、過去の経験や獲得したスキルを用いて対処できるようになる。ここでは、仕事に関する手続き的知識を蓄積し構造化することによって、仕事の全体像を把握でき、スキルの使い方が柔軟になる。また、適応的熟達者は、仕事において、実践的知識に基づく直観を使って事態を分析・予測し、適切に対応できるようになる。さらに、新たな手続きを生みだすこともある。 ⇨実践、実践的知識、熟達、定型的熟達、波多野誼余夫 〔楠見孝〕

出来事
event ; incident ; happening ;
occurrence ; accident

　ある一定の時間に、ある特定の場で生じた一連の事象（特に事件・事故）。もしくは、ある事象が起こった際に「物語」としてパッケージされた一まとまり。多くの場合には、地と図の関係において、図として浮かび上がった一連の事象が「出来事」とし

て認識されるが、地のままで「出来事」にはならずに過ぎ去ることの方が多い。その認識された出来事も強固に安定してはいない。芥川龍之介の小説「藪の中」で描かれている通り、その出来事の渦中にいる人物たちでさえも、そのポジションによって眼前の事象の見え方は異なり、さらに意図により説明のされ方も変わることから、第三者が検証する際に揺らぐからである。では、AV機器で撮影されていれば解決するだろうか。それらもまた客観的で安定した出来事とは言い難く、AV機器によって切り取られた不完全な「出来事」となることに注意したい。質的研究では、ある出来事がいつから始まり、どこで終わるのかについても注意が必要である。 ⇨AV機器を使った観察、エピソード記述、事実―主観と客観の対立の視点から―、フィールドノーツ、羅生門的アプローチ 〔宮内洋〕

テキストマイニング
text mining

　テキストデータを計算機で定量的に解析して有用な情報を抽出するためのさまざまな方法の総称である。自然言語処理、統計解析、データマイニングなどの基盤技術のうえに成り立っており、ビッグデータや大量の文章を分析する場合に特に有効である。質的な文字データを対象に形態素分析を行い量的な統計分析を方法として用いるため、質的研究と量的研究の両側面をもつ「コウモリ的性格」がある。テキストマイニングは、探索的研究、仮説生成的研究、仮説検証的研究のいずれにも用いられる。また単独で用いられる場合と、混合研究法の一部として質的研究または量的研究と併用され、統合されて用いられると効果的である。また、単語の原文検索（原文参照）機能により質的研究のツールとして利用される場合もあり、ほかのソフトウェアの文字列検索より精確な検索をすることができる。 ⇨形態素、形態素解析、混合研究法、分かち書き 〔いとうたけひこ〕

テクスト

〔英〕text；〔仏〕texte

　テクスト論の代表的研究者であるバルト（Roland Barthes）によれば、テクストとは、引用によって「織りあげられたもの」（〔仏〕tissu）である。研究領域によってとらえ方は異なるが、基本的には、文字で書かれたものを含め、写真や映像、絵画、ファッションなど、あらゆるものがテクストに該当するといってよい。一般に、テクストとしてとりあげられる対象は、作者の意図の表現物としてとらえられることが多いが、テクスト論においては、それはむしろ、さまざまな引用から構成される織物のようなものであると考えられる。したがって、テクストの意味とは、作者によってあらかじめテクストの背後に隠された静態的なものではなく、読むという行為によって生じる引用どうしの接触や絡み合いにおいて惹き起こされ、またほかのテクストとの相互作用において生成される、力動的なものとしてとらえられる。この意味において、テクストの意味を生みだすのは、作者ではなく読者の側であるといえる。⇨テクスト分析、バルト　　　　　　　　　　　［松島恵介］

テクスト分析

〔英〕textual analysis；〔仏〕analyse du texte

　「テクスト」分析は、作者によってあらかじめ封じ込められている静態的な意味を解読しようとする「作品」分析とは異なり、対象を読むことによって惹き起こされる複雑な意味生成のありようを読み解いていく作業である。バルト（Roland Barthes）によれば、テクストとは、作者の意図の表現物というよりもさまざまな引用からなる織物であり、テクストを読むという行為によって引用どうしが接触し絡み合い、たえず意味が生みだされることになる。また、クリステヴァ（Julia Kristeva）によれば、あらゆるテクストは単独では存在せず、ほかのテクストとの相互作用にさらされており、常にテクストの外部へと開かれる対話が生じている。したがって、テクスト上、テクスト間にはさまざまな「声」（Mikhail M. Bakhtin）が響き合い、そこでは絶えず意味生成が生じることになる。テクスト分析とは、こうした意味生成のダイナミクスを不断に見いだしていこうとする営みである。⇨カルチュラル・スタディーズ、声、テクスト、バフチン、バルト　　　　　　［松島恵介］

テクノサイエンス研究

technoscience studies

　テクノサイエンス研究とは、科学－技術実践を社会的・関係的なものとしてみていく研究アプローチである。ここでは科学－技術実践を、人、モノ、道具、環境などが社会、文化、状況、活動、歴史とともに再組織化されるハイブリッドな集合体における相互的構成ととらえる。たとえば、実験室における科学実践研究では、科学実践する実験者、実験の対象、さまざまな実験装置に接近し、実践共同体における不可視の相互行為・交渉、文化、ルール、権力関係などを可視化していく。しかし、科学－技術の対象と内容を見失い、安易にすべて社会的につくられているとしないこと、個人の能力への還元を恐れるあまり、すべてがかかわり合いだとしないことが求められる。テクノサイエンスという言葉は、オトワ（Gilbert Hottoie）が最初に使い、リオタール（Jean–François Lyotard）やラトゥール（Bruno Latour）が広めたとされる。⇨アクターネットワーク理論、エスノグラフィー、エスノメソドロジー、実践共同体、相互行為―エスノメソドロジーにおける―　　［吉岡有文］

デザイン

design

　行為者の行為可能性および／または可視性（visibility）を媒介によって変化させること、あるいはその媒介のあり方。「スロープ」という媒介によって車椅子でのアクセス可能性が変化することが一例である。ラルフ（Paul Ralph）とワンド（Yair Wand）に

よれば、デザインとは「目的を達成するために意図され、特定の環境下で、単純な要素のセットを用いて、種々の制約下にある要求のセットを満足するような、対象物の仕様を創りだすこと」と定義される。しかし社会的実践においては、目的を達成するために意図したデザインが意図通りに機能するかの評価は困難である。なぜならデザインは主体の行為・知覚を一方的に決定できず、主体とデザイン両者の弁証法として、多様な主体にとっての多様なリアリティが構成されるためである。したがってデザインがどのようなリアリティを構成しているか（たとえば誰を利し誰を害すか）についての検討が不可欠である。デザインは、デザインとその構成するリアリティの弁証法という運動体としてとらえ、付き添っていく必要がある。 ⇨学習環境、行為、道具も結果も／結果のための道具、媒介された行為　　　　　　　　　　　　　　　　［有元典文］

デザイン研究
design-based research

　学校などさまざまな学びの場を対象として、いかなる働きかけが学びの質をどう上げるかを予測しては実践し結果を詳細に検証するサイクルを繰り返しながら、学習環境をいかにデザインすべきかの原則（デザイン原則）と「人はいかに学ぶか」のより一般性の高い理論を抽出しようとする研究手法。「同じ学びは二度と起きない」という学習の一回性を前提に、少数の要因で学びをコントロールし結論づけようとする統制実験を廃し、テクノロジーで学習を長期間広範囲に支援しながらプロセスを詳細に記録・分析して成果にかかわる多要因を同定し、次の実践で各要因がより効果的に働く仮説を立て実践を繰り返す点に特徴がある。1992年にブラウン（Ann L. Brown）やコリンズ（Allan Collins）によって提唱され、学習科学の主要な研究手法となった。最近では、一教室や学校だけでなく、自治体や国全体での検証までを射程に入れたデザ

ン社会実装研究へと発展している。デザイン実験、デザインメソッドとも呼ばれる。⇨学習科学、社会実装、学校教育、実践研究　　　　　　　　　　　　　　　　　［白水始］

デノテーション／コノテーション
denotation ／ connotation

　デノテーションとは、ことばの字義通りの明示的な意味のことであり、一方、コノテーションとは、ことばの言外の意味あるいは暗示的な意味である。デノテーションとコノテーションはペアとして用いられることが多い対概念である。それぞれの例をあげるとすれば、ある有名ブランドのデッドストックのスニーカーは、デノテーションとしては「売り場に出されずに倉庫に保管してあった、新古品のスポーツシューズ」であるが、ある人びとにとってのコノテーションは「不良在庫品として長年放置された、型落ちの古くさい運動靴」であり、またある人びとにとっては「おしゃれライバルに差をつけるために足元を飾る、レアなファッションアイテム」というコノテーションを発生させる。バルト（Roland Barthes）によれば、こうしたデノテーションとコノテーションの二重構造は、一体となってわれわれの社会において絶えず意味作用を発生させている。⇨バルト　　　　　　　　　　　　　　　　［松島恵介］

デブリーフィング
debriefing

　心理学、社会学などの実証研究の参加者、協力者には十分研究目的などの説明が必要である。しかし、意図や詳細な仮説が明らかであると本来のありのままのデータや語りが得られない恐れもある。事前に十分説明が行えなかった場合に後から研究の説明を行う。そうした事後的な取り組みや作業をデブリーフィング（説明、信念解除）と呼ぶ。実験前に意図を明かしていなかった場合や虚偽の説明が含まれていた場合はもちろん、インタビューなどで心理的負担

が大きかったり、辛い体験の想起が含まれていたりする場合、心理的ケアを兼ねて振り返りを行ったり、感想をやり取りしたりすることもある。現在は研究の倫理という観点からの研究倫理審査も行われており、協力者、現場の人びと、地域の人びととよりよい相互関係を構築するためにも重要な手続きと考えられている。 ⇒研究協力者、社会心理学、ディセプション　　［北村英哉］

デューイ〔1859-1952〕
John Dewey

　米国の心理学者、哲学者、教育学者で、その論は進歩主義、経験主義、児童中心主義、プラグマティズム・道具主義・実験主義などと称される。シカゴ大学の附属小学校で、哲学を仮説とみてその有効性を実証するための教育を「実験」し、『学校と社会』（原著1899）を著した。『民主主義と教育』（同1916）が代表作で、教育を「経験の連続的再構成」ととらえ、遊びと労働ほか数々の二項対立の総合をoccupation（仕事、専心活動）のうちに見いだした。倫理、政治、芸術、宗教、論理学も含め、生活（生命、活動）、自然、興味、習慣、思考、問題解決、科学、探究、真理、教育的価値、公共性などをキーワードとした多数の著作を成した。 ⇒構成主義、省察的実践、総合学習、学びの共同体、ワークショップ［金馬国晴］

デリダ〔1930-2004〕
Jacques Derrida

　ポスト構造主義を代表する哲学者。真理を否定した脱構築の考え方は、ポストモダンの中心的な思考とみなされ、現代思想、文芸批評、人文学の領域に多大な影響を与えた。現象学では意味の直観を根源的なものだと主張するが、意味は言葉の反復によって成り立つため、根源的な真理とはいえない。デリダはこうした論理で、真理の存在そのものを否定し、現象学を形而上学として批判した。晩年は、法の根拠は法の外にあるため、法は絶対的な真理とはいえない、という主張を展開し、法を超えた正義、他者性を重視するなど、脱構築を社会や政治の問題に応用し、積極的に発言し続ける知識人としても活躍した。 ⇒脱構築、ポスト構造主義、ポストモダニズム ［山竹伸二］

転機
turning point

　転機とは、自身が大きく変わったと認識される出来事のことである。ブルーナー（Jerome S. Bruner）は1990年、自発的に書かれた自伝が普遍的な物語の特徴を共有していること、そのなかには決定的な危機として転機が出現することを示した。このことは転機がライフヒストリー、ライフストーリーにおいてプロット（筋書き）を形作る重要な出来事であること、また同時に自己変容を物語る形式の一つであることを示している。転機は常に「いまにして思えば」という回顧的な性質をもっており、語る者が現在おかれた状況と切り離すことができない。そのため、転機が語られる際には、「転機の前はこうだったけれど、転機の後はこうなった、そしていまの自分がある」という自己転換の語りがなされる。転機を語る際の自己転換の語りは、よい方向に変わるにせよ、悪い方向に変わるにせよ、語っている現在の自分のあり方を説明すると同時に、未来のあり方をも指し示している。 ⇒自伝、ブルーナー、物語的自己、ライフストーリー、ライフヒストリー ［杉浦健］

伝記
biography

　ある個人の一生あるいは半生の事績を中心とした記録。長期間の人生の変遷が分かり、個人を取り巻く人間関係のみならず、その人物の生きた社会や歴史的背景を理解できる点などで質的研究の資料として優れている。しかし、幅広く膨大な情報の整理の仕方やその解釈方法に難点もある。精神医学分野では、傑出した人物の創造性や症状を、伝記をもとに精神病理との関係で説

明する病跡学（pathography）がある。また伝記形態の一種で、ある個人のパーソナリティを、人生経験からだけでなく精神分析的な解釈を加えて描き出す心理学的伝記（psychobiography）もある。伝記に描き出されたある人物の心理や行動を、体系的な発達論理と重ね合わせて読み解いていく伝記法（biography method）では、ルター（Martin Luther）を分析したエリクソン（Erik H. Erikson）の研究が有名である。日本では、西平直喜が伝記を心理学研究の主要な資料とみなし、伝記分析を核とする生育史心理学を提唱している。　⇨エリクソン、自伝　　　　　　　　　　　　　　　［橋本広信］

典型性
typicality

　典型性とは、対象が特定の関心に照らして象徴的な事象であるということを示す言葉である。少数あるいは単一の事例であっても、典型性が高ければ高いほど、他者が自分の関心に引きつけて転用できる有用性を備えた研究になる可能性が高くなる。たとえば、社会貢献と利益は背反すると考えられている投資業界で、それが両立している会社にだけ投資して日本一の運用実績を出したファンドマネジャーにインタビューを行い、その構造を明らかにすれば、それは一般投資家を対象にした量的研究では得られない貴重な知見を見いだせる可能性がある。また、2011年に起きた東日本大震災の津波で児童教員84名が亡くなった大川小学校の悲劇も、典型性の高い事例といえる。なぜ悲劇が起きたのか、文部科学省の調査委員会も明らかにできなかったその構造を解明できれば、再発防止につながる有用な研究となり得る。　⇨一般化、一般化可能性、転用可能性　　　　　　　［西條剛央］

伝承
tradition

　先行世代から後続世代へ、世代を超えて知識や技術が伝達されること。伝承する内容だけでなく、伝承する行為そのものも指す。一般的に身分の上下を問わず使われる言葉であるが、この言葉を庶民生活に限定するために民間伝承という言葉を作り、その調査および研究が重要であると指摘したのが民俗学者の柳田國男であった。柳田以後、表面上の動きや形は変わっても、元となる型は世代を超えて伝達されていくという立場が自明視され、型は客観的にとらえることができるとされてきた。しかし、1990年前後に型を客観的かつ自明なものとしてとらえることができるという立場に対して強い批判が行われるようになる。そこから、伝承は創造性を多分に含む、個人と社会との相互作用によって生みだされるものであるという認識が醸成され、理論的な枠組みとして状況的学習論が援用されるようになってきた。現在では伝承を成り立たせる個人や、個人の有する意識の動的な過程に研究の焦点が向けられている。　⇨口頭伝承、状況的学習論、ナラティブ（ナラティヴ）、民俗学　　　　　　［竹内一真］

デンジン〔1941- 〕
Norman Kent Denzin

　米国のイリノイ大学の社会学者、社会心理学者。質的な研究方法論の発展を導いてきた一人でもある。シンボリック相互作用論の立場をさまざまに拡張しつつ、それと連動する形で質的研究の可能性を広げてきた。たとえば、アルコール中毒者のあり方をその個人的・社会的な意味としてとらえ直している。方法論として、研究者の自己回帰的な役割や、研究者と研究される者との関係を取り上げ、研究をその対象となるコミュニティに位置づけ、対象となる人たちの参加に基づくべきだということを明確にした。相互作用分析と解釈的アプローチからエスノグラフィー、ポストモダン哲学、カルチュラル・スタディーズなどを組み込み、研究領域を拡大した。浩瀚な『質的研究ハンドブック』（原著1994）の編者の一人であり、その改訂を数度行っている。

⇨ シンボリック相互作用論、ポストモダニズム
[無藤 隆]

伝統芸能
traditional arts

　日本に古くから伝わる芸術や技能の総称。狭義には舞台芸術のみを指し、広義では郷土芸能や和歌・俳句、書道、茶道、華道などを含むことがある。一般的に明治時代以後に流入してきた西洋芸能と区別するために用いられる。近年では後継者不足が指摘される中、外国人観光客の増加に伴い、地域の観光資源の受け皿としても注目を集めている。また、2003年に採択され2006年に発効されたユネスコによる「無形文化遺産の保護に関する条約」により、伝統芸能という無形の財産を世界的に保護していこうとする動きが強まっている。一方で、形のない文化財の保存や保護のあり方に関しては現在も議論が続いている。なお、無形文化遺産の保護に関する条約の「人類の無形文化遺産の代表的な一覧表」に能楽や人形浄瑠璃文楽、歌舞伎、雅楽などが登録されている。　⇨ 身体、正統的周辺参加、伝承、民俗学
[竹内一真]

転用可能性
transferability

　少数あるいは単一の事例に基づく質的研究になされる批判の一つに「その研究の結果はどこまで一般化できるか」というものがある。転用可能性とは、そうした批判を退け、事例的な研究から得られた知見であってもほかに転用可能であることを示すために、リンカーン（Yvonna S. Lincoln）とグーバ（Egon G. Guba）が提起した方法概念である。従来の量的研究では「一般化」を重視し、多標本に対して推測統計学を用いることで研究の知見の一般化が担保されると考える（一般化可能性）。ところが、原理的に考えると、そうした量的研究の知見も対象が変化する社会科学においては、時空間を超えた一般化を研究内部で担保することはできない。たとえば2010年に行われた原発に関する意識調査の結果は、東日本大震災以後の日本社会には当てはめることができない（一般化できない）。これに対して、ある事例に基づく知見についてその得られた文脈、条件が詳細に記述されているなら、その知見をほかの類似した事象に転用できるかどうかを読者は判断できる。　⇨ 一般化、一般化可能性、構造構成主義
[西條剛央]

と

土居健郎〔1920-2009〕
Takeo Doi

　聖路加国際病院精神科医長、東京大学医学部保健学科精神衛生学教室教授、国立精神衛生研究所長などを歴任した精神科医。精神衛生の向上を期するためには、医学を超えて広く社会や文化の問題を考えねばならないと指摘した。土居の「甘え」理論は、日常語を専門用語としてとりあげ、その多義的な特徴ゆえに分析概念としては批判も受けたが、個人の自我から社会形成まで広い意味での「発達」を、日本文化に即した依存−自立モデルの枠組みから扱うことを可能にした。特に1980年代以降、精神分析が関係論的に展開するなかで、国際的に高い評価を得た。著書『「甘え」の構造』（1971）は代表的な日本人論として有名であり、英、独、仏など多くの国で翻訳が出版されている。　⇨ 精神医学
[川野健治]

同一視
identification

　他者や集団などを自己と結びつけ、他者の属性や視点などを、無意識的、意識的に取り入れること。同一化ともいわれる。精神分析理論の防衛機制の一つであり、自分にとって重要な人と自分を混同し、対象が考え、行動していることを取り入れ、自分

のものとすることによって、満足や安定を得ようとすることを意味する。フロイト（Sigmund Freud）によれば、親との同一視は、人格形成や自我と超自我の発達において重要な方法である。一方、受け入れ難い自分自身の悪い部分を対象に投影して、その対象を取り入れ、対象を支配しようとする意図をもつ投影的同一視もある。社会心理学においては、個人が集団に所属することで、集団の価値観やルールを取り入れ、自らを集団の成員と同一視していく過程を意味する集団的同一視という概念もある。⇒社会的アイデンティティ、精神分析、フロイト　　　　　　　　　　　　　　　　［佐久間路子］

投影法
projective technique

　臨床心理学における心理アセスメント法の分類の一つ。精神力動的な考え方を用いて、被験者の無意識を投影させて可視化する方法として発展した。あいまいな刺激や、絵や文章などを見せて得た反応や、描画や筆跡などから被験者の無意識を解釈する。長所は被験者による結果の意図的な操作や歪曲が起きにくいこと、心の深層までアセスメントできること。短所は無意識の投影という理論そのものに対する賛否が学術的に分かれており、投影法という方法そのものへの信頼性が確立していないこと、施行と解釈に訓練を要し、検査者の質が均一でないこと。代表的な投影法はロールシャッハ・テスト、SCT（文章完成法検査）、描画テストなど。投影法は信頼性と妥当性の確率がいつでも課題であるが、投影法によって得られた反応は質的なものであり、質的研究によるエビデンスの検証は有効といえる。　⇒心理検査、精神分析、力動精神医学　　　　　　　　　　　　　　　　　［金丸隆太］

動機づけ
motivation

　ある行動が生起し、その行動が一定の方向・目標に向けられ維持される過程・現象を指す。幅広い行動の生起・維持過程を、それらの阻害も含め対象とし得る、行動科学全般において大変重要な概念である。特に学習と労働への動機づけの領域で活発に研究が行われており、そのメカニズムに関し複数のアプローチが存在する。一つは、動機づけを「欲求」の充足過程としてとらえるものであり、自律性・有能性・関係性への欲求を柱としたデシ（Edward Deci）らの自己決定理論などがある。その他、ロック（Edwin Locke）の目標設定理論のように、期待や目標など、主体が自己や活動に関してもつ「認知」の果たす役割を中心としたものや、チクセントミハイ（Mihaly Csikszentmihalyi）のフロー理論のように、快－不快や興味、楽しさなど「感情」と動機づけの関係に注目したものなどがある。これら主体の内的要因に加え、物理的環境や人間関係、文化・風土も含む「環境」要因とのかかわりについても研究が行われている。近年、特に組織や集団での実践における動機づけ過程、また個人の長期にわたる動機づけ過程などのテーマで質的研究が行われている。　⇒認知　　　　［磯村陸子］

道具も結果も／結果のための道具
tool and result ／ tool for result

　心理学における方法論。道具と生産物との関係によって、「道具も結果も」アプローチと「結果のための道具」アプローチに区別される。自然科学において発展してきた、結果のための道具アプローチでは、方法とは、適用され、結果を生みだす道具である。一方、道具も結果もアプローチでは、方法は適用される道具ではなく、結果と同時に生みだされるとされる。道具も結果もアプローチは、人間科学としての心理学において方法の探究は重要な問題であり、方法は研究の道具であると同時に結果そのものであるというヴィゴツキー（Lev S. Vygotsky）の指摘に由来する。ホルツマン（Lois Holzman）らは、道具と結果の弁証法的関係性が心理学の方法論にとどまらず、

人間の発達活動を特徴づけるものであると考え、道具も結果もアプローチに基づく発達支援の実践（発達的な環境を一緒に作りあげることで発達することを助けあう活動）を行っている。 ⇨ヴィゴツキー、パフォーマンス、弁証法、ホルツマン　　　　　　　［城間祥子］

統計学
statistics

　量的研究で収集されるデータを分析するための方法およびその基盤となる理論。データ全体の特徴を、代表値（平均、中央値など）や散布度（分散、標準偏差など）によって記述し、それらを集団間で比較したり、二つの変数間の相関関係を調べたりするのが、基本的な方法としてあげられる。集団データだけでなく、一事例実験データの時系列解析のように、個人データを対象とする方法もある。また、共通する研究設問（リサーチクエスチョン）のもとで行われた複数の研究の分析結果をデータとして、これらの研究全体としてどのようなことが言えるかを調べるメタ分析という方法もあり、統計学の適用範囲は広い。理論的には、母集団からランダムにサンプルを抽出し、確率モデルに基づいて、母集団の特徴（母数）を推測するのが基本だが、実際にはランダムでないサンプルを扱わざるを得ないことが多い。また、母集団を想定せずに、サンプルそのものの記述を目的とすることもある。 ⇨量的研究　　　　　　　　［南風原朝和］

統合失調症
schizophrenia

　かつては、思春期に発症し、幻覚や妄想などを伴い、しばしば慢性に経過して、独特な人格に至る内因性精神病の代表的疾患とされた。1860年にモレル（Bénédict A. Morel）によって早発性痴呆（démence précore）と名づけられた。その後ヘッカー（Ewald Hecker）の破瓜病、カールバウム（Karl L. Kahlbaum）の緊張病、さらに妄想性痴呆を総合する形で、1893年以降、ク

レペリン（Emil Kraepelin）が早発性痴呆（dementia praecox）の概念を提示した。1908年になってブロイラー（Eugen Bleuler）が、連合弛緩、感情鈍麻、両価性、自閉を中核症状とし、幻覚・妄想・緊張病症状を副次症状とする統合失調症（Schizophrenie〔独〕）群を再定義した。診断には、思考化声や応答形式の幻聴など八つから成るシュナイダー（Kurt Schneider）の一級症状の存在がいまなお有効とされている。日本では精神分裂病と呼ばれていたが、2002年に統合失調症と改称された。近年ではDSM-5（精神疾患の診断・統計マニュアル）において統合失調症スペクトラム障害という名称が登場し、その内容は少しずつ変化を遂げている。 ⇨精神医学、精神障害、当事者研究　　　　　　　　　　　　　　　［江口重幸］

統語論
syntax

　統語論は、単語が結びついて句や文がどのように構成されるのか、その背後にある仕組みを明らかにする言語学の一分野である。統辞論、構文論ともいい、句や文を構成する構造上のまとまりのことを構成素と呼ぶ。表面上、まったく同じ文の意味の違い（例：John hit Tom with the bat.「ジョンはバットでトムを叩いた。」「ジョンはバットをもったトムを叩いた。」）を構成素構造の違いによって説明できるとする。最小主義プログラムというチョムスキー（Noam Chomsky）の生成文法理論では、文の構成を「語彙部門」から「統語部門」へ、「統語部門」から「意味部門」と「音韻部門」へと分岐させ、それぞれ、概念・意図体系と感覚・運動体系へと展開することで統語構造が意味解釈と音韻解釈を結びつける機能をもつとする。統語部門でもっとも重要な操作は構成素を組み合わせる併合であり、独立した構成素同士の併合を外併合、既存の構造中の構成素をその構造に併合することを内併合と呼ぶ。 ⇨言語学　　　　　　　　　　　　［小島康次］

当事者研究
tojisha–kenkyu ; study about "tojisha"

　当事者研究といえば、当事者をめぐる研究を意味するであろうが、現在は二つの意味が生じ、流通している。まず、かなりの勢いを保ちながら流布しているのは、北海道浦河町の「浦河べてるの家」を起点とした、精神疾患を抱える当事者自身を主体とする療法・プログラム、そしてその流れを汲んで実践される、病い以外の領域にも応用されたプログラム・運動を指す固有名詞としての「当事者研究」である。この「当事者研究」を独占的な意味とし、過剰に拡大化を進める動きもある。もう一方は、当事者とは誰か、ある当事者を研究対象とする意義、その当事者が同じ当事者を対象として研究することの利点と困難などについて、累々と蓄積されてきた各学問領域の文脈上での研究の営みである。このように、この用語が異なる二つの意味で同時並行的に使われていることに注意したい。双方の分岐点は、この用語の使用者の各学問領域に対する身構えの相違にあるだろう。
⇨インフォーマント、自閉症スペクトラム、精神障害、病いの語り　　　　　［宮内洋］

当事者性
person involved–ness

　事件や問題などと直接かかわりがある人間をめぐり固有に生起する諸特性、また支配的な社会や文化からくくり出され、しるしづけられたさまざまなカテゴリーを生きる人びとがもつ諸特性のことを指す。近年、社会学では、後者の特性を中心として当事者研究が進められている。たとえばゲイ・スタディーズや発達障害当事者研究などがあげられるが、それらは同性愛や多様な障害を生きる本人が、固有性を生きること自体を根源的に問い直したり、固有性をもつ存在と社会や文化との関係性を理論的に考察したり、経験的調査から実践的な課題への解決を目指す社会学的研究である。また当事者が当事者であることや当事者性と社会との関連性を問い直すとき、計量的調査ではなく個人の生活史や生きられた経験への深い解読という手続きが重要であり、質的研究の多様なアプローチが有効である。⇨障害学、当事者研究、ろう文化
　　　　　　　　　　　　　　　　　　　［好井裕明］

糖尿病
diabetes mellitus

　膵臓から分泌されるインスリンというホルモンの作用不足によって代謝障害が生じ、長期間血糖値が正常なレベルより高い状態になる代表的な慢性疾患の一つである。服薬やインスリンの自己注射といった薬物療法、食事や運動療法など日常的な血糖の自己管理が必要となる病いである。成人期の生活習慣病とされることが多いが、発症原因によっては幼少期に発症することもある。また、糖尿病は不可視的な病いであることから、日常的に治療行為を自らの手で行いながら、健常な人びととともに社会生活を送ることも可能であるものの、治療が長期にわたるため、他者に依存的になったり抑うつ的になったりしやすい傾向が指摘されている。しかしながら、患者の病いの語りに関する質的研究においては、他者の抱える不可視的な喪失に対して共感的に理解したり、病いを統制可能な自己の一部として位置づけ、社会をとらえるフィルターとして機能させたりする可能性も示唆されている。⇨健常者、小児がん、喪失、慢性疾患、病いの語り　　　　　［飯牟礼悦子］

同僚性
collegiality

　組織に属する成員が共通の展望を有し、協働して仕事をしていくことのできる関係性と情動的な絆、そしてそれらの機能を意味する。教育研究領域において、1980年代以降にリトル（Judith W. Little）やハーグリーブス（Andy Hargreaves）らにより学校文化と教師文化の形態と発展を左右する鍵概念として提起され、医療看護をはじめ多

様な研究領域で組織文化の概念枠組みとして用いられている。同僚性は、組織における成員間の情報共有、相互信頼、チーム学習といった社会関係の確立に不可欠である。協働的な社会関係や絆を組織内に構築するには、組織のあり方として成員間の対等性と相補性が保証される必要があり、さらに、各成員の自発性の承認、学び合いや教え合いの自然発生の奨励、改善や刷新の志向性、場所や時間に限定されない学びが求められる。また、同僚性は組織それぞれの成員間の関係性や組織学習の中長期にわたる変容過程を必ず伴うため、アクションリサーチを含めた理論生成的で長期にわたる事例研究によって成熟過程を追跡することが可能となる。 ⇨教師文化、共同性、社会関係資本、情動、組織学習　　　　［木村 優］

ドキュメンテーション
documentation

　イタリアのレッジョ・エミリア市における保育実践で開発された、子どもの活動過程の記録方法。写真や音声／映像記録をもとに、プロジェクト活動過程における発話や行為、表現とそれに対する保育者や教育専門家の解釈を整理し、保育施設の壁面に展示するもの。ドキュメンテーションによって、子ども、保育者、保護者が、活動の結果だけでなく過程を見ることが可能になり、対話的で互恵的な学びが促される。子どもは自他の活動を客観視し、比較し、対話し、新たな発想を得て再び活動へ向かうことが促される。また、その作成や展示を通して、活動に参加していない人も含めた保育者が、子どもの行為および表現の意味や学びを質的に解釈し、対話し、活動展開の多様な可能性を討議する。その解釈の交流と議論のなかで、部分的な活動の様子に対する主観的な解釈が修正され、省察され、再解釈される。このように活動プロセスの意味や解釈にかかわる性質から、ドキュメンテーションを介した対話的プロセスの検討等、質的研究との親和性も高い。

⇨子ども理解、実践記録、保育カンファレンス、保育記録　　　　　　　　　［古賀松香］

ドキュメント
documents

　音声言語化または文書化された言語的記述による資料である。質的研究者によって研究の分析テーマに関するヴォイス（声）や意味を伝える資料とみなされ、ドキュメント分析を主とするさまざまな手法で分析される。ドキュメント資料には、主に次の3種類が含まれる。①広義の公文書（公式非公式によらず組織の活動記録、報告書、議事録、計画書、手引き書など）、②パーソナル・ドキュメント（個人的活動、信念などの一人称記録、SNS、ブログ、日記、スケジュール記録、電子メールなど）、③物的証拠（研究現場にあるもの、人工物、道具の命名や説明など）。また、ドキュメントは第一次資料として作者が最初に書いたまま改変されていないことが期待される。さらに、作者の直接的あるいは間接的経験に基づいた記述か否か、作成時に予定されたオーディエンスなど、作者の目的の査定も必要になる。ドキュメントが自発的か非自発的か、編集されているか、匿名かなども重要である。分析に役立つドキュメントとしては、その量よりも質が重視される。 ⇨手記、ドキュメント分析、内容分析、パーソナル・ドキュメント、ライフヒストリー　　　　　　　　　［斉藤こずゑ］

ドキュメント分析
document analysis

　文字として記された資料を扱う分析方法の総称。分析対象によってカテゴライズされた表現であり、具体的な検討には内容分析やディスコース分析を含む多様な方法が使われる。実験室実験と質問紙調査を重んじる心理学では導入が遅れたが、個人の膨大な書簡からそのパーソナリティを分析したオールポート『ジェニーからの手紙』（原著1946）などの先駆的研究例もある。日記や手記などの個人的文書から、書籍や教科

書、公的な報告書や刊行物に至るまで分析対象は多岐にわたり、新聞や雑誌の記事など、データベース化された資料を扱う研究も多い。その一方、人生相談、流行歌、遺書など、素材の発見と選択自体が新たな分析の可能性を切り開いてきた。インターネットの普及とテキストマイニング技術の発展により対象が拡大し分析が容易となる一方、新たなドキュメントと分析方法を開拓する必要性も高まっている。⇨オールポート、ディスコース分析、テキストマイニング、内容分析　　　　　　　　［八ッ塚一郎］

特殊性
particularity

　事例研究において重視される概念で、研究対象となった事例が独特に有する特徴を指す。仮説検証型研究において重視される一般化とは異なり、事例研究では事例特有の特徴を深く理解することが重視される。また既存の理論やモデルの再構築を行う手段として事例を検討する際には、その研究目的にかなっているかどうかを判断する際の概念としても用いられる。ステイク（Robert E. Stake）は特に、量的研究における一般化と対置するものとして特殊化（particularization）を提案している。それは他の事例との比較を行うことよりも、まずはその事例をよりよく理解することを目指すものである。事例への理解を通じて浮き彫りになってきたその特殊性が、結果的にほかの事例との差異をつまびらかにすることもあるが、それはあくまで二次的なものである。⇨一般化、事例、事例研究
　　　　　　　　　　　　　　　［川島大輔］

特別支援教育
special needs education ; special education

　障害のある幼児児童生徒の自立や社会参加に向けた主体的な取り組みを支援するという視点に立ち、一人ひとりの教育的ニーズを把握し、その持てる力を高め、生活や学習上の困難を改善または克服するため

に、適切な指導および必要な支援を行うこと。2007（平成19）年4月から「学校教育法」に位置づけられ、すべての学校において、障害のある幼児児童生徒の支援をさらに充実していくこととなった。障害のある子どもへの教育にとどまらず、障害の有無やその他の個々の違いを認識しつつさまざまな人びとが生き生きと活躍できる共生社会の形成の基礎となるものであり、日本の現在および将来の社会にとって重要な意味をもっている。昨今、障害のある者と障害のない者が共に学ぶ仕組みであるインクルーシブ教育システムが推進されている。特別支援教育をより進めていくことによって、人間の多様性の尊重、障害児の発達をできる限り促し、障害児が社会に参加することなどが目指されている。⇨障害児・者、ソーシャル・インクルージョン、発達障害
　　　　　　　　　　　　　　　［勝浦眞仁］

匿名性
anonymity

　字義的には氏名が秘匿されていることであるが、今日では情報通信技術の発達や個人情報保護への関心の高まりにより、個人が特定されないように情報が加工されていることを意味する。具体的には、あるデータから、氏名、住所、生年月日など個人を識別し得る情報が、記号で置き換えられるなどによって識別不可能となる処理（匿名化）がなされていることをいう。場合によっては、ほかのデータと照合することで個人が特定される可能性を考慮に入れた処理を行う必要もあり、量的データでは、同一属性のデータがk件以上になるようにデータを加工して、個人が特定される確率をk分の1以下にする「k－匿名化」などが行われる。質的データの場合には、匿名化を行ってもストーリー性などによって個人が特定される可能性がある。たとえば身の上話のように、匿名化がなされていても、一定の範囲の人には誰の話であるのかが判明してしまうことが起こり得ることを

考慮する必要がある。 ⇨倫理　　[宮坂道夫]

閉ざされた質問／開かれた質問
closed question ／ open–ended question

　「閉ざされた質問」と「開かれた質問」は、インタビューにおける質問のさまざまな分類のなかでもよく用いられるものの一つである。「閉ざされた質問」とは、「はい」「いいえ」で答えられる質問を示す。問いの内容を肯定か否定するだけなので、インタビュイーにとっては回答しやすい反面、答え方の自由度や得られる情報が少なくなる。「開かれた質問」とは、「いつ」「どこで」「何が」「どのように」といった疑問詞によって問いかけられる質問を指す。問いへの答え方が無限であることから「開かれている」と呼ばれる。得られる情報は比較的多いが、インタビュイーにとっては回答しにくい場合もある。実際のインタビューでは、質問の目的に合わせてこれら二つを効果的に組み合わせながら用いる。たとえば、開かれた質問の前に、それが適切かどうかを閉ざされた質問で探索したり、開かれた質問によって得られた情報を再度確認する際に閉ざされた質問を使ったりできる。 ⇨半構造化インタビュー、フォーマル・インタビュー[沖潮（原田）満里子]

特権化
privileging

　米国の心理学者、ワーチ（James V. Wertsch）によって提唱された概念。特定の社会において、ある談話がほかの談話よりも適切だと多くの人びとがとらえる心的現象を示す。ワーチは特権化に関する議論を展開するうえで、学校のカリキュラムのなかで位置づけられた、抽象的な概念を使用することが評価される「制度化された科学のことばのジャンル」と呼ぶ談話にまつわる事例分析を行った。小学校3・4年生の理科授業で記録された事例では、その意味内容が空疎なものであったにもかかわらず、制度化された科学の語りによることばのジャンルに属する用語を使用した子どもの意見が、これらの用語を使用しなかった語りによる意見よりも、説得力をもって聞き手の子どもたちに受け入れられた様子がみられた。このように特権化は、極端な場合、その意味内容にかかわらず、ある語り方を習得した者の発言が、ほかの語り方による発言よりもよいものであると人びとに判断される現象を含むものである。 ⇨教室談話、言説、社会的言語／ことばのジャンル、社会文化的アプローチ、ワーチ[田島充士]

徒弟制
apprenticeship

　弟子が親方の仕事を見習うことで熟達をはかる「徒弟制」をメタファーとして学習をとらえたもので、状況的学習論をはじめとして、学習や発達が本質的に社会的な性質をもつと考える立場が用いる。「正統的周辺参加」では、新参者は最初、その共同体にとって必ずしも重要ではない活動を任されることで正統な参加者となり、古参者を見習うことによって、やがて十全たる参加者となる。その過程でスキルや知識を身につけたり、実践共同体の一員としてのアイデンティティを変容させたりすると考える。ロゴフ（Barbara Rogoff）は、子どもの発達は、大人がすでに作りあげた社会への参加として始まり、子どもは大人やきょうだいのふるまいを観察し、真似しつつ、お手伝いのように責任を分担することを通して進むと考える。これらの諸理論は、初心者から熟達者への一方向的な変化が前提とされているようにみえるが、必ずしもそのような変化を前提にしているわけではない。徒弟制における学習過程をモデルとした「認知的徒弟制」という教育方法もある。 ⇨状況的学習論、成員性、正統的周辺参加、多重成員性、認知的徒弟制　　[松嶋秀明]

トポロジー心理学
topological psychology

　ゲシュタルト心理学者の一人であり、そ

してグループ・ダイナミックスの提唱者である20世紀中期に活躍したレヴィン（Kurt Lewin）の理論である。トポロジーとは、古代ギリシア語の「場所：トポス（topos）」に由来し、幾何数学の一分野である「位相幾何学」を指す。よって位相心理学ともいう。レヴィンは、個人の行動は環境と個人の相互作用の所産であり、B＝f（P, E）（Bはbehavior, Pはperson, Eはenvironment）の関数で表せるとする。よって、個人の行動は、行動に至る瞬間に存在するすべての「変数の場」の所産とみなす。単純線形による因果関係からの個人の行動説明とは異なっている。領域（regions）、境界（boundary）、次元（dimension）、ベクトル（vector）などの幾何学概念を用いて、個人が認識するすべての変数の場を生活空間（life space）上に表現する。ある行動にかかわるすべての変数が空間上に布置され、また時間・発達とともに変化するネットワークの形態として理解される。⇒グループ・ダイナミックス、ゲシュタルト心理学、レヴィン　　　　　　　　　　　　　　［若林宏輔］

トマス〔1863-1947〕
William Isaac Thomas

　シカゴ学派の第一世代であり、「人が状況をリアルと定義すれば、その帰結においてもリアルである」という考えを提示した。この考え方は「トマスの定理」とも呼ばれ、シンボリック相互作用論の中心的な概念の一つである。人は、社会的な規範と実際の態度に齟齬がある場合、規範を再定義しようとする。集団や組織も相互作用の文脈である「状況の定義」から派生してくるものである。彼は、盟友であるズナニエッキ（Florian W. Znaniecki）とともに、ポーランド移民の生活史を手紙などのドキュメントを含む、さまざまな資料を駆使して、人びとが「自分自身との相互作用」をする姿を明らかにした。⇒シカゴ学派、状況の定義、シンボリック相互作用論、ズナニエッキ　　　　　　　　　　　　　　［岡田光弘］

ドメスティックバイオレンス
domestic violence：DV

　「配偶者や恋人など親密な関係にある、またはあった者から振るわれる暴力」という意味で使用されることが多く、若者の交際関係におけるDVは「デートDV」と呼ばれる。内閣府の調査では、DVは身体的暴行、心理的攻撃、経済的圧迫、性的強要を含むものとしている。これらは犯罪となる行為を含む重大な人権侵害であるにもかかわらず、被害者の救済が必ずしも十分に行われてこなかったことから、通報、相談、保護、自立支援などの体制を整備し、配偶者からの暴力の防止および被害者の保護を図ることを目的に、2001（平成13）年10月に「配偶者からの暴力の防止及び被害者の保護に関する法律」が施行された。2014（平成26）年1月には同居する交際相手からの暴力も適用対象となった。DVの被害率は女性の方が高いが、男性被害者や同性カップル間のDVも注目されつつある。DV被害者やDVが起きている家庭で育つ子どもへのケアのほか、加害者の治療教育やデートDV予防教育なども取り組まれている。実態把握や介入効果に関する質的研究が求められる。⇒加害者臨床、犯罪、犯罪被害者、夫婦関係　　　　　［野坂祐子］

トライアンギュレーション
triangulation

　複数の技法による研究結果を相互に比較参照することによって実証研究における主張の根拠をより確実なものにしていこうとするアプローチ。元々は地図の作成や航海の際に用いられていた「三角測量法」を指す言葉である。この言葉を、複数の研究で得られたデータによって仮説の真偽を検証する科学的アプローチを指す言葉として初めて使用したのは、哲学者のファイグル（Herbert Feigl）であるとされる。そのファイグルの議論を援用しながら、1959年末に心理学者のキャンベル（Donald Campbell）とフィスク（Donald Fiske）は、複数の心理

テストや研究技法を組み合わせることをトライアンギュレーションとよんだ。それ以降、複数の技法やデータによる相互検証を指す言葉としてこの用語が定着していくことになった。混合研究法と同じ意味をもつ言葉として扱われることも多いが、トライアンギュレーションは必ずしも質的方法と量的方法を組み合わせて使用する場合に限定されるわけではない。⇨混合研究法

[佐藤郁哉]

トラウマ後の成長
posttraumatic growth：PTG

　身近な他者の死、自然災害、戦争、犯罪、病気、いじめ、虐待など、危機的な出来事や喪失などのトラウマ（posttraumatic stress disorder：PTSD）と苦闘した結果生じる肯定的な心理的変化をいう。1996年に米国の臨床心理学者であるテデスキ（Richard G. Tedeschi）とカルホーン（Lawrence G. Calhoun）によって提唱された。PTSD後の肯定的な側面の変化として、他者との関係、新たな可能性、人間としての強さ、スピリチュアルな変化、人生に対する感謝が示されている。日本版のPTG尺度は、2007年に宅香菜子とテデスキ、カルホーンによって発表された。テデスキとカルホーンは、トラウマ体験者に対する支援者が留意すべき点として、成長したと述べている人でも、必ずしもすべての面において成長が経験されるわけではないこと、成長が存在することは、苦痛や苦悩が存在しないという意味ではないこと、悲嘆や喪失が望ましいと楽観的にとらえられることを意味しないことをあげている。⇨PTSD（心的外傷後ストレス障害）、レジリエンス

[渡邉照美]

トランザクション
transaction

　他者の行為に応じて行為を行うこと。相互作用におけるかかわりの程度を考慮した概念。談話分析において行為に相当するのは発話である。話者交代を通して作られる、発話の連鎖が談話である。トランザクションは、談話の参加者のある発話が、その発話と対になるほかの参加者による、通常は直前の発話に、どの程度基づいているかという観点から分析される。バーコヴィッツ（Marvin W. Berkowitz）は道徳的ジレンマ課題を話し合いにより解決してく談話の分析枠組みを提案するなかで、単に直前の発話を言い直すといったかかわりの程度が低い表象的トランザクションと、直前の発話を精緻にしたり、拡張したり、論理の矛盾を指摘したりするようなかかわりの程度が高い操作的トランザクションに分け、後者がよくみられる話し合い方が道徳的推論の水準が高いことを見いだしている。トランザクションの分析により談話における対話の質を把握することが可能となる。⇨発話、談話、対話、ディスコース、ディスコース分析

[比留間太白]

トランスクリプト
transcript

　録音・録画された音声資料を文字に起こし、文章化されたもの。言葉だけではなく、沈黙や音の伸び、対話の重なりなども記号を用いて表現することが可能である。主に分析の作業に使用され、質的研究の基礎的な資料となる。録音された音声の文字起こしに限定すると逐語録とも呼ばれる。話し言葉を書き言葉に起こす際、どの程度聞こえたままの音を記述するのか、また、ジェスチャー、沈黙、笑いなどのパラ言語をどの程度記述するかについての正しいスタイルはない。語られた言葉のみを記述したものは、普通の文章のように読めるが、語り方ややりとりに関する情報は少なくなる。一方、パラ言語や対話の構造が詳細に表現されていると、情報が多い反面、読みにくく感じられることもある。その研究において何がどの程度必要な情報なのかを判断し、スタイルを決定することから、トランスクリプトはただの話し言葉の写しで

はなく、解釈的な構築物であるといえる。
⇨インタビュー、会話分析、ジェスチャー、
文字起こし　　　　　　　[沖潮（原田）満里子]

トランスジェンダー
transgender

　自身を出生時に割り当てられたジェン
ダーとは異なるジェンダーを自認する人び
とである。彼らは出生時に割り当てられた
ジェンダーに期待する役割とは異なる、自
分自身のアイデンティティを表現すること
がある。トランスジェンダーは、精神疾患
概念ではない。むしろ、「人の性のあり方
は多様なのだから、私たちは精神疾患では
ない」という主張が込められており、1980
年代に脱精神病理概念として用いられるよ
うになった。狭義には、心身の性の不一致
を感じながらも、医療的措置（ホルモン療
法や性別適合手術など）を望まない人を指す。
広義にはトランスセクシュアル（医療的措
置を望む者）、トランスヴェスタイト（異性
装者）を含む総称として使われる。トラン
スジェンダーのアイデンティティは一様で
はない。最近ではXジェンダー（男女のどち
らにも性自認をもたない者）やジェンダーが社
会的状況に応じて流動する者もいる。質的
研究により、多様な性のありようや生き方
を掬い取ったり、アイデンティティ形成の
微視的構造や発生過程を解明したりするこ
ともできる。⇨クィア理論、質的研究、性
的マイノリティ、性同一性障害、ダイバーシ
ティ（多様性）　　　　　　　[荘島幸子]

トランスビュー
trans-view

　複線径路等至性モデリング（trajectory
equifinality modeling：TEM）では、非可逆的
な時間に即して分析者が描出した径路図
（TEM図）を、経験の当事者（語り手）に見
てもらい対話することを推奨している。経
験の当事者／語り手と分析者／聞き手と
が、いま・ここで、TEM図を介して過去
ー現在ー未来を行き来しながら視点（view）

を融合（trans）させ、とらえられた径路の
真正性を精査する行為である。二者間での
語りー聞くという相互行為（inter-view：イ
ンター・ビュー）によりつむぎだされた経験
を、語りに即し分析者の視点でとらえ描い
たTEM図に、当事者の視点をさらに重ね
あわせるかたちで、対話を進める。このこ
とにより、分析者は分析の確かさを認識す
るとともに必要に応じて修正し、また当事
者は、自らの経験への新たな気づきや意味
づけを生じさせる。観察データのTEM分
析に適用されてもよい。臨床実践では、カ
ウンセラーの対象者理解の促進やクライエ
ントの経験の語り直しに活用されている。
⇨インタビュー、対話　　　　　[安田裕子]

な

内化　⇨内面化

内観法
introspection

　自分自身の意識を観察し、その内容を心
理学の研究対象・データとして扱う手法。
ヴント（Wilhelm M. Wundt）が実験参加者か
らの報告内容を研究対象としたことによ
り、哲学的思弁とは異なる心理学独自の方
法論が始まった。その後、行動主義が広ま
るにつれ、外部から観察可能な客観的行動
が研究対象とされた。しかしさらに時代が
下り、1950年代以降の認知心理学の隆盛
により、外部から観察不可能な高次の心的
活動が研究対象となり、内観法による報告
の有用性が見直されるに至った。質的研究
において研究協力者による報告は、内観法
による意識内容の記述の集合体とみなすこ
とができ、量的研究により明らかにできな
い部分にアプローチする手法として再評価
されたといえる。一方で、内観法による報
告のみをデータとした場合の解釈・結果の
妥当性、一般化可能性の吟味の手法が現状

として確立されているとはいいがたい点が課題である。 ⇨ヴント　　　　　　　［天谷祐子］

内的妥当性
internal validity

　外的妥当性が、研究参加者を超えた知見の外挿性、一般化可能性であるのに対し、内的妥当性は、クック（Thomas D. Cook）とキャンベル（Donald T. Campbell）が提唱したように、本来は当該研究の二つの変数間に因果関係がみられる程度を指す。このように、内的妥当性の概念は、もともと、量的研究のなかで発展したものである。たとえば条件統制などによって、妨害変数や攪乱変数を排除することで、研究者が確認したい因果関係の有無が明らかになり、内的妥当性は高まる。特にランダム化比較試験のような手法がバイアスを除き、エビデンスを高めるとされている。しかし、条件統制という考え方自体が、質的研究とは相容れない部分をもつ。質的研究は、多くの場合、自然な日常場面での出来事を扱うからである。このような問題を抱えるために、内的妥当性を質的研究に適用することについては、慎重である必要がある。 ⇨一般化可能性、妥当化、妥当性、量的研究［上淵 寿］

内面化
internalization

　内面化は、社会的な行為形式が、最初は外的な記号によって、さらには内的な記号によって媒介され、個人的な行為形式へと移行していくプロセスを表わす概念である。ヴィゴツキー（Lev S. Vygotsky）は、このようなプロセスを「文化的発達の一般的・発生的法則」と定式化している。このような発生的法則は、精神的行為に関するつぎのような解釈をもたらす。行為は、最初、外的刺激が特定の行為を引き起こすというような「精神間的」（inter‐mental）な過程として、個人と個人の間の関係として起こるのである。その後、たとえば言語に媒介された、個人の内部での「精神内的」（intra‐mental）な過程がそうした社会的形式を起源として発生する。精神間機能から精神内機能への移行」というプロセスは、随意的記憶、論理的記憶、概念形成、意思の発達という高次精神機能の発達のいずれにも該当する。なぜなら、そうした高次精神機能のすべての背景には、発生的にそれに先立つ、社会的諸関係あるいは人びとの間の関係があるからである。 ⇨ヴィゴツキー、高次精神機能、個体主義パラダイム、媒介された行為　　　　　　　　　　［朴 東變］

内容分析
content analysis

　テキストや映像などの質的な資料を対象に、何らかの基準のもと内容を分類し整理検討する分析方法。対象テキストの表現する内容を分類しカテゴリーごとに整理する、ターゲットとして設定した単語の出現頻度をカウントし使用比率や全体傾向を検討するなどの操作を行う。あるいは映像に応用し、表現されたテーマごとの分類、ターゲットとなる人物・事象の出現頻度のカウントなどを行う。いずれの場合も、雑多な事象を分類し整理するためコード化の処理が必須であり、検討を繰り返してコードを修正確立することが不可欠である。テキストや映像の対象範囲など、分析単位も明確に設定する必要がある。結果が数量化され第三者による検討も容易で、テキストマイニング技術の発展もあり着手しやすい。他方、表現された内容だけを検討するため分析レベルが浅くなりがちで、質的な解釈を必要とする場合も多い。 ⇨ディスコース分析、テキストマイニング、ドキュメント分析　　　　　　　　　　［ハッ塚一郎］

仲間関係
peer relationships

　仲間関係は、同年齢他者との関係であり、乳児期から仲間には特別な反応をすることが知られている。社会的な経験の基礎となり、子どもの発達にとって重要な役割

を果たすことが、多くの研究によって明らかにされてきた。親子関係やきょうだい関係と異なり、自分自身で関係を構築していかなければならず、その経験が、社会性、情緒、認知的機能の発達など個人の能力に影響を与え、また、それらの側面が仲間関係に影響を与える。愛着関係が安定しているほど、仲間関係がうまくいく。一方で、仲間関係は点ではなく子どもらが築き上げてきたかかわりの歴史の総体である。時には、いじめにあったり、仲間から外されたりするなど、心理的な圧力を受けたり、逆に与えたりと、必ずしも肯定的な関係ばかりではない。就学前の仲間関係は幼稚園、保育園などの集団生活の場での観察をもとに研究されることが多い。仲間内で共有された価値観を見いだし、仲間文化についても検討されている。⇨アタッチメント、いじめ、親子関係、観察、文化　　　[倉持清美]

ナビゲーション
navigation

　空間内において、ランドマークや遠方の目印などを参照して自分の位置を把握し、自分の進むべき方向を判断・調整して目的地に到達すること。迷わずにナビゲーションできることは、人間に限らず生体が生きていくうえで重要な能力の一つである。このナビゲーション能力にかかわる心理的説明として、認知地図や方向感覚、心的回転などがあげられる。かつては、空間に関する記憶表象＝認知地図に基づいて計画された目的地への移動プランによってナビゲーションが遂行されるというとらえ方が一般的であった。しかし、サッチマン（Lucy A. Suchman）は、南太平洋の航海士が行っているナビゲーションを例にしつつ、われわれのナビゲーションは具体的な状況の文脈の中に埋め込まれていて、その都度行うアドホックな状況的行為であると指摘した。また、現代のナビゲーションは、空間から直接得られる情報だけでなく、GPSなどの機器とのインタラクションによって達成さ

れている。⇨活動、サッチマン、状況的学習論、状況的認知、文化−歴史的活動理論
　　　　　　　　　　　　　　　　[澤田英三]

ナラティブ（ナラティヴ）
narrative

　「ナラティブ」には2側面あり、物語、ストーリー、語りという側面と、聴き手と語り手の相互行為、会話や対話という変化していく側面である。前者は、人の語りを写し取ったもの、証言内容、診断名のように科学や法律が権威をもって定義した言葉（専門用語）が含まれる。そこではテキストは固定され勝手に書き換えられない。しかし、臨床科学としての軸足は後者にあろう。対話における言葉には主体性があり、使い手により意味を変え、参与する人の経験に照らして変化する。つまり、個人の体験に根ざした言葉、すなわち内的説得力をもち腑に落ちる言葉は、他者の言葉と出会いその境界線上で感情やアイデアと結びつき、新たな意味へと進化していく。そういう「生きた言葉」（Mikhail M. Bakhtin）を引き出していく対話の姿勢を「ナラティブ・セラピー」では「無知の姿勢」（Harold A. Goolishian）と呼び、唯一の真実よりも複数ある真実のもつ多声性（ポリフォニー）が主役となる。⇨権威的な言葉／内的説得力のある言葉、対話、多声性　　　[野村直樹]

ナラティブ・コミュニティ
narrative community

　コミュニティについて、物語を共有する場であると同時に、人びとが互いに語り合い、語りを生みだす場としてとらえる概念。ラパポート（Julian Rappaport）は、1993年に自助グループをナラティブ・コミュニティとしてとらえる視点を提起し、その後の研究に影響を与えた。自助グループでは、社会における「支配的な文化ナラティブ（dominant cultural narrative）」とは異なる視点をもった「コミュニティ・ナラティブ（community narrative）」が醸成されており、

メンバーは、これを取り入れながらオルタナティブな「個人の物語（personal story）」を構築していく。このアプローチでは、こうした3層のナラティブの相互関係や影響に注目することで、個人の語りや経験の変化を社会的なプロセスと結びつけ、そのダイナミックな関係性を検討できる。自助グループのほか、宗教的なコミュニティや学校などさまざまなコミュニティに適用可能である。 ⇨ コミュニティ心理学、自助グループ、ディスコース、ナラティブ（ナラティヴ） [北村篤司]

ナラティブ心理学
narrative psychology

ブルーナー（Jerome S. Bruner）によるナラティブモード、すなわち出来事と出来事の間をつなぎ筋立てることによる説明の真実さをよりどころとする思考のあり方に基づく心理学の総称。また「ナラティブは心理学の根源メタファーである」というサービン（Theodore R. Sarbin）は、人間の経験への関心を取り戻すためのアプローチをナラティブ心理学とした。ナラティブは人間の動機や行動を解明する手がかりであり、自己概念はストーリーの形式をとるとの考え方を展開したマクアダムス（Dan P. McAdams）、バンバーグ（Michael Bamberg）、フリーマン（Mark Freeman）、やまだようこらは、ライフストーリーすなわち、個人が人生を語り記述することそれ自体がアイデンティティであるとする。このような自己への新しい観点や記述方法は、心理学の展開に大きな影響を与えている。 ⇨ ナラティブ・プラクティス、ナラティブ・ベイスト・リサーチ、ブルーナー、物語的自己、ライフストーリー、論理実証主義 [森岡正芳]

ナラティブ・セラピー
narrative therapy

ナラティブ・セラピーは、1980年代後半〜1990年代初め頃より始まり、狭義には、ホワイト（Michael White）とエプスト

ン（David Epston）によるナラティブ・セラピー／ナラティブ・プラクティスを指す。広義には、ポストモダンな社会構成主義的な三つの派、すなわち、①ホワイトらに加え、②グーリシャン（Harold A. Goolishian）とアンダーソン（Harlene Anderson）のコラボレイティブ・セラピー、③アンデルセン（Tom Andersen）のリフレクティング・チーム、リフレクティング・プロセスである。①では、相談者の人生のストーリーを再著述する共同作業における会話と、ストーリーに影響をもつより大きな文脈に焦点が当てられる。②では、無知の姿勢（not-knowing）で知られる会話モデル、③では、会話についての会話が行われる。共通の特徴は、客観的観察者・介入者としてのセラピストの位置の放棄・脱中心化が行われていること、および、人びとの間の会話で現実が構成されるということである。これらは諸心理療法に多大な影響を与えつつ展開している。 ⇨ 社会構成主義、心理療法、ナラティブ（ナラティヴ）、ナラティブ・プラクティス、ホワイト [無藤清子]

ナラティブターン
narrative turn

経験の記述は、「母が死んだ、だから私は悲しい」というように時間的に離れた出来事を因果的に結びつける物語の形式をしているだけでなく、人間科学における説明形式自体が物語（ナラティブ）であることの着眼に基づき、20世紀の末頃から生じた人間科学の潮流である。心理学における立役者はブルーナー（Jerome S. Bruner）であり、論理科学モードとナラティブモードの二つの思考様式を区別し、前者の目的は一般的な法則を探求すること、後者のそれは出来事の体験に意味を与えることとした。哲学ではリクール（Paul Ricœur）が、物理学的と体験的時間の中間領域である歴史的時間の構造を物語として解明しつつ、生物学や地質学、宇宙論も歴史的時間のなかにあり説明様式は物語になるとした。精神分析を

人生の語り直しによる意味の再発見とした
スペンス（Lewis Spence）の先駆的な試み以
来、セラピーや医療でもナラティブが潮流
となっている。　⇨ナラティブ（ナラティヴ）、
ナラティブモード、ブルーナー、リクール、
論理科学モード　　　　　　　　［渡辺恒夫］

ナラティブ探究
narrative inquiry

　ナラティブ・アプローチの一つの様式。
人が世界をナラティブを通して経験してい
ることをふまえ、ナラティブを現象として
研究の対象とするばかりでなく、研究の方
法とする点、すなわち研究自体を物語に
よって構成する点に特徴をもつ。カナダ
の教育学者クランディニン（Jean Clandinin）
とコネリー（Michael Connelly）によって形
作られ、2000年の著書 *Narrative Inquiry* に
おいて方法論として完成をみた。デュー
イ（John Dewey）の経験の哲学をルーツと
し、その経験概念を「連続性」「相互作用」
「場」の三つの次元で把握して、ナラティ
ブを検討する軸として定位している。教師
の専門家としての知識を、「個人的実践的
知識」としてとらえ、その経験を教師自身
の認識枠組みに即して検討する方法として
発展してきたが、現在は子どもや研究者も
含め、その場を生きる人びとの経験を、そ
れぞれのストーリーが相互に関係しつつア
イデンティティが構成される過程として記
述する方法へと発展している。心理臨床や
看護や芸術などの実践における経験を解明
する方法としても用いられている。　⇨ナ
ラティブ（ナラティヴ）　　　　　［浅井幸子］

ナラティブ・テクスト
narrative text

　言語で語られたもの、記述されたもの全
体をナラティブ・テクストという。広義に
は、文字としてまとめられたものだけでな
く、動画や画像など視覚的に編まれたもの
も含む。なお、これらは単にテクストデー
タというよりも、そのテクストを読み解く

研究者側のテクスト解読（読み、解釈など）
にかかわる「意味づけ」を本質とする記述
でもって成立する。その意味で、研究者の
視点で再構成されたテクストについてもナ
ラティブ・テクストと呼ぶことができる。
ナラティブは、そのナラティブが生成され
る状況が複雑に絡み合って成立する。研究
者はそれらのナラティブを切り取り（ある
いはコード化し）、時には自らの「発話」も
含めて解釈や意味づけをして分析する。し
たがって、ナラティブ・テクストは、研究
者による分析と切り離して成立することが
できない。そのためにさまざまな手法で
もって、ナラティブ・テクスト分析をして
いくことになる。　⇨会話分析、記述の意味
づけ、記述のコード化、テクスト分析、ナラ
ティブ分析　　　　　　　　　　　［田代 順］

ナラティブ・プラクティス
narrative practice

　ナラティブモードの思考を基盤とした心
理社会的実践や対人援助の総称。生活のな
かで生じた変えようのない事実も、それを
出来事としてどのような関係のなかで語り
聴くかによって、体験の意味が変わる。人
と人の会話のもち方、語りのあり方によっ
て新たな現実を構成することができる。こ
のようなナラティブの特徴を、心理臨床や
対人援助に活かす観点が、1980年代から
心理療法や医療福祉領域に導入された。家
族療法の流れからナラティブ・セラピーの
立場が、「人も人間関係も問題ではない。
むしろ問題が問題となる」とする問題の外
在化という特徴を明確にした。それによる
と、顕在化した問題や困難を、個人内要因
や集団内に特定の関係要因に帰属するとい
う視点を外すことができる。自らの実践
を、個人の体験に即して語り合うという小
集団の場を継続することによって、多職種
の専門職が協働する環境を生みだす。ナラ
ティブ・プラクティスは看護実践や緩和ケ
アの場を中心に導入されている。　⇨ナラ
ティブ心理学、ナラティブ・セラピー、ナラ

ティブ・ベイスト・リサーチ　　　［森岡正芳］

ナラティブ分析
narrative analysis

　ナラティブを分析対象ないし分析枠組みとして、研究対象者の表現を読み解き、整理し、対象について仮説やモデルを生成する手続きの総称。「表現」としては口頭での音声的表出が多いが、書かれたもの、絵画・写真などビジュアルな表現、さらには非言語的な行為もナラティブととらえて分析対象とすることがある。分析の方法は、ナラティブのどういう面に注目するかによって違ってくる。たとえばナラティブの主題分析では、すでに語られた物語の内容をとらえようとして、コード化を軸とした分析を行う。構造分析では、語られた物語の構成を分析対象とする。たとえば出来事についてのナラティブからラボブ（William Labov）が抽出した、要約、方向づけ、複雑化、評価、結果、終結という構成を応用した分析がこれに当たる。また、聞き手との間における物語の生成過程をとらえようとするパフォーマンス分析も試みられており、その場合には会話分析に近い手法が用いられる。⇨会話分析、コード化、ナラティブ（ナラティヴ）　　　［能智正博］

ナラティブ・ベイスト・メディスン
narrative based medicine：NBM

　1998年に英国のグリーンハル（Trisha Greenhalgh）らによって提唱された医療／医学の概念。EBMが医療／医学の世界を席巻するなかで、個別の患者が経験している病いとその意味、医師と患者の間主観的な交流などの重要性に、物語という視点から再度光を当てようとするムーブメント。2010年に米国のテイラー（Robert B. Taylor）はNBMを「患者が自身の人生の物語を語ることを助け、『壊れてしまった物語』をその人が修復することを支援する臨床行為」と定義した。またNBMの特徴として、①病いは患者の人生と生活世界という、よ

り大きな物語において展開する一つの章とみなされる、②患者は物語の語り手であるとともに主体として尊重される、③医学的な仮説、理論、病態生理は、社会的に構成された物語であり、常に複数の物語が共存するとみなされる、④患者と臨床家の対話から浮かび上がる新しい物語は治療的な影響をもたらすことが期待される、とまとめている。⇨エビデンス・ベイスト・メディスン、グリーンハル、ナラティブ（ナラティヴ）、ナラティブ・メディスン　　　［斎藤清二］

ナラティブ・ベイスト・リサーチ
narrative based research

　社会構成主義（social constructionism）を理論的背景におくナラティブモードの研究の総称。インタビューやフィールド観察において、人は生きている現実を積極的に構成し、意味を作り出す存在であるというナラティブの観点を活かした研究の立場を指す。インタビューやフィールド観察において得られた資料は、社会歴史的文脈と協力者の生活文脈、そして、研究者と協力者がどのような関係を構築するかによって、意味が変動する。その要因を積極的に研究として位置づける。この視点による研究は当事者、協力者と聞き手、研究者の相互作用のプロセスも資料として活用する。資料の信頼性を補うのは、ナラティブの現場性を活かした記述である。この立場では、掘り起こされた逐語記録のみがインタビューの資料ではない。聴き手の側に生じた体験、話を聴きながら立ち上がってきた考えや気持ちの動きも資料として扱う。当事者研究などの動向と連動している。⇨意味、社会構成主義、ナラティブ心理学、ナラティブ・プラクティス　　　［森岡正芳］

ナラティブ・メディスン
narrative medicine：NM

　2000年に米国コロンビア大学においてシャロン（Rita Charon）らによって開始された、主として医学生・医療者への教育に

焦点をあてたムーブメントから生みだされた、医療／医学の概念、方法論。シャロンは2006年にナラティブ・メディスン（NM）を、「物語能力（narrative competence）を通じて実践される医療」と定義している。物語能力は「病いの物語を認識し、吸収し、解釈し、それに心動かされて行動することができるための能力」と定義される。またNMの実践のための三つのムーブメントとして、①attention（配慮・注目）、②representation（表現）、③affiliation（参入・連携）が重要であることが強調されている。これらの実践を行うための能力は、教育・訓練を通じて身に着けることができるものとされ、語り／聴く、書く／読む、共有するといった方法を用いた、グループによる経験的学習の方策が多数考案され、実践されている。代表的なものとしてパラレル・チャート、精密読解、創造的記述などがある。 ⇨シャロン、ナラティブ（ナラティヴ）、ナラティブ・ベイスト・メディスン

[斎藤清二]

ナラティブモード
narrative mode of thinking

　心理学者ブルーナー（Jerome S. Bruner）が提起した人間の思考を特徴づける様式の一つ。思考の論理科学モードとの対比において用いられ、二つの様式は互いに共約不可能な関係にあるとされる。思考のナラティブモードに定位する探求は、意図や行為の移り変わりや人生の来歴といった、変化に富む人間の生や行為のありようを理解することを目的に据える。提起される知見の信憑性を、文脈独立的に真となるような実証科学的真理性に基づいて判断するのではなく、文脈依存的に妥当となるような解釈学的迫真性（verisimilitude）に基づいて判断するところに一つの特徴がある。思考のナラティブモードの遂行は、経過する体験を過去想起的に取捨選択し、再構成する行為としての「語り」を駆動すると同時に、行為の所産としての「物語」を産出する。心理

学におけるナラティブターンの一つの道標であり、ナラティブ心理学の展開可能性を示唆した概念である。 ⇨共約可能性、ナラティブ心理学、ナラティブターン、論理科学モード

[横山草介]

ナラティブ・ラーニング
narrative learning

　ナラティブ・ラーニングは、遊び・演劇空間（play – world）において、自他の物語を聴き合い、語り合うことを通して、既存の社会や共同体における物語プロット（narrative plot）を協働で更新しつづける学習様式である。この学習様式は、フィンランドのハッカライネン（Pentti Hakkarainen）らの研究グループと日本の臨床教育学の研究グループが協働で構想してきたものである。ヴィゴツキー（Lev S. Vygotsky）の文化歴史理論から影響を受けたこの学習様式は、自他が棲み込んでいる既存の文化の物語のプロットを異化し、新たな物語のプロットに転換する活動として展開される。この学習様式の特徴は、虚構の空間において、他性（alterity）としての他者に臨在し、自他の身体を響き合わせつつ生成する情動体験（perezhivanie〔露〕）を共有し、そこで創発するイメージの表象化と新たな意味創造を支援することである。この学習様式は、創造現場における新たな仮説の生成とそのナラティブな探究プロセス全般において応用することが可能である。 ⇨ヴィゴツキー、拡張的学習、口頭伝承、物語的自己、臨床教育学

[庄井良信]

ナラティブ老年学
narrative gerontology

　ナラティブ老年学は、語り・物語（narrative／story）を鍵概念とするナラティブ心理学の着想を取り入れた老年学である。「ナラティブとしての人生」を中核的メタファーとし、年を重ねる人生の道のりや、それを歩む自らを、高齢者自身がいかに筋立て、意味づけているのか、可能な

限り当事者の内側から理解しようと試みる。背景には、加齢の理論や研究手法を社会的に構成されたものとみなす社会構成主義（social constructionism）の思潮がある。そのため、個人のライフストーリーのみならず、それを取り巻く家族や文化など、社会に流布したストーリーに関心を寄せ、両者の相互作用を積極的に考慮する。高齢者は、加齢に伴い衰退などの変容する要素よりも、むしろ不変の要素に意味を見いだしているという「エイジレス・セルフ」に関する知見や、病いや痛みなどを加齢とともに避けられない現象とみなす社会のストーリーと、個人のストーリーとの相克に関する知見がもたらされている。　⇨社会構成主義、ナラティブ（ナラティヴ）、ライフストーリー
[野村晴夫]

ナラトロジー　⇨物語学

難病患者
patient with an intractable disease

①稀少性（患者数が概ね5万人未満）、②原因不明、③効果的な治療方法が未確立、④生活面への長期にわたる支障（長期療養を必要とする）の条件を満たす病いとともに生きる人。日本において、「治りづらく、生命にかかわる疾病」という一般的な意味での難病は、もともとは結核をはじめとした感染症を指していた。近代以降、治療方法や予防方法が確立されたことで、これらの感染症の脅威は低減された。1960年代に発生した薬害である「スモン」は、慢性の難治性疾患とともに生きる人への生活支援という新たな課題を生みだし、後の難病対策の口火となった。難病対策は、1972（昭和47）年の難病対策要綱（厚生省）に始まり、2018年時点においては2015（平成27）年施行の「難病の患者に対する医療等に関する法律」（難病法）に基づき、「指定難病」として330疾患の研究と支援が行われている。質的研究においては、「難病とともにある生」のありようをいかに記述し、支援につなげていくかが重要な課題となる。　⇨医療社会学、医療人類学、慢性疾患、病いの語り、ライフ
[日高友郎]

に

二重刺激法
double stimulus method

二重刺激法とは、人間が外部から入ってくる刺激−対象に働きかけ、人工的な刺激である刺激−集団を作り出す方法を指す。そして、この刺激−集団を媒介して別の刺激手段に対して働きかけ、新たな刺激−対象を作りだす。すなわち、外界を変化させるプロセスをとらえる概念である。たとえば、小さな子どもの前に好きなお菓子を二種類おいてどちらかよいほうを取るように指示すると、子どもは、「どちらにしようかな、山の大黒様に聞いたらよくわかる…」と人差し指を両方のお菓子の間に往復させて決めようとする。これが二重刺激法の典型的な例である。新しい刺激の出現そのものが、人間の積極的活動の結果である。ここでいう新たな刺激とは、最後の反応との関係では刺激でありながら、最後の刺激との関係では反応でもあるという性格を帯びており、このことは「刺激−反応」の図式では説明できない。ここでいう新たな刺激とは、先の具体例でいえば、人差し指を両方のお菓子の間に往復させる行為であり、最後の反応は、二つのお菓子のどちらかを食べる行為である。　⇨ヴィゴツキー、活動システム、高次精神機能、行動主義、媒介された行為
[朴 東愛]

日常
everyday life

シュッツ（Alfred Schütz）によれば、日常生活世界とはわれわれの主観的な経験に基づいた意味世界のことである。これは、客観的世界の存在を前提とするのではなく、

われわれ自身が行為・実践しながら、常に世界を解釈しさまざまな秩序を形成しているとする現象学的な見方に基づく。シュッツの後、家、学校、職場、電車やバスなど具体的場面での行為に着目し、その何気ない仕草にも意味があることを見出したのはゴッフマン（Erving Goffman）である。彼にとって、人と人とが居合わせる場面は劇場の舞台のようなものであり、われわれは息子、教師、社員、乗客といったその舞台に相応しい役割を演じているとみなされる。近年では、シュッツに着想を得たガーフィンケル（Harold Garfinkel）によるエスノメソドロジーによって新しい局面を迎えた。これは、おしゃべりのような場面において、われわれが当たり前に用いているが普段は気づかない形で存在している人びとの日常的な方法論を明らかにしていこうとする立場である。 ⇨エスノメソドロジー、ガーフィンケル、現象学、シュッツ、生活世界

[岡部大介]

日系人
people of Japanese descent

　海外に移住した日本人とその子孫の総称。日本から海外への移住は19世紀後半から始まった。戦前はアジア太平洋地域とアメリカ大陸（北米・中南米）にたくさんの移民が渡った。戦後はアメリカ大陸が主な渡航先となったが、日本が豊かな社会になるとともに移民の渡航は少なくなった。戦前も戦後も移民の多くは苛酷な異郷生活との格闘を強いられた。具体的な日系人のあり方は地域・時代・世代により異なる。いくつかの地域では日本人街や農業移住地のような日系人コミュニティがつくられた。国策や戦争など時代の荒波に翻弄された日系人もいた。日系二世（移民の子世代）や日系三世（孫世代）は、複数の文化とかかわりながら独自のアイデンティティを構築することがある。20世紀後半になると、南米の日系人が日本に来て就労するようになった。このような日系人には、南米と日本にまたがるネットワーク構築やビジネス展開がみられる。 ⇨アイデンティティ、異文化接触、異文化体験、移民、ニューカマー

[辻本昌弘]

日誌法
diary method

　科学的知識の蓄積に寄与することを意図して、乳児の諸行動を注意深く観察して、それを日誌的に記載するという方法を初めて自覚的に用いたのはダーウィン（Charles Darwin）である。彼は、乳幼児期の長男を観察し、1887年に雑誌にその一部を発表している。19世紀末には、個別の乳幼児を日誌的に観察する日誌法は、発達心理学の要となる主要な研究法になる。だが、20世紀になると、行動主義など客観主義的心理学の興隆とともに、個別の乳幼児を日誌法で研究することは科学的ではないとして、しだいに廃れていく。その後、1970年代になって幼児の言語発達研究が盛んになると日誌法が再評価されることになる。子どもの発達に個人差が大きいこと、発達がその子の周囲の個別環境と密接に絡んでいること、が自覚されたためである。今日、参与観察でなされることが多い日誌法は、文脈のなかで育つ子どもを縦断的に研究するための有力な方法の一つとなっている。 ⇨行動主義、参与観察、ダーウィン

[麻生 武]

ニューカマー
newcomers

　ニューカマー（新来外国人）という言葉に明確な定義はないものの、1980年代に急増した日本に定住する外国人に対して使用されるのが一般的である。特に1990（平成2）年の出入国管理及び難民認定法（入管法）改正での定住資格条件の緩和により急増した南米からの日系人の移動は、日本社会に大きなインパクトをもたらし、学術的な調査研究も盛んに行われてきた。人の移動は、一般的に、送り出し国とホスト国そ

れぞれの社会・政治・経済的要因のプッシュープル要因で説明できるとされ、日本への外国人の移動も同様に説明可能であるが、移動後の日本への定住傾向に特徴があると指摘されている。したがって、調査研究は、移動を果たした第一世代の社会適応・社会保障、異文化接触・文化変容のみならず、幼少期来日の1.5世や日本生まれの二世の日本語や継承語（母語・母国語）などの言語獲得、アイデンティティ形成、さらに、学力、進路保障、学校適応など、その射程は広い。 ⇒アイデンティティ、異文化接触、学校適応、日系人、文化変容

[清水睦美]

乳幼児教育相談
early intervention programs for children who are deaf

　聴覚障害児に対する早期支援として、多くの特別支援学校（聾学校）で行われる保護者支援を主軸とした教育相談。聴覚障害児はその障害の特質から、言語発達や他者との関係形成に困難を生じやすい。しかし、言語発達には子どもと緊密にかかわる他者を中心としたコミュニケーション環境がきわめて大きな役割を占める。そのため、聴覚障害乳幼児本人への専門的介入とともに保護者へのコミュニケーション支援を行う。育児不安やコミュニケーション不安を抱えやすい母親への支援では、具体的な言葉がけなどの教育的介入と同時に、その親のニーズに配慮した情報提供や不安の解消が重要である。そのため、聴覚障害に対する理解ならびに保護者の障害受容を促す支援や、補聴相談、関係機関との連携など、多角的な支援を進める。 ⇒親子関係、子育て支援、障害受容

[前川麻依子]

乳幼児保育
early care and education

　就学前の幼い子どもを育て護ることで、乳幼児に対する養護（保護）と教育の両側面を含んだ大人の営みのことをいう。幼児教育や就学前教育という語に対し、養護の側面を強調して保育という語が用いられることもあるが、保育とは、本来的に養護と教育を一体化した概念であるため、保育と幼児教育／就学前教育は対比的な語ではない。一般的には、家庭での養育者による私的な営みを育児や子育てというのに対して、乳幼児の集団を対象に保育士などの専門職が担う営みを保育とする。また、0～2歳児を対象とした乳児保育（乳児を0歳児に限定して3歳未満児保育ということもある）と、3～5歳児を対象とした幼児保育（あるいは、3歳以上児保育）といい、それらを合わせて乳幼児保育という。乳幼児保育の活動タイプには、一斉保育、自由保育、さらに、コーナー保育などがあり、活動を一緒に行う年齢によって同年齢保育と異年齢保育などの分類もある。 ⇒学校教育、ケア、保育

[岡本依子]

認可外保育
unlicensed nursery ; daycare service

　児童福祉法に定める基準により設置された認可保育所以外の保育施設または実施主体のこと。自治体の指導監督の下におかれ、都道府県への届出と、認可外保育を対象とした国ないしは自治体の基準を守る必要がある。「基準に縛られず自由な活動がしたい」とあえて届出を行っていない施設・団体もある。基本的に国や自治体からの助成はないが、自治体によって認可保育所との負担差額あるいは活動人数に応じて助成が出るところもある。認可外保育は、認可保育では十分に対応できない多様なニーズに対応しているものであり、認可施設と優劣を競うものではない。具体例として、夜間や宿泊を伴う保育に対応したベビーホテル、モンテッソーリ教育やシュタイナー教育など特定の教育理念に基づいた保育を行う施設、バイリンガル教育を目指す施設、野外での活動を重視した森のようちえんや青空保育、親たちが交代で互いの子どもを預かり合う自主保育などがある。

⇒ 子育て支援、保育、保育環境　　[菅野幸恵]

人間科学
human science

　自然科学と並ぶもう一つの科学。人間を対象とした自然科学ではないことに注意が必要である。自然科学と対照させれば、次の三つの特徴があげられる。①人間が知ろうが知るまいが存在する外在的事実を探究する自然科学に対して、知識は集合体の動きのなかで作られることを前提とする。②研究者と研究対象の明確な分離を方法論的鉄則とする自然科学とは異なり、研究者と当事者が「一緒に何かをやっている」という協同的実践をなすことを方法論的前提とする。③没人称的言説（時と場所を超えて万人に妥当する普遍的な言説）を追究する自然科学に対して、人称的言説（言説の意味内容や真偽が、その言説を発したのが誰かによって異なる言説）や準・没人称的言説（同じ文化や時代を生きる人びとにとっては没人称的だが、歴史や文化の制約を被っている言説）を守備範囲とする。社会構成主義（social constructionism）は、人間科学の有力なメタ理論（研究哲学）である。意味や文脈を重視する質的心理学は、人間科学の重要な一分野である。　⇒言説、社会構成主義、素朴実在論、実証主義

[永田素彦]

人間性心理学
humanistic psychology

　人間性心理学とは、人間を全人的存在（whole person）とみなす心理学である。現象学や実存主義を基盤にもち、自己、自己実現、希望、創造性、意味などから人間存在を理解する。人間を過去の経験や環境に決定されるものとみなす精神分析療法・精神力動的精神療法や行動主義・行動療法に対置して、1960年代からは現代の心理学の第三の潮流といわれた。マズロー（Abraham H. Maslow）の欲求と動機の階層にもみられるように、その人にとっての意味づけ（meaning-making）や価値からの自己探究によって創造性の発揮に向かう自己実現（self-actualization）の過程を重視する。あたかもクライエントであるかのように世界を見るという共感（empathy）も重要な概念で、ロジャーズ（Carl R. Rogers）の来談者中心療法が代表的である。実存的心理療法、ゲシュタルト療法、フォーカシングなどもここに含まれる。人間性心理学は心理療法にとどまらず、教育現場や地域で広まり紛争地などでも実施されたエンカウンター・グループのように、社会に影響を与えた。
　⇒現象学、来談者中心療法　　[無藤清子]

認識論
epistemology

　いかにして認識が成り立つかを、認識の起源・本質・方法・限界などについて研究する学問。精神と物体の二元論で主観と客観の一致を保証したデカルト（René Descartes）によって成立した。認識論から質的心理学の発展をみると、解釈学的転回とは、因果的説明の自然科学に対して、人間の行為（部分）と意図や信念、制度など（全体）とを往還する解釈学的循環を通して「了解」する解釈主義（たとえばエスノメソドロジー）の登場を指す。言語論的転回は、言語を介して行為や心的概念などの知識を獲得することを懐疑し、私たちの存在の仕方を社会的言語行為によって構成されたものとみなすこと（構成主義的な言語理論）であり、社会構成主義（social constructivism）やディスコース分析はこれにあたる。ここで先の「了解」の前提である認識主体／客体の区別が無効化される。物語論的展開とは、日常的経験世界においては「寒くなって風邪を引いた」といった一見因果的説明も予測性はもたず、むしろナラティブ（筋立て）の特殊な形式とする認識であり、ここでは説明／理解の区別が無効化されている。　⇒解釈学的転回、言語論的転回、ナラティブターン、存在論　　[川野健治]

妊娠・出産
pregnancy and childbirth

　生命の芽生えと胎内環境での親と児の関係づくりの時期である。ただし妊娠初期は2、3割の確率で自然流産が起き、妊娠22週以降は早産により児の生命が危機に晒されたり合併症や発達の障害が生じ得る。また、母体や家庭的・経済的な理由、出生前診断による異常の判明などにより、妊娠21週までに人工妊娠中絶が選択される場合もある。妊婦健診を受けず出産施設外で分娩する事例の背景に、望まない妊娠・出産がある。他方で、望むも授からず不妊治療が選択されることもあり、時に夫婦以外の第三者の関与がなされる。産前産後はホルモンバランスが変化し、うつ病を発症しやすく、育児不安・放棄や虐待に接続し得る。なお、1970年代に出産の施設化が完了するまでは、共同体の助けあいにより妊娠・出産がなされた。また、富国強兵策の標語「産めよ殖やせよ」の存在や母体保護を理由とした産児制限を含む国家管理の歴史的・政策的経緯、婚外子出生率の低さなどの日本の特徴を認識することで、みえてくることがある。妊娠・出産の研究蓄積が多面的で膨大なのは論を俟たない。⇨うつ病、虐待、ケア、生殖（リプロダクション）、生殖補助医療、喪失　　　　　　［安田裕子］

認知
cognition

　人間の情報処理をコンピュータになぞらえ、入力（感覚・知覚）と出力（運動・行為）の間を繋ぐ、中間の過程（特徴分析、記憶との照合など）を指すのが一般的である。知覚から記憶、思考、推論までの過程全般を指す場合もある。観察可能な行動のみを対象とする心理学を批判し、内的な過程を対象とする際のキー・コンセプトとされたために、可視化する道具としてコンピュータが比喩として用いられた。したがって、人間のみならず、対象を知覚し情報処理するシステム（人工知能・ロボット）にも適用可能である。人間の知的メカニズムをコンピュータ科学、哲学、心理学、言語学、脳神経科学などによって明らかにすることを目指す学際領域、認知科学が1970年代に立ち上げられた。ミラー（George A. Miller）はチャンクという記憶容量節減のメカニズムを明らかにし、ラメルハート（David E. Rumelhart）は長期記憶の構造化に関するスキーマモデルを提唱した。⇨人工知能、認知主義　　　　　　　　　　　　［小島康次］

認知科学
cognitive science

　認知科学は人や動物の知性だけでなく、計算機プログラム、組織、社会での知性を扱う学際的総合科学である。心理学、人工知能を含む情報科学、哲学、言語学、教育学、社会学、経済学、人類学、脳科学など、さまざまな分野の研究者が、この学問コミュニティのメンバーとなっている。よって分析手法も多様であり、行動実験、脳計測、計算機によるモデリングとシミュレーション、エスノグラフィーなどが用いられる。伝統的には、知性を情報処理、すなわち表象と計算という枠組みでとらえるが、それを否定する認知科学者たちもおり、両者の対話が、この分野の発展を支えている。初期には知覚、記憶、学習、思考などのいわゆる認知的な対象に対する研究が主であった。しかし1990年代以降は、脳機能、身体、感情、社会、進化などの役割が強調されるようになった。この流れで、認知神経科学、身体性認知科学などが生みだされている。⇨情報科学、身体性、心理学、表象　　　　　　　　［鈴木宏昭］

認知行動療法（CBT）
cognitive behavior therapy ;
cognitive behavioural therapy

　クライエントの不適応状態に関連する、認知（ものの受け取り方や考え方）的、行動的、情動的、生理的な問題を、行動科学・認知科学の諸理論や諸技法を用いること

よって、改善・解決を図る心理療法。人間の認知（cognition）、行動（behavior）、情動（emotion）、生理（physiology）の各機能は相互に影響し合うことに注目し、クライエントの「認知、行動、情動、生理」という四つの機能に働きかけ、クライエントと協力しながら、各機能の変容を促していく。目指すのは、将来起こり得る問題にクライエントが自分自身の力で対処する、セルフヘルプ（自助）の方法を獲得させることである。うつ病に対する心理療法として開発されたが、その後、不安障害をはじめ、さまざまな精神疾患の治療法としても、広く使われるようになっている。疾患や問題に応じたさまざまな治療プログラムがあり、それらの多くで治療効果が実証されている。
⇨ 情動、心理療法、認知、認知科学［沢宮容子］

認知主義
cognitivism

第二次世界大戦後、米国の心理学界で主流だった行動主義に対して、ドイツからの亡命者、ケーラー（Wolfgang Köhler）らが導入し、普及に努めたゲシュタルト学派の理論を土台とし、コンピュータを道具立てとした心理学における20世紀半ばからの潮流を指す。行動主義がイギリス経験論の連合主義を背景としたのに対して、デカルト（René Descartes）をはじめとする合理論の哲学に基づく構成主義的立場をとった。スキナー（Burrhus F. Skinner）のオペラント学習に対して鋭く対立した学説として、ケーラーの洞察学習、ブルーナー（Jerome S. Bruner）の発見学習、チョムスキー（Norm Chomsky）の変形生成文法論、ピアジェ（Jean Piaget）の発達段階論、ローレンツ（Konrad Z. Lorenz）の動物行動学などがあり、それぞれ、認知主義を成立させるのに大きく貢献した。 ⇨ 認知、認知科学、ゲシュタルト心理学、構成主義 ［小島康次］

認知症
dementia

後天的な原因で脳細胞が死んだり、働きが悪くなったりしたためにさまざまな障害が起き、日々の生活に支障が生じた状態。アルツハイマー型認知症、脳血管性認知症、前頭側頭葉型認知症、レビー小体型認知症などいくつかの種類があり、原因疾患によって症状や経過に違いがある。いずれの場合でも中核症状として記憶や判断力、見当識などに認知機能の障害がみられ、身体的・心理的・社会的な状況から「徘徊」「攻撃的行動」「妄想」などの周辺症状が生じることがある。認知症の最大の危険因子は加齢であるため、高齢化に伴って増加する患者への対応が世界共通の課題である。認知症に有効な薬物療法の研究開発を進めると同時に、認知症の予防、早期の受診・診断、適切な医療、福祉サービスの提供、その人らしさや尊厳を守る精神・心理的なケアを含めた総合的な支援体制を整えることが重要である。 ⇨ 介護、高齢社会
［小倉啓子］

認知心理学
cognitive psychology

感覚・知覚、理解、記憶、問題解決と意思決定など、人の「頭のなかで起きている」さまざまな内的過程を情報処理過程と考え、機能的モデル化を目指す心理学のアプローチ。1946年のコンピュータの誕生を契機に、人工知能、言語学、神経科学、文化人類学などと共に、認知科学の主領域の一つとして発展してきた。モデル化には、シミュレーションを実施できる計算モデルから概念モデルまで含まれるが、1980年代以後は、外的環境との相互作用を重視する状況主義や、生態学的な妥当性を重視し実験室内での行動ではなく日常的認知を対象とするナイサー（Ulric G. Neisser）のアプローチなど、必ずしも明示的なモデル化をとらない立場も含まれ、発展してきている。さらに、目撃証言の問題と歪みのない

証言情報取得のための面接法、人工物の使いやすさを追究する認知工学、社会性・感情などを含めた認知発達、認知的加齢研究など多様な研究が進められている。⇒状況的認知、人工知能、認知、認知科学

［原田悦子］

認知的徒弟制
cognitive apprenticeship

　認知的徒弟制とは、徒弟が親方や先輩のいる現実の職場でほぼ例外なく学習に成功している徒弟制の学び方を参考に、その利点を学校の文脈にも持ち込むことで、学習者が読み書き・計算などの認知的な内容について社会的相互作用を通じて学ぶことを狙った学び方のモデルである。1989年にコリンズ（Allan Collins）、ブラウン（John S. Brown）、ニューマン（Susan E. Newman）によって提唱された。徒弟制の利点は、仕事と学びが密接に関係するため、それまでにできることに結び付けて新しいことを学べるところや、学んだことをすぐ活用でき、学びの目的や意味が見えやすいところにある。これらの利点を学校教育で実現するため、教師は直接教授ではなく、モデリングやコーチング、足場かけを行い、学習者は高次で真正な目的（たとえば海外との文通）のために仲間と協働しながら自然に一連の認知技能（作文やスペリング）を統合したかたちで学ぶことになる。認知的徒弟制で見いだされたデザイン原則は、学習科学の多くの実践研究で取り入れられ、質的な検証が行われている。⇒足場かけ、学習科学、状況的学習論、適応的熟達、徒弟制　　［益川弘如］

ね

ネイティブになる
going native

　文化人類学者のマリノフスキー（Bronistaw K. Malinowski）が、トロブリアンド諸島の新しい環境に入り、参加していく研究者の立場を「ネイティブになる」と表したことから使われるようになった。研究者が現場において「観察者」ではなく「参与者」として、現地の人びとの視点に立って生活にかかわり、彼らのビジョンを実現していくことを意味する言葉である。1960年代の米国での公民権運動やフェミニスト運動の高揚、80年代には西洋の文化人類学者が有色人種（ネイティブ）の文化を書く構図の暗黙の前提が批判され、「ネイティブになる」ことの意味も問われた。また、ネイティブ自身が自ら所属する集団を対象にする研究も出てきた（"being" native）。ネイティブになる問題として、客観的な視点を失い内部の視点のみから解釈する危険性や、知り得た内容を現場の同意なしに公表する倫理の欠如がある。⇒マリノフスキー、倫理　　［浅井亜紀子］

ネガティブ・ケース
negative case

　ある理論モデルや作業仮説に合わない事例をいう。量的研究では「誤差」や「外れ値」に相当するものであるが、質的研究では安易に削除・軽視してはならない。ネガティブ・ケースは、研究で例示された事例がモデルや仮説に合うからという理由だけで取り上げられていないかということのチェックになる。また、ネガティブ・ケースを検討することにより、分析方法やモデル・仮説の問題点が明らかにされる。さらにネガティブ・ケースの特性によりサンプリングの範囲や特徴と適切さを確認し、研究対象（想定される母集団＝何に関する研究なのか）を限定・定義することができる。グラウンデッド・セオリーに基づく理論的サンプリングにおいては、生成されつつある結果に対する例外的な事例や対立事例を意図的・積極的に探し出すことにより、理論モデルの修正を図ったり、より広い適用範囲をもつ理論モデルを創りあげたりする。⇒グラウンデッド・セオリー、絶えざる

比較、データ収集と分析の往復、分析的帰納、理論的サンプリング　　　　　　　［鹿嶋達哉］

ネットいじめ
cyber–bullying

　インターネット上で展開される誹謗中傷・仲間はずれ・排除などの嫌がらせ行為の総称。インターネットの普及によって、世界的に確認されるようになった事象であるが、日本では、2007年ごろから社会問題となった。当初は青少年に固有の問題とされたが、各種のソーシャル・ネットワーキング・サービス（SNS）の浸透によって、現在ではその範疇を超えている。ここでは、青少年を対象としたネットいじめに焦点化して説明を行う。ネットいじめは、①加害者が他者と対峙する必要がないこと、②記録された情報が無制限に公開・拡散されること、③嫌がらせ行為が情報として記録されることなどの条件が従来のいじめとは異なる特徴である。青少年のネットいじめは、保護者が購入した携帯電話やPCを利用して行われる。また、こうしたツールを利用することで、在校時間や登下校時間ばかりではなく、家庭内でもいじめに関与することが可能となった。そのために、ネットいじめについては、ツールを買い与えた保護者の責任を問う論調が強い。⇨いじめ、インターネット、学校教育、生徒指導、不登校　　　　　　　　　［香川七海］

ネット調査
internet survey

　訪問や郵送など紙を媒体とした質問紙への回答依頼によって行われる従来型の社会調査に対し、回答者がインターネットによりPCやスマートフォンなどの画面に設定された質問を閲覧しながら回答の選択肢を選択したり文字情報を入力したりすることによって回答する方式の調査の総称。ウェブ調査、オンライン調査とも呼ばれる。サンプリング調査としては、一般的には調査会社などに登録された人びとに対して指定された条件で依頼されることが多く、回答者が画面上で指示に従って回答することで短時間のうちに大量のデータを収集し分析することが可能である。しかし、登録者の偏りによる標本誤差の発生、質問文をよく読まないで回答するなどの手抜きが起こることも指摘されている。またネット上でフォームを作成し、SNSやメールなどで回答画面に誘導するリンクを拡散して回答者を依頼するような形態もあるが、この場合はさらに結果の解釈においてサンプルの偏りを考慮する必要がある。　⇨インターネット、サンプリング、データ　　　［杉浦淳吉］

ネットワーキング
networking

　従来からの典型的な組織では、意思決定のスピードが遅く、ときに柔軟性を欠くという問題が出てくるなかで、自主的な個人参加を原則として、一定の目的を共有した、上下関係のない人間関係を作り出していくことをネットワーキングと呼ぶ。主として価値や制度の変革や創造を目的とし、参加メンバー間で情報を交換し、自由にかつ緩やかに連携する特徴があり、ときに既存の組織では不可能なスピードと柔軟さをもった活動が可能となる。インターネットを活用したSNS（social networking service）の登場は、文字通りネットワーキングを爆発的に普及させたといえる。SNSというサービスそのものが価値や制度の変革をもたらした一方で、新しい社会運動の形態として注目された20世紀末時点とはことばの意味がかなり変質してきたともいえ、字義的な意味での「ネットワークを形成するプロセス」のみを指すことが増えてきた。⇨社会運動、マルチチュード　　　［尾見康博］

の

ノーマライゼーション
normalization

　障害者の生活が健常者と同等のものになることを目指す社会福祉ないし障害者支援における理念である。もともとは、1960年代の北欧における大規模施設に入っていた障害者が、できる限り、施設外と同じような生活を送ることができるように、障害者の家族や障害者福祉の専門職によって提唱された。具体的には日常生活のリズムないしパターンを、1日、1週間、1年間、そして一生という単位において、社会の主流となっている形態に近づけることが基本原理とされた。北欧から欧米を経由して日本にも導入され、障害者分野に限らず、社会福祉一般の理念として重視されている。なお、ノーマライゼーションは、施設における生活を否定したのではなく、施設内の生活の改善、一般の住宅環境に近い小規模施設を考慮していること、障害者の生活を健常者の生活に単に近づけるというよりも、健常者が多く占める社会のありようを変革することもそれぞれ重視している。 ⇒ 社会福祉学、障害児・者、自立　　　　［田垣正晋］

ノーマン〔1935- 〕
Donald Arthur Norman

　米国の認知科学者、認知工学者、ユーザビリティ・コンサルタント。初期は、情報処理アプローチによる記憶・注意の研究に取り組んだ。日常生活における認知への興味を契機としてヒューマンエラーやヒューマンインターフェースの研究に進み、認知科学の知見を人工物デザインに応用する認知工学を提唱した。人間中心設計、知識の外在化といった考え方、アフォーダンス概念の人工物デザイン分野への適用はインターフェース研究に多大な影響を与えた。

1993年以降は活動の場を大学から企業に移し、理論と実践の両面から人と人工物の関係のあり方について提言を続けている。主著に『誰のためのデザイン？』（原著1988）、『複雑さと共に暮らす』（同2010）がある。 ⇒ アフォーダンス、認知科学、ユーザー・インターフェース　　　　［鈴木栄幸］

ノットワーキング
knotworking

　ノット（結び目）とネットワーキングを組み合わせた造語。エンゲストローム（Yrjö Engeström）が提案した概念で、そのつど集まった人による協働を指す。たとえば、飛行機の機長やフライトアテンダントの組み合わせは、毎回同じ顔ぶれではなく、そのつど異なるし、中心となるメンバーも変化するにもかかわらず、協働することができる。結び目が解かれて、また結ばれるように、メンバーの組み合わせを変えながら長期にわたって繰り返される協働でもある。こうした働き方は近年増えつつあるが、従来の活動理論の枠組みは安定したコミュニティにおける協働を前提にしているため、うまく扱うことができない。そこで、こうした新しい協働のあり方を分析するための概念として、ノットワーキングは野火的活動とともに注目されている。エンゲストロームによれば、ノットワーキングや野火的活動が可能になるのは、関係者の間で認識や枠組みが共有されていて、それが共通土壌になっているためである。エンゲストロームは、この共通土壌を菌根と呼んでいる。 ⇒ エンゲストローム、野火的活動、文化－歴史的活動理論　　　　［青山征彦］

野火的活動
wildfire activity

　野山の一部で突然に火種が発生したかと思えば、その後急速にあちこちに分散しながら燃え広がり、その後消え、しかし再びまた現れ広がる野火に喩えられる分散的なネットワーク活動のこと。活動理論家

エングストローム（Yrjö Engeström）が主に2000年代に提案した。それまで主流だった集権的企業組織による営利活動とは異なり、ネット社会に入り、SNSやWikipediaのような互恵的で多様な人びとの非営利な協働によるピアプロダクションが拡大したが、野火的活動はこれをモデルとしつつも、単なるインターネットの副産物ではなく、むしろそれに先立ち、仮想世界以外でも生じる活動とされる。例として、エングストロームは野鳥観察や若者の間で広がったスケートボードや赤十字災害救助をあげるが、日本でも、2011年の福島第一原子力発電所事故を契機に各地で新しい形で広がった反原発デモが例としてあげられる。野火的活動は、金銭的報酬や法的保護がないのにきわめて高い動機、中心のない共生的で多様なつながり、流動的で境界があいまいなどといった特徴がある。　⇨越境、ネットワーキング、ノットワーキング、文化–歴史的活動理論、マルチチュード　[香川秀太]

は

バーガー〔1929–2017〕
Peter Ludwig Berger

　ウィーン出身の米国の社会学者。師シュッツ（Alfred Schütz）を継承する現象学的社会学の代表的理論家として知られる。ルックマン（Thomas Luckmann）との共著『現実の社会的構成』（原著1966）では、人間が主観的意味の外化によって客観的な社会的現実を構成する一方、社会的現実の内化によって社会的存在として構成される個人と社会の弁証法的メカニズムを明快に分析し、理論社会学の展開に大きな影響を与えた。神学者、政治批評家、小説家としての顔ももち、社会学者としても、理論社会学にとどまらず、宗教社会学、知識社会学、第三世界論、政治社会学、ユーモア論など、広範な領域で多彩な著作活動を行っ

た。　⇨現象学、シュッツ、知識社会学
[森下伸也]

パーカー〔1956–　〕
Ian Parker

　英国の批判心理学者。マルクス主義的心理学の視座に立ち、社会心理学においてフーコー派ディスコース分析を創始した。さらに無意識が言語や文化や社会の影響を受けることに着目してラカン派精神分析を導入し、「人間を不幸にする心理学」とそうした心理学を必要とする社会を検討する批判心理学を展開している。フェミニスト心理学者のバーマン（Erica Burman）とともにディスコース・ユニットを創設してAnnual Review of Critical Psychology（批判心理学年報、1999 〜）を刊行し、欧米だけでなくラテンアメリカやアフリカ、アジアの批判心理学者との連携を築いた。英国で政治的、社会的活動に積極的に取り組み、民主的な精神医療を目指してヒアリング・ヴォイシズ運動を牽引している。　⇨批判心理学、批判的ディスコース分析、フーコー、ラカン、ラディカル質的心理学　[五十嵐靖博]

バージョン
version

　事実や出来事に関する一つの説明や描写の仕方。ある事実や出来事にはさまざまな説明や描写が可能であるが、実際には人はその中からある一つのバージョンを選んでいる。たとえば、ある慢性病患者に対し主治医が専門用語を用いその病気について語る場合と、同じ病気を患者本人が日常生活上の困り事として語る場合ではかなり異なった説明となる。ディスコース分析では、そうした説明の背後にある事実や出来事そのものの本質や正体を明らかにするのではなく、あるバージョンにおいて事実や出来事がどのように構成されるのか、またそうした構成された説明がいかに聴き手や読み手である他者に対し説得力や権力を持ち得るかに関心を向けている。こうした

バージョンの構成は、日常会話だけでなく、性差別や人種差別に対するその人の見解を問うインタビューや政治的な話題に関するメディアの報道などにおいて問題となる。 ⇨ディスコース心理学、ディスコース分析　　　　　　　　　　　　　　［大橋靖史］

パース〔1839–1914〕
Charles Sanders Peirce

　19～20世紀にかけて米国で活動した哲学者・論理学者。生前はその人柄ならびに理論の難しさゆえアカデミックな定職を得ることもなく脚光を浴びなかったが、その死後に *Collected Papers of Charles Sanders Peirce*（Vol. 1–6, 1931–1935）が発表されてから注目を集めるようになった（1958年に2巻追加された）。ソシュール（Ferdinand de Saussure）の記号学（semiosis）とほぼ同時に独立に記号論（semiotics）を創始したがソシュールと異なり媒介の働きを重視した。また、記号を「類似記号」「指標記号」「象徴記号」に分類した。帰納・演繹とは異なる推論の形式としてアブダクション（abduction）に注目し、学界に定着させた功績もある。プラグマティズムの創始者であり、この領域はジェームズ（William James）に引き継がれ発展した。 ⇨アブダクション、ジェームズ、ソシュール、プラグマティズム　　　　　　　　　　　　［サトウタツヤ］

パーソナリティ
personality

　われわれが個人の行動や適応のあり方に認知する、その人に独特で持続的なパターンや特徴などの個人差と、それを生みだす生物学的・心理学的なシステムの総称。遺伝的・生得的な要因、発達的に形成される要因、個人を取り巻く環境の要因などの複雑な相互作用によって生成されると考えられ、個人の行動だけでなく、幅広い領域での個人の適応を理解し、予測するために欠かせない構成概念である。パーソナリティに関連する概念として、性格と気質があ

る。これらの使い分けはやや不明確だが、性格はわれわれが認知できる行動の個人差そのものを指すのに対し、パーソナリティはそうした性格を生みだす潜在的なシステムも含めた意味で用いられることが多い。また気質は生得性が高く新生児にもみられるような個人差を指して用いられるのが一般的である。 ⇨タイポロジー、パーソナリティ心理学　　　　　　　　　　　　　　　［渡邊芳之］

パーソナリティ心理学
personality psychology

　パーソナリティについての心理学、行動や適応の個人差に関する心理学。古代ヨーロッパ以来の性格学、19世紀の差異心理学、精神病理学や精神分析学の影響を受けて20世紀の米国で誕生した。現代のパーソナリティ心理学の研究対象はパーソナリティ、性格、気質などの概念によってとらえられる行動や適応の個人差と、それを生みだすシステムである。パーソナリティ心理学の研究分野は、まずパーソナリティ・アセスメントなどパーソナリティをとらえる検査やツールの開発、次にパーソナリティと個人の行動や適応、あるいは精神病理との関係の検討、そしてパーソナリティの形成と変化にかかわる要因の分析の三つの領域にわたる。最近では行動経済学と結びついて個人のパーソナリティとさまざまな社会経済的変数との関係の分析にも研究領域を広げつつある。 ⇨オールポート、タイポロジー、パーソナリティ　　　［渡邊芳之］

パーソナル・コンストラクト
personal construct

　自分を取り巻く世界や社会的環境を把握し、理解するために個人が用いる多くの構成概念（コンストラクト）と、それらの間にみられる関係の構造のことをいい、ケリー（George A. Kelly）のパーソナル・コンストラクト理論の中心をなす概念である。ケリーは特に個人が他者のパーソナリティを理解するために用いるコンストラクトと

その構造こそが、その人と世界との関係やその人のパーソナリティを表していると考え、そうしたパーソナル・コンストラクトを測定するためのレパートリー・グリッド・テスト（Repテスト）を考案した。パーソナル・コンストラクト理論は代表的な認知論的パーソナリティ理論と評価されるとともに、PAC分析など個人の認知構造を把握しようとする技法に大きな影響を与えている。 ⇨ケリー、パーソナリティ心理学、PAC分析 ［渡邊芳之］

パーソナル・ドキュメント
personal document

　日誌、手紙、伝記、新聞記事、観察記録など、叙述形式のデータを指す。従来は「個人的記録」と訳されてきた。オールポート（Gordon W. Allport）は、「心理科学におけるパーソナル・ドキュメント」において、「法則定立的（nomothetic）研究」に対する「個性記述的（idiographic）研究」の意味でこの用語を使用した。前者は「共通特徴を統計的に分析できる十分に量の多いサンプルの研究」、後者は「臨床的に妥当な単一事例の理解と制御に役立つ生き生きして特異な描写」である。彼が提起した論点は、現在の質的研究にとっても重要である。しかし、彼がパーソナリティと関連づけようとした「パーソナル・ドキュメント」という用語は、現在の質的研究ではあまり使われず、「テクスト」という、より一般的な用語に変化している。「個性」よりも「記述」そのものに関心が向けられ、「個性記述」を目的にするだけではなく、「法則定立」（理論・仮説・モデル構成）のための質的研究もあるからである。 ⇨オールポート、個性記述的方法、日誌法、モデル構成的現場心理学 ［やまだようこ］

パーソナルビュー
personal view

　認知的人工物を使った知的活動における人工物の役割をとらえる視点として、ノーマン（Donald A. Norman）はシステムビューとパーソナルビューをあげた。パーソナルビューとは、人工物を使いながら課題に取り組む主体の視点である。作業の様子を外から観察すれば人工物によって主体の能力が増幅されたようにみえるが、主体からみれば人工物が変えるのは自身の能力ではなく課題の方である。たとえば、会議日程を覚えておくという課題は、手帳という人工物の導入によって、①手帳上で会議日の欄を探し、②会議名、時間などを記入し、③適時にそれを参照する、という全く新しい課題に再編される。この課題をこなすことによって主体は、会議日程を忘れない能力、すなわち優れた記憶能力を持つ者として現れる。人工物の導入によって課題が再編成されるという発想は、ヴィゴツキー（Lev S. Vygotsky）の人工物に媒介された認知の考え方と親近性がある。 ⇨システムビュー、社会的分散認知、ノーマン、媒介された行為、ユーザー・インターフェース ［鈴木栄幸］

バートレット 〔1886-1969〕
Frederic Charles Bartlett

　英国の心理学者であるが、心理学、生理学、文化人類学などの学問領域が未分化な時代の研究者である。トレス海峡への異文化調査遠征や、ヘッド（Henry Head）の神経生理学概念への参照、当時学生であった数学者ウィナー（Norbert Wiener）の示唆を系列再生法（serial reproduction）として生かすなど、多方面からの影響を含んだ異種混交的研究を行った。社会、文化と知覚や想起との関連を丹念に追究した質的研究で知られ、主著に『想起の心理学』（原著1932）がある。認知心理学の開拓者の一人とみなされることが多いが、近年の文化心理学や社会構成主義の先駆者として、業績の再評価がなされている。 ⇨社会構成主義、文化心理学 ［森 直久］

ハーマンス〔1937-〕
Hubert J. M. Hermans

　オランダの心理学者。ナイメーヘン大学名誉教授。自己は対話であるとする対話的自己論（dialogical self theory）をもとに、心理学のパラダイムシフトに貢献し、自己と社会の相互関係に対する理解を深め、心理学隣接領域に幅広い影響を与えている。カウンセリング技法として自己対面法（self confrontation method）を開発した。対話的自己論では、自己は複数で多声的であり、相互に対話的交流をもつという力動過程を、I–positions として措定しとらえるポジショニング理論を提示している。対話的自己論の実践的適用として、心理療法の関係プロセス理解、組織における対話的リーダーシップ、社会における対人葛藤・紛争場面の解決へと展開している。⇨ 対話、バフチン、ポジショニング論　〔森岡正芳〕

バーンスティン〔1924-2000〕
Basil Bernstein

　英国の教育社会学者。社会の権力と統制が教育における談話を通して、社会の成員に伝達・獲得され、社会を再生産していく過程を言語コード理論として記述するための諸概念を提案した。教育談話分析においては、社会階級の違いによって使い分けられる限定コード／精密コードや、学問知を学校知として伝達する際に行われる再文脈化、精密コードを発展させ、学問知の構造を記述する水平的知識構造と垂直的知識構造、学問知生産にかかわる水平的談話と垂直的談話が有名である。言語コード理論は、ダニエルズ（Harry Daniels）を通して活動理論へ、ハサン（Ruqaiya Hasan）通して選択体系機能言語学へと広がりをもちつつ、発展している。⇨ 言語コード理論、限定コード／精密コード、再文脈化、文化–歴史的活動理論　〔比留間太白〕

バイアス
bias

　心理学的現象としては、主体が対象を観察・測定・判断する際、結果に歪みをもたらす心的な偏りのこと。これらのバイアスは研究者が研究を実施する際にも生じる可能性がある。統計学においては、統計量の期待値と母数の値の差、および統計量に系統誤差をもたらすサンプルの偏りを意味する。いずれにおいても、人間は、標準としては真となる行動や反応を示す普遍的な個体であることが前提とされている。したがって、一般に量的研究においては、正しい知見を得るためにバイアスは除去するか最小限に抑えることが必要となる。他方、質的研究においては、個性が実現されるプロセスやその結果としての人間の心的側面に意義を見いだす。そのため、「偏り」を多様性の実現プロセスとして、人間理解に必要な対象として扱い、研究方法にも積極的に利用することがある。たとえば、TEA（複線径路等至性アプローチ）における歴史的構造化ご招待やグラウンデッド・セオリー・アプローチおよび M–GTA における理論的サンプリングは、理論的により妥当な研究参加者の選定方法である。⇨ インタビューのバイアス、観察者バイアス、目的的サンプリング、理論的サンプリング、歴史的構造化ご招待　〔文野洋〕

媒介された行為
mediated action

　ヴィゴツキー（Lev S. Vygotsky）のいう人間の精神的活動は社会的、文化的なものと、その歴史的な変化のなかで可能になっているとする社会文化的アプローチでは、人間の行為やその高次な精神機能は道具（技術的道具）と記号（心理的道具）に媒介されていることを基本的な原理とする。このことをヴィゴツキー研究者のワーチ（James V. Wertsch）は、人は、「媒介–手段を－用いて－行為する－（諸個人）」とするのがふさわしいという。記憶の手段、計算体系、

記号やメモ・付箋といったものそれ自体は外部にある対象だが、これが個人の内部へと転移したときに、自己の活動を変化させていく。ヴィゴツキーは媒介するものがあることで、行為を方向づける刺激とそれに対する反応との間に新しい中間項が現れ、操作が媒介的な行為の性格を帯びてくると考える。行為は、人は媒介手段を用いて外的対象に働きかけ、新しいものを創造していく主体的な活動として位置づけられている。 ⇨ヴィゴツキー、社会文化的アプローチ、活動－行為－操作、媒介物、ワーチ

［佐藤公治］

媒介物
mediational means

　媒介物とは主体が世界に対峙するときに、両者を関係づける人工物のことである。人工物にはヴィゴツキー（Lev S. Vygotsky）が「技術的道具」と呼んだハンマーや鉛筆などから、「心理学的道具」と呼ばれる言語や記号、表象される知識や慣習、規則といったものまで含まれる。狩人が獲物を仕留めるとき、素手で対象に向かうこともできるが、槍や銃を使うこともできる。道具を使うことによって、狩の特質は変わり、新たな活動が生まれ、主体も変化する。異なる媒介物の使用は主体の世界との対峙の仕方を変える、つまりその実践に制約を与える。また、実践を通して道具が変形され、行為主体も変わっていくという意味では媒介物と主体と対象はシステムとして共発達するといえる。熟練とは行為者の抽象的な能力の向上を指すのではなく、その熟練行為が埋め込まれた人工物に媒介された行為の質の変化を指す。
⇨ヴィゴツキー、熟達、心理的道具［石黒広昭］

胚細胞
germ cell

　胚細胞は生物学的には生殖細胞ともいわれ、遺伝情報を次世代に伝える役割を果たす細胞である。マルクス（Karl Marx）は商品を資本主義経済の胚細胞にたとえた。胚細胞は、その本質を失わない程度にターゲットとなる現象を単純化しながらも、その発生、機能、構造が見通せるものである。その意味で胚細胞は現象を理解しようとするときの分析単位といえる。ヴィゴツキー（Lev S. Vygotsky）は水の特質を知るのに適した分析単位は水の分子であり、それを水素と酸素に要素分解してしまっては水の本質はとらえることができないとした。エンゲストローム（Yrjö Engeström）はダヴィドフ（Vasily V. Davydov）、ガリペリン（Piotr Y. Galperin）らの教授学習理論を継承し、学習の初期にはまず胚細胞となる粗いモデルが存在することが新しい知識の学習に有効であるとした。 ⇨ヴィゴツキー、エンゲストローム、分析単位、マルクス　　［石黒広昭］

ハイデガー〔1889-1976〕
Martin Heidegger

　ドイツの哲学者。マールブルク大学を経て、1928年よりフライブルク大学教授。20世紀最大の哲学者の一人。主著に、『存在と時間』（原著1927）、『哲学への寄与』（同1936）、『形而上学入門』（1935年の講義による）、『「ヒューマニズム」について』（原著1949）など。フッサール（Edmund Husserl）やディルタイ（Wilhelm Dilthey）の影響を受ける。それまで哲学は、科学的知の基礎づけを担っていたが、ハイデガーは、その背後にある「存在そのもの」を問題にする。『存在と時間』では、「存在の問い」が立てられ、解釈学的現象学によって現存在の分析論がなされ、存在の意味は「時間」と考えられる。影響は多方面にわたり、精神医学ではビンスワンガー（Ludwig Binswanger）、ブランケンブルク（Wolfgang Blankenburg）、ボス（Medard Boss）などに影響を与えた。 ⇨解釈学的現象学、ガダマー、ディルタイ　　　　　　　［伊藤直樹］

ハイブリッド・コミュニティ
hybrid community

　人間は、人工物や制度と結びつくことで、はじめて主体として振る舞うことが可能になることを指摘する概念である。カロン（Michel Callon）によって提唱された。人の行為遂行は、その人の能力の反映のようにみえながら、実は人間と人工物や制度の入り交じったシステムとして成り立っている。たとえばある人間の有能さを考えるとき、それを人に内在するものとしてみるのではなく、他者（家族、同僚、さまざまな関係の人びとなど）、さらには人を取り巻く人工物（コンピュータ、スマートフォン、書類や書籍、机や椅子、部屋や建物など）、制度（組織における規定や集団の暗黙知など）といった非人間とが不可分に結びついた異種混交のネットワークにおいて実現するものととらえる。このことは欲求や動機にも当てはまり、それらもまた人間と人間を取り巻く非人間との関係やアクセス可能性によって生じ、変化する。 ⇒アクターネットワーク理論、エージェンシー、カロン　［岡部大介］

場所
place

　個人や集団による具体的な関与を通して、周囲の空間とは区別され、独特の意味を帯びるようになったところ。人の経験は、場所と切り離して理解することはできない。地理学者のレルフ（Edward Relph）は、場所の経験を内側性と外側性という二分法をもとに分類し、人が場所に埋め込まれ一体となった状態を実存的内側性と呼んだ。環境心理学者のロールズ（Graham D. Rowles）は、内側性について、身体的（居慣れた環境）、社会的（仲間とのつながり）、自伝的（思い出の刻印）という3側面を指摘し、老年期にある人がこれらの内側性に支えられながら身体の衰えや身辺の変化に順応しているさまを、特定地域への参与観察をもとに示した。場所は想起の源泉でもあり、縁ある場所に身をおくことは、そこに堆積した出来事の記憶を呼び覚ます。さらに、地域の人びとによって持続的に手入れ活用されてきた場所、すなわちコモンズは、共同性を育む母胎ともなり得る。 ⇒居場所、意味、共同性、想起、ライフストーリー

［石井宏典］

波多野完治〔1905-2001〕
Kanji Hatano

　昭和・平成時代の心理学者。ピアジェ（Jean Piaget）、ワロン（Henri Wallon）らのスイス、フランス語圏の心理学を日本に紹介した。文章心理学、児童心理学、創作心理学、視聴覚教育、生涯教育など認識と感情をめぐる諸問題の論考に基づき、『児童心性論』（1952）、『文章心理学』（1949）、『生涯教育論』（1972）ほか『国語教育著作集』（1975）など、多数の著作がある。日本の児童心理学・発達心理学の礎を築いただけではなく、国語教育や芸術教育、視聴覚教育の分野にも大きな影響を与えた。「チャタレイ裁判」では文章心理学の手法を用いて伏字の妥当性を検証した。きわめて明快かつ平易な文章で、心理学研究が社会に貢献する方途を示した。 ⇒ピアジェ　［内田伸子］

波多野誼余夫〔1935-2006〕
Giyoo Hatano

　20世紀に認知科学・学習科学・文化心理学など多様な分野で活躍した認知研究者。知識が個人の制約・経験と社会文化の両方に影響されて構成されるとみる内外相互作用的な見方に基づき、社会的相互作用による内発的動機づけの促進や協調場面における個人と社会という二つのレベルでの概念変化を明らかにした。ソロバン研究や仮説実験授業をもとにした「定型的・適応的熟達」「知的好奇心」などの概念の提唱でも知られる。特に、概念的知識に基づいて解法を柔軟に創造できる「適応的熟達者」は、学習者像として学習科学に大きな影響を与えた。稲垣佳世子との共著『人はいかに学ぶか』（1989）は世界に先駆けた学

習科学的な著作の金字塔である。 ⇨学習
科学、適応的熟達 ［白水始］

PAC分析
PAC analysis

　PACは、個人別態度構造（personal attitude construct）の略称であり、"パック"と発音される。手順としては、テーマに関しての自由連想、連想項目間の類似度評定、類似度距離行列によるクラスター分析、被検者によるクラスターのイメージや解釈の報告、検査者による総合的解釈を通じて、個人ごとに構造を分析する。当人ごとに作成された調査票によってその回答を質的かつ量的に分析するのに似て、他者との共通特性だけでなく、当該個人独自の特性が取りあげられ、当人のイメージ報告を参照して間主観的に了解していくことになる。これを「現象学的データ解釈技法」と呼ぶ。多標本での共通変数に遮蔽されないで、典型事例の特徴を分析でき、重要な関連変数を発見して仮説を生成するのに有用である。クラスター構造（デンドログラム）と被検者のイメージ報告は、その個人の特性を第三者に説明する際の、コンサルテーションの道具ともなる。 ⇨仮説生成型、間主観性、個性記述的方法 ［内藤哲雄］

発生の三層モデル
three layers model of genesis : TLMG

　質的研究法TEA（trajectory equifinality approach）における、人間の内的な変容過程を、文化的な促進的記号と信念・価値観との関係でとらえ理解するための理論である。TEAでは、等至性やそれをもとにした等至点の概念が重要だが、複数の径路がある到達点（等至点）に収束していくありようは、それ以前に径路が複数に分かれるポイントがあることを示す。この分岐する行動や選択を分岐点としそこに焦点をあて、文化的記号を取り入れて変容するシステムとしての自己のメカニズムを三つの層、すなわち、第1層の個々の活動や行為が発生する個別活動レベル、第2層の状況を意味づける記号が発生する記号レベル、第3層の信念・価値観が維持・変容するレベル、によって分析する。日常的な行動は安定した信念・価値観に基づいているが、行動に秩序がなくなったり新たな状況を意味づけることにより、信念・価値観が揺らいだり生まれたりするのであり、そうした様相を文化的な促進的記号の把握により明らかにする。 ⇨TEA（複線径路等至性アプローチ）、文化、歴史的構造化ご招待 ［安田裕子］

発想法
abduction ; hassoho

　発想法は野外科学の必要性から発生した方法である。野外科学とは、「場の科学」あるいは「現場の科学」とされるものであり、混沌とした現実の世界（フィールド）をとらえるものである。野外で観察した複雑多様なデータを「データそれ自体に語らしめつつ、いかにして啓発的にまとめたらよいか」という現実問題の解決方法を整理した方法である。野外科学の基本的な考え方であるW型問題解決モデルに基づくと、科学的な研究の流れは、われわれが頭のなかで考える思考レベルと現実界に触れて観察する経験レベルの往還によって達成される。問題提起から、現場の探検・観察をする過程が生じ、それに基づく発想と仮説の提起が行われる。発想法とはこの一連の過程をとらえるものである。なお、川喜田二郎は英語でこの一連の過程を表現する場合にはアブダクション（abduction）がよいと述べている。 ⇨アブダクション、川喜田二郎、KJ法 ［木戸彩恵］

発達
development

　人間という有機体が、生命の発生（受精）から始まる時間の流れのなかで、その構造と機能を不可逆的に形成し、あるいは変化させていく過程。広義には、認知症のように、一旦できあがっていた構造や機能

が崩壊していく過程も含む。それまででき
なかったことができるようになるという形
で、新たな「力が身につく」ことを発達と
考えやすく、その観点から年齢を基準にし
た量的な研究が種々に積み重ねられてき
た。しかし、ここで見落としてならないの
は、与えられた状況のなかで、身についた
力を使い、どのような「生活世界を広げて
いく」かということである。そうして人が
生きる生活世界の形成や変化、あるいは崩
壊にまで射程を広げたとき、それを質的に
どのように記述するかが問題となる。とり
わけ能力発達の如何が人生の成否を左右し
かねないと思われている現代にあっては、
発達をその社会・文化的状況のなかで相対
化して記述し理論化することが求められ
る。 ⇨個体発生、状況、発達心理学

[浜田寿美男]

発達支援
support for development

　人が一生涯のなかで抱える問題や障害に
関して、発達的観点からのアセスメントに
基づき提供される支援のこと。子育て支
援、障害児・者への支援、学校適応支援、
キャリア発達支援、異文化適応支援、発達
移行支援、介護支援、家族支援、支援者支
援など、発達初期から老年期まで、多様な
対象、多様な領域にわたる支援がある。支
援にあたっては、問題や障害を生物・心
理・社会の三つの側面からなる生活文脈の
なかで起こり得るものと考え、その三つの
視点からのアセスメントが行われ、支援目
標が設定される。その後、支援方法の選
択、支援計画の策定・遂行、支援の評価と
次の支援へと、PDCA（plan–do–check–act）
サイクルを基本として発達支援は提供され
る。近年、自閉スペクトラム症などのいわ
ゆる発達障害のある児童・生徒をはじめと
する特別な支援を必要とする子どもを対象
に、将来的な社会参加と自立を視野に入れ
た発達支援が展開している。 ⇨異文化適
応、子育て支援、発達障害 [谷口明子]

発達障害
developmental disorder

　脳機能の障害により発達の遅れやゆが
み、偏りが生じるものをいい、通常は低年
齢で発症する。知的能力にかかわらず、対
人コミュニケーションや学校教育などの日
常生活のさまざまな場面や状況において困
難を抱える。自閉症スペクトラム、注意欠
如多動性障害（ADHD）、学習障害（LD）な
どがあり、同じ診断名であっても現れる障
害の特性や度合いは異なる。また、ほかの
障害を併存することもあり、個人差が大き
いのも特徴である。2012（平成24）年の文
部科学省の調査では、通常学級に在籍する
生徒の6.5%が発達障害をもっていると推
計されている。適切な支援が受けられない
場合、自尊感情が低下し、別の問題（二次
障害）が引き起こされることがある。アメ
リカ精神医学会の診断基準DSM-5では、
知的能力障害、コミュニケーション障害、
運動障害を含めた神経発達症群（神経発達障
害群：neurodevelopmental disorder）へと改訂
された。 ⇨学習障害、自閉症スペクトラム、
障害児・者、知的障害 [小保方晶子]

発達心理学
developmental psychology

　人が生まれてから死に至るまでの生涯の
発達を通じて、またさまざまな生物が進
化によって、その心身の働きをどのよう
に変化させていくかというその変化と、変
化を支えるメカニズムを解明し、発達を
どのように支援することができるかを研
究する心理学の一分野である。近年学際
的な発達科学研究へと展開している。18
世紀から19世紀にかけてルソー（Jean–
Jacques Rousseau）やフレーベル（Friedrich W.
A. Fröbel）などによって、成人とは異なる
児童の心性が注目されるようになった。ま
た、欧米において観察記録をもとにした質
的な事例研究によって児童の科学的研究が
進み、発達段階の区分や機序などを明らか
にしようとする児童心理学が展開した。ピ

アジェ（Jean Piaget）などの発生的認識論の影響を受けて研究が進展した。1980年代より児童心理学のみではなく、乳児、青年、成人、高齢者と生涯にわたる発達が問われ、生涯発達心理学へと射程が広がった。日本においても日本発達心理学会が1989年に設立されている。　⇨自然観察法、実験的観察法、生涯発達心理学、発達、ピアジェ　　　　　　　　　　　　　［秋田喜代美］

発達的ワークリサーチ
developmental work research：DWR

　活動理論に基づき、エンゲストローム（Yrjö Engeström）らの研究チームによって具体化されている実践的な介入（アクションリサーチ）の方法論である。実践者と研究者が協働で仕事実践の活動システムの矛盾を描き出すことで、新たな活動形態を追究することを目的とする、形成的介入の方法論という点が特徴である。チェンジラボラトリーと名づけられた実践者と研究者による協働セッションにおいて、多角的フィールドワークによって得られた実践を検証し、変化への欲求状態をもたらすダブルバインド状況を可視化することで、新しい活動システムのモデル・ビジョンを描き出す。そして新たなモデルと実践をつなぐ、アイデアやツールの媒介によって、新たな活動システムの生成・実践とさらなる検証を行う。それは学習と発達を機軸に、人間の社会的実践の中に新たな活動のかたちを創出していく拡張的学習のサイクルである。
⇨アクションリサーチ、エンゲストローム、拡張的学習、ダブルバインド、文化−歴史的活動理論　　　　　　　　　　　［保坂裕子］

発達の最近接領域
zone of proximal development

　現時点での発達水準と、直近の時点において到達する可能性のある発達水準との間のへだたりを表す説明概念。これら二つの発達水準は、個人が単独で達成できることと、他者との協同やその模倣を通して達成

できることにより、それぞれ推測される。ヴィゴツキー（Lev S. Vygotsky）の発達理論の中核をなす概念の一つであり、彼はこれにより発達可能性という観点から個人の発達水準を評価する方法を提起した。日本語では「最近接発達領域」とも訳される。教育学や教育心理学においては、学校教育における体系的な教授の有効性を強調する概念として評価されてきた。一方で、教師や仲間との社会的相互作用によって学習が促されるとする社会構成主義の理論的根拠としても取り上げられている。近年は、幼児によるごっこ遊びなど、模倣を伴う遊びの発達促進的な意義を示す概念としても評価されている。　⇨足場かけ、ヴィゴツキー、科学的概念、ごっこ遊び、社会構成主義、生活的概念　　　　　　　　　　　　　［伊藤崇］

発話
utterance

　一般的には、音声により産出された言葉を指す。ロシアの思想家バフチン（Mikhail M. Bakhtin）の言語論においては、話し言葉や書き言葉によるコミュニケーションを構成する基本的単位を指す概念。バフチンは、語や文といった単位から出発する伝統的言語学を孤立した個人の意識表現に基づくものとして批判し、互いに異質な対話的関係にある人びとのコミュニケーションに依拠した言語理論を展開した。そこにおいて個々の発話は、それ以前に他者が発した言葉を評価すると同時に、他者を宛先として応答を求めるとされた。発話には三つの基本的特徴、すなわち境界性（話者の交替による区切り）、完結性（話者が言い終えたという感覚）、ジャンル形式（人間の活動領域に結びついた類型的な語り口）がある。さまざまな言語活動を人びととの社会的関係やテーマという観点から分析するための概念として、ワーチ（James V. Wertsch）などにより心理学へ導入された。　⇨声、社会的言語／ことばのジャンル、対話主義—バフチンの—、バフチン、ワーチ　　　　　　　　　　　［伊藤崇］

発話行為
speech act

　何かを言うことによって、何かを行うこと。言語行為ともいう。発話が物事の記述だけでなく、物事の遂行になっている点に着目して、オックスフォード大学の哲学者で日常言語学派のオースティン（John L. Austin）が提唱した。それによれば発話行為は、①言葉を発するという行為（発語行為；locutionary act）、②何らかの効力を遂行する行為（発語内行為；illocutionary act）、③他者に何らかの影響を与える行為（発語媒介行為；perlocutionary act）に分類される。「辞書を読みなさい」という発話を例にとれば、発語行為とはこの文章を発話した行為それ自体であり、発語内行為とは話者がこの文章を発話することによって遂行した「命令」「叱責」「挑発」「皮肉」といった行為のことである。発語媒介行為とは、この発話によって、それを聞いた相手を不快にしたり、辞書を読む気をなくさせたりするような行為のことを指す。発話行為論は、その後サール（John R. Searle）などによって展開されている。⇨語用論　　　[綾城初穂]

発話思考法
think-aloud method

　課題遂行中の思考を音声言語化して報告させ、発話プロトコルを得て、これを分析する研究方法。1980年代にエリクソン（K. Anders Ericsson）とサイモン（Herbert A. Simon）によって、認知科学の研究への適用例が示され広まった。エキスパート研究、問題解決、文章産出、インターフェイス評価などで利用されている。課題の遂行の最中に言語化させる同時発話思考法と、課題遂行時は言語化させず、課題遂行後に課題遂行中の映像を見せながら、課題遂行中の思考を言語化させる遡及的発話思考法がある。思考を音声言語化する方法であるため、思考と言語の関係に関する理論的立場や、言語観によって、その扱いには幅がある。発話プロトコルには、課題遂行中の思考を音声言語として記述したものと、他者（実験者）に説明したものの2種類があり、前者は思考過程には影響しないが、後者は思考過程に影響を及ぼすという。後者は自分の思考過程を説明している事態であり、自己説明として研究が展開している。⇨外言／内言、熟達、説明、発話、プロトコル分析　　　　　　　　　[比留間太白]

ハビトゥス
habitus

　身体に備わる傾向性を示す社会／人類学的概念。もともとはラテン語で習慣の意味。文化人類学者のモース（Marcel Mauss）は、さまざまな民族が自らの身体を用いる方法には、その文化の無意識の前提や基盤が表れていると考え、それを身体技法と呼び、その通文化的な比較研究の必要性を提唱した。その身体技法を支える身体の特性のことをモースはハビトゥスと呼んだが、邦訳では「型」と訳されている。社会学者ブルデュー（Pierre Bourdieu）はこの議論を拡張し、彼のプラクティス論の中核に据えた。プラクティスは普通「実践」と訳されるが、われわれの社会的行為のなかで、反復的、無意識的な傾向の強い部分で、「慣習的行動」の意味である。この慣習的行動の反復が社会構造の基礎になるが、それを生みだす身体的基礎がハビトゥスである。
　　　　　　　　　　　　　　[福島真人]

パフォーマンス
performance

　舞台芸術・芸能、日常生活、文化的・社会的イベントにおける身体を伴う表現行為。芸術においては、特別な時間と空間において観客（オーディエンス）を前に演者が遂行する演技や演奏を指す。一方、日常的なコミュニケーションでも、人びとは時間や場所や相手に応じてさまざまな役柄を演じている。社会学者のゴッフマン（Erving Goffman）は、観察者に影響を与える個人の行為のすべてがパフォーマンスであると

した。人類学では、儀礼、宗教行事、祭り、国家的イベントなどの集合的行為を文化的パフォーマンスと呼ぶ。文化的パフォーマンスは「自らの文化や社会に向き合い、自らを定義し、自分たちの神話や歴史を上演する場」とされる。心理学では、ホルツマン（Lois Holzman）が、現在の自分よりも頭一つ抜け出た人を演じる集合的な活動が発達につながるとし、パフォーマンス心理学を提唱している。 ⇒ゴッフマン、シンボリック相互作用論、相互行為―エスノメソドロジーにおける―、ホルツマン、身振り

［城間祥子］

バフチン〔1895-1975〕
Mikhail M. Bakhtin

ロシアの文学者・言語学者・思想家で、構造主義、記号論の先駆者。彼の文学・文化・思想の研究は、当該領域だけでなく哲学、美学・民俗学、心理学など多くの分野に多大な影響を残した。小説作品を素材にしてポリフォニー論、カーニバル論、ダイアローグ論、言語学理論などを唱え、その思想や方法論は広く応用されている。ロシア革命からスターリン主義の時代のなかで、彼は反ソ的な組織活動にかかわったことで逮捕され、不遇な生活のなかで多くの著書を残したが、その出版は他人の名義によるか、晩年まで刊行されなかった。1960年代になって業績が認められるようになり、その後は海外においても多様な学問領域に影響を与え、文化的現象を論じるうえでの有効な理論体系としてとらえられるようになった。 ⇒声、対話主義―バフチンの―、多声性

［上村佳世子］

パラダイム
paradigm

米国の科学史家クーン（Thomas S. Kuhn）が『科学革命の構造』（原著1962）のなかで用いて科学論の領域で注目され、後に日常語になるほど一般に流布した言葉である。元々は言語の語形変化をまとめた一覧表や範例を意味するが、クーンは、ある時代にある学問領域において広く認められた研究業績で、一定の期間科学者に研究主題の問い方や答え方の手本を与えるものという意味で用いた。パラダイムを異にする研究者は物事の見方が異なり、互いに理解できないこともある（共約不可能性）。これによってもたらされた科学観は、前パラダイム状態から論争の時代を経て確立され、「パズル解き」として「通常科学」が実践されるが、反則事例の蓄積とともに再び論争が生まれ、新しいパラダイムが探究されて科学革命が起こるというものである。北米心理学では1930年代から諸学派の並立や競合が自覚されていたが、クーン以後に統一パラダイムを欠く事態が注目を集め、心理学の存在論や認識論、学問外部の要因などを検討して諸学派の統一の可能性を討究する理論心理学研究が盛んになった。 ⇒科学、共約可能性、クーン、パラダイム論争

［五十嵐靖博］

パラダイム　―グラウンデッド・セオリーの―
paradigm in grounded theory

パラダイムは、グラウンデッド・セオリーを用いた分析の軸足コード化と選択的コード化の前半で用いられる。通常、収集されたデータには、複数の現象が含まれているため、カテゴリー（概念）を現象別に分けると同時に、位置関係をとらえるという作業が必要である。パラダイムは、状況（condition）、行為／相互行為（action／interaction）、帰結（consequence）の三つがセットになった枠組みで、一つの現象に対して、一つのパラダイムを作る。パラダイムを使ってカテゴリーを分類したら、それを基にしてカテゴリー同士の関連を詳細にとらえるべく、カテゴリー関連図を描く作業に進む。どういう状況からどのような行為や相互行為が発生し、それらによってどのような帰結に至ったのかという、カテゴリー同士の関係は、後半のカテゴリー関連図を作成する作業のなかで細かくとらえら

れる。 ⇨カテゴリー関連図―図解―、グラウ
ンデッド・セオリー、軸足コード化、選択的
コード化
[戈木クレイグヒル滋子]

パラダイム論争
paradigm wars

　1980年代を中心に主に北米で展開した、
人間科学研究における方法論の優位性をめ
ぐる量的研究者と質的研究者の間の論争。
実際は、量的研究を基軸とするポスト実証
主義と、質的研究を支える構築主義・社会
構成主義をはじめとするその他のパラダイ
ム間の哲学的対立であった。パラダイム論
争期において、それぞれの陣営に属する研
究者は、自身が依拠する方法論がいかに他
方の方法論より人間科学における優れた知
識を生産し得るかを、学術論文誌上で主張
し合った。この論争において、純粋主義者
と呼ばれた人びとは、量的研究と質的研究
の依って立つ存在論的・認識論的前提が異
なることを強調し、共約不可能性を理由に
二つの研究アプローチを共に用いることは
できないと主張した。数十年にわたったこ
の論争を非生産的かつ不毛であると批判
し、量的・質的研究を組み合わせて使用す
ることは可能であると主張した平和主義者
と呼ばれる研究者らによって、混合研究法
が誕生した。 ⇨共約可能性、構築主義、混
合研究法、社会構成主義、ポスト実証主義
[抱井尚子]

バルテス〔1939-2006〕
Paul B. Baltes

　20世紀に生涯発達論を提唱したドイツ
の発達心理学者。従来の発達心理学の対象
領域を、高齢期まで拡大してとらえなお
したこの概念は、人間の発達は獲得（成長）
と喪失（衰退）が生涯を通じて同時に存在
するものだという考えに基づく。特に、高
齢期は年齢・成熟的には衰退し、社会・文
化からの影響は少なくなるが、個人的な過
去の経験要因からの規定性は大きいことを
強調した。認知能力も、新しい場面への適

応能力を表す流動性知能は低下するが、経
験が強くかかわる結晶性知能は低下しない
ことを示した。また、サクセスフル・エイ
ジングの概念では、衰退する側面だけでな
く、社会参加や生産活動といった肯定的側
面の重要性も説いた。 ⇨生涯発達心理学
[青柳肇]

バルト〔1915-1980〕
Roland Barthes

　フランスの批評家。テクスト論を確立
し、また何よりもそれを実践した人物と
して重要である。言語学者ソシュール
(Ferdinand de Saussure) やイェルムスレウ
(Louis Hjelmslev) の理論を発展的に継承し、
小説や写真のみならず、宗教、演劇、プロ
レス、風俗、ファッションなど、さまざま
な社会現象についても分析をおこなった。
哲学者、思想家、作家などと紹介されるこ
ともあるが、実体のつかみにくい、まさに
「テクスト」的人物といえる。著書に『零
度のエクリチュール』（原著1957）、『物語の
構造分析』（同1966）、『モードの体系』（同
1967）、『S／Z』（同1970）、『テクストの快
楽』（同1973）、日本を分析した『表徴の帝
国』（同1971、別題『記号の国』）などがある。
⇨エクリチュール、ソシュール、テクスト、
テクスト分析、デノテーション／コノテー
ション
[松島恵介]

ハレ〔1927-　〕
Rom Harré

　英国の社会心理学者。フルネームは
Horace Romano Harré。オックスフォード
大学大学院でオースティン（John L. Austin）
の指導の下、数学と科学哲学に関する学位
論文を執筆。同大学で科学哲学の講師だっ
た1960年代に言語や象徴を加味しない論
理実証主義的な社会心理学に疑問を抱き、
セコード（Paul Secord）とともにエソジェ
ニクスを提唱した。その後、社会構成主義
(social constructionism) の視点から自己研究
を発展させ、社会心理学の言語論的転回に

大きな役割を果たした。オックスフォード大学退職後はジョージタウン大学に移り、ポジショニング理論をはじめ、ディスコース分析による心理学研究を展開した。近年ではディスコース分析と神経心理学をつなぐハイブリッド心理学を提唱している。主著に『世界を変えた20の科学実験』（原著1981）などがある。⇨言語論的転回、社会構成主義、ディスコース分析、ポジショニング論、論理実証主義　　　　　　　［綾城初穂］

パロール
〔仏〕parole ; 〔英〕speech
　言語学者ソシュール（Ferdinand de Saussure）が提唱した言語のとらえ方を示す概念の一つ。ソシュールは、言語活動の総体であるランガージュをパロールとラングという二つの概念に分けて分析する必要があるとした。パロールは、社会の共有財産としての言語体系であるラングが個人によって実践されたものである。社会的基準ではあっても具体的・物理的な実体がないラングに対し、パロールは個人のその場その場の状況における発話やその他の顕在化した具体的な言語行為を指す。パロールには、言い誤りや中断のような文法的に成り立たないものも含まれ、多様で可変的である。フランスの言語学者マルティネ（André Martinet）は、話者間で共有されている記号であるコードをラング、そのコードによって構成・解釈されるメッセージをパロールと言い換えた。しかし、パロールは常にラングに従属するものではなく、パロールの変化によりラングが変化することもあると考えられている。　⇨ソシュール、ランガージュ、ラング　　　　　　　　　［北出慶子］

半構造化インタビュー
semi-structured interview
　構造化の程度によるインタビュー区分の一つ。研究目的や研究設問（リサーチクエスチョン）に応じて、あらかじめ質問項目を設定しておくが、実際のインタビュー場面では、調査協力者の反応、語った内容や話題の展開に応じて、質問の内容や順番に柔軟性をもたせる。半構造化インタビューの実施においては、①データの比較可能性を高める、②研究者自身の問いの精緻化、③インタビュー全体の流れや展開の確認といった点で、インタビュー・スケジュール（インタビュー・ガイド）をていねいに作成することが推奨される。柔軟性に富んだ良質な調査インタビューを実施するためには、単に質問項目を羅列するだけではなく、さまざまな質問技法を取り入れたり、質問の言い回しや順番を工夫したりするなど、細部にわたって入念な検討を行っておくことが重要となる。　⇨インタビュー、構造化インタビュー、非構造化インタビュー　［徳田治子］

犯罪
crime
　犯罪とは刑罰を科せられる行為である。犯罪が法律上成立するためには次の三つの要件が必要である。①構成要件該当性（行為が法律の条文に当てはまること）、②違法性（行為が違法であること）、③責任性（行為者に責任があること）。責任能力がなければ心神喪失とされ、刑罰を科すことはできない。責任能力が大幅に損なわれていたならば心神耗弱とされ、刑罰は減軽される。このような法的規定は、少年非行と処遇の方法を理解することにつながる。少年法によれば、非行少年とは、犯罪少年（14歳以上20歳未満で犯罪を行った少年）、触法少年（14歳未満で刑罰法令に触れる行為を行った少年）、虞犯少年（将来、罪を犯し刑罰法令に触れる行為をするおそれのある少年）の三者である。犯罪少年には刑事責任能力があるとみなし、成人と同じ法律を適用して捜査するが、保護処分（少年院送致など）による健全育成をする。触法少年には福祉の手続きによる福祉的ケアを行う。　⇨犯罪心理学、犯罪被害者、非行少年、非行臨床　　　　　　　［廣井亮一］

犯罪心理学
criminal psychology

犯罪行為と犯罪者に関する心理学的研究で次のような領域が含まれる。司法の手続きに従えば、①警察のプロファイリングなど犯罪捜査、取調べ法、②刑事裁判での証言心理、自白心理、精神鑑定などの裁判心理、③刑務所、少年院などにおける犯罪者と非行少年への矯正、更生のアプローチ、④その他、社会での犯罪予防、犯罪被害者支援、などである。質的心理学の観点からは、犯罪に至るまでの心理プロセス、犯罪者の犯罪行為の意味、加害者－被害者の関係性、などについて加害者と被害者の語りをもとにした心理学的アプローチが重要になる。また、近年の動向として、薬物犯罪、性犯罪など犯罪種別に特化した問題解決型裁判、犯罪加害者や非行少年に対応した加害者臨床など、治療的司法（therapeutic justice）や司法臨床（forensic clinical psychology）の研究が進んでいる。⇨犯罪、非行少年、非行臨床、臨床心理学
[廣井亮一]

犯罪被害者
crime victims

刑罰法令に違反する行為により、生命、身体、財産、精神、人格等に危害を被った者及び遺族等一定の範囲の者を指す。社会的にも刑事司法からも忘れられた存在とされていた犯罪被害者は、1995年の地下鉄サリン事件を契機に耳目を集めた。1998年設立の全国被害者支援ネットワークは翌年に7項目にわたる犯罪被害者の権利宣言を公表した。こうした働きに警察庁や検察庁が呼応し日本弁護士連合会が支援に加わり官民の協働が大きな力となって、犯罪被害者支援が刑事司法制度に組み込まれていった。被害者自身の声、保護や支援を求める世論、加害者への刑罰の軽重を問う社会の影響も大きい。2004年に全国犯罪被害者の会（あすの会）の声を受けて犯罪被害者等基本法が制定され、被害者の権利と支援の推進が宣言された。また2000年代には、DVや虐待やストーカーといった家庭内などの親密な関係性で生じる暴力を規制する法制化がなされた。被害者への危機介入から回復に資する中長期的な生活・自立支援、二次被害の防止、加害の再犯防止など、安全・安心な社会基盤の整備が多職種連携により展開されている。⇨加害者臨床、虐待、ドメスティックバイオレンス、PTSD（心的外傷後ストレス障害）、レジリエンス
[安田裕子]

反証可能性
falsifiability

科学哲学者のポパー（Karl Popper）によって提唱された、科学と非科学を区分けするときの基準。誤りがないことが科学的なのではなく、実験や観察によって「これは誤りだ」と反証できるかどうかという点に注目する。たとえばフロイト（Sigmund Freud）の精神分析理論やマルクス（Karl Marx）の社会理論には反証の方法がなく、科学的とはいえないとされる。また、反証可能性の考え方は、科学理論を常に相対的なものとみなし、より反証に対して抵抗できるのが優れた理論であるという、理論の質を評価する視点にもつながっている。質的研究も実証科学であろうとする限り、ネガティブ・ケースを積極的に比較対象として、反証に抵抗できる仮説やモデルを作り上げるよう努力しなければならない。また結果を呈示する際にも、読者の反証を可能にするため、方法の記述を厚くすると同時に、主張に対するデータをていねいに呈示しておくことも必須であろう。⇨科学、実証主義、ネガティブ・ケース
[能智正博]

反照性
reflexivity

反照性（リフレクシビティ）とは、同じ原則が自らに跳ね返ってくるという性質を示す。自己言及性などと同義。この問題は科学社会学の基本的なパラドックスとして、

1980年代に熱心に論じられた。自然科学を観察する科学社会学は、それ自体が科学の一部であり、その議論は自分にも適用されるべきだという議論が起こった。ウールガー（Steve Woolgar）は、科学社会学者も自分の立ち位置について、自己言及的な記述が必要と主張し、アシュモア（Malcolm Ashmore）は、科学社会学の主張をそれ自体に適用して、その妥当性を再検討した。このような反照性の議論に対し、ラトゥール（Bruno Latour）は、これをメタ反照性（meta–reflexivity）、つまり内容の乏しいメタレベルからの議論と批判し、科学社会学者は、むしろその研究対象と協力してより豊かな情報を得るための、インフラ反照性（infra–reflexivity）を追求すべきと主張した。 ⇨科学社会学、ラトゥール 〔福島真人〕

反精神医学
anti–psychiatry

1960〜70年代に精神医学の内部から興った民主的な精神医療を目指す運動。英国のレイン（Ronald D. Laing）やクーパー（David Cooper）、米国のサス（Thomas S. Szasz）らが主導した。従来の精神医学の疾病観や治療に反対し、特に統合失調症の生物学的原因が未解明な状況下で病因を説明するために「社会共謀因説」を提起して国や社会が権力や制度を用いて患者に入院や服薬を強制することを批判した。反精神医学の提唱者は劣悪な入院環境を強いられた患者の権利を擁護し、人間中心の精神医療を実現するため改革に努めた。反精神医学は精神病者を管理し統治する社会的機能をも担う既存の精神医療とは異なるアプローチの可能性を予示していた。患者の脱施設化を目指すイタリアのバザリア法（1978年）や欧州諸国でのヒアリング・ヴォイシズの活動、日本の「べてるの家」の活動などの先駆けになった。その考え方は今日まで治療を受ける当事者の立場を重んじる心理療法家に影響を与えている。 ⇨権力、精神医学、精神障害、統合失調症 〔五十嵐靖博〕

反省性
reflexivity

研究者が自身の立場を批判的に振り返り検討して表明することであり、質的研究にとっての科学性の不可欠の条件である。客観的基準を前提としない質的研究は、自らの研究の恣意性や拘束性を常に問い直し、検討と修正を繰り返すことによってしか、その依って立つ科学性を確立できない。そのためには、研究のプロセスに反省性が織り込まれ、産物としての論文が反省性を含みそれを実践することが必要である。個人による内省は反省性の重要な部分であるが、それだけではただの弁解と区別できず、研究者としての思い込みや恣意性を払拭できないため不十分である。自分のおかれた状況、位置づけられた社会的条件、陥っている可能性のある思い込みなどを振り返り、研究協力者と協議討論すること、さらに、論文として明記することを含め、開かれた討論へと自身の研究およびその姿勢を第三者に示すことが反省性である。 ⇨客観性、研究協力者、パーカー、倫理 〔八ッ塚一郎〕

反省的実践 ⇨省察的実践

バンバーグ〔1947– 〕
Michael Bamberg

ドイツ生まれで米国を中心に活躍する心理学者。英国のヨーク大学にて言語学の修士号、米国カリフォルニア大学にてナラティブ発達の研究で心理学の博士号を取得。1986年からは米国クラーク大学心理学部で教鞭をとる傍ら、アメリカ心理学会における質的研究の地位向上にも貢献した。アイデンティティとナラティブの関係に関心をもつが、アイデンティティを個人内部の属性とみるのではなく、社会的相互作用のもとでのナラティブ的な構築とみなす。そこには、時間的な一貫性と変化、自他の共通性と差異化、世界に対する能動性と受動性といった緊張が内在していると

し、そのダイナミクスをとらえるため、自然場面の発話に現れる直接自己に言及しない「小さな物語」に注目した。 ⇒アイデンティティ、大きな物語／小さな物語、ナラティブ（ナラティヴ）、ナラティブ分析

［能智正博］

ひ

ピアジェ〔1896-1980〕
Jean Piaget

　20世紀最大の心理学者の一人。「質問」と「診断」からの臨床面接法を確立した。知の個体発生としての認知発達と知の系統発生としての科学史を重ね合わせて考察する発生的認識論（genetic epistemology）を提唱した。発生的認識論においては質的に異なる発達段階（①感覚−運動期、②前操作期、③具体的操作期、④形式的操作期）を想定する。主体は既存の「シェマ（スキーマ：schema）」（認知的枠組み）を用いて環境に働きかけ、「操作（operation）」によって行動を内在化させ、「同化と調節（assimilation／accomodation）」を経て「均衡化（equilibration）」段階に到達する。これを繰り返しながら、より高次のシェマに構造化されると考えた。この理論は、発達心理学、思考心理学、認知科学に影響を与え、理論的支柱として受け継がれている。 ⇒構成主義、発達、発達心理学、認知科学

［内田伸子］

PTSD（心的外傷後ストレス障害）
post traumatic stress disorder

　天災、事故、暴力犯罪、戦闘などに巻き込まれ、極度の恐怖（トラウマ）を体験した生存者の一部にみられる特有の精神的不調のこと。第二次大戦やベトナム戦争に従事していた軍人たちの運動により、1980年にPTSDという精神疾患としての地位を得た。ほかの精神疾患にはない特有の症状として、思い出したくないのに思い出してしまう再体験症状がある。そのほかに、トラウマを思い出させる物事を回避する症状、感情麻痺の症状、不眠など覚醒亢進症状がある。診断基準では、PTSD診断のためにはトラウマ体験から数週〜1か月以上経っていることが必要とされている。トラウマ直後の不調は正常なことであり、多くの人は自然回復する。トラウマ体験をした人の一部で自然回復のプロセスが進まない状態をPTSDと考えるのである。治療としては、エクスポージャーを含む認知行動療法や、SSRI（抗うつ薬の一種）が有効とされている。 ⇒災害復興、トラウマ後の成長、認知行動療法（CBT）、犯罪被害者 　［石丸径一郎］

ヒエラルヒー
〔独〕Hierarchie；〔英〕hierarchy

　ヒエラルキー、ハイアラーキーとも表記され、階層制、階統制、教階制と訳されることもある。教団、官僚組織、会社、軍隊などにおける、主にピラミッド型に上下に序列化された位階制の組織原理。本来は、ローマ−カトリック教会における天使群の序列であり、転じて、教会組織の階層秩序を指すようになり、現在では、軍隊や大組織などの官僚制的秩序をいうことが多い。ウェーバー（Max Weber）は、近代官僚制のもつ合理的機能を強調しつつ、官僚制支配の浸透によって個人の自由が抑圧される可能性や組織の巨大化によって統制が困難になっていくマイナス面について予見した。日本においては、「お上意識」、先輩・後輩、親分・子分関係などの「タテ社会の人間関係」（中根千枝）、偏差値ランキングによる学校間格差、文科省の政策による大学間格差、教室内での序列を表す「スクールカースト」、ブラック企業の雇用関係などの問題がある。平和心理学ではヒエラルヒーによる差別・抑圧の存在は社会的正義に反する構造的暴力の問題として分析される。 ⇒ウェーバー、平和心理学

［いとうたけひこ］

ひきこもり
hikikomori ; social withdrawal

　仕事や学校に行かず、かつ家族以外の人との交流をほとんどせずに、6か月以上続けて自宅にひきこもっている状態を指す現象概念である。1990年代頃から、社会参加しない若者が増加し社会問題化し始めた。ひきこもりの背景は多様であり、精神疾患、発達障害、いじめ被害、職業上の挫折などがある。特に、発達障害と不安障害が多いとされ、支援のためにはメンタルヘルスの観点からのアセスメントが必要である。環境要因では、家族機能の低下なども指摘されており、環境の調整や思春期の自立過程の挫折に対する支援も必要とされる。2015（平成27）年の内閣府の調査では、ひきこもり状態にある若者は54万1千人いると推計されている。男性、若年者に多く、近年はひきこもりの長期化や高齢化が問題となっている。ひきこもりの背景やその過程はきわめて多様で個別的であるため、時間軸に沿って個々の事情やプロセスを明らかにする必要がある。研究協力者へのアクセスが難しいという面があるものの、その方法論において質的心理学の手法が有効であろう。　⇨家族、質的心理学、精神障害、発達障害、不登校　　　　［小保方晶子］

非言語的データ
non-verbal data

　人の用いる話し言葉・書き言葉を中心とする言語データに対して、研究資料として用いられ得るそれ以外のすべての情報が非言語的データである。観察研究においては視線（注視時間）、表情、ジェスチャーなどがそこに含まれており、たとえば言語獲得に至る発達過程の子どもを対象とする研究においては特に重視される。インタビュー研究でも間のインターバル（沈黙）や声のトーン、声質などが非言語的データとして注目されることがあり、言語データの解釈の手がかりとされたり、場合によっては発話の非言語的側面自体が研究対象となるこ

ともある。また、心理臨床場面では言語的報告のみならず、描画やイメージ、パフォーマンスに着目し、対象者の内面をより深く理解しようとする。非言語的データを用いることで質的研究の幅は著しく広がる一方、言語データがもつようなコードが明確でない点で非言語的データの解釈はしばしば困難であり、言語データ以上に文脈情報を用いた理解が必要になる。　⇨AVデータ、ジェスチャー、データ、身振り
［野口隆子・能智正博］

非行少年
juvenile delinquency

　現行少年法で14歳以上で罪を犯した少年を指す「犯罪少年」、14歳未満で罪を犯した少年を指す「触法少年」、将来罪を犯すおそれのある少年を指す「虞犯少年」が非行少年とされる。1990年代後半のショッキングな事件を契機として、非行少年に対してより厳罰を求める声があがるようになったが、他方では少年が、加害者であると同時に、虐待の被害者であることや、発達障害をもつことによる生きづらさも知られるようになった。少年の更生を進めるためには、少年院をはじめとした施設での教育も必要だが、社会復帰後の適応を支えるため、家庭と学校、警察、福祉機関との連携や、就労支援、若者の居場所作りなども重要な意味をもつ。質的研究では、当事者の声を聴くことなどにより、非行少年の更生にまつわる多様な見方を明らかにし、社会防衛的観点にかたよらない、当事者にとっての幸せや健康を育てるための仕組みづくりへの視点を提供する可能性がある。　⇨加害者臨床、学校適応、教育困難校、生徒指導　　　　　　　　　　　　　［松嶋秀明］

非構造化インタビュー
unstructured interview

　構造化の程度によるインタビュー区分の一つ。インタビュアーから発せられる問いは、あらかじめ決められた質問項目や内容

ではなく、インタビュアーの問題関心に基づき、その場の状況やインタビューの進行状況に応じて展開される。インタビュアーの問いかけやインタビュアーの発話に対し、何をどこまで聞いていくかについてあらかじめ決められたものがあるわけではないため、データの分析や解釈においても探索的要素が強くなる。エスノグラフィーなど、参与観察と併用して行われることも多く、インタビュアーには、即興性や柔軟性が必要とされる。また、出来事の描写やその発言がなされる文脈や社会的背景についての幅広い理解も求められる。語られる内容はその場の相互性やインタビュアーとの関係性に強く依存することもあり、それらへの配慮が必要となるほか、結果の解釈や公表においても十分な注意が必要となる。 ⇨インタビュー、インフォーマル・インタビュー、構造化インタビュー、半構造化インタビュー　　　　　　　　　　 ［徳田治子］

非行臨床
clinical practice with delinquents

少年法の通則規定である第1条は、非行少年の健全な育成のために性格の矯正および環境の調整を行うことを要求している。少年法第3条1項によれば、非行少年とは、家庭裁判所の調査と審判に付される、犯罪少年、触法少年、虞犯少年を指す。したがって狭義の非行臨床とは、一連の少年司法手続における非行少年の健全な育成のための臨床的関与をいう。広義にとらえれば、不良行為なども含めた青少年に対する地域社会の活動やBBS（big brothers and sisters movement）などによる非行防止活動、ドラッグ問題に対する医療的措置なども包含するものである。非行臨床においては、非行少年が示す激しい攻撃性をどのように受け止め、行動化（再犯）を防ぐのか、ということが要点になる。そのために、警告・保護などの法的アプローチと受容・共感など臨床的アプローチの協働、つまり司法臨床が必要である。 ⇨犯罪、犯罪心理学、非行少年、臨床心理学 　［廣井亮一］

被災者
disaster survivor

自然災害もしくはそれに起因する事故による身体的、精神的、物理的、社会的な被害を直接または間接的に被った人間のこと。原理的には、被災者という人は存在せず、一人ひとり名前をもった人間であり、災害に遭ったという側面だけでない全人的な理解が重要である。災害直後の被災者は、茫然自失の状態に陥ったり、パニックを起こしたりするよりも、積極的に互いに助け合うことが知られており、これを「災害ユートピア」と呼ぶ。被災者をとらえるには、被害を被った、弱く、助けを必要としている存在としてだけみるのではなく、他者を助けたり、復興に当たり何らかの役割を果たせたりするような力を潜在的にもっているはずだという「エンパワーメント」の視点と、一方で、自助だけでは難しい側面については社会的なサポートが必要であるという「保護」の視点の両面からみることが重要である。 ⇨災害復興、サバイバー、復興支援 　　　　　 ［宮本匠］

非参加観察
non-participant observation

観察の形態は、観察者と観察対象者とのかかわりの有無によって、参加観察と非参加観察とに分けられる。非参加観察は、観察者と観察対象者との間にかかわりがない観察方法をさす。通常、観察者の存在は、観察対象者の行動に少なからず影響を与えるため、観察対象者の自然なふるまいを観察するには、対象者にできるだけ観察者の存在を意識させないことが必要である。そこで、ワンウェイミラーを用いたり、遠隔操作が可能な固定カメラで撮影したりするなどして、観察者が自身の存在を明示せずに観察を行うことを、非参加観察という。外的視点から、より客観的に、生起している事象や対象者の行動を把捉したい場

合に、有用な方法である。ただし、このような観察場面を準備することは容易ではなく、そこで観察できる現象は限定的なものとなるため、観察されたことが日常場面全般にどの程度適用できるのか（生態学的妥当性）については注意が必要である。⇨エスノグラフィー、参加観察、生態学的妥当性、フィールドワーク　　　　　　　　[坂上裕子]

微視発生的アプローチ
microgenetic approach

　ヴィゴツキー（Lev S. Vygotsky）は精神機能を理解するためには、できあがった所産としての精神状態ではなく、その動的過程をとらえることが重要であるとして、発生的分析を提唱した。行動の発生は①系統発生、②社会文化史、③個体発生、④微視発生という四つの発生領域でとらえられる。実際に彼が実験的研究を行ったのは個体発生が中心であったが、理論的には四つの発生領域間の相互関係に関心があった。ワーチ（James V. Wertsch）によれば、ヴィゴツキーがとらえようとした微視発生領域は二つあり、一つは訓練を通してある行動が形成される訓練セッションの過程である。もう一つは思想が言語として外化される過程や知覚行為など、外側からは観察できないような非常に短い時間のなかで推移する行為である。彼の内言研究は微視発生領域における理論的考察としてよく知られている。微視発生的アプローチは、新たな行動を形成する形成的アプローチに結びつく。⇨ヴィゴツキー、系統発生、個体発生、ワーチ　　　　　　　　　　　　　　[石黒広昭]

ビジュアルエスノグラフィー
visual ethnography

　エスノグラフィー（ethnography）は「文化（ethno）の記述（graphy）」を意味する用語であるが、ビジュアルエスノグラフィーは主に写真、映画、ビデオ、描画、図、その他さまざまな視覚的媒体によるイメージに着目し、個人および共同体の生活や社会、文化における思考や記憶、行動、感覚、アイデンティティ、身体や空間、歴史を理解し解釈しようとする手法である。文化人類学者のトービン（Joseph J. Tobin）によって開発された「多声的ビジュアルエスノグラフィー」は、旧来のエスノグラフィーを特徴づけていた観察者の解釈だけでなく、当事者の暗黙的な見解や実践知も合わせて記述しようとした点で画期的であった。トービンは、文化人類学におけるポストモダン的転回を背景に、通常は研究者がおこなうデータの収集、解釈、記述、検討のプロセスにおいて、ビデオ映像を他者（さまざまな次元における同一文化内の視点をもつインサイダーと異文化からの視点をもつアウトサイダー）と共有し、"多声"を引き出す手段として用いた。⇨エスノグラフィー、声、多声性、文化人類学　　　[野口隆子・柴山真琴]

ビジュアルターン
visual turn

　人文・社会科学における、図画像や映像など視覚的なものへの関心の高まり、および考察や研究増加の動きのこと。視覚論的転回とも呼ばれる。ある時代のものの見方・考え方を支配する認識の枠組み（パラダイム）が大きく変わることを○○ターン（○○論的転回）と呼ぶが、ビジュアルターンの場合、科学技術の発展によって視覚的データの蓄積・保存や分析・解析が可能になったことも背景にあり、20世紀後半から21世紀にかけてさまざまな学問領域で言及されるようになった。ほかには言語論的転回（リングウィスティックターン）、文化論的転回（カルチュラルターン）、物質論的転回（マテリアルターン）、物語論的転回（ナラティブターン）などがあるが、分野によって文脈や学問上の位置づけが異なる場合がある。⇨ナラティブターン、ビジュアル・ナラティブ　　　　　　　　　　　　[家島明彦]

ひ

ビジュアル・ナラティブ
visual narrative

視覚イメージによって語る行為、あるいは視覚イメージとことばによって語る行為。研究素材としてのビジュアル・データや論述の補助としての図式化とは区別される。ことばは抽象的で恣意的な概念化を行う。それに対して、視覚イメージでは、色や形や感触や配置など、現前にある具体的なものから完全に切り離せないので身体感覚に近い「生きた」イメージを伝えられる。ビジュアルは、それ自体が特有の「テクスト」であり、独特の「経験の組織化のしかた」「語り方」「コミュニケーション方法」をもつ。壁画、建築、絵巻物、漫画、アニメ、ゲームなど古今東西にわたり広く使われてきたが、学問的な検討はこれからである。ビジュアル・ナラティブは、対話的二項関係に対して、共同注意をもたらす三項関係をつくる。また、時間系列に拘束される言語とは異なり、時間から自由にイメージを移動させ、感性や感情の伝達を容易にし、メディア・ミックスや異文化コミュニケーションに威力を発揮する。 ⇨ イメージ、三項関係、ナラティブ（ナラティヴ）

[やまだようこ]

ビジュアル・メソッド
visual method

社会科学の研究において、写真、映画、ビデオ、描画、図、イメージなど、視覚的素材、媒体を用いて行う手法。ビジュアルエスノグラフィーや、ビジュアル・ナラティブといった用語で表現される質的研究法の総称。歴史的には19世紀後半からカメラを用いた客観的記録としての利用が行われ、20世紀には研究者による写真やフィルム制作など技術の発展とともに広がりをみせた。質的研究の興隆とともに近年その有用性が再評価されている。社会・文化、歴史的にすでに存在するビジュアルイメージや、研究協力者によって作られるビジュアルイメージを対象とする場合、そし

て研究者が研究プロセスにおいて作り出すビジュアルイメージがある。ビジュアル素材の広がりとともに、その産出（誰が、いつ、誰のために、なぜ、いかに作り出したのか）、イメージそのもの（内容や意味、構図、効果）、流通（誰が何をなぜ作成したのか、いかに変化したか）、観衆（誰にどのように解釈され、それはなぜか、視点、どこでどのように示されたか）について留意する必要がある。 ⇨ オーディエンス、写真による喚起法、非言語的データ、ビジュアルエスノグラフィー、ビジュアル・ナラティブ

[野口隆子・川島大輔]

悲嘆
grief

喪失に対する複雑な身体的・情動的・認知的・社会的反応。大切な人の死だけでなく、愛着を抱く対象物の喪失に対する反応を広く意味する用語として用いられることが一般的である。1917年に精神分析学者のフロイト（Sigmund Freud）が論文のなかで言及したことで注目されるようになった。悲嘆はある一時点の状態を指すものではなく、一定の時間幅のなかで変化していく一連のプロセスを含む。喪失体験者はその過程で、悲嘆と向き合うためのさまざまな課題に取り組むとされており、これを「悲嘆作業（grief work）」と呼ぶ。悲嘆は喪失に対する自然な反応であり、人は徐々にその現実に適応していくが、喪失の種類や状況によっては独力で対応が困難な「複雑性悲嘆（complicated grief）」が生じることもある。近年では、死別の悲嘆に苦しむ人を支援する「グリーフケア（grief care）」への関心も高まっている。 ⇨ 継続する絆、喪失、トラウマ後の成長、モーニングワーク

[鷹田佳典]

ビッグ Q ／スモール q
big Q ／ small q

質的研究を大きく二つに分けると、オープンエンドで帰納的な方法論を意味するビッグQと、非数量的データとしての質

的データを仮説演繹的研究に組み込んだスモールqに区別される。ビッグQは理論やモデルの生成を目指すものであり、他方でスモールqはたとえば質問紙の自由記述データやインタビューデータをカテゴリー化し、数量データに変換したうえで分析を行うことを指す。前者は質的なパラダイムにおける質的研究であるのに対して、後者は（ポスト）実証主義的なパラダイムにおける質的分析方法といえる。両者を明確に区別したうえでビッグQを重視する場合がある一方で、むしろ研究目的に照らして両者をより柔軟に使い分ける、あるいは併用することが重視される場合もあり、ブリコラージュ、トライアンギュレーションといった概念も提案されている。 ⇒仮説演繹法、仮説生成型、実証主義、トライアンギュレーション、ブリコラージュ　　［川島大輔］

人－人工物相互作用
human–artifact interaction

　人間が何らかの目的達成・問題解決を行うために作成され、利用されるモノを人工物といい、人がそれらの人工物を使う過程を人－人工物相互作用と呼ぶ。その詳細な分析を基礎として、よりよい人工物の設計・デザインを検討する研究がなされており、認知工学、あるいは工学分野ではヒューマンインターフェイス研究、ユーザエクスペリエンス（user experience：UX）研究とも呼ばれる。人工物という概念は、法律やルールなど物理的実体を含まないモノ、空間配置や電子マネーのような各種社会システムを含む総合的なシステムなども含めての総称である。また、電話などのコミュニケーションシステムでは、人－人工物－人の相互作用分析も人－人工物相互作用の一つの形である。研究方法として、実験室内で典型的ユーザーが典型的課題を実施する様子を観察するユーザビリティテストや、モノが実際に使われている活動の現場で観察分析を行うエスノグラフィー調査、仕事の場分析など多様な方法論があ

る。 ⇒エスノグラフィー、コミュニケーション、サッチマン、デザイン、認知科学、ノーマン
［原田悦子］

批判心理学
critical psychology

　研究や心理臨床や教育、学会や社会での活動など心理学者が日常的に行う実践のなかで自覚された問題の解決を目指す活動の総称。一つの理論や方法ではなくフェミニスト心理学、エスニック・マイノリティの心理学、ドイツ批判心理学、LGBTQ心理学、質的心理学、解放の心理学、ポストコロニアル心理学など多様である。心理学化された社会では心理検査や心理療法、心理学理論などが人を対象とする諸セクターで適用され、統治のため抑圧的に使われる場合もある。そのため幸福や福祉に寄与する心理学を目指し、心理学が直面する課題を解決し研究を推進する姿勢が批判心理学の特徴である。他者や社会のみならず自分を批判的に検討する反省性（リフレクシビティ）が重要である。21世紀に入り北側諸国に加え中南米やアフリカ、アジアの心理学者が中核を担う現代批判心理学運動が注目され、西洋心理学が人間の普遍的な科学的心理学だと無条件に受け入れられた時代が変わる心理学史上の画期をなす可能性がある。 ⇒パーカー、批判理論、フェミニズム、ポストコロニアリズム
［五十嵐靖博］

批判的アプローチ
critical approach

　批判的アプローチは、社会編成を、権力、支配、紛争といった視角から検討する学派の総称である。資本による労働者の抑圧と搾取を論じたマルクスの思想はその源流でもある。フランクフルト学派は、社会編成の土台を経済におかずに、イデオロギーやヘゲモニーを中心に抑圧を論じ、フェミニズムは、ジェンダーから社会編成を批判した。フーコー（Michel Foucault）は、既存の知識を生みだすメカニズムに権力が

どう作用しているかを、ボードリヤール（Jean Baudrillard）は、ポスト近代では権力側が作り出すイメージが人びとの日常経験をいかに支配しているかを考究した。マクロとミクロの連携から社会的構築をみていくギデンス（Anthony Giddens）やブルデュー（Pierre Bourdieu）、ホール（Stuart Hall）らのカルチュラル・スタディもこの系譜である。批判的アプローチは、社会的構築に関与している権力を暴き、解放のスタンスを育むことを強調する。研究は、隠された権力による統制を明らかにし、不平等な社会構造や抑圧のパターンを「変えていく」ことである。⇨ フーコー、フランクフルト学派、ポスト実証主義　　　　　　［箕浦康子］

批判的エスノグラフィー
critical ethnography

　批判的エスノグラフィーは、エスノグラフィーの手法を批判理論に適用することを指すが、その理論の範疇は、階級に象徴されるような特定の経済構造を再生産する物質的条件に加えイデオロギーの体系への注目から、ジェンダーや人種・エスニシティへと広がりつつある。そこに通底する目的は、自由で民主主義的な社会を創造していくことであり、そのため、どのようにエスノグラフィーの手法が役立つのかが、常に問い直されながら実践されている。批判的エスノグラフィーの特徴は、日常的実践の諸言説や行為などへの社会構造の立ち現れ方に注目することであり、そのため、研究者の立場性が、研究成果として編まれるテクストに色濃く反映することになる。この点をめぐっては、伝統的な実証主義的手法を採用する研究者との間で、研究成果の評価基準などに関して活発な議論が行われている。⇨ エスノグラフィー、批判的教育学、批判的ディスコース分析、批判理論、フィールドでの立場　　　　　　　　　［清水睦美］

批判的教育学
critical pedagogy

　批判的教育学とは、階級、人種・民族、ジェンダーなどの不平等や権力が、教育の場で社会、文化、経済のいかなる多元的な形態、複合関係として現われているかを明らかにし、どのような異議申し立てが可能かを追究する学問の総称である。現実世界を社会の底辺を生きる人びととの立ち位置から眺め、彼らのおかれた抑圧的な諸条件を再生産するイデオロギー的な過程や形態をあぶり出して（位置づけ直し）、抵抗を試みる。古くはカント（Immanuel Kant）の批判哲学、ナトルプ（Paul Natorp）らの新カント派があるが、現代の諸系譜は、マルクス（Karl Marx）らから示唆を得つつ、社会変革に資する理論の構築や、経験的・歴史的データの収集・分析を重視する学派、たとえば潜在的カリキュラム論、フレイレ（Paulo Freire）の被抑圧者の教育学、ブルデュー（Pierre Bourdieu）らの文化資本による再生産論、ジルー（Henry A. Giroux）の抵抗理論・越境論やカルチュラル・スタディーズなど多彩である。⇨ 新しい教育社会学、ハビトゥス、批判理論、フランクフルト学派、ポスト構造主義　　　　　［金馬国晴］

批判的実在論
critical realism

　実証主義への批判から生まれた科学哲学で、英国の哲学者バスカー（Roy Bhaskar）の著作を中心に発展した。この哲学的視座は、存在論的に実在論の立場を、認識論的に相対主義の立場をとる。つまり、研究対象としての社会現象を客観的に実在するものとみなす一方で、現象に関するわれわれの知識は、社会的生産物としての理論に依存するため、常に可謬的であると考える。批判的実在論の中心的関心は、出来事の因果的メカニズムを明らかにすることにある。また、量的研究法 対 質的研究法という二分法を不服とし、「批判的方法論的多元主義」を主張している。これは、研究対

象がどのような実在であるか（実在論）を起点に研究アプローチは意識的に選択されるべきであり、多様な方法論を用いることはむしろ必然ととらえる主張である。批判的実在論は、混合研究法を支える哲学的視座の一つとしても認識されている。⇨混合研究法、実在論、相対主義、存在論、認識論　　　　　　　　　　　　　　［抱井尚子］

批判的ディスコース分析
critical discourse analysis

　広義には心理学を含む人文社会科学の諸領域で行われるディスコース分析において、権力やイデオロギー、社会構造、社会的統制などを研究対象とする点で「批判的」だと目される諸アプローチを指す。心理学におけるフーコー派ディスコース分析も含まれ、科学研究などがもたらした疑問をはさむ余地のない客観的事実と受け取られている心に関する知識や考えを、利害関係を異にする各種の主体によって社会的に構成されたディスコースとして論じる視点がすでに批判的契機を内包する。狭義には主に言語学においてヴァダック（Ruth Wodak）やフェアクラフ（Norman Fairclough）、ヴァン・ダイク（Teun A. van Dijk）、ファウラー（Roger Fowler）らが推進したアプローチを指し、これはCDAの略称で知られていて、社会的、政治的不平等、権力の濫用、差別や制度化された格差など社会に係る主題がマスメディアなどに現れたテクストの読解によって探究される。⇨イデオロギー、言説、談話、ディスコース分析、批判心理学　　　［五十嵐靖博］

批判的ナラティブ分析
critical narrative analysis

　英国の現象学的心理学者ラングドリッジ（Daren Langdridge）が、2007年の著書『現象学的心理学』のなかで提唱したナラティブ分析の方法。最大の特徴は、リクール（Paul Ricœur）の「懐疑の解釈学」を取り入れた点にある。それまでの数々のナラティ

ブ分析が、テクストと分析者の互いの地平をできる限り接近させ、その意味を共感的に受け取る方向性であったのに対し、この方法では分析手続き全体にわたって、批判的な想像的変更を実践する。具体的には、分析者自身の問いや信念を批判にさらすことから始まり、特定の解釈学を用いることで現象についてのオルタナティブな見方を獲得し（パースペクティブの転換）、語り手のナラティブ・アイデンティティを見いだしていく。ここでいう解釈学には、六つの社会理論、すなわち①ジェンダー分析・フェミニズム、②階層分析、③人種および民族分析、④性分析・クィア理論、⑤年齢および世代分析、⑥能力（障害）分析、があげられる。⇨解釈学、現象学的心理学、ナラティブ（ナラティヴ）、リクール　　［植田嘉好子］

批判理論
〔独〕Kritische Theorie；〔英〕critical theory

　フランクフルト学派が提唱した社会科学の理論や哲学。呼称はホルクハイマー（Max Horkheimer）の『伝統的理論と批判的理論』（原著1937）による。実証主義に基づく伝統的理論が社会や人間を物象化し道具的理性による社会の維持・再生産のために機能する現状に対して、理論や学問が社会で果たす機能を自覚し、より理性的な社会を実現するために役立つ批判的理論を提唱した。社会的な機能や役割を自覚しない学問や思想が批判された。ホルクハイマーとアドルノ（Theodor W. Adorno）の『啓蒙の弁証法』（同1947）、フロム（Erich S. Fromm）の『自由からの逃走』（同1941）、ノイマン（Franz L. Neumann）の『ビヒモス』（同1942）、マルクーゼ（Herbert Marcuse）の『エロス的文明』（同1955）、ハーバーマス（Jürgen Habermas）の『認識と関心』（同1968）など多くの研究が注目を集めた。批判理論から新マルクス主義が生まれ、新左翼運動に影響を与えた。自然科学をモデルとする実証主義的心理学に心理学者自身の利益関心や社会構造の問題を問う視点を示

し、批判心理学の理論的資源の一つになった。 ⇨実証主義、フランクフルト学派、批判心理学 ［五十嵐靖博］

表札
hyosatsu

KJ法のまとめ上げにおける概念形成のステップであり、会得することが全ステップのなかで最も難しい作業とされる。表札づくりは、グループ編成のカード（紙片）集めと並行的に開始される。複数枚のカードを熟読し、1枚ずつのカードが訴えたい本質的な意味を読み取る。そのうえで、①このカードが集まっているのはもっともか、②もっともな理由を1行見出しにしてこたえることができるか熟考する。そして、エッセンスをとらえた適切な1行見出しをつくる。これがKJ法の表札となる。新しいカードに表札を書き入れたら、複数枚のカードをクリップまたは輪ゴムで束ねた上にかぶせる。以後の作業は表札のみに基づき行われる。表札には、それさえみれば中味を見なくても、どのようなものが表札の下に収容されているかが感じ取れ、どの1枚の発言をも無視していないことが望まれ、「ソフトで、しかもずばりと本質をついた」表現が求められる。 ⇨KJ法、KJ法A型―図解化―、KJ法B型―叙述化― ［木戸彩恵］

表象
representation

目で見てつかむとか、耳で聞いて振り返るといった形で、ここのいまに現前している（present）感覚運動世界に対し、これを超えて、ここのいまにはないものを何らかのツールでいわば再現前（represent）させ、それを操作していく働き。日常的には、過去に体験した出来事を記憶によって再現するとか、未来に起こり得ることを想像して思い描くといったことが分かりやすい例となる。発達的には、たとえばピアジェ（Jean Piaget）などは、目の前で相手がやったこ

とをその場で模倣する即時模倣から、見たものをしばらく後に別の場面で模倣する延滞模倣が出るようになったり、あるいは小石を飴玉に見立てるようなごっこ遊びが始まったりすれば、それは子どもが感覚運動世界を超えて表象世界に足を踏み入れた証であると考える。そのうえで人間が獲得した言葉の力はその表象の最も代表的なものであって、これが人間に対して、ほかの動物にはない独特の物語世界の形成を保証している。 ⇨ごっこ遊び、想像力、ピアジェ、物語世界、模倣 ［浜田寿美男］

表象主義
representationalism

表象主義とは、表象によって人の知覚、理解が成立していると考える立場である。視知覚を例にとると、目の前の対象の光の反射のパターンが網膜に届き、それを素材にして脳内、あるいは情報処理システム内にできあがる、目の前の対象の代理物が表象と呼ばれる。したがってわれわれが知覚しているのは外界の事物そのものではなく、その表象ということになる。この反対語は素朴実在論である。素朴実在論の立場では、表象は存在せず、われわれは外界を直接知覚、把握しているとされる。伝統的な心理学、認知科学の多くは表象をベースにしたものであり、表象主義の立場をとっている。一方、ギブソン（James J. Gibson）のアフォーダンス理論は、表象主義の立場を否定し、われわれが世界から直接に情報を取得しているとする。このような対立は、哲学での表象の定義（明示性、意識化可能性）から発生している。 ⇨アフォーダンス、素朴実在論、認知科学、表象 ［鈴木宏昭］

ビリッグ〔1947– 〕
Michael Billig

英国の社会心理学者。2017年までラフバラ大学社会科学部教授。タジフェル（Henri Tajfel）の下で実験社会心理学者としてキャリアをスタートさせたが、その後、

古代ギリシア・ローマ時代の修辞学をヒントにレトリカル・アプローチを提唱し、質的研究に関心を移した。彼の研究テーマは、ナショナリズム、レトリック、イデオロギー、精神分析理論、心理学概念の歴史と幅広く、彼の仕事には心理学者だけでなく言語学者、社会学者などからも関心が寄せられている。主著に『イギリス王室の社会学』（原著1992）、『笑いと嘲り』（同2005）、*Arguing and Thinking*（1987）、*Banal Nationalism*（1995）、*Freudian Repression*（1999）、*Learn to Write Badly*（2013）などがある。 ⇨ ディスコース分析、批判心理学、レトリカル・アプローチ　　　　　［鈴木聡志］

廣松 渉〔1933–1994〕
Wataru Hiromatsu

　20世紀後半日本で活躍した哲学者。従来の主客二元論や実体主義を批判し、関係があってこそ実体が成り立つという「関係の一次性」のテーゼに基づく事的世界観を提起した。廣松は、この事的世界観の基礎をなす関係性が「所識（意味）としての所与（コレ）が能識（意味を知る人びとの一人）としての能知（身体）に現前する」という四肢的な構造（四つの契機が機能的に連関しあっていること）をなすことを主張した。さらに、これら四つの契機をそれぞれ独立したものと誤ってとらえること（物象化的錯認）から主客二元図式や実体主義が生じることを指摘した。このように「関係の一次性」に基づき認識論・存在論の刷新を図り、特に後年は役割行為論の再構築に力を注いだ。日本における人間科学の諸分野、とりわけ社会学やグループ・ダイナミックスなどに大きな影響を与えている。 ⇨ 関係性、グループ・ダイナミックス　　［永田素彦］

ふ

ファンタジー
fantasy

　過去の経験をもとに新しいイメージを作りだす想像の一種で、現代に生きるわれわれが一般的に考える自然原理によっては支持されないような内容を含むものを指す。空想とも呼ばれる。それは現実に制約されることのない思考形態であり、現実にはあり得ない事柄や現実から離れた事柄を考えることである。かつてファンタジーは何よりも心理的満足を与えるものであり、気晴らしや現実逃避など外界からの避難所として評価されることが多かった。しかし近年では、ファンタジーは日々の生活を形成したり、他者と適応的な関係を築いたり、人生の目標や将来の計画について考えたりするうえで重要な役割を果たすものと評価されている。現在の発達心理学研究では、主に、外界で観察された物理的法則に違反する出来事に対するファンタジー的思考を扱った研究と、サンタクロースや空想の友達などのファンタジー的な存在に対する信念を扱った研究とが行われている。
⇨ ごっこ遊び、想像力、迷信、物語世界　　　　　　　　　　　　　［富田昌平］

フィールド
field

　フィールドとは、研究者が研究したいと思う対象者や、それらの人びとが何らかの活動を行っている場を指す。初期の文化人類学では、そのような研究をする場として「未開社会」をフィールドとして設定することがしばしばあった。しかし、西洋社会にベースをおく研究者が非西洋に設定するところだけがフィールドではないし、そのような植民地主義的なものの見方は、現在においては排斥される。フィールドは、地

理的に離れた場所にあるとは限らず、身近な場所でも研究のためのフィールドになり、人類学者のマーフィ（Robert F. Murphy）が示したように自分の身体をフィールドと見なす場合もある。そのような場は、やまだようこのいう「複雑多岐の要因が連関する全体的・統合的場」である。地理的な遠近で決まるわけではなく、その場をそのような複雑多岐な要因が絡み合っている場として認識するか否かによって、その場がフィールドとみなされるかどうかが決まる。⇨現場心理学、フィールド研究、フィールド心理学、フィールドワーク　　［伊藤哲司］

フィールドエントリー
field entry

　研究のためのフィールドに研究者が入ること、ないしは入るための手続きを指す。その場に足を踏み入れるのに特段何の手続きも、また誰かの許可を得ることも必要ないというフィールドもある一方、かなり面倒な手続きを踏んで許可を得なくては入れないという厳格なルールが存在するフィールドもある。後者の場合、ゲートキーパーの許可が必須となり、研究者がそのようなフィールドに無許可のまま無断で入ることは研究倫理に反するとみなされることがある。ジャーナリストの場合の、いわゆる潜入ルポのようなやり方は、研究者には推奨されない。なお、いつフィールドエントリーをしたかが明確な場合がある一方で、たとえばボランティアやアルバイトとしてのかかわりから始まり、途中からフィールドワークに進展するというように、フィールドエントリーの時期が必ずしもはっきりしないこともある。⇨ゲートキーパー、研究倫理、フィールド、フィールドでの立場、フィールドでの人間関係　　［伊藤哲司］

フィールド研究
field research

　実験室での実験や、大学の講義を利用した質問紙調査は、研究者自身が所属する

ホームグラウンドで実施される研究法といってよい。それに対して、研究者が所属している施設・設備から離れ、調査や実験の対象者が生活しているところに研究者が赴いて実施される研究、いわばアウェーでの研究がフィールド研究である。アウェーで実施されるのであれば、実験や質問紙調査であろうと、インタビューであろうと、フィールド研究といってよく、研究の実施にはより大きな緊張感が伴う。フィールド研究では、状況要因の統制はきわめて困難となり、研究実施中にさまざまなことが起こり得る。つまり、実験や質問紙調査で得られる正統的、直接的な回答だけでは得られない情報が付加されることとなる。そうした意味で、研究者が統制できない、あるいは想定できない出来事が生じ得るのがフィールド研究であり、それが醍醐味ということにもなる。⇨フィールド、フィールド心理学、フィールドワーク　　［尾見康博］

フィールド心理学
field psychology

　フィールドは、「場」「野外」「現場」などと訳される。ゲシュタルト心理学者は、現象を個々の要素の集合として切り分けて分析するのではなく、要因が相互に影響を与える全体的な「場」の力学が重要であることを理論化し実証した。ケーラー（Wolfgang Köhler）は、心理物理同型説に基づく場理論を考えた。レヴィン（Kurt Lewin）は心理的な場理論であるトポロジー心理学を考え、個々の実証的データだけではなく、それらを演繹的に説明する理論の重要性を指摘した。彼が発展させた「生活空間（life space）」や「グループ・ダイナミックス（集団力学）」や「時間的展望」の概念は、現在の質的研究にも大きな影響力をもっている。実験によって個々の要素に切り分けて研究する実験心理学に対して、場のもつ全体的構造や場のなかでの相互作用を重視するフィールドワークやフィールド研究による心理学も、フィールド（野外・

現場）心理学と呼ばれる。⇨現場心理学、モデル構成的現場心理学、野外科学

［やまだようこ］

フィールドでの立場
position in the field ; role in the field

研究者のフィールドでの立場は、研究のアプローチ（認識論的立場）の視点からみれば、「客観的観察者」「解釈者」「変革者」の3タイプがある。①論理実証主義では行動や社会を律する一般的法則を見いだすために、数量的データを収集する「観察者」である。②解釈主義では、研究者は対象者との相互作用によりデータ収集し、現場の世界を描く「解釈者」である。③批判主義では、現場を批判的にみて、意識を変えようとする「変革者」である。また、研究者のフィールドへの「参与度」の視点からは、「参与なし」「消極的参与」「中程度参与」「積極的参与」「完全参与」の五つの立場がある。「参与なし」は現場の人との相互作用は全くなくワンサイドミラーやメディアを通して観察する立場である。「完全参与」は正式メンバーとして参与しながら観察をする立場である。⇨アクションリサーチ、解釈的アプローチ、批判的アプローチ、論理実証主義

［浅井亜紀子］

フィールドでの人間関係
human relationship in the field

フィールドにおける研究者は、基本的に異人（ストレンジャー）である。長期間にわたる本格的なフィールドワークであったとしても、基本的にはフィールドの人びととまったく同じ立場になることはできない。それゆえフィールドでの人間関係は、当初のよそよそしさが薄れラポールが形成され、それなりに信頼関係に基づくものに変化していったとしても、超えられない一線が存在するのが普通である。しかしだからこそ、研究者は異人としての目をもち続け、研究倫理に基づいてフィールドの人びとを対象化したまなざしでとらえる

ことが可能になり、研究という営みが成り立っていく。そこでできた人間関係は、研究自体が終了しても、友人関係などとして継続されることもある。なお研究者が、当該のフィールドのもともと一員であるというケースもあるが、その場合は、メンバーとしての人間関係がすでにできているが故に、フィールドの人びとを対象化してとらえるということに困難さが生じがちである。⇨異人の目、研究倫理、フィールドでの立場、ラポール

［伊藤哲司］

フィールドにおける創造性
creativity in fieldwork

質的研究の実行段階におけるフィールドとの向き合い方を指す用語。「厳密性」と対概念で提示されることもある。質的研究では、事前に入念に考案した研究デザインを実際のフィールドにそのまま厳密に適用しさえすれば、必ず良質なデータがとれるとは限らない。フリック（Uwe Flick）によれば、質の高い質的研究を行うためには、「フィールドから新たな視点を取り上げる創造性」と「研究の手法と計画をフィールドに適したものに変える創造性」が不可欠になるという。前者は、結果として期待されたものをフィールドで見つけて確証するだけでなく、フィールドのなかで新たな見方や洞察を生みだすことを指す。後者は、フィールドからのフィードバックを受けて、フィールドの実態にフィットするように調査計画を柔軟に微修正することを指す。こうした理論的・概念的・方法論的な創造性は、方法論上の厳密性との緊張関係をもちながら、フィールドのなかでこそ発展するものである。⇨フィールド、フリック

［柴山真琴］

フィールドノーツ
fieldnotes

フィールドで参与観察などを行う研究者が書き留める記録を指す。日本語では「フィールドノート」と呼ばれることもあ

るが、これは「現場でメモを記したノートブック」という意味にとられることが多く、その誤解を避けるために、ノート（note）の複数形ノーツ（notes）が用いられる。参与観察は忘却との闘いでもあり、記憶が鮮明なうちにメモ書きを残すことが重要になるが、このようなフィールドノーツは「現場メモ」とも呼ばれる。ただしこの現場メモは、いわゆる走り書きであったりして不十分な記述に留まるため、さらにそれをもとに第三者が読んでも理解が可能な「清書版フィールドノーツ」を、フィールドを離れた直後に仕上げることが必要になる。それらをもとにさらに研究者は、それらを文章化して「中間レポート」を書いたり、最終的には「エスノグラフィー」を書き上げたりすることになる。 ⇨参与観察、フィールドワーク　　　　　　　　〔伊藤哲司〕

フィールドワーク
fieldwork

　最も一般的には「野外調査」ないし「野外研究」を指す。基本的に屋内における作業である、デスクワーク、ライブラリーワーク（図書館での文献調査）、ラボラトリーワーク（実験室実験）などと対置することが出来る。自然科学の分野でもさまざまなタイプのフィールドワークが行われてきたが、社会科学に限定する場合には、直接調査現場を訪れて資料や情報を収集する作業を指す場合が多い。参与観察法などの現場に密着して調査を行い、内部者としての世界観や考え方に肉薄することを目指すタイプの特長をもつ調査法を指す場合には、「民族誌（エスノグラフィー）的フィールドワーク」ないし「人類学的フィールドワーク」と呼んで区別することもある。一方で、数回の聞き取りや短期訪問での資料収集あるいは、小中高校でのいわゆる「調べ学習」などもフィールドワークと呼ぶ場合があり、その意味は拡散傾向にある。⇨エスノグラフィー、参与観察、野外科学、ラボラトリー　　　　　　　　〔佐藤郁哉〕

フィフスディメンション　⇨第五次元

フーコー〔1926-1984〕
Michel Foucault

　フランスの哲学者・歴史家。チュニス大学などを経て、1970年コレージュ・ド・フランス教授就任。在職中に病気で死去。構造主義またはポスト構造主義のなかに位置づけられる。知・権力・自己についての歴史的探究を通じ、歴史学、哲学、社会学、フェミニズム、クィア研究など、幅広い領域に大きな影響を与えた。狂気、人間、セクシュアリティなどの諸概念が、西洋における近代化のなかで、それまでの同種のものから変容を遂げ、新たに形成されてきたことを、幅広い資料から明らかにしようと努めた。主著に『狂気の歴史』（原著1961）、『言葉と物』（同1966）、『監獄の誕生』（同1975）、『性の歴史（全4巻）』（同1976-2018）がある。 ⇨クィア理論、系譜学、言説、構造主義、ポスト構造主義　　〔髙橋準〕

夫婦関係
marital relationships

　結婚した男女のこと。夫と妻の関係のこと。婚姻届を、婚姻をしようとする者がその本籍地または所在地の役所・役場に提出することによって初めて法律上正式な夫婦と認められる。また夫婦は、同居、協力、扶助の義務を負うため、未婚の関係とは明確に区別される。しかしながらその関係性としては、婚姻届を出していない内縁関係（事実婚とも呼ばれる）や、婚姻関係の意思をもたないで共同生活をしている同棲関係も、長期的展望をもって生活を共にする親密な関係という点では共通しており、それらの関係性と夫婦の関係性を明確に分けることは難しい。主に心理学分野の研究視点としては、夫婦関係満足度などによる関係の質、夫婦間の相互作用における行動および感情や認知、夫婦関係の発達変化に関するものなどがある。関係の継続や質を予測する要因を探ることを目的とした量的研究

が多い。質的研究はまだまだ少なく、特に日本国内ではほとんどみられないのが現状である。⇒家族、制度　　　　　［東海林麗香］

フェミニズム
feminism

　フェミニズムとは、女性への差別を告発する思想および当該思想に基づく社会運動の総称である。近代社会は、身分・属性原理から業績評価原理に社会編成の方法を変更したが、それを徹底したわけではなかった。社会の性別的編成はむしろ近代家族を社会の構成要素とするために強化されていった。1980年代までのフェミニズムは、社会に制度的差別が明確に存在していたため、制度改変を主張する形で行うことが多かった。しかし現代では、少なくとも機会や可能性の水準では、ありとあらゆることが女性に対しても可能となっている。そのため、多くの性差別状況が、諸個人の人生選択の結果として、免責されてしまう仕組みが成立している。この状況に対しフェミニズムは、自発性のなかに埋め込まれた差別に注目して、反撃している。この実践の一翼を、質的心理学は担いつつある。質的研究こそが対象に影響を及ぼし、コミュニティを変革し、自己を刷新するアクションリサーチとなる可能性をもつものだからである。⇒家族、差別、ジェンダー、社会運動　　　　　　　　　　　　　［樫田美雄］

フォーカスグループ・インタビュー
focus group interview

　インタビュアーが、特定のテーマに関する質問を用意し、10名弱のインタビュイーが比較的自由に議論をするもので、グループ・インタビューの代表的手法の一つである。インタビュイーの属性は同質であるが、互いに面識がないことが求められる。インタビュイー同士の相互作用が重視され、多様な意見を収集できるといわれている。このような背景には、意見が集団によって形成されるという見方がある。つま

り、参加メンバーがあらかじめもっていた意見が前提にあり、それが相互作用によって表出されるというよりも、相互作用そのものが語りを生みだすという考え方がある。マーケティングをはじめ、心理学、地域保健学や社会福祉学といったヒューマンサービスのみならず、有権者の政治に対する意識調査においても用いられる。個別インタビューよりも比較的短期間に多くの意見を集められるという指摘があるが、両者は、研究目的に応じて使い分けられるべきである。⇒インタビュー、グループ・インタビュー、グループ・ダイナミックス、ナラティブ（ナラティヴ）　　　　　［田垣正晋］

フォークサイコロジー
folk psychology

　人びとが日常生活のなかで抱いている他者の行為や心の状態についての素朴理論を指す。コモンセンスサイコロジー（common-sense psychology）とも呼ばれる。たとえばわれわれは他者の発話や行為のなかに、信じる、欲する、望む、愛する、憎む、心配する、後悔する、といった言葉で表現することのできる心の状態を知覚することができる。この心が何ごとかに向かっている状態を志向性と呼ぶ。発話や行為に伴う志向性は、表情や仕草、言葉、サインなどを介してやりとりのなかで表現される。表現された志向性を発話や行為の受け手がどのように解釈し、理解するかがフォークサイコロジーの問題となる。言い換えれば、他者の発話や行為のなかに表現される志向性を理解するための共有された参照枠組みとして機能するのがフォークサイコロジーである。そのため、フォークサイコロジーはしばしば規範性を内包することになる。他者の心の状態の理解にかかわる問いは、間主観性に関する問いとも結びつくため、両概念が重ねて論じられることも多い。⇒エスノメソドロジー、解釈、間主観性　　　　　　　　　　　［横山草介］

フォーマル・インタビュー
formal interview

あらかじめ対象者に依頼し、実施日時や場所を決めたうえで実施されるインタビュー。参与的なフィールドワークでは自然な会話に組み込まれたインフォーマル・インタビューの技法が採られることも多いため、これと対比的に定義される。インタビュアーとしての研究者とインタビュイーとしての対象者の役割は、あらかじめ明確に区別され、交代することはない。研究者は、インタビュー開始前に対象者に調査の主旨を提示するとともに、記録の取り方やインタビュー後のデータ利用方法などについても説明し、同意を得る。インタビューの進行をリードするのは研究者の役割である。ただし、参与度の高いフィールドワークにおいては、研究者と対象者との間には固有の社会的関係が構築されている。インタビューもそうした関係性を包含する文脈のなかで行われるということを、研究者自身が自覚して取り組むことが求められる。 ⇨ インタビュー、インフォーマル・インタビュー、参与観察、フィールドワーク

[村本由紀子]

フォーマル理論
⇨領域密着理論／フォーマル理論

複線径路等至性アプローチ ⇨TEA

父子関係
father–child relationship

親子関係において父親は母親とは異なる役割を担っているとされてきたが、子どもを生み育てるための親役割において両者の異なる機能を前提とする必要がないという考え方が出てきた。心理学の研究において父親が、母親の育児のサポート役（二次的養育者）として扱われてきたことも、生物学的性別に由来するものではなく、現実の子どもとのかかわりを表しているものであると考えることができる。実際、国際比較研究において、日本の父親が子どもにかかわる時間の短さは群を抜いている。養育行動の内容をみても、しつけなど能動的に子どもにかかわる育児行動への参加度は低い。それには育児期男性の労働時間の長さも要因となっている。帰宅が深夜になる父親も少なくなく、かかわりたくてもかかわれない現実が存在する。父親が育児の当事者として子どもにかかわることは、子どもの発達にとって望ましいだけではなく、父親自身の人格的成長にもつながる。 ⇨ 親、親子関係、母子関係

[菅野幸恵]

藤永 保〔1926-2016〕
Tamotsu Fujinaga

心理学、発達心理学、人格心理学、言語心理学、幼児教育学の領域において活躍した発達心理学者。『人間発達と初期環境』（1987）では、養育放棄による発達遅滞児が社会復帰を果たすまで25年に及ぶ長期追跡研究に基づき、愛着形成と人間発達の可塑性の関係について論じた。『ことばはどこで育つか』（2001）では、チョムスキー（Noam Chomsky）のプラトン問題（言語発達をめぐる遺伝か環境かの論争）に方法論的経験主義の立場から鋭く切り込んだ。独自の実験発達心理学方法論（実験計画法・臨床面接法・縦断追跡法）を伝え、多くの研究者を育成した。また、生涯発達について文化・歴史的視点に立った哲学的で精緻な論考を展開し、発達研究に新境地をもたらした。 ⇨心理言語学、生涯発達心理学、発達心理学

[内田伸子]

復興支援
support for disaster recovery

災害による物理的、社会的、身体・心理的な被害からの回復や、災害を起因として深刻化した社会課題の改善を目指すこと。建物やインフラのような目に見えるハードの復興だけでなく、人びとの健康、心、関係といった目に見えないソフトの復興も重要であり、いずれも被災者にとってどのよ

うな意義があるのかという、人間を中心に据えた視点が重要である。復興支援は、しばしば「急ぐこと」が後悔を生んだり、問題の本質的な改善に結びつかなかったりすることがあるため、「焦らない」ことが大切である。また、被災者が何らかの事情で、あきらめ感、無力感、依存心を抱いている場合は、復興の主体が欠如し、よりよい状態を目指すという未来に力点をおく支援がかえって状況を閉塞させることがある。そのような場合は、むしろ「変わらなくてよい」という被災者の現在の存在のかけがえのなさを承認しあうかかわりが、結果的に復興の主体形成につながり、現状の変革につながることがある。 ⇨災害復興、被災者 ［宮本匠］

フッサール〔1859-1938〕
Edmund Husserl

オーストリアの哲学者。初期には数学基礎論を研究していたが、ブレンターノ（Franz Brentano）から「志向性」の概念を受け取り、意識が常に何ものかに関する意識であることを土台にして、経験諸科学の基礎づけを行うことを試みた。そこで提唱されたのが「現象学」の考え方である。そこでは、客観的なものがあるという信憑をまずカッコに入れて主観の意識に還元するところから客観や真理が構成される道筋が示された。晩年には主観のなかでの構成を支える文脈として「生活世界」の概念も提出した。現象学の考え方は、その後ハイデガー（Martin Heidegger）、サルトル（Jean-Paul Sartre）、メルロ＝ポンティ（Maurice Merleau-Ponty）などに継承され、多様な展開を示している。 ⇨エポケー、現象学、現象学的還元 ［能智正博］

不登校
school non-attendance

病気や経済的理由がなく、登校しない、あるいはしたくてもできない状態のこと。日本では1960年前後、経済的な問題もな

く、怠学傾向もみられない子どもが突如として学校に行けなくなる症例が報告され、「学校恐怖症」として注目され始めた。1980年代には、学校に行かないことを選択する子どもに注目が集まり、「登校拒否」という呼称が用いられた。1990年代以降は、恐怖症や登校拒否を含む、さまざまな状態像を指す語として「不登校」が広く用いられるようになった。社会学者の森田洋司らが行った大規模調査により、少なくはない数の子どもが登校回避感情を持って登校していることが明らかにされ、不登校が誰にでも起こりうるとの理解が広まった。現在、不登校は社会的自立の問題としてとらえられ、発達障害やひきこもりとの関連、ネットワークづくりを通した不登校者支援、進路選択などについての研究が行われている。 ⇨いじめ、発達障害、ひきこもり ［神崎真実］

プラグマティズム
pragmatism

米国発祥の現代哲学における代表的な思想流派の一つ。パース（Charles S. Peirce）、ジェームズ（William James）、デューイ（John Dewey）の思想を源流とする。プラグマティズムの語源は、「なされた事柄」を意味するギリシア語のpragmaに由来する。パースは「プラグマティズムの格率」を次のように措定した。「ある対象についてのわれわれの考え（概念）を明晰にするためには、その考え（概念）の対象が、実際的なかかわりにおいていかなる結果を及ぼし得るのかについて反芻する必要がある。この結果についてのわれわれの考え（概念）が、その対象についてのわれわれの考え（概念）のすべてである」。このように、プラグマティズムの一つの特徴は、思考や認識の過程を、実際的な行為とその結果との関係においてとらえる点にある。この際、一つの思考や認識の到達点を絶対普遍のものではなく、常に誤謬を含み得るものとする「可謬主義（fallibilism）」を思想的前提の

一つとして共有し、われわれの探求の過程は常に途上にあるもの考える。 ⇒アブダクション、形而上学、ジェームズ、デューイ、パース　　　　　　　　　　　　［横山草介］

フランクフルト学派
〔独〕**Frankfurter Schule ;**
〔英〕**Frankfurt school**
　ドイツのフランクフルト社会研究所（1923年設立）において機関誌『社会研究』に拠って活動した学者や思想家。ホルクハイマー（Max Horkheimer）やアドルノ（Theodor W. Adorno）、ベンヤミン（Walter B. S. Benjamin）、マルクーゼ（Herbert Marcuse）、フロム（Erich S. Fromm）、ノイマン（Franz L. Neumann）らに加え、彼らの教えを受けたハーバーマス（Jürgen Habermas）やシュミット（Alfred Schmidt）ら戦後世代が続いた。マルクス主義の立場をとりユダヤ系の学者が多かったためナチスが台頭すると弾圧を受けたが、ニューヨークに拠点を移しファシズムへの知的抵抗を止めなかった。ロシア革命後に正統と目されていたソ連型社会主義と一線を画し、マルクスと精神分析を結びつけアメリカ社会学を取り入れて同時代の経験に基づいて批判理論を創始した。西洋文明を省察し道具的理性が支配する管理社会やマルクスが知らなかった20世紀の大衆社会や大衆文化、諸学問の実証主義への偏向などを批判し現代社会の総体的理解を目指した。 ⇒精神分析、批判心理学、批判理論　　　　　　　　　　　［五十嵐靖博］

フリースクール
free school
　近代学校教育にみられる管理・強制・画一性を排し、子どもの主体性を尊重した学習や生活の場づくりが目指される学校の総称のこと。英国の教育家ニイル（Alexander S. Neill）が、大人の権威から解放されたコミュニティづくりと自治を目指して設立したサマーヒル・スクールは、1960年代に米国で勃興したフリースクール運動に多大な影響を与えた。日本では1980年代以降、学校教育とは異なる新しい学校のあり方が模索されるとともに、不登校の子どもの居場所づくりが行われてきた。実践の内容は多岐にわたるが、子どもと保護者が学校づくりに参画する点、子どもの自己決定を重視する（子ども中心主義の）点、小集団や異年齢集団によって構成される点は多くのフリースクールに通底する。近年では、教育特区の利用や公設民営がなされており、その運営形態は多様化している。 ⇒学校外学習、ケア、主体性、不登校　　［神崎真実］

ブリコラージュ
bricolage
　本来はフランス語で日曜大工、あるいは趣味で家内用品などを組み立てたり修繕・手入れしたりすることをいい、「器用仕事」などと訳される。ブリコラージュの実践者はブリコルール（bricoleur）である。学術的には、レヴィ＝ストロース（Claude Lévi‒Strauss）が構造人類学の立場から「未開人」の思考について論じた著作『野生の思考』（原著1962）において用いた用語で、一貫した計画をもたずあり合わせの素材や道具を適宜に組み合わせて問題を解決したり、思考を構築したりする、「具体の科学」とも称すべきあり方をいう。この語はその後、質的研究においても用いられるようになり、その際には多様な理論的アプローチとともに、観察や面接、文書の解釈、内観法といった多様な研究方法を併用することを指す。 ⇒構造人類学、質的研究、内観法、レヴィ＝ストロース　　　　　　［山田仁史］

フリック 〔1956‒ 〕
Uwe Flick
　ドイツの心理学者、社会学者。国際的な質的研究者として著名である。主な関心は、質的方法、健康に関する社会的表象、社会的弱者の脆弱性などである。研究の質を高める質的評価でトライアンギュレーションを重視する一方、安易な混合法の使

用に反対するなど、質的研究のあり方へしばしば発言する。著書『質的研究入門』（原著1998〔独〕*Qualitative Sozialforschung*）は日本で翻訳されて、質的研究の流行を導く原動力となった。また、質的研究の入門書シリーズ『SAGE質的研究キット』（原著2007）の監修を務めている。本シリーズは日本でも翻訳・刊行している。 ⇨監査、混合研究法、質的評価、トライアンギュレーション

［上淵 寿］

ブルーナー〔1915-2016〕
Jerome Seymour Bruner

　20世紀から21世紀にかけて米国で活躍した心理学者。ゲシュタルト心理学の影響を受けた知覚研究（new look）が心理学者としての旗揚げの仕事である。『思考の研究』（原著1956）によって認知革命を牽引し、ハーバード認知研究センターを拠点として認知発達にかかわる学際的研究を主導した。ヴィゴツキー（Lev S. Vygotsky）の発達の最近接領域に着想を得た足場かけ概念の提唱や、母親と乳児の相互行為場面における共同注意の発見など心理学界に与えた影響は大きい。晩年は思考のナラティブモードに定位した解釈心理学（interpretive psychology）を構想し、心理学研究の中核に「意味（meaning）」概念を据えなおす必要を訴えた。ナラティブ心理学（narrative psychology）の主唱者の一人である。 ⇨足場かけ、共同注意、ナラティブモード、フォークサイコロジー、論理科学モード

［横山草介］

ブルーマー〔1900-1987〕
Herbert Blumer

　シンボリック相互作用論という用語の創始者。ミード（George H. Mead）から、意味は相互作用の文脈で生じるものであり、解釈の過程は単純に心理的なものには還元できず、行為者たちの社会的相互作用と適合しているという考え方を引き継いだ。シカゴ学派のトマス（William I. Thomas）から学んで、相互作用の文脈である「状況の定義」が集団や組織を作り上げることを強調した。また、人びとは、次の行動として何が適切であるかを知るために「自分自身との相互作用」である解釈を活用しなければならないことを指摘し、感受概念を鍵概念として用いることで、当時、主流であった構造・機能主義と呼ばれる社会学に対して、行為の主観的な要素を強調する質的な社会学を提唱した。 ⇨解釈、感受概念、シカゴ学派、状況の定義、シンボリック相互作用論

［岡田光弘］

ブルンスウィック〔1903-1955〕
Egon Brunswik

　ハンガリーに生まれ、その後半生は米国で活躍した心理学者。ウィーン大学のビューラー（Karl L. Bühler）のもとで心理学を学び、折から滞在中のトールマン（Edward C. Tolman）と共に欧州の認知主義と米国の行動主義の融合を試みた。知覚や行動の成立は、刺激－反応というような単純な原因－結果の関係というよりも、複数の刺激の解釈に関する確率的なものであると考え確率論的機能主義を唱えた。また、複数の参加者に同一の刺激を与えるよりも、一人の参加者にさまざまな刺激を与えてその知覚や行動を実験する方が望ましいと考えるなど、生態学的な妥当性を重視する立場を唱えた。ギブソン（James Gibson）、ブルーナー（Jerome S. Bruner）さらにナイサー（Ulric G. Neisser）に影響を与え、認知心理学における日常性を重視する立場の成立の契機となった。 ⇨ギブソン、行動主義、認知主義、ブルーナー

［サトウタツヤ］

フロイト〔1856-1939〕
Sigmund Freud

　精神分析を創始し、現代の深層心理学、精神療法の礎を築いた精神科医。精神疾患の治療において、無意識化された道徳規範（超自我）、自我の抵抗、転移を解明すれば、抑圧された無意識が自覚され、症状が消失

することを見いだした。20世紀半ばには絶大な影響力をもつに至ったが、小児性欲やエディプス・コンプレックスなど実証性の乏しい仮説も含まれているため、現在ではフロイトに対する批判も多い。しかし一方では人間の行為に無意識の動機があることを見いだし、近代の理性的人間像にかわる新しい人間理解の道を開いたことで現代の思想や文化に大きな影響を与えたことは否定できない。 ⇨精神分析、力動精神医学

[山竹伸二]

プロセス研究
psychotherapy process research

　心理療法とカウンセリングのプロセスにおけるセラピストやクライエントの行動、やりとりのパターン、二者の主観的な体験などを対象とし、「どのようにして変容が起こったか」「治療的効果と関係した要因は何か」など心理療法における効果と変容のメカニズムを明らかにする。プロセス研究には、多様な研究方法が用いられる。たとえば、プロセス－効果研究では、面接プロセスの事象を評定尺度やクライエントやセラピストが回答する質問紙を用いて量的にとらえて、治療的効果を示す指標との関連が検討される。課題分析に代表される出来事アプローチは、洞察に至るプロセスなど変化とかかわり治療的意義が高い場面に焦点を当て、クライエントの主観的体験を理解するために質的研究法が多用されている。効果研究が方法的客観性を目指し、厳格な実験研究法を用いてきたのに対して、プロセス研究では方法的多様性を重視し、さまざまな質的研究法や混合研究法が開発されてきた。 ⇨課題分析、合議制質的研究

[岩壁 茂]

プロトコル分析
protocol analysis

　人の内的な情報処理過程、特に高次認知機能である問題解決や意思決定といった過程でどのような認知的プロセスが生起しているのかを明らかにしていくために、エリクソン（K. Anders Ericsson）とサイモン（Herbert A. Simon）が発案した方法が、発話思考法（thinking aloud method）であり、そうして得られた「生のままの、認知的過程をそのまま言語的に表出したデータ」を言語プロトコルデータ、その分析をプロトコル分析と呼ぶ。現在では拡張的に、行動／操作プロトコルデータなどの言葉も用いられることから、言語プロトコル分析と呼ばれることもある。その最大の特徴は「認知的処理をしているその時点で、記憶による遡及過程を経ずに、また認知的検閲なしで表出されたデータを分析対象とすること」である。データ取得後の分析方法は特に定石はないといっても過言ではなく、多様な分析可能性が開かれている。 ⇨発話思考法、認知科学

[原田悦子]

プロパティ
property

　プロパティは、分析者がデータをどのような視点から見たのかを示すものである。データから概念を抽出する作業は、質的データ分析の中核となるものであるが、分析者のバイアスがかかりやすいため、それを軽減するための方策が必要となる。グラウンデッド・セオリーを用いた分析では、データから、抽象度の低い概念であるプロパティとディメンションを抽出することから始め、ラベル、カテゴリーと順を追って概念の抽象度を上げる仕組みにより、分析者のバイアスがかかってしまう可能性を最小限にとどめようとしている。プロパティを用いることによって、分析者に自分の見方を意識させるとともに、他の見方の可能性に気づかせるという効果も期待できる。 ⇨オープンコード化、グラウンデッド・セオリー、ディメンション 　[戈木クレイグヒル滋子]

文化
culture

　後天的に学習され、ある集団に共有され

た活動で、その集団に固有の特徴となるものを指す。人間の文化の特徴は自己意識や価値観にかかわり、個人の行為を方向づける規範的機能をもつ点にある。この規範の特徴が当該集団内の社会的行為や心理に固有の文化性を生む。文化人類学者タイラー（Edward B. Tylor）は「社会の成員としての人間が獲得する知識、信念、技術、道徳、法、慣習およびその他の能力や習慣の総体」と定義するが、その社会集団の外延（成員、地域、時代）や内包（基準）は一義的に決定しがたい。実体としての文化現象は固定的なものではなく、その境界も社会的実践によりその都度生みだされる動的なものである。比較文化心理学が人間の普遍的心理が外部の環境により文化化されると考えるのに対し、ヴィゴツキー（Lev S. Vygotsky）系の文化心理学は歴史・文化性をもつこと自体を人間心理の普遍的特徴と考え、ブルーナー（Jerome S. Bruner）も意味を重視する立場から、人間心理の文化性を論ずる。　⇨規範、社会文化的アプローチ、文化相対主義、文化的文脈　　　　［山本登志哉］

文化資本
cultural capital

　経済的な資本とは別に、文化的な教養といったものも経済的な資本と似たような働きをするという事態を示す概念。社会学者であるブルデュー（Pierre Bourdieu）が提唱した。ブルデューは一連の著作のなかで、人びとの日常的実践を規定する要因として、経済的な資本の蓄積、拡大という振る舞いとは別に、より象徴的、文化的なそれを拡大するように努力すると指摘し、特に文化的に累積された教養といったものが独自のステータスを生むという意味で文化資本という用語を生みだした。ヨーロッパのような階級社会では特に、経済資本と文化資本は相対的に独立する要素と考えられ、人びとの趣味嗜好といったものも、この文化資本との関係で決定され、それが社会内での当該人物の位置と密接に関係するとさ

れた。経済資本と文化資本は複雑な相互翻訳関係にあるとされる。　⇨儀礼、実践、ハビトゥス　　　　　　　　　　　［福島真人］

文化心理学
cultural psychology

　人間の行動や認識の形成の普遍的な側面を中心に研究してきた一般的な心理学に対して、社会文化的要因と心的機能との相互関連を扱う領域である。文化をみる視点やアプローチは立場によって異なる。第一のアプローチは、文化をある程度持続した集団の慣習、実践、意味ととらえる。文化とその集団の成員の心性との対応関係を明らかにしようとする立場で、比較文化研究の手法を下位文化や地域差にまで広げて、そこに住む人間の行動や認識の違いを検討するものである。第二のアプローチは、個人が日常的に相互行為を行う他者や人工物（道具）を文化ととらえる。人工物は、物理的な道具や社会組織のみならず、ことばや記号、制度、概念などが含まれ、人間の経験を蓄積した体系である。この立場では、人間が生活のなかでこれらの人工物と相互行為を繰り返しながら、心的機能を構成、再構成していく過程が記述される。　⇨異文化間心理学、ヴィゴツキー、文化－歴史的活動理論　　　　　　　　　　　［上村佳世子］

文化人類学
cultural anthropology

　18世紀に生まれた古典的な文化人類学は、ヨーロッパの植民地主義・奴隷制時代のなかで、アジア・アフリカの「野蛮人／未開人」の変わった風俗や習慣を理解し、いかにうまく統治するかという目的で使われていた。20世紀に入り、現地語を駆使して現地の人びとと生活を共にするフィールドワークや参与観察という研究手法が始まり、英国のマリノフスキー（Bronisław K. Malinowski）や米国のボアズ（Franz Boas）らによって、文化に優劣はなく文化の多様性・異質性を認知し容認すべきであるとい

う文化相対主義・多文化主義の根拠となる学問として確立した。現代の文化人類学は、異なる社会文化的背景をもつ人びとが、どのようなリアリティを感じ、どのような体験と意味をもって生きているのか、先入観を排してその実像に迫ろうとする学問であり、広くは、他者を理解するための学問、他者の理解を通して自己を知る学問だともいえる。 ⇨ 参与観察、多文化主義、フィールドワーク、文化相対主義、文化多様性 ［辻内琢也］

文化相対主義
cultural relativism

　文化をその文化自身がもつ意味付けではなくほかの文化の視点から理解することを否定し、また多様な文化を社会進化論的に優劣関係でみる見方を批判する文化人類学者ボアズ（Franz Boas）に始まる立場が名付けられたもの。弟子のベネディクト（Ruth Benedict）やミード（Margaret Mead）らによって継承され、反文化相対主義へのギアーツ（Clifford Geertz）の反論などその後も重要な展開を生む。自民族中心主義からは自文化の価値を相対化し否定するものとして攻撃されるほか、逆の立場からは文化相対主義があらゆる倫理を肯定する倫理的相対主義と理解された場合、近代民主主義の基盤となる人権概念に反する文化も肯定されてしまうという批判がある。西欧的な社会の絶対的優位が崩れ、非西欧的な原理をもつ文化社会が政治・経済・軍事面で大きく力を伸ばしている現代、異質な社会間の関係調整の模索に文化相対主義は欠かせぬ視点の一つを提供する。 ⇨ 異文化体験、社会構成主義、文化多様性、本質主義 ［山本登志哉］

文化多様性
cultural diversity

　文化多様性は、それぞれの地域がその風土と歴史を背景に生みだしてきた文化の多様性を示す概念である。グローバリゼーションの進展により、国境を超えて人、物、金、情報の往き来が一層激しくなったことから、文化多様性に対する認識が広がった。文化多様性は、創造性をかきたて、革新を促し、生活を豊かにする可能性をもち、社会的・経済的な活力の源泉とされる。近代化の進行で、言語の多様性が急速に消滅し、製品、法規範、社会構造やライフスタイルの画一化が進むが、他方では、文化の多様性を保護、促進する必要性が高まっている。国連教育科学文化機関（UNESCO）は、文化の多様性を "人類共通の遺産" として2001年に「文化多様性に関する世界宣言」を、2005年には「文化的表現の多様性の保護及び促進に関する条約」を採択し、文化多様性を「集団及び社会の文化が表現を見い出す多様な方法（第4条第1項）」と定義し、種々の文化的表現の保護・促進を進めている。 ⇨ 多文化主義、ダイバーシティ（多様性）、文化 ［岸磨貴子］

文化的実践
cultural practices

　コール（Michael Cole）を中心とした比較人間認知研究所（LCHC）によれば、文化的実践とは、子どもが直接最も身近で経験し、その子に発達的変化を引き起こす実践の単位である。それは人をその社会文化的環境に結びつける効果的な分析単位であり、繰り返し習慣的行為として行われることが期待されている活動のことである。文化的実践においては、すべての対象は社会的である。たとえば、食事は生理的行動とみることもできるが、文化的実践でもある。文化的実践としての食事はただ空腹を満たすためだけに行われることはなく、コミュニティ固有の挨拶を伴ったり、箸などの食具を使ったりするなど、文化的に価値づけられた慣習や道具を介して何らかの文化的意味を実現する。文化は子どもらに獲得されると同時に、子どもらによって作りかえられる。この継承と創造のサイクルをとらえることが子どもの文化的発達を理解することである。発達的ニッチ、文脈、活

動といった用語は類似の意味で使われることが多い。　⇨活動、コール、文脈　[石黒広昭]

文化的道具　⇨媒介物

文化的透明性
cultural transparency

　物事に人びとが与える多様な意味には、学習者にアクセスできる部分とできない部分があるが、その全体を文化的透明性と呼ぶ。学習の関係論的な説明のためにウェンガー（Etienne Wenger）が提案した概念。彼によれば、人と人工物の関係は「手続き的透明性」（テクノロジーの操作自体への注意の程度）と文化的透明性の二つの側面から構成される。顧客の払戻請求を処理する保険会社員の観察を通してウェンガーは、請求処理システムの学習を、そのシステムで結びついた複数の実践共同体の関係と、各共同体における学習者のアイデンティティという観点から説明した。たとえば、システム設計者と初心者の社員とでは、システムの特定の操作への意味づけ方は異なる。それはアクセス可能な意味の領域がそれぞれ異なるからであり、その差異はそれぞれが携わる実践の違いを反映すると同時に、それぞれの実践共同体内外への参加の状態の違いとして理解される。　⇨ウェンガー、可視／不可視、関係論的パラダイム、状況的学習論、多重成員性　[伊藤崇]

文化的文脈
cultural context

　ある行為を成り立たせる意味の解釈の仕方が普遍的なものではなく、ある社会がもつ個別のものと考えられるとき、そこに見いだされる意味世界をその行為の文化的文脈という。人間は外界の刺激を単に物理的刺激として反応するだけではなく、意味をもつ記号として解釈して反応する。主体間の相互作用である社会的行為も、互いに相手の行為に表現された意味を解釈し、それに反応しあう形で成り立つ。文化的文脈の共有は有効な社会的相互作用の基盤となるが、ある社会的行為が表現する意味は文化によって異なり得るため、異なる文化的文脈をもつ行為を自らの意味の文脈で解釈すると、互いの理解がずれてディスコミュニケーション事態が顕在化し、文化間摩擦の状態となる。ホール（Edward T. Hall）によればその社会の成員間で文脈理解の共有程度が低いことを前提に成り立つ文化を「低文脈文化」、逆を「高文脈文化」といい、日本は後者とされる。育児や教育も文化的文脈のなかで成り立つ営みである。　⇨異文化接触、状況、文化、文化相対主義

[山本登志哉]

文化とパーソナリティ論　⇨心理人類学

文化変容
acculturation

　文化変容の概念が出現したのは、西欧列強がアフリカ大陸に進出し原住民との接触が始まり、北米では西部開拓の途上でインディアンとの軋轢が多発した19世紀後半で、当初は「未開」民族が近代文明を受容する現象を指していた。1930年代に人類学者がアフリカ諸族や北米原住民の現地調査をするようになって、異なった文化伝統をもつ人間集団が接触したときに、人びとはどのような影響を受けるのかといった社会心理学的な研究がなされるようになり、「文化変容とは、異なる文化をもった個人の集まりが持続的、かつ直接な接触で、いずれか一方または双方の文化の型に変化をもたらす現象」と定義されるようになった。直接接触による変化を文化変容としたこの定義は、個人レベルの接触にも援用され、他領域の研究者にも受け継がれた。そこでは、ある文化のメンバーになっていくことを文化化（enculturation）というのに対して、acculturationは、一度enculturateされた人が別の文化伝統に接して変わっていくことである。　⇨異文化接触、異文化体験、移民

[箕浦康子]

文化-歴史的活動理論
cultural-historical activity theory

　ソビエト（ロシア）心理学、とりわけ1920年代から1930年代に活躍した「トロイカ」と呼ばれたヴィゴツキー（Lev S. Vygotsky）、レオンチェフ（Alexei N. Leont'ev）、ルリア（Alexander R. Luria）による研究者グループにそのルーツの一端がある。当時支配的であった反射学や行動主義などのパラダイムとは異なる人間理解を目指し、意識と活動の包括的な理解のため、媒介された行為を基盤とする活動を分析の単位とした。活動理論の強みは、媒介された行為を分析することで、個人としての主体と社会的現実とのあいだのギャップを超越したことである。現代において活動理論を牽引するエンゲストローム（Yrjö Engeström）は、拡張的学習の理論の枠組みを援用することで、活動理論のさらなる発展の道を切り開いた。活動理論は、人間の社会的・協働的な実践の活動システムをとらえ、実践者自身の学びや発達によってもたらされる新たな活動を創出するための理論である。　⇨ヴィゴツキー、エンゲストローム、拡張的学習、活動システム、媒介された行為
　　　　　　　　　　　　　　　　［保坂裕子］

文献レビュー
literature review

　ある研究テーマに関して、既存の文献資料を収集したうえで、現在までにどのような知見が蓄積されているのかを特定の分析的視点から統合・意味づけし、論文として提示する研究方法のこと。文献データベースの普及・発展により系統的な文献検索が可能となったことを受け、システマティック・レビューや統合的レビューの重要度が高くなっている。レビュー論文には、①レビューによって何を明らかにしたいのかという目的が明記されていること、②文献の選択基準が明確であること、③選択した文献の質について厳密に検討されていること、④選択した文献の研究結果の要約が示されていること、⑤根拠に基づいた結論が提示されていること、の5点が必要となる。科学的な研究方法として位置づけられる以上、単なる先行研究の羅列的紹介ではなく、先行研究を根拠としつつ、分析的視点もしくは結論にオリジナリティがあることが必須となる。　⇨エビデンス、科学的方法、研究デザイン
　　　　　　　　　　　　　　　　［谷口明子］

分析カテゴリー　⇨指標－現象理解の－

分析焦点者
analytically-focused person

　M-GTA特有の分析視角で、調査対象者を合目的的に抽象化した人間集団のこと。調査対象者をどのような人間集団として抽象化するかは、「研究する人間」による研究目的に合わせた意識的な焦点調整で決まる。分析焦点者を設定することで、研究する人間は特定の対象者のデータを分析しつつ、その対象者を含む人間集団に関する現象を説明する理論を生みだすよう意識するようになる。また、概念生成における理論的飽和の範囲や、生成する理論の適用範囲（どういった人間集団にまつわる現象まで説明可能なのか）を確認できる。さらに、研究する人間は特定的に焦点化された人間集団の視点でデータを分析するため、生成される概念は特定の視点に基づく一貫性をもったものになる。結果、最終的な理論を目にする読者（応用者）は、その理論を構成する各概念が、対象現象にかかわるどの人間集団の視点で作られた概念なのかをいちいち確認する必要がなく、容易に理解できる。　⇨M-GTA、研究する人間、理論、理論的飽和
　　　　　　　　　　　　　　　　［山崎浩司］

分析心理学
analytical psychology

　スイスの精神科医ユング（Carl G. Jung）が創始した理論。個人の心を、意識と無意識に分けたうえで、無意識を、個人的無意識と普遍的無意識（集合的無意識）に分けて

考えた。個人的無意識を個々人の体験に根ざしたものとする一方、さらに深い層に人類に共通する普遍的な性質をもつ普遍的無意識が存在するとした。普遍的無意識は神話的モチーフをもつ元型によって構成されており、影、アニマ、アニムス、グレートマザー、老賢人などがある。分析心理学でよく活用されている神話をひもとくと、これら元型の普遍性がうかがえる。意識の中心は自我であり、自我と元型はうまくいけば相補的に働く。しかし、うまくいかない場合、さまざまな心理的問題が発生する。そのため、分析心理学における心理療法では、夢をはじめとするイメージを通してクライエントが元型と出会い、無意識に存在する可能性を育てていく。この作業を繰り返すことで自我の欠けている部分が補われ、完成した人間への過程に向かう。これを個性化の過程と呼ぶ。　⇨河合隼雄、心理療法、ユング　　　　　　　　　　［岡本直子］

分析単位
units for analysis

　人間の複雑な精神機能が全体としてもつ基本的特質を潜在的に備えた最小の単位。ヴィゴツキー（Lev S. Vygotsky）の方法論の核をなす概念の一つ。マルクス（Karl H. Marx）が「商品」を単位として資本主義経済の発展を分析したことに着想を得たもの。精神機能の呈する多様な諸状態を単位が発達した特殊な歴史的形態としてみなす点で、精神機能を構成する要素間の相互作用として全体を説明する方法論とは鋭く対比される。たとえばヴィゴツキーは言語的思考の基本的特質を「一般化」であるとして、その最小単位を「言葉の意味」に求めた。ワーチ（James V. Wertsch）やエングストローム（Yrjö Engeström）らが「媒介手段を用いて行為する（諸）個人」や「活動システムの三角形モデル」といった独自の分析単位を提案するなど、この概念は精神機能を動的な発達過程にあるものととらえようとする研究者たちに影響を与えた。

　⇨意義と意味―ヴィゴツキーによる―、ヴィゴツキー、社会文化的アプローチ、胚細胞、マルクス　　　　　　　　　　　　　　　［伊藤崇］

分析テーマ
analytical theme

　M－GTA特有の用語で、関連する具体的な研究課題をいくつか含む大きな構想としての「研究テーマ」とは区別される。収集したデータに即して分析していけるよう、研究テーマを絞り込んだものが「分析テーマ」である。「研究する人間」は、データ収集前に自分の研究の社会的意義と学術的意義および調査項目を明確化し、暫定的な分析テーマを設定する。データ収集後、分析の初期段階でデータ全体の特性を把握し、その特性に合わせてデータに根ざした分析ができるよう、最初に設定した分析テーマを修正する。分析テーマは、一方で研究する人間の関心をしっかり反映しつつ、他方で研究関心が優位になって分析に使えるデータ部分が少なくなり、データに根ざした分析ができなくなることがないよう、両者のバランスを考えて決定する必要がある。M－GTAでは、社会的相互作用の展開を説明・予測できる理論の生成を目指すため、分析テーマを「～プロセスの研究」などと端的に設定することが推奨される。　⇨M－GTA、研究する人間、シンボリック相互作用論　　　　　　　　　　［山崎浩司］

分析的帰納
analytic induction

　ある特定現象に関する普遍的かつ因果的理論の産出を目標にして、その現象に該当すると思われる事例群の体系的・包括的な分析・検討を、ある独特なやり方で行う質的な社会学的方法のこと。その独特なやり方というのは、まず初めに対象とする現象の定義とその現象に関する仮説の定式化を行い、次にそれらを入手可能な事例群と対峙・比較考量させ、そのうえで、ネガティブ・ケースに出合った場合には現象

の再定義か仮説の再定式化を行うという形で、その現象に関する普遍的・因果的一般化の論証の精度を高めていくというものである。この分析的帰納の基本発想は、（後にシンボリック相互作用論の一系譜として位置づけられることになる）社会学者のズナニエッキ（Florian W. Znaniecki）に由来するものだが、これは、事例研究をはじめとした質的調査研究を正当化する論理として、統計的一般化の論理を前提にした枚挙的帰納にいわば対抗する形で提起されたものである。⇒ 質的研究、事例研究、シンボリック相互作用論、ズナニエッキ、ネガティブ・ケース
［水野節夫］

分節化
segmentation

元来は言語獲得において、連続的な音声から一定の規則を用いてカテゴリーや単位を区分し、切り出すことを意味する。質的研究では、グラウンデッド・セオリーにおけるデータの切片化や、KJ法における見出し作りにも共通の操作が含まれている。テキストマイニングにおける質的データの形態素（言葉をこれ以上分けられない最小単位）の抽出も意味的に共通する。テキストマイニングは、形態素の度数分布を多変量解析などの量的分析によって検討し、質的データの意味内容を把握する手法だが、形態素の抽出はその最初のデータ処理である。これはソフトウェアによって自動的になされるが、たとえば「質的研究」を「質的」「研究」と文節化すれば、当初の意味がなくなってしまう。これを防ぐために、研究者は一般的に、文節化する用語とそうでないものとを事前に決めたうえで、ソフトウェアを用いる。また、分節化した用語のうち、名詞や形容詞、形容動詞、動詞のみを分析対象にすることもある。⇒ グラウンデッド・セオリー、形態素、KJ法、データの切片化、テキストマイニング　　　［田垣正晋］

紛争
conflict

紛争は、一般には価値・利害の対立とその支配をめぐって生じる対人間ないし集団間の葛藤状況として認識されている。心理学の領域では、レヴィン（Kurt Lewin）やドイッチ（Morton Deutsch）らの古典的研究が有名である。しかし、質的心理学の視点からは、「価値」「利害」の観念それ自体が当事者によって言説的に構成されるものにほかならず、また、相互の関係性への認識、感情次元での対立など、より複雑で錯綜した認知の対立状況ということができる。さらに、それゆえ紛争は、固定した静態的現象ではなく、認知の変容に応じて、刻々と激化したり沈静化したりする動態的、過程的現象として定義されることになる。この視点は、紛争の理論的研究に留まらず、紛争解決のための実践的モデルや技法の創案をもたらし、ウィンズレイド（John Winslade）らのナラティブ・メディエーション研究などに結実している。⇒ 社会構成主義、ナラティブ（ナラティヴ）、レヴィン
［和田仁孝］

文脈
context

コンテクストと記される場合もあり、① ある言葉が埋め込まれた文章の前後関係、②特定の対象（現象、行為、発話など）が位置づけられる状況という二つの側面がある。言葉は多義的、隠喩的であり、言葉の意味は文章の前後関係や流れを理解して初めて分かる。たとえば、「いい加減」という言葉は、温泉では「ほどよい」の意味になり、遅刻する部下では「無責任」の意味になる。データを読み込み、文脈の気づきと意味の読み取りを繰り返すことで、テクストの理解が深まり、新たな意味を創発することができる。さらに、研究者、研究協力者、研究の目的、インタビューなどの調査手続き、得られたデータも歴史・社会・文化的文脈のなかにある。研究では、これら

の重層的な文脈を理解するために、研究者の関心や研究プロセスについての省察が求められる。 ⇨ 解釈学的循環、会話分析、省察、テクスト、歴史的文脈　　　　　　　［山口智子］

文脈依存性
indexicality

　ある表現の意味が、文脈によって多様で未確定であること。ガーフィンケル（Harold Garfinkel）による研究プログラムの根幹をなすこの概念は、「あれ」「これ」という指標的な表現だけでなく、すべての行為や表現に伴う。科学の営みは、あいまいな表現を客観的な表現に置き換えることによってのみ成立するはずだが、これは原理的に不可能である。エスノメソドロジー研究は、具体的な行為においては、あいまいな表現が問題とされず、かえって、豊かな意味を紡ぎだせることがあるという、文脈依存性のもつ「理にかなった」性格を重んじる。また、サックス（Harvey Sacks）は、成員性カテゴリー化装置という考え方に基づいて、人びとが、ある言葉（たとえば「子ども」）の意味が「人生の段階」（大人／子ども）の集合に属するのか「家族」（親／子ども）の集合に属するかに依存するという問題を解いていることを指摘し、この文脈依存性を無視して研究を進めざるを得ない実証主義のプログラムに根底的な批判を加えている。 ⇨ エスノメソドロジー、ガーフィンケル、サックス、成員性カテゴリー化装置、相互反映性　　　　　　　　　　［岡田光弘］

文脈主義
contextualism

　広義には、周りの物理的・人間関係的関係とさらにその背景にある文化・社会・歴史の経緯や考え方や信念により、対象のあり方が変わることをいう。なお、対象についての知識がその対象を囲む文脈によって変わることを特に認識論的文脈主義と呼ぶことがある。それは単にものの働きが場合によって変わるということを言っているの

ではなく、そもそも「知識とは何か」自体の基準も場合によって変わり得ることを指している。文脈主義全般においては、そもそもいかなる言葉も正確に定義できるとは限らず、その文脈における用法で規定され、あるいはその場の一回的な使われ方のなかで意味を推測するに止まるととらえる。研究として調べる際に文脈が固定されたり、何種類かに分けられたりするなら、実証的に検討しやすい。しかし、文脈の範囲が必ずしも限定できるとは限らず、さらに時間とともに変化したり、主体者の行為により変化したりすることに注目すると、一回ごとの質的記述が重要になってくるのである。 ⇨ 環境、関係性、間主観性、個体主義パラダイム、フィールド　　　［無藤隆］

へ

ベイトソン〔1904-1980〕
Gregory Bateson

　米国の文化人類学者、科学哲学者。自然を物としてとらえるデカルト（René Descartes）のパラダイムを「生きた科学」（参加者が含まれる科学）へと転換した。スキゾフレニア症状を説明したダブルバインド理論は有名。その真価は病因論にではなく、コミュニケーションの関係性言語を使って精神病理を語り切った点にある。関係性言語の確立とパラダイム変換は同義である。双方向性、論理階型、コンテクスト概念を軸に「つながり」の科学を打ち立てたベイトソンの影響は、精神医学、心理学、社会科学全般から生物学にまで及ぶ。家族療法をその出自にもつナラティブとオープンダイアローグは、ベイトソンの知の系譜上にある。 ⇨ オープンダイアローグ、学習、ダブルバインド、ナラティブ（ナラティヴ）　　　　　　　　　　［野村直樹］

平和心理学
peace psychology

　平和心理学は平和学と心理学から生まれた学問分野である。平和、紛争（コンフリクト）、暴力、戦争の心理学的側面を探究する。平和は戦争の対概念として過去に語られてきたが、平和学の創始者ガルトゥング（Johan Galtung）は、暴力に対する平和として、直接的暴力、構造的暴力、文化的暴力の三つの暴力とそれらを克服する、直接的平和、構造的平和、文化的平和という三つの平和という概念群を提案した。戦争やテロなどの直接的暴力や、貧困、抑圧、搾取、社会的ヒエラルヒーなどによる構造的暴力、そして暴力的な文化を克服する消極的平和の課題と、協力関係、平等・公正・正義、平和の文化と対話の実現という積極的平和の課題が平和心理学にも課せられている。また紛争を対話・非暴力・創造性に基づいて転換する方法を追求し実践することも平和心理学の課題である。平和心理学には質的研究や批判的研究の数が多いことも特徴の一つである。　⇨ヒエラルヒー、紛争、偏見　　　　　　　　　　　　［いとうたけひこ］

ベターメント
betterment

　研究対象である現場の改善・改革。伝統的には、文化人類学や農村社会学などの分野は、現実の集合体を研究対象としつつも、「研究者が入ることによって現場を変えてはいけない」という鉄則があった。それに対して、グループ・ダイナミックスなどの分野では、研究者は「現場を変える」というスタンスで現場に臨み、現場の集合体のベターメントを目的とする。ベターメントのためには、現場の現状（今、どのような性質や問題があるのか）、過去（どのような経緯や歴史を経て現状に至ったのか）、将来（このまま放置すれば／何か対策を打てば将来どうなるのか）を把握することが（したがって、そのためのデータ収集が）必要となる。また、何をどうすればベターメントになるのかは、あらかじめ決まっているわけではなく、しばしば非常に難しい問題であり、研究者と当事者の協同的実践を通じて自問自答していく必要がある。　⇨アクションリサーチ、グループ・ダイナミックス　　　　　［永田素彦］

ベナー〔1943-　〕
Patricia Benner

　米国の看護理論家・看護研究者。幅広い看護の実践経験の後、カリフォルニア大学バークレー校で1982年に博士号を取得。博士課程在学中に哲学教授ドレイファス（Hubert L. Dreyfus）から現象学を学ぶ。「技能習得に関するドレイファスモデル」を臨床看護実践に応用し、解釈学的現象学の手法を用いて看護師の技能習得と成長の5段階を①初心者、②新人、③一人前、④熟練者、⑤達人として明らかにした。またハイデガー（Martin Heidegger）やメルロ＝ポンティ（Maurice Merleau-Ponty）の影響を受け、気遣い（ケアリング）の概念に依拠し、健康と病気の体験や看護ケアの意味について探究している。その後も看護実践を明文化する研究を継続し、看護教育への提言も行っている。　⇨解釈学的現象学、ケア、ケアリング、現象学　　　　　　　　　　［田中美恵子］

ベルクソン〔1859-1941〕
Henri-Louis, Bergson

　フランスの哲学者。時間や生成についての考察を行い、日常的な時間は空間をメタファーとするもので測定される時間であるとする一方、それと異なる「生きられた時間」としての持続という考えを創案した。1888年に博士論文『意識に直接与えられているものについての試論』を完成させた（邦訳『時間と自由』原著1889）。『物質と記憶』（同1896）と共に選択における行為の自由について論じたものである。『創造的進化』（同1907）では、生物学的な知見を参照しつつ物質に還元されない「生命」の実在を説いた。人間をホモ・ファーベル（工作する人）として規定したもので、人間は道

具を作り自らの環境を創造的に変化させていく存在であるとした。1928年にノーベル文学賞を受賞。 ⇨時間、TEA（複線径路等至性アプローチ）

[サトウタツヤ]

変革のパラダイム
transformative paradigm

　米国の教育評価研究者であるマートンズ（Donna Mertens）によって提唱された、混合研究法を支える哲学的視座の一つ。伝統的社会科学研究における価値中立性の前提に疑義を抱き、研究の目的を社会的弱者の地位向上やアドボカシー（権利擁護）といった社会変革に据えることで、価値負荷的前提を採る。障害者、エスニックまたは人種的マイノリティ、女性、高齢者、子どもといった、いわゆる社会的弱者を対象とするアドボカシーを目的に混合研究法を用いて調査する際に、研究者が依って立つ世界観である。近年では、保健医療研究の分野でも、変革のパラダイムを用いて実施される地域参加型研究またはCBPR（community-based participatory research）と呼ばれるアクションリサーチが増えている。変革のパラダイムの視座のもとに実施される混合研究法を用いた調査のデザインは、「社会的公正デザイン」とも呼ばれる。 ⇨アクションリサーチ、アドボカシー、混合研究法

[抱井尚子]

偏見
prejudice

　確かな証拠や経験をもたず、不十分な知識や情報、想像に基づいて、判断したり、先入観をもったりすることを指す。肯定的な偏見という可能性は考えられるが、現実には、特定の個人や集団、職業や人種、民族などに対する否定的な内容が中心である。集団や人種、民族などの対象をめぐる情報や知識、経験を幅広く理解しようとする合理性や論理性が貫かれた態度ではなく、嫌悪など感情的なものが優先され、それを支持し得る否定的な情報や知識のみに依拠し、対象全体を決めつける恣意的な態度である。偏見を抱くのは個人であり、それは意識や心理、実践知の次元で検討できる。偏見が他者に対する忌避・排除・攻撃という行動に移されたとき、それは差別として現象する。差別は偏見に基づく具体的な行為の総体である。ゆえに個別の社会や文化にどのような偏見が生起し、維持されるのかを考え分析する作業は、差別問題を質的に研究するうえでの基本といえる。 ⇨差別、スティグマ、日常、バイアス

[好井裕明]

弁証法
dialectic

　古代ギリシアの対話術に由来する弁証法は多義的な概念であるが、なかでもヘーゲル（Georg W. F. Hegel）は、対立・矛盾からの止揚、つまりある存在の単なる否定でなく、対立する双方を保ちつつ新たな状態に至ることを存在・思考の原理として精緻化した。この考え方は、質的心理学における心理プロセスの理解においても重要な役割を果たし得る。たとえば、われわれが自分自身やその経験をめぐって「Aである私」と言明するとき、それは「Aではない（非-Aである）私」という、対立する意味内容との緊張関係を（少なくとも潜在的に）はらんで成り立つ。そしてそれは、時間の経過やコミュニケーションのなかで、Aと非-Aを含み込んだ新たな状態へと変容し得るし、それもまた新たな変容に開かれている。弁証法において想定されるこうした質的変容過程は、単にある事柄の程度を数量的に表現することで状態やその変化を把握しようとする現在の量的手法の限界を示すものでもある。 ⇨意味、対話、発達、方法

[小松孝至]

弁証法的多元主義
dialectical pluralism

　混合研究法を支える哲学的視座の一つで、米国の社会科学者ジョンソン（R. Burke

Johnson）によって提唱された。この視座は、混合研究法をその草創期より牽引してきた教育評価研究者グリーン（Jennifer C. Greene）の弁証法的スタンスを哲学として発展させたものである。複雑な社会現象を理解するために、さまざまな視点や研究アプローチを駆使することと、それによって得られた結果が矛盾した場合に、これを新たな洞察や研究設問（リサーチクエスチョン）の誕生の契機としてとらえる姿勢に、弁証法的スタンスの特徴がある。グリーンのこのスタンスを出発点に、弁証法的多元主義は、研究者、実務者、クライアント、政策立案者が有する多様な見解、価値規準、理論、パラダイム、方法論、研究アプローチなどを対話によって統合することで、異なる利害関係者の協働を支援する視座として生まれた。多様なパラダイムを包摂することから、この視座はメタパラダイムとも呼ばれる。⇒混合研究法、パラダイム

[抱井尚子]

ほ

保育

early childhood education and care

　保育とは主には、法令上（児童福祉法など）、家庭やさまざまな施設で乳幼児などを保護者以外が養育することをいう。特に保育所保育を指す用法もあるが、幼稚園教育もまた「保育する」ことがその目的に入っており、全体として「保育」とはそういった広義の意味である。そのうえで、ベビーシッター、家庭的保育、保育所、幼稚園、認定こども園などの形態に分かれる。なお、学童を対象とした「学童保育」もある。「幼児教育」としてそういった施設での保育を指すことも増えてきた。それらの特徴は、愛情と保護と教育を一体的に行う点にある。すなわち、①乳幼児期全体の発達に基づくこと、②ケア（養護）と教育を切れ目なく行うこと、③家庭での養育とのつながりを重視すること、④子ども側のかかわりや発想を中核に置く子ども中心のあり方を強調し、それが幼稚園教育要領や保育所保育指針などに反映される20世紀を通して開発されたあり方を示していること、さらに⑤小学校以降の学校教育ひいては生涯にわたる成長の基礎を培うこと、などである。⇒ケア、乳幼児保育、保育学、保育環境、保育者

[無藤隆]

保育学

research on early childhood care and education

　「保育」の語は歴史的には、1876年東京女子師範学校附属幼稚園の創設に際して小学校教育と異なる幼児教育の独自性を示すために考案された言葉であり、幼稚園教育の普及とともに広がった。その後1900年頃からは、託児としての保育園にも保育の語が使用されるようにもなった。そして乳幼児の特質に応じたケアと教育に関して「保育」の語が使用されるようになり、倉橋惣三らによって1948年に日本保育学会が設立され、乳幼児の健やかな育成に関する諸問題を科学的に研究する学問分野として「保育学」が確立されていった。子どもを養育する営みを対象として、多様な学問的方法により検討する学術であり、思想哲学や歴史研究から保育実践や保育者などの事例研究、数量的研究や質的研究、また保育政策や比較分野（比較研究）までの広い領域を含む。海外では乳幼児のための「教育とケア」（ECEC）あるいは「ケアと教育」（ECCE）と呼ばれる領域である。⇒子ども理解、保育、保育環境、保育カンファレンス、保育者

[秋田喜代美]

保育環境

environment of early childhood care and education

　保育所、幼稚園、認定こども園における子どもを取り巻くあらゆる状況は、すべて

保育環境としてとらえることができる。た
とえば、①園舎、設備、園庭、遊具、教材
などは物的環境、②保育者、子どもたち、
園長、その他職員などは人的環境、③動植
物や自然事象（雨、風、雲、雪）などは自然
環境とよばれる。就学前の保育・教育の営
みは、こうした保育環境を通して行うこと
が重視されている。「幼稚園教育要領」（文
部科学省）などが示すように幼児期は、知
識や技能を一方的に教えられて身に付ける
よりも、周囲のあらゆる状況から刺激を受
け、自ら興味をもって保育環境とかかわる
ことで活動を展開し、充実感や満足感を味
わうことが大切な時期である。したがって
就学前の保育・教育は、周囲の状況に感覚
を開く幼児期の子どもが自発的に働きかけ
たくなるような保育環境を整え、それらの
もとで心身の発達を促す営みとしてとらえ
ることができる。保育環境とかかわる子ど
もの経験を研究者があるがままにとらえよ
うとするとき、質的心理学の可能性が拓か
れる。　⇒環境、乳幼児保育、保育、保育者、
保育学　　　　　　　　　　　　［中坪史典］

保育カンファレンス
teacher conference in early childhood education and care

　保育領域の事例検討または研修の方法の
一つで、正答や意見の一致を求めるのでは
なく、多様な意見の突き合わせによって参
加者が事例や対象者への理解を深めたり、
考えを再構築したりし、専門性を高めてい
くことを重視するもの。医療などにおいて
多様な専門職者が事例に基づき各々の判断
を出し合って行う臨床研究（カンファレンス）
を、稲垣忠彦がアイスナー（Elliot W. Eisner）
の教育批判の考え方を取り入れて修正し、
学校の教育実践の検討に授業カンファレン
スとして適用した。さらに、これに示唆を
受けた森上史朗が保育分野に保育カンファ
レンスとして導入し、1990年代頃から広
まったもの。医療などの分野と異なり、個
人のみならず保育者や子ども同士の関係的

視点も重視され、エピソード記述や写真、
映像などの記録を資料として協議すること
が多い。年長者や管理職者が指導する方法
と異なり、発言の平等性や参加者相互の学
び合いという対等な協働的関係が強調され
る。研究者が積極的に現場の変容に関与す
るアクションリサーチの手法としても用
いられる。　⇒エピソード記述、教師の成長、
子ども理解、実践記録、事例研究　　［古賀松香］

保育記録
documents and records in early childhood care and education

　幼稚園・保育所・認定こども園などにお
ける保育実践の記録。狭義には、幼稚園教
諭・保育士などの実践者がとる、子どもの
理解や保育実践の評価・反省のための記録
を意味する。その場合の保育記録は、「保
育の計画→実施→評価・反省→改善」とい
う PDCA（plan – do – check – act）サイクルに
おいて必要不可欠であり、保育の質の向上
を支えるものである。また、広義には、実
践者ではない研究者がとる、保育実践を対
象とする研究における保育実践の記録も含
む。その場合の保育記録は、研究のテーマ
や目的に応じて、記録をとる対象や活動が
選択される。保育記録の方法や形式は、文
字だけのものから映像まで多様である。近
年では、「ポートフォリオ」「ドキュメン
テーション」などの、保育中の子どもの具
体的な姿や活動、経過を画像とともに可視
化する記録が普及している。保育記録にお
いては、保育中の行動や出来事について、
それらが生起した背景や当事者にとっての
意味をとらえようとする姿勢と、保育実践
の特質の理解が重要となる。　⇒観察、子
ども理解、実践記録、ドキュメンテーション、
フィールドノーツ　　　　　　　　［砂上史子］

保育者
early childhood teacher

　保育者とは、乳幼児期の子どもの保育・
教育に携わる人のことであり、一般的に

は、幼稚園における幼稚園教諭、保育所における保育士、幼保連携型認定こども園における保育教諭を総称する呼称として用いられることが多い。これらの職業は、特に幼児期の子どもにかかわる役割や機能において共通する側面を数多く有する。また、乳児院や児童養護施設などで働く保育士、病院で働く病棟保育士や医療保育士、さらに、託児所で働く人やベビーシッターなど保育サービスにかかわる職業の人にも用いられる。保育者は、子どもが安心して過ごし、夢中になって遊ぶのを支える黒衣のような存在であるため、その専門性がみえにくい。しかし、保育者のかかわりが子どもの発達やその後の人生に影響を与えることから、近年では、実践のなかに埋め込まれた専門性を可視化するために、保育者と子どものやりとりを文脈の影響も踏まえて理解し分析する研究方法論として質的研究が用いられている。 ⇨乳幼児保育、保育、保育学、保育環境　　　　　　　　［中坪史典］

法則定立的方法
nomothetic approach

　哲学者ヴィンデルバント（Wilhelm Windelband）が、自然科学の方法の典型として、個性記述的方法に対比させる形で表した概念。客観的な対象を一般的な法則で記述することを目的とする。心理学では、主としてパーソナリティ領域において、個性記述か法則定立かといった議論が積み重ねられており、その文脈では、個々人の独自性をそのまま把握するのではなく、個人間に共通な次元や共通のカテゴリーを用い、個人を超えた人間の一般法則を導き出そうとする方法が法則定立的方法と呼ばれる。パーソナリティ領域以外でこの概念が取り上げられることはあまりないものの、近代心理学は自然科学をモデルとして誕生した側面も大きく、その研究成果の多くは法則定立的方法によってもたらされたといってよい。質的心理学も、そのとらえ方によるものの、個性記述的方法だけで成立

しているとは言い難く、法則定立的方法を取り入れた研究や両者をあわせたような研究も表れている。 ⇨ヴィンデルバント、個性記述的方法　　　　　　　　［尾見康博］

法と心理学
law and psychology

　裁判などの法的判断場面においては、証拠に基づき規範的に事実認定を行うが、その証拠の一部には目撃証言や自白供述などのように人の知覚・記憶・判断などに依存するものが含まれる。それらを評価するための心理学的な根拠や理解を提供することに始まり、現在の法と心理学は法にかかわるさまざまな心理的問題を扱う学際的学問領域となっている。その研究法としては、証拠（たとえば何が目撃証言の汚染に影響するか）や制度（たとえばどのような取調べ方法が誤った情報を含みにくいか）の評価にかかわる諸要因などを検討する量的研究法とともに、人びとの法に関する行動や理解を明らかにするために質的研究法が用いられる。また、供述の変遷や証言の特徴から被疑者が犯行体験を自身の体験としてもっているか、それとも何らかの事情で証拠に合わせた嘘をついているのかを検討する供述分析などの事例研究においても、質的研究法を用いて、当事者の言動の解釈可能性を示すことがある。 ⇨供述分析、紛争　　　［荒川 歩］

方法
method

　語源はギリシア語のmeta –（after）＋hodos（way）、つまり目的に近づくためにたどる道のことである。その「目的」は、人文・社会科学においては知識を生成・発展させることであり、そのために踏むべき一連の体系的なステップが「方法」である。デカルト（René Descartes）は、確かな知を生みだすための手順として、「明晰判明なものだけを取り入れる」「問題をなるべく細かく分割する」「単純なものから順番に複雑なものへと進む」「見落としがないよ

うに完全に枚挙する」の4ステップを示した。「方法」はこのように、誰にでも使えるニュートラルな道具であり、善し悪しはそこに含まれないとみなされることが多い。ただ、質的研究に用いられるのはそうした汎用的な方法ではなく、研究者の経験に基づく職人技的なものであるとする研究者もいる。また、近年は方法自体が価値を孕んでいる可能性も指摘されており、「戦略（strategy）」といった用語で代替されることもある。　⇨科学的方法、研究の理論的枠組み、方法論　　　　　　　　　［能智正博］

方法としてのエスノグラフィー
ethnography as method

「特定のフィールドについて記述した報告書」と「その報告書を生みだすための研究方法」というエスノグラフィーの二つの用法のうちの後者のこと。その特徴として、①フィールド依拠的（人びとが生きる現場で研究を行う）、②個人的（対象者と日常的に対面的な接触をもつ）、③多元的（より強固な結論を導くために、参与観察・インタビューやほかのデータ収集法を併用する）、④長期的（フィールドに長期間、関与する）、⑤帰納的（仮説検証よりも仮説生成を志向する）、⑥対話的（研究対象者との対話を通して結論を精緻化する）、⑦包括的（可能な限り丸ごとの描写を行う）、の7点をあげることができる。「方法としてのエスノグラフィー」は、依拠する認識論的立場と組み合わさることで研究方法論となるが、エスノグラフィーがさまざまな学問分野で広く採用されるに伴い、実証主義の系譜からポスト実証主義の諸系譜まで、広範な理論的志向をその認識論とするようになった。　⇨仮説生成型、産物としてのエスノグラフィー、実証主義、トライアンギュレーション、ポスト実証主義　　　［柴山真琴］

方法論
methodology

実践の具体的なやり方に関係するのが「方法」であるとしたら、やり方の土台となる原理、あるいは原理を探究する学問分野を「方法論」と呼ぶ。「教育の方法論」「看護の方法論」など、実践の分野ごとに方法論が存在し、それらは個々の方法について考える際に立ち戻る指針となっている。学術研究の領域においては、新たな知識を獲得するための妥当な方法を探究する領域が方法論であり、存在論（知識の対象である現実とはどういうものか）、認識論（現実とそれを認識する人間とはどう関係しているか）などの哲学的な前提とも密接に結びついている。実験的な方法論を重視する量的研究とは異なり、質的研究に特徴的なものとしては、自然主義的な方法論、解釈学的な方法論、対話的な方法論などがあげられる。それぞれの方法論に対して複数の方法が結びついており、たとえば「自然主義的な方法論」の下には、参加観察や非構造化インタビューの方法などがある。　⇨科学的方法、存在論、認識論、方法　　　　　　［能智正博］

ポーキングホーン〔1936-　〕
Donald E. Polkinghorne

米国の心理学者。ブルーナー（Jerome S. Bruner）やサービン（Theodore R. Sarbin）とともにナラティブ心理学の展開を牽引した。1988年に発表した *Narrative knowing and the human sciences* では、歴史学、文学、哲学分野にも言及しながら、心理学をはじめとする人間科学が明らかにすべき研究領域として、人間存在における意味の問題を指摘し、その方法論的枠組みとしてのナラティブ（物語）の重要性を示した。臨床家でもあり、研究と実践の乖離が意味とナラティブへの関心につながったとしている。カウンセリングを中心に質的研究法についての論文も多数執筆している。　⇨ナラティブ心理学、ナラティブターン　［徳田治子］

ホームルーム
homeroom

学級を単位とした活動や生活をする空間・時間。活動・組織を指す。就学前教育

から中等教育に至る多くの学校において
は、子ども側の基礎集団としての学級に対
し、定められた空間が割り当てられ、そこ
で活動する時間が日課や教育課程において
設定されている。とりわけ、中等教育段階
において、学級を単位とする子どもの側の
自治的活動やその組織を指す場合が多い。
教育課程の一部として位置づけられている
特別活動には、活動としてのホームルーム
活動が設定され、よりよい人間関係の形成
やよりよい集団生活の構築、自己実現につ
ながるよう、集団生活で生じる問題につい
て子どもたちが自治的に解決していくこと
が意図的活動として主題化される。教室で
の参与観察を通して、そこでの出来事のエ
ピソード分析などがなされており、集団生
活を支えるものとして、教室で形成される
ルーティンや学級規範の醸成過程も検討さ
れてきている。組織としてのホームルーム
を単位として行われる学校行事も少なくな
く、学校文化の生成にも結びつくといえ
る。 ⇒学級文化、学校文化、教室 ［岸野麻衣］

母子関係
mother–child relation

　母親と子どもの関係性を示すもので、幼
少期の子どもと母親の関係の重要性が指
摘されることが多い。エリクソン（Erik H.
Erikson）は、乳児期に獲得されるべき心理
社会的発達課題として「基本的信頼」を示
した。母親や母親的存在からの世話を通し
て自身が愛される存在であるという他者を
信頼できる感覚が獲得されなければ、出会
う他者や世界を信頼できない「基本的不
信」という心理社会的危機を生じると述
べた。ボウルビィ（John Bowlby）は、乳幼
児期に子どもが母親に対して結ぶ情緒的
絆を「アタッチメント（愛着）」として理論
化し、子どもが、母親を安全基地にして新
奇事象や人への不安を解消し、世界の探索
を可能にすると述べた。一方で、発達初期
の母子関係への偏重が決定論的であるとの
指摘、ジェンダーの観点から母親のみ、さ

らに生物学的親のみが養育者ではないとの
指摘などから、生涯発達的な親子関係、父
親やアロマザリング、非血縁親子などを含
めた養育者や世話する者との相互的な関係
など、さまざま視点から研究がなされてい
る。 ⇒アタッチメント、エリクソン、親、関
係性、父子関係 ［岡本依子］

ポジショニング論
theories of positioning

　ポジショニングとは、自己や他者、集団
などを何らかの属性（たとえば、ある性格特
徴）をもった存在として位置づけることを
指す概念である。80年代にフェミニスト
心理学で用いられたのが始まりの一つであ
り、現在までにいくつかの論がある。論者
によって理論体系や強調点は異なるが、位
置づけ（ポジション）を動態的・可変的なも
のとみる点や、対話的・関係的に構築され
るものとみる点は共通しており、静態的で
孤立した存在として個人をとらえる伝統的
な心理学理論に対する批判的視座ともなっ
ている。モラル内での権利・義務の割り当
てという観点からハレ（Rom Harré）らが発
展させたポジショニング理論（positioning
theory）や、語りによるアイデンティティ
構築という観点から、ハレらの理論を
批判的に援用しつつバンバーグ（Michael
Bamberg）らが発展させたポジショニング
論、自己内の多数のポジション間の対話
という観点からハーマンス（Hubert J. M.
Hermans）らが理論化した対話的自己論な
どが代表的である。 ⇒対話的自己論、ハー
マンス、ハレ、バンバーグ ［綾城初穂］

ポジティブ心理学
positive psychology

　幸福感、フロー、感謝、良好な関係性、
意味、達成など、人のポジティブな心理に
焦点を当て、個人や共同体の持続的な幸
福を目指す心理学の理論や研究全般を指
す。病理のための学問として進展してきた
従来の心理学に加えて、個人のポジティブ

な潜在能力に着目し、それをどのように伸ばすことができるかを実証的な方法で研究しようとする点に特徴がある。1950年代に人間性心理学者のマズロー（Abraham H. Maslow）が『人間性の心理学』（原著1987）で指摘していた視点を、セリグマン（Martin Seligman）がアメリカ心理学会会長に就任した1998年にあらためて取り上げて以降、大きく発展している。一方で、人間のネガティブな側面の軽視、ポジティブとネガティブを二項対立でとらえることの問題などがかねてから指摘されており、最近では、さらにバランスの取れた視点も模索されている。 ⇒実証主義、人生の意味

［浦田 悠］

母集団
population

　設定した研究の目的に沿って分析しようとしている対象全体のことを指す。ある国のある時点での人口のように大きさが有限の場合は有限母集団であり、サイコロ投げのように無限に試行が可能な場合などは無限母集団である。母集団のすべてを調べる全数調査が可能ならば、得られたデータから平均値による要約を行ったり、記述統計をグラフによって表現したりすることなどでもよいが、現実的には困難であることが多い。そのような場合は、母集団からサンプルを抽出して平均値などの標本統計量を計算し、母平均などの母数（母集団における真の値）を計算する推測統計など、一部が母集団を代表するものとみなして分析を行う。分析の際のサンプルの母集団は、研究の目的によって異なる。たとえば選挙の投票者をサンプルとしたとき、投票率を測定することが目的であるなら母集団は有権者全体であり、当選結果を推定することが目的であるならば母集団は投票者全体である。 ⇒サンプリング、統計学、ランダム・サンプリング、理論的サンプリング ［春日秀朗］

ポスト構造主義
post-structuralism

　1960年代末のフランスに登場した、フーコー（Michel Foucault）、ドゥルーズ（Gilles Deleuze）、デリダ（Jacques Derrida）らに代表される思想。マルクス主義、実存主義、構造主義といった、20世紀前半に主流だった思想を批判し、新たな思想として注目を浴びた。量的研究を批判するなかで発展してきた質的研究にも、1980年代以降多様な形で影響を与えてきた。徹底した真理の否定を掲げており、この真理批判は大きく二つに分けられる。一つは、真理が存在しないことを論理的に証明しようとする認識論的な批判（デリダの脱構築）。もう一つは、絶対に正しい社会制度、価値観など存在しないという社会批判（フーコー、ドゥルーズの批判）。これは、ナチスのホロコーストや共産主義社会の粛清など、特定の価値観を絶対化したことから生じた問題への反省から生まれている。しかし、価値観の相対化はできても、価値観の対立は解消できず、ニヒリズムを克服する道筋は示されていない。 ⇒脱構築、デリダ、フーコー、ポストモダニズム ［山竹伸二］

ポストコロニアリズム
postcolonialism

　20世紀後半に集約された植民地支配批判。旧植民地に残る植民地主義の影響やさまざまな課題を把握するための思想であり、社会や文化の多様性と重層性を強調する。「ポスト」には、「以降」「位置」「宛先」という意味が含まれるが、「以降」は、植民地主義は終わったのではなく、植民地支配から解放された現在でも、植民地主義の遺制（経済、民族、ジェンダーなどのさまざまな要因の組み合わせ）がその後の社会に深く影響していること、「位置」は、植民地主義が植民者と被植民者の両方に与えた心理的影響をどの位置から批判するか（位置取り）、「宛先」は誰に向けられているかである。植民地主義にかかわる文化、歴史な

どを広範囲に取り扱う。パレスチナ系米国人である文学研究者、文学批評家のサイード（Edward W. Said）の著書『オリエンタリズム』（原著1978）が契機となった。⇨カルチュラル・スタディーズ、権力　　　［鈴木一代］

ポスト実証主義
postpositivism

　客観的に把握し得る現実というものはなく、われわれが現実と思っているものは社会的に構築されたものであるという認識論。主体と離れた現実（外界）が存在するという前提の存在論と客観的な手続きを踏めばその現実を把握できるという認識論に立つ論理実証主義に対するものとして位置づけられる。多様な学派があり、「現実」は外界にある実体ではなく、人間の意識そのものに存在するというフッサールの考えを継承しているシンボリック相互作用論や、ドラマツルギー、エスノメソドロジー、文化人類学のなかで発展したエスノグラフィーなどがある。このほかにも、構築そのものが権力や利害によって媒介されているとする批判的アプローチをとる学派も含む。1960年代後半以降出現したポストモダニズム、ポスト構造主義、カルチュラル・スタディーズなどをデータ解読の枠組みとして使った研究もポスト実証主義といえよう。⇨ガーフィンケル、解釈的アプローチ、ゴッフマン、批判的アプローチ、ブルーマー　　　　　　　　　　　　［箕浦康子］

ポストモダニズム
post‒modernism

　モダニズムとは、産業・コミュニケーション・科学における革命的変化によって19世紀の西欧世界に到来した、自らをモダンと呼ぶことに熱中するような常に前進し続ける価値観を肯定する姿勢をいう。近代主義あるいは進歩史観とも呼ばれ、思想における正義や科学における真理の普遍性を正当化する言説のことである。ポストモダニズムは、リオタール（Jean‒François Lyotard）の『ポストモダンの条件』（原著1979）を契機に、ドイツ語圏のニーチェ（Friedrich W. Nietzsche）、ハイデガー（Martin Heidegger）らの思想を背景としながら、デリダ（Jacques Derrida）、ドゥルーズ（Gilles Deleuze）らがフランスを中心として、モダンの「大きな物語」に対して批判的に展開した思想運動である。また、近代的な「主体」概念に対する構造主義からの批判も背景の一つになっている。英米圏におけるポスト構造主義を下位概念として含む。⇨大きな物語／小さな物語、構造主義、ハイデガー、リオタール　　　　　　　［小島康次］

ポッター〔1956‒ 〕
Jonathan Potter

　英国のディスコース心理学者。1970年代の「社会心理学の危機」論争の時代に従来の心理学のあり方に疑問を抱き、科学知識の社会学やエスノメソドロジー、会話分析、後期ウィトゲンシュタイン哲学や言語行為論などを取り入れ、ウェザレル（Margaret Wetherell）とともに社会心理学の領域でディスコース分析を確立した。同時期に興ったフーコー派ディスコース分析がイデオロギーや権力と主観性の関係を問う巨視的視点をとるのに対して、言語による行為の遂行やその機能を探究する微視的アプローチの立場からエドワーズ（Derek Edwards）らとディスコース心理学を提唱し、諸学問にわたるディスコース研究の一角をなすまでに推進した。⇨解釈レパートリー、言語ゲーム、ディスコース、ディスコース心理学、ディスコース分析　［五十嵐靖博］

ボランティア
volunteer

　確定した定義はないとされるが、一般に、社会的に是とされる事柄について、自らの時間や労力を、労働対価を受け取らずに提供する活動や、その活動に従事する人のこと。その特性として、自発性、無償性、先駆性などをあげる場合が多い。福

祉、国際協力、災害などさまざまな場面で活動が展開され、心理学、社会学、経済学など多様な分野で研究が行われている。日本では、福祉分野における知識社会学的研究、災害分野のエスノグラフィーや実証的研究などが出版され、各分野の専門雑誌にも学術論文が増えてきている。また、ボランティア教育に関する議論も盛んとなっており、サービスラーニングやアクティブラーニングの文脈でも言及されることがある。ボランティアを社会変革の担い手ととらえるのか、既存の社会に回収するのかは、議論の分かれるところである。⇨エスノグラフィー、災害、災害復興、知識社会学　　　　　　　　　　　　　　［渥美公秀］

ポリフォニー　⇨多声性

ホルツマン〔1946-〕
Lois Holzman
　米国の発達心理学者。ニューヨーク市でニューマン（Fred Newman）とともに創設した、私設心理発達研究所であるイーストサイド・インスティテュート所長。ラディカルな批判的心理療法であるソーシャル・セラピーを創設し、その発展としてパフォーマンス心理学を提唱している。ソーシャル・セラピーは、従来の心理療法が個人の内面に病因を求める原因発見／問題解決型、過去指向的であると批判し、新しい発達環境をグループで制作し、その環境のもとで、かつて行ったことのない新しいパフォーマンスを創造するセラピーである。この発達的パフォーマンスの考え方は、貧困の子ども支援、新しい学級活動の創造など、幅広い問題領域に適用されている。⇨ヴィゴツキー、言語ゲーム、発達、文化－歴史的活動理論、方法論　　　　　［茂呂雄二］

ホワイト〔1948-2008〕
Michael White
　オーストラリアの心理療法・家族療法家。ベイトソン（Gregory Bateson）のサイバ

ネティクス、フーコー（Michel Foucault）の主体を客体化する近代言説と社会制度に関する批判、ブルーナー（Jerome S. Bruner）のナラティブ（物語）思考モードに基づく文化心理学などから影響を受け、ニュージーランドのエプストン（David Epston）とともに「ナラティブ・セラピー」の普及に尽力した。臨床実践では、クライエントと問題との間の相互影響関係を浮き彫りにする独自のナラティブ質問法や手紙手法の開発を通して、特に「問題の外在化」と称するアプローチを推進した。これにより、クライエントの主体性の回復だけでなく、家族や専門家を含む重要な関係者との協働性を高めることも示した。⇨ナラティブ・セラピー、フーコー、ブルーナー、ベイトソン
　　　　　　　　　　　　　　　　　［児島達美］

ホワイトヘッド〔1861-1947〕
Alfred North Whitehead
　19～20世紀に英国・米国で活躍した数学者・哲学者。その活動は論理学・数学に傾注した前期、自然哲学・科学哲学に関心を移した中期、有機体の哲学などプロセス思想を展開した後期、の三期に分けられる。後期の『過程と実在』（1929）では、宇宙を構成する単位を現実的実体（actual entity）ならびに現実的契機（actual occasion）とした。現実的実体はある時点で各々が関係をもつ合生（concrescence）状態にあり、「時間が止まる持続」において「空間的広がり」をもつとした。一方で、ある現実的実体は次に現れるそれに対しては与件となり、時間的な広がりである推移（transition）となる。彼は「ある」（being）と「なる」（becoming）の関係を考えていた。神学や教育への影響も少なくない。　　［サトウタツヤ］

本質主義
essentialism
　人や事物の本質として何らかの実体が存在し、個々の人や事物をそれが規定しているという考え。人の場合は、ある個人

に帰属された性質の原因が普遍的な本質だと考える立場を指す。男女間の心的な性質や能力の差異が男女間の生物学的差異に起因するとみる考え方を、フェミニズムは本質主義の過誤だと批判した。本質とみなされているものが実際には社会的に構成されたものだと考える社会構成主義（social constructionism）（構築主義）と対をなす。本質は時代や社会の差異にかかわらない普遍的なものという含意をもつため、本質による説明は将来の変化の可能性を考慮しない傾向をもつ。本質が自然化される点や生物学主義が問題視されている。心理学史研究は心理学が長年、女性やマイノリティや植民地住民など社会の主流に属さない人の心的な性質や能力を、主流の人びとよりも本質的に劣ったものだとみる見解を支えてきた負の歴史を明らかにした。本質主義批判は、心理学研究が報告した知見が人間の本質によるものか、社会的文化的要因が影響していないか検討するよう心理学者に求めている。⇨構築主義、実在論、社会構成主義、フェミニズム　　　　　［五十嵐靖博］

本当らしさ
verisimilitude
　テクストの記述や表現が「現実」や「本当」にどれだけ一致しているようにみえるか、あるいはそれがどれほどリアルに生き生きと感じられるかを示す概念。科学哲学者のポパー（Karl Popper）は、個々の科学理論が絶対的な「真実」にどれだけ近づいていると考えられるかを示すのにこの語を用いたが、質的研究ではそうした「真実」は仮定されないことが多い。研究対象に関する記述が本当らしさをもつ場合、読み手はその記述からあたかも自分が同じ経験をしているかのように感じ、対象者の感情や意思決定に対して共感的な理解が深まる。エスノグラフィーやナラティブ研究では、「本当らしさ」はその結果の信用性を高めるという点で、研究の質の指標の一つとされる。それを高めるための必要条件として

重要なのは厚い記述である。というのも、厚い記述は読み手に対象者の生きている文脈の詳細を伝え、そこで生みだされる解釈の厚みが本当らしさの感覚を引き起こすためである。⇨厚い記述、エスノグラフィー、信用性の基準、ナラティブ（ナラティヴ）
　　　　　　　　　　　　　　　　［能智正博］

ま

マイクロ・エスノグラフィー
micro-ethnography
　単一の社会的状況を研究対象とするエスノグラフィーのこと。個々のエスノグラフィー研究は、どのような社会単位を研究対象とするかによって、「マクロ・エスノグラフィー」と「マイクロ・エスノグラフィー」を両端とする連続帯の上に位置づけられる。人類学者のスプラッドリー（James P. Spradley）によれば、「場所」「行為者」「活動」の三つの要素によって特徴づけられる社会的状況（ドアを行き交う男女の出会いや銀行の窓口で行われる取引など）は、文化的な意味の全体像の把捉には不十分でも文化的な意味を理解する手がかりとして役立ち、マイクロな社会的状況に投影された社会の文化的変容の実態を解明する有効な単位になるという。「マイクロ・エスノグラフィー」は、行為・発話・相互作用・意味に着目して人びととの日常営為を質的に読み解こうとする心理学・教育学研究とも親和性が高く、日本の質的研究における重要な手法の一つとなっている。⇨エスノグラフィー、スプラッドリー、マクロ・エスノグラフィー　　　　　　　　　　［柴山真琴］

マクアダムス〔1954-〕
Dan Phillip McAdams
　米国の心理学者。パーソナリティと発達を専門としており、従来の類型論や特性論だけでは人の発達を描ききれないとして、

パーソナリティ研究にナラティブの観点を導入したことで知られる。1980年代からライフストーリー研究に注力し、個人のライフストーリーをナラティブ・アイデンティティとしてとらえ、発達や文化の観点から研究するナラティブ心理学を提唱している。個人のパーソナリティを三つのレベルから分析するパーソナリティの三層モデルが有名であり、Big Fiveのような一般的な気質的特性（第一層）、欲求・関心や信念のような個人的な性格的特性（第二層）に続く、三つめの層が人生に目的や意味や統一感を与える物語（ライフストーリー）、すなわちナラティブ・アイデンティティであると説いている。　⇨アイデンティティ、ナラティブ（ナラティヴ）、ライフストーリー

［家島明彦］

マクロ・エスノグラフィー
macro‒ethnography

　複数のコミュニティで構成される複雑な社会を研究対象とするエスノグラフィーのこと。人類学者のスプラッドリー（James P. Spradley）は、「マクロ・エスノグラフィー」と「マイクロ・エスノグラフィー」を連続帯の両極におき、その間に「複雑な社会」「複数のコミュニティ」「単一のコミュニティ」「複数の社会集団」「単一の社会集団」「複数の社会的状況」「単一の社会的状況」を順番に位置づけている。文化人類学では、特定のコミュニティに住みながら長期にわたって参与観察を行う「マクロ・エスノグラフィー」寄りのエスノグラフィー研究が多い（実際は「単一のコミュニティ」を研究対象としたものが最も多いという）。これに対して、日本における心理学領域の質的研究では、保育園・幼稚園・学校における遊び・共食・学習などの諸活動、公園に集う集合体や特定の社会慣行をもつ地域共同体など、「単一／複数の社会的状況」や「単一の社会集団」などを研究対象とした「マイクロ・エスノグラフィー」寄りの研究が蓄積されている。　⇨エスノグラフィー、ス

プラッドリー、マイクロ・エスノグラフィー

［柴山真琴］

マザリーズ
motherese

　性別にかかわらず大人が乳幼児に話しかける際にみられる発話パターンの特徴。具体的な特徴として、一度の発話に含まれる語彙数の少なさ、文構造の単純化、反復の多さがあげられる。さらに声のピッチは高く、抑揚は大きく、ゆっくりとしたテンポで間をとることが多くなる。このような特徴は文化や言語によって多少の違いはあるものの、さまざまな文化や言語において確認されている。マザリーズの機能としては、子どもの注意を喚起すること、情動表出を促すこと、言語発達を促進することが考えられている。近年では、機能面を含めて大人の話しかけの特徴を広くとらえるためにIDS（infant‒direct‒speech）という用語が用いられるようになっている。大人の話しかけには、乳幼児が認知し発話しやすい言葉（「ワンワン」「ブーブ」など）が用いられることがあるが、それらは育児語（幼児語）として区別される。　　　　　　　［菅野幸恵］

マスターナラティブ
master narrative

　マクロ社会レベルで流通している、支配的文化の権力や立場を正統化する特定の知識形態とその語り方。歴史過程で培われてきた伝統的なステレオタイプの知識から引き出され、集団やコミュニティなどでは、だれもが語れば互いに了解できる語り方として流通し、人びとの日常行動を統制している。個人の語りを通してマスターナラティブの意味が再生産され、その結果、さらに強固なリアリティを表すナラティブとなる。このナラティブは、複雑なアイデンティティや経験をもつ個人を一元的な行為者へと還元するような単純化の機能をもつ。たとえば、ジェンダーといっても、昨今はセクシュアル・マイノリティなどの多

様性が認められつつあるが、伝統的に男女の二分法がマスターナラティブとして強力なリアリティをもってきた。個人や集団、コミュニティに深く根づいた意識に埋め込まれているマスターナラティブの再生産過程を新たなパラダイムで崩す対抗的ナラティブは、個人やコミュニティなどのミクロ社会レベルから生み出される。⇨アイデンティティ、権力、ジェンダー、対抗的ナラティブ、ナラティブ（ナラティヴ）　［桜井　厚］

まちおこし
machi-okoshi

　人口減少などの衰退傾向にある地域コミュニティを、住民主体の活動の展開によって食い止め、参加意識を高めることによる地域再生を図ろうとする動き。「村おこし」という中山間部での地域振興運動で使われた言葉が、都市部を含めた地域振興活動一般に用いられるようになったもの。地域やまちの「活性化」という言い方が経済的な側面を重視するのに比して、居住地への愛着や地域アイデンティティ、住民の当事者意識などの社会的、心理的な側面を重視する点に特徴がある。平仮名による「まちづくり」という言葉を都市計画の領域で広めた田村明によると「おこし」という言葉には、「わりあい短期に、新しいテーマをかかげ、新しく人びとを呼び集め、住民に関心をおこさせ、他からも注目を引くようにする」といった意味が含まれる。活動の立ち上がりに際しての、リーダー的な人物の存在にまつわる逸話的な事例や、そこに始まる小さな活動主体やネットワークの形成など、ローカルな文脈のなかでの実践過程の事例分析が重視されている。⇨コミュニティ心理学、まちづくり
　　　　　　　　　　　　　　　　　　［南　博文］

まちづくり
machi-zukuri

　都市計画などの従来の価値観を変える挑戦をしようという意図のもと、平仮名によ

る表記によって市民感覚に訴える分かりやすい発想として田村明が広めた言葉。ここでの「まち」は、街でも町でもあり、都市が想定されてはいるが、都市対農村という二分法を超えて「人びとが自分で把握できる範囲」の生活圏を指すものとされる。行政主体の画一的な地域開発ではなく、市民が「自分たちの住み生活している場を再認識し、地域に合った住みやすい生き生きした魅力あるものにしていく」活動として位置づけられる。また「つくる」は、土木的・建築的な意味での物的整備だけをいうのではなく、住人が積極的な姿勢をもって「まちをつくる」責任があるという自覚を促す用語として使われる。つくる対象としては、モノ、シゴト、クラシ、シクミ、ルール、ヒトとそれらを総合するコトがあげられ、それらの動態を個別事例に基づいて理解し、実践する事が求められている。「まち」を当事者の視点からとらえ、日常用語を重視する点で質的研究のアプローチと重なる。⇨コミュニティ心理学、市民参加、まちおこし
　　　　　　　　　　　　　　　　　　［南　博文］

MAXQDA

　MAXQDAは、質的データ分析を支援するソフトウェア（CAQDAS）であり、ドイツのVERBI Software社が開発・販売している。PC版（Windows、Mac OS）があり、日本語を含む多言語のテキストデータの分析をサポートしている。ユーザー・インターフェース部分は、日本語を含む多言語の切り替えが可能となっている。MAXQDAは、ほかのCAQDASと同様に、質的データに対するコード化やメモ書きの機能を備えている。またMAXQDAによって、生成されたコードやメモのリンク構造が維持・管理されるため、分析の過程で必要なデータ管理を効率良く行うことができる。MAXQDAは、一般的なCAQDASの機能に加え、質的・量的データを統合した混合研究法の支援機能を備えていることに特徴がある。たとえば、質的データ分析の

コード化の結果と、それに対応する量的データを併置する「ジョイントディスプレイ」の機能を備えている。最上位版のMAXQDA Analytics Proは統計分析の機能を備えるなど、質的研究だけでなく、混合研究法での利用も意識した設計となっている。⇨ATLAS.ti、NVivo、コード化、混合研究法、質的データ分析　　　　［稲葉光行］

まなざし
line of sight

　自他関係一般にみられる能動・受動の反転性を視覚現象のそれで代表させて表現した用語。見たり触れたりといった能動的作用と、見られたり触れられたりといった受動的作用とは、きれいに二分できるように思える。しかし、机に触れるとき同時に机に触れられるのを感じるように、われわれは、知覚するものでありながら同時に知覚されるものでもあるという両義的構造のもとにある。メルロ＝ポンティ（Maurice Merleau-Ponty）が注目したのも、「まなざし」がもつ、この構造である。この両義的な構造は、「鏡映読み」の実験でも鮮やかに示される。われわれが皮膚に書かれた文字（たとえば、b）を読むとき、反転してdとして読めてしまう身体部位がある。その一つが眼の周辺である。それは、眼が「むかうアクション」（佐々木正人）の中心部位、言い換えれば、両義的なまなざしのうち能動性が優越してしまう部位だからだ。受動性を優越させて自らの身体を外側から知覚できれば、鏡映読みは起こらない。⇨環境－行為系、自己、生態学的アプローチ、他者、知覚システム　　　　　　　　［矢守克也］

学びの共同体
learning community

　子ども、教師、保護者、市民が共に学びあう場として学校を構想する学校改革のヴィジョンと哲学と活動システムの呼称。教育学者の佐藤学によって1990年代後半に提唱された。学びの共同体のビジョンは、デューイ（John Dewey）の民主主義の哲学とヴィゴツキー（Lev S. Vygotsky）の社会構成主義の学習理論を両輪とし、多様な理論と実践に学びつつ構想された。その目的は、すべての子どもの学びの権利の保障、すべての教師の専門家としての成長、保護者と市民が信頼し協力する学校の建設を通して、民主主義社会を実現することにおかれている。授業の特徴は、小グループやコの字型の机の配置を通して協働的な学習が推進される点にある。教師は授業を公開し、授業研究を通して同僚性の構築を目指す。日本の小、中、高等学校ばかりでなく、韓国、中国、台湾、インドネシアなどアジア諸国でも学びの共同体の改革の取り組みが推進されている。⇨ヴィゴツキー、共同学習、デューイ　　　　　　　　［浅井幸子］

マリノフスキー〔1884-1942〕
Bronisław Kaspar Malinowski

　ポーランド生まれの英国の人類学者。制度や慣習は個々人の生物学的・心理的欲求を充足する機能を果たすために存在すると考える、心理学的・生物学的機能主義者として位置づけられる。功績の一つとして、フィールドワークや参与観察といった研究方法を実践・確立したことがあげられる。マリノフスキーはオーストラリア滞在中に第一次世界大戦が始まって帰国できなくなり、ニューギニアに渡って現地調査をする。このときマイルー島やトロブリアンド諸島で実施した長期調査が『西太平洋の遠洋航海者』（原著1922）をはじめとする重要な業績を生みだした。現地調査時の苦悩や葛藤を赤裸々に記した日記が、本人の没後に『マリノフスキー日記』（同1967）として出版された。⇨エスノグラフィー、参与観察、フィールドワーク、文化人類学

　　　　　　　　　　　　　　［澤野美智子］

マルクス〔1818-1883〕
Karl Heinrich Marx

　著名なドイツ出身の思想家、経済学者で

あるが、弁証法や資本主義のもとでの疎外論など、ヴィゴツキー（Lev S. Vygotsky）に受け継がれたアイデアを通して、状況的学習論や活動理論などの質的研究に大きな影響を与えている。学習と発達、考えることと話すこと、方法と結果は、一体のもので分離できないとする弁証法の考え方は、さまざまな要素から構成される、状況のアレンジメント全体を分析の単位とする方法論に発展している。このアレンジメントは、普遍的というよりも、現在の資本主義のもとで特殊な歴史的制約を被っており、特に意味作りの主人公になれないという、意味からの疎外を特徴とするアレンジメントがわれわれの生活の形式の基本的あり方だと考えられている。 ⇒ 活動、実践、社会運動、文化 − 歴史的活動理論、弁証法　　　［茂呂雄二］

マルチサイテッド・エスノグラフィー
multi−sited ethnography

　ある特定のテーマを地理的に異なる複数の現場において調査する方法であり、人類学者のマーカス（George E. Marcus）によって提唱された。グローバリゼーションの下で国境を越えた人やモノの移動が活性化しており、そうしたトランスナショナルな事象が生起する過程や、異なる地点に存在する人びとやモノの関連性を明らかにする方法として有用である。従来の手法では単一の現場で比較的長期間の参与観察が行われてきたのに対し、特定のテーマについて関連する複数の現場を調査地として選定し、現場を移動しながら調査を行う点に特徴がある。そのような複数地点をまたぐ追跡調査は、グローバリゼーションというマクロな現象が複数のローカルな現場に与えるさまざまな影響の解明を可能にする。マーカスは空間を越えて追跡すべき具体的なテーマとして、人、モノ、メタファー、物語、ライフストーリー、論争をあげている。 ⇒ 越境、ナラティブ（ナラティヴ）、メタファー、ライフストーリー　　　［額賀美紗子］

マルチチュード
multitude

　中枢による管理ではなく、多様な人びとが共通のシンボル、言語、情動といった〈共〉を通して自由につながりながら〈共〉を拡張し、同時にあらゆる「特異性」を自由に表現し増幅させていく、発展的でオープンで自律分散的に拡がるネットワークのこと。哲学者のネグリ（Antonio Negri）とハート（Michael Hardt）が、スピノザ（Baruch de Spinoza）が用いた古典的概念を現代流に復刻させた。現代社会は、〈帝国〉と彼らが呼ぶ、主要な国民諸国家や資本主義企業らが形成する権威的なネットワークが最も大きな力を握っているが、その内部でそれに取って代わり得るもう一つのネットワークとして成長しつつあるものが、このマルチチュードである。2010年代に、アラブの民主化運動がスペインの15M運動へ、さらに米国のオキュパイ・ウォールストリート運動へ広がった事例などを彼らはあげ、農や軍隊などのさまざまな領域でみられるその萌芽を示す。マルチチュードの概念は、既存の社会構造に変化をもたらす新たな集合形態の具体的特徴を質的に分析しながら、未来の社会や集合体のあり方の議論に質的心理学も参画していく研究の方向性を示唆する。 ⇒ 社会運動、ネットワーキング、野火的活動、マルクス　　　［香川秀太］

マンガ
manga

　絵と文字とコマから構成される表現、物語。片仮名で「マンガ」と表記する場合、ストーリーマンガを指すことが多いが、一コマや四コマのものを含むこともある。マンガの種類が複数あることに伴ってマンガ発祥・発展の歴史も諸説あるため、その定義は容易ではない。「漫画」「まんが」「MANGA」などさまざまな表記方法があり、基本的には同じ意味であるが、意図的に特定の表記が用いられている場合は、それぞれ文脈や定義、意味が若干異なること

がある。日本を代表する文化であり、アニメとともに世界中に広がっている。性と暴力の側面が社会的に問題視されることが多いが、実際にはマンガの対象やジャンルは幅広く、社会問題や倫理問題、政治や宗教、歴史や学術を扱う作品も多い。マンガへの心理学的アプローチとしては、2007年にマンガ心理学が提唱され、マンガの教育的効果や人格形成との関連に着目した研究などが行われている。　⇨オタク、サブカルチャー　　　　　　　　　［家島明彦］

慢性疾患
chronic disease

一旦発症すると病いの経過が長く、治りにくいまたは治らないため、日常生活において長期にわたる治療や自己管理、ケアを必要とする疾患を指す。具体的には、糖尿病や腎疾患、がん、中枢神経疾患などがあげられる。慢性疾患は、その発症原因、症状、発病時期、生活上の制限などは多様であるものの、日常的に適切な治療と自己管理が行われていれば、健常者とともに通常の社会生活を送ることも可能である。しかしながら、その多くが不可視的な病いであるため、社会生活を送るうえでは、発作などの緊急事態や合併症など病状の悪化に対する周囲の理解や支援が重要となる。慢性疾患は、長期にわたる喪失経験の一つである。病いの語りに関する質的研究は、患者自身の病いの経験を個人の生きる社会的文脈に位置づけ、患者がそれと向き合うなかで病いの意味を再構成すること、また、人格的な成長や価値観の変化などもみられ得ることを報告してきた。　⇨健常者、小児がん、喪失、糖尿病、病いの語り　［飯牟礼悦子］

み

ミード〔1863–1931〕
George Herbert Mead

米国の哲学者、社会学者、心理学者。20世紀の初期を中心にプラグマティズムの立場に立ち、シカゴ大学を拠点に活躍した。シンボリック相互作用論や社会学のシカゴ学派創始者の一人である。主著は『精神・自我・社会』（原著1934）である。身振り・記号・言葉は社会的に豊かな意味を帯びたものであり、人と人、人とモノとの相互作用を通して意味が発展し、社会秩序もまた個人も作り出されていく。そこでは、とりわけ行為者がいかにして社会的世界を解釈するかが要となる。意識は行為さらに相互作用と切り離されない。精神と自己はその相互作用のなかから出現していく。むしろ精神は言語と切り離されず、相互作用における意味と別のものではない。　⇨シカゴ学派、シンボリック相互作用論、デューイ、プラグマティズム　　　　　　［無藤隆］

ミーハン〔1941– 〕
Hugh Mehan

米国の教育社会学者。60年代後半から継続的にエスノグラフィーやエスノメソドロジー、会話分析の手法を用いて学校内の教育過程を明らかにしてきた。1979年の著書 Learning Lessons では、IRE 連鎖を通じて授業が構築されており、生徒が上手く授業で振る舞うには、相互行為の能力（interactional competence）が必要だと指摘した。本作の研究手法や知見は学校内の教育過程や教育内容に目を向ける学問的潮流を後押しした。1980年代以降は、学校教育の諸過程が生徒の選抜や教育機会・キャリアパスの配分にいかに作用するのかを明らかにし、教育格差を是正するための学校改革の成否の要因を事例に基づいて論じてい

る。 ⇨IRE連鎖、エスノメソドロジー、会話分析、学校教育、授業研究 ［五十嵐素子］

ミクロ社会学
microsociology

　行為、相互行為、社会的自己など、社会的現実を構成する微視的な事象の解明を課題とする社会学。集団や組織、地域や国家、国際社会などの大きな社会的まとまり（社会システム）を対象とするマクロ社会学と対置されるが、社会学においては、ミクロとマクロが自足的に閉じた研究領域や理論体系を構成するわけではない。小さな単位の集積が大きな規模の社会を作り出し、逆に社会システムの構造に条件づけられて行為や自己の形成が可能になる。したがって、最終的にはミクロ次元とマクロ次元の相互関係が問われなければならない。そのうえで、ミクロ社会学は、社会構造の規定力に対する行為・相互行為過程の自律性を強調し、計量的方法によって観察される集合的次元の規則性や法則性よりも、そのつど成立する行為過程や相互行為秩序を質的データに基づいて記述することに重きをおく傾向がある。 ⇨エスノメソドロジー、ゴッフマン、自己、シンボリック相互作用論 ［鈴木智之］

導かれた参加
guided participation

　特定のコミュニティで営まれる活動に必要な技能や理解を高めることを援助するさまざまなアレンジメントに支えられながら、実践に参加することを通して学ぶ過程。ロゴフ（Barbara Rogoff）による用語で、学校教育のように明らかに教授を目的とした活動だけでなく、特に教授活動と考えられていない活動における暗黙のアレンジメントやルーティンの重要性を強調するものである。学ぶ人の能動的な役割を重視すると同時に、学びを支え導くような活動の組織化や活動を担う人びとの間での責任の配分などにも注目する概念である。また、社会的に望ましいとされる実践や技能に限定された概念ではない。暴力などネガティブな行為のレパートリーを対人関係上の問題への対処に用いるような実践に参加する場合も、同様に、特定の実践や価値観を学ぶことへと方向づける導かれた参加の過程があるとされる。 ⇨ヴィゴツキー、状況的学習論、ロゴフ ［當眞千賀子］

身振り
gesture

　身振りとは、考えや感情を他者へ伝達する際に現れる手および身体の動きであり、動きや形などの情報をもった象徴的身振りやビート（表現的な要素をもたずリズムを刻む動き）、指差しといった発話に伴う身振りと、言語の代替として用いられるエムブレムが含まれる。このほか、伝達的な意図のない自己の顔やその他身体への自己接触や、表情などの感情表出、モノへの接触や操作、姿勢や視線の変化などを身振りに含める研究者と、しぐさとして分ける研究者もいるが、言語としての文法や単語をもった手話は身振りには含めない。発話に伴う身振りには、心的表象のうちの言語化されない側面が現われることがあるが、この身振りは必ずしも聞き手に情報を伝えることを意図しているわけではないが、語りや会話の構造、あるいは発話自体を維持するなどの機能があると考えられるため、話し手の心的表象の全体像を理解するうえでは、不可欠なものである。 ⇨AV機器を使った観察、手話、発話、非言語的データ ［荒川歩］

三宅なほみ〔1949–2015〕
Naomi Miyake

　世界に先駆けて共同問題解決における理解深化を研究し、「人は他者と考えをやり取りしながら、自分だけの理解を深めていく」とする建設的相互作用理論を提唱した認知科学者。建設的相互作用を教室で引き起こす協調学習を推進し、学習科学の草分け的存在の一人となる。協調学習を実現す

る授業手法として「知識構成型ジグソー法」を開発し、小中高学校現場での授業づくりと評価のデザイン社会実装研究を展開。ロボットを子どもたちと学び合わせリサーチツールとして活用する「人ロボット共生学」という学術領域も創設した。学習場面のデザインと分析を一体的に推進する実践手法と、認知プロセスの詳細な分析とその質的データを量化する分析手法に特徴がある。 ⇒学習科学、デザイン研究、認知科学　　　　　　　　　　　　[白水始]

宮本常一 〔1907-1981〕
Tsuneichi Miyamoto

　民俗学者。山口県周防大島の農家に生まれ育ち、大阪で小学校教師の傍ら民俗学の道に入る。渋沢敬三が主催するアチック・ミューゼアム（後の常民文化研究所）に身を寄せ、戦前戦後の日本各地を広く歩き調査した。百姓すなわち多職の民として育った経験を基礎に、日本列島に住まう人びとが、与えられた環境のなかでどのように暮らしを立ててきたのか、その変遷を探り続けた。古老たちのライフヒストリーを編んだ『忘れられた日本人』(1960)は、消費社会への移行期に刻まれた、失われつつある生業の記録でもある。戦後の経済成長から取り残されがちだった農山漁村の振興に取り組む一方で、進歩の陰に退歩してゆくものを見定めることの重要性を説いた。⇒口頭伝承、生活史法、伝承、民俗学、ライフヒストリー　　　　　　　　[石井宏典]

民俗学
folklore studies of Japan

　民俗、すなわち民間の集団において伝承されてきた各地のさまざまな生活習慣や、その変遷・伝播過程の理解を通じ、現代社会を意味づけようとする学問分野。その探究の手がかりとなる民俗資料を、創始者の柳田國男は有形文化、言語芸術、心意現象に分類した。急速な社会変動で多くの民俗が消滅し、学問の存在意義を見直す取り組

みが進む。民俗自体よりもその集団的伝承の担い手である個々人の営みを対象にとらえ直す動きの広がりは、その一例である。この視点は以前から一部に存在しており、たとえば宮本常一は民俗の変遷・伝播のなかに個人を超えた集団の意思を見いだすことで、逆に個々の人間が生きる意味を探求した。ナラティブターンの影響を受け、民俗学においても個人への関心が増している。とはいえ、民俗学は民俗という集団単位の概念を基盤とした本来的にマクロ視点の学問であり、それを個人の語りに注目するミクロ視点と接合させるのは容易でない。この点をどう解決していくのか、動向が注視されている。 ⇒口頭伝承、伝承、ナラティブターン、宮本常一　　　　[中川善典]

民族心理学
〔独〕**Völkerpsychologie**

　人間は生まれながらにして社会的存在であり、また精神創造的存在であるとして、人間の高次の精神機能（記憶・思考・判断）などの側面を検討する学問分野。フォークサイコロジーとは異なる。質的心理学の知的源流の一つ。1860年にはラツァルス（Moritz Lazarus）とシュタインタール（Hermann Steinthal）によって『民族心理学と言語学雑誌』（〔独〕*Zeitschrift für Völkerpsychologie und Sprachwissenschaft*）が創刊された。ラツァルスによれば「ある民族の内的で精神的な活動（実生活、芸術、学問を含む）がどのような法則に従っているのか、どのように普及し深化あるいは停滞するのか、民族の特性がいかなる動因によって成立し、また、衰退するのか」について検討するのが民族心理学である。民族の意味は広く、学問の学派を担う人びとや芸術運動の担い手達の意味もある。近代心理学の父・ヴント（Wilhelm M. Wundt）も影響を受け、晩年には全10巻の大著『民族心理学』（原著1900-1920）を著した。ヴントは人間精神の理解のために人間の所産（人間が作り出したモノ）である言語、法律、社会、歴史、

ムジュ　　　　　　　　　302

文化慣習、宗教、神話を広く取り上げた。
⇨ヴント、質的心理学、心理学［サトウタツヤ］

む

矛盾　⇨ダブルバインド

め

迷信
superstition

　科学的に間違っている信仰や、かたくな
に信じられた道理に合わない言説などを指
す。人間はそもそも、ブルーナー (Jerome S.
Bruner) のいう論理科学モードではなくナ
ラティブモードで生きているといわれ、科
学的な正当性は、その物語を構成する一要
素に過ぎないからである。もちろん迷信に
とらわれて、大きな不利益を被ってしまう
こともあるだろうが、研究者としてはしば
しば、研究協力者が抱く迷信も含めて、そ
こにみられる物語を読み解こうとする。そ
してその迷信に基づいた物語が、人間を実
際に突き動かしていくこともあり、科学的
な知見が、そこでは考慮されないというこ
とも起こり得る。なお類似する用語に「俗
信」(folk brief) があり、これは科学的には
正しいとはみなされていない信念という意
味で用いられる。　⇨ナラティブモード、ブ
ルーナー、民俗学、論理科学モード［伊藤哲司］

メタ観察
meta‒observation

　エピソード記述法や語り合い法で提示さ
れるエピソード・対話録に付される考察の
こと。観察されたものに対するより高次の
観察という意味をもつ。行動科学的なアプ
ローチでは、観察者が主観を排して誰の目
にも明らかな行動のみを記録しようとする
のに対して、エピソード記述法や語り合い
法では、必ずしも可視的ではない人びとの
思いや気持ちの交流（間身体的・間主観的に
感じられたもの）も記述し、より人びとの実
感・体験に即した知を創出していくことを
目指す。そのために、メタ観察のなかで、
①人びとの振る舞いや様子から観察者が意
識的・非意識的に何を感じ取っていたかを
洗い出し、提示する作業、②間身体的・間
主観的に感じられたものが何に由来する
のか（観察者と協力者の関係の歴史、双方の経験
や価値観など）を分析する作業、③そのエピ
ソードが従来の学知との対比のなかで、ど
のような新たな意味（インパクト）をもつか
を考察する作業、を行う。　⇨エピソード記
述、語り合い法、間主観性　　　　［大倉得史］

メタ統合
qualitative meta‒synthesis

　ある現象や経験や研究設問（リサーチクエ
スチョン）についての複数の質的研究を一
次資料にして行われる研究で、より拡大さ
れた新しい知見を生むことを目的とする。
質的なメタ分析と同義。研究方法としてよ
く参考にされるのは、人種統合をした学校
についての複数のエスノグラフィーを資料
にしたノブリット (George W. Noblit) とヘ
ア (R. Dwight Hare) のメタエスノグラフィー
(meta‒ethnography) であるが、他にもメ
タ研究 (meta‒study)、メタ要約 (meta‒
summary)、グラウンデッド・フォーマル・
セオリーといったさまざまな手法が提唱さ
れている。一次資料のデータそのものでは
なく一次資料の知見から新しい知見を生み
だそうとするところが、二次分析や文献レ
ビューと異なる。メタ統合的研究が盛んに
行われている領域の一つが看護学で、その
テーマには、病気や困難をもつ人や家族の
経験、妊娠・出産・育児に関する経験、特
定の領域における看護実践知などがある。
⇨質的なメタ分析、文献レビュー　［鈴木聡志］

メタナラティブ
meta-narrative

　時代を覆う思想を表す大きな物語を指す用語。科学と物語は、元来、葛藤関係にあった。しかし、17世紀の科学革命以降、科学が実証性という規則の道具に留まらず、真なるものの探究という新たな地位を主張するようになった。そして、そのゲーム規則を正当化するメタ言説、すなわち哲学を必要とするようになった。リオタール（Jean-François Lyotard）は、この言説の例として、精神の弁証法、意味の解釈学、労働者としての主体の解放、富の発展をあげた。それらに準拠する科学の態様を「モダン」と呼び、この大きな物語をメタナラティブと名付けた。そして、それが思想における正義に対する正当化と同様、19世紀の知に対しても全く同じ資格で正当化するものと定義づけた。ポストモダンとは、20世紀における科学の進歩が生み出したメタナラティブに対する不信感のことである。またそれは、メタナラティブによる正当化の衰退がもたらした哲学、とりわけ形而上学の危機的状況を指す。 ⇨ 大きな物語／小さな物語、言語ゲーム、ポストモダニズム、リオタール　　　　　　　［小島康次］

メタファー
metaphor

　広義のメタファーは、隠喩、直喩などの比喩表現全般を指す。狭義のメタファー（隠喩）（例：人生は旅だ）は、主題（人生）とたとえる語（旅）を、類似性、アナロジーによる転移（写像）、包含関係、イメージに基づいて結びつけた比喩である。比喩指標（例：のようだ、みたいだ）がない表現を隠喩、一方、指標のある表現を直喩という（例：人生は旅のようだ）。メタファーの本質は、発話者の主観的経験（身体的感覚や感情など）や具体的あるいは抽象的事象（家庭、人生、愛など）についての認知や信念を、たとえる語（概念）を用いて言語表現することにある。言葉の形式をとる質的データの分析においては、①話者に特徴的なメタファーを特定すること、②発話者の意図を、字義（言葉）通りの意味でなく、文脈を通して深層にある意味やテーマを読み解くことが重要である。また、テクスト理解においては、メタファーの意味は、読者とテクストの相互作用によって生じる。 ⇨ 意味、意味論、イメージ、デノテーション／コノテーション、レトリック　　　　　　［楠見 孝］

メモ書き
notes

　研究活動においてメモをとることは必須の営みであるが、特にフィールド研究においては、フィールド観察の質の向上と分析段階における理論化を導くうえで大きな役割を果たしている。メモのとり方に決まったルールはないが、フィールドで記したフィールドメモからフィールドノーツを作成する際には、観察された事実とは別に、データから浮上する理論的示唆について記す「理論メモ」、フィールドワークを進めるうえでの反省点や留意点について記す「方法論メモ」、フィールドメンバーについての情報を記す「個人メモ」の3種類のメモを作成することが推奨される。「理論メモ」は、データの解釈・分析の際に理論的な分析枠組みの発見に貢献し、「方法論メモ」や「個人メモ」は、フィールド観察の偏りへの気づきやフィールド理解を促進する働きがある。 ⇨ フィールド研究、フィールドノーツ、フィールドワーク　　　　　　［谷口明子］

メモリーワーク
memory-work

　メモリーワークとは、ハウグ（Frigga Haug）を中心に、ドイツのフェミニズム研究のなかで生みだされた質的研究の手法である。このワークでは、参加者は、自分がどのような経緯で社会的・身体的に自分になったのかを、過去の記憶を想起しながら理解していく。そして、自己のアイデンティティ形成と自己の存在する世界が自分

にとってどのような意味をもつようになったのかを、理解していく。メモリーワークは、個人で行うものではなく、グループワークとして行われる。ワークの参加者は、自分の記憶を文章化してほかの参加者と共有化し、ある場面の記憶のみを検討する、という特徴をもつ。このような特徴によって、個人の記憶だけを頼りにするほかの手法と異なり、自分の社会的役割や他者からみた自己のあり方、ある場面に如実に現れる自己の姿への接近が可能だとされている。 ⇨アイデンティティ、自伝的記憶、人生の意味、ライフストーリー、ライフヒストリー　　　　　　　　　　　　〔上淵 寿〕

メルロ＝ポンティ〔1908-1961〕
Maurice Merleau-Ponty

　フランスの哲学者。フッサール（Edmund Husserl）の現象学を下敷きにしながらも、初期にはゲシュタルト論や有機体論を手がかりにして、「見える見るもの」という身体の両義性や間身体性に着目し、知覚の体験的記述こそが一切の説明図式に先行する始原的なものであるという独特の哲学的立場を主張した。特に一連の心理学や教育学の講義では、現象学の独特の摂取の仕方を示す一方で、心理学の諸知見を引きながら幼児の対人関係などを詳細に論じた。彼の「生きられる世界」に密着しそこに隠された意味を抉り出そうとする姿勢は、今日の質的心理学にも影響をもつものである。その後の哲学的展開が大いに期待されたが、53歳の若さで急逝した。 ⇨ゲシュタルト心理学、現象学　　　　　　　　　〔鯨岡 峻〕

メンバーチェック
member check

　構成した仮説や理論、モデルの内的妥当性を高めるための方法の一つ。メンバーによる妥当化、コミュニケーションによる妥当化と呼ばれることもある。データと暫定的な解釈を調査協力者や関係者と共有し、その分析結果が現実的に妥当なものか

を確かめることをいう。関係者には協力者の家族や同じ立場にある人、同じフィールドで働く専門職も含まれる。チェックする対象は、論文やレポートなどの結果だけではなく、分析のためのメモ書きや、フィールドノーツやトランススクリプトも含まれる。メンバーチェックの方法はさまざまで、メールや郵便でレポートを送り、それに対するコメントを返してもらう場合もあるし、研究会のような場でメンバーと直接やりとりしながら確認することもある。必ずしもメンバーが研究目的について意識的であるとは限らず、チェックの結果をすべて研究者に示すとは限らないことにも留意すべきである。 ⇨コミュニケーションによる妥当化、妥当化、トライアンギュレーション、内的妥当性　　　　　　〔菅野幸恵〕

も

モーニングワーク
mourning work

　喪失体験、つまり愛情や依存対象を、死や別れによって失う体験の後に生ずる心理過程のこと。精神分析学者のフロイト（Sigmund Freud）によって、1917年に提唱された。モーニングワークという心の作業を営むことによって、失った対象への思慕、悔やみ、恨み、自責、怒りなどのさまざまな情緒を経験する。そのなかで気持ちの整理が行われ、最終的には喪失を心理的に受け止めることができるようになる。なお、ボウルビィ（John Bowlby）らは、モーニングワークのなかで起こる落胆や絶望などの情緒反応を悲嘆（grief）として区別している。喪失体験には、死別や失恋といった別離、転居や昇進といった、慣れ親しんだ環境からの別れ、受障や病気といった自己の身体の変容など、当該個人の心の拠り所となっていた重要な対象が幅広く含まれる。当該個人が、きわめて不安定な環境に

おかれる場合、幼すぎる場合、精神発達が未熟な場合などは、モーニングワークが阻害され、適応が困難になることも多い。また古来より、宗教の教えや儀式は、モーニングワークを手助けする役割を果たしてきている。 ⇨ 障害受容、喪失、悲嘆 ［今尾真弓］

目的的サンプリング
purposeful sampling

研究目的に即して適切なサンプリングを行うこと。またそれを研究報告の際に読者に対して説得的に示すこと。質的研究、量的研究のいずれにおいても目的や研究計画に即したサンプリングが必要であるが、質的研究では一定の限られた対象にアクセスするため、目的的サンプリングがより重要となる。グラウンデッド・セオリーにおける理論的サンプリングや、TEA（複線径路等至性アプローチ）における歴史的構造化ご招待も、広い意味で研究目的的サンプリングといえる。また研究報告の際にも目的的サンプリングであることを示す必要がある。事例研究においてシングルケースを扱う場合などに特に顕著であるが、研究を通じて明らかにしたい事象を当該事例が典型的に表わしていることを読者に対して明示することが求められる。 ⇨ 事例研究、理論的サンプリング、歴史的構造化ご招待 ［川島大輔］

文字起こし
transcribe ; transcription

インタビューなど、音声を録音したものを書き起こすこと。トランスクリプションとも呼ばれる。書き起こしたものはトランスクリプトとも呼ばれる。一字一句違わず書き起こすもの、大意をとらえるように書き起こすものまで、その書式や表記法は研究の目的によってさまざまである。トランスクリプトは分析の資料となるが、文字起こしをすること自体が最初の分析作業であるともいえる。文字起こしは話し言葉という形態から書き言葉という形態に変換していくことであり、何らかの解釈や選択を経たものである。身体表現、声のトーンやピッチなどの非言語的情報をどの程度どのように文字起こししていくかにより、トランスクリプトに含まれる情報が変わってくる。そのため、文字起こしという行為は構築的なものであるといえる。文字起こしの信頼性や妥当性に関する共通した基準はなく、どのような目的で、どのような手続きや方針で行ったかによって判断される。 ⇨ インタビュー、トランスクリプト

［東海林麗香］

モデル
model

関連ある現象を包括的にまとめ、そこに一つのまとまったイメージを与えるようなシステム。数式で表す数理モデルと、広義の言語や図式で表す質的モデルに分かれる。モデル化（modeling）は、次の三つの機能をもつ。①個々の多様な現象を包括して記述する知識活動の機能、②現象の一般化した基準や認識枠組みを提供する機能、③現象を見る新しい見方や仮説を生成する機能である。モデルは、概念で論理的に構築される理論（theory）に対して、より柔軟で多様な形式をもつ。抽象的モデルだけではなく、具象的なモデルや感性に訴えるイメージ・モデルもある。質的研究で使われる「事例」も具象的モデルの一種である。多くの多様な現象のなかから、典型性、一般性、代表性、般化可能性、先見性などを基準に、その事例を代表として抽出する作業が入るからである。ファッションや自動車の新型モデルのように、表現の仕方もモデル化の重要なプロセスである。 ⇨ モデル構成的現場心理学 ［やまだようこ］

モデル構成的現場心理学
field psychology for model construction

日誌や観察などフィールド・データをもとにボトムアップで「モデル構成」を目指す心理学。1986 年にやまだようこによって提唱された。この方法論は、現在の「質

的研究法」に結びつく日本発の先駆的な試みである。フィールド（現場）は、①全体的・統合的（複合的システムとして機能するので、要素化や単純な変数による分析が困難）、②何が必要か分からない（要因が複雑に連関していて、アプローチすべき要因が不明。問題を発見したり、必要な要因を探し出したりすること自体が困難）という本質的特徴をもつ。副次的には、③一回的・個性的、④自然・ありのまま・統御がきかないという特徴がある。従来フィールド研究は、「法則定立的研究」に対し「個性記述的研究」とされてきた。しかし、研究目的や対象と、方法論は切り離すことが可能であり、法則定立（仮説や理論やモデルの構成）を目指すフィールド研究の方法論が理論化された。 ⇨ 現場心理学、日誌法、フィールド心理学、モデル、野外科学　　　　　　　　［やまだようこ］

物語学
narratology

　物語学（ナラトロジー）とは、物語や語り（ナラティブ）の方法・技法や構成について研究する分野である。物語学の成立には、二つの大きな流れがある。一つは、物語の内容に即して、その構造や類型を研究する類型論である。これはロシア・フォルマリズムから始まり、構造主義へとつながっていく。もう一つは、表現の形式、すなわち物語「言説」の表現形式を研究するものである。これは語りが、時間の流れに沿って変化していく「時間的展望」をもつという、語りの時系列における表現形式を研究することである。すなわち、「時間的展望のなかに析出してくる語り」という言語形式に関心をもつ。これは、語りの時系列において、過去を現在のように語ったり、未来や、別の過去の出来事などに結びつけて語ったりするような「時系列を自在に往還する主観的語り」の言語形式に関心をもつということである。物語学においては、このような「語られ方の形式」の分析も行う。以上を含め、現在の物語学は、言語形式に

おけるテクスト分析の研究が主流を占めている。 ⇨ 言説、構造主義、時間的展望、テクスト分析　　　　　　　　　　　　　　［田代順］

物語世界
taleworld

　ナラティブにおける発話の内容（語られたこと）を意味し、行為や出来事の展開を示すプロットで構成される物語のこと。物語世界が語られるのは、相互のコミュニケーション（対話）から成立するストーリー領域を通してである。物語のプロットは語り手と聴き手の相互性のあり方によって変化しうるが、あくまでも物語世界を構成する主導権は語り手の側にあるため、語り手の過去の自己や体験は物語世界によって理解される。物語世界では、典型的には、いつ、どこで、だれが、なにを、なぜ、どのように行ったかという一連の行為とその条件が示されている。物語は語り手の個人的経験からだけでなく、コミュニティや社会に流通するナラティブを借用して語られる。語りの場であるストーリー領域を通して物語世界が構成されるとはいえ、物語世界は身体的・心理的な外傷、写真や日記などの個人的記録、またコミュニティのナラティブやマスターナラティブに規定され、ストーリー領域から一定の自律性をもつリアリティとして成立している。 ⇨ 行為、コミュニケーション、ストーリー領域、ナラティブ（ナラティヴ）、マスターナラティブ　　［桜井厚］

物語的自己
narrative selves

　「物語（narrative）」によって相互作用のなかで生成される自己。あるいは文脈によって変化する自己、単一の実在ではない多様な自己（複数形）。旧来自己は、アトム（原子）を語源とする「個人（individual）」という概念と深く結びついており、文脈から独立して（independent）存在し得る個別で単一のユニークな実在、つまり歴史的・文化的文脈によって変化しない「同一性」

と考えられてきた。プラトン以来、西洋哲学は、自己同一性を存在の原型として、生成変化を超えた存在を想定してきた。デカルト（René Descartes）に始まる近代哲学も、自己にとって完全に透明に現前している超越的主観性を原理にしてきた。近代科学も、物質不滅の法則など、時間・空間を超えて、いつでもどこでも誰が見ても変わらない同一性をもとに客観性や普遍性という概念を作ってきた。「物語的自己」という概念は、リクール（Paul Ricœur）やブルーナー（Jerome S. Bruner）がいうように、従来の学問の根本原理やものの見方を変革する革命的な用語である。⇒アイデンティティ、自己、ナラティブ（ナラティヴ）

［やまだようこ］

物語的自己
the self in narrative

リクール（Paul Ricœur）が示す周りから際立つ自己（物語的自己同一性）は、時間上にプロットした自らの語りから立ち上がる。ガーゲン（Kenneth J. Gergen）は、自己は他者との会話、対話を通してその応答から映し出される「自己物語」であるという。しかし、時間が止まらないように自己像も静止しない。「何者が何しに来たか」と六祖慧能に問われた南嶽が8年がかりで出した答え、「説示一物即不中」（自分が誰かいくら説いてみても即ち当たらない）は、動く自己の消息をよく伝える。一方、自己を周りにとけ込んだものととれば、語る主体は一人称の「私」から二人称の「我々」、つまりブーバー（Martin Buber）がいう「我と汝」へ移行する。ベイトソン（Gregory Bateson）は、対話する全体を単位とする二人称の自己、すなわち「自己のサイバネティクス」が立ち上がると指摘した。生命主体自らがその一部となり創り上げる環境が自己として同定されることをユクスキュル（Jakob von Uexküll）は「環世界」と呼んだ。⇒自己、ベイトソン、ユクスキュル、リクール

［野村直樹］

モノローグ
monologue

相手の応答を想定しない独白のことをいう。バフチン（Mikhail M. Bakhtin）は、話しことばにおいても書きことばにおいても、発信者と受信者という少なくとも二つの声が並置される状態である対話という概念を提示したが、これは誰にも向けられないモノローグと対立する。モノローグは自己中心的で完結的に成立し、他者との関係を意識するものではない。言い換えれば、別の声と出会い相互活性化する機会のない単声的なことばである。発信者は最初から他者の視点と一致することを前提とし、異なる視点との対等な対立や意味の自由な解釈を想定しない。相手の受容のみを想定した権威的なことばはその極端な例で、発話とその意味が別の声と出会っても、固定していて変わることはなく自己を強制する。このようなテクストは無条件の承認を要求する閉じた性質をもち、別の声と相互作用して新たな意味の生成や思考を生みだすことはない。⇒声、対話、多声性、バフチン

［上村佳世子］

模倣
imitation

生活において、他者の行為を見聞きして、同様の行為をすること。生活における模倣の一つの意味は、他者から新たな行為の仕方を学ぶことである。模倣が集団内で繰り返されることで、行為は集団内に伝播し、ときには流行を作る。模倣が世代間で起こることで行為は次世代へと伝承され、文化の伝承が起こる。生活における模倣のもう一つの意味は対人的な機能である。対面的相互作用の場では、相手と同様の行為をすることがさまざまな意味や機能をもつことがある。たとえば幼児では、相手と同様の行為をすることで相手に仲間意識を伝えたり、仲間入りの際に遊び集団と同様の遊び活動をすることで仲間入りしやすくなったりする。対面的相互作用の場では、

乳児が泣くと同じ場所にいるほかの乳児も泣き出したり、大人同士が会話をしている間に無意識に相手と同じジェスチャーや姿勢をとったりするというような、より身体的レベルの反応ととらえられる現象も知られる。⇨学習、ジェスチャー、伝承、発達

[柴坂寿子]

や

野外科学
field science

　川喜田二郎は、実験室など人為的に操作された環境で実験を行う「実験科学」、文献や資料の収集や分析を行う「書斎科学」に対して、野外（フィールド）において観察や調査を行う研究を「野外科学」と呼んだ。フィールドワーク（field work）は、学術研究のテーマに即した場所（現地）を実際に訪れ、その対象を直接観察し、関係者に聞き取り調査し、資料収集を行うなどの調査技法である。伝統的には文化人類学、地学、地理学、生物学などで行われてきた。生物学では、生息する環境での生態やほかの生物との関係など実験室の動物実験では得られないデータを取得できる。一方で実験室のように環境の制御ができず、データにばらつきが生じて再現性の確保が難しい。川喜田は、フィールドワークを単なる現地調査の技法としてではなく、「科学」の一分野として位置づけ、その方法論を明確にしようとした。これは、現在の「質的研究」に結びつく重要な観点である。⇨川喜田二郎、現場心理学、実験科学、フィールド心理学、フィールドワーク

[やまだようこ]

病いの語り
illness narratives

　クラインマン（Arthur Kleinman）の1988年刊行書物のタイトル名。とくに慢性の、緩徐に下降する経過をたどる、治癒することのない疾病を考える際に、患者や家族は自分自身の病いの経験（つまり自身や重要な他者にとってそれらがもつ意味）を個人的な語りとして整理する。病いの語りは、その患者が語り、重要な他者が語り直すストーリーである。これらの前提として、病気（sickness）を扱う際に、疾患（disease）と病い（illness）を分けて考えること（疾患／病いの二分法）の重要性が医療人類学では強調され、前者が専門職の枠組みによって（いわば外側から）病気を分類し命名していくものとすれば、後者は苦しむ当事者や家族が（いわば内側から）経験するものとされる。慢性的な病いでは、さまざまな社会的・文化的要因が影響するために、当事者の説明モデルの語りと、それへの傾聴が重要となる。慢性期の患者のケアにはさらに、微小民族誌（mini‒ethnography）、説明モデルと取り決めなどが加えられている。⇨医療人類学、クラインマン、説明モデル

[江口重幸]

ゆ

ユーザー・インターフェース
user interface

　人工物（製品、システム、サービス）とそれを利用するユーザーの接する場のこと。以前は製品との接点や接面という意味合いで、キーボードやマウス、表示画面などのハードウェアを意味していたが、近年は利用する人工物とのインタラクション（相互作用）の場という意味で用いられるようになった。そのため、人工物による処理内容がユーザーの目標に適合しており、かつ、そのための入出力の操作手順が理解しやすく記憶や学習の負担も軽いことが望ましいとされ、認知心理学など心理学との関係も深い。さらに、ユーザーの意図や目標がどこにあるのかを明らかにし、ユーザーの意図とインターフェースの一致度を高め、ま

た利用後のUX（ユーザー経験／ユーザー体験）の質を高めるために、この領域でも、現場インタビューやダイアリー法などを利用したフィールドワーク、すなわちユーザー調査が頻繁に行われるようになった。なお質的データの分析は、直感で済ませてしまうことも多いが、KJ法、M－GTAやSCATなどの質的研究法も利用されている。 ⇒M－GTA、KJ法、SCAT、ダイアリー法、認知心理学　　　　　　　　　［黒須正明］

ユクスキュル〔1864–1944〕
Jacob von Uexküll

エストニアに生まれドイツで活動した生物学者。動物の運動器官の生理学的研究に基づき、機械論的な考え方とは異質な環境世界論という生物学思想を構想し、20世紀の生態学、動物行動学からゲシュタルト心理学、現象学にも影響を与えた。環境世界は動物が知覚し反応する刺激の総体から成り、感覚運動器官が異なれば全く違う現われ方をする。「都市」は物理的実在であっても、「都市環境」は生活主体ごとに異なる意味をもって現象する「主観的現実」である。環境世界論は現象学の生物学的基礎となるだけではなく、われわれは一様な物理的空間ではなく各自の主観的空間に住まうとする環境心理学にも影響を及ぼしている。 ⇒環境心理学、現象学 ［渡辺恒夫］

ユング〔1875–1961〕
Carl Gustav Jung

スイスの精神科医。分析心理学の創始者。初期には言語連想検査をもとにコンプレックスの研究を行う。一時はフロイト（Sigmund Freud）の精神分析学に共鳴するが、リビドーに関する考えの違いをめぐって訣別し、独自の理論を形成していくことになる。統合失調症者の治療や自らの精神的危機の体験から、フロイトにおいては抑圧の対象であった「無意識」に豊かな可能性を見いだし、個人の経験を超えた普遍的なものと仮定した。また、人が人生を通じ

て無意識の諸要素と対決しながら心の全体性を回復していく必要を説き、それを「個性化過程」と呼んだ。彼の理論と、夢やイメージを糸口とする心理療法は、臨床心理学の発展にも大きく貢献した。 ⇒心理療法、精神分析、分析心理学、臨床心理学

［小木曽由佳］

よ

欲望
〔英〕wish；〔仏〕désir

欲望は、主体の意識の統制下において作り出されるものではなく、また主体の内面にあらかじめ備わるものでもない。欲望という現象を理解するには、まず当の主体の成り立ちから把握することが求められる。人が自らを自己という統一的な主体としてとらえようとするとき、すでに他者によって語られていた言語の力を借りざるをえない。言語とは、そもそもそれ自体には何の実体も伴わない特異な存在である。すなわち主体とは、不可避的に他者性を孕み、かつ実体的な裏付けを欠いた構成体なのであり、こうした意味において、人は主体としての本質的な基軸を欠如したまま生きざるを得ない。欲望は、こうした欠如を満たそうとすべく無意識のうちに発生するものであるが、それは再び、他者性を孕み実体と乖離した言語において構成されるがゆえに、決して満たされることはない。なおラカン（Jacques Lacan）は、「人間の欲望は他者（L'autre）の欲望」であると述べている。この「他者」とは、一般的な他者のみならず、社会、そして言語までも広く含むものである。 ⇒自己、他者、欲求、ラカン

［松島恵介］

欲求
〔英〕need；〔仏〕besoin

人間の行動の誘因となる内的緊張状態の

一つで、空腹や睡眠など生命維持のために必要なものを一次的欲求あるいは生理的欲求と呼び、社会生活において後天的に学習される承認や達成などの欲求を二次的欲求あるいは社会的欲求と呼ぶ。米国の心理学者マズロー（Abraham H. Maslow）は、欲求には階層があるとする欲求階層説を唱えた。欲求は、低次から高次へと至る五つの階層（生理的欲求、安全欲求、所属と愛情欲求、自尊欲求、自己実現欲求）から成り、低次の欲求が満たされてはじめて高次の欲求が生じ得るとされる。また、フランスの精神分析家ラカン（Jacques Lacan）によれば、二次的欲求（社会的欲求）と呼ばれるものは「欲望（désir〔仏〕）」という概念の範疇にある。彼によれば、欲望は言語によって支えられているがゆえに、動物的な「欲求（〔仏〕besoin）」とは異なり、決して満たされることはないという。 ⇨欲望、ラカン［松島恵介］

ら

ラーニング・ストーリー
learning story

　ラーニング・ストーリーは、ニュージーランドの多くの保育施設で行われている、保育者が子どもを理解するための観察と記録の方法である。自らも保育者であったカー（Margaret Carr）を中心に開発された。その特徴は、標準的な発達段階に沿って「できる／できない」「早い／遅い」を見るのではなく、子どもが「興味をもっていること」「夢中になっていること」「チャレンジしていること」「気持ちを表現していること」「役割を果たしていること」などに保育者が目を向け、肯定的に子どもをとらえ、彼（女）らの学びの物語を紡ぐ点にある。その背景には、「社会文化的な子ども観」と呼ばれる、大人に守られ導かれて育つ小さな存在としてではなく、自ら成長しようとする力を発揮しながら育つ力強い存在として子どもをとらえる考え方がある。ラーニング・ストーリーは、実践の中の個別・具体的な子どもの経験について、周囲の状況も踏まえて保育者が理解しようとすることから、社会文化的文脈のなかの人間科学を志向する質的心理学と親和性が高い。 ⇨観察、子ども理解、実践記録、社会文化的アプローチ、保育 ［中坪史典］

来談者中心療法
client-centered therapy：CCT

　ロジャーズ（Carl R. Rogers）が1940年代に創始した心理療法。来談者（クライエント）に起こるべき変化・進み方を分かっているのはセラピストではなくクライエント本人であり、どの人も成長への動因・実現傾向を生来的にもっていると考える。クライエントは、自身の体験過程（experiencing）に照合することを通じて、その傾向を発現させる。これを促進するセラピストのあり方の必要十分条件の主要なものとして、①ジェニュインネス（genuiness）（心理療法関係のなかでセラピストが自分自身の心の動きに気づき、自己一致していること）、②クライエントへの無条件の肯定的配慮（unconditional positive regard）、③クライエントの内的照合枠への共感的理解（empathic understanding）をあげた。また、来談者中心療法においては、心理療法の逐語録を分析する実証研究を初めて行った。また、CCTから発展したエンカウンター・グループ（encounter group）は社会運動的広がりを見せ、ロジャーズは、コミュニティの成長（教育や、異文化間・国家間の緊張緩和など）にもかかわり、1970年代末からはパーソンセンタード・アプローチ（person-centered approach：PCA）という名称を用いた。 ⇨TAE（複線径路等至性アプローチ）、心理療法、カウンセリング心理学、人間性心理学 ［無藤清子］

ライフ
life

　人生、生涯、生命、いのち、生、生活な

ど広い意味をもつ。ライフサイエンス（生命科学）は、無生物を扱う科学に対する生物学や医学を指す。ライフスパン（生涯）、ライフロング（生涯）は、生涯発達心理学や生涯教育など、従来は青年期までに限られていた「発達」や「教育」を人生全体にわたって拡大する用語として使われる。クオリティ・オブ・ライフは「生活の質」、ライフスペースは「生活空間」と訳され、ワーク・アンド・ライフバランスは、「仕事」に対する「生活」という意味で使われる。ライフ（生、いのち）は、「死」と関連するが、英語では「死」を扱う学問は生と切り離されて対極におかれ、「死学（death studies）」と呼ばれる。日本では、死は生と循環的に結びつけられて「死生学」と呼ばれる。ライフをどのように見るかは、文化によって異なり、心理学の大きなテーマである。 ⇨死生学、ライフサイクル

[やまだようこ]

ライフイベント
life event

人生上の出来事のうち、暮らし方や生活環境に変化をもたらしたり、人生に大きな影響力を与えたりするもの。その経験する時期（年齢）や順序によってライフコースが形作られる。そのため、ライフストーリー・インタビューなどではトピックとなりやすい。規範化している通例的出来事（入学、進学、卒業、就職、結婚、引退など）と、必ずしも予期しえない偶発的・非通例的出来事（地震、事故、失業、病気、愛する人の突然の死など）、また、社会的ライフイベント（政治上の動乱、戦争、不況など）に分けてとらえることができる。ストレス論においては、ストレスの作用因子であるストレッサーとして位置づけられ、たとえばホームズ（Thomas Holmes）とレイ（Richard Rahe）の社会的再適応評価尺度は、①配偶者の死、②離婚、③夫婦別居生活、④拘留、⑤親族の死、⑥個人のけがや病気、⑦結婚などのライフイベント43項目より構成さ

れている。 ⇨ライフコース研究、ライフストーリー・インタビュー

[川野健治]

ライフコース研究
life course studies

ライフコースに着目し、人間の発達と環境の相互プロセスを解明する研究。ライフコースとは進学、就職、結婚、出産、退職など年齢ごとに異なる役割とライフイベントを通して個人がたどる道筋である。人はさまざまなライフイベントを経験するが、ライフイベントをどの時代に、どのような社会・文化で、何歳ごろ経験するか、そのとき、どのような選択をするかによって、ライフコースは大きく異なる。グローバル化や価値の多様化など環境変化が激しい現代、ライフコースは多様化し、研究の重要性が増している。社会学から発展したライフコース研究の特徴は、人生における共通性に着目するライフサイクル研究に比べ、生き方の多様性に着目し、環境的要因を重視していることである。代表的研究にエルダー（Glen H. Elder）の『大恐慌の子どもたち』（原著1974）などがある。 ⇨環境、TEA（複線径路等至性アプローチ）、ライフイベント、ライフサイクル

[山口智子]

ライフサイクル
life cycle

生物が生まれ、成長し、成熟し、老いて、死に至る生涯（ライフ）の時間プロセスを指す。生物学では、生活周期、生活環とも呼ばれ、世代交代も含まれる。心理学では、エリクソン（Erik H. Erikson）のライフサイクル論が代表的である。彼は、乳児期の「基本的信頼 対 不信」によって生じる「希望」に始まり、老年期の「統合 対 絶望」によって生じる「叡智」にいたる、個人の人生の八つのステージにおける8種類の「生きる力」を明らかにした。生涯発達心理学（life-span developmental psychology）では、発達心理学のライフの幅（スパン）を延長して、個人の生涯を生

から死まで扱うようになった。しかし、ライフスパンや発達段階のように、直線的・前進的・上昇的な時間軸で考えるか、「戻る」「繰り返す」過程を含むサイクル（循環）する時間軸で考えるかは大きな相違である。また、個人の人生だけではなく、社会・文化・歴史的「文脈」や「世代連関」まで含んだライフサイクル論も必要である。　⇨時間、生涯発達心理学、ライフ

[やまだようこ]

ライフストーリー
life story

　個人が自己や人生、また経験や出来事に意味を与えることができるコミュニケーションの形式で、通常、物語形態で語られる語りのこと。また、こうした語りを通して語り手の生活世界、社会や文化の諸相と変動を読み解く質的研究法の一つ。主観的意味を重視していることなどライフヒストリーの研究法と共通する点が多いが、特にオーラルな語りには独自の特性がある。①語りには語り手だけでなく聴き手が必要で、語りが調査者と語り手の相互行為の産物であることが理解や解釈に不可欠である。②声音、抑揚、方言などの語り口だけではなく沈黙や語り得なさの理解、また文字には無縁な人や沈黙を強いられた人の声を聴くことなどを可能にする。③選択的、反省的に語られるため時空間の変化に伴って自己経験に新たな意味付与がなされ、語りは更新される可能性がある。これら三つの特性は、ナラティブの構造、記憶の分節化、人生や生活の社会的文脈、コミュニティのストーリーなどを論じる際に基本的視座を提供する。　⇨質的研究、ナラティブ（ナラティブ）、物語的自己、ライフヒストリー

[桜井 厚]

ライフストーリー・インタビュー
life-story interview

　ライフストーリー・インタビューは、語り手が人生における経験をどのように意味づけるのかに迫る方法である。一般的には、人生の過去の出来事から現在、そして未来への展望という、語り手の人生物語にアプローチする。また「ライフ」が多義的な意味をもつことから、人生に対する意味づけのみならず、広く生活やいのちといったさまざまな対象に迫ることができる。マクアダムス（Dan P. McAdams）によるガイド付き自伝探求法はその典型例の一つであるが、そこではインタビューに際した手順が細かく整備されている。現在ではライフストーリーおよびインタビューの位置づけによって、さまざまな方法が提案されている。たとえばガイド付き自伝探求法では、意味や物語的真実に迫るための方法としてインタビューが位置づけられており、実在論的な立場に近いといえる。これに対して、たとえばインタビュアーとインタビュイーとの対話性を強調する、社会構成主義（social constructionism）の立場からのアプローチも提案されている。　⇨インタビュー、ガイド付き自伝探求法、ライフ、ライフストーリー

[川島大輔]

ライフヒストリー
life history

　通常、個人の誕生から現在に至る全過程やその一部のことを意味するが、人間科学の領域では個人の人生や生活過程の全体を資料とする質的研究法の一つ。自伝（自分史）、日記、手紙、写真などの個人的記録や個人の口述の語り（ライフストーリー）といったデータをもとに、個人の過去の経験や社会関係、遭遇した出来事などを時系列的に配列し、関連する文字資料や他者からの聴き取りデータを補助資料に用いて、アイデンティティや個人を越えた社会的現実に接近する。プラマー（Ken Plummer）は、この研究法の特質として、個人の主観性を重視すること、経験の過程・多義性・変化が明確になること、全体を見渡す視座が獲得できること、個人史と社会史の交差する歴史変化を把握できることをあげる。方法

論には、被調査者－調査者関係、主観性の分析と解釈、記述方法、公表における倫理など、なお多くの検討課題がある。⇨質的研究、主観性、経験と体験、ライフストーリー　　　　　　　　　　　　　［桜井厚］

ライフライン・インタビュー法
lifeline interview method

　自分自身の人生を曲線で描き、その浮き沈みに着目した語りを聴き取るインタビュー方法。人生を線で表す手法はさまざまな分野で用いられているが、この方法は主として老年学の領域で発展してきたものであり、「足どり」（footpath）というメタファーに基づく。誕生から死に至るまでの人生の旅を一本の線で表し、具体的には、横軸に時間、縦軸に情動の浮き沈みを描くことから始める。そしてその浮き沈みを分岐点としてとらえ、そこで経験した、もしくは今後経験すると思われる出来事の意味づけに迫る手法である。人生の視覚化と経験の言語化を通じて、個々人における経験の組織化に迫ることができる。質的研究における方法の一つではあるが、ライフラインの作成と語りは経験の組織化を促すため、グループ・エンカウンターのワークショップやキャリア発達の文脈においても自己理解の道具として用いられることが多い。⇨ナラティブ老年学、ライフストーリー・インタビュー、老年学　　［川島大輔］

ライフレビュー
life review

　人生を振り返り回顧すること、または、人生を回顧する臨床的援助方法。1960年代、精神科医バトラー（Robert Butler）は、高齢者が死を意識するようになると、自然に人生を回顧するようになり、未解決の葛藤を解決し、人生に新たな意味を見いだし、死の不安を軽減すると指摘した。この過程は、エリクソン（Erik H. Erikson）の「自我の統合」やマクアダムス（Dan P. McAdams）のポスト神話期におけるライフストーリーと関連する。臨床的援助方法としてのライフレビューは回想法と同義に用いられる場合もあるが、区別される場合は、回想法に比べ、過去を評価し統合することを重視する。効果として抑うつ感の低減などが指摘されているが、過去よりも現在が重要と考える高齢者に抑うつを引き起こす可能性もあり、すべての高齢者にライフレビューが適しているわけではない。⇨エリクソン、回想法、構造的ライフレビュー、自伝的記憶、マクアダムス　［山口智子］

ラカン〔1901-1981〕
Jacques-Marie-Émile Lacan

　フランスの精神分析家。フロイトの精神分析学を構造主義的に発展させたパリ・フロイト派のリーダーでもある。20年以上にわたるセミネールでの講義において、「大文字の他者」「鏡像段階」「想像界」「象徴界」など独特の概念を創出した。鏡像段階はバラバラになったヒトの本能を鏡（他者）に映る自己の姿を介して一つにまとめる契機である。主体はこれを取り入れて欠けた自己自身を先取りし、自我という仮の姿を見いだすとされる。やがて、言語を獲得することで無化された主体は、そこから記号としての意味世界（象徴界）へ参入するとした。主著『エクリ』（原著1966）は、その晦渋さにもかかわらず、大ベストセラーになった。⇨精神分析、フロイト、ポスト構造主義　　　　　　　　［小島康次］

羅生門的アプローチ
Rashomon-like approach

　「羅生門」とは、芥川龍之介の「藪の中」を原作として黒澤明が映画化した作品である。その中で一人の男の死を巡り、三人の人間による証言の食い違いが発生する。ここから、一つの出来事に対して相容れない知覚、物語が存在することを「羅生門的」と言い表すようになった。文化人類学者のルイス（Oscar Lewis）は、複数の家族成員のライフストーリーを重ね合わせて家族模

様や社会を描き出し、その手法を羅生門的アプローチと呼んだ。羅生門的アプローチの特徴は、①出来事を個人の語る経験によって描くこと、②出来事を複数の視点から眺め、複数の経験を並列させて提示することにある。その結果、③複数の「経験の物語」を重ね合わせることで出来事の多面性を明らかにすることが可能になる質的手法である。また、教育学領域では、教育活動によって学習者に何が引き起こされたかをできる限り多様な視点から叙述し、カリキュラム開発へフィードバックする方法として、教育学者アトキン（J. Myron. Atkin）による「羅生門的アプローチ」が提唱されている。 ⇨ インタビュー、家族、教育学、質的研究、ライフストーリー　　　［荘島幸子］

ラディカル質的心理学
radical qualitative psychology

　質的心理学における分析手順の形式化や過度のマニュアル化という趨勢に抵抗し、社会的実践と連動しつつ、自身の立場と研究を常に問い直し続ける研究アプローチ。パーカー（Ian Parker）によれば、質的研究の科学性は、研究者自らの反省性によって支えられており、自身の立場、意図せざる歴史的社会的な諸条件とその作用、研究結果が研究協力者にもたらす影響などを常に問い直し、それを対象として討議し続けることによってのみ担保される。そのプロセスを放棄し、既存のアプローチを無反省に踏襲するだけであれば、質的研究は、その批判する量的研究と同様、資本主義社会を維持し少数者を抑圧する道具へと容易に転落する。質的研究を代表するとみなされる主要な分析方法もこうした批判を免れるものではない。すべての研究活動は、本質的にはアクションリサーチとして、その社会にもたらす意味を問われ続ける。 ⇨ アクションリサーチ、パーカー、反省性、倫理
［八ッ塚一郎］

ラトゥール〔1948- 〕
Bruno Latour

　現代フランスの哲学者、社会学者。客観的世界の存在を前提にその心的表象を人間は構築するという二元論的枠組みを当然視する学者は多いが、ラトゥールはその枠組みを近代人に特徴的な認識のあり方に過ぎないとし、近代人の実践は認識とは別で、人間と非人間のハイブリッドを生産することだと唱えた。また人間にのみエージェンシーを付与する社会科学一般を批判し、人間と非人間から成るアクターネットワークにエージェンシーを付与するアクターネットワーク理論を創始した。さらに科学、司法、政治、宗教それぞれに領域特殊な正誤の判断法があることを見いだし「存在の様式」研究が必要だと訴えた。 ⇨ アクターネットワーク理論、科学社会学、カロン
［川村久美子］

ラベリング理論
labeling theory

　1960年代の米国に登場した逸脱理論であり、デュルケム（Émile Durkheim）の犯罪理論に思想的起源を求めることができる。ベッカー（Howard S. Becker）は、ラベリング理論宣言の書ともいえる『アウトサイダーズ』（原著1963）のなかで、権力をもつ側が、葛藤の産物である規則を特定のカテゴリー（たとえば、黒人など社会的弱者）に恣意的に適用することで逸脱を生みだしていると主張し、逸脱の実在論を批判した。ラベリング理論は、公民権法の成立に象徴される当時の米国の時代状況のなかで、少年司法政策に取り入れられるなど大きな影響力をもった。しかし、犯罪は減少せず政策的な効果が見られなかったことや、理論的にも実在論を払拭できなかったことなどを批判され急速に影響力を失っていった。そして1970年代後半に、ラベリング理論を批判的に乗り越え相互行為論的認識を精緻化した社会問題の構築主義（constructionism）が登場することとなった。

⇨社会問題の構築　　　　　　　　［北澤 毅］

ラポール
rapport

　原義は「交流」を意味するフランス語。対象者との親和性や信頼関係を指す。心理臨床ではメスメル（Franz A. Mesmer）以来、治療的かかわりの展開に不可欠なものとされており、質的研究でも、実際の調査実施に当たっては、その形成に大きな注意が払われる。このとき、ラポールには少なくとも二つの意義が見いだされている。第一には研究上の意義で、その形成によって相手から必要かつ信頼できる情報を引き出し、妥当な解釈をすることが容易になる利点である。第二には、対象者・対象地に関する研究倫理をめぐる意義である。対象者や対象地を真に尊重しつつ研究を遂行するための道筋は、相手と関係を築き交流するなかから学び考える必要がある。ラポールとは単に「仲が良い」ことや「親密」な関係を意味しない。この語は、「調査する者－調査される者」という非対称な関係のもとで出会った二者にとっての「適切な関係」「良い関係」とは何かを研究者に問いかけ続ける概念である。　⇨インフォーマント、オーバーラポール、関係性、研究倫理、フィールドでの人間関係　　　［木下寛子］

ラボラトリー
laboratory

　ラボラトリー、あるいは実験室は、実験を中心とした自然科学の拠点であり、心理学にとっても、自然科学に準ずるその科学的厳密さが心理学の科学性の根拠とされてきた。他方ラボラトリーがもつ狭く限定された研究方法による心理学的研究に対して、その生態学的な妥当性などを含めて、多くの批判が投げかけられており、質的心理学も、心理学のラボラトリー中心主義に対する、フィールド指向性をその基盤としてきた。しかし近年の科学社会学（人類学）によるラボラトリー内活動の詳細な研究により、実際のラボラトリー活動のイメージが大きく変わりつつある。たとえばラボ内部での実験活動には多様な段階があり、条件を厳しく制限した最終的な実験とは別に、ちょっとした思いつきによる即興的な試みなどが多くの段階で観察される。またラボラトリー内の過程は、現在では、経済や倫理といった社会的条件に大きく左右される状況が生まれつつある。このことで、近年では日常実践における実験的なもの、といった新たな関心も生まれている。
　⇨科学社会学、シンメトリー、ラトゥール
　　　　　　　　　　　　　　［福島真人］

ランガージュ
〔仏〕**langage**；〔英〕**language**

　言語学者ソシュール（Ferdinand de Saussure）が提唱した言語に関する重要な三つの概念の一つ。ランガージュは、一般的な言語現象の総体を指し、言語活動と訳される。ソシュールは、まず人間のもつ普遍的な言語能力とその活動をランガージュと呼び、個別の共同体で用いられている多様な言語体系であるラングと区別した。ランガージュには、言語の運用だけではなく、抽象化したり、カテゴリー化したりする論理的能力や記号を用いた活動も含まれる。さらには、ラングという社会的体系のなかでランガージュを機能させた具体的な言語行為として、三つめの概念であるパロールを提唱している。各社会のなかでの記号の意味範疇や記号の作り方や結びつけ方が制度化されたものがラングであり、外国語学習における文法や語彙もラングにあたる。ソシュールは、このように言語に関する三つの概念を示すことで、言語を複合的にとらえようとしたと考えられている。
　⇨ソシュール、パロール、ラング　［北出慶子］

ラング
〔仏〕**langue**；〔英〕**language**

　言語学者ソシュール（Ferdinand de Saussure）が提唱した言語のとらえ方を示

す概念の一つ。ソシュールは、言語活動の総体であるランガージュをラングとパロールという二つの概念に分けて分析する必要があるとした。ラングは、ある社会で潜在的ではあるが、共有されている音、文法、意味、などの規則である言語体系を指す。これに対し、パロールは実際の発話や言語行為であり、体系としてのラングが個人によって特定の時や場で具体化したものである。ラングは、ある特定の社会における歴史的・社会的な共有財産であり、制度化され抽象化された概念である。ソシュールは、動的で一般化が困難なパロールとラングを区別することにより、ある特定の社会における言語体系を明らかにできると考えた。構造主義言語学は、ラングという潜在的ではあるが社会的基準の存在を認めることにより発展してきたともいえる。⇒ソシュール、パロール、ランガージュ　[北出慶子]

ランダム・サンプリング
random sampling

　母集団から標本を抽出するサンプリングを行う際に、意図を挟まず無作為にサンプルを抽出する方法。確率抽出法とも呼ばれ、母集団を公平に代表する一部のサンプルの結果から母集団の数値を推定する推測統計を行う際の基本となるサンプリング法であり、これによって抽出されたサンプルはランダム・サンプル（無作為標本）とされる。最も代表的なものは単純無作為抽出法であり、母集団を構成するすべての対象に対して等しい確率を与え、サンプルを抽出する方法である。厳密には抽出するたびに乱数を生成して行うが、実際に行うことは困難である。そのため、母集団をできるだけよく代表するように公平性を重視し、開始点のみランダムに決定し、以後は等間隔に抽出する系統抽出法や、既知の母集団に沿うように抽出する割当て抽出法などの単純無作為抽出法に準じる方法を採用することが多い。このように調査者の意図が加わる方法でのサンプリングは有意抽出法と呼

ばれる。⇒サンプリング、統計学、ランダム・サンプリング、理論的サンプリング

[春日秀朗]

り

リヴォイシング　⇒再声化

リオタール〔1924-1998〕
Jean-François Lyotard

　フランスの哲学者、思想家。現象学、マルクス、後にフロイトを学び、パリ大学教授となり、パリ五月革命に身を投じたなかから『漂流の思想』（原著1973）を著し、アルチュセール（Louis P. Althusser）が排斥した初期マルクスの疎外論を慎重に再評価した。さらに『ポストモダンの条件』（同1979）において、20世紀後半の文化における知の位置づけを探究し、モダンの「大きな物語」の衰退と、理論の普遍性に対する懐疑を踏まえて、無数の小さな物語群の追求により、イデオロギーに隷属した状態からの解放を目指す新たな文化のパラダイムを提唱した。その9年後、『非人間的なもの』（同1988）におけるテクノ・サイエンス（例：人工知能）の非人間性に対峙する論調は、一種の疎外論を彷彿とさせる。⇒大きな物語／小さな物語、現象学、フロイト、ポストモダニズム、マルクス　　　[小島康次]

利害関係者　⇒ステークホルダー

理解社会学
〔独〕**verstehende Soziologie**

　ウェーバー（Max Weber）は、「社会的行為」を「解釈によって理解する」という方法で行為の過程や結果を因果的に説明しようとする科学として、自らの社会学を性格づけた。人びとの行動によって生まれる社会的な出来事も、その他の諸現象と同様にさまざまな規則性を有しており、社会学の

目的は、社会現象を導いた因果連関を明らかにすることにある。しかし、人間の行為は、その固有の特徴として、行為者が状況や自らの行動に付与した主観的意味（動機や目的）に導かれている。したがって、社会現象の解明に当たっては、外在的な諸要因によって「説明」するだけでは不十分であり、行為を導いた「意味」の「解釈」がなされなければならない。自然科学的な因果関係の記述枠組みには包摂されない、人間の科学としての社会学を打ち立てようとした、この理解社会学の考え方は、意味に導かれ方向づけられるものとしての行為や相互行為に力点をおく、意味学派の社会学の源流をなしている。⇨ウェーバー、意味、意味学派、行為　　　　　　　［鈴木智之］

力動精神医学
dynamic psychiatry

　精神現象を複数の精神機能の力の相互作用とみなし、人間の精神を絶えず変化し、葛藤しているダイナミックなシステムとしてとらえた精神医学の総称。心を幼少期に遡って動的にとらえる点で、心の断面を静的にとらえる静的精神医学、すなわちクレペリン（Emil Kraepelin）の記述精神医学とは対照的である。一般的には、フロイト（Sigmund Freud）の精神分析を中心とした精神医学を指すのだが、米国精神医学の重鎮だったマイヤー（Adolf Meyer）の影響も大きい。また一方では、19世紀の動物磁気、催眠術を源流とし、ジャネ（Pierre Janet）、ユング（Carl G. Jung）なども力動精神医学に含める場合がある。いずれにせよ、20世紀中葉の米国で全盛期を迎えた力動精神医学は、現在、生物学的精神医学の台頭によって衰退しつつある。⇨精神分析、フロイト　　　　　　　　　　　　　［山竹伸二］

リクール〔1913-2005〕
Paul Ricœur

　フランスの哲学者で解釈学的現象学の第一人者。第二次世界大戦でドイツ軍の捕虜となるが、収容所で仏訳したフッサール（Edmund Husserl）の『イデーン』は、フランスで最初の本格的なフッサールの紹介となった。『フロイトを読む』（原著1965）で精神分析を解釈学としてとらえ直す構想を示した後、『時間と物語』（同1983–85）では、古代から現代英米に至る該博な哲学知識に基づき歴史的時間の構造を物語として解明し、ナラティブターンの哲学的基礎を築いた。またガダマー（Hans–Georg Gadamer）の哲学的解釈学とハーバマス（Jürgen Habermas）の批判理論の対立を乗り越える独自の批判的解釈学の構想は、ラングドリッジ（Daren Langdridge）による批判的ナラティブ分析へと展開している。⇨解釈学、ガダマー、批判的ナラティブ分析　　　　　　　　　　　　　［渡辺恒夫］

リサーチクエスチョン　⇨研究設問

理想自己
ideal self

　理想自己とは、個人が強くそうありたいと望み、かつそれに最も高い価値を付与している自己にかかわる理解あるいは自己概念のことを指す。一般的に、理想自己には、未来に向けて自己形成を先導する内的指針としての役割と、現在の自身の状態にかかわる評価の内的基準としての役割があるとされている。理想自己と、自身の実際の能力、特徴、状態などに関する理解である現実自己（actual self）との間に乖離が小さいほど、自己評価あるいは自尊感情は高まり、結果的に、個人の適応状態が引き上げられるといい得る。逆にその乖離が大きい場合に、自尊感情は低下し、時に抑うつなどの不適応状態に個人が陥ってしまう場合があるとされる。ちなみに、社会的な価値や望ましさなどから高い価値をおいてはいるが、個人が心底から望んでいるわけではない自己のあり方を、そうでなければならない自己、すなわち義務自己（ought self）と呼ぶことがあり、一般的にそれと現実自

己の乖離が大きくなると、不安感情が強まるといわれている。 ⇨自己、自己像、自己理解 　　　　　　　　　　　　　　[遠藤利彦]

リッケルト 〔1863-1936〕
Heinrich John Rickert

　ドイツの哲学者。リッカートとも表記される。ヴィンデルバント（Wilhelm Windelband）のもとで博士号を取得し、ヴィンデルバントが自然科学と対比させた歴史科学の概念を深化させ、文化科学としてその特徴と意義を論じた。文化とは、価値が付与されたさまざまな目的に従って行動する人間によって直接生産されたものであり、自然と対立すると考えた。また、歴史的に「普遍的なもの」とは、普遍的自然法則や普遍的概念ではなく、一回限りの個性的なものにおいてのみ現れ得る文化価値であるとし、個性記述的方法の特徴に文化の視点を付加した。文化科学は、質的心理学の認識論の源流の一つとみなすことができる。また、彼の哲学は、社会学者ウェーバー（Max Weber）にも大きな影響を与えたといわれる。 ⇨ヴィンデルバント、個性記述的方法 　　　　　　　　　　[尾見康博]

理念型
〔独〕Idealtypus

　ウェーバー（Max Weber）が『社会科学と社会政策にかかわる認識の「客観性」』（原著1904）において示した方法論上の概念。理念型は、歴史・社会的事象の本質的で特徴的な諸側面を特定の視点から抽出し、論理整合的な形で構成して得られる像であるが、それは客観的な事実の忠実な模写でも、データから帰納的に抽出された類型でもない。理念型は、直接的な形で対応する実在をもたない人為的な虚構であって、これを個々の現象と突き合わせることによって、対象の特性の把握、あるいは因果関係を説明する仮説の構成に役立てられるべきものである。社会学が分析対象とする現実は、歴史的個性をもった唯一無二の事象であり、また、常に流動的な変遷の過程にある。したがって、厳密に定義された概念との正確な対応関係を確立することができない。こうした複雑で個性的な社会的現実に対する「認識手段」として、理念型という概念装置が要求される。 ⇨ウェーバー、理解社会学 　　　　　　　　　　　[鈴木智之]

リフレイミング
reframing

　ある考え方で枠づけされている出来事について、その枠組みを変えて再定義すること、いわばラベルの貼り換えによって、その出来事の意味づけや価値判断を変えることである。1970年代半ばにバンドラー（Richard Bandler）らが、効果的な心理療法におけるコミュニケーションのプロセスを分析して開発した神経言語学的プログラミング（neuro-linguistic programming）の方法論に基づく。病態の排除を目指す二元論ではなく、否定的あるいは症状的なものとされてきたことに含まれている肯定的な要素を資源に変えるものである。心理療法における技法としては、行き詰まったなかで繰り返されている関係のパターンについて、そのなかに含まれている肯定的な要素へと、準拠枠や意味づけを方向づけし直すフィードバックを行う。それによって、新しい見方や目標への再構成のきっかけを作り出すのである。この技法は、特に、戦略的家族療法の逆説的介入や、アドラー派のアプローチでは重要な要素となっている。 ⇨心理療法 　　　　　　　　　　　[無藤清子]

リフレクシビティ ⇨相互反映性
　　　　　　　　　　⇨反照性
　　　　　　　　　　⇨反省性

リフレクション ⇨省察

リプロダクション ⇨生殖

領域密着理論／フォーマル理論

sustantive theory ／ formal theory

　領域密着理論とは、さまざまな事実と向き合うことを出発点として現実のある特定の経験的領域（たとえば患者のケアや死のプロセスなど）に密着する形で展開される理論である。他方、フォーマル理論とは、複数の経験的領域にまたがる形で主題化可能な概念的問題（たとえばスティグマや地位移動など）に焦点化された理論を指す。領域密着理論は経験的領域の特徴把握に貢献する可能性を秘めており、領域横断的な概念的抽象化を特徴とするフォーマル理論は複数の経験的領域に応用可能な一般性をもつ。領域密着理論はまた、データに基づいたフォーマル理論の定式化や展開の際の戦略的な結節点としての位置をも占めている。この2種類の理論は中範囲の理論とみなせるもので、両者とも蓄積的性格をもった知識と、理論を位置づけるための構想を体現している。分析者がデータを理論に合わせるのではなく、理論をデータに合わせることを基本とするため、より忠実にデータと向き合える可能性に開かれている点こそ、両理論タイプの特筆すべき重要な特徴である。⇒グラウンデッド・セオリー、中範囲の理論　　　　　　　　　　　　　　［水野節夫］

療育

care and education for a child with special needs ; rehabilitation

　発達支援を要する子どもたちに対して、能力改善という狭義の発達支援のみならず、子ども自身の自尊心や自己アイデンティティを育てること、および、育てにくさを感じる保護者の育児支援や家族支援、また地域支援までをも包含した概念である。もともとは肢体不自由児の社会的自立を目指すチームアプローチを意味しており、「現代の科学を総動員して不自由な肢体をできるだけ克服し、それによって幸いにも復活した肢体の能力そのものをできるだけ有効に活用させ、以って自活の途の立つように育成させること」として、高木憲次が提唱した。その後、高松鶴吉は療育の対象を障害のある子どもすべてに拡大するとともに、「注意深く特別に設定された特殊な子育て、育つ力を育てる努力」を療育とした。現在では、障害の確定していない子どもであっても、療育の対象になっている。2011（平成23）年改正の障害者基本法第17条において、初めて療育について言及された。⇒気になる子、障害児・者、発達支援　　　　　　　　　　　　　［勝浦眞仁］

量的研究

quantitative study

　定量的研究とも呼ばれる。方法論として、量そのものを測る研究を指すのではなく、測定方法に数量的要素（強度や頻度などを含む）を採用したものを指す。心理学では、実験や質問紙調査、テスト（検査）など多くが量的測定を取り入れており、たとえば自尊感情や知能など、仮定された構成概念を量的に測定するために、さまざまな工夫がなされてきた。統計学の発展も量的研究に寄与している部分が大きい。量的研究では、変数間の因果関係を測定することに重点がおかれている。そのため、仮説検証から法則定立を志向する研究との相性がよい。あえて量的研究と呼ばれたり強調されたりするのは、質的研究との対比による部分が大きい。質的研究と対比される場合には、方法論の違いだけではなく、科学的な立場から客観性を重視する量的研究に対して、主観性も範疇に入れる質的研究という認識論との違いも含むことがある。⇒客観性、質的研究、主観性、認識論　　　　　　　　　　　　　　　［村上幸史］

理論

theory

　問題となる事象の把握を意図してなされる仮説的言明のこと。事象の理論的把握は基本的に理解もしくは説明という形でなされるものである。理論の基本的要件とし

て、そうした主要な特徴に加えて、さらに
理論の予測機能に注目する論者もいる。個
別具体的な事象の把握は、その都度その場
限りで行うことが可能だが、理論という場
合には、そうしたアドホック・モードのも
のではなく、より一般的水準で統一的な観
点からの体系的なものが目指されること
になる（たとえば、質的データ分析の分野で一定
の影響力がありデータ密着を基本特質とするグ
ラウンデッド・セオリーの場合、理論とは統合性と
一貫性とそれなりの説明力を備えているものをい
う）。理論という用語はその特質の位置づ
け方をめぐって論争を引き起こしやすい性
格を備えており、そうした論争は、とりわ
け理論の特質を浮かび上がらせるうえで重
要な着目点である理論と経験的調査、理論
と世界観、理論と規範的諸問題、理論と日
常知の各々の関係をめぐって顕在化しやす
い。 ⇨グラウンデッド・セオリー、質的デー
タ分析　　　　　　　　　　　　［水野節夫］

理論構築
theory construction

　既存の理論では説明できない経験的現象
に、何らかの理論的見通しを提示する試み
のこと。理論的解明が求められている経験
的現象を前にして、一定の手続きを踏め
ば、その説明や理論化が可能だという判断
を前提にしたものである。理論構築にあ
たっては、論理的思考を重視するもの（演
繹の論理と親和的）、経験的現象の注意深い
観察を重視するもの（帰納の論理と親和的）、
問題の現象への切り込み方についての斬新
な発想を重視するもの（アブダクションの論
理と親和的）、といった違いがある。個別の
データや事例群からどのようにして理論を
産出・構築していけるかが重要な課題の一
つである質的調査研究の分野では、すでに
グラウンデッド・セオリーやKJ法などの
研究上の蓄積・成果がみられるが、とりわ
け質的調査研究が英語圏を中心にして再び
注目を浴び始めた1990年代前後以降、ル
イス（M. W. Lewis）が提唱するところの往

還的トライアンギュレーションという手法
を含めて、事例研究からのさまざまな理論
構築の試みがなされつつある。 ⇨アブダク
ション、演繹、帰納、グラウンデッド・セ
オリー、KJ法　　　　　　　　　［水野節夫］

理論的一般化
theoretical generalization

　個別的な調査研究の成果からの推論を通
して、より一般性をもった理論的言明を行
うこと。ここで理論的言明という場合、そ
の中身としては、対象とする現象の生起を
傾向的に生みだしてくる可能性のあるメカ
ニズムや構造的・傾向的な諸事情などが念
頭におかれている。理論的一般化は、実質
上、事例研究の分野での主要な論客の一人
であるイン（Robert Yin）によって提起され
た分析的一般化と同じもので、事例研究の
分野で広く論じられてきているものであ
る。この用語と発想は、事例研究をはじめ
とした質的調査研究でどこまで一般化の議
論が可能か、あるいはどういう理屈での議
論が適切か、という水準でのキーワード的
役割を担っている。その意味で、この用語
は、大量のサンプルを駆使して行われる統
計的調査とは対照的に少数サンプルの集中
的な探究を特徴とする事例研究が構造的に
抱え込んでいるとされる外的妥当性上の
困難を乗り越えるにあたっては理論戦略
的に重要な位置を占めているものである。
⇨一般化可能性、サンプリング、事例研究
　　　　　　　　　　　　　　　［水野節夫］

理論的感受性
theoretical sensitivity

　理論的感受性とは、データがもつ意味に
対する研究者自身の鋭敏な意識を意味し、
具体的にはデータのなかで何が重要なのか
を見抜き、それらに意味を与える能力を指
す。言い換えると、自明性を疑い、新たな
ものを発見する能力である。研究対象とし
ている現象の現実性に忠実な理論を構築・
発展させていくためには不可欠な能力とし

て位置づけられる。理論的感受性は、研究者の個人的・専門職としての経験ならびに専門文献への精通によって育まれ、実際のデータ収集・分析のプロセスにおけるデータとの相互作用の中から獲得し、磨かれていく。1967年にグレイザー（Barney G. Glaser）とストラウス（Anselm L. Strauss）によって提案されたグラウンデッド・セオリー・アプローチと関連づけて用いられる用語であり、1978年に発表されたグレイザーの方法論に関する著書のタイトル名でもある。⇒グラウンデッド・セオリー、グレイザー、ストラウス 　　　　　［操 華子］

理論的サンプリング
theoretical sampling

　グラウンデッド・セオリーにおいて分析と並行して行われるサンプリング方法。研究対象たる現象を、概念レベルで整理・把握していく分析途上で浮上してきた疑問点に応えるかたちで行われる。したがって、研究の計画段階であらかじめこれを設定しておくことは不可能である。たとえば、最初のサンプリングで得られたデータだけではある概念の輪郭を明確に描くことができないと分かった場合、その概念をより明確に表すであろう現場、人、物、項目などに関する情報の収取を目指すのが、この理論的サンプリングである。これは分析を進めるなかで引き出された概念レベルのあいまいさや欠落点などを補完し充実させる、という指針に導かれて行われるもので、サンプリングを分析作業と交互に進めることにより、最終的な理論構築が目指される。⇒グラウンデッド・セオリー、絶えざる比較、理論的飽和 　　　　　［森岡 崇］

理論的飽和
theoretical saturation

　あるカテゴリーの特性をそれ以上発展させることができるようなデータがもはや見つからない状態のこと。グレイザー（Barney G. Glaser）とストラウス（Anselm L. Strauss）

が共同開発した理論構築法であるグラウンデッド・セオリーの議論の礎石となるのがカテゴリーとその諸特性である。理論的飽和とは、このカテゴリーの諸特性の析出の際に提示されてくる基本的理屈のことである。データ収集とコード化と分析の三者の同時遂行を特徴とするグラウンデッド・セオリーにおいて、分析者には一つのカテゴリーの諸特性の可能な限りの析出が求められ、この目的のためにデータの多様性の最大化が推奨されているが、そのベースにあるのがこの理論的飽和という発想である。理論的飽和になったと確信する際の目安は、経験的には、絶えざる比較によるデータ分析の努力にもかかわらず、カテゴリーの新たな特性産出の「ピークが過ぎた」と実感せざるをえなくなったときである。⇒カテゴリー、グラウンデッド・セオリー、グレイザー、ストラウス、絶えざる比較 　　　　　［水野節夫］

理論的飽和度
rate of theoretical saturation

　理論的サンプリングでは、研究テーマに関して、文献・面接・取材・自由記述などのさまざまな媒体、あるいは単一の媒体からカテゴリーを抽出する。カテゴリーのサンプリングを続けると、ある時点で、研究テーマに直結した新しいカテゴリーに出会わなくなる（たとえば面接を続けても、新しい話があまり聴けなくなる）。この状態が近似的な理論的飽和である。たとえば質的研究の過程で20人から話を聴かせてもらったら153のカテゴリーができ、研究者自身はインタビューの最後の数人からは、もう、あまり新しいカテゴリーは作れなくなったと実感したとする。モデルの説得力や整合性もある。21人目のインタビューから52のカテゴリーに相当する話が聴けた。しかし新しく聴けたカテゴリーはわずかに3個、すでに聴いた話のカテゴリーは49個だった。$m = 153$、$c = 52$、$r = 49$とすると総知見数 N は

$$N = m \times \frac{c+1}{r+1} = 153 \times \frac{52+1}{49+1} = 162.18$$

と推定され、理論的飽和度は

$$96.19\,(\%) = \frac{153+3}{162.18}$$

と計算できる。　⇨ 理論的飽和　　　［豊田秀樹］

理論と観察の区別
distinction between theory and observation

　観察と理論は相互に独立していること。論理実証主義には、観察された事実の真偽は理論とは独立しているという前提がある。観察事実から理論が帰納的に構築される場合、観察事実は誰から見ても同じ事実である。また、理論が観察事実の真偽を演繹的に決定する場合、観察事実から理論命題の真偽は検証されうる。だが、科学哲学者のハンソン（Norwood R. Hanson）は観察の理論負荷性を唱え、観察は何らかの理論に依存しており、理論から独立していないと主張した。あることの観察はそれについてあらかじめ有する知識によって形成され、何をどのように観察するか、見たものをどのように解釈するかは理論に依存している。理論に依存する観察の事実や命題は理論を反証することはありえず、理論は別の理論に取って代わられることで停止する。理論から独立して検証や反証を可能とする純粋な観察事実というものは存在しない。ハンソンは、1950〜60年代にクーン（Thomas S. Kuhn）やポランニー（Michael Polanyi）らと新科学哲学の潮流をなし、科学の解釈学を先導した。　⇨ 演繹、解釈、観察者バイアス、帰納法、理論　　　［本山方子］

臨床教育学
clinical research on human development and education

　教育学の一分野で、社会のなかで「生きづらさ」を抱える人びとに向き合う総合的な人間発達援助学である。教師を含む発達援助専門職の専門性を問い直しつつ、実践者と研究者が協働して構築する学問。日本の教育学の分野における臨床教育学開拓の試みの歴史は未だ浅く、その定義も確定されているとはいえない。生活と発達において困難を抱える子ども・若者に向き合い、その人間らしい成長を支える諸実践の模索のなかから生まれてきた生成期の学問であるといえる。教育学のみならず、心理学、福祉学、看護学など学際的な広がりをもち、対象に対しては、個別・特定の問題を丁寧に考察する志向がある。一方、現実には多くの人が何らかの「生きづらさ」を感じており、その社会的根拠をみれば広く通底する問題がある。そういう意味では、個別を貫いて普遍を考えるのが臨床教育学の基本スタイルである。2011年には、実践者と研究者の領域横断的な交流と共同研究の場として、日本臨床教育学会が設立された。　⇨ 教育学、実践の中の理論、省察

［福井雅英］

臨床社会学
clinical sociology

　臨床社会学は、「問題解決志向」「実践志向」という特徴をもって1920年代末に米国で開始された社会学である。シカゴ大学を中心として、スラム地域における社会学的診断と介入などを行った。しかし、個別の実践学（依存症対策、貧困対策など、すなわちソーシャルワーク業務）と臨床社会学との差異化は、十分ではなかった。これに対し20世紀末からの日本での臨床社会学の展開は注目に値する。「社会問題の構築」論争を経て、問題認識と解決の相互依存性（結果としての、相互の組み合わせ的アドホックさ）という難題に直面した日本の臨床社会学は、二つの側面（臨床現場の問題に寄り添う「問題認識的側面」と、臨床現場への貢献を直接追求するという「問題解決的側面」）を組み合わせる方向に進んだ。後者を有効化するためには前者の洗練が必要だが、前者の洗練に成功したかどうかを確かめるには、後者の実

践が必要であるため、結局両方必要なのである。この立場は、従来の社会学における現実非関与的スタイルに対して見直しを迫っている。 ⇒参加観察、実践、地域保健

［樫田美雄］

臨床心理学
clinical psychology

心理的困難、不適応行動、心身の種々の障害に対する援助、回復、予防、および研究を目的とする心理学の実践分野。心理的アセスメント、心理的支援（カウンセリング、心理療法、コンサルテーションなど）、心理教育や心の健康教育を実務の中心とする。支援の対象が広範囲にわたるため、臨床心理学の実践技法と理論基盤も多様である。生活者のQOLを高めるため、科学・理論・実践を統合することが目指される。1896年にウイトマー（Lightner Witmer）がペンシルベニア大学に心理クリニックを開設し、学習困難な子どもへの治療教育を始めたことが、臨床心理学の始まりとされる。日本では1982年に日本心理臨床学会が設立され、それを母体とした日本臨床心理士資格認定協会による臨床心理士資格認定が1989年より始まった。2018年3月時点で、3万4千人を超える臨床心理士が認定され、保健医療、福祉、教育、司法、産業労働などに実践領域を広げている。実践および研究上の倫理を順守することがとりわけ肝要となる。 ⇒クオリティ・オブ・ライフ、公認心理師、倫理

［森岡正芳］

臨床法
clinical method

人間の心理現象を研究する方法を実験法と観察法に二分するとすれば、ピアジェ（Jean Piaget）が子どもについて行った臨床法はその中間に位置する。実験法は被験者を一定の限られた実験条件下においてその現象の法則性を究明し、観察法は一定の制約条件はあるにせよ何らかの日常の生態に焦点を当てて現象の記述を行う。それに対して、ピアジェはその初期の研究において、子どもの思考特性やその世界観を明らかにすべく、対話的な質問法を用いてきた。たとえば子どもに口頭で推理問題を出したとき、大人にはごく簡単にみえる問題が子どもにとっては必ずしも容易でなく、独特の間違え方をする。そこに注目して、大人の論理とは異なる子ども独自の論理があることを明らかにした。ワロン（Henri Wallon）もほぼ同時代に、同様の対話的な質問法を用いて子どもの思考の起源について解明しようとしている。子どものことは子どもに聴くというこの独自の研究法はいまも十分な価値をもち得る。 ⇒ピアジェ

［浜田寿美男］

隣接対
adjacency pair

異なる話者によって、順序に従って産出され、対をなす発言からなる会話の装置のこと。発言の意味の一部は、それがおかれた位置によって作られる。たとえば、「すみません」は、最初の発言なら「呼びかけ」になり、相手からの応答を強く要請するものになる。このような最初の「呼びかけ」は、隣接対の第一成分と呼ばれ、応答は、第二成分と呼ばれる。この二つの部分は、「関連づけられた適切性」という関係によって結びつけられ、対になることで成し遂げられる。これに対して、非難された後という位置で、「すいません」と発せられたなら、それは「謝罪」の意味をもつ。この「謝罪」は、第二成分として、その前の発言を「非難」として聞いたという理解の表示でもある。人びとは、この論理的といってよいほどに結びついた関係を利用することで、非難という第一成分があるのに、第二成分として、あるべき謝罪が「ない」とか、間があいて発せられていて「気持ちがこもっていない」ということができるようになる。 ⇒会話の順番交替、会話分析、サックス、相互反映性、レリバンス

［岡田光弘］

倫理
ethics

　質的研究では、会話やディスコース、ナラティブなどがデータとして取り扱われるため、データ内に個人を識別可能な情報が多分に含まれる。したがって、その管理は厳重に行うとともに、研究成果の公表にあたっても研究協力者に対して十分な配慮を行うことが求められる。また研究目的によっては、研究協力者にトラウマティックな体験を語ってもらうことがある。この場合、過去のトラウマティックな出来事を再体験させるおそれがあるため、調査協力者に対して研究参加が自由意志に基づくものであることや同意撤回が可能である旨を伝えるとともに、必要に応じて支援体制を整えておくなどの配慮が必要となる。質的研究は、研究の過程で研究者と研究協力者の対等な関係性と相互作用を重視することを踏まえ、研究計画や手続き、公表について研究者が一方的に判断するのではなく、必要に応じて研究協力者と確認や調整を行うことが求められる。　⇨研究者倫理［川本静香］

る

ルーティン
routine

　生活において繰り返される、定型化した一連の行為ややりとりのこと。対面的相互作用においては、定型化した一連のやりとりは行為者相互に相手の次の行為の予測を可能にする。このため安定的な相互作用が可能になる。ルーティンの予測可能性やルーティンがあることによる相互作用の安定性は多様な機能や意味をルーティンにもたらす。たとえば、相手とのつながりや安心感を得る、相手を相互作用に引き込む、またルーティンをわざわざ破ることで相手の注意を引くなどである。ルーティンは特定の相手や小集団のメンバーと繰り返し相互作用するなかで一連の行為が定型化して生成される。一方、文化内で広く共有されているルーティンもあり、より広い範囲の相手と安定的な相互作用が可能になる。ルーティンは生活の特定の時間帯に、特定の場所で繰り返し遂行されることが多い。このことも一連の行為の定型性に加えてルーティンの予測可能性・安定性を支えていると考えられる。　　　　　　［柴坂寿子］

れ

レイヴ〔1939 -〕
Jean Lave

　米国の人類学者。1980年代にスーパーマーケットでの買い物などといった学校以外の活動における日常認知研究を進め、われわれの認知的な活動が、いかに文脈と切り離せないかを示し、学習転移の概念の再考を試みた。さらに、リベリアの仕立屋、スーパーマーケットの肉屋などにおける徒弟的実践から、ウェンガー（Etienne Wenger）とともに「個人の頭の中に何かができあがるプロセス」とされてきた学習をとらえ直した。具体的には、徒弟が古参者の仕事を見ることができる空間デザインになっているか、仕事に必要な知識や情報をもつメンバーにアクセスできるようになっているかといった「実践共同体のメンバーや人工物との関係」として学習をみなす状況的学習論を提唱した。　⇨ウェンガー、学習、学習転移、正統的周辺参加、状況的学習論　　　　　　　　　　　　　［岡部大介］

レヴィ＝ストロース〔1908-2009〕
Claude Lévi-Strauss

　20世紀にフランスで活躍した文化人類学者。構造主義的な方法論を用いた研究を展開した。まず親族組織の研究では、女性を媒体とする集団間のコミュニケーションを可能にするために親族体系と婚姻規制が

存在するという観点から分析を行った。次に「野生の思考」研究では、トーテミズムの論理分析を通して、「未開人」は非理性的だという従来の考え方を覆し、「未開人」と近代人の思考が本質的に異なるわけではないことを示した。近代人の思考は科学的なものの見方に栽培化されているだけであり、人類は普遍的に「野生の思考」をもっている。また、「野生の思考」が端的に表れているのが神話であると考えた。そこで複数の神話の構造を比較・検討し、それらの間に体系的な対称性と対立性を見いだした。 ⇒構造主義、構造人類学、神話学、文化人類学

[澤野美智子]

レヴィン 〔1890–1947〕
Kurt Lewin

　ドイツから米国に渡った心理学者。ゲシュタルト心理学の第二世代として全体論的な発想を社会心理学に導入し、生活世界の概念を提起、行動を個人と環境の関数と位置づけた。グループ・ダイナミックスの創設者としてリーダーシップや集団雰囲気など小集団研究の礎を築く。実験室実験の確立者として知られるが、実際には数学理論から質的記述までの多彩な方法を用いている。アクションリサーチの創設者として、「よき理論ほど実践的なものはない」という発言の通り、基礎と応用を区別せず、産業、教育、差別など多彩なテーマで、常に具体的な社会的課題を念頭に研究を展開した。ユダヤ人迫害からの亡命という個人史がその活動の背景にある。 ⇒アクションリサーチ、グループ・ダイナミックス、ゲシュタルト心理学、生活世界、トポロジー心理学

[八ッ塚一郎]

歴史主義
historism

　歴史主義とは、トレルチ（Ernst Troeltsch）によれば「あらゆる知識と思惟とを徹底的に歴史化する」立場、すなわちあらゆるものを「生成」においてとらえる立場である。

これに対立するのは、あらゆるものを普遍的なもの、無時間的なものから説明する立場であり、合理主義、実証主義、自然主義である。歴史的にみれば、歴史主義の原型はヴィーコ（Giambattista Vico）とヘルダー（Johann G. von Herder）である。ヘルダーは、啓蒙主義にある没歴史的、抽象的人間観、単線的な進歩史観を退け、人類の多元的な歴史的発展をとらえる。19世紀に入ると、歴史主義は、法学、経済学、歴史学などの諸分野で展開するが、これを包括的な精神科学の領域で哲学的に基礎づけようとしたのがディルタイ（Wilhelm Dilthey）の「歴史的理性批判」である。ディルタイは、心理学によって、後には解釈学的に、歴史主義的な、精神科学的知の正当化を試みるが、結果的には、その相対主義を十分に超えることはできなかった。 ⇒歴史性

[伊藤直樹]

歴史性
history ; historicity

　個人、個人間、コミュニティ、コミュニティ間、道具、規範、社会構造など、いかなるものもスナップショットではありえず、過去‐現在‐未来の時間的広がりをもち、変化し続けている。あるいは、無時間的なスナップショットや微細な一部を切り取ったとしても、その背後には必ず何らかの歴史性が不可避的に存在する。質的研究法の多くが、あらゆるものを変化し続けるもの（動き）としてとらえ、それを明らかにしていくことを目標に掲げるがゆえに、質的研究とは、何らかの形で固有の歴史性を解明する、あるいは、新しい歴史を生みだしていく方法と言い換えられる。歴史性は、重層構造になっており、異種混交しながら互いの歴史を創りあう。たとえば、スクリブナー（Sylvia Scribner）は、ヴィゴツキーの思想をもとに、世界史、社会集団史、全人的個人史、特定の心理システム史という四層構造からなる重層的歴史性を論じている。異質な歴史が交わる際、共生関

係だけでなく衝突・葛藤・矛盾も現れ、それらのダイナミズムがまた新たな歴史を創りだす。⇒異種混交、史的唯物論、文化－歴史的活動理論、マルクス　　　［香川秀太］

歴史的構造化ご招待
historically structured inviting：HSI

　質的研究法TEA（trajectory equifinality approach）における、対象選定の理論である。多様で複線的な人生や発達の径路を辿りながらも等しく到達するありようを等至性（equifinality）、その具体的な経験や選択のポイントを等至点（equifinality point）と呼ぶ。等至点は、文化的・社会的な背景と非可逆的な時間の流れのなかで歴史的に構造化されているがゆえに収束するものとして現れる、とされる。実際には、歴史的に構造化され具現化された、人間のある経験や選択を研究目的に基づいて焦点化し、等至点として設定する。そして、対象となる人びとの、そこに至り、またその後に持続する過程や発生のありようをとらえる。HSI（歴史的構造化ご招待）における「ご招待」という物言いは、まず対象となる人びとをお呼びし招き入れ、研究に協力いただくのだという、研究者目線で等至点を定めることへの戒めと、当事者の経験からとらえられてくる実質的な等至点への敬意を込めて、採り入れられている。⇒TEA（複線径路等至性アプローチ）、発生の三層モデル、目的的サンプリング　　　　　　　［安田裕子］

歴史的文脈
historical context

　人間や社会のありようを規定している通時的な脈絡。人間の認識や習慣、関係の結び方は時間とともに変化する面をもち、現在の特質は過去との比較によって意識化可能となる。現在とは違う状況にあった人の行為は、いまの感覚で価値づけてしまうのではなく、その行為がとられた歴史的文脈に位置づけて理解する必要がある。心理学には、時代や地域に拘束されない人間の普遍的側面を性急に追究しようとする傾向があるが、誰もが特定の時代状況に生まれ落ち、そのなかで社会化されてきた存在であることを忘れてはならない。たとえば、学ぶことは生活のあらゆる現場で展開し得るはずだが、明治以降、学校制度の確立とともに教育が学校に独占されると、学校歴のない者は「無学」とされた。また、労働市場の成立に伴い、働くことが収入を伴う労働と同義になると、自然を相手にした自給的な営みは軽視されるようになった。産業化の過程でこのような変化が生じた。⇒状況、文脈、歴史主義、歴史性　　［石井宏典］

レジスター
register

　現実の言語運用において、状況や話題に応じて用いられる言語形式のこと。バイバー（Douglas Biber）によれば、「状況の特徴」と「典型的な言語形式」、そして「両者の間の機能的関係」によって説明される。「状況の特徴」にはテキストの産出と受容の状況、および参加者間の関係の記述を伴う。「典型的な言語形式」には音声的特徴（ポーズ、イントネーション）、統括性（文章の全体的まとまり）の標識や言語行為のタイプが含まれる。つまりレジスターとは、特定の言語形式が特定の状況を形成するうえで果たす機能であるとともに、特定の状況下で使用される特定の言語形式の慣習化ともいえる。茂呂雄二によれば、「方言」が生活経験に基づく思考と、「共通語」が科学的思考と結びつき、教室談話の参加構造や授業の展開と連動して方言と共通語のスイッチングがみられる教室において、「方言」や「共通語」はレジスターであり、教室談話という「ジャンル」によって、上記のようなレジスターの配置や参加構造が方向づけられる。⇒教室談話、社会的言語／ことばのジャンル、談話、談話構造、参加構造　　　　　　　　　　　　［藤江康彦］

レジリエンス
resilience

　精神的な弾力性、回復力ともいう。マステン（Ann S. Masten）らの定義によれば、困難で脅威的な状況下で、肯定的な適応を可能にしていく能力・過程・結果である。レジリエンスを①個人内の安定的な特性ととらえる立場、②適応を促進するために保護因子がどのように働くのかを過程としてとらえる立場、③帰結、つまり高いリスクを抱えた者の発達の結果の個人差としてとらえる立場がある。どの立場においても、レジリエンスは二つの条件で査定される。一つは健全な発達を阻害するような大きな脅威や困難にさらされることである。もう一つは適応や発達に相当の負担があるにもかかわらず、肯定的な適応を達成できることである。レジリエンス研究は、当初、逆境に打ち勝つための個人特性に注目されたが、その後、環境との相互作用を含めた研究へ移り、近年では家族レジリエンスなどより広い概念で使われるようになってきている。⇨適応　　　　　　　　　［小保方晶子］

レトリカル・アプローチ
rhetorical approach

　ビリッグ（Michael Billig）が古代のレトリックからヒントを得て生みだした研究アプローチ。社会生活における人間の言語活動を、他人を説得したり他人に反論したり自己の立場を正当化したりするためのレトリカルな活動であると仮定する立場であり、著作 *Arguing and Thinking*（1987）などで提唱された。したがってこのアプローチは人間の言語活動を内的な認知活動の現れとする認知心理学と対照的である。ビリッグはこの立場で思考、英国王室についての会話、ナショナリズム、精神分析の抑圧理論などを研究した。また彼は笑いという非言語的な行動もレトリカルなものとしてその対人的機能を強調した。レトリカル・アプローチはディスコース分析と似ているので両者は区別しにくいが、レトリカル・アプ

ローチはどちらかというと一つのものの見方であり、その点で後者と違い研究のための方法論が確立しているわけではない。⇨ディスコース分析、ビリッグ、レトリック
　　　　　　　　　　　　　［鈴木聡志］

レトリック
rhetoric

　言語表現を工夫して聴衆や読者に説得や感動の効果を生みだす技術。またそれの学問的研究。「弁論術」と「修辞学」の訳がある。古代ギリシアでレトリックをソフィストらが教え、アリストテレスがその効果的な条件を理論化したように、西洋ではレトリックの教育と研究に長い伝統がある。一方でプラトンに代表されるようにレトリックは詐術であるとこれを蔑視する伝統もある。しかし実際の社会生活に目を向けると、法廷でのやりとりや政治家の演説は説得や反論であふれているし、ありふれた会話や文章にも他者へ何らかの効果を与える技術を見つけることができるので、レトリックの技術は研究する価値がある。また質的研究に限らず研究結果の報告はレトリカルな活動である。現代のエスノグラファーはこのことに自覚的でどのように書くのかがしばしば自省され、エスノグラフィーにはさまざまなスタイルの文体が試みられている。⇨印象派の物語、告白体の物語、写実的物語、レトリカル・アプローチ
　　　　　　　　　　　　　［鈴木聡志］

レリバンス
relevance

　社会的な行為の産出に効いている「適切な関連性」のこと。シュッツ（Alfred Schütz）にとって「関連性が付与された適切さ（imposed relevance）」という論点は、間主観性や社会的相互行為について語る際に胆となり、社会理論としての現象学的社会学の基盤をなす。そうした「適切な関連性」は、他者からの働きかけに従って発動され、他者から付与された適切さに従いつ

つ、それを逆手にとるという事態も起こり得る。たとえば、チェスのプレーヤーは、相手の打ち手に自分のプランを適応させる。サックス（Harvey Sacks）は、ある行為が、ある特定のタイプの行為の産出を「関連づけて適切なものにする（conditional relevance）」規範を特定した。隣接対は、その代表例である。行為の産出に効いている「適切な関連性」という点から、「次は、何か」が予期できることで、研究者も、それが「ない」ことを証拠に基づいて語ることができる。これは、実証主義とエスノメソドロジー／会話分析とを区別する重要な規準である。 ⇒エスノメソドロジー、サックス、実証主義、シュッツ、隣接対　　［岡田光弘］

ろ

老年学
gerontology

　老年学は、老化・加齢現象のプロセスやメカニズムの解明を目指すとともに、幸福な老いを追求する諸学問から成る学際的な領域である。細胞から個体のミクロなレベルには生物学や心理学、社会や制度のマクロなレベルには社会学や経済学、特に実践的な側面には医学や看護学、社会福祉学、心理学から接近されている。老年学の一翼を担う心理学は、認知、情動、人格、対人関係などに対する老化・加齢の影響をとらえ、適応への方策を探ってきた。こうした動向は、獲得と喪失、成長と衰退をともに視野に入れる生涯発達心理学の機運とも重なる。そして、加齢に伴って衰退する諸能力があることは否めないものの、幸福感や実践的な知能といった維持・向上する側面も見いだされ、従来の老化イメージは検証され、見直されてきている。日本を含む先進国では、85歳以上の超高齢者の増加や、健康を維持する健康寿命の伸長を背景に、老年学の果たす役割に期待が寄せられてい

る。 ⇒老い、高齢者、高齢社会、ナラティブ老年学　　　　　　　　　　　　［野村晴夫］

ろう文化
Deaf culture

　手話を第一言語とする人びと（ろう者）の文化。自然言語である手話を尊重し、聴覚ではなく視覚的感覚を重視する。ろう者に特有の行動様式として、たとえば、後ろを向いている人に呼び掛ける際に肩や腕を叩く、遠くにいる人を呼ぶために手を振るといったものがある。聴者（健聴者）が中心的な社会のなかではろう者は言語的文化的マイノリティと位置づけられ、ろう文化もマイノリティ的な文化とみなされる。米国にあるろう者・難聴者のための総合大学、ギャローデット大学（Gallaudet University）では、ろう文化に関する専門的な研究がなされている。日本では、1995年に木村晴美・市田泰弘が「ろう文化宣言」を発表した。ろう文化の一部として、音声中心・手話の禁止・差別といった社会的抑圧を題材としたり、手や眼を強調して表現したりする、デフアートや手話ポエムもある。 ⇒手話　　　　　　　［広津侑実子］

ローカリティ
locality

　世界が均質的に広がっているという前提は、しばしば成り立たないことは明らかであるが、心理学の研究では、いくぶん安易に「一般化」が目指されてきた。しかし世界の質は場所によって変わるのは当然であり、したがって個人もみな異なっている。ローカリティとは、そのような局所性を指す概念として用いられる。質的研究への志向性は、この特定のローカリティへの志向性を同時にしばしば伴っている。それに対して、そのローカリティが把握できたとしても、ほかのローカリティについてはわからないだろうという批判があり得る。そのときにローカルから一気にグローバルに飛ぶのではなく、複数のローカルを結ぶ、す

なわちインターローカルという発想が生まれてくる。そのような異なるローカリティの比較、ないしはその間の対話のなかに、特定のローカリティだけではみえない線や面としての広がりがみられるといわれる。
⇨一般化、インターローカリティ　［伊藤哲司］

ロゴフ〔生年非公表 – 〕
Barbara Rogoff

　米国の発達心理学者。認知発達、文化人類学、ヴィゴツキー（Lev S. Vygotsky）の発達論の流れを独自の視点で撚り合わせ、子どもらの学びが文化的営みとどう切り結ぶか、またコミュニティが学びをどのように配するかについて探究している。アメリカ先住民コミュニティの子どもらの間では高度な洗練されたコラボレーションと注意のパターンがみられること、さらにこの特徴は、学校教育の影響度の高い子どもらの間では相対的に少ないことを見いだすなど、マイノリティコミュニティの知られざる豊かさを汲み取り、メインストリームコミュニティの自覚されにくい課題を照らす研究成果を提示している。　⇨徒弟制、導かれた参加　　　　　　　　　　　　［當眞千賀子］

ロボット
robot

　人間が作り出し、人間が望まない仕事を代わりに行う「ロボット」が登場したのは、チャペック（Karel Čapek）のSF劇『ロボット』（原著1920）であった。ロボットは生き物とは違い、人工物である。ただし、①身体に似た形をもつ、②移動する、③言葉や声を発する、これらの特徴を一つないし複数もつ。そのためロボットは、人間にとって対象に、そしてエージェンシーになる可能性がある。近年はロボットが人間の生活に加わることは珍しくなくなったこともあって、ロボットを利用した人間の心理やコミュニケーションに関する研究が広がりつつある。またロボットは、形や機能を足したり引いたりすることができる人工物

である。このようにロボットを構成すること（構成論法）を通して人間の成り立ちを探求する研究も精力的に進められている。
⇨コミュニケーション、主体性、人工知能、身体性　　　　　　　　　　　　　［松本光太郎］

論理科学モード
logico – scientific mode of thinking ;
paradigmatic mode of thinking

　心理学者ブルーナー（Jerome S. Bruner）が措定した人間の思考を特徴づける様式の一つ。思考のナラティブモードとの対比において用いられ、二つの様式は互いに共約不可能な関係にあるとされる。思考の論理科学モードは実証主義自然科学が長らく依拠してきた思考様式として特徴づけられる。このモードに定位する探究は、数学と物理学を範とする高度に体系だった証明手続きと実験手続きを通して、特定の自然事象についての普遍法則を導きだすことを目指す。思考の論理科学モードは、一貫性と無矛盾性をその必要条件とし、たとえば "If A then B" という論理式を充足するような言明を求める。提起される知見の信憑性は、証明された法則が文脈独立的に真となるかどうかを精査することによって判断される。この思考様式を、人間の精神機能の普遍的様態の解明にも適用することができると考えたのが精神物理学としての心理学の興盛であった。　⇨一般化、因果関係の分析、科学的方法、実証主義、ナラティブモード　　　　　　　　　　　　　　［横山草介］

論理実証主義
logical positivism

　科学哲学初期の代表的な立場の一つ。シュリック（Friedrich A. M. Schlick）、ノイラート（Otto Neurath）、カルナップ（Rudolf Carnap）ら物理学や数学を思考の基盤とする科学哲学者たちからなるウィーン学団によって提唱された。論理実証主義の基本的な考え方は1929年の「科学的世界把握 —— ウィーン学団」に示されており、科

学を観察可能なものを指し示す観察言語からなる命題を客観的・実証的な方法で検証しようとする営みと定義するとともに、精神分析学のようにそれに当てはまらない学問のあり方を形而上学として批判し、科学から追放しようとした。論理実証主義の考え方は現在では科学の範囲を限定しすぎていると批判されるが、科学の明確な定義や方法論は科学を目指していた20世紀前半の心理学、特に行動主義や操作主義に多大な影響を与えた。 ⇨ 行動主義、実証主義、操作的定義、論理科学モード 〔渡邊芳之〕

わ

ワークショップ
workshop
　元来「作業場」「仕事場」などを指すが、学習論の文脈では、協働への参加を通して、参加者が何らかの変容を経験することを目指してデザインされた学習形態を指すことが多い。その特徴には、①獲得すべき知識や技能あるいは学習の手順が明確には規定されず、協働の過程で即興的に生成、発見される、②学習の結果よりも参加体験が重視される、③知識や技能の伝達者としての教師ではなく、場のデザインと相互行為の活性化を担うファシリテーターが参加者をガイドする、④持続的な集団ではなく一時的に形成された集団をベースにして学習が展開する、などがある。このため、ワークショップでは教授－学習型の学習形態とは異なる方向に学習が展開することが多い。たとえば苅宿俊文らはワークショップにおける学習が、身についた知識や技能がもたらす制約の解除、すなわち「学びほぐし」に向かうという見方を提案している。ワークショップにおける学習過程は、即興的かつ協働的に展開するため、その分析や評価には質的方法が有効であることが多い。 ⇨ インプロビゼーション、学習、共

同学習 〔高木光太郎〕

ワークプレイス研究
workplace studies
　ワークプレイス（仕事場）では、さまざまな人がさまざまな道具やテクノロジーを用いて、同時並行的に複数の業務を行っている。そうした場で、人間と道具やテクノロジーの関係を検討することにより、人間への理解を深めるだけでなく、よりよい道具やテクノロジー、さらにはワークプレイスそのもののデザインを考える学際的な研究領域をワークプレイス研究と呼ぶ。もともとシンボリック相互作用論がワークプレイスを研究対象としていたが、状況的認知研究がワークプレイスにおける学習に注目したことや、テクノロジーの発展によりワークプレイスそのものが大きく変化したことなどが背景となり、1980 ～ 90年代にワークプレイス研究が興隆した。ワークプレイスのエスノグラフィーをもとにして、道具やテクノロジー、ときには身体がどのように関係しあいながら業務が遂行されていくかを分析することが多い。エンゲストローム（Yrjö Engeström）は、活動理論にもとづくワークプレイス研究を、特に発達的ワークリサーチと呼んでいる。 ⇨ エンゲストローム、状況的認知、シンボリック相互作用論、発達的ワークリサーチ、文化－歴史的活動理論 〔青山征彦〕

ワーチ〔1947- 〕
James V. Wertsch
　ヴィゴツキー（Lev S. Vygotsky）、ルリア（Alexander R. Luria）、バフチン（Mikhail M. Bakhtin）をはじめとするロシアの学者の思索を紐解き、人の心理過程とその発達を、社会・文化・歴史的過程と相互構成的なものとして探究するアプローチをリードしてきた米国の学者。発達心理学、記号論、教育学、社会学、歴史学、人類学と幅広い領域の潮流を活かした問いの領域を拓き、社会を構成して生きる人間の課題と可能性を

照らす試みを展開してきた。主な問いが二つある。その一つは、ことばを発する過程や考える過程が個人を超えた社会・文化・歴史的過程といかに切り結びつつ展開するかである。もう一つは、記憶がさまざまな単位の人びとの集まり（たとえば国民国家）の営みを通していかに生成・変化・持続し、人の行為（思考することを含む）をオーガナイズするかである。 ⇨ 媒介された行為

［當眞千賀子］

分かち書き
〔羅〕**distinctiones**

分かち書き（わかち書き、別ち書き）は、現代の英語・ドイツ語・フランス語のように単語と単語の間に区切りすなわち空白（スペース）を入れる表記法である。日本語においてはローマ字表記の場合、分かち書きが行われることが一般的である。日本語の通常の文章はかな漢字混じりなので、文字種の違いや句点（終止符：マル）や読点（カンマ：テン）などにより単語の文章の区切りを識別できる場合もあるが、文が分かち書きではなく、かつ語順が相対的に自由なのでコンピュータによる形態素分析や意味関係の分析をするときに困難を生じさせる。「うらにはにわにわとりがいる」という文はこのままでは複数の形態素解析が可能であるが、「裏庭には二羽鶏がいる」というように漢字仮名交じり文または文節間を分かち書きすれば一義的な解析が容易となる。「弁慶が、なぎなたを持って」と読むべきところ「弁慶がな、ぎなたを持って」と区切りを間違って誤読する「ぎなた読み」も回避できる。 ⇨ 形態素解析、テキストマイニング

［いとうたけひこ］

和 文 事 項 索 引

※独立項目、本文末尾の⇨の後に続く参照項目、および本文中の重要な用語に欧文表記を付した。
※太字の数字は独立項目として解説がある頁。
※細字の数字で示した掲載頁には、和文で記載されている。

あ

アーカイブ　archives　**1**, 26
IRE連鎖　IRE sequence　**1**, 117, 300
IRB　⇨研究倫理委員会
IoT：internet of things　159
iQOL：individual quality of life　**1**, 80
あいだ　aida　**1**, 70, 183
愛着　⇨アタッチメント
アイデア・ユニット　idea unit：IU　**2**
アイデンティティ　identity　**2**, 31, 76, 78, 114, 145, 165, 167, 176, 180, 181, 193, 195, 205, 224, 227, 235, 236, 258, 295, 296, 304, 307
IPA：interpretative phenomenological analysis　**2**, 55, 98, 172, 173
あいまいな喪失　ambiguous loss　**3**, 188
アカウンタビリティ　accountability　**3**, 187
アクションリサーチ　action research　**3**, 72, 78, 82, 102, 135, 137, 143, 144, 152, 170, 175, 184, 208, 222, 251, 269, 284, 285, 287, 314, 325　⇨実践研究
アクター　actor　**4**
アクターネットワーク理論　actor network theory　**4**, 24, 26, 27, 44, 56, 132, 164, 169, 214, 248, 314
アクティブ・インタビュー　active interview　**4**, 20, 41, 189, 207
足場かけ　scaffolding　**4**, 240, 251, 275
あすの会（全国犯罪被害者の会）　National Association of Crime Victims and Surviving Families：NAVS　256
アスペルガー症候群　Asperger's syndrome　142
アソシエーション　association　77
遊び　play　**5**, 102, 113
アタッチメント　attachment　**5**, 37, 229, 290

新しい教育社会学　new sociology of education　**5**, 28, 73, 264
厚い記述　thick description　**5**, 63, 122, 197, 294
アディクション　addiction　**6**, 130, 182
アドボカシー　advocacy　**6**, 100, 285
ATLAS. ti　**6**, 29, 116, 297
アナロジー　analogy　**7**
アニメ　anime　36, 299
アフォーダンス　affordance　**7**, 57, 69, 163, 178, 179, 191, 203, 242, 266
アフォーダンスの理論　affordance theory　57
アブダクション　abduction　**7**, 32, 55, 68, 89, 104, 244, 249, 274, 320
アプロプリエーション　⇨専有
「ある」　being　293
α係数　coefficient alpha　165
暗在性哲学　philosophy of the implicit　208
安全・安心な社会基盤の整備　establishing of safe and secure social infrastructure　256
アンダーライフ　underlife　193
アンドラゴジー　andragogy　177
暗黙知　tacit knowledge　**8**, 135, 153, 208

い

EMA：ecological momentary assessment　192
E系列の時間　E-series time　126
イーミック／エティック　emic／etic　**8**, 28, 194
e-ラーニング　e-learning　**9**
生きがい　ikigai　109
意義と意味 ―ヴィゴツキーによる―　meaning and sense in Vygotsky　**9**, 281
生きられた経験　lived experience　39, 174
育児、子育て　child-rearing　236
育児ストレス　parenting stress　**9**, 112

意識の運動理論　motor theory of consciousness　69

意思決定　decision making　276

いじめ　bullying　10, 44, 169, 120, 229, 241, 273

異種混交　heterogeneity　10, 326

異常心理学　abnormal psychology　10

異人　stranger　269

異人の目　fieldworker as stranger　9, **11**, 194, 269

依存　dependence　159, 322
　⇨アディクション

位置取り　positioning　291

一人称的読み　first-person reading　**11**, 126

一回的　unique　306

一級症状　Symptome 1. Ranges〔独〕　220

逸脱　deviance ; deviant behavior　**11**, 120, 147, 205

五つ組　pentad　90

一般化　generalization　**12**, 78, 197, 217, 218, 223, 328, 329

一般化可能性　generalizability　4, **12**, 18, 19, 217, 218, 228, 320

一般化された他者　generalized other　58

一般原理　general principle　46

一般心理学　general psychology　165

逸話記録法　anecdotal record method　**12**

イデオロギー　ideology　**12**, 130, 264, 265

生命（いのち）の芽生え　a sign of life　238

違背実験　breaching experiment　**13**, 28, 133

居場所　a place to be ; ibasho　**13**, 248, 274

異文化葛藤　cross-cultural conflict　14

異文化間心理学　cross-cultural psychology　**13**-15, 65, 277

異文化コミュニケーション　intercultural communication　262

異文化接触　cross-cultural contact　**14**, 15, 65, 111, 235, 236, 279

異文化体験　cross-cultural experience　11, **14**, 15, 65, 235, 278, 279

異文化適応　cross-cultural adjustment　**14**, 16, 65, 94, 250

意味　meaning　6, **15**, 77, 114, 137, 162, 208, 232, 248, 279, 285, 303, 317

意味学派　schools of sociological theory of meaning　**15**, 153, 317

意味感覚　felt sense　208

意味構築　meaning construction　15

意味づけ　meaning-making　3, 122, 126, 162, 231, 233, 237, 312, 313

意味論　semantics　**15**, 303

意味論ネットワーク　semantic network　183

移民　migration　14, **16**, 173, 201, 235, 279

イメージ　image　**16**, 25, 170, 188, 262, 303

癒やし　healing　**16**, 17

医療化　medicalization　11

医療機関　medical institution　202

医療計画　medical planning　202

医療社会学　medical sociology　**17**, 234

医療人類学　medical anthropology　**17**, 80, 81, 140, 183, 234, 308

医療的ケア　medical care　**17**, 84, 203

入れ子　nesting　179

因果関係　causal relationship　132

因果関係の分析　causal explanation　**17**, 329

インクルーシブ教育システム　inclusive education system　189, 223

インクルージョン　⇨ソーシャル・インクルージョン

印象管理、印象操作　impression management　128

印象派の物語　impressionist tales　**18**, 22, 111, 149, 327

インスクリプション　inscription　**18**

インターネット　internet　9, **18**, 110, 241

インターローカリティ　inter-locality　12, **19**, 53, 329

インタビュアー　interviewer　189

インタビュイー　interviewee　189, 224

インタビュー　interview　4, **19**, 20, 21, 27, 35, 20, 21, 27, 82, 105, 108, 139, 149, 174, 194, 206, 212, 227, 255, 260, 271, 272, 305, 312, 314

インタビュー社会　interview society　**19**

インタビューのバイアス　interview bias　**20**, 61, 246

インデックス化　indexing　66

院内学級　hospital school　**20**

インフォーマル・インタビュー　informal interview　**20**, 260, 272

インフォーマント　informant　**21**, 122, 172, 221, 315

インフォームド・コンセント　informed consent　**21**, 34, 95, 154, 181

インフラ反照性　infra-reflexivity　257

インプロ　improv　45

インプロビゼーション improvisation **21**, 330

う

ヴァナキュラー文学 vernacular literature **21**
ウェルビーイング well-being 189
内側性 insideness 248
うつ病 depression **24**, 238
運 luck **24**

え

映像 visual image **25**, 27, 212
映像社会学 visual sociology **25**, 34
映像資料 visual data 137
映像人類学 visual anthropology 25, **26**
映像データ video data 1
叡智 wisdom **26**
エージェンシー agency **26**, 56, 112, 153, 248, 329
AV機器を使った観察 observation using audiovisual devices 25, **27**, 60, 131, 213, 300
AVデータ audiovisual data 25, **27**, 259
エクリチュール écriture〔仏〕**27**, 254
エゴグラム egogram 108
SNS social networking service 241
SOGI sexual orientation and gender identity 182
SOC（補償を伴う選択的最適化）理論 selective optimization with compensation 33
エスノエッセイ ethno-essay **28**
エスノグラフィー ethnography 4, 6, 9, 26, **28**, 70, 93, 122, 125, 127, 131, 137, 172, 214, 261, 263, 264, 270, 293–295, 297
エスノセントリズム ethnocentrism 143
エスノメソッド ethno-method 28, **29**, 180
エスノメソドロジー ethnomethodology 1, 3, 13, 23, 24, 28, **29**, 37, 40, 43, 97, 113, 119, 138, 157, 163, 164, 173, 180, 184, 186, 187, 209, 214, 235, 271, 283, 300, 328
エソジェニクス ethogenics 255
越境 boundary crossing 16, **29**, 47, 54, 74, 118, 169, 185, 243, 298
HRI human-robot interaction 161
NICU（新生児集中治療室） neonatal intensive care unit 17

NVivo 7, **29**, 116, 297
エピソード記憶 episodic memory 140
エピソード記述 episode description 12, **30**, 213, 287, 302
エビデンス evidence **30**, 280
エビデンス・ベイスト・メディスン evidence based medicine：EBM **30**, 81, 232
エピファニー（顕現） epiphany 199
エポケー epoche；Epoche〔独〕 11, **30**, 98, 174, 206, 273
M-GTA：modified-grounded theory approach **31**, 93, 141, 280, 281, 309
LGBT lesbian, gay, bosexual, and transgender 79
演繹 deduction 8, **31**, 32, 68, 69, 183, 320, 322
演繹的コード化 deductive coding **32**, 68, 153
エンカウンター・グループ encounter group 166, 237, 310
エンド・オブ・ライフケア end-of-life care **32**, 63, 141
エンパワーメント empowerment **32**, 189

お

老い aging **33**, 328
往還的トライアンギュレーション iterative triangulation 320
応用研究 ⇨政策研究
応用心理学 applied psychology 73, 165
大きな物語／小さな物語 grand récit／petit récit〔仏〕；grand narrative／little narrative **33**, 258, 292, 303, 316
オーディエンス audience **33**, 252, 262
オートポイエーシス autopoiesis **34**, 127, 132, 201
オーバーラポール over-rapport **34**, 315
オープンコード化 open coding **34**, 66, 68, 81, 170, 185, 211, 212, 276
オープンサイエンス open science 142
オープンダイアローグ open dialogue **35**, 109, 283
オーラルヒストリー oral history **35**, 174
オカルト occult 172
オタク otaku **36**, 120, 299
オペラント学習 operant learning 239
オペラント行動 operant behavior 106
親 parent **36**, 272, 290

親子関係 parent-child relationship 5, 10, **36**, 49, 112, 176, 229, 236, 272
親役割 parents' role 36
オリエンタリズム orientalism 292
音声の文化 orality 107

か

外化 externalization 111
懐疑の解釈学 hermeneutic of suspicion 265
階級 class 264
階級関係 class relations 96, 100
懐疑論 skepticism ; scepticism 37
外言／内言 inner speech／external speech 37, 252
介護 care 38, 109, 117, 239
回顧録 memoir 127
改ざん falsification 93
解釈 interpretation **38**, 87, 114, 194, 271, 275, 322
解釈学 hermeneutics ; Hermeneutik〔独〕 3, **38**, 39, 50, 125, 173, 177, 194, 211, 265, 317
解釈学的現象学 hermeneutic phenomenology **39**, 99, 136, 247, 284
解釈学的循環 hermeneutic circle ; hermeneutischer Zirkel〔独〕 3, **39**, 50, 187, 283
解釈学的人類学 interpretive anthropology 80
解釈学的転回 hermeneutic turn 15, **39**, 63, 237
解釈項 interpretant 64, 65
解釈心理学 interpretive psychology 275
解釈的アプローチ interpretive approaches 5, 6, 15, **40**, 137, 269, 292
解釈的現象学的分析 ⇨IPA
解釈レパートリー interpretative repertoires **40**, 292
外集団 out-group 143
蓋然性 probability 17
回想 reminiscence **40**, 41, 106, 126, 140, 149
階層 social class 203
回想法 reminiscence therapy ; reminiscence work **40**, 106, 149, 152, 313
外的妥当性 external validity 320 ⇨一般化可能性
回答の容器 vessel-of-answers **41**
ガイドされた参加 ⇨導かれた参加

ガイド付き自伝探求法 guided autobiography **41**, 312
介入的研究 intervention study 110
外部監査者 external auditors 102
外部者の視点 outsider perspective 193
解放 emancipation 264
開放システム open system 207
解放の心理学 psychology of liberation 263
解離 dissociation 41
解離性障害 dissociative disorder **41**
解離性同一性障害 dissociative identity disorders 42
会話 conversation 21, **42**, 43
会話の修復 repair **42**, 43
会話の順番交替 turn-taking **42**, 43, 121, 186, 202, 323
会話フロア conversational floor **43**, 75, 121, 202
会話分析 conversation analysis 1, 28, 29, **43**, 115, 119, 123, 124, 157, 173, 180, 186, 187, 205, 209, 227, 231, 232, 283, 300, 323
カウンセラー counselor 168
カウンセリング心理学 counseling psychology 16, **43**, 116, 166, 310
加害者臨床 batterers treatment **44**, 147, 225, 256, 259
科学 science ; Wissenschaft〔独〕 18, 19, **44**, 78, 80, 117, 134, 144, 177, 189, 253, 256
科学技術振興機構・社会技術研究開発センター ⇨RISTEX
科学史 history of science 253
科学社会学 sociology of science 8, **44**, 132, 164, 257, 314, 315
科学者－実践家モデル scientist-practitioner model 44
科学的概念 scientific concept 45, 174, 251
科学的心理学 scientific psychology 188
科学的方法 scientific method 37, 44, **45**, 80, 84, 85, 97, 117, 133, 134, 182, 280, 289, 329
科学哲学 philosophy of science 329
学習 learning **45**, 47, 74, 107, 283, 308, 324, 330
学習科学 learning sciences 4, **45**, 52, 72, 204, 215, 240, 249, 301
学習環境 learning environment 45, **46**, 156, 215
学習障害 learning disabilities ; specific learning disorder **46**, 110, 250

学習転移　learning transfer　7, **46**, 74, 78, 118, 169, 324

学習の理論　theory of learning　**47**, 169

確証　confirmation　48

CAQDAS　⇨コンピュータによる質的データ分析

拡張的学習　expansive learning　32, **47**, 52, 54, 169, 201, 233, 251, 280

学問的方向性　academic direction　94

確率抽出法　probability sampling　195

確率的機能論　probabilistic functionalism　179

確率的サンプリング　stochastic sampling　122

確率論的機能主義　probablistive functionalism　275

可視／不可視　visibility／invisibility　**47**, 112, 174, 279

過剰適応　over adaptation　53

仮説　hypothesis ; tentative theory　**48**, 49, 93, 97

仮説演繹法　hypothetico-deductive method　32, **48**, 85, 132, 133, 263

仮説検証型　hypothesis proving　48, **49**, 97

仮説実験授業　hypothesis-experiment-instruction　248

仮説生成　⇨アブダクション

仮説生成型　hypothesis making　48, **49**, 93, 94, 137, 211, 249, 263, 289

仮説的言明　hypothetical statement　319

家族　family　37, **49**, 50, 77, 103, 155, 176, 259, 271, 314

家族心理学　family psychology　49, 50, 111

家族療法　family therapy　49, **50**

型　habitus　252

課題分析　task analysis　**50**, 276

語らないこと・語られないこと　not being able to narrate　51

語り合い法　in-depth interview ; katariai method　50, 189, 302

語り継ぎ　narrative transmission　**51**

語り手　narrator ; interviewee　51

語り部　story-teller　**51**

カタルシス　catharsis　**51**, 125, 130

価値　value　73, 101, 282

価値中立性　value-neutrality　285

価値負荷性　value-ladenness　285

学級　class　75

学級風土　classroom climate　52

学級雰囲気　classroom atmosphere　52

学級文化　classroom culture　**51**, 53, 152, 290

カッコ入れ　bracketing　52

カッコ入れ　⇨エポケー

学校　school　52, 53, 73

学校外学習　learning outside school　**52**, 193, 274

学校教育　school education　**52**, 70, 72, 73, 147, 166, 193, 215, 236, 241, 300

学校恐怖症　school phobia　273

学校銃乱射　school rampage shooting　10

学校適応　school adjustment　13, **52**, 53, 166, 169, 181, 236, 259

学校文化　school culture　52, **53**, 193, 290

合生　concrescence　293

葛藤　conflict　282, 313

活動　activity　**53**, 54, 186, 229, 279, 298

活動－行為－操作　activity-action-operation　**53**, 54, 247

活動システム　activity system　29, 32, 42, 53, **54**, 193, 234, 280

活動システムの三角形モデル　triangular model of activity system　281

活動のオブジェクト　object of activity　29, 53, **54**

活動理論　activity theory　208　⇨文化－歴史的活動理論

カテゴリー　category　27, 35, **54**, 101, 170, 321

カテゴリー関連図　―図解―　category scheme （diagram）　**55**, 126, 185, 211, 254

カテゴリーのサンプリング　sampling of category　321

カテゴリー分析　category analysis　**55**

可謬主義　fallibilism　273

神　God　67

カルチャー・ショック　culture shock ; cultural shock　11

カルチュラル・スタディーズ　cultural studies　34, **55**, 214, 218, 292

がん　cancer　**56**, 63, 158

感覚運動世界　sensori-motor world　266

感覚過敏　hypersensitivity　142

環境　environment　**57**, 58, 68, 103, 106, 213, 283, 287, 311

環境移行　environmental transition　11, **57**, 58, 156

和文事項索引　　　　338

環境－行為系　environment–action system
　57, 58, 130, 297
環境心理学　environmental psychology　57,
　58, 179, 309
関係性　relationship　5, 34, **58**, 67, 84, 267,
　283, 290, 315
関係的自己　relational self　37, **58**, 59
関係の一次性　priority of relation　267
関係論　relationalism　153
関係論的パラダイム　relational paradigm；
　relationalist paradigm　**58**, 183, 279
還元主義　reductionism　**59**
看護学　nursing science　**59**, 60, 84
看護ケア　nursing care　17, **59**, 60, 63, 84, 284
看護研究　nursing research　59, **60**
看護実践　nursing practice　284
監査　audit　**60**, 103, 137, 164, 275
観察　observation　45, **60**, 87, 130, 174, 212,
　229, 287, 310
観察者　observer　134
観察者バイアス　observer bias　12, 20, 27, **60**,
　87, 93, 94, 131, 246, 322
観察の単位　unit of observation　**61**, 131, 167
観察の理論負荷性　theory–ladenness of
　observation　206
観察法　observation method　323
感受概念　sensitizing concept　**61**, 275
間主観性　intersubjectivity　51, 58, **61**, 78, 143,
　151, 249, 271, 283, 302
感情　affect；feeling　**62**, 158
感情（気分）障害　affective（mood）disorders
　24
感情労働　emotional labor　**62**
関心　interest　**62**, 105
環世界　Umwelt〔独〕　58, 307
観測　observation　127
間テクスト性　intertextuality　**63**
緩和ケア　palliative care　32, 57, **63**, 80, 84,
　141, 149

き

記憶　memory　**63**, 64, 68, 103, 119, 150, 186,
　188, 192
記憶障害　memory disorder　**64**, 103, 119
機械論　mechanism　118
聞き手（聴き手）　hearer；interviewer　42, 43,
　51

危機予防モデル　crisis prevention model　**64**,
　115, 166
記号　sign　15, **64**, 65, 102, 158, 168
記号学と記号論　semiology and semiotics
　16, 26, **65**, 190
記号的調整　semiotic mediation　22
記号的道具　⇨媒介物
記号論　semiotics　26, 244
帰国児童生徒　returnee students　**65**
疑似科学　pseudoscience　207
気質　temperament　244, 295
記述　description　97, 98
記述精神医学　descriptive psychiatry　317
記述的観察　―マイクロ・エスノグラフィー
　の―　descriptive observation in micro–
　ethnography　**65**, 158, 184
記述的現象学　descriptive phenomenology
　125
技術的熟達者　technical expert　76
技術的道具　technical tool　168
記述の意味づけ　making sense of description
　66, 231
記述のコード化　coding of description　**66**,
　231
技術の社会的構築論　social construction of
　technology：SCOT　44, **66**
毅然とした対応　zero–tolerance policies　181
帰属　attributions　209
基礎付け主義　foundationalism　**66**
基礎的定位　basic orienting　203
気遣い　care；Sorge〔独〕　99
気になる子　difficult child　**67**, 319
記念日　anniversary　**68**
帰納　induction　7, 8, 18, 32, 55, **68**, 69, 183,
　320
機能システム　functional system　147
機能主義　functionalism　297
帰納的コード化　inductive coding　32, **68**, 153
帰納法　inductive method　18, 48, **68**, 183, 322
規範　norm　11, **69**, 277
希望　hope　311
基本的社会過程　basic social process　81
基本的信頼　basic trust　164, 311
肌理（きめ）　texture　203
逆カルチャーショック　reverse culture shock
　14
虐待　abuse　**70**, 112, 119, 140, 238, 256
脚本分析　script analysis　**70**, 108

客観主義　objectivism　44, **70**, 71, 93, 151
客観性　objectivity　27, **71**, 117, 133, 161, 257, 319
客観的現実　objective reality　198
キャリア　career　**71**, 72, 208
キャリア教育　career education　**71**
〈共〉　common　298
教育科学　educational science　72
教育学　pedagogy ; study of education　52, **72**, 73, 177, 186, 314, 322
教育工学　educational technology　9, **72**
教育困難校　school with educational difficulties　**72**, 181, 259
教育社会学　sociology of education　5, 52, 72, **73**
教育心理学　educational psychology　67, 72, **73**
教育心理学の不毛性　barren nature of educational psychology　73
教育的価値　educational value　216
教育評価　educational evaluation　87, **73**, 135, 194
鏡映読み　mirror reading　297
教科　subject　75
境界　boundary　130
境界横断　⇨越境
境界オブジェクト　boundary object　**74**, 102, 170
共感　empathy　34, **74**, 130
共感的な理解　empathic understanding　294
教師研究　teacher research　72, **74**, 75, 135
教室　classroom　52, **74**, 75, 290
教室談話　classroom discourse　43, 52, 70, **75**, 81, 117, 121, 152, 193, 224, 326
教室文化　classroom culture　52
教師の成長　teacher development　74, **75**, 76, 114, 287
教師文化　teacher culture　53, 74, **75**, 222
教授学　pedagogy　72
教授－学習過程　instruction and learning process　152
教授主義　instructionism　47
供述の起源　origin of statement　76
供述分析　statement analysis　**76**, 141, 192, 288
鏡像段階　stade du miroir〔仏〕　313
協調学習　⇨共同学習
共通語　common language　326

協働　collaboration　181, 232
共同学習、協調学習　collaborative learning ; cooperative learning　**76**, 90, 111, 115, 190, 297, 300, 330
共同研究者　co-researcher　189
共同性　communality　77, **76**, 222, 248
共同想起　collective remembering　64, **77**, 150, 186
共同体　community　**77**, 130, 145, 203
共同知　collaborative knowledge　3, 142
共同注意　joint attention　**77**, 121, 275
協働的実践　collaborative practice　78
協同的実践　collaborative practice　184
共同当事者　collaborative partner　3
協働文化　collaborative culture　76
共変移　consequential transitions　**78**
共約可能性　commensurability　**78**, 233, 253, 254
共約不可能性　incommensurability　78, 233, 329
協力的な探求　collaborative research　**78**
虚偽意識　false consciousness　12
局所性　⇨ローカリティ
局所性学習症　⇨学習障害
巨視的／微視的アプローチ　macroscopic／microscopic approach　292
距離化　distancing　157
儀礼　ritual　**78**, 277
儀礼的無関心　civil inattention　113
記録　documents　87, 134
近代法　modern law　159
緊張理論　strain theory　11, 206
菌根　mycorrhizae　242

く

クィア理論　queer theory　**79**, 180, 182, 227, 270
空間行動　spatial behavior　58
空想の友達　imaginary companion　267
クオリティ・オブ・ライフ　quality of life ; QOL　1, 57, 71, 72, **80**, 311, 323
区切る　punctuation　126
具体性　concreteness　100
苦悩　suffering　57, **80**, 81, 159
虞犯少年　pre-delinquent juveniles　259
組み合わせ　ratio　90
クライエント　client　168

和文事項索引　　　　　　　　　340

クライシス・マネジメント　crisis
　management　64
グラウンデッド・セオリー　grounded theory
　12, 31, 35, 38, 55, 61, 68, 69, **81**, 83, 101, 103,
　126, 137, 141, 143, 170, 171, 185, 197, 212, 240,
　254, 276, 282, 319–321
グラウンデッド・セオリー・アプローチ
　grounded theory approach　68
グラウンデッド・セオリー研究所　Grounded
　Theory Institute　83
グラウンデッド・セオリー第二世代　second-
　generation grounded theorists　143
グラウンド・ルール　ground rules　**81**
クラシック・グラウンデッド・セオリー
　classic grounded theory　83
グランド・セオリー（誇大理論）　grand theory
　135
グリーフ　⇨悲嘆
グリーフケア　grief care　262
クリニカル・ジャッジメント　clinical
　judgement　**82**
グループ・インタビュー　group interview
　82, 175, 271
グループ・ダイナミックス　group dynamics
　78, **82**, 225, 267, 268, 271, 284, 325
クレイム申し立て　claims-making activities
　83, 106, 148
グローバリゼーション　globalization　298
クロスケース分析　cross-case analysis　**83**,
　89

━━━━━━━━━ **け** ━━━━━━━━━

ケア　care　17, 38, 74, **84**, 91, 118, 236, 238,
　274, 284, 286
ケアの倫理　ethics of care　84
ケアリング　caring　17, 74, 76, **84**, 284
経営学　management studies　85, **84**, 144
経営組織論　management organization theory
　84, **85**, 182, 190
継起的な秩序　sequential order　205
経験　experience　123, 231
経験学習　experiential learning　177
経験主義　empiricism；experiencism　67, **85**,
　86, 108, 186, 216
経験的研究　empirical research　**85**
経験的領域　empirical fields　319

経験と体験　Erfahrung／Erleben（Erlebnis）
　〔独〕；experience　9, **85**, 90, 175, 192, 313
経験論　empiricism　67
経済資本　economic capital　144
計算モデル　computational model　239
形式　form　86
形式主義　formalism　**86**
形式陶冶　formal discipline　46
刑事司法　criminal justice　256
形而上学　metaphysics　8, **86**, 274
形成的評価　formative evaluation　**86**
継続看護　continuing nursing care　118
継続する絆　continuing bonds　**87**, 131, 188,
　262
継続的比較分析　constant comparative
　analysis　31
形態素　morpheme　**87**, 213, 282
形態素解析　morphological analysis　**87**, 213,
　214, 331
携帯電話　mobile phone　241
傾聴　active listening　**87**
系統発生　phylogenesis　**88**, 113, 261
系譜学　genealogy　**88**, 270
啓蒙主義　Aufklärung〔独〕；Enlightenment
　325
系列再生法　serial reproduction　245
KJ法　KJ method　38, 55, 56, 68, 69, **88**, 89,
　249, 266, 282, 309, 320
　KJ法 A型 ―図解化―　A-type KJ method
　（chart-making）　**89**, 266
　KJ法 B型 ―叙述化―　B-type KJ method
　（explanation）　**89**, 266
ケーススタディ　⇨事例研究
ケース比較法　case comparison method　83
ケースマトリクス　case matrix　**89**
ゲートキーパー　gatekeeper　**89**, 268
ゲーミング　gaming　**90**
ゲーム　game　36
ゲーム分析　game analysis　108
劇学　dramatism　90
劇学的動機論　grammar of motives in
　dramatism　**90**, 91
劇学的分析　analysis of motives in dramatism
　90
ゲシュタルト心理学　gestalt psychology　59,
　91, 225, 239, 304, 309, 325
化粧　cosmetics；skin-care；make-up　62, **91**
結晶性知能　crystallized intelligence　26, 254

権威主義的パーソナリティ　authoritarian personality ; Autoritäre Persönlichkeit〔独〕143

権威的な言葉／内的説得力のある言葉　authoritative discourse／internally persuasive discourse　**91**, 199, 229

研究アプローチ　⇨研究の理論的枠組み

研究協力者　confederate　21, 90, **92**, 95, 114, 154, 194, 210, 212, 216, 257

研究計画書　research proposal ; study plan　**92**, 94

研究者倫理　research integrity　21, **92**, 95, 154, 194, 324

研究する人間　methodologically−reflective researcher　31, **93**, 280, 281

研究設問（リサーチクエスチョン）　research question　66, 92, **93**, 94, 211, 212

研究デザイン　research design　**93**−95, 150, 154, 179, 184, 280

研究日誌　field diary ; field journal　**94**

研究の理論的枠組み　theoretical framework　8, 68, **94**, 110, 289

研究目標　research goals　**94**

研究倫理　research ethics　34, 92, 93, **95**, 194, 212, 268, 269, 315

研究倫理委員会　research ethics committee：REC　21, 93, **95**, 154

研究倫理審査委員会　research ethics review board　95

限局性学習症、限局性学習障害　⇨学習障害

元型　Archetyp〔独〕168

顕現（エピファニー）　epiphany　199

顕現的行動　107

言語　language　328

健康増進　health promotion　59

言語学　linguistics　16, **95**, 96, 110, 145, 166, 220

言語学的分析　linguistic analysis　96

言語獲得　language acquisition　236

言語芸術　linguistic arts　301

言語ゲーム　language−game　7, 23, 37, **96**, 292, 293, 303

言語行為　speech act　252

言語行為論　speech act theory　97

言語コード理論　code theory　**96**, 100, 246

言語実践　linguistic practice　115

言語資料　linguistic data　137

言語政策　language policy　145

言語発達　language development　295

言語変異　language variation　145

言語論的転回　linguistic turn　23, **97**, 105, 210, 237, 255

現実　reality　292

現実構成論　construction of reality　91, **97**, 104, 145, 147

現実世界　real world　179

検証　verification　**97**, 322

現象学　phenomenology ; Phänomenologie〔独〕3, 29, 31, 39, 40, 62, **97**, 98, 99, 129, 136

現象学的還元　phenomenological reduction　31, **98**, 143, 174, 206, 273

現象学的社会学　phenomenological sociology　5, 80, 145, 198

現象学的心理学　phenomenological psychology　**98**, 125, 265

健常者　non−handicapped person　**98**, 221, 299

言説　discourse　33, 92, **99**, 146, 199, 202, 209, 210, 224, 237, 265, 270

建設的相互作用　constructive interaction　300

言説分析　discourse analysis　209

現存在　Dasein〔独〕; being−there　39, **99**, 192, 247

現存在分析　Daseinanalyse〔独〕; daseinsanalysis　**99**, 136

現代批判心理学運動　contemporary critical psychology movement　263

限定概念　definitive concept　61

限定コード／精密コード　restricted code／elaborated code　96, **100**, 246

現場　field　284

現場心理学　field psychology　**100**, 132, 268, 269, 306, 308

現場メモ　field memo　270

厳密性　rigor　269

顕名性　onymity　**100**

権利者　right holder　1

権利擁護　⇨アドボカシー

権力　power ; pouvoir〔仏〕13, 96, **100**, 114, 159, 176, 244, 246, 257, 264, 270, 292, 296

こ

コアカテゴリー　core category　**101**, 170

語彙目録　lexicon　15

行為　action　53, 57, **101**, 215, 306, 317

合意形成　consensus building　**101**, 208
行為主体性　⇨エージェンシー
行為の中の省察　reflection in action　175
交換　exchange　**102**, 159
後期ウィトゲンシュタイン　later Wittgenstein　292
好奇心　curiosity　**102**
合議制質的研究　consensual qualitative research：CQR　**102**, 276
公教育　public education　52
公共性　publicness　117, 216
攻撃　aggression　10
高次学習　higher-level learning　190
高次精神機能　higher mental function　**103**, 113, 139, 228, 234
高次脳機能障害　higher brain dysfunction　**103**
公衆衛生　public health　**103**, 167, 203
公衆衛生看護　public health nursing　118
口述史　⇨オーラルヒストリー
交渉的秩序論　negotiated order　171
構成概念　construct　142, 156
構成主義　constructivism　91, 93, **104**, 216, 239, 258
構成主義的グラウンデッド・セオリー　constructivist grounded theory　**104**, 143
構成主義的心理学　constructivist psychology　91, **104**
構成要素　elements　186
構造　structure　105
構造化インタビュー　structured interview　19, **104**, 255, 260
構造機能主義　structural functionalism　67, 148
構造構成主義　structural constructivism　63, **105**, 218
構造主義　structuralism　96, 104, **105**, 106, 190, 270, 292, 306, 325
構造人類学　structural anthropology　**105**, 168, 274, 325
構造的暴力　structural violence　258, 284
構造的ライフレビュー　structured life review　**106**, 313
構造分析　structural analysis　232
構築主義　constructionism　69, 91, 105, **106**, 138, 145, 148, 175, 254, 294
行動　behavior　53, **106**
行動科学　behavioral science　239

行動経済学　behavioral economics　244
行動主義　behaviorism　**106**, 151, 172, 234, 235, 275, 330
口頭伝承　oral tradition　**107**, 217, 233, 301
公認心理師　licensed psychologist　**107**, 323
鉱夫／旅人としてのインタビュアー　interviewer as a miner／traveler　79, **107**
公民権運動　civil-rights movement　240
合理主義　rationalism　67, 85, 86, **108**
交流分析　transactional analysis：TA　70, **108**
合理論　rationalism　67
高齢者　older adults　6, 33, 38, 40, **108**, 109, 148, 328
高齢社会　aged society　**108**, 109, 239, 328
高齢者ケア　care for older adults　59, 84, **109**, 203
声　voice　35, 38, **109**, 196, 199, 214, 251, 253, 261, 307
コーチング　coaching　240
コーディング　⇨コード化
コード　code　29, 55
コード化　coding　7, 32, 55, 68, 89, **109**, 110, 116, 137, 138, 232, 297
コード化マニュアル　coding manual　110
コードブック　code book　109
コードマトリクス　code matrix　**110**
コーパス　corpus　**110**
コーパス言語学　corpus linguistics　110
コーポレイト多文化主義　corporate multiculturalism　201
国際結婚　international／transnational marriage；intercultural／cross-cultural marriage　16, **111**
告白体の物語　confessional tales　18, 22, **111**, 149, 327
国連教育科学文化機関　United Nations Educational, Scientific and Cultural Organization：UNESCO　278
互恵的教授　reciprocal teaching　76, **111**
誤差　error　240
古参者　old timer　224
個人　individual　100, 306
個人主義　individualism　14
個人情報　private information　212
個人的無意識　individual unconscious　280

個人の生活の質評価法　schedule for the evaluation of individual quality of life：SEIQoL　1

個性化　Individuation〔独〕　309

個性記述的方法　idiographic approach　3, 23, 100, **111**, 173, 245, 249, 288, 318

子育て、育児　child-rearing　236

子育て支援　support for child-rearing　10, **112**, 148, 203, 236, 237, 250

個体主義パラダイム　individualistic paradigm　47, 48, **112**, 115, 147, 167, 174, 228, 283

個体発生　ontogenesis　88, **112**, 150, 250, 261

ごっこ遊び　social play；pretend play　5, 21, **113**, 158, 251, 266, 267

言葉のジャンル　⇨社会的言語／言葉のジャンル

子ども理解　understanding of children　**113**, 222, 286, 287, 310

子ども理解のカンファレンス　conference on understanding of children　114

個別性　individuality　19

コミュニケーション　communication　**114**, 142, 171, 201, 263, 306, 329

コミュニケーション支援　communication intervention　236

コミュニケーションによる妥当化　communicative validation　**114**, 200, 304

コミュニティ　community　74, 82, 157, 169, 242

コミュニティ・オブ・プラクティス　⇨実践共同体

コミュニティ心理学　community psychology　33, **114**, 230, 296

コミュニティ・ナラティブ　community narrative　230

コモンズ　commons　248

コモンセンスサイコロジー　common-sense psychology　271

語用論　pragmatics　15, 16, **115**, 210, 252

コラボレイティブ・セラピー　collaborative therapy　230

婚姻　marriage　324

根源的地平　primal horizon　174

混合研究法　mixed methods research　146, **115**, 213, 226, 254, 265, 275, 285, 286, 297

コンストラクト　construct　91

コンテクスト　⇨文脈

コンピタンス　competence　173

コンピュータに支援された協同学習　computer supported collaborative learning：CSCL　46, 76, **115**

コンピュータに支援された協同作業　computer supported cooperative work：CSCW　29

コンピュータによる質的データ分析　CAQDAS：computer-assisted qualitative data analysis software　29, **116**, 138

コンピュータ・ネットワーク　computer network　18

さ

災害　disaster　51, 68, 103, **116**, 119, 293

災害復興　disaster recovery　**116**, 258, 260, 273, 293

災害ユートピア　therapeutic post-disaster community　260

再決断療法　re-decision therapy　70

再現可能性　reproducibility　19, **116**

再生　recall　2

再声化　revoicing　**117**

再生産　reproduction　264

在宅医療　home medical care　117

在宅介護　home care　**117**, 118, 203

在宅看護　home nursing　59, **117**, 203

サイバネティックス　cybernetics　**118**, 159, 161

再文脈化　recontextualization　19, 47, **118**, 246

差延　différance〔仏〕　200

サクセスフル・エイジング　successful aging　254

作話　confabulation　64, **118**, 141

里親　foster parents　140

サバイバー　survivor　6, **119**, 260

サファリング　⇨苦悩

サブカルチャー　subculture　36, 56, **119**, 299

差別　discrimination　10, **120**, 143, 147, 155, 170, 271, 285

参加　participation　46, 173, 180

参加型研究　participatory research　137

参加観察　participant observation　60, **120**, 172, 175, 206, 261, 323

参加構造　participation structures　43, 117, **120**, 202, 326

参加者構造　participant structures　120

産業化　industrialization　77, 326
三項関係　triadic relationships　76–78, **121**, 149, 262
参照枠　frame of reference　112
産前産後　before and after childbirth　238
三段論法　syllogism　31
産物としてのエスノグラフィー　ethnography as product　**121**, 289
サンプリング　sampling　**121**, 122, 172, 195, 241, 291, 316, 320
サンプリング戦略　sampling strategy　**122**, 172
サンプル　sample　121, 220, 241
三目並べ　tick tack toe game　13
参与観察　participant observation　4, 20, 21, 26, 28, 38, 60, 78, **122**, 128, 143, 172, 194, 212, 269
参与度　participation　269
参与なし　non–participation　269

し

死　death　131, **122**, 188, 313
CSCL　⇨コンピュータに支援された協同学習
シークエンス分析　sequential analysis　55, **123**, 138, 169
SeiQOL　⇨iQOL
CDA：critical discourse analysis　批判的ディスコース分析　265
ジェスチャー　gesture　**123**, 124, 227, 259, 308
ジェスチャー分析　gesture analysis　**124**, 163
ジェネラティビティ　generativity　31, **124**, 132, 176, 205
ジェンダー　gender　79, **124**, 180, 227, 264, 271, 296
ジェンダー・アイデンティティ　gender identity　124
視界の相互性　reciprocity of perspectives　13
死学　death studies　311
詩学　poetics；Peri poiētikēs〔希〕　**125**
自覚　〔原綴露〕　45
視覚イメージ　visual image　262
視覚的アナログ尺度　visual analog scale：VAS　1
視覚的記録　visual record　25
シカゴ学派　Chicago School　28, 80, 120, **125**, 157, 225, 275, 299
自我心理学　ego psychology　178

自我体験　ego experience　11, **125**
自我の統合　ego integrity　313
自我の発見　Entdeckung des Ich〔独〕　125
時間　time　19, 75, 116, **126**, 202, 284, 285, 312
時間的展望　time perspective　**126**, 268, 306
時間評価　time estimation　126
時間見本法　time sampling method　60, 61, 131
軸足コード化　axial coding　55, 66, 81, 110, **126**, 170, 185, 211, 254
しぐさ　non–verbal behavior　300
試験　test　73
資源　resource　46
自己　self　2, 58, **127**, 128, 129, 297, 300, 307, 309, 318
志向性　intentionality　151, 153, 271
思考発話法　⇨発話思考法
自己エスノグラフィー　autoethnography　**127**
自己概念　self–concept　128, 230
自己形成　self–development　181
自己決定　self–determination　274
自己決定性　self–determination　160
自己決定理論　self–determination theory　219
自己言及性　self–reference　34, **127**, 201, 256
自己実現　self–actualization　237
自己受容感　sense of self–acceptance　16
自己説明　self–explanation　252
自己像　self–image　127, **128**, 318
自己組織化　self–organization　104
自己対面法　self–confrontation method　246
自己呈示　self–presentation　113, **128**
自己転換の語り　narrative of self–change　216
仕事の場分析　workplace analysis　263
自己のサイバネティクス　cybernetics of the self　307
死後の世界　next world　198
自己の二重化　duplication of the self　2
自己変容　self–transformation　216
自己目録作り　personal inventory　**128**
自己物語　⇨物語的自己
自己理解　self–understanding　58, 86, 127, **128**, 318
自殺　suicide　10, **129**
事実 ―社会構成主義の視点から―　fact from the view of social constructionism　71, **129**, 130

事実 —主観と客観の対立の視点から— fact from the view of subjective and objective conflict 71, **129**, 213
事象 event 174
事象そのもの things themselves 31
事象見本法 event sampling method 60, 61, 131
自助グループ self–help group 6, **130**, 230
システマティック・レビュー systematic review 280
システム system 34, 103, 118, 127, **130**, 146, 189, 201
システム思考 system thinking 190
システムビュー system view **130**, 245
姿勢 posture 203
死生学 thanatology ; death studies 122, **131**, 141, 198, 311
自然科学 natural science 44, 45, 145
自然環境 natural environment 287
自然観察法 natural observation 60, **131**, 133, 251
自然主義 Naturalismus〔独〕; naturalism 325
自然主義的探究 naturalistic inquiry **131**
自然主義的転回 naturalistic turn 44, 131, **132**, 164
自然的態度 natural attitude 31
自然の斉一性 principle of the uniformity of nature 37
持続 maintenance 326
持続可能性 sustainability **132**, 146
肢体不自由 physical disability 319
視聴覚 audiovisual 25
疾患／病いの二分法 disease／illness dichotomy 308
実験 experiment 18
実験科学 experimental science 45, **132**, 133, 308
実験計画法 experimental design 154
実現傾向 actualizing tendency 310
実験主義 experimentalism 216
実験心理学 experimental psychology 100
実験の観察法 experimental observation 60, 131, **132**, 251
実験法 experimental method 323
失語症 aphasia 103, **133**
実在論 realism 86, **133**, 189, 265, 294

実証主義 positivism ; Positivismus〔独〕 86, **133**, 136, 173, 175, 197, 237, 256, 263, 264, 266, 289, 291, 325, 328
実践 practice 78, 79, 119, **134**, 135, 136, 208, 213, 277, 298, 323
実践共同体 community of practice **134**, 162, 173, 181, 214, 279
実践記録 practical documents 114, **134**, 152, 222, 287, 310
実践研究 practical study 4, 67, 72, 73, 114, **134**, 160, 170, 215
　⇨アクションリサーチ
実践コミュニティ ⇨実践共同体
実践知 practical knowledge ; clinical knowledge 4, 82, **135**, 143
実践的知識 practical knowledge 74, 82, **135**, 153, 208, 213
実践の中の理論 theory in practice 4, **135**, 175, 322
実存 existence 1, 99, 100, **136**, 162, 192
実存主義 existentialism 105, **136** ,162, 291
実存的なあり方 existential being 99
質的研究 qualitative research 66, 100, **136**, 138, 160, 184, 196, 208, 227, 274, 282, 312, 313
質的研究の質 quality of qualitative research 60, 164, **137**
質的コード化 qualitative coding 29, 66, **137**
質的社会学 qualitative sociology 5, 15, 73, **137**
質的心理学 qualitative psychology 137, **138**, 165, 166, 259, 301, 302
『質的心理学研究』 Japanese Journal of Qualitative Psychology 138
質的データ qualitative data 32, 68, 110, 137, 183, 300
質的データ分析 qualitative data analysis 7, 66, 116, 137, **138**, 139, 169, 197, 207, 211, 297, 320
質的なメタ分析 qualitative meta–analysis **138**, 302
質的評価 qualitative evaluation 194, **138**, 275
質的方法 qualitative research methods 226
疾病予防 disease prevention 59
質問紙調査 questionnaire survey 41, **139**, 165, 175, 192, 200, 206
私的言語 private language 96
私的事象 private event 106

史的唯物論 historical materialism；Historischer Materialismus〔独〕 59, 151, **139**, 204, 326

自伝 autobiography 127, **139**, 151, 152, 216, 217

自伝的記憶 autobiographical memory 40, 126, **140**, 186, 304, 313

児童心理学 child psychology 250

児童相談 child guidance 70, **140**

児童相談所 child guidance center 140

児童中心主義 child-centered 216, 274

児童福祉法 Child Welfare Act 140

児童養護 children's social care 70, 112, **140**

児童養護施設 foster home 140

シニフィアン signifiant〔仏〕 190

シニフィエ signifié〔仏〕 190

死人テスト dead-man test 106

シネマ・ヴェリテ cinéma vérité〔仏〕 26

死のアウェアネス理論 awareness of dying；theory of awareness contexts 131, **141**, 171

死の受容 acceptance of death 122, **141**, 131

自白 confession **141**, 76, 164, 192, 288

指標 index；marker 50, 157

指標 —現象理解の— measure for understanding phenomenon 2, **141**

自文化中心主義 ethnocentrism 143

自閉症スペクトラム autism spectrum **142**, 221, 250

死別 bereavement 3, 131, **142**, 122

司法臨床 forensic clinical psychology 256, 260

資本主義 capitalism 314

シミュレーション simulation 90

市民感覚 citizenship 296

市民参加 public participation 115, **142**, 144, 176, 296

市民社会 civil society 181

自民族中心主義 ethnocentrism 128, **143**

自明性 taken-for-grantedness 11, **143**

地面 ground 69

ジャーナリスト journalist 28, 268

社会運動 social movement **143**, 176, 201, 241, 271, 298

社会化 socialization 8, 326

社会階級 social class 13

社会科学 social science **144**

社会学 sociology 17, 23, 73, **144**, 155, 164, 201

社会学的診断 sociological diagnosis 322

社会学的想像力 sociological imagination 188

社会学の社会学 sociology of sociology 204

社会関係資本 social capital **144**, 222

社会技術的 sociotechnical 47

社会言語学 sociolinguistics 96, 144, **145**

社会構成主義 social constructionism 23, 35, 37, 59, 69, 73, 77, 82, 97, 104, 105, **145**

社会構成論 social constructionism 153

社会構造 social structure 40, 264, 265

社会システム social system 34, 127, 180

社会実装 social implementation 46, **145**, 215

社会心理学 social psychology 8, 25, 128, **146**, 186, 204, 216

社会心理学の危機 crisis of social psychology 292

社会正義 social justice 284

社会設計 social design 144

社会単位 social unit 294

社会調査 social survey 241

社会的アイデンティティ social identity 71, 72, **146**, 219

社会的カテゴリー social category 187

社会的カメラワーク social camerawork 45

社会的苦悩 social suffering 80

社会的言語／ことばのジャンル social language／speech genre 38, 75, **146**, 199, 224, 251, 326

社会的現実 social reality 40

社会的交換理論 social exchange theory 187

社会的自己 social selves 58

社会的事実 social fact 69, 72

社会的実践 social practice 79, 134, 144, 193

社会的状況 ⇨状況

社会的世界論 social worlds 171

社会的相互作用 social interaction 31, 240

社会的統制 social control 265

社会的表象 social representation **147**

社会的分散認知 socially distributed cognition 46, 112, **147**, 156, 245

社会的方言 〔原綴 露〕 146

社会的養護 social care 70, 140

社会病理学 social pathology **147**

社会福祉学 study of social welfare 70, 140, **147**, 155, 189, 242

社会福祉士 certified social worker 148

社会文化史 sociocultural history 261

社会文化的アプローチ　sociocultural approach　22, 78, 115, 147, **148**, 150, 157, 168, 175, 185, 224, 246, 247, 277

社会文化的状況　⇨状況

社会文化歴史的　socio-cultural-historical　147

社会変革　social reform　264

社会編成　social arrangement　263

社会問題の構築　social construction of social problems ; constructing social problems　11, 67, 83, 106, 147, **148**, 315

写実的物語　realist tales　18, 22, 111, **148**, 327

写真による喚起法　emotional arousal on memory using photographs　**149**, 262

自由　freedom ; liberté〔仏〕　136

周囲　surrounding　57, 58

周縁性　marginality　134, 173, 181

宗教　religion　123, **149**, 172

宗教心理学　psychology of religion　149

宗教性　religiosity　149

『宗教的経験の諸相』　Varieties of religious experiences　123, 172

集合性　collectivity　77

集合体　collectivity　82

集合的記憶　collective memory ; mémoire collective〔仏〕　75, 77, **150**, 186

集合的なエージェンシー　collective agency　27

集合的無意識　⇨普遍的無意識

集合表象　collective representation　147

修辞学　rhetoric　267, 327

十全　full　180

集団過程　group processes　146

集団主義　collectivism　14

集団心　group mind　77

縦断的研究／横断的研究　longitudinal study／cross-sectional study　**150**

習得　mastery　185, **150**

修復　⇨会話の修復

修復的　restorative　181

周辺的　peripheral　180

住民主体　community actor　296

重要な他者　significant other　165

主観－客観問題　subject-object problem　129, 136, **150**, 162

主観主義　subjectivism　71, **151**

主観性　subjectivity　71, 108, 133, **151**, 161, 313, 319

主観的経験　subjective experience　98

主観的現実　subjective reality　198

主観的な観点　subjective viewpoint　131

手記　experience note　**151**, 222

授業カンファレンス　lesson conference　287

授業研究　research on teaching ; lesson study　70, 72, 75, **152**, 160, 300

授業実践　teaching practice　72, **152**

熟達　expertise　177, **152**, 208, 213, 224, 247, 252

熟練教師　veteran teacher　75

主体　agent　112, 292

主体性　subjectivity　35, **153**, 160, 274, 329

主体と対象の不可分性　indivisibility of subject and object　129

主題分析　thematic analysis　70, 138, **153**, 169

出産の施設化　institutionalization of birth　238

守秘義務　confidentiality　**153**

手話　sign language　**154**, 300, 328

純金サンプリング　pure gold sampling　50

準実験デザイン　quasi-experimental design　**154**

順番交替　⇨会話の順番交替

生涯　life span　310

障害学　disability studies　156, **154**, 189, 221

障害児・者　a person or a child with disability　6, 38, 99, 140, 148, **155**, 156, 163, 189, 195, 223

障害社会学　sociology of disability　155

障害者家族　family of person with disability　**155**

障害者基本法　Basic Act for Persons with Disabilities　155, 319

障害受容　acceptance of disability　**155**, 236, 305

生涯発達心理学　life span developmental psychology　33, 49, 71, 72, 111, **156**, 251, 254, 272, 311, 312

状況　situatedness　**156**, 250, 279, 326

状況的学習論　situated learning theory　24, 45, 46, 47, 52, 115, 134, 147, **156**, 162, 173, 298

状況的認知　situated cognition　101, **157**, 229, 240, 330

状況に埋め込まれた学習　⇨状況的学習論

状況の定義　definition of the situation　40, **157**, 172, 225, 275

状況論　situated cognition　118, 157

状況論　⇨状況的学習論

少数者　minority　314

象徴　symbol　16, 113, **157**

焦点的観察 —マイクロ・エスノグラフィーの—　focused observation in micro-ethnography　66, **158**, 184

情動　emotion　62, 74, 102, **158**, 175, 222, 239

情動体験　perezhivanie〔露〕　233

小児がん　childhood cancer　**158**, 221, 299

証人　witness　80, **158**

商品　commodities　247

上部／下部構造　superstructure, substructure　13

情報科学　information science　118, **159**, 161, 238

情報処理　information processing　239

初期のコード化　initial coding　109

職人技　craftsmanship　289

触法少年　law-breaking juveniles　259

植民地主義　colonialism　267, 291

初心者　novice　208

初任教師　novice teacher　75

所有　possession　102, **159**

所与　data　211

自立　independence　77, **159**, 242

自律性　autonomy　108

事例　case　**160**, 223, 305

事例研究　case study　83, 134, **160**, 195, 223, 282, 287, 305, 320

心意現象　mental phenomena　301

進化　evolution　7, 88, 250

人格的知識　personal knowledge　8

人格特性　personality characteristics　15

進化心理学　evolutionary psychology　88

新カント派　neo-Kantianism　23, **160**, 177

神経言語学的プログラミング　neuro-linguistic programming　318

神経性過食症　bulimia nervosa　182

神経性無食欲症　anorexia nervosa　182

神経発達症群　neurodevelopmental disorders　46

信号　signal　157

人工知能　artificial intelligence　159, **161**, 238, 240, 329

人工物　artifact　47, 134, 148, 277, 308

人工物　⇨媒介物

新参者　newcomer　134, 180, 224

新実在論　new realism　69

人種　race　203, 264

心像　mental image　16

心身二元論　mind-body dualism　**161**, 167, 191

心身問題　mind-body problem　162

人生　life　174

新生児集中治療室　NICU：neonatal intensive care unit　17

真正性　authenticity　74, **161**, 162, 164, 227

人生の意味　meaning in life；meaning of life　70, 126, 136, **162**, 291, 304

真正の学習　authentic learning　**162**

人生の目的　purpose in life　162

深層演技　deep act　62

深層心理学　depth psychology　275

親族　kinship　324

身体　body　155, 161, **162**, 218, 252

身体化　embodiment　**162**

身体技法　technique of the body　252

身体障害　physical disability　155, **163**, 205

身体障害者手帳　disability identification card　163

身体障害者福祉法　Law for the Welfare of People with Physical Disabilities　163

身体性　embodiment　161-**163**, 192, 238, 329

真値　true score　165

人的環境　human environment　287

心的機能　psychological function　167

信念　belief　75

信念・価値観　belief and sense of values　249

進歩主義　progressivism　216

シンボリック相互作用論　symbolic interactionism　15, 39, 40, 61, 80, 104, 106, 125, 138, 141, **163**, 170, 171, 187, 218, 225, 253, 275, 281, 282, 299, 300, 330, 157

シンボル（象徴）　symbol　114

新マルクス主義　neo Marxism　265

親密　familiarity　315

シンメトリー　symmetry　44, 132, **164**, 315

信用性の基準　criteria of credibility　60, 61, 76, 137, 141, **164**, 294

信頼　trust　145, **164**

信頼関係　relationship of trust　315

信頼性　reliability　61, 83, 139, **165**, 166, 200

心理学　psychology　25, 138, **165**, 186, 219, 238, 302

心理学史　⇨心理学の歴史

心理学的伝記　psychobiography　217

心理学の歴史　history of psychology　**165**, 294

心理教育　psychoeducation　171, **166**, 323

心理言語学　psycholinguistics ; psychology of language　38, **166**, 272

心理検査　psychological testing　128, **166**, 219

心理師、心理士　⇨公認心理師

心理社会的危機　psychosocial crisis　176

心理社会的徳　psychosocial virtue　26

心理尺度　psychological scale　142

心理主義　psychologism　107, **166**

心理人類学　psychological anthropology　**167**

心理的アセスメント　psychological assessment　323

心理的ケア　psychological care　216

心理的健康　mental health　**167**

心理的支援　psychological support　323

心理的道具　psychological tool　22, **167**, 247

心理療法　psychotherapy　44, 50, 56, 107, 108, **168**, 178, 230, 239, 281, 309, 310

人類学　anthropology　105, 168, 274

進路保障　career development　236

神話　myth　105, 107, 168

神話学　mythology　106, 107, **168**, 325

す

図　figure　156

随意　〔原綴 露〕　45

推測統計　inferential statistics　121, 291, 316

垂直的再文脈化　vertical recontextualization　118

垂直的次元／水平的次元　vertical view／horizontal view　29, **168**

スイッチング　switching　326

水平的再文脈化　horizontal recontextualization　118

図解　⇨カテゴリー関連図

スキーマ　schema　238

隙間の共同体　interstitial community（of practice）　181

SCAT：Steps for Coding and Theorization　**169**, 309

スキル　skill　208, 213

スクール・カウンセリング　school counseling　**169**

スティグマ　stigma　113, 120, **170**, 285

ステークホルダー　stakeholder　139, **170**, 175

ステップファミリー　stepfamily　49

ストーリーライン　storyline　169, **170**

ストーリー領域　storyrealm　**170**, 306

ストレス　stress　57

ストレスマネジメント　stress management　**171**

ストロング・プログラム　strong program　132

スノーボール・サンプリング　snowball sampling　121, 122, **172**

スピリチュアリティ　spirituality　16, 150, **172**, 198

スモール・グループ・インタビュー　small group interview　82

スモールストーリー　⇨大きな物語／小さな物語

スモン　SMON：subacute myelo-optico-neuropathy　234

せ

生　Leben〔独〕; life　86

成員性　membership　134, **173**, 181, 199, 224

成員性カテゴリー化装置　membership categorization device　119, 283, **173**

性格　character　244

生活空間　life space　268

生活形式　form of life　96

生活支援　living support　234

生活史法　life history method　35, 172, **173**, 301

生活世界　Lebenswelt〔独〕; life-world　39, 153, **174**, 204, 235, 250, 325

生活的概念　everyday concept　45, **174**, 178, 251

生活の質　⇨クオリティ・オブ・ライフ

生活保護　public assistance　170

正義　justice　84

生気論　vitalism　118

生権力　bio-pouvoir〔仏〕; biopower　101

星座　constellation　45, 48, **174**

政策研究　policy studies　**175**

省察　reflection　74, 75, 82, 90, 93, 134, 152, **175**, 177, 190, 283, 322

省察的実践　reflective practice　76, 114, 136, 153, **175**, 216

省察的実践家　reflective practitioner　76

性差別　sexism　271

政治　politics　**176**

生殖（リプロダクション）　reproduction　**176**, 238

生殖性　generativity　176

生殖補助医療　assisted reproductive technologies：ART　**176**, 238

精神医学　psychiatry　24, 42, 167, **176**, 178, 218, 220, 257

精神科学　Geisteswissenschaften〔独〕　39, **177**

精神間カテゴリー　inter-mental category　150

成人教育　adult education　52, **177**

精神障害　mental disorder　42, 155, 163, **177**, 205, 220, 221, 257, 259

精神内カテゴリー　intra-mental category　150

精神物理学　psychophysics　329

精神分析　psychoanalysis　51, 147, 168, **178**, 189, 219, 274, 276, 309, 313, 317

精神分析的個体発達分化の図式　epigenetic scheme　31

生成継承性　⇨ジェネラティビティ

生成文法　generative grammar　220

生態学　ecology　57

生態学的アプローチ　ecological approach　7, 68, 69, 115, 151, **178**, 179, 191, 203, 297

生態学的環境　ecological environment　7, 69, 178, 179, **178**, 191, 203

生態学的妥当性　ecological validity　133, 140, **179**, 192, 261, 275

生態学的知覚システム　⇨知覚システム

生態光学　ecological optics　178

生態心理学　ecological psychology　7, 57, 58, 69, 88, 112, 178, **179**, 191, 203

性的マイノリティ　sexual minorities　79, 120, 176, **179**, 180, 182, 195, 227

制度　system　288

制度　institution　69, 75, **180**, 271

性同一性障害　gender identity disorder　155, **180**, 182, 195, 227

正統的周辺参加　legitimate peripheral participation　24, 48, 112, 134, 156, 157, 162, 173, **180**, 199, 218, 224

制度化された科学のことばのジャンル　speech genre of official science　224

生徒指導　student guidance　73, **181**, 241, 259

西南ドイツ学派　Südwestdeutsche Schule〔独〕；Southwest German School　161

青年心理学　adolescent psychology　158, **181**

生物学主義　biologism　294

生物学的精神医学　biological psychiatry　317

性別違和　gender dysphoria　180

生命倫理　bioethics　21, 95, 154, **181**

セーフティネット　safety net　203

世界内存在　being-in-the-world；In-der-Welt-sein〔独〕　99

SECI（セキ）モデル　SECI model（in knowledge creating theory）　**182**

セキュリティ　security　212

セクシュアリティ　sexuality　79, 180, **182**, 270

世代継承性　⇨ジェネラティビティ

積極的平和　positive peace　284

摂食障害　eating disorders　**182**

説明　explanation　**183**, 209, 243, 252

説明可能性　⇨アカウンタビリティ

説明モデル　explanatory models：EMs　81, **183**, 308

接面　human interface　**183**

セラピスト　therapist　168

セルフ・ハンディキャッピング　self-handicapping　128

セルフヘルプ・グループ　⇨自助グループ

先行理解　pre-understanding；Vorverständnis〔独〕　39

全国犯罪被害者の会（あすの会）　National Association of Crime Victims and Surviving Families：NAVS　256

全国被害者支援ネットワーク　National Network for Victim Support　256

潜在的機能　latent function　206

漸次構造化法　progressive structuring　**183**

センスメイキング　sensemaking　15, 82, 162, **184**, 208

戦争　war　51, 205

全体観察　holistic observation　211

全体論（ホーリズム）　holism　147, 325

選択体系機能言語学　systemic functional linguistics　246

選択的観察　—マイクロ・エスノグラフィーの—　selective observation in micro-ethnography　66, 158, **184**

選択的コード化　selective coding　55, 66, 81, 127, 170, **184**, 211, 254

専門　profession　**185**

専門知　expert knowledge　204
専門的知見　expertise　26
専有　appropriation　150, **185**
戦略　strategy　289
戦略的家族療法　strategic family therapy　318

そ

想起　remembering　64, 68, 150, **185**, 248
早期支援　early intervention　236
造形表現　art expression　**186**
総合学習　integrated learning ; integrated studies　**186**, 216
総合的な学習の時間　period for integrated studies　186
相互行為　interaciton　4, 41, 123, 180, 187
相互行為 ―エスノメソドロジーにおける―　interaction in ethnomethodology　41, **186**, 214, 253
相互行為 ―社会心理学における―　interaction in social psychology　**186**
相互行為秩序　interaction order　170, 300
相互行為分析　interaction analysis　29, 119, **187**
相互作用　interaction　130
相互反映性　reflexivity　3, 101, **187**, 283, 323
相互扶助　mutual aid　130
操作　operation　53
操作主義　operationalism ; operationism　330
操作的定義　operational definition　**187**
操作的トランザクション　operational transaction　226
喪失　loss　3, 57, 40, **188**, 221, 238, 262, 299, 305
想像力　imagination　16, **188**, 266, 267
相対化　relativization　11, 194
相対主義　relativism　67, **188**, 265
総知見数　total number of findings　321
早発性痴呆　dementia praecox　220
双方向性　interaction　283
双方向的インタビュー　interactive interview　**189**
ソーシャル・インクルージョン　social inclusion　20, **189**, 223
ソーシャル・エクスクルージョン　social exclusion　189
ソーシャル・セラピー　social therapy　293

ソーシャル・ネットワーキング・サービス　social networking service：SNS　241
ソーシャルワーク　social work　148, **189**
疎外　alienation　298
疎外論　theory of alienation　316
遡及的発話思考法　retrospective think-aloud method　252
促進的記号　promoter sign　249
測定　measurement　45
組織　organization　82
組織エスノグラフィー　organizational ethnography　**189**
組織学習　organizational learning　136, 175, 177, **190**, 222
組織文化　organizational culture　190
祖先　ancestor　197
素朴実在論　naïve realism　133, **190**, 237, 266
素朴理論　folk theory　271
素朴理論　naïve theory　**191**
存在論　ontology　59, 67, 126, **191**, 237, 265, 289

た

ターンテーキング　⇨会話の順番交替
ダイアリー法　diary method　**192**, 309
第一次世界大戦　World War Ⅰ　297
怠学　truancy　273
『大恐慌の子どもたち』　*Children of the great depression*　311
体験　lived experience ;〔独〕Erlebnis　51, **192**, 211
体験過程　experiencing　310
体験記　⇨手記
体験報告　report on experiences　30, 64, **192**, 207
対抗的スクリプト　counterscript　193
対抗的ナラティブ　counter narrative　**192**, 296
第五次元　fifth dimension　110, **193**
第三空間　third space　**193**
第三の視点　researcher's perspective to interpret cultures　9, 11, **193**
第三の潮流　third force　237
大衆社会　mass society　274
対象　object　329
対象関係論　object relations theory　178

和文事項索引　352

対象者へのフィードバック　feedback to participants **194**
対称性　⇨シンメトリー
対称性人類学　symmetric anthropology　164
対人相互作用　interpersonal interaction　146
態度　attitudes　209
ダイナミック・アセスメント　dynamic assessment　**194**
第二言語習得　second language acquisition **194**
ダイバーシティ（多様性）　diversity　79, 180, 182, **195**, 208, 227, 278
代表性　representativeness ; representative **195**, 305
代弁　parental proxy talk　**195**
タイポロジー　typology　**196**, 244
タイムレスタイム　timeless time　18
ダイレクト・シネマ　direct cinema　26
対話　dialogue　63, 35, 92, 109, 146, 171, 193, **196**, 197, 199, 226, 227, 229, 246, 285, 307
対話主義 ―バフチンの―　dialogism　35, 92, 109, 125, 146, **196**, 199, 251, 253
対話的構築主義　dialogical constructionism **197**
対話的自己論　dialogical self theory　**197**, 246, 290
対話的プロセス　dialogical process　222
絶えざる比較　constant comparison　240, 321, **197**
タオ・インスティチュート　Taos Institute　37
他界観　image of the next world　77, **197**
多元主義　pluralism　286
多元的な現実　multiple realities　153, **198**
他者　the other　96, 167, 196, **198**, 199, 297, 309
他者 ―バフチンにおける―　the other in Bakhtin　92, 146, 193, **198**, 199
他者 ―レヴィナスにおける―　the other in Levinas　198, **199**
多重成員性　multimembership　173, 181, **199**, 224, 279
多職種連携　multidisciplinary collaboration 256
多数派　majority　200
多声性　polyphony　35, 109, 129, 196, 197, **199**, 229, 203, 229, 253, 261, 307
多声的　polyphonic　246
多声的ビジュアルエスノグラフィー　⇨ビジュアルエスノグラフィー

脱構築　deconstruction　193, **200**, 216, 291
脱文脈化　decontextualization　118
脱魔術化　Entzauberung〔独〕; disenchantment　23
妥当化　validation　60, 114, **200**, 228, 304
妥当性　validity　60, 114, 137, 139, 153, 165, 166, 179, 195, **200**, 228
ダブル・コンティンジェンシー　double contingency　127, **200**
ダブルバインド　double bind ; contradictions 201, 251, 283
多文化主義　multiculturalism　143, **201**, 278
たましい　soul　197
多様性　diversity ; variety　155, 191　⇨ダイバーシティ
探索　exploration　102
探索的な話し合い　exploratory talk　81
談話　discourse　23, 75, 81, 96, 99, 115, 123, 145, **202**, 209, 210
談話構造　discourse structure　23, **202**, 326
談話分析　discourse analysis　202, 209, 226, 246　⇨ディスコース分析

ち

地　ground　103, 156, 203
地域医療　community medicine　**202**, 203
地域看護　community health nursing　118
地域研究　community studies ; area studies 144
地域再生　regional revitalization　296
地域包括ケア　community-based integrated care　203
地域保健　community health care　41, 140, 167, **203**, 323
地域連携　community partnership　193
チーム・エスノグラフィー　team ethnography　**203**
チーム学習　team learning　222
チーム学校　team school　169
知恵　⇨叡智
知覚システム　perceptual system　7, 69, 130, 178, 179, **203**, 297
逐語録　⇨トランスクリプト
知識　knowledge　**204**, 248, 289
知識構築　knowledge building　**204**

知識社会学　sociology of knowledge　**204**, 243, 293
父親　father　272
秩序　order　13, **205**
知的障害　intellectual disability　140, 155, 163, **205**, 250
知能指数　intelligence quotient：IQ　205
地平　horizon　153
チャンク　chunk　238
注意欠如多動性障害　attention-deficit/ hyperactivity disorder　250
中核概念　core ideas　103
中堅教師　middle teacher　75
中年期の危機　midlife crisis　**205**
中範囲の理論　middle-range theory　8, 82, 108, **205**, 319
超越論的　transcendental　67
超越論的現象学　transcendental phenomenology；transzendentale Phänomenologie〔独〕　**206**
聴覚障害乳幼児　hearing-impaired infant　236
調査　research　45, **206**
調査協力者　research participant　92, 304
超常体験　anomalous experiences　**206**, 207
超心理学　parapsychology　172, **207**
著者性　authorship　117
治療効果　therapeutic effect　239
治療的聞き手　therapeutic listener　106
治療的司法　therapeutic justice　256
沈黙のことば　silence language　**207**

つ

追体験　Nacherleben〔独〕；re-experience　86
通常科学　normal science　253
通約可能性　⇨共約可能性

て

TEA（複線径路等至性アプローチ）　trajectory equifinality approach　22, 38, 70, **207**, 249, 285, 310, 311, 326
TAE　thinking at the edge　**208**
DSM　diagnostic and statistical manual of mental disorders：DSM　178, 250
D-Nモデル　D-N model　183

ディープニューラルネット　deep neural network　161
ディープラーニング　deep learning　159
定型的熟達　routine expertise　**208**, 213
抵抗　resistance　264
低次学習　lower-level learning　190
定式化　formulations　207
ディシジョンメイキング　decision making　184, **208**
ディスクール　discours〔仏〕　99
ディスコース　discourse　81, 99, 123, 129, 202, **209**, 210, 226, 230, 292
ディスコース研究　discourse research　145, **209**, 210
ディスコース心理学　discursive psychology　64, 202, 207, **209**, 210, 244, 292
ディスコース分析　discourse analysis　40, 81, 96, 97, 115, 123, 192, 202, 207, **209**, 223, 226, 228, 244, 255, 265, 267, 292, 327
ディスコース理論　discourse theory　81, 99, 123, 202, 209, **210**
ディスコミュニケーション　discommunication　279
ディセプション　deception　92, 146, **210**, 216
ディメンション　dimension　35, 55, **210**, 212, 276
データ　data　110, 143, 159, 161, 184, **211**, 241, 259
データ収集と分析の往復　back-and-forth movement between data collection and analysis　1, 32, 184, **211**, 241
データの管理　data management　1, **211**
データの生成　data generation　**212**
データの切片　slice of data　212, 282
データの切片化　line by line coding　35, **212**, 282
データマイニング　data mining　159
テーマ分析　⇨主題分析
適応　adjustment　53, **212**, 327
適応過程　adjustment process　14
適応的熟達　adaptive expertise　76, 208, **213**, 240, 249
適合　fit　53
出来事　event；incident；happening；occurrence；accident　130, 179, 198, **213**
出来事アプローチ　event approach　276
テキストマイニング　text mining　87, **213**, 223, 228, 282, 331

テクスト　text ; texte〔仏〕　26, 39, 110, 211, **214**, 245, 254, 262, 283
テクスト分析　textual analysis ; analyse du texte〔仏〕　**214**, 231, 254, 306
テクノサイエンス研究　technoscience studies　18, **214**
テクノロジー　technology　330
デザイン　design　**214**, 263, 330
デザイン研究　design-based research　46, 204, **215**, 301
デザイン原則　design principle　46, 204, 215
デザイン社会実装研究　design-based implementation research　46, 215, 301
手続き的透明性　procedural transparency　279
徹底的行動主義　radical behaviorism　107
デノテーション／コノテーション　denotation／connotation　15, **215**, 254, 303
デブリーフィング　debriefing　90, 92, 146, 210, **215**
TEM図　TEM diagram　227
転機　turning point　**216**
伝記　biography　107, 140, 173, 174, **216**
伝記法　biographical method　217
典型性　typicality　12, 195, **217**
伝承　tradition　107, 153, **217**, 218, 301, 308
伝達能力　communicative competence　145
伝統芸能　traditional arts　132, **218**
転用可能性　transferability　12, 19, 217, **218**

と

ドイツ批判心理学　German critical psychology　263
同一化　identification　219
同一視　identification　**218**
同一性　identity　306
同一要素　identical elements　46
動因　drive　102
投影法　projective technique　**219**
同化　assimilation　16
動機づけ　motivation　158, 186, **219**
道具　tool ; instrument　153
道具主義　instrumentalism　216
道具的理性　instrumentale Vernunft〔独〕　265
道具も結果も／結果のための道具　tool and result／tool for result　21, 215, **219**

統計学　statistics　83, **220**, 291, 316
統合　integration　14
登校拒否　school refusal　273
統合失調症　schizophrenia　35, 69, **220**, 257
統合失調症群　Schizophrenie〔独〕　220
統合失調症スペクトラム障害　schizophrenia spectrum disorders　220
統合的レビュー　integrative review　280
統語論　syntax　**220**
当事者　tojisha ; person concerned　296
当事者研究　tojisha-kenkyu ; study about "tojisha"　4, 142, 143, 220, **221**, 232
当事者性　person involved-ness　86, 194, **221**
等至性　equifinality　207, 326
同時発話思考法　concurrent think-aloud method　252
統制　control　96
統制群　control group　154
道徳科学　moralische Wissenschaft〔独〕; moral science　177
糖尿病　diabetes mellitus　**221**, 299
闘病記　tobyoki　151
盗用　plagiarism　93
同僚性　collegiality　75, 76, **221**
ドキュメンテーション　documentation　**222**, 287
ドキュメント　documents　18, **222**
ドキュメント分析　document analysis　**222**, 228
特異性　singularity　298
独我論　solipsism　191
独自性　uniqueness　195
特殊性　particularity ; specificity　19, **223**
独断論　dogmatism　86
特別活動　special activity　290
特別支援教育　special needs education ; special education　20, 142, 189, **223**
匿名性　anonymity　100, **223**
独立変数　independent variable　132
閉ざされた質問／開かれた質問　closed question／open-ended question　**224**
都市計画　urban planning　296
特権化　privileging　**224**
徒弟制　apprenticeship　153, 173, 181, 199, **224**, 240, 329
トポロジー心理学　topological psychology　91, **224**, 325

ドメスティックバイオレンス domestic violence：DV 44, **225**, 256
トライアンギュレーション triangulation 139, **225**, 263, 275, 289, 304
トラウマ trauma 70
トラウマ後の成長 posttraumatic growth：PTG 51, 119, 142, 188, **226**, 258, 262
トランザクション transaction **226**
トランスクリプト transcript **226**, 305
トランスジェンダー transgender 79, 124, 180, 182, 195, **227**
トランスナショナル transnational 298
トランスビュー trans–view **227**
取り決め negotiation 308
トロブリアンド諸島 Trobriand Islands 240

な

内化 internalization 150, 185
内化 ⇨内面化
内観法 introspection **227**, 274
内言 inner speech 261
内在化 internalization 14
内集団 in–group 143
内的妥当性 internal validity 133, 154, **228**, 304
内部者の視点 insider perspective 8
内面 internal aspect 166
内面化 internalization 103, 150, 185, **228**
内容分析 content analysis 222, 223, **228**
仲間関係 peer relationships 53, **229**
仲間文化 peer culture 229
ナビゲーション navigation **229**
ナラティブ（ナラティヴ） narrative 3, 51, 82, 102, 107, 138, 140, 171, 193, 195, 202, 217, **229**–234, 258, 262, 265, 271, 282, 283, 294–296, 298, 306, 307, 312
ナラティブ・アイデンティティ narrative identity 265
ナラティブ・アプローチ narrative approach 231
ナラティブ・コミュニティ narrative community **229**
ナラティブ心理学 narrative psychology 162, 231, **230**, 232, 233, 275, 289
ナラティブ・セラピー narrative therapy 37, 145, **230**, 231, 293

ナラティブターン narrative turn **230**, 233, 237, 261, 289, 301
ナラティブ探究 narrative inquiry **231**
ナラティブ・テクスト narrative text **231**
ナラティブ・プラクティス narrative practice 230, **231**, 232
ナラティブ分析 narrative analysis 2, 137, 231, **232**, 258
ナラティブ・ベイスト・メディスン narrative based medicine：NBM 30, 81, **232**, 233
ナラティブ・ベイスト・リサーチ narrative based research 160, 230–**232**
ナラティブ・メディエーション narrative mediation 282
ナラティブ・メディスン narrative medicine：NM 149, 159, **233**
ナラティブモード narrative mode of thinking 138, 231, **233**, 275, 302, 329
ナラティブ・ラーニング narrative learning **233**
ナラティブ老年学 narrative gerontology **233**, 313, 328
ナラトロジー ⇨物語学
「なる」 becoming 293
難病患者 patient with an intractable disease **234**

に

新潟県中越地震 Niigata Chuetsu earthquake 116
肉眼 naked eye 60
二元論 dualism 161
西田哲学 Nishida philosophy 69
二重刺激法 double stimulus method **234**
二重ループの学習 double–loop learning 175
日常 everyday life 13, 46, **235**, 285
日常記憶研究 everyday memory studies 140
日常言語学派 ordinary language philosophy 252
日常生活 daily life 122
日常生活世界 everyday life world 40
日常的実践 daily practice 264
日常認知 everyday cognition 324
日常の小さな厄介 daily hassles 9
日記 diary 212, 297

日系人　people of Japanese descent　16, **235**, 236

日誌　journal　127

日誌法　diary method　12, **235**, 245, 306

二人称の時間　second-person negotiators　126

日本質的心理学会　Japanese Association of Qualitative Psychology　138

日本保育学会　Japan Society of Research on Early Childhood Care and Education　286

日本臨床教育学会　Japanese Association of Clinical Research on Human Development and Education　322

ニューカマー　newcomers　16, 195, **235**

入境　field entry　90

乳幼児教育相談　early intervention programs for children who are deaf　236

乳幼児保育　early care and education　112, **236**, 286-288

ニュー・リテラシー研究　new literacies studies　123

ニュルンベルク綱領　Nuremberg Code　21, 95

認可外保育　unlicensed nursery ; daycare service　**236**

認可保育　licensed nursery ; daycare service　236

人間科学　human science　98, 136, 145, 219, **237**

人間科学研究　human science research　254

人間係数　humanistic coefficient　172

人間性心理学　humanistic psychology　108, 136, **237**, 310

人間中心設計　human centered design　242

認識論　epistemology　8, 23, 40, 67, 85, 108, 191, **237**, 265, 289, 319

妊娠・出産　pregnancy and childbirth　176, **238**

認知　cognition　103, 175, 186, 188, 219, **238**, 239, 240

認知科学　cognitive science　**238**, 239, 240, 242, 258, 263, 266, 276, 301

認知革命　cognitive revolution　275

認知機能　cognitive function　239

認知工学　cognitive engineering　242

認知構造変容理論　theory of structural cognitive modifiability　194

認知行動療法（CBT）　cognitive behavior therapy ; cognitive behavioural therapy　107, 168, **239**, 258

認知主義　cognitivism　238, **239**, 275

認知症　dementia　33, 41, 64, **239**, 249

認知心理学　cognitive psychology　**239**, 309

認知的人工物　cognitive artifact　130, 245

認知的徒弟制　cognitive apprenticeship　162, 224, **240**

ね

ネイティブになる　going native　**240**

ネガティブ・ケース　negative case　**240**, 256, 282

ネグレクト　neglect　70

ねつ造　fabrication　93

ネットいじめ　cyber-bullying　10, 19, **241**

ネット調査　internet survey　19, **241**

ネットワーキング　networking　115, 145, **241**, 243, 298

ネットワーク標本抽出法　network sampling　172

の

ノーマライゼーション　normalization　**242**

ノットワーキング　knotworking　21, **242**, 243

野火的活動　wildfire activity　**242**, 298

ノミナル・グループ・インタビュー　nominal group interview　82

は

バージョン　version　**243**

パーソナリティ　personality　2, 35, 187, **244**

パーソナリティ心理学　personality psychology　35, 196, **244**, 245

パーソナル・コンストラクト　personal construct　91, 104, **244**

パーソナル・ドキュメント　personal document　112, 151, 152, 222, **245**

パーソナルビュー　personal view　131, **245**

バイアス　bias　20, 61, 164, **246**, 285

媒介　mediation　215

媒介活動　mediational activity　134

媒介行為　mediation ; mediated action　53

媒介された行為　mediated action　22, 32, 38, 54, 101, 102, 103, 110, 139, 168, 215, 228, 234, 245, **246**, 280, 331

媒介手段を用いて行為する（諸）個人　individual（s）-acting-with-mediational-means　281

媒介物　mediational means　15, 75, 163, 168, **247**

胚細胞　germ cell　**247**, 281

媒質　medium　179

ハイブリッド・コミュニティ　hybrid community　4, 27, 56, **248**

ハイブリッド心理学　hybrid psychology　255

迫真性　verisimilitude　233

博物学者　naturalist　191

バザリア法　Basaglia Law　257

場所　place　13, 19, 68, 77, 179, **248**

外れ値　outlier　240

PAC分析　PAC analysis ; personal attitude construct analysis　245, **249**

発見学習　heuristic learning　239

パッシング　passing　13

発生的認識論　genetic epistemology　88, 251, 102

発生の三層モデル　three layers model of genesis：TLMG　208, **249**, 326

発想法　abduction ; hassoho　8, 89, **249**

発達　development　108, 156, 181, **249**, 251, 258, 285, 293, 308

発達援助専門職　profession of development assistance　322

発達科学　developmental science　250

発達支援　support for development　**250**, 319

発達障害　developmental disorder ; developmental disability　46, 67, 181, 155, 163, 169, 205, **250**, 223, 250, 259, 273

発達心理学　developmental psychology　26, 45, 156, 181, **250**, 258, 272

発達的ニッチ　developmental niche　278

発達的ワークリサーチ　developmental work research：DWR　47, **251**, 330

発達の最近接領域　zone of proximal development：ZPD　4, 22, 46, 47, 174, 193, 194, **251**

発話　speech ; utterance　109, 117, 121, 196, **251**, 252, 300

発話行為　speech act　115, 123, 142, **252**

発話行為論　speech act theory　123, 166

発話思考法　think-aloud method　**252**, 276

話しことば　speech　75

話し手　speaker　42

母親　mother　272

ハビトゥス　habitus　79, 163, **252**, 264, 277

パフォーマンス　performance　21, 45, 220, **252**

パフォーマンス心理学　performatory psychology　293

パフォーマンス分析　performance analysis　232

場面見本法　situation sampling method　61, 131

パラ言語　paralanguage　226

パラダイム　paradigm　78, 80, 84, 85, 148, 169, 182, **253**, 261, 286

パラダイム　―グラウンデッド・セオリーの―　paradigm in grounded theory　127, 185, **253**

パラダイム論争　paradigm wars　115, 253, **254**

パロール　parole〔仏〕; speech　63, 96, 190, **255**, 315, 316

半構造化インタビュー　semi-structured interview　19, 41, 226, 105, 224, **255**, 260

犯罪　crime　8, 147, **255**, 256, 260

犯罪少年　juvenile offender　259

犯罪心理学　criminal psychology　8, 44, **256**, 260

犯罪被害者　crime victims　44, 225, **256**, 258

犯罪被害者等基本法　Basic Act on Crime Victims　256

反証　falsification　32, 97, 256

反証可能性　falsifiability　32, 48, **256**

反証主義　falsificationism　48

反照性　reflexivity　**256**

阪神淡路大震災　great Hanshin Awaji earthquake　116

反精神医学　anti-psychiatry　51, 136, **257**

反省性　reflexivity　20, **257**, 314

反省的実践　⇨省察的実践

判断保留　suspension of judgement　30

汎用的な問題解決　general problem solving　161

ひ

ヒアリング・ヴォイシズ　hearing voices　243, 257

PTSD（心的外傷後ストレス障害） post traumatic stress disorder　119, 226, 256, **258**

BBS：big brothers and sisters movement　big brothers and sisters movement　260

ヒエラルヒー　Hierarchie〔独〕; hierarchy **258**, 284

非可逆的な時間　irreversible time　227

美学　aesthetics　125

比較文化研究　studies in comparative culture　277

比較文化心理学　cross-cultural psychology　277

非確率的サンプリング　non-stochastic sampling　122, 263

ひきこもり　hikikomori ; social withdrawal　13, 187, **259**, 273

悲劇　tragedy　125

非言語　non-verbal　121

非言語的データ　non-verbal data　124, 211, **259**, 300

非行少年　juvenile delinquency　120, 181, 256, 260, **259**

非構造化インタビュー　unstructured interview　19, 51, 273, 189, 255, **259**

非行臨床　clinical practice with delinquents　44, 255, **260**

被災者　disaster survivor　116, 119, **260**

非－参加　non-participation　181

非参加観察　non-participant observation　120, **260**

微視的アプローチ　microscopic approach　292, 255

微視発生的アプローチ　microgenetic approach　**261**

ビジュアルエスノグラフィー　visual ethnography　**261**, 262

ビジュアルターン　visual turn　**261**

ビジュアル・ナラティブ　visual narrative　16, 121, 261, **262**

ビジュアル・メソッド　visual method　**262**

微小民族誌　mini-ethnography　256, 308

ビジョン　vision　208

非対称な関係性　asymmetric relationship　195, 105

悲嘆　grief　3, 87, 131, 142, 188, 225, **262**, 305

非知覚的意識　nonperceptual awareness　179

ビッグＱ／スモールq　big Q／ small q　**262**

ビッグデータ　big data　143

人－人工物相互作用　human-artifact interaction　159, 161, **263**

人の移動　movement of people　236

避難行動　evacuation behavior　116

批判心理学　critical psychology　13, 243, 255, **263**, 266, 267, 274

批判的アプローチ　critical approach　255, **263**, 269, 292

批判的エスノグラフィー　critical ethnography **264**

批判的教育学　critical pedagogy　52, **264**, 265

批判的実在論　critical realism　115, **264**

批判的多文化主義　critical multiculturalism　201

批判的ディスコース分析　critical discourse analysis　13, 202, 264, **265**

批判的ナラティブ分析　critical narrative analysis　98, 122, **265**, 317

批判の方法論的多元主義　critical methodological pluralism　243, 264

批判理論　Kritische Theorie〔独〕; critical theory　13, 136, 201, 264, **265**, 274, 317

比喩　figurative language　303

ビューティフィケーション　beautification　91

評価　evaluation　138, 215

表現　Ausdruck〔独〕; expression　86

表札　hyosatsu　89, **266**

描写　description　210, 243

表象　representation　15, 16, 121, 147, 158, 238, **266**

表象機能　representation　121

表象主義　representationalism　**266**

表象的トランザクション　representational transaction　226

病跡学　pathography　217

表層演技　surface act　62

「開かれた」テクスト　open text　26

貧困　poverty　322

ふ

ファンタジー　fantasy　**267**

フィードバック　feedback　152

フィールド　field　90, 100, 128, **267**, 268, 269, 283

フィールドエントリー　field entry　11, 21, 90, **268**

フィールド研究　field research　100, 120, 170, **268**, 303

フィールド心理学　field psychology　100, 132, **268**, 306, 308

フィールドでの立場　position in the field ; role in the field　94, 264, 268, **269**

フィールドでの人間関係　human relationship in the field　268, **269**, 315

フィールドにおける創造性　creativity in fieldwork　**269**

フィールドノーツ　fieldnotes　94, 212, 213, **269**, 287, 303

フィールドワーク　fieldwork　9, 20, 21, 61, 93, 122, 211, 261, 268, **270**, 272, 278, 297, 303, 308

フィフスディメンション　⇨第五次元

フーコー派ディスコース分析　Foucauldian discourse analysis　243

夫婦関係　marital relationships　49, 111, 156, **270**

フェミニスト運動　feminist movement　240

フェミニズム　feminism　49, 84, 124, 263, **271**, 294

フェルトセンス　felt sense　208

フォーカスグループ・インタビュー　focus group interview　82, 139, 175, **271**

フォークサイコロジー　folk psychology　24, 191, **271**, 275

フォーマル・インタビュー　formal interview　20, 224, **272**

フォーマル理論　formal theory　101

フォーマル理論　⇨領域密着理論／フォーマル理論

部外者　outsider　90

不可知論　agnosticism　37, 86

複雑性悲嘆　complicated grief　262

複数ケース研究　multiple case study　83

複線径路等至性アプローチ　⇨TEA

複線性・多様性　double track and diversity　208, 290

父子関係　father-child relationship　36, 37, 46, **272**

付着物　attached object　7

復興支援　support for disaster recovery　**272**, 116, 225, 260

物質　material　56

物象化　reification ; objectification　147, 173, 265

物的環境　physical environment　287

物理学　physics　329, 267

不登校　school non-attendance ; school absenteeism　10, 13, 53, 169, 241, 259, **273**, 274

不平等　unequality　264

普遍性　universality　19

普遍的無意識　collective unconscious　280

普遍文法　universal grammar　95

プライバシー　privacy　211

プラグマ　pragma　273

プラグマティズム　pragmatism　104, 115, 123, 216, 244, **273**, 299

プラグマティズムの格率　pragmatic maxim　273

フランクフルト学派　Frankfurter Schule〔独〕; Frankfurt School　264, 266, **274**

フリースクール　free school　**274**

振り返り　reflection　216

ブリコラージュ　bricolage　263, **274**

ブレインストーミング　brainstorming　82

フレーム　frame　113

ブローカー　broker　199

フローの空間　space of flow　18

フロー理論　flow theory　219

プロジェクト活動　project activity　222

プロセス　process　114, 186

プロセス研究　process research　50, 103, 213, **276**

プロダクションシステム　production system　161

プロトコル分析　protocol analysis　252, **276**

プロパティ　property　35, 211, 212, **276**

文化　culture　14, 16, 52, 111, 142, 148, 159, 201, 229, 249, **276**, 278, 279

文化化　enculturation　279

文化科学　Kulturwissenschaft〔独〕; cultural science　23, 318

文化学習　culture learning　14

文化間距離　cultural distance　14

文化間摩擦　cultural conflict　279

文化資本　cultural capital　144, **277**

文化心理学　cultural psychology　10, 14, 22, 67, 110, 113, 167, 207, 245, **277**

文化人類学　cultural anthropology　17, 122, 69, 261, 267, **277**, 297, 325

文化人類学的手法　cultural anthropological methods　110

文化相対主義　cultural relativism　10, 143, 277, **278**, 279
文化多様性に関する世界宣言　Universal Declaration on Cultural Diversity　278
文化的実践　cultural practices　159, **278**
文化多様性　cultural diversity　10, 143, 201, **278**
文化的道具　cultural tool　22, 167
文化的道具　⇒媒介物
文化的透明性　cultural transparency　**279**
文化的背景　cultural background　120
文化的表現の多様性　diversity of cultural expressions　278
文化的文脈　cultural context　26, 156, 277, **279**
文化的領域　cultural domain　158
文化伝統　cultural tradition　279
文化とパーソナリティ論　⇒心理人類学
文化変容　acculturation　15, 236, **279**
文化−歴史的活動理論　cultural−historical activity theory　24, 27, 29, 32, 45, 47, 53, 54, 56, 110, 118, 147, 169, 170, 201, 229, 242, 243, 246, 251, 277, **280**, 293, 298, 326, 330
分岐点　bifurcation point　249, 127
文献レビュー　literature review　138, **280**
文章理解　reading comprehension　2
分析カテゴリー　⇒指標 −現象理解の−
分析焦点者　analytically−focused person　31, 93, **280**
分析心理学　analytical psychology　56, **280**, 309
分析単位　units for analysis　2, 9, 247, 278, **281**
分析ツール　analytic tool　89
分析テーマ　analytical theme　31, 93, **281**
分析的一般化　analytical generalization　320
分析的帰納　analytic induction　241, **281**
分析の厳密性　analytic rigor　153
分節化　segmentation　**282**
紛争　conflict　**282**, 284, 288
文脈　context　6, 57, 75, 114, 156, 205, 279, **282**, 283, 306, 326
文脈依存　context−sensitive　84
文脈依存性　indexicality　187, **283**
文脈主義　contextualism　**283**

へ

平和　peace　205
平和心理学　peace psychology　258, **284**

ベターメント　betterment　78, 82, **284**
べてるの家　Bethel House　221, 257
ヘルシンキ宣言　Declaration of Helsinki　21, 95
ベルモント・レポート　Belmont Report　95
変革のパラダイム　transformative paradigm　115, **285**
変形生成文法論　transformational generative grammar　239
偏見　prejudice　14, 120, 284, **285**
弁証法　dialectic　39, 47, 97, 151, 220, **285**, 298
弁証法的多元主義　dialectical pluralism　115, **285**
弁証法的唯物論　Dialektischer Materialismus〔独〕71, 151
変容のメカニズム　change mechanism　276
弁論術　rhetoric　327

ほ

保育　early childhood education and care　67, 236, 237, **286**, 287, 288, 310
保育学　research on early childhood care and education　**286**−288
保育環境　environment of early childhood care and education　237, **286**, 288
保育カンファレンス　teacher conference in early childhood education and care　222, 286, **287**
保育教諭　preschool teacher　288
保育記録　documents and records in early childhood care and education　134, 222, **287**
保育士　nursery teacher　288
保育者　early childhood teacher　286, **287**
包囲光　ambient light　178
包囲光配列　ambient optic array　178
防衛機制　defense mechanism　219
忘却　forgetting　64, 68, 270
方言　dialect　326
法社会学　sociology of law　159
法則定立的　nomothetic　245
法則定立的方法　nomothetic approach　23, 112, **288**
法と心理学　law and psychology　**288**
方法　method　206, 285, **288**, 289
方法的懐疑　methodical doubt　37
方法的多様性　methodological pluralism　276

方法としてのエスノグラフィー ethnography as method 121, 206, **289**
方法論 methodology 84, 85, 182, 219, 237, **289**, 293
方法論的行動主義 methodological behaviorism 107
方法論的全体主義 methodological collectivism 180
ホーソン研究 Hawthorne studies 190
ポートフォリオ portfolio 287
ホームルーム homeroom **289**
保健サービス healthcare service 203
保健所 public health center 103
保護者の責任 parent's responsibility 241
母子関係 mother-child relation 5, 10, 36, 37, 196, 272, **290**
ポジショニング理論 positioning theory 254, 255, 290
ポジショニング論 theories of positioning 197, 246, 255, **290**
ポジティブ心理学 positive psychology 162, **290**
母集団 population 12, 122, 220, **291**
補償を伴う選択的最適化（SOC）理論 selective optimization with compensation 33
ポスト構造主義 post-structuralism 67, 105, 200, 216, 264, 270, **291**, 313
ポストコロニアリズム postcolonialism 56, 263, **291**
ポスト実証主義 post-positivism 134, 136, 254, 264, 289, **292**
ポストモダニズム postmodernism 33, 56, 121, 200, 216, 218, 291, **292**, 303, 316
ポストモダン postmodern 105
ボトムアップ bottom up 88, 305
ポライトネス politeness 115
ボランティア volunteer **292**
ポリフォニー ⇨多声性
本質 essence 136
本質主義 essentialism 67, 278, **293**
本当らしさ verisimilitude 164, **294**
翻訳 translation 78

ま

マールブルク学派 Marburger Schule〔独〕; Marburg School 161

枚挙的帰納 enumerative induction 282
マイクロ・エスノグラフィー micro-ethnography 70, **294**
マイノリティ minority 176
マインドフルネス mindfulness 16
マクロ・エスノグラフィー macro-ethnography 294, **295**
マクロ社会学 macrosociology 300
マザリーズ motherese **295**
マジョリティ majority 99
マスターナラティブ master narrative 193, **295**, 306
まちおこし machi-okoshi **296**
まちづくり machi-zukuri 203, **296**
MAXQDA 7, 29, 116, **296**
まなざし line of sight **297**
学びの共同体 learning community 152, 216, **297**
学びの物語 learning story 310
学びほぐし unlearn ; unlearning 177, 330
マニュアル manual 314
真実 truth 294
マルクス主義 Marxism 291
マルクス主義的心理学 Marxist psychology 243
マルチサイテッド・エスノグラフィー multi-sited ethnography **298**
マルチチュード multitude 241, 243, **298**
マルトリートメント maltreatment 49
マンガ manga 36, 120, **298**
慢性疾患 chronic disease 38, 156, 163, 171, 221, 234, **299**

み

未開社会 uncivilized society 267
ミクロ社会学 microsociology 5, 73, 113, 164, **300**
導かれた参加 guided participation 196, **300**, 329
身振り gesture 253, 259, **300**
ミミズ earthworm 191
民主主義 democracy 297
民族 nation 264
民俗学 folklore studies of Japan 217, 218, **301**, 302
民族誌 ethnography 121

和文事項索引　362

民族心理学　Völkerpsychologie〔独〕　13, 25, 166, **301**
『民族心理学と言語学雑誌』　Zeitschrift Für Völkerpsychologie und Sprachwissenschaft　301

む

無意識　unconscious　219, 309
むかうアクション　extero-action　297
昔話　old fairy tale　51
矛盾　⇨ダブルバインド
無知の姿勢　not-knowing　229

め

名義尺度　nominal scale　54
迷信　superstition　24, 267, **302**
命題　proposition　12, 68
メタエスノグラフィー　meta-ethnography　302
メタ観察　meta-observation　**302**
メタ・ケース分析　meta case analysis　83
メタ的想像力　meta-imagination　188
メタ統合　qualitative meta-synthesis　83, 138, **302**
メタナラティブ　meta-narrative　33, **303**
メタパラダイム　meta-paradigm　286
メタファー　metaphor　7, 298, **303**
メッセージ　message　114
メディア　media　33
メモ書き　notes　212, **303**
メモリーワーク　memory-work　**303**
面　surface　179
メンタルヘルス　mental health　167
面子　face　115
メンバーチェック　member check　114, 200, **304**

も

モーダス・トレンス　modus tollens　31
モーニングワーク　mourning work　57, 156, 188, 262, **304**
目撃証言　eyewitness report　240
目的的サンプリング　purposeful sampling　122, 195, 246, **305**, 326
目的論　Teleologie〔独〕; teleology　183
目標設定理論　goal-setting theory　219

文字起こし　transcribe ; transcription　227, **305**
文字の文化　literacy　107
モデリング　modelling　2 40
モデル　model　**305**, 306
モデル構成的現場心理学　field psychology for model construction　100, 245, 269, **305**
物語　narrative　4, 41
物語　story　213
物語学　narratology　105, 107, **306**
物語世界　taleworld　171, 266, **306**
物語的自己　narrative selves ; the self in narrative　51, 68, 140, 152, 216, 230, 233, **306**, **307**, 312
物語プロット　narrative plot
物語論的転回（ナラティブターン）　narrative turn　261
モノグラフ　monograph　121
モノローグ　monologue　35, 199, **307**
模倣　imitation　266, **307**
モラトリアム　moratorium　181
森のようちえん　forest kindergarten　237
問題解決　problem-solving　145, 216, 276
問題解決学習　problem-solving learning　186
問題行動　problem behavior　53
問題の外在化　externalization of the problem　231, 293

や

野外科学　field science　56, 100, 132, 269, 270, 306, **308**
野生の思考　La pensée sauvage〔仏〕　325
「藪の中」　In the Woods　213, 313
病いの語り　illness narratives　57, 81, 207, 221, 234, 299, **308**

ゆ

有形文化　tangible culture　301
ユーザー・インターフェース　user interface　131, 242, 245, **308**
ユーザーエクスペリエンス　user experience　263
ユーザビリティテスト　usability test　263
遊離物　detached object　7
ユダヤ系　Jewish　274

指さし　pointing　1, 300

よ

幼児教育　early childhood education　286
幼稚園教育　education in kindergarten　286
幼稚園教諭　kindergarten teacher　288
抑圧　oppression　264
抑うつ　depression　188
抑うつ障害群　depressive disorders　24
欲望　wish ; désir〔仏〕**309**, 310
与件　data　211
予言の自己成就　self-fulfilling prophecy　206
予測　prediction　144
欲求　need ; besoin〔仏〕**309**
欲求階層説　hierarchy of needs　310

ら

ラーニング・ストーリー　learning story　**310**
来談者中心療法　client-centered therapy :
　CCT　168, 237, **310**
ライフ　life　71, 72, 100, 126, 176, 181, 234,
　310, 312
ライフイベント　life event　57, 213, **311**
ライフコース研究　life course studies　**311**
ライフサイクル　life cycle　2, 198, **311**
ライフストーリー　life story　35, 51, 74, 75,
　140, 173, 174, 195, 198, 216, 230, 234, 248, 295,
　298, 304, **312**–314
ライフストーリー・インタビュー　life-story
　interview　41, 106, 311, **312**, 313
ライフヒストリー　life history　35, 70, 74, 125,
　174, 216, 222, 301, 304, **312**
ライフライン・インタビュー法　lifeline
　interview method　**313**
ライフレビュー　life review　40, 41, 106, 140,
　313
羅生門的アプローチ　Rashomon-like
　approach　213, **313**
ラディカル構成主義　radical constructivism
　104
ラディカル質的心理学　radical qualitative
　psychology　243, **314**
ラベリング理論　labeling theory　11, 67, 106,
　148, 170, **314**
ラポール　rapport　34, 88, 269, **315**
ラボラトリー　laboratory　44, 270, **315**

ランガージュ　langage〔仏〕; language　190,
　255, **315**, 316
ラング　langue〔仏〕; language　96, 190, 255,
　315
ランダム化比較試験　randomized controlled
　trial : RCT　228
ランダム・サンプリング　random sampling
　122, 154, 291, **316**

り

リアリティ　reality　215
リヴォイシング　⇒再声化
理解　verstehen〔独〕; understanding　86, 122
利害　interest　101, 282
利害関係者　⇒ステークホルダー
理解社会学　verstehende Soziologie〔独〕
　316, 318
力動精神医学　dynamic psychiatry　178, 219,
　276, **317**
リサーチクエスチョン　⇒研究設問
リスク認知　risk perception　116
リスク・マネジメント　risk management　64
RISTEX（科学技術振興機構・社会技術研究開発
　センター）　Research Institute of Science and
　Technology for Society　145
理想自己　ideal self　127, 128, **317**
リゾーム　rhizome　63
リテラシー　literacy　123
理念型　Idealtypus〔独〕　23, **318**
リビドー　Libido〔羅〕　309
リフレイミング　reframing　**318**
リフレクシビティ　⇒相互反映性、反照性、反
　省性
リフレクション　⇒省察
リフレクティング・プロセス　reflecting
　process　230
リプロダクション　⇒生殖
リプロダクティブ・ヘルス／ライツ
　reproductive health／rights　176
リベラル多文化主義　liberal multiculturalism
　201
流動性知能　fluid intelligence　254
領域密着理論／フォーマル理論　substantive
　theory／formal theory　**319**
療育　care and education for a child with
　special needs ; rehabilitation　**319**
了解　understanding　39

量的研究　quantitative study　12, 18, 136, 139, 153, 188, 220, 228, **319**
量的データ　quantitative data　139
量的方法　quantitative research methods　226
理論　theory　48, 49, 59, 134, 136, 280, 305, **319**, 322
理論化　theorizing　167
理論構築　theory construction　**320**
理論構築法　methods of theory construction　321
理論産出　theory generation　101
理論心理学　theoretical psychology　253
理論的一般化　theoretical generalization　**320**
理論的感受性　theoretical sensitivity　197, **320**
理論的サンプリング　theoretical sampling　122, 211, 241, 246, 291, 305, 316, **321**
理論的飽和　theoretical saturation　31, 69, 101, 197, 280, **321**, 322
理論的飽和度　rate of theoretical saturation　**321**
理論と観察の区別　distinction between theory and observation　**322**
理論負荷性　theory-ladeness　85
臨床教育学　clinical research on human development and education ; clinical pedagogy　233, **322**
臨床研究（カンファレンス）　case conference　287
臨床社会学　clinical sociology　**322**
臨床心理学　clinical psychology　11, 44, 136, 56, 167, 219, 256, 260, 309, **323**
臨床心理士　clinical psychologist　323
『臨床人類学』　*Patients and healers in the context of culture*　183
臨床法　clinical method　**323**
隣接対　adjacency pair　42, 43, 276, **323**, 328
倫理　ethics　6, 21, 93, 95, 100, 182, 224, 240, 257, 314, 323, **324**
倫理的配慮　ethical consideration　20

る

類型　type　318
類型化　typification　69, 76
類推、類比　⇨アナロジー
ルーティン　routine　**324**
ルポルタージュ　reportage　28

れ

レイアウト　layout　57
歴史科学　Geschichtswissenschaft〔独〕; historical science　112, 177
歴史学　history　88
歴史修正主義　historical revisionism　130
歴史主義　historism　139, **325**, 326
歴史性　history ; historicity　88, 325, 123, **325**, 326
歴史的構造化ご招待　historically structured inviting：HSI　208, 246, 249, 305, **326**
歴史的個性　historical individual　318
歴史的文脈　historical context　35, 39, 88, 156, 283, **326**
歴史的理性批判　Kritik der historischen Vernunft〔独〕; critique of historical reason　211
歴史発生　historiogenesis　113
レジスター　register　**326**
レジリエンス　resilience　33, 51, 116, 142, 188, 226, 256, **327**
レスポンデント行動　respondent behavior　106
レトリカル・アプローチ　rhetorical approach　267, **327**
レトリック　rhetoric　121, 303, **327**
レパートリー・グリッド・テスト　repertory grid test ; Rep Test　245
レミニセンスバンプ　reminiscence bump　40
レリバンス　relevance　3, 42, 43, 173, 323, **327**
連携と協働　coordination and collaboration　114, 181

ろ

ろう者　Deaf people　154, 328
老年学　gerontology　33, 109, **328**
ろう文化　Deaf culture　154, 221, **328**
ローカリティ　locality　19, 52, 53, 137, 296, **328**
ロールシャッハ・テスト　Rorschach Test　219
ロシア革命　Russian revolution　274
ロボット　robot　**329**
論理階型　logical types　283

論理科学モード　logico-scientific mode of thinking ; paradigmatic mode of thinking　231, 233, 275, 302, **329**, 330

論理実証主義　logical positivism　40, 85, 134, 145, 188, 230, 255, 269, **329**

論理文法　logical grammar　187

わ

ワークショップ　workshop　52, 90, 177, 216, **330**

ワークプレイス研究　workplace studies　119, 157, **330**

分かち書き　distinctiones〔羅〕　87, 213, 214, **331**

我と汝　I and Thou　307

欧文事項索引

※和文事項索引に採った語の欧文表記をアルファベット順に掲載した。
※太字の数字は独立項目として解説がある頁。
※細字の数字で示した掲載頁には、和文で記載されている。

A

a person or a child with disability　障害児・者
6, 38, 99, 140, 148, **155**, 156, 163, 189, 195, 223

a place to be ; ibasho　居場所　**13**, 248, 274

a sign of life　生命（いのち）の芽生え　238

abduction　アブダクション（仮説生成）　**7**, 32,
55, 68, 89, 104, 244, 249, 274, 320

abduction ; hassoho　発想法　8, 89, **249**

abnormal psychology　異常心理学　**10**

abuse　虐待　70, 112, 119, 140, 238, 256

academic direction　学問的方向性　94

acceptance of death　死の受容　122, **141**, 131

acceptance of disability　障害受容　**155**, 236,
305

accident　⇒event

accountability　アカウンタビリティ　**3**, 187

acculturation　文化変容　15, 236, **279**

action　行為　53, 57, **101**, 215, 306, 317

action research　アクションリサーチ　**3**, 72,
78, 82, 102, 135, 137, 143, 144, 152, 170, 175,
184, 208, 222, 251, 269, 284, 285, 287, 314, 325
⇒practical study

active interview　アクティブ・インタビュー
4, 20, 41, 189, 207

active listening　傾聴　**87**

activity　活動　53, 54, 186, 229, 279, 298

activity system　活動システム　29, 32, 42, 53,
54, 193, 234, 280

activity theory　活動理論　208

activity-action-operation　活動－行為－操作
53, **54**, 247

actor　アクター　**4**

actor network theory　アクターネットワーク
理論　**4**, 24, 26, 27, 44, 56, 132, 164, 169, 214,
248, 314

actualizing tendency　実現傾向　310

adaptive expertise　適応的熟達　76, 208, **213**,
240, 249

addiction　アディクション　**6**, 130, 182

adjacency pair　隣接対　42, 43, 276, **323**, 328

adjustment　適応　53, **212**, 327

adjustment process　適応過程　14

adolescent psychology　青年心理学　158, **181**

adult education　成人教育　52, **177**

advocacy　アドボカシー（権利擁護）　**6**, 100,
285

aesthetics　美学　125

affect ; feeling　感情　**62**, 158

affective（mood）disorders　感情（気分）障害
24

affordance　アフォーダンス　**7**, 57, 69, 163,
178, 179, 191, 203, 242, 266

affordance theory　アフォーダンスの理論　57

aged society　高齢社会　**108**, 109, 239, 328

agency　エージェンシー（行為主体性）　**26**, 56,
112, 153, 248, 329

agent　主体　112, 292

aggression　攻撃　10

aging　老い　33, 328

agnosticism　不可知論　37, 86

aida　あいだ　**1**, 70, 183

alienation　疎外　298

ambient light　包囲光　178

ambient optic array　包囲光配列　178

ambiguous loss　あいまいな喪失　**3**, 188

analogy　アナロジー、類推、類比　**7**

analyse du texte〔仏〕　⇒textual analysis

analysis of motives in dramatism　劇学的分析
90

analytic induction　分析的帰納　241, **281**

analytic rigor　分析的厳密性　153

analytic tool　分析ツール　89

analytical generalization　分析的一般化　320

analytical psychology　分析心理学　56, **280**, 309

analytical theme　分析テーマ　31, 93, **281**

analytically–focused person　分析焦点者　31, 93, **280**

ancestor　祖先　197

andragogy　アンドラゴジー　177

anecdotal record method　逸話記録法　**12**

anime　アニメ　36, 299

anniversary　記念日　**68**

anomalous experiences　超常体験　**206**, 207

anonymity　匿名性　100, **223**

anorexia nervosa　神経性無食欲症　182

anthropology　人類学　105, 168, 274

anti–psychiatry　反精神医学　51, 136, **257**

aphasia　失語症　103, **133**

applied psychology　応用心理学　73, 165

apprenticeship　徒弟制　153, 173, 181, 199, **224**, 240, 329

appropriation　専有　150, **185**

Archetyp〔独〕　元型　168

archives　アーカイブ　**1**, 26

art expression　造形表現　**186**

artifact　人工物　47, 134, 148, 277, 308

artificial intelligence　人工知能　159, **161**, 238, 240, 329

Asperger's syndrome　アスペルガー症候群　142

assimilation　同化　16

assisted reproductive technologies：ART　生殖補助医療　**176**, 238

association　アソシエーション　77

asymmetric relationship　非対称な関係性　195, 105

ATLAS. ti　**6**, 29, 116, 297

attached object　付着物　7

attachment　アタッチメント　**5**, 37, 229, 290

attention–deficit/hyperactivity disorder　注意欠如多動性障害　250

attitudes　態度　209

attributions　帰属　209

audience　オーディエンス　**33**, 252, 262

audiovisual　視聴覚　25

audiovisual data　AVデータ　25, **27**, 259

audit　監査　**60**, 103, 137, 164, 275

Aufklärung〔独〕　⇨enlightenment

Ausdruck〔独〕；expression　表現　86

authentic learning　真正の学習　**162**

authenticity　真正性　74, **161**, 162, 164, 227

authoritarian personality；Autoritäre Persönlichkeit〔独〕　権威主義的パーソナリティ　143

authoritative discourse／internally persuasive discourse　権威的な言葉／内的説得力のある言葉　**91**, 199, 229

authorship　著者性　117

autism spectrum　自閉症スペクトラム　**142**, 221, 250

autobiographical memory　自伝的記憶　40, 126, **140**, 186, 304, 313

autobiography　自伝　127, **139**, 151, 152, 216, 217

autoethnography　自己エスノグラフィー　**127**

autonomy　自律性　108

autopoiesis　オートポイエーシス　**34**, 127, 132, 201

awareness of dying　死のアウェアネス理論　131, **141**, 171

axial coding　軸足コード化　55, 66, 81, 110, **126**, 170, 185, 211, 254

B

back–and–forth movement between data collection and analysis　データ収集と分析の往復　1, 32, 184, **211**, 241

barren nature of educational psychology　教育心理学の不毛性　73

Basaglia Law　バザリア法　257

Basic Act for Persons with Disabilities　障害者基本法　155, 319

Basic Act on Crime Victims　犯罪被害者等基本法　256

basic orienting　基礎的定位　203

basic social process　基本的社会過程　81

basic trust　基本的信頼　164, 311

batterers treatment　加害者臨床　**44**, 147, 225, 256, 259

beautification　ビューティフィケーション　91

becoming　「なる」　293

before and after childbirth　産前産後　238

behavior　行動　53, **106**

behavioral economics　行動経済学　244

behavioral science　行動科学　239

behaviorism　行動主義　**106**, 151, 172, 234, 235, 275, 330

being　「ある」　293

being-in-the-world ; Dasein〔独〕　世界内存在　99

belief　信念　75

belief and sense of values　信念・価値観　249

Belmont Report　ベルモント・レポート　95

bereavement　死別　3, 131, **142**, 122

besoin〔仏〕　⇨need

Bethel House　べてるの家　221, 257

betterment　ベターメント　78, 82, **284**

bias　バイアス　20, 61, 164, **246**, 285

bifurcation point　分岐点　249, 127

big brothers and sisters movement　BBS : big brothers and sisters movement　260

big data　ビッグデータ　143

big Q／small q　ビッグQ／スモールq　**262**

bioethics　生命倫理　21, 95, 154, **181**

biographical method　伝記法　217

biography　伝記　107, 140, 173, 174, **216**

biological psychiatry　生物学的精神医学　317

biologism　生物学主義　294

bio-pouvoir〔仏〕; biopower　生権力　101

body　身体　155, 161, **162**, 218, 252

bottom up　ボトムアップ　88, 305

boundary　境界　130

boundary crossing　越境　16, **29**, 47, 54, 74, 118, 169, 185, 243, 298

boundary object　境界オブジェクト　**74**, 102, 170

bracketing　カッコ入れ　52

brainstorming　ブレインストーミング　82

breaching experiment　違背実験　**13**, 28, 133

bricolage　ブリコラージュ　263, **274**

broker　ブローカー　199

bulimia nervosa　神経性過食症　182

bullying　いじめ　**10**, 44, 169, 120, 229, 241, 273

C

cancer　がん　**56**, 63, 158

capitalism　資本主義　314

CAQDAS　⇨computer-assisted qualitative data analysis software

care　介護　**38**, 109, 117, 239

care　ケア　17, 38, 74, **84**, 91, 118, 236, 238, 274, 284, 286

care ; Sorge〔独〕　気遣い　99

care and education for a child with special needs ; rehabilitation　療育　**319**

care for older adults　高齢者ケア　59, 84, **109**, 203

career　キャリア　**71**, 72, 208

career development　進路保障　236

career education　キャリア教育　**71**

caring　ケアリング　17, 74, 76, **84**, 284

case　事例　**160**, 223, 305

case comparison method　ケース比較法　83

case conference　臨床研究（カンファレンス）　287

case matrix　ケースマトリクス　**89**

case study　事例研究　83, 134, **160**, 195, 223, 282, 287, 305, 320

category　カテゴリー　27, 35, **54**, 101, 170, 321

category analysis　カテゴリー分析　**55**

category scheme（diagram）　カテゴリー関連図 ―図解―　**55**, 126, 185, 211, 254

catharsis　カタルシス　**51**, 125, 130

causal explanation　因果関係の分析　**17**, 329

causal relationship　因果関係　132

CBT : cognitive behavior（behavioural）therapy　認知行動療法　107, 168, **239**, 258

CCT : client-centered therapy　来談者中心療法　168, 237, **310**

CDA : critical discourse analysis　批判的ディスコース分析　265

certified social worker　社会福祉士　148

change mechanism　変容のメカニズム　276

character　性格　244

Chicago School　シカゴ学派　28, 80, 120, **125**, 157, 225, 275, 299

child guidance　児童相談　70, **140**

child guidance center　児童相談所　140

child psychology　児童心理学　250

Child Welfare Act　児童福祉法　140

child-centered　児童中心主義　216, 274

childhood cancer　小児がん　**158**, 221, 299

child-rearing　育児、子育て　236

Children of the great depression　『大恐慌の子どもたち』　311

children's social care　児童養護　70, 112, **140**

chronic disease　慢性疾患　38, 156, 163, 171, 221, 234, **299**

chunk　チャンク　238

cinéma vérité〔仏〕　シネマ・ヴェリテ　26

citizenship　市民感覚　296

civil inattention　儀礼的無関心　113

civil society　市民社会　181

civil-rights movement　公民権運動　240

claims-making activities　クレイム申し立て　**83**, 106, 148

class　階級　264

class　学級　75

class relations　階級関係　96, 100

classic grounded theory　クラシック・グラウンデッド・セオリー　83

classroom　教室　52, **74**, 75, 290

classroom atmosphere　学級雰囲気　52

classroom climate　学級風土　52

classroom culture　学級文化　**51**, 53, 152, 290

classroom culture　教室文化　52

classroom discourse　教室談話　43, 52, 70, **75**, 81, 117, 121, 152, 193, 224, 326

client　クライエント　168

client-centered therapy　⇨CCT

clinical judgement　クリニカル・ジャッジメント　**82**

clinical method　臨床法　**323**

clinical pedagogy　⇨clinical research on human development and education

clinical practice with delinquents　非行臨床　44, 255, **260**

clinical psychologist　臨床心理士　323

clinical psychology　臨床心理学　11, 44, 136, 56, 167, 219, 256, 260, 309, **323**

clinical research on human development and education ; clinical pedagogy　臨床教育学　233, **322**

clinical sociology　臨床社会学　**322**

closed question／open-ended question　閉ざされた質問／開かれた質問　**224**

coaching　コーチング　240

code　コード　29, 55

code book　コードブック　109

code matrix　コードマトリクス　**110**

code theory　言語コード理論　96, 100, 246

coding　コード化　7, 32, 55, 68, 89, **109**, 110, 116, 137, 138, 232, 297

coding manual　コード化マニュアル　110

coding of description　記述のコード化　**66**, 231

coefficient alpha　α係数　165

cognition　認知　103, 175, 186, 188, 219, **238**, 239, 240

cognitive apprenticeship　認知的徒弟制　162, 224, **240**

cognitive artifact　認知的人工物　130, 245

cognitive behavior therapy　⇨CBT

cognitive engineering　認知工学　242

cognitive function　認知機能　239

cognitive psychology　認知心理学　**239**, 309

cognitive revolution　認知革命　275

cognitive science　認知科学　**238**, 239, 240, 242, 258, 263, 266, 276, 301

cognitivism　認知主義　238, **239**, 275

collaboration　協働　181, 232

collaborative culture　協働文化　76

collaborative knowledge　共同知　3, 142

collaborative learning ; cooperative learning　共同学習、協調学習　76, 90, 111, 115, 190, 297, 300, 330

collaborative partner　共同当事者　3

collaborative practice　協働的実践　78

collaborative practice　協同的実践　184

collaborative research　協力的な探求　78

collaborative therapy　コラボレイティブ・セラピー　230

collective agency　集合的なエージェンシー　27

collective memory ;〔仏〕mémoire collective　集合的記憶　75, 77, **150**, 186

collective remembering　共同想起　64, **77**, 150, 186

collective representation　集合表象　147

collective unconscious　普遍的無意識（集合的無意識）　280

collectivism　集団主義　14

collectivity　集合性　77

collectivity　集合体　82

collegiality　同僚性　75, 76, **221**

colonialism　植民地主義　267, 291

commensurability　共約（通約）可能性　**78**, 233, 253, 254

commodities　商品　247

common language　共通語　326

common　〈共〉　298

commons　コモンズ　248

common-sense psychology　コモンセンスサイコロジー　271

communality　共同性　77, **76**, 222, 248

communication　コミュニケーション　**114**, 142, 171, 201, 263, 306, 329

communication intervention　コミュニケーション支援　236

communicative competence　伝達能力　145

communicative validation　コミュニケーションによる妥当化　**114**, 200, 304

community　コミュニティ　74, 82, 157, 169, 242

community　共同体　**77**, 130, 145, 203

community actor　住民主体　296

community health care　地域保健　41, 140, 167, **203**, 323

community health nursing　地域看護　118

community medicine　地域医療　**202**, 203

community narrative　コミュニティ・ナラティブ　230

community of practice　実践共同体　**134**, 162, 173, 181, 214, 279

community partnership　地域連携　193

community psychology　コミュニティ心理学　33, **114**, 230, 296

community studies ; area studies　地域研究　144

community–based integrated care　地域包括ケア　203

competence　コンピタンス　173

complicated grief　複雑性悲嘆　262

computational model　計算モデル　239

computer–assisted qualitative data analysis software：CAQDAS　コンピュータによる質的データ分析　29, **116**, 138

computer network　コンピュータ・ネットワーク　18

computer supported collaborative learning：CSCL　コンピュータに支援された協同学習　46, 76, **115**

computer supported cooperative work：CSCW　コンピュータに支援された協同作業　29

concrescence　合生　293

concreteness　具体性　100

concurrent think–aloud method　同時発話思考法　252

confabulation　作話　64, **118**, 141

confederate　研究協力者　21, 90, **92**, 95, 114, 154, 194, 210, 212, 216, 257

conference on understanding of children　子ども理解のカンファレンス　114

confession　自白　**141**, 76, 164, 192, 288

confessional tales　告白体の物語　18, 22, **111**, 149, 327

confidentiality　守秘義務　**153**

confirmation　確証　48

conflict　葛藤　282, 313

conflict　紛争　**282**, 284, 288

consensual qualitative research：CQR　合議制質的研究　**102**, 276

consensus building　合意形成　**101**, 208

consequential transitions　共変移　**78**

constant comparative analysis　継続的比較分析　31

constant comparison　絶えざる比較　240, 321, **197**

constellation　星座　45, 48, **174**

construct　コンストラクト　91

construct　構成概念　142, 156

constructing social problems　⇨social construction of social problems

construction of reality　現実構成論　91, **97**, 104, 145, 147

constructionism　構築主義　69, 91, 105, **106**, 138, 145, 148, 175, 254, 294

constructive interaction　建設的相互作用　300

constructivism　構成主義　91, 93, **104**, 216, 239, 258

constructivist grounded theory　構成主義的グラウンデッド・セオリー　**104**, 143

constructivist psychology　構成主義的心理学　91, **104**

contemporary critical psychology movement　現代批判心理学運動　263

content analysis　内容分析　222, 223, **228**

context　文脈　6, 57, 75, 114, 156, 205, 279, **282**, 283, 306, 326

context–sensitive　文脈依存　84

contextualism　文脈主義　**283**

continuing bonds　継続する絆　**87**, 131, 188, 262

continuing nursing care　継続看護　118

contradictions　⇨double bind

control　統制　96

control group　統制群　154

conversation　会話　21, **42**, 43

conversation analysis　会話分析　1, 28, 29, **43**, 115, 119, 123, 124, 157, 173, 180, 186, 187, 205, 209, 227, 231, 232, 283, 300, 323

conversational floor　会話フロア　**43**, 75, 121, 202

coordination and collaboration　連携と協働　114

core category　コアカテゴリー　**101**, 170

core ideas　中核概念　103

co-researcher　共同研究者　189

corporate multiculturalism　コーポレイト多文化主義　201

corpus　コーパス　**110**

corpus linguistics　コーパス言語学　110

correspondence rules　対応規則　85

cosmetics ; skin-care ; make-up　化粧　62, **91**

counseling psychology　カウンセリング心理学　16, **43**, 116, 166, 310

counselor　カウンセラー　168

counter narrative　対抗的ナラティブ　**192**, 296

counterscript　対抗的スクリプト　193

craftsmanship　職人技　289

creativity in fieldwork　フィールドにおける創造性　**269**

crime　犯罪　8, 147, **255**, 256, 260

crime victims　犯罪被害者　44, 225, **256**, 258

criminal justice　刑事司法　256

criminal psychology　犯罪心理学　8, 44, **256**, 260

crisis management　クライシス・マネジメント　64

crisis of social psychology　社会心理学の危機　292

crisis prevention model　危機予防モデル　**64**, 115, 166

criteria of credibility　信用性の基準　60, 61, 76, 137, 141, **164**, 294

critical approach　批判的アプローチ　255, **263**, 269, 292

critical discourse analysis　批判的ディスコース分析　13, 202, 264, **265**

critical ethnography　批判的エスノグラフィー　**264**

critical methodological pluralism　批判的方法論的多元主義　243, 264

critical multiculturalism　批判的多文化主義　201

critical narrative analysis　批判的ナラティブ分析　98, 122, **265**, 317

critical pedagogy　批判的教育学　52, **264**, 265

critical psychology　批判心理学　13, 243, 255, **263**, 266, 267, 274

critical realism　批判的実在論　115, **264**

critical theory　⇨Kritische Theorie〔独〕　批判理論

critical theory　批判的理論　265

critique of historical reason　歴史的理性批判　211

cross-case analysis　クロスケース分析　**83**, 89

cross-cultural adjustment　異文化適応　**14**, 16, 65, 94, 250

cross-cultural conflict　異文化葛藤　14

cross-cultural contact　異文化接触　**14**, 15, 65, 111, 235, 236, 279

cross-cultural experience　異文化体験　11, **14**, 15, 65, 235, 236, 279

cross-cultural psychology　異文化間心理学　**13**-15, 65, 277

cross-cultural psychology　比較文化心理学　277

crystallized intelligence　結晶性知能　26, 254

cultural anthropological methods　文化人類学的手法　110

cultural anthropology　文化人類学　17, 122, 69, 261, 267, **277**, 297, 325

cultural background　文化的背景　120

cultural capital　文化資本　144, **277**

cultural conflict　文化間摩擦　279

cultural context　文化的文脈　26, 156, 277, **279**

cultural distance　文化間距離　14

cultural diversity　文化多様性　10, 143, 201, **278**

cultural domain　文化の領域　158

cultural practices　文化的実践　159, **278**

cultural psychology　文化心理学　10, 14, 22, 67, 110, 113, 167, 207, 245, **277**

cultural relativism　文化相対主義　10, 143, 277, **278**, 279

cultural science　⇨Kulturwissenschaft〔独〕

cultural studies　カルチュラル・スタディーズ　34, **55**, 214, 218, 292

cultural tool　文化的道具　22, 167

cultural tradition　文化伝統　279

cultural transparency　文化的透明性　**279**

cultural–historical activity theory　文化－歴史的活動理論　24, 27, 29, 32, 45, 47, 53, 54, 56, 110, 118, 147, 169, 170, 201, 229, 242, 243, 246, 251, 277, **280**, 293, 298, 326, 330

culture　文化　14, 16, 52, 111, 142, 148, 159, 201, 229, 249, **276**, 278, 279

culture learning　文化学習　14

culture shock ; cultural shock　カルチャー・ショック　11

curiosity　好奇心　**102**

cyber–bullying　ネットいじめ　10, 19, **241**

cybernetics　サイバネティックス　**118**, 159, 161

cybernetics of the self　自己のサイバネティクス　307

D

daily hassles　日常の小さな厄介　9

daily life　日常生活　122

daily practice　日常的実践　264

Dasein〔独〕; being–there　現存在　39, **99**, 192, 247

Daseinanalyse〔独〕; daseinsanalysis　現存在分析　**99**, 136

data　データ（所与、与件）　110, 143, 159, 161, 184, **211**, 241, 259

data generation　データの生成　**212**

data management　データの管理　1, **211**

data mining　データマイニング　159

daycare service　⇨unlicensed nursery ; licensed nursery

dead–man test　死人テスト　106

Deaf culture　ろう文化　154, 221, **328**

Deaf people　ろう者　154, 328

death　死　131, **122**, 188, 313

death studies　死学　311

debriefing　デブリーフィング　90, 92, 146, 210, **215**

deception　ディセプション　92, 146, **210**, 216

decision making　意思決定　276

decision making　ディシジョンメイキング　184, **208**

Declaration of Helsinki　ヘルシンキ宣言　21, 95

deconstruction　脱構築　193, **200**, 216, 291

decontextualization　脱文脈化　118

deduction　演繹　8, **31**, 32, 68, 69, 183, 320, 322

deductive coding　演繹的コード化　**32**, 68, 153

deep act　深層演技　62

deep learning　ディープラーニング　159

deep neural network　ディープニューラルネット　161

defense mechanism　防衛機制　219

definition of the situation　状況の定義　40, **157**, 172, 225, 275

definitive concept　限定概念　61

dementia　認知症　33, 41, 64, **239**, 249

dementia praecox　早発性痴呆　220

democracy　民主主義　297

denotation／connotation　デノテーション／コノテーション　15, **215**, 254, 303

dependence　依存　159, 322

depression　うつ病　**24**, 238

depression　抑うつ　188

depressive disorders　抑うつ障害群　24

depth psychology　深層心理学　275

description　記述　97, 98

description　描写　210, 243

descriptive observation in micro–ethnography　記述的観察 —マイクロ・エスノグラフィーの—　**65**, 158, 184

descriptive phenomenology　記述的現象学　125

descriptive psychiatry　記述精神医学　317

design　デザイン　**214**, 263, 330

design principle　デザイン原則　46, 204, 215

design–based implementation research　デザイン社会実装研究　46, 215, 301

design–based research　デザイン研究　46, 204, **215**, 301

désir〔仏〕　⇨wish

detached object　遊離物　7

development　発達　108, 156, 181, **249**, 251, 258, 285, 293, 308

developmental disorder ; developmental disability　発達障害　46, 67, 181, 155, 163, 169, 205, **250**, 223, 250, 259, 273

developmental niche　発達的ニッチ　278

developmental psychology　発達心理学　26, 45, 156, 181, **250**, 258, 272

developmental science　発達科学　250

developmental work research：DWR　発達的ワークリサーチ　47, **251**, 330

deviance ; deviant behavior　逸脱　**11**, 120, 147, 205

diabetes mellitus　糖尿病　221, 299

diagnostic and statistical manual of mental disorders　⇨DSM

dialect　方言　326

dialectic　弁証法　39, 47, 97, 151, 220, **285**, 298

dialectical pluralism　弁証法的多元主義　115, **285**

Dialektischer Materialismus〔独〕　弁証法的唯物論　71, 151

dialogical constructionism　対話的構築主義　**197**

dialogical process　対話的プロセス　222

dialogical self theory　対話的自己論　**197**, 246, 290

dialogism　対話主義　―バフチンの―　35, 92, 109, 125, 146, **196**, 199, 251, 253

dialogue　対話　63, 35, 92, 109, 146, 171, 193, **196**, 197, 199, 226, 227, 229, 246, 285, 307

diary　日記　212, 297

diary method　ダイアリー法　**192**, 309

diary method　日誌法　12, **235**, 245, 306

différance〔仏〕　差延　200

difficult child　気になる子　**67**, 319

dimension　ディメンション　35, 55, **210**, 212, 276

direct cinema　ダイレクト・シネマ　26

disability identification card　身体障害者手帳　163

disability studies　障害学　156, **154**, 189, 221

disaster　災害　51, 68, 103, **116**, 119, 293

disaster recovery　災害復興　**116**, 258, 260, 273, 293

disaster survivor　被災者　116, 119, **260**

discommunication　ディスコミュニケーション　279

discourse　ディスコース　81, 99, 123, 129, 202, **209**, 210, 226, 230, 292

discourse　言説　33, 92, **99**, 146, 199, 202, 209, 210, 224, 237, 265, 270

discourse　談話　23, 75, 81, 96, 99, 115, 123, 145, **202**, 209, 210

discourse analysis　ディスコース分析　40, 81, 96, 97, 115, 123, 192, 202, 207, **209**, 223, 226, 228, 244, 255, 265, 267, 292, 327

discourse analysis　言説分析　209

discourse analysis　談話分析　202, 209, 226, 246

discourse research　ディスコース研究　145, **209**, 210

discourse structure　談話構造　23, **202**, 326

discourse theory　ディスコース理論　81, 99, 123, 202, 209, **210**

discrimination　差別　10, **120**, 143, 147, 155, 170, 271, 285

discursive psychology　ディスコース心理学　64, 202, 207, **209**, 210, 244, 292

disease／illness dichotomy　疾患／病いの二分法　308

disease prevention　疾病予防　59

disenchantment　⇨Entzauberung〔独〕

dissociation　解離　41

dissociative disorder　解離性障害　**41**

dissociative identity disorders　解離性同一性障害　42

distancing　距離化　157

distinction between theory and observation　理論と観察の区別　**322**

distinctiones〔羅〕　分かち書き　87, 213, 214, **331**

diversity　ダイバーシティ（多様性）　79, 180, 182, **195**, 208, 227, 278

diversity ; variety　多様性　155, 191

diversity of cultural expressions　文化的表現の多様性　278

DM　⇨decision making

D–N model　D–Nモデル　183

document analysis　ドキュメント分析　**222**, 228

documentation　ドキュメンテーション　**222**, 287

documents　ドキュメント　18, **222**

documents　記録　87, 134

documents and records in early childhood care and education　保育記録　134, 222, **287**

dogmatism　独断論　86

domestic violence　⇨DV

double bind ; contradictions　ダブルバインド　**201**, 251, 283

double contingency　ダブル・コンティンジェンシー　127, **200**

double stimulus method　二重刺激法　**234**

double track and diversity　複線性・多様性　208, 290

double-loop learning　二重ループの学習　175

dramatism　劇学　90

drive　動因　102

DSM：diagnostic and statistical manual of mental disorders　DSM　178, 250

dualism　二元論　161

duplication of self　自己の二重化　2

DV：domestic violence　ドメスティックバイオレンス　44, **225**, 256

dynamic assessment　ダイナミック・アセスメント　**194**

dynamic psychiatry　力動精神医学　178, 219, 276, **317**

E

early care and education　乳幼児保育　112, **236**, 286-288

early childhood education　幼児教育　286

early childhood education and care　保育　67, 236, 237, **286**, 287, 288, 310

early childhood teacher　保育者　286, **287**

early intervention　早期支援　236

early intervention programs for children who are deaf　乳幼児教育相談　**236**

earthworm　ミミズ　191

eating disorders　摂食障害　**182**

ecological approach　生態学的アプローチ　7, 68, 69, 115, 151, **178**, 179, 191, 203, 297

ecological environment　生態学的環境　7, 69, 178, 179, **178**, 191, 203

ecological momentary assessment　EMA　192

ecological optics　生態光学　178

ecological psychology　生態心理学　7, 57, 58, 69, 88, 112, 178, **179**, 191, 203

ecological validity　生態学的妥当性　133, 140, **179**, 192, 261, 275

ecology　生態学　57

economic capital　経済資本　144

écriture〔仏〕　エクリチュール　**27**, 254

education in kindergarten　幼稚園教育　286

educational evaluation　教育評価　87, **73**, 135, 194

educational psychology　教育心理学　67, 72, **73**

educational science　教育科学　72

educational technology　教育工学　9, **72**

educational value　教育的価値　216

ego experience　自我体験　11, **125**

ego integrity　自我の統合　313

ego psychology　自我心理学　178

egogram　エゴグラム　108

e-learning　e-ラーニング　**9**

elements　構成要素　186

emancipation　解放　264

embodiment　身体化　**162**

embodiment　身体性　161-**163**, 192, 238, 329

emic／etic　イーミック／エティック　**8**, 28, 194

emotion　情動　62, 74, 102, **158**, 175, 222, 239

emotional arousal on memory using photographs　写真による喚起法　**149**, 262

emotional labor　感情労働　**62**

empathic understanding　共感的な理解　294

empathy　共感　34, **74**, 130

empirical fields　経験的領域　319

empirical research　経験的研究　**85**

empiricism　経験論　67

empiricism；experiencism　経験主義　67, **85**, 86, 108, 186, 216

empowerment　エンパワーメント　**32**, 189

encounter group　エンカウンター・グループ　166, 237, 310

enculturation　文化化　279

end-of-life care　エンド・オブ・ライフケア　**32**, 63, 141

enlightenment；Aufklärung〔独〕　啓蒙主義　325

Entdeckung des Ich〔独〕　自我の発見　125

Entzauberung〔独〕；disenchantment　脱魔術化　23

enumerative induction　枚挙的帰納　282

environment　環境　**57**, 58, 68, 103, 106, 213, 283, 287, 311

environment of early childhood care and education　保育環境　237, **286**, 288

environment-action system　環境-行為系　**57**, 58, 130, 297

environmental psychology　環境心理学　57, **58**, 179, 309

environmental transition　環境移行　11, **57**, 58, 156

epigenetic scheme　精神分析的個体発達分化の図式　31

epiphany　顕現（エピファニー）　199

episode description　エピソード記述　12, **30**, 213, 287, 302

episodic memory　エピソード記憶　140

epistemology　認識論　8, 23, 40, 67, 85, 108, 191, **237**, 265, 289, 319

epoche ; Epoche〔独〕　エポケー　11, **30**, 98, 174, 206, 273

Erfahrung／Erleben（Erlebnis）〔独〕; experience　経験と体験　9, **85**, 90, 175, 192, 313

Erlebnis〔独〕　⇨ lived experience

error　誤差　240

E-series time　E系列の時間　126

essence　本質　136

essentialism　本質主義　67, 278, **293**

establishing of safe and secure social infrastructure　安全・安心な社会基盤の整備　256

ethical consideration　倫理的配慮　20

ethics　倫理　6, 21, 93, 95, 100, 182, 224, 240, 257, 314, 323, **324**

ethics of care　ケアの倫理　84

ethnocentrism　エスノセントリズム　143

ethnocentrism　自文化中心主義　143

ethnocentrism　自民族中心主義　128, **143**

ethno-essay　エスノエッセイ　**28**

ethnography　エスノグラフィー　4, 6, 9, 26, **28**, 70, 93, 122, 125, 127, 131, 137, 172, 214, 261, 263, 264, 270, 293–295, 297

ethnography　民族誌　121

ethnography as method　方法としてのエスノグラフィー　121, 206, **289**

ethnography as product　産物としてのエスノグラフィー　**121**, 289

ethno-method　エスノメソッド　**28**, 29, 180

ethnomethodology　エスノメソドロジー　1, 3, 13, 23, 24, 28, **29**, 37, 40, 43, 97, 113, 119, 138, 157, 163, 164, 173, 180, 184, 186, 187, 209, 214, 235, 271, 283, 300, 328

ethogenics　エソジェニクス　255

evacuation behavior　避難行動　116

evaluation　評価　138, 215

event　事象　174

event ; incident ; happening ; occurrence ; accident　出来事　130, 179, 198, **213**

event approach　出来事アプローチ　276

event sampling method　事象見本法　60, 61, 131

everyday cognition　日常認知　324

everyday concept　生活的概念　45, **174**, 178, 251

everyday life　日常　13, 46, **235**, 285

everyday life world　日常生活世界　40

everyday memory studies　日常記憶研究　140

evidence　エビデンス　**30**, 280

evidence based medicine : EBM　エビデンス・ベイスト・メディスン　**30**, 81, 232

evolution　進化　7, 88, 250

evolutionary psychology　進化心理学　88

exchange　交換　**102**, 159

existence　実存　1, 99, 100, **136**, 162, 192

existential being　実存的なあり方　99

existentialism　実存主義　105, **136** ,162, 291

expansive learning　拡張的学習　32, **47**, 52, 54, 169, 201, 233, 251, 280

experience　経験　123, 231
　⇨ Erfahrung／Erleben（Erlebnis）〔独〕

experience note　手記　**151**, 222

experiencing　体験過程　310

experiencism　⇨ empiricism

experiential learning　経験学習　177

experiment　実験　18

experimental design　実験計画法　154

experimental method　実験法　323

experimental observation　実験的観察法　60, 131, **132**, 251

experimental psychology　実験心理学　100

experimental science　実験科学　45, **132**, 133, 308

experimentalism　実験主義　216

expert knowledge　専門知　204

expertise　熟達　177, **152**, 208, 213, 224, 247, 252

expertise　専門的知見　26

explanation　説明　**183**, 209, 243, 252

explanatory models : EMs　説明モデル　81, **183**, 308

exploration　探索　102

exploratory talk　探索的な話し合い　81

expression　⇨ Ausdruck〔独〕

external auditors　外部監査者　102

external validity　外的妥当性　320
　⇨ generalizability

externalization　外化　111

externalization of the problem　問題の外在化　231, 293

extero-action　むかうアクション　297

eyewitness report　目撃証言　240

F

fabrication　ねつ造　93

face　面子　115

fact from the view of social constructionism　事実 ―社会構成主義の視点から―　71, **129**, 130

fact from the view of subjective and objective conflict　事実 ―主観と客観の対立の視点から―　71, **129**, 213

fallibilism　可謬主義　273

false consciousness　虚偽意識　12

falsifiability　反証可能性　32, 48, **256**

falsification　改ざん　93

falsification　反証　32, 97, 256

falsificationism　反証主義　48

familiality　親密　315

family　家族　37, **49**, 50, 77, 103, 155, 176, 259, 271, 314

family of person with disability　障害者家族　**155**

family psychology　家族心理学　**49**, 50, 111

family therapy　家族療法　49, **50**

fantasy　ファンタジー　**267**

father　父親　272

father-child relationship　父子関係　36, 37, 46, **272**

feedback　フィードバック　152

feedback to participants　対象者へのフィードバック　**194**

feeling　⇨ affect

felt sense　フェルトセンス　208

felt sense　意味感覚　208

feminism　フェミニズム　49, 84, 124, 263, **271**, 294

feminist movement　フェミニスト運動　240

field　現場　284

field　フィールド　90, 100, 128, **267**, 268, 269, 283

field diary ; field journal　研究日誌　**94**

field entry　フィールドエントリー　11, 21, 90, **268**

field entry　入境　90

field journal　⇨ field diary

field memo　現場メモ　270

field psychology　現場心理学　**100**, 132, 268, 269, 306, 308

field psychology for model construction　モデル構成的現場心理学　100, 245, 269, **305**

field research　フィールド研究　100, 120, 170, **268**, 303

field science　野外科学　56, 100, 132, 269, 270, 306, **308**

fieldnotes　フィールドノーツ　94, 212, 213, **269**, 287, 303

fieldwork　フィールドワーク　9, 20, 21, 61, 93, 122, 211, 261, 268, **270**, 272, 278, 297, 303, 308

fieldworker as stranger　異人の目　9, **11**, 194, 269

fifth dimension　第五次元　110, 193

figurative language　比喩　303

figure　図　156

first-person reading　一人称的読み　**11**, 126

fit　適合　53

flow theory　フロー理論　219

fluid intelligence　流動性知能　254

focus group interview　フォーカスグループ・インタビュー　82, 139, 175, **271**

focused observation in micro-ethnography　焦点的観察 ―マイクロ・エスノグラフィーの―　66, **158**, 184

folk psychology　フォークサイコロジー　24, 191, **271**, 275

folk theory　素朴理論　271

folklore studies of Japan　民俗学　217, 218, **301**, 302

forensic clinical psychology　司法臨床　256, 260

forest kindergarten　森のようちえん　237

forgetting　忘却　64, 68, 270

form　形式　86

form of life　生活形式　96

formal discipline　形式陶冶　46

formal interview　フォーマル・インタビュー　20, 224, **272**

formal theory　フォーマル理論　101

formalism　形式主義　**86**

formative evaluation　形成的評価　**86**

formulations　定式化　207

foster home　児童養護施設　140

foster parents　里親　140

Foucauldian discourse analysis　フーコー派ディスコース分析　243

foundationalism　基礎付け主義　**66**

frame　フレーム　113

frame of reference　参照枠　112

Frankfurter Schule〔独〕; Frankfurt School　フランクフルト学派　264, 266, **274**

free school　フリースクール　**274**

freedom ; liberté〔仏〕　自由　136

full　十全　180

functional system　機能システム　147

functionalism　機能主義　297

G

game　ゲーム　36

game analysis　ゲーム分析　108

gaming　ゲーミング　**90**

gatekeeper　ゲートキーパー　**89**, 268

Geisteswissenschaften〔独〕　精神科学　39, **177**

gender　ジェンダー　79, **124**, 180, 227, 264, 271, 296

gender dysphoria　性別違和　180

gender identity　ジェンダー・アイデンティティ　124

gender identity disorder　性同一性障害　155, **180**, 182, 195, 227

genealogy　系譜学　**88**, 270

general principle　一般原理　46

general problem solving　汎用的な問題解決　161

general psychology　一般心理学　165

generalizability　一般化可能性　4, **12**, 18, 19, 217, 218, 228, 320

generalization　一般化　**12**, 78, 197, 217, 218, 223, 328, 329

generalized other　一般化された他者　58

generative grammar　生成文法　220

generativity　ジェネラティビティ　31, **124**, 132, 176, 205

generativity　生殖性　176

genetic epistemology　発生的認識論　88, 251, 102

germ cell　胚細胞　**247**, 281

German critical psychology　ドイツ批判心理学　263

gerontology　老年学　33, 109, **328**

Geschichtswissenschaft〔独〕　歴史科学　112, 177

gestalt psychology　ゲシュタルト心理学　59, **91**, 225, 239, 304, 309, 325

gesture　ジェスチャー　**123**, 124, 227, 259, 308

gesture　身振り　253, 259, **300**

gesture analysis　ジェスチャー分析　**124**, 163

globalization　グローバリゼーション　298

goal−setting theory　目標設定理論　219

God　神　67

going native　ネイティブになる　**240**

grammar of motives in dramatism　劇学的動機論　**90**, 91

grand récit／petit récit〔仏〕; grand narrative／little narrative　大きな物語／小さな物語　**33**, 258, 292, 303, 316

grand theory　グランド・セオリー（誇大理論）　135

great Hanshin Awaji earthquake　阪神淡路大震災　116

grief　悲嘆　3, 87, 131, 142, 188, 225, **262**, 305

grief care　グリーフケア　262

ground　地　103, 156, 203

ground　地面　69

ground rules　グラウンド・ルール　**81**

grounded theory　グラウンデッド・セオリー　12, 31, 35, 38, 55, 61, 68, 69, **81**, 83, 101, 103, 126, 137, 141, 143, 170, 171, 185, 197, 212, 240, 254, 276, 282, 319−321

grounded theory approach　グラウンデッド・セオリー・アプローチ　68

Grounded Theory Institute　グラウンデッド・セオリー研究所　83

group dynamics　グループ・ダイナミックス　78, **82**, 225, 267, 268, 271, 284, 325

group interview　グループ・インタビュー　**82**, 175, 271

group mind　集団心　77

group processes　集団過程　146

guided autobiography　ガイド付き自伝探求法　**41**, 312

guided participation　導かれた参加　196, **300**, 329

H

habitus　ハビトゥス　79, 163, **252**, 264, 277

habitus　型　252

happening　⇨ event

Hawthorne studies　ホーソン研究　190

healing　癒やし　**16**, 17

health promotion　健康増進　59

healthcare service　保健サービス　203

hearer ; interviewer　聞き手（聴き手）　42, 43, 51

hearing voices　ヒアリング・ヴォイシズ　243, 257

hearing-impaired infant　聴覚障害乳幼児　236

hermeneutic circle ; hermeneutischer Zirkel〔独〕　解釈学的循環　3, **39**, 50, 187, 283

hermeneutic of suspicion　懐疑の解釈学　265

hermeneutic phenomenology　解釈学的現象学　**39**, 99, 136, 247, 284

hermeneutic turn　解釈学的転回　15, **39**, 63, 237

hermeneutics ; Hermeneutik〔独〕　解釈学　3, **38**, 39, 50, 125, 173, 177, 194, 211, 265, 317

heterogeneity　異種混交　**10**, 326

heuristic learning　発見学習　239

Hierarchie〔独〕; hierarchy　ヒエラルヒー　**258**, 284

hierarchy of needs　欲求階層説　310

higher brain dysfunction　高次脳機能障害　**103**

higher mental function　高次精神機能　**103**, 113, 139, 228, 234

higher-level learning　高次学習　190

hikikomori ; social withdrawal　ひきこもり　13, 187, **259**, 273

historical context　歴史的文脈　35, 39, 88, 156, 283, **326**

historical individual　歴史的個性　318

historical materialism ;〔独〕Historischer Materialismus　史的唯物論　59, 151, **139**, 204, 326

historical revisionism　歴史修正主義　130

historical science　歴史科学　112, 177

historically structured inviting：HSI　歴史的構造化ご招待　208, 246, 249, 305, **326**

historiogenesis　歴史発生　113

historism　歴史主義　139, **325**, 326

history　歴史学　88

history ; historicity　歴史性　88, 325, 123, **325**, 326

history of science　科学史　253

history of psychology　心理学の歴史　**165**, 294

holism　全体論（ホーリズム）　147, 325

holistic observation　全体観察　211

home care　在宅介護　**117**, 118, 203

home medical care　在宅医療　117

home nursing　在宅看護　59, **117**, 203

homeroom　ホームルーム　**289**

hope　希望　311

horizon　地平　153

horizontal recontextualization　水平的再文脈化　118

hospital school　院内学級　**20**

HRI：human-robot interaction　161

human centered design　人間中心設計　242

human environment　人的環境　287

human interface　接面　**183**

human relationship in the field　フィールドでの人間関係　268, **269**, 315

human science　人間科学　98, 136, 145, 219, **237**

human science research　人間科学研究　254

human-artifact interaction　人－人工物相互作用　159, 161, **263**

humanistic coefficient　人間係数　172

humanistic psychology　人間性心理学　108, 136, **237**, 310

human-robot interaction　⇨ HRI

hybrid community　ハイブリッド・コミュニティ　4, 27, 56, **248**

hybrid psychology　ハイブリッド心理学　255

hyosatsu　表札　89, **266**

hypersensitivity　感覚過敏　142

hypothesis ; tentative theory　仮説　**48**, 49, 93, 97

hypothesis making　仮説生成型　48, **49**, 93, 94, 137, 211, 249, 263, 289

hypothesis proving　仮説検証型　**48**, 49, 97

hypothesis-experiment-instruction　仮説実験授業　248

hypothetical statement　仮説的言明　319

hypothetico-deductive method　仮説演繹法　32, **48**, 85, 132, 133, 263

I

I and Thou　我と汝　307

ibasho ⇨a place to be
idea unit ⇨IU
ideal self 理想自己 127, 128, **317**
Idealtypus〔独〕理念型 23, **318**
identical elements 同一要素 46
identification 同一化 219
identification 同一視 **218**
identity アイデンティティ **2**, 31, 76, 78, 114, 145, 165, 167, 176, 180, 181, 193, 195, 205, 224, 227, 235, 236, 258, 295, 296, 304, 307
identity 同一性 306
ideology イデオロギー **12**, 130, 264, 265
idiographic approach 個性記述的方法 3, 23, 100, **111**, 173, 245, 249, 288, 318
ikigai 生きがい 109
illness narratives 病いの語り 57, 81, 207, 221, 234, 299, **308**
image イメージ **16**, 25, 170, 188, 262, 303
image of the next world 他界観 77, **197**
imaginary companion 空想の友達 267
imagination 想像力 16, **188**, 266, 267
imitation 模倣 266, **307**
impression management 印象管理 128
impression management 印象操作 128
impressionist tales 印象派の物語 **18**, 22, 111, 149, 327
improv インプロ 45
improvisation インプロビゼーション **21**, 330
In the Woods 「藪の中」 213, 313
incident ⇨event
inclusive education system インクルーシブ教育システム 189, 223
incommensurability 共約不可能性 78, 233, 329
independence 自立 77, **159**, 242
independent variable 独立変数 132
in-depth interview ; katarai method 語り合い法 **50**, 189, 302
index ; marker 指標 50, 157
⇨measure for understanding phenomenon
indexicality 文脈依存性 187, **283**
indexing インデックス化 66
individual 個人 100, 306
individual quality of life ; iQOL **1**, 80
individual unconscious 個人的無意識 280

individual（s）-acting-with-mediational-means 媒介手段を用いて行為する（諸）個人 281
individualism 個人主義 14
individualistic paradigm 個体主義パラダイム 47, 48, **112**, 115, 147, 167, 174, 228, 283
individuality 個別性 19
Individuation〔独〕個性化 309
indivisibility of subject and object 主体と対象の不可分性 129
induction 帰納 7, 8, 18, 32, 55, **68**, 69, 183, 320
inductive coding 帰納的コード化 32, **68**, 153
inductive method 帰納法 18, 48, **68**, 183, 322
industrialization 産業化 77, 326
inferential statistics 推測統計 121, 291, 316
informal interview インフォーマル・インタビュー **20**, 260, 272
informant インフォーマント **21**, 122, 172, 221, 315
information processing 情報処理 239
information science 情報科学 118, **159**, 161, 238
informed consent インフォームド・コンセント **21**, 34, 95, 154, 181
infra-reflexivity インフラ反照性 257
in-group 内集団 143
initial coding 初期のコード化 109
inner speech 内言 261
inner speech／external speech 外言／内言 **37**, 252
inscription インスクリプション **18**
insideness 内側性 248
insider perspective 内部者の視点 8
institution 制度 69, 75, **180**, 271
institutionalization of birth 出産の施設化 238
instruction and learning process 教授－学習過程 152
instructionism 教授主義 47
instrument ⇨tool
instrumentale Vernunft〔独〕道具的理性 265
instrumentalism 道具主義 216
integrated learning ; integrated studies 総合学習 **186**, 216
integration 統合 14
integrative review 統合的レビュー 280

欧文事項索引　380

intellectual disability　知的障害　140, 155, 163, **205**, 250

intelligence quotient：IQ　知能指数　205

intentionality　志向性　151, 153, 271

interaciton　相互行為　4, 41, 123, 180, 187

interaction　双方向性　283

interaction　相互作用　130

interaction analysis　相互行為分析　29, 119, **187**

interaction in ethnomethodology　相互行為 ─ エスノメソドロジーにおける─　41, **186**, 214, 253

interaction in social psychology　相互行為 ─ 社会心理学における─　**186**

interaction order　相互行為秩序　170, 300

interactive interview　双方向的インタビュー　**189**

intercultural communication　異文化コミュニケーション　262

interest　関心　**62**, 105

interest　利害　101, 282

inter-locality　インターローカリティ　12, **19**, 53, 329

inter-mental category　精神間カテゴリー　150

internal aspect　内面　166

internal validity　内的妥当性　133, 154, **228**, 304

internalization　内化　150, 185

internalization　内在化　14

internalization　内面化　103, 150, 185, **228**

international／transnational marriage；intercultural／cross-cultural marriage　国際結婚　16, **111**

internet　インターネット　9, **18**, 110, 241

internet of things　IoT　159

internet survey　ネット調査　19, **241**

interpersonal interaction　対人相互作用　146

interpretant　解釈項　64, 65

interpretation　解釈　**38**, 87, 114, 194, 271, 275, 322

interpretative phenomenological analysis　IPA　**2**, 55, 98, 172, 173

interpretative repertoires　解釈レパートリー　**40**, 292

interpretive anthropology　解釈学的人類学　80

interpretive approaches　解釈的アプローチ　5, 6, 15, **40**, 137, 269, 292

interpretive psychology　解釈心理学　275

interstitial community（of practice）　隙間の共同体　181

intersubjectivity　間主観性　51, 58, **61**, 78, 143, 151, 249, 271, 283, 302

intertextuality　間テクスト性　**63**

intervention study　介入的研究　110

interview　インタビュー　4, **19**, 20, 21, 27, 35, 20, 21, 27, 82, 105, 108, 139, 149, 174, 194, 206, 212, 227, 255, 260, 271, 272, 305, 312, 314

interview bias　インタビューのバイアス　**20**, 61, 246

interview society　インタビュー社会　**19**

interviewee　インタビュイー　189, 224　⇨ story-teller

interviewer　インタビュアー　189　⇨ hearer

interviewer as a miner／traveler　鉱夫／旅人としてのインタビュアー　79, **107**

intra-mental category　精神内カテゴリー　150

introspection　内観法　**227**, 274

IRE sequence　IRE連鎖　**1**, 117, 300

irreversible time　非可逆的な時間　227

iterative triangulation　往還的トライアンギュレーション　320

IU：idea unit　アイデア・ユニット　**2**

J

Japan Society of Research on Early Childhood Care and Education　日本保育学会　286

Japanese Association of Clinical Research on Human Development and Education　日本臨床教育学会　322

Japanese Association of Qualitative Psychology　日本質的心理学会　138

Japanese Journal of Qualitative Psychology　『質的心理学研究』　138

Jewish　ユダヤ系　274

joint attention　共同注意　**77**, 121, 275

journal　日誌　127

journalist　ジャーナリスト　28, 268

justice　正義　84

juvenile delinquency　非行少年　120, 181, 256, 260, **259**

juvenile offender　犯罪少年　259

K

kataraiai method　⇨in-depth interview
kindergarten teacher　幼稚園教諭　288
kinship　親族　324
KJ method　KJ法　38, 55, 56, 68, 69, **88**, 89, 249, 266, 282, 309, 320
　A-type KJ method（chart-making）　KJ法A型 ―図解化―　**89**, 266
　B-type KJ method（explanation）　KJ法B型 ―叙述化―　**89**, 266
knotworking　ノットワーキング　21, **242**, 243
knowledge　知識　**204**, 248, 289
knowledge building　知識構築　**204**
Kritik der historischen Vernunft〔独〕　歴史的理性批判　211
Kritische Theorie〔独〕; critical theory　批判理論　13, 201, 264, **265**, 274, 317
Kulturwissenschaft〔独〕; cultural science　文化科学　23, 318

L

La pensée sauvage〔仏〕　野生の思考　325
labeling theory　ラベリング理論　11, 67, 106, 148, 170, **314**
laboratory　ラボラトリー　44, 270, **315**
language　言語　328
langage〔仏〕; language　ランガージュ　190, 255, **315**, 316
language acquisition　言語獲得　236
language development　言語発達　295
language policy　言語政策　145
language variation　言語変異　145
language-game　言語ゲーム　7, 23, 37, **96**, 292, 293, 303
langue〔仏〕; language　ラング　96, 190, 255, **315**
latent function　潜在的機能　206
later Wittgenstein　後期ウィトゲンシュタイン　292
law and psychology　法と心理学　**288**
Law for the Welfare of People with Physical Disabilities　身体障害者福祉法　163
law-breaking juveniles　触法少年　259
layout　レイアウト　57

learning community　学びの共同体　152, 216, **297**
learning disabilities ; specific learning disorder　学習障害　46, 110, 250
learning environment　学習環境　45, **46**, 156, 215
learning outside school　学校外学習　**52**, 193, 274
learning sciences　学習科学　4, **45**, 52, 72, 204, 215, 240, 249, 301
learning story　ラーニング・ストーリー　**310**
learning story　学びの物語　310
learning transfer　学習転移　7, **46**, 74, 78, 118, 169, 324
learning　学習　**45**, 47, 74, 107, 283, 308, 324, 330
Leben〔独〕　⇨life
Lebenswelt〔独〕; life-world　生活世界　39, 153, **174**, 204, 235, 250, 325
legitimate peripheral participation　正統的周辺参加　24, 48, 112, 134, 156, 157, 162, 173, **180**, 199, 218, 224
lesson conference　授業カンファレンス　287
lesson study　⇨research on teaching
lexicon　語彙目録　15
LGBT　lesbian, gay, bosexual, and transgender　79
liberal multiculturalism　リベラル多文化主義　201
Libido〔羅〕　リビドー　309
licensed nursery ; daycare service　認可保育　236
licensed psychologist　公認心理師　**107**, 323
life　ライフ、人生、生　71, 72, 86, 100, 126, 174, 176, 181, 234, **310**, 312
life course studies　ライフコース研究　**311**
life cycle　ライフサイクル　2, 198, **311**
life event　ライフイベント　57, 213, **311**
life history method　生活史法　35, 172, **173**, 301
life history　ライフヒストリー　35, 70, 74, 125, 174, 216, 222, 301, 304, **312**
life review　ライフレビュー　40, 41, 106, 140, **313**
life space　生活空間　268
life span developmental psychology　生涯発達心理学　33, 49, 71, 72, 111, **156**, 251, 254, 272, 311, 312

life story　ライフストーリー　35, 51, 74, 75, 140, 173, 174, 195, 198, 216, 230, 234, 248, 295, 298, 304, **312-314**

lifeline interview method　ライフライン・インタビュー法　**313**

life-span　生涯　310

life-story interview　ライフストーリー・インタビュー　41, 106, 311, **312**, 313

life-world　⇨Lebenswelt〔独〕

line by line coding　データの切片化　35, **212**, 282

line of sight　まなざし　**297**

linguistic analysis　言語学的分析　**96**

linguistic arts　言語芸術　301

linguistic data　言語資料　137

linguistic practice　言語実践　115

linguistic turn　言語論的転回　23, **97**, 105, 210, 237, 255

linguistics　言語学　16, **95**, 96, 110, 145, 166, 220

literacy　リテラシー　123

literacy　文字の文化　107

literature review　文献レビュー　138, **280**

lived experience　生きられた経験　39, 174

lived experience ; Erlebnis〔独〕　体験　51, **192**, 211

living support　生活支援　234

locality　ローカリティ　19, 52, 53, 137, 296, **328**

logical grammar　論理文法　187

logical positivism　論理実証主義　40, 85, 134, 145, 188, 230, 255, 269, **329**

logical types　論理階型　283

logico-scientific mode of thinking　論理科学モード　231, 233, 275, 302, **329**, 330

longitudinal study／cross-sectional study　縦断的研究／横断的研究　**150**

loss　喪失　3, 57, 40, **188**, 221, 238, 262, 299, 305

lower-level learning　低次学習　190

luck　運　**24**

M

machi-okoshi　まちおこし　**296**

machi-zukuri　まちづくり　203, **296**

macro-ethnography　マクロ・エスノグラフィー　294, **295**

macroscopic／microscopic approach　巨視的／微視的アプローチ　292

macrosociology　マクロ社会学　300

maintenance　持続　326

majority　マジョリティ　99

majority　多数派　200

make-up　⇨cosmetics

making sense of description　記述の意味づけ　**66**, 231

maltreatment　マルトリートメント　49

management organization theory　経営組織論　84, **85**, 182, 190

management studies　経営学　85, **84**, 144

manga　マンガ　36, 120, **298**

manual　マニュアル　314

Marburger Schule〔独〕; Marburg School　マールブルク学派　161

marginality　周縁性　134, 173, 181

marital relationships　夫婦関係　49, 111, 156, **270**

marker　⇨index

marriage　婚姻　324

Marxism　マルクス主義　291

Marxist psychology　マルクス主義的心理学　243

mass society　大衆社会　274

master narrative　マスターナラティブ　193, **295**, 306

mastery　習得　185, **150**

material　物質　56

MAXQDA　7, 29, 116, **296**

meaning　意味　6, **15**, 77, 114, 137, 162, 208, 232, 248, 279, 285, 303, 317

meaning and sense in Vygotsky　意義と意味　—ヴィゴツキーによる—　**9**, 281

meaning construction　意味構築　15

meaning in life ; meaning of life　人生の意味　70, 126, 136, **162**, 291, 304

meaning-making　意味づけ　3, 122, 126, 162, 231, 233, 237, 312, 313

measure for understanding phenomenon　指標 —現象理解の—　2, **141**

measurement　測定　45

mechanism　機械論　118

media　メディア　33

mediated action　媒介された行為　22, 32, 38, 54, 101, 102, 103, 110, 139, 168, 215, 228, 234, 245, **246**, 280, 331

mediation 媒介 215
mediation ; mediated action 媒介行為 53
mediational activity 媒介活動 134
mediational means 媒介物 15, 75, 163, 168, **247**
medical anthropology 医療人類学 **17**, 80, 81, 140, 183, 234, 308
medical care 医療的ケア **17**, 84, 203
medical institution 医療機関 202
medical planning 医療計画 202
medical sociology 医療社会学 **17**, 234
medicalization 医療化 11
medium 媒質 179
member check メンバーチェック 114, 200, **304**
membership 成員性 134, **173**, 181, 199, 224
membership categorization device 成員性カテゴリー化装置 119, 283, **173**
memoir 回顧録 127
memory 記憶 **63**, 64, 68, 103, 119, 150, 186, 188, 192
memory disorder 記憶障害 **64**, 103, 119
memory-work メモリーワーク **303**
mental disorder 精神障害 42, 155, 163, **177**, 205, 220, 221, 257, 259
mental health 心理的健康 **167**
mental image 心像 16
mental phenomena 心意現象 301
message メッセージ 114
meta case analysis メタ・ケース分析 83
meta-ethnography メタエスノグラフィー 302
meta-imagination メタ的想像力 188
meta-narrative メタナラティブ 33, **303**
meta-observation メタ観察 **302**
meta-paradigm メタパラダイム 286
metaphor メタファー 7, 298, **303**
metaphysics 形而上学 8, **86**, 274
method 方法 206, 285, **288**, 289
methodical doubt 方法的懐疑 37
methodological behaviorism 方法論的行動主義 107
methodological collectivism 方法論的全体主義 180
methodological pluralism 方法的多様性 276
methodologically-reflective researcher 研究する人間 31, **93**, 280, 281

methodology 方法論 84, 85, 182, 219, 237, **289**, 293
methods of theory construction 理論構築法 321
micro-ethnography マイクロ・エスノグラフィー 70, **294**
microgenetic approach 微視発生的アプローチ **261**
microscopic approach 微視的アプローチ 292, 255
microsociology ミクロ社会学 5, 73, 113, 164, **300**
middle teacher 中堅教師 75
middle-range theory 中範囲の理論 8, 82, 108, **205**, 319
midlife crisis 中年期の危機 **205**
migration 移民 14, **16**, 173, 201, 235, 279
mind-body dualism 心身二元論 **161**, 167, 191
mind-body problem 心身問題 162
mindfulness マインドフルネス 16
mini-ethnography 微小民族誌 256, 308
minority マイノリティ 176
minority 少数者 314
mirror reading 鏡映読み 297
mixed methods research 混合研究法 146, **115**, 213, 226, 254, 265, 275, 285, 286, 297
mobile phone 携帯電話 241
model モデル **305**, 306
modelling モデリング 2 40
modern law 近代法 159
modified-grounded theory approach M-GTA **31**, 93, 141, 280, 281, 309
modus tollens モーダス・トレンス 31
monograph モノグラフ 121
monologue モノローグ 35, 199, **307**
moralische Wissenschaft〔独〕; moral science 道徳科学 177
moratorium モラトリアム 181
morpheme 形態素 **87**, 213, 282
morphological analysis 形態素解析 **87**, 213, 214, 331
mother 母親 272
mother-child relation 母子関係 5, 10, 36, 37, 196, 272, **290**
motherese マザリーズ **295**
motivation 動機づけ 158, 186, **219**

motor theory of consciousness　意識の運動理論　69

mourning work　モーニングワーク　57, 156, 188, 262, **304**

movement of people　人の移動　236

multiculturalism　多文化主義　143, **201**, 278

multidisciplinary collaboration　多職種連携　256

multimembership　多重成員性　173, 181, **199**, 224, 279

multiple case study　複数ケース研究　83

multiple realities　多元的な現実　153, **198**

multi-sited ethnography　マルチサイテッド・エスノグラフィー　**298**

multitude　マルチチュード　241, 243, **298**

mutual aid　相互扶助　130

mycorrhizae　菌根　242

myth　神話　105, 107, 168

mythology　神話学　106, 107, **168**, 325

N

Nacherleben〔独〕; re-experience　追体験　86

naïve realism　素朴実在論　133, **190**, 237, 266

naïve theory　素朴理論　**191**

naked eye　肉眼　60

narrative　ナラティブ（ナラティヴ）　3, 51, 82, 102, 107, 138, 140, 171, 193, 195, 202, 217, **229**-234, 258, 262, 265, 271, 282, 283, 294-296, 298, 306, 307, 312

narrative　物語　4, 41

narrative analysis　ナラティブ分析　2, 137, 231, **232**, 258

narrative approach　ナラティブ・アプローチ　231

narrative based medicine：NBM　ナラティブ・ベイスト・メディスン　30, 81, **232**, 233

narrative based research　ナラティブ・ベイスト・リサーチ　160, 230-**232**

narrative community　ナラティブ・コミュニティ　**229**

narrative gerontology　ナラティブ老年学　**233**, 313, 328

narrative identity　ナラティブ・アイデンティティ　265

narrative inquiry　ナラティブ探究　**231**

narrative learning　ナラティブ・ラーニング　**233**

narrative mediation　ナラティブ・メディエーション　282

narrative medicine：NM　ナラティブ・メディスン　149, 159, **233**

narrative mode of thinking　ナラティブモード　138, 231, **233**, 275, 302, 329

narrative of self-change　自己転換の語り　216

narrative plot　物語プロット

narrative practice　ナラティブ・プラクティス　230, **231**, 232

narrative psychology　ナラティブ心理学　162, 231, **230**, 232, 233, 275, 289

narrative selves；the self in narrative　物語的自己　51, 68, 140, 152, 216, 230, 233, **306**, **307**, 312

narrative text　ナラティブ・テクスト　**231**

narrative therapy　ナラティブ・セラピー　37, 145, **230**, 231, 293

narrative transmission　語り継ぎ　**51**

narrative turn　ナラティブターン　**230**, 233, 237, 261, 289, 301

narrative turn　物語論的転回（ナラティブターン）　261

narratology　物語学　105, 107, **306**

narrator　⇨ story-teller

nation　民族　264

National Association of Crime Victims and Surviving Families：NAVS　全国犯罪被害者の会（あすの会）　256

National Network for Victim Support　全国被害者支援ネットワーク　256

natural attitude　自然的態度　31

natural environment　自然環境　287

natural observation　自然観察法　60, **131**, 133, 251

natural science　自然科学　44, 45, 145

Naturalismus〔独〕; naturalism　自然主義　325

naturalist　博物学者　191

naturalistic inquiry　自然主義的探究　**131**

naturalistic turn　自然主義的転回　44, 131, **132**, 164

navigation　ナビゲーション　**229**

need；besoin〔仏〕　欲求　**309**

negative case　ネガティブ・ケース　**240**, 256, 282

neglect　ネグレクト　70

negotiated order　交渉的秩序論　171

negotiation　取り決め　308

neo-Kantianism　新カント派　23, **160**, 177

neo Marxism　新マルクス主義　265

neonatal intensive care unit：NICU　新生児集中治療室　17

nesting　入れ子　179

network sampling　ネットワーク標本抽出法　172

networking　ネットワーキング　115, 145, **241**, 243, 298

neurodevelopmental disorders　神経発達症群　46

neuro-linguistic programming　神経言語学的プログラミング　318

new literacies studies　ニュー・リテラシー研究　123

new realism　新実在論　69

new sociology of education　新しい教育社会学　**5**, 28, 73, 264

newcomer　新参者　134, 180, 224

newcomers　ニューカマー　16, 195, **235**

next world　死後の世界　198

Niigata Chuetsu earthquake　新潟県中越地震　116

Nishida philosophy　西田哲学　69

nominal group interview　ノミナル・グループ・インタビュー　82

nominal scale　名義尺度　54

nomothetic　法則定立的　245

nomothetic approach　法則定立的方法　23, 112, **288**

non-handicapped person　健常者　**98**, 221, 299

non-participant observation　非参加観察　120, **260**

non-participation　参与なし　269

non-participation　非－参加　181

nonperceptual awareness　非知覚的意識　179

non-stochastic sampling　非確率的サンプリング　122, 263

non-verbal　非言語　121

non-verbal behavior　しぐさ　300

non-verbal data　非言語的データ　124, 211, **259**, 300

norm　規範　11, **69**, 277

normal science　通常科学　253

normalization　ノーマライゼーション　**242**

not being able to narrate　語らないこと・語れないこと　51

notes　メモ書き　212, **303**

not-knowing　無知の姿勢　229

novice　初心者　208

novice teacher　初任教師　75

Nuremberg Code　ニュルンベルク綱領　21, 95

nursery teacher　保育士　288

nursing care　看護ケア　17, **59**, 60, 63, 84, 284

nursing practice　看護実践　284

nursing research　看護研究　59, **60**

nursing science　看護学　**59**, 60, 84

NVivo　7, **29**, 116, 297

O

object　対象　329

object of activity　活動のオブジェクト　29, 53, **54**

object relations theory　対象関係論　178

objectification　⇨ reification

objective reality　客観的現実　198

objectivism　客観主義　44, **70**, 71, 93, 151

objectivity　客観性　27, **71**, 117, 133, 161, 257, 319

observation　観察　45, **60**, 87, 130, 174, 212, 229, 287, 310

observation　観測　127

observation method　観察法　323

observation using audiovisual devices　AV機器を使った観察　25, **27**, 60, 131, 213, 300

observer　観察者　134

observer bias　観察者バイアス　12, 20, 27, **60**, 87, 93, 131, 246, 322

occult　オカルト　172

occurrence　⇨ event

old fairy tale　昔話　51

old timer　古参者　224

older adults　高齢者　6, 33, 38, 40, **108**, 109, 148, 328

ontogenesis　個体発生　88, **112**, 150, 250, 261

ontology　存在論　59, 67, 126, **191**, 237, 265, 289

onymity　顕名性　**100**

open coding　オープンコード化　**34**, 66, 68, 81, 170, 185, 211, 212, 276

open dialogue　オープンダイアローグ　**35**, 109, 283

open science　オープンサイエンス　142

open system　開放システム　207

open text　「開かれた」テクスト　26

operant behavior　オペラント行動　106

operant learning　オペラント学習　239

operation　操作　53

operational definition　操作的定義　**187**

operational transaction　操作的トランザクション　226

operationalism ; operationism　操作主義　330

oppression　抑圧　264

oral history　オーラルヒストリー　**35**, 174

oral tradition　口頭伝承　**107**, 217, 233, 301

orality　音声の文化　107

order　秩序　13, **205**

ordinary language philosophy　日常言語学派　252

organization　組織　82

organizational culture　組織文化　190

organizational ethnography　組織エスノグラフィー　**189**

organizational learning　組織学習　136, 175, 177, **190**, 222

orientalism　オリエンタリズム　292

origin of statement　供述の起源　76

otaku　オタク　**36**, 120, 299

out-group　外集団　143

outlier　外れ値　240

outsider　部外者　90

outsider perspective　外部者の視点　193

over adaptation　過剰適応　53

over-rapport　オーバーラポール　**34**, 315

P

PAC analysis ; personal attitude construct analysis　PAC分析　245, **249**

palliative care　緩和ケア　32, 57, **63**, 80, 84, 141, 149

paradigm　パラダイム　78, 80, 84, 85, 148, 169, 182, **253**, 261, 286

paradigm in grounded theory　パラダイム ― グラウンデッド・セオリーの―　127, 185, **253**

paradigm wars　パラダイム論争　115, 253, **254**

paradigmatic mode of thinking　論理科学モード　231, 233, 275, 302, **329**, 330

paralanguage　パラ言語　226

parapsychology　超心理学　172, **207**

parent　親　**36**, 272, 290

parental proxy talk　代弁　**195**

parent-child relationship　親子関係　5, 10, **36**, 49, 112, 176, 229, 236, 272

parenting stress　育児ストレス　**9**, 112

parent's responsibility　保護者の責任　241

parents' role　親役割　36

parole〔仏〕; speech　パロール　63, 96, 190, **255**, 315, 316

participant observation　参加観察　60, **120**, 172, 175, 206, 261, 323

participant observation　参与観察　4, 20, 21, 26, 28, 38, 60, 78, **122**, 128, 143, 172, 194, 212, 269

participant structures　参加者構造　120

participation　参加　46, 173, 180

participation　参与度　269

participation structures　参加構造　43, 117, **120**, 202, 326

participatory research　参加型研究　137

particularity ; specificity　特殊性　19, **223**

passing　パッシング　13

pathography　病跡学　217

patient with an intractable disease　難病患者　**234**

Patients and healers in the context of culture　『臨床人類学』　183

peace　平和　205

peace psychology　平和心理学　258, **284**

pedagogy ; study of education　教育学　52, **72**, 73, 177, 186, 314, 322

peer culture　仲間文化　229

peer relationships　仲間関係　53, **229**

pentad　五つ組　90

people of Japanese descent　日系人　16, **235**, 236

perceptual system　知覚システム　7, 69, 130, 178, 179, **203**, 297

perezhivanie〔露〕　情動体験　233

performance　パフォーマンス　21, 45, 220, **252**

performance analysis　パフォーマンス分析　232

performatory psychology　パフォーマンス心理学　293

period for integrated studies　総合的な学習の時間　186

peripheral　周辺的　180

person involved–ness　当事者性　86, 194, **221**

person concerned　⇨ tojisha

personal construct　パーソナル・コンストラクト　91, 104, **244**

personal document　パーソナル・ドキュメント　112, 151, 152, 222, **245**

personal inventory　自己目録作り　**128**

personal knowledge　人格的知識　8

personal view　パーソナルビュー　131, **245**

personality　パーソナリティ　2, 35, 187, **244**

personality characteristics　人格特性　15

personality psychology　パーソナリティ心理学　35, 196, **244**, 245

Phänomenologie〔独〕　⇨ phenomenology

phenomenological psychology　現象学的心理学　**98**, 125, 265

phenomenological reduction　現象学的還元　31, **98**, 143, 174, 206, 273

phenomenological sociology　現象学的社会学　5, 80, 145, 198

phenomenology　現象学　3, 29, 31, 39, 40, 62, **97**, 98, 99, 129, 136

philosophy of science　科学哲学　329

philosophy of the implicit　暗在性哲学　208

phylogenesis　系統発生　**88**, 113, 261

physical disability　肢体不自由　319

physical disability　身体障害　155, **163**, 205

physical environment　物的環境　287

physics　物理学　329, 267

place　場所　13, 19, 68, 77, 179, **248**

plagiarism　盗用　93

play　遊び　**5**, 102, 113

pluralism　多元主義　286

poetics ; Peri poiētikēs〔希〕　詩学　**125**

pointing　指さし　1, 300

policy studies　政策研究　**175**

politeness　ポライトネス　115

politics　政治　**176**

polyphonic　多声的　246

polyphony　多声性　35, 109, 129, 196, 197, **199**, 229, 203, 229, 253, 261, 307

population　母集団　12, 122, 220, **291**

portfolio　ポートフォリオ　287

position in the field ; role in the field　フィールドでの立場　94, 264, 268, **269**

positioning　位置取り　291

positioning theory　ポジショニング理論　254, 255, 290

positive peace　積極的平和　284

positive psychology　ポジティブ心理学　162, **290**

positivism ; Positivismus〔独〕　実証主義　86, **133**, 136, 173, 175, 197, 237, 256, 263, 264, 266, 289, 291, 325, 328

possession　所有　102, **159**

post traumatic growth　⇨ PTG

post traumatic stress disorder　PTSD（心的外傷後ストレス障害）　119, 226, 256, **258**

postcolonialism　ポストコロニアリズム　56, 263, **291**

postmodern　ポストモダン　105

postmodernism　ポストモダニズム　33, 56, 121, 200, 216, 218, 291, **292**, 303, 316

post–positivism　ポスト実証主義　134, 136, 254, 264, 289, **292**

post–structuralism　ポスト構造主義　67, 105, 200, 216, 264, 270, **291**, 313

posture　姿勢　203

poverty　貧困　322

power ; pouvoir〔仏〕　権力　13, 96, **100**, 114, 159, 176, 244, 246, 257, 264, 270, 292, 296

practical documents　実践記録　114, **134**, 152, 222, 287, 310

practical knowledge ; clinical knowledge　実践知　4, 82, **135**, 143

practical knowledge　実践的知識　74, 82, **135**, 153, 208, 213

practical study　実践研究　4, 67, 72, 73, 114, **134**, 160, 170, 215
　⇨ action research

practice　実践　78, 79, 119, **134**, 135, 136, 208, 213, 277, 298, 323

pragma　プラグマ　273

pragmatic maxim　プラグマティズムの格率　273

pragmatics　語用論　15, 16, **115**, 210, 252

pragmatism　プラグマティズム　104, 115, 123, 216, 244, **273**, 299

pre–delinquent juveniles　虞犯少年　259

prediction　予測　144

pregnancy and childbirth　妊娠・出産　176, **238**

prejudice　偏見　14, 120, 284, **285**

preschool teacher　保育教諭　288

pre-understanding ; Vorverständnis〔独〕　先行理解　39

primal horizon　根源的地平　174

principle of the uniformity of nature　自然の斉一性　37

Principles of psychology　123

priority of relation　関係の一次性　267

privacy　プライバシー　211

private event　私的事象　106

private information　個人情報　212

private language　私的言語　96

privileging　特権化　**224**

probabilistic functionalism　確率的機能論　179

probability　蓋然性　17

probability sampling　確率抽出法　195

probablistive functionalism　確率論的機能主義　275

problem behavior　問題行動　53

problem-solving　問題解決　145, 216, 276

problem-solving learning　問題解決学習　186

procedural transparency　手続き的透明性　279

process　プロセス　114, 186

process research　プロセス研究　50, 103, 213, **276**

production system　プロダクションシステム　161

profession　専門　**185**

profession of development assistance　発達援助専門職　322

progressive structuring　漸次構造化法　**183**

progressivism　進歩主義　216

project activity　プロジェクト活動　222

projective technique　投影法　**219**

promoter sign　促進的記号　249

property　プロパティ　35, 211, 212, **276**

proposition　命題　12, 68

protocol analysis　プロトコル分析　252, **276**

pseudoscience　疑似科学　207

psychiatry　精神医学　24, 42, 167, **176**, 178, 218, 220, 257

psychoanalysis　精神分析　51, 147, 168, **178**, 189, 219, 274, 276, 309, 313, 317

psychobiography　心理学的伝記　217

psychoeducation　心理教育　171, **166**, 323

psycholinguistics ; psychology of language　心理言語学　38, **166**, 272

psychological anthropology　心理人類学　**167**

psychological assessment　心理的アセスメント　323

psychological care　心理的ケア　216

psychological function　心的機能　167

psychological scale　心理尺度　142

psychological support　心理的支援　323

psychological testing　心理検査　128, **166**, 219

psychological tool　心理的道具　22, **167**, 247

psychologism　心理主義　107, **166**

psychology　心理学　25, 138, **165**, 186, 219, 238, 302

psychology of liberation　解放の心理学　263

psychology of religion　宗教心理学　149

psychophysics　精神物理学　329

psychosocial crisis　心理社会的危機　176

psychosocial virtue　心理社会的徳　26

psychotherapy　心理療法　44, 50, 56, 107, 108, **168**, 178, 230, 239, 281, 309, 310

PTG : posttraumatic growth　トラウマ後の成長　51, 119, 142, 188, **226**, 258, 262

public assistance　生活保護　170

public education　公教育　52

public health　公衆衛生　**103**, 167, 203

public health center　保健所　103

public health nursing　公衆衛生看護　118

public participation　市民参加　115, **142**, 144, 176, 296

publicness　公共性　117, 216

punctuation　区切る　126

pure gold sampling　純金サンプリング　50

purposeful sampling　目的的サンプリング　122, 195, 246, **305**, 326

purpose in life　人生の目的　162

Q

qualitative coding　質的コード化　29, 66, **137**

qualitative data　質的データ　32, 68, 110, 137, 183, 300

qualitative data analysis　質的データ分析　7,
　66, 116, 137, **138**, 139, 169, 197, 207, 211, 297,
　320

qualitative evaluation　質的評価　194, **138**,
　275

qualitative meta-analysis　質的なメタ分析
　138, 302

qualitative meta-synthesis　メタ統合　83,
　138, **302**

qualitative psychology　質的心理学　137, **138**,
　165, 166, 259, 301, 302

qualitative research　質的研究　66, 100, **136**,
　138, 160, 184, 196, 208, 227, 274, 282, 312, 313

qualitative research methods　質的方法　226

qualitative sociology　質的社会学　5, 15, 73,
　137

quality of life：QOL　クオリティ・オブ・ラ
　イフ（生活の質）　1, 57, 71, 72, **80**, 311, 323

quality of qualitative research　質的研究の質
　60, 164, **137**

quantitative data　量的データ　139

quantitative research methods　量的方法　226

quantitative study　量的研究　12, 18, 136, 139,
　153, 188, 220, 228, **319**

quasi-experimental design　準実験デザイン
　154

queer theory　クィア理論　**79**, 180, 182, 227,
　270

questionnaire survey　質問紙調査　41, **139**,
　165, 175, 192, 200, 206

R

race　人種　203, 264

radical behaviorism　徹底的行動主義　107

radical constructivism　ラディカル構成主義
　104

radical qualitative psychology　ラディカル質
　的心理学　243, **314**

random sampling　ランダム・サンプリング
　122, 154, 291, **316**

randomized controlled trial　⇨ RCT

rapport　ラポール　34, 88, 269, **315**

Rashomon-like approach　羅生門的アプロー
　チ　213, **313**

rate of theoretical saturation　理論的飽和度
　321

ratio　組み合わせ　90

rationalism　合理主義　67, 85, 86, **108**

rationalism　合理論　67

RCT：randomized controlled trial　ランダム
　化比較試験　228

reading comprehension　文章理解　2

real world　現実世界　179

realism　実在論　86, **133**, 189, 265, 294

realist tales　写実的物語　18, 22, 111, **148**, 327

reality　リアリティ　215

reality　現実　292

REC：research ethics committee　研究倫理委
　員会　21, 93, **95**, 154

recall　再生　2

reciprocal teaching　互恵的教授　76, **111**

reciprocity of perspectives　視界の相互性　13

recontextualization　再文脈化　19, 47, **118**,
　246

re-decision therapy　再決断療法　70

reductionism　還元主義　**59**

re-experience　⇨ Nacherleben〔独〕

reflecting process　リフレクティング・プロセ
　ス　230

reflection　省察　74, 75, 82, 90, 93, 134, 152,
　175, 177, 190, 283, 322

reflection　振り返り　216

reflection in action　行為の中の省察　175

reflective practice　省察的実践　76, 114, 136,
　153, **175**, 216

reflective practitioner　省察的実践家　76

reflexivity　相互反映性　3, 101, **187**, 283, 323

reflexivity　反照性　**256**

reflexivity　反省性　20, **257**, 314

reframing　リフレイミング　**318**

regional revitalization　地域再生　296

register　レジスター　**326**

rehabilitation　⇨ care and education for a
　child with special needs

reification；objectification　物象化　147, 173,
　265

relational paradigm；relationalist paradigm
　関係論的パラダイム　**58**, 183, 279

relational self　関係的自己　37, **58**, 59

relationalism　関係論　153

relationship　関係性　5, 34, **58**, 67, 84, 267,
　283, 290, 315

relationship of trust　信頼関係　315

relativism　相対主義　67, **188**, 265

relativization　相対化　11, 194

relevance　レリバンス　3, 42, 43, 173, 323, **327**

reliability　信頼性　61, 83, 139, **165**, 166, 200

religion　宗教　123, **149**, 172

religiosity　宗教性　149

remembering　想起　64, 68, 150, **185**, 248

reminiscence　回想　**40**, 41, 106, 126, 140, 149

reminiscence bump　レミニセンスバンプ　40

reminiscence therapy ; reminiscence work　回想法　**40**, 106, 149, 152, 313

Rep Test：repertory grid test　レパートリー・グリッド・テスト　245

repair　会話の修復　**42**, 43

repertory grid test　⇨ Rep Test

report on experiences　体験報告　30, 64, **192**, 207

reportage　ルポルタージュ　28

representation　表象　15, 16, 121, 147, 158, 238, **266**

representation　表象機能　121

representational transaction　表象的トランザクション　226

representationalism　表象主義　**266**

representativeness ; representative　代表性　**195**, 305

reproducibility　再現可能性　19, **116**

reproduction　再生産　264

reproduction　生殖（リプロダクション）　**176**, 238

reproductive health/rights　リプロダクティブ・ヘルス／ライツ　176

research　調査　45, **206**

research design　研究デザイン　**93**–95, 150, 154, 179, 184, 280

research ethics　研究倫理　34, 92, 93, **95**, 194, 212, 268, 269, 315

research ethics committee　⇨ REC

research ethics review board　研究倫理審査委員会　95

research goals　研究目標　**94**

Research Institute of Science and Technology for Society　⇨ RISTEX

research integrity　研究者倫理　21, **92**, 95, 154, 194, 324

research on early childhood care and education　保育学　286–288

research on teaching ; lesson study　授業研究　70, 72, 75, **152**, 160, 300

research participant　調査協力者　92, 304

research proposal　研究計画書　**92**, 94

research question　研究設問（リサーチクエスチョン）　66, 92, **93**, 94, 211, 212

researcher's perspective to interpret cultures　第三の視点　9, 11, **193**

resilience　レジリエンス　33, 51, 116, 142, 188, 226, 256, **327**

resistance　抵抗　264

resource　資源　46

respondent behavior　レスポンデント行動　106

restorative　修復的　181

restricted code／elaborated code　限定コード／精密コード　96, **100**, 246

retrospective think–aloud method　遡及的発話思考法　252

returnee students　帰国児童生徒　**65**

reverse culture shock　逆カルチャーショック　14

revoicing　再声化　**117**

rhetoric　レトリック　121, 303, **327**

rhetoric　修辞学　267, 327

rhetoric　弁論術　327

rhetorical approach　レトリカル・アプローチ　267, **327**

rhizome　リゾーム　63

right holder　権利者　1

rigor　厳密性　269

risk management　リスク・マネジメント　64

risk perception　リスク認知　116

RISTEX：Research Institute of Science and Technology for Society　科学技術振興機構・社会技術研究開発センター　145

ritual　儀礼　**78**, 277

robot　ロボット　**329**

role in the field　⇨ position in the field

Rorschach Test　ロールシャッハ・テスト　219

routine　ルーティン　**324**

routine expertise　定型的熟達　**208**, 213

Russian revolution　ロシア革命　274

S

safety net　セーフティネット　203

SAGE handbook of grounded theory　143

sample　サンプル　121, 220, 241

sampling　サンプリング　**121**, 122, 172, 195, 241, 291, 316, 320

sampling of category　カテゴリーのサンプリング　321

sampling strategy　サンプリング戦略　**122**, 172

scaffolding　足場かけ　**4**, 240, 251, 275

schedule for the evaluation of individual quality of life：SEIQoL　個人の生活の質評価法　1

schema　スキーマ　238

Schizophrenie〔独〕　統合失調症群　220

schizophrenia spectrum disorders　統合失調症スペクトラム障害　220

schizophrenia　統合失調症　35, 69, **220**, 257

school　学校　52, 53, 73

school absenteeism　⇨school non-attendance

school adjustment　学校適応　13, **52**, 53, 166, 169, 181, 236, 259

school counseling　スクール・カウンセリング　**169**

school culture　学校文化　52, **53**, 193, 290

school education　学校教育　**52**, 70, 72, 73, 147, 166, 193, 215, 236, 241, 300

school non-attendance ; school absenteeism　不登校　10, 13, 53, 169, 241, 259, **273**, 274

school phobia　学校恐怖症　273

school rampage shooting　学校銃乱射　10

school refusal　登校拒否　273

school with educational difficulties　教育困難校　**72**, 181, 259

schools of sociological theory of meaning　意味学派　**15**, 153, 317

science ; Wissenschaft〔独〕　科学　18, 19, **44**, 78, 80, 117, 134, 144, 177, 189, 253, 256

scientific concept　科学的概念　**45**, 174, 251

scientific method　科学的方法　37, 44, **45**, 80, 84, 85, 97, 117, 133, 134, 182, 280, 289, 329

scientific psychology　科学的心理学　188

scientist-practitioner model　科学者－実践家モデル　44

SCOT：social construction of technology　技術の社会的構築論　44, **66**

script analysis　脚本分析　**70**, 108

SECI model（in knowledge creating theory）SECI（セキ）モデル　**182**

second language acquisition　第二言語習得　**194**

second-generation grounded theorists　グラウンデッド・セオリー第二世代　143

second-person negotiators　二人称の時間　126

security　セキュリティ　212

segmentation　分節化　**282**

selective coding　選択的コード化　55, 66, 81, 127, 170, **184**, 211, 254

selective observation in micro-ethnography　選択的観察―マイクロ・エスノグラフィーの―　66, 158, **184**

selective optimization with compensation theory　⇨SOC

self　自己　2, 58, **127**, 128, 129, 297, 300, 307, 309, 318

self-actualization　自己実現　237

self-concept　自己概念　128, 230

self-confrontation method　自己対面法　246

self-determination　自己決定　160, 274

self-determination　自己決定性　160

self-determination theory　自己決定理論　219

self-development　自己形成　181

self-explanation　自己説明　252

self-fulfilling prophecy　予言の自己成就　206

self-handicapping　セルフ・ハンディキャッピング　128

self-help group　自助グループ　6, **130**, 230

self-image　自己像　127, **128**, 318

self in narrative　⇨narrative selves

self-organization　自己組織化　104

self-presentation　自己呈示　113, **128**

self-reference　自己言及性　34, **127**, 201, 256

self-transformation　自己変容　216

self-understanding　自己理解　58, 86, 127, **128**, 318

semantic network　意味論ネットワーク　183

semantics　意味論　**15**, 303

semiology and semiotics　記号学と記号論　16, 26, **65**, 190

semiotic mediation　記号的調整　22

semiotics　記号論　26, 244

semi-structured interview　半構造化インタビュー　19, 41, 226, 105, 224, **255**, 260

sense of self acceptance　自己受容感　16

sensemaking　センスメイキング　15, 82, 162, **184**, 208

sensitizing concept　感受概念　**61**, 275

sensori-motor world　感覚運動世界　266

sequential analysis　シークエンス分析　55,
　123, 138, 169

sequential order　継起的な秩序　205

serial reproduction　系列再生法　245

sexism　性差別　271

sexual minorities　性的マイノリティ　79, 120,
　176, **179**, 180, 182, 195, 227

sexual orientation and gender identity　SOGI
　182

sexuality　セクシュアリティ　79, 180, **182**, 270

sign　記号　15, **64**, 65, 102, 158, 168

sign language　手話　**154**, 300, 328

signal　信号　157

signifiant〔仏〕シニフィアン　190

significant other　重要な他者　165

signifié〔仏〕シニフィエ　190

silence language　沈黙のことば　**207**

simulation　シミュレーション　90

singularity　特異性　298

situated cognition　状況的認知　101, **157**, 229,
　240, 330

situated cognition　状況論　118, 157

situated learning theory　状況的学習論　24,
　45, 46, 47, 52, 115, 134, 147, **156**, 162, 173, 298

situatedness　状況　**156**, 250, 279, 326

situation sampling method　場面見本法　61,
　131

skepticism ; scepticism　懐疑論　**37**

skill　スキル　208, 213

skin-care　⇨ cosmetics

slice of data　データの切片　212, 282

small group interview　スモール・グループ・
　インタビュー　82

SMON：subacute myelo-optico-neuropathy
　スモン　234

snowball sampling　スノーボール・サンプリ
　ング　121, 122, **172**

SNS ⇨ social networking service

SOC theory：selective optimization with
　compensation theory　補償を伴う選択的最
　適化理論　33

social arrangement　社会編成　263

social camerawork　社会的カメラワーク　45

social capital　社会関係資本　**144**, 222

social care　社会的養護　70, 140

social category　社会的カテゴリー　187

social class　階層　203

social class　社会階級　13

social construction of social problems ;
　constructing social problems　社会問題の構
　築　11, 67, 83, 106, 147, **148**, 315

social construction of technology　⇨ SCOT

social constructionism　社会構成主義　23, 35,
　37, 59, 69, 73, 77, 82, 97, 104, 105, **145**

social constructionism　社会構成論　153

social control　社会的統制　265

social design　社会設計　144

social exchange theory　社会的交換理論　187

social exclusion　ソーシャル・エクスクルー
　ジョン　189

social fact　社会的事実　69, 72

social identity　社会的アイデンティティ　71,
　72, **146**, 219

social implementation　社会実装　46, **145**, 215

social inclusion　ソーシャル・インクルージョ
　ン　20, **189**, 223

social interaction　社会的相互作用　31, 240

social justice　社会正義　284

social language／speech genre　社会的言語／
　ことばのジャンル　38, 75, **146**, 199, 224, 251,
　326

social movement　社会運動　**143**, 176, 201,
　241, 271, 298

social networking service：SNS　ソーシャル・
　ネットワーキング・サービス　241

social pathology　社会病理学　**147**

social play ; pretend play　ごっこ遊び　5, 21,
　113, 158, 251, 266, 267

social practice　社会的実践　79, 134, 144, 193

social psychology　社会心理学　8, 25, 128,
　146, 186, 204, 216

social reality　社会的現実　40

social reform　社会変革　264

social representation　社会的表象　**147**

social science　社会科学　**144**

social selves　社会的自己　58

social structure　社会構造　40, 264, 265

social suffering　社会的苦悩　80

social survey　社会調査　241

social system　社会システム　34, 127, 180

social therapy　ソーシャル・セラピー　293

social unit　社会単位　294

social withdrawal　⇨ hikikomori

social work　ソーシャルワーク　148, **189**

social worlds　社会的世界論　171

socialization　社会化　8, 326

socially distributed cognition　社会的分散認知　46, 112, **147**, 156, 245

sociocultural approach　社会文化的アプローチ　22, 78, 115, 147, **148**, 150, 157, 168, 175, 185, 224, 246, 247, 277

sociocultural history　社会文化史　261

socio-cultural-historical　社会文化歴史的　147

sociolinguistics　社会言語学　96, 144, **145**

sociological diagnosis　社会学的診断　322

sociological imagination　社会学的想像力　188

sociology　社会学　17, 23, 73, **144**, 155, 164, 201

sociology of disability　障害社会学　155

sociology of education　教育社会学　5, 52, 72, **73**

sociology of knowledge　知識社会学　**204**, 243, 293

sociology of law　法社会学　159

sociology of science　科学社会学　8, **44**, 132, 164, 257, 314, 315

sociology of sociology　社会学の社会学　204

sociotechnical　社会技術的　47

solipsism　独我論　191

Sorge〔独〕⇨ care

soul　たましい　197

Southwest German School　⇨ Südwestdeutsche Schule〔独〕

space of flow　フローの空間　18

spatial behavior　空間行動　58

speaker　話し手　42

special activity　特別活動　290

special needs education ; special education　特別支援教育　20, 142, 189, **223**

specificity　⇨ particularity

speech　話しことば　75　⇨ parole〔仏〕

speech ; utterance　発話　109, 117, 121, 196, **251**, 252, 300

speech act　言語行為　252

speech act　発話行為　115, 123, 142, **252**

speech act theory　言語行為論　97

speech act theory　発話行為論　123, 166

speech genre of official science　制度化された科学のことばのジャンル　224

spirituality　スピリチュアリティ　16, 150, **172**, 198

stade du miroir〔仏〕　鏡像段階　313

stakeholder　ステークホルダー　139, **170**, 175

stakeholder　利害関係者　**170**, 175

statement analysis　供述分析　**76**, 141, 192, 288

statistics　統計学　83, **220**, 291, 316

stepfamily　ステップファミリー　49

Steps for Coding and Theorization　SCAT　**169**, 309

stigma　スティグマ　113, 120, **170**, 285

stochastic sampling　確率的サンプリング　122

story　物語　213

storyline　ストーリーライン　169, **170**

storyrealm　ストーリー領域　**170**, 306

story-teller　語り部　**51**

strain theory　緊張理論　11, 206

stranger　異人　269

strategic family therapy　戦略的家族療法　318

strategy　戦略　289

stress　ストレス　57

stress management　ストレスマネジメント　**171**

strong program　ストロング・プログラム　132

structural analysis　構造分析　232

structural anthropology　構造人類学　**105**, 168, 274, 325

structural constructivism　構造構成主義　63, **105**, 218

structural functionalism　構造機能主義　67, 148

structural violence　構造的暴力　258, 284

structuralism　構造主義　96, 104, **105**, 106, 190, 270, 292, 306, 325

structure　構造　105

structured interview　構造化インタビュー　19, **104**, 255, 260

structured life review　構造的ライフレビュー　**106**, 313

student guidance　生徒指導　73, **181**, 241, 259

studies in comparative culture　比較文化研究　277

study about "tojisha"　⇨ tojisha-kenkyu

study of education　⇨ pedagogy

study of social welfare　社会福祉学　70, 140, **147**, 155, 189, 242

study plan　⇨ research proposal

subculture　サブカルチャー　36, 56, **119**, 299

subject　教科　75

subjective experience　主観的経験　98

subjective reality　主観的現実　198

subjective viewpoint　主観的な観点　131

subjectivism　主観主義　71, **151**

subjectivity　主観性　71, 108, 133, **151**, 161, 313, 319

subjectivity　主体性　35, **153**, 160, 274, 329

subject–object problem　主観－客観問題　129, 136, **150**, 162

substantive theory／formal theory　領域密着理論／フォーマル理論　**319**

successful aging　サクセスフル・エイジング　254

Südwestdeutsche Schule〔独〕; Southwest German School　西南ドイツ学派　161

suffering　苦悩　57, **80**, 81, 159

suicide　自殺　10, **129**

superstition　迷信　24, 267, **302**

superstructure, substructure　上部／下部構造　13

support for child–rearing　子育て支援　10, **112**, 148, 203, 236, 237, 250

support for development　発達支援　**250**, 319

support for disaster recovery　復興支援　**272**, 116, 225, 260

surface　面　179

surface act　表層演技　62

surrounding　周囲　57, 58

survey collaborator　⇨ research participant

survivor　サバイバー　6, **119**, 260

suspension of judgement　判断保留　30

sustainability　持続可能性　**132**, 146

switching　スイッチング　326

syllogism　三段論法　31

symbol　象徴（シンボル）　16, 113, 114, **157**

symbolic interactionism　シンボリック相互作用論　15, 39, 40, 61, 80, 104, 106, 125, 138, 141, **163**, 170, 171, 187, 218, 225, 253, 275, 281, 282, 299, 300, 330, 157

symmetric anthropology　対称性人類学　164

symmetry　シンメトリー　44, 132, **164**, 315

Symptome 1. Ranges〔独〕　一級症状　220

syntax　統語論　**220**

system　システム　34, 103, 118, 127, **130**, 146, 189, 201

system　制度　288

system thinking　システム思考　190

system view　システムビュー　**130**, 245

systematic review　システマティック・レビュー　280

systemic functional linguistics　選択体系機能言語学　246

T

tacit knowledge　暗黙知　**8**, 135, 153, 208

TAE：thinking at the edge　TAE　**208**

taken–for–grantedness　自明性　11, **143**

taleworld　物語世界　171, 266, **306**

tangible culture　有形文化　301

Taos Institute　タオ・インスティチュート　37

task analysis　課題分析　**50**, 276

TEA：trajectory equifinality approach　TEA（複線径路等至性アプローチ）　22, 38, 70, **207**, 249, 285, 310, 311, 326

teacher conference in early childhood education and care　保育カンファレンス　222, 286, **287**

teacher culture　教師文化　53, 74, **75**, 222

teacher development　教師の成長　74, **75**, 76, 114, 287

teacher research　教師研究　72, **74**, 75, 135

teaching practice　授業実践　72, **152**

team ethnography　チーム・エスノグラフィー　**203**

team learning　チーム学習　222

team school　チーム学校　169

technical expert　技術的熟達者　76

technical tool　技術の道具　168

technique of the body　身体技法　252

technology　テクノロジー　330

technoscience studies　テクノサイエンス研究　18, **214**

Teleologie〔独〕; teleology　目的論　183

TEM diagram　TEM図　227

temperament　気質　244, 295

tentative theory；hypothesis　仮説　**48**, 49, 93, 97

test　試験　73

text；texte〔仏〕　テクスト　26, 39, 110, 211, **214**, 245, 254, 262, 283

text mining　テキストマイニング　87, **213**, 223, 228, 282, 331

textual analysis ; analyse du texte〔仏〕　テクスト分析　**214**, 231, 254, 306

texture　肌理（きめ）　203

thanatology ; death studies　死生学　122, **131**, 141, 198, 311

the other　他者　96, 167, 196, **198**, 199, 297, 309

the other in Bakhtin　他者 —バフチンにおける—　92, 146, 193, **198**, 199

the other in Levinas　他者 —レヴィナスにおける—　198, **199**

the self in narrative　⇨ narrative selves

thematic analysis　主題分析　70, 138, **153**, 169

theoretical framework　研究の理論的枠組み　8, 68, **94**, 110, 289

theoretical generalization　理論的一般化　**320**

theoretical psychology　理論心理学　253

theoretical sampling　理論的サンプリング　122, 211, 241, 246, 291, 305, 316, **321**

theoretical saturation　理論的飽和　31, 69, 101, 197, 280, **321**, 322

theoretical sensitivity　理論的感受性　197, **320**

theories of positioning　ポジショニング論　197, 246, 255, **290**

theorizing　理論化　167

theory　理論　48, 49, 59, 134, 136, 280, 305, **319**, 322

theory construction　理論構築　**320**

theory generation　理論産出　101

theory in practice　実践の中の理論　4, **135**, 175, 322

theory-ladeness　理論負荷性　85

theory-ladenness of observation　観察の理論負荷性　206

theory of alienation　疎外論　316

theory of awareness contexts　⇨ awareness of dying

theory of learning　学習の理論　**47**, 169

theory of structural cognitive modifiability　認知構造変容理論　194

therapeutic effect　治療効果　239

therapeutic justice　治療の司法　256

therapeutic listener　治療の聞き手　106

therapeutic post-disaster community　災害ユートピア　260

therapist　セラピスト　168

thick description　厚い記述　**5**, 63, 122, 197, 294

things themselves　事象そのもの　31

think-aloud method　発話思考法　**252**, 276

thinking at the edge　⇨ TAE

third force　第三の潮流　237

third space　第三空間　193

three layers model of genesis　⇨ TLMG

tick tack toe game　三目並べ　13

time　時間　19, 75, 116, **126**, 202, 284, 285, 312

time estimation　時間評価　126

time perspective　時間的展望　**126**, 268, 306

time sampling method　時間見本法　60, 61, 131

timeless time　タイムレスタイム　18

TLMG : three layers model of genesis　発生の三層モデル　208, **249**, 326

tobyoki　闘病記　151

tojisha ; person concerned　当事者　296

tojisha-kenkyu ; study about "tojisha"　当事者研究　4, 142, 143, 220, **221**, 232

tool ; instrument　道具　153

tool and result／ tool for result　道具も結果も／結果のための道具　21, 215, **219**

topological psychology　トポロジー心理学　91, **224**, 325

total number of findings　総知見数　321

tradition　伝承　107, 153, **217**, 218, 301, 308

traditional arts　伝統芸能　132, **218**

tragedy　悲劇　125

trajectory equifinality approach　⇨ TEA

transaction　トランザクション　**226**

transactional analysis : TA　交流分析　70, **108**

transcendental　超越論的　67

transcendental phenomenology ; transzendentale Phänomenologie〔独〕　超越論的現象学　**206**

transcribe ; transcription　文字起こし　227, **305**

transcript　トランスクリプト　**226**, 305

transferability　転用可能性　12, 19, 217, **218**

transformational generative grammar　変形生成文法論　239

transformative paradigm　変革のパラダイム　115, **285**

transgender　トランスジェンダー　79, 124, 180, 182, 195, **227**

translation　翻訳　78
transnational　トランスナショナル　298
trans-view　トランスビュー　**227**
transzendentale Phänomenologie〔独〕
　⇨transcendental phenomenology
trauma　トラウマ　70
triadic relationships　三項関係　76-78, **121**,
　149, 262
triangular model of activity system　活動シス
　テムの三角形モデル　281
triangulation　トライアンギュレーション
　139, **225**, 263, 275, 289, 304
Trobriand Islands　トロブリアンド諸島　240
truancy　怠学　273
true score　真値　165
trust　信頼　145, **164**
truth　真実　294
turning point　転機　**216**
turn-taking　会話の順番交替　**42**, 43, 121,
　186, 202, 323
type　類型　318
typicality　典型性　12, 195, **217**
typification　類型化　69, 76
typology　タイポロジー（類型論）　**196**, 244

U

Umwelt〔独〕環世界　58, 307
uncivilized society　未開社会　267
unconscious　無意識　219, 309
underlife　アンダーライフ　193
understanding　了解　39
　⇨verstehen〔独〕
understanding of children　子ども理解　**113**,
　222, 286, 287, 310
unequality　不平等　264
UNESCO：United Nations Educational,
　Scientific and Cultural Organization　国連教
　育科学文化機関　278
unique　一回的　306
uniqueness　独自性　195
unit of observation　観察の単位　**61**, 131, 167
units for analysis　分析単位　2, 9, 247, 278, **281**
Universal Declaration on Cultural Diversity
　文化多様性に関する世界宣言　278
universal grammar　普遍文法　95
universality　普遍性　19
unlearn ; unlearning　学びほぐし　177, 330

unlicensed nursery ; daycare service　認可外保
　育　**236**
unstructured interview　非構造化インタ
　ビュー　19, 51, 273, 189, 255, **259**
urban planning　都市計画　296
usability test　ユーザビリティテスト　263
user experience　ユーザーエクスペリエンス
　263
user interface　ユーザー・インターフェース
　131, 242, 245, **308**
utterance　⇨speech

V

validation　妥当化　60, 114, **200**, 228, 304
validity　妥当性　60, 114, 137, 139, 153, 165,
　166, 179, 195, **200**, 228
value　価値　73, 101, 282
value-ladenness　価値負荷性　285
value-neutrality　価値中立性　285
Varieties of religious experiences　『宗教的経験の
　諸相』　123, 172
variety　⇨diversity
verification　検証　**97**, 322
verisimilitude　迫真性　233
verisimilitude　本当らしさ　164, **294**
vernacular literature　ヴァナキュラー文学
　21
version　バージョン　**243**
verstehen〔独〕; understanding　理解　86, 122
verstehende Soziologie〔独〕理解社会学
　316, 318
vertical recontextualization　垂直的再文脈化
　118
vertical view／horizontal view　垂直的次元／
　水平的次元　29, **168**
vessel-of-answers　回答の容器　**41**
veteran teacher　熟練教師　75
video data　映像データ　1
visibility／invisibility　可視／不可視　**47**,
　112, 174, 279
vision　ビジョン　208
visual analog scale：VAS　視覚的アナログ尺
　度　1
visual anthropology　映像人類学　25, **26**
visual data　映像資料　137
visual ethnography　ビジュアルエスノグラ
　フィー　**261**, 262

visual image 映像 **25**, 27, 212
visual image 視覚イメージ 262
visual method ビジュアル・メソッド **262**
visual narrative ビジュアル・ナラティブ
16, 121, 261, **262**
visual record 視覚的記録 25
visual sociology 映像社会学 **25**, 34
visual turn ビジュアルターン **261**
vitalism 生気論 118
voice 声 35, 38, **109**, 196, 199, 214, 251, 253,
261, 307
Völkerpsychologie〔独〕 民族心理学 13, 25,
166, **301**
volunteer ボランティア **292**

W

war 戦争 51, 205
well-being ウェルビーイング 189
wildfire activity 野火的活動 **242**, 298
wisdom 叡智 **26**

wish ; désir〔仏〕 欲望 **309**, 310
Wissenschaft〔独〕 ⇨science
witness 証人 80, **158**
word-by-word record ⇨transcript
workplace analysis 仕事の場分析 263
workplace studies ワークプレイス研究 119,
157, **330**
workshop ワークショップ 52, 90, 177, 216,
330
World War Ⅰ 第一次世界大戦 297

Z

*Zeitschrift Für Völkerpsychologie und
Sprachwissenschaft* 『民族心理学と言語学雑
誌』 301
zergliedernde Psychologie〔独〕 ⇨analytic
psychology
zero-tolerance policies 毅然とした対応 181
ZPD：zone of proximal development 発達の
最近接領域 4, 22, 46, 47, 174, 193, 194, **251**

和 文 人 名 索 引

※独立項目、本文中および本文末尾の⇨の後に続く参照項目に記載された人名を採った。
※太字の数字は独立項目として解説がある頁。

あ

アージリス　Argyris, Chris　136, 190
アイスナー　Eisner, E. W.　287
アイゼンバーグ　Eisenberg, Leon　80
芥川龍之介　213, 313
アシュモア　Ashmore, Malcolm　257
アトキン　Atkin, J. Myron　314
アトキンソン　Atkinson, John W.　123
アトキンソン　Atkinson, Paul　137
アドラー　Adler, Alfred　162
アドラー　Adler, Peter S.　14
アドルノ　Adorno, Theodor W.　143, 265, 274
安倍淳吉　**8**
アリストテレス　Aristotle　86, 125, 134, 165
アルヴァックス　Halbwachs, Maurice　150
アルチュセール　Althusser, Louis P.　105, 316
アングロシーノ　Angrosino, Michael　128
アンダーソン　Anderson, Harlene　230
アンデルセン　Andersen, Tom　230
イェルムスレウ　Hjelmslev, Louis　254
石黒広昭　135
市川伸一　135
市川 浩　162
市田泰弘　328
稲垣佳世子　248
稲垣忠彦　76, 287
今津孝次郎　210
今西錦司　56
色川大吉　139
イン　Yin, Robert　320
ヴァイツゼカー　Weizsäcker, Viktor von　69
ヴァダック　Wodak, Ruth　265
ヴァルシナー　Valsiner, Jaan　**22**, 207, 208
ヴァレラ　Varela, Francisco　34
ヴァン・オアーズ　Van Oers, Bert　118
ヴァン・ダイク　Van Dijk, Teun A.　265

ヴァン゠マーネン　Van Manen, Max　39
ヴァン゠マーネン　Van Maanen, John　18, **22**, 111, 148, 149
ヴィーコ　Vico, Giambattista　325
ヴィゴツキー　Vygotsky, Lev Semenovich　4, 9, **22**, 32, 37, 45–47, 53, 54, 88, 103, 110, 113, 115, 125, 139, 148, 150, 157, 162, 167, 168, 174, 185, 193, 194, 219, 220, 228, 233, 234, 245–247, 251, 261, 275, 277, 280, 281, 293, 297, 298, 300, 329, 330
ウィトゲンシュタイン　Wittgenstein, Ludwig, J. J.　15, 16, **23**, 29, 37, 96, 97, 187, 204
ウイトマー　Witmer, Lightner　323
ウィーナー　Wiener, Norbert　118, 245
ウィリッグ　Willig, Carla　**23**
ウィンズレイド　Winslade, John　282
ウィンスロー　Winslow, Charles–Edward A.　103
ヴィンデルバント　Windelband, Wilhelm　**23**, 111, 112, 161, 177, 288, 318
ウーフィット　Wooffitt, Robin　206
ウールガー　Woolgar, Steve　257
ウェーバー　Weber, Max　**23**, 40, 63, 85, 137, 153, 258, 316–318
ウェザレル　Wetherell, Margaret　40, 209, 292
上野直樹　**23**, 48, 157
ウェブ　Webb, Noreen M.　76
ヴェルトハイマー　Wertheimer, Max　91
ウェンガー　Wenger, Etienne　**24**, 29, 46, 48, 134, 156, 157, 162, 180, 199, 279, 324
ウォーナー　Warner, Lloyd　190
ウォーラー　Waller, Willard　75
ヴォルフ　Wolff, Christian　165
内山 節　77
ウッド　Wood, David　4
ウッド　Wood, Fiona　97
梅棹忠夫　56

ヴント　Wundt, Wilhelm M.　**25**, 146, 165, 166, 227, 228, 301, 302

エーコ　Eco, Umberto　**26**, 64, 65

エーレンフェルス　Ehrenfels, Christian von　91

江藤淳　161

エドワーズ　Edwards, Derek　64, 209, 292

慧能　307

エビングハウス　Ebbinghaus, Hermann　63, 140, 211

エプストン　Epston, David　230, 293

エリクソン　Erickson, Frederick　43, 120

エリクソン　Erickson, Ken C.　203

エリクソン　Ericsson, K. Anders　252, 276

エリクソン　Erikson, Erik H.　2, 26, **31**, 106, 124, 164, 165, 176, 181, 205, 217, 290, 311, 313

エルバズ　Elbaz, Freema　135

エンゲストローム　Engeström, Yrjö　29, **32**, 45, 47, 53, 54, 74, 169, 201, 208, 242, 243, 247, 251, 280, 281, 330

エンゲルス　Engels, Friedrich　139

オースティン　Austin, John L.　97, 252, 254

大谷尚　169

オールポート　Allport, Gordon W.　**35**, 112, 152, 223, 244, 245

オールポート　Allport, Floyd H.　35, 146

岡本夏木　**35**

岡本祐子　205

オコナー　O'Connor, M. Catherine　117

オトワ　Hottoie, Gilbert　214

オボイル　O'Boyle, Ciaran A.　1

か

カー　Carr, Margaret　310

カー　Kerr, Mary M.　64

ガーゲン　Gergen, Kenneth J.　**37**, 59, 104, 307

ガーゲン　Gergen, Mary M.　37

ガードナー　Gardner, Howard　118

ガーフィンケル　Garfinkel, Harold　3, 13, 28, 29, **37**, 119, 137, 205, 235, 283, 292

ガーベイ　Garvey, Catherine　113

カールバウム　Kahlbaum, Karl L.　220

ガイアット　Guyatt, Gordon H.　30

カステル　Castells, Manuel　18

ガダマー　Gadamer, Hans-Georg　38, 39, **50**, 247, 317

カッシーラー　Cassirer, Ernst　161

勝田守一　72

カナー　Kanner, Leo　142

カプテリニン　Kaptelinin, Victor　54

ガリペリン　Galperin, Piotr Y.　247

苅宿俊文　330

ガルトゥング　Galtung, Johan　284

カルナップ　Carnap, Rudolf　329

カルホーン　Calhoun, Lawrence G.　226

カロン　Callon, Michel　4, 27, 44, **56**, 153, 164, 248, 314

河合隼雄　**56**, 168, 281

川喜田二郎　**56**, 88, 89, 249, 308

川島武宜　159

カント　Kant, Immanuel　67, 86, 151, 165, 191, 264

ギアーツ　Geertz, Clifford　5, 6, **63**, 278

キツセ　Kitsuse, John I.　**67**, 83, 106, 148

ギデンス　Giddens, Anthony　264

城戸幡太郎　**67**

木下竹次　186

木下康仁　31, 81

ギブソン　Gibson, Eleanor　69

ギブソン　Gibson, James J.　7, 57, **69**, 151, 163, 178, 179, 191, 203, 266, 275

木村晴美　328

木村敏　1, 2, **69**

キャズデン　Cazden, Courtney B.　**70**, 117

キャンベル　Campbell, Donald T.　225, 228

キューブラー＝ロス　Kübler-Ross, Elisabeth　141

グティエレス　Gutierrez, Kris D.　193

ギリガン　Gilligan, Carol　84

キルケゴール　Kierkegaard, Søren A.　136

ギルバート　Gilbert, Nigel　40

クヴァール　Kvale, Steinar　**79**, 107, 108, 200

グーバ　Guba, Egon G.　131, 218

クーパー　Cooper, David　257

クーパライダー　Cooperrider, David　102

クーリー　Cooley, Charles H.　**79**

グーリシャン　Goolishian, Harold A.　229, 230

クーン　Kuhn, Thomas S.　**80**, 39, 78, 253, 322

クック　Cook, Thomas D.　228

グッド　Good, Byron J.　80, 183

グッドマン　Goodman, Nelson　189

久冨善之　76

グブリアム　Gubrium, Jaber F.　4, 41

クラインマン　Kleinman, Arthur　**80**, 183, 308

クラス　Klass, Dennis　87

倉橋惣三　286

クランディニン　Clandinin, Jean　231

グリーン　Greene, Jennifer C.　286

グリーンバーグ　Greenberg, Leslie S.　50

グリーンバーグ　Greenberg, Mark T.　9

グリーンハル　Greenhalgh, Trisha　**81**, 232

クリステヴァ　Kristeva, Julia　63, 214

グレイザー　Glaser, Barney G.　12, 31, 61, 81, **82**, 101, 104, 141, 143, 171, 197, 321

クレスウェル　Creswell, John　115

クレペリン　Kraepelin, Emil　24, 176, 220, 317

黒澤 明　313

クロンバック　Cronbach, Lee J.　**83**

ケーラー　Köhler, Wolfgang　239

ケリー　Kelly, George A.　**91**, 104, 244

ケンドン　Kendon, Adam　124

ケンペン　Kempen, Harry J. G.　197

コーエン　Cohen, Marlene Z.　39

コービン　Corbin, Juliet　81, 143

コーヘン　Cohen, Hermann　160

コール　Cole, Michael　10, **110**, 134, 193, 278, 279

コールマン　Coleman, James S.　144

ゴッフマン　Goffman, Erving　15, 42, 90, **113**, 119, 128, 170, 235, 252

コネリー　Connelly, Michael　231

コフィー　Coffey, Amanda　137

コリンズ　Collins, Allan　162, 215, 240

コリンズ　Collins, Harry　8, 44

コルブ　Kolb, David A.　177

コント　Comte, Auguste　133, 144, 204

さ

サービン　Sarbin, Theodore R.　138, 230, 289

サール　Searle, John R.　59, 252

サイアート　Cyert, Richard M.　190

サイード　Said, Edward W.　292

西條剛央　105

サイモン　Simon, Herbert A.　252, 276

佐伯 胖　157, 162

サケット　Sackett, David L.　30

佐々木正人　Sasaki, Masato　57, 297

サス　Szasz, Thomas S.　257

サックス　Sacks, Harvey　3, 29, 37, 42, 43, **119**, 173, 187, 205, 283, 323, 328

サッチマン　Suchman, Lucy A.　**119**, 157, 229, 263

佐藤郁哉　28, 184

佐藤 学　76, 297

サムナー　Sumner, William G.　143

サルトル　Sartre, Jean-Paul　98, 105, 136, 136, 191, 273

サン＝シモン　Comte de Saint-Simon, Claude Henri de Rouvroy,　133

ジー　Gee, James P.　**122**

ジェイムズ　James, Henry　149

ジェームズ　James, William　58, **123**, 128, 129, 172, 197, 244, 273, 274

シェーラー　Scheler, Max　204

シェグロフ　Schegloff, Emanuel A.　43, 119

ジェンドリン　Gendlin, Eugene　208

ジオルジ　Giorgi, Amedeo　11, 98, **124**

シコレル　Cicourel, Aaron V.　67

渋沢敬三　301

シブタニ　Shibutani, Tamotsu　163

シャーマズ　Charmaz, Kathy　81, 104, **143**

ジャネ　Janet, Pierre　41, 317

シャロン　Charon, Rita　**149**, 159, 232, 233

シュウ　Hsu, Francis L. K.　167

シュタインタール　Steinthal, Hermann　301

シュッツ　Schütz, Alfred　13, 37, 15, 137, 143, **153**, 174, 198, 234, 235, 243, 327, 328

シュトレーベ　Stroebe, Margaret S.　142

シュナイダー　Schneider, Kurt　220

シュプランガー　Spranger, Eduard　125

シュミット　Schmidt, Alfred　274

シュリック　Schlick, Friedrich A. M.　329

シュルツ　Shultz, Jeffrey J.　43

ショーン　Schön, Donald A.　136, 175, 190

ジョンソン　Johnson, David W.　76

ジョンソン　Johnson, Mark　163

ジルー　Giroux, Henry A.　264

シルバーマン　Silverman, David　19

ジンメル　Simmel, George　42

スーパー　Super, Donald E.　71

スカーダマリア　Scardamalia, Marlene　204

スキナー　Skinner, Burrhus F.　107, 239

スクリブナー　Scribner, Sylvia　325

鈴木聡志　209

スター　Star, Susan L.　74, **169**

ステイク　Stake, Robert E.　160, 223

ストゥル　Stull, Donald D.　203

ストーキー　Stokoe, William　154

ストラウス　Strauss, Anselm L.　31, 61, 66, 81-83, 101, 104, 141, 143, 169, 170, **171**, 197, 321, 321

ストロロウ　Stolorow, Robert D.　178

砂上史子　135

砂川有里子　202

ズナニエッキ　Znaniecki, Florian W.　**171**, 173, 225, 282

スピノザ　Spinoza, Baruch de　298

スプラッドリー　Spradley, James P.　65, 158, **172**, 184, 294, 295

スペクター　Spector, Malcom　83, 148

スペンス　Spence, Donard P.　178

スペンス　Spence, Lewis　231

スミス　Smith, Jonathan A.　2, 3, 16, 39, 65, 98, 105, 106, **172**

スミス　Smith, Peter K.　10

セイックラ　Seikkula, Jakko　35

セコード　Secord, Paul　254

セリグマン　Seligman, Martin　291

センゲ　Senge, Peter M.　190

ソクラテス　Socrates　8

ソシュール　Saussure, Ferdinand de　15, 26, 63-65, 95, 105, **190**, 200, 244, 254, 255, 315

ソロモン　Solomon, Barbara B.　33

た

ダーウィン　Darwin, Charles　7, 69, 88, 178, 179, **191**, 203, 235

ターナー　Turner, Ralph H.　163

タイラー　Tylor, Edward B.　277

ダヴィドフ　Davydov, Vasily V.　247

高木憲次　319

高松鶴吉　319

宅 香菜子　226

竹内弘高　182

タジフェル　Tajfel, Henri　146, 266

ダニエルズ　Daniels, Harry　246

田村 明　296

樽味 伸　126

ダンテ　Alighieri, Dante　22

ダントー　Danto, Arthur C.　**201**

チクセントミハイ　Csikszentmihalyi, Mihaly　219

チャペック　Čapek, Karel　329

チョーサー　Chaucer, Geoffrey　22

チョムスキー　Chomsky, Noam　95, 145, 220, 239, 272

ツェラー　Zeller, Eduard　160

ツルニッチ　Crnic, Keith A.　9

テイラー　Taylor, Charles　161

テイラー　Taylor, Frederick W.　84

テイラー　Taylor, Robert B.　232

ディルタイ　Dilthey, Wilhelm　38, 39, 50, 85, 86, 177, 192, **211**, 247, 325

デーモン　Damon, William　128

デカルト　Descartes, René　37, 67, 79, 108, 161, 237, 239, 283, 288, 307

デシ　Deci, Edward　219

テデスキ　Tedeschi, Richard G.　226

デューイ　Dewey, John　123, 162, 175, 186, **216**, 231, 273, 274, 297, 299

デュルケム　Durkheim, Émile　11, 69, 73, 147, 180, 314

デ・ラウレティス　Lauretis, Teresa De　79

デリダ　Derrida, Jacques　200, **216**, 291, 292

デンジン　Denzin, Norman K.　**217**

土居健郎　**218**

ドイッチ　Deutsch, Morton　282

トゥールヴィステ　Tulviste, Peeter　10

ドゥルーズ　Deleuze, Gilles　63, 291, 292

トービン　Tobin, Joseph J.　261

トールマン　Tolman, Edward C.　107, 275

戸田有一　10

トマス　Thomas, William I.　80, 125, 157, 171, 173, **225**, 275

ド・マン　De Man, Paul　200

ドライヤー　Dreier, Ole　29

トリリング　Trilling, Lionel　161

ドレイファス　Dreyfus, Hubert L.　82, 284

トレルチ　Troeltsch, Ernst　325

な

ナイサー　Neisser, Ulric G.　239, 275

ナイチンゲール　Nightingale, Florence　60

中根千枝　258

中野 卓　173

ナトルプ　Natorp, Paul　161, 264

ナルディ　Nardi, Bonnie A.　54

南嶽　307

ニーチェ　Nietzsche, Friedrich W.　88, 136, 292

ニーマイアー　Neimeyer, Robert A.　104

ニイル　Neill, Alexander S.　274
西周　44
西阪仰　187
西平直喜　217
ニューマン　Newman, Fred　293
ニューマン　Newman, Susan E.　240
ネグリ　Negri, Antonio　298
ノイマン　Neumann, Franz L.　265, 274
ノイラート　Neurath, Otto　329
ノーマン　Norman, Donald A.　130, 131, **242**, 245, 263
ノールズ　Knowles, Malcolm S.　177
ノディングズ　Noddings, Nel　84
野中郁次郎　8, 85, 182
ノブリット　Noblit, George W.　302
野村直樹　126
野矢茂樹　191

は

ハーウィッツ　Hurwitz, Brian　81
バーガー　Berger, Peter L.　69, 97, 99, 145, 204, **243**, 257, 263, 314
パーカー　Parker, Ian　**243**, 314
バーク　Burke, Kenneth　90
パーク　Park, Robert E.　125
パークス　Parkes, Colin M.　142
バークリ　Berkley, John　151
ハーグリーブス　Hargreaves, Andy　75, 221
バーコヴィッツ　Berkowitz, Marvin W.　226
バージェス　Burgess, Ernest W.　125
パース　Peirce, Charles S.　8, 26, 64, 65, 123, **244**, 273, 274
パーソンズ　Parsons, Talcott　40, 173, 180, 201, 206
ハート　Hardt, Michael　298
ハート　Hart, Daniel　128
バートレット　Bartlett, Frederic C.　64, **245**
バーナード　Barnard, Chester I.　85
ハーバーマス　Habermas, Jürgen　265, 274
バーマン　Burman, Erica　243
ハーマンス　Hermans, Hubert J. M.　197, **246**, 290
バーン　Berne, Eric　70, 108
バーンズ　Burns, Robert　22
バーンスティン　Bernstein, Basil　96, 100, **246**
ハイダー　Heider, Fritz　24

ハイデガー　Heidegger, Martin　38, 39, 50, 97, 99, 136, 191, 192, 200, **247**, 273, 284, 292
ハイト　Haight, Barbara　106
バイバー　Biber, Douglas　326
ハイムズ　Hymes, Dell　145
ハウグ　Haug, Frigga　303
ハサン　Hasan, Ruqaiya　246
バスカー　Bhaskar, Roy　264
パスカル　Pascal, Blaise　136
波多野完治　**248**
波多野誼余夫　213, **248**
ハッカライネン　Hakkarainen, Pentti　233
ハッキング　Hacking, Ian　29
ハッチンス　Hutchins, Edwin　147
パットナム　Putnam, Robert D.　144
バトラー　Butler, Robert　40, 106, 313
バフチン　Bakhtin, Mikhail M.　35, 59, 63, 91, 92, 109, 125, 146, 195–197, 199, 209, 214, 229, 246, 251, **253**, 307, 330
浜田寿美男　192
ハヤノ　Hayano, David　127
パリンサー　Palincsar, Annemarie S.　111
ハル　Hull, Clark L.　107
バルテス　Baltes, Paul B.　26, 33, **254**
バルト　Barthes, Roland　27, 28, 64, 65, 105, 214, 215, **254**
ハレ　Harré, Rom　172, **254**, 290
バロン゠コーエン　Baron-Cohen, Simon　142
ハンソン　Hanson, Norwood R.　322
バンドラー　Bandler, Richard　318
バンバーグ　Bamberg, Michael　230, **257**, 290
ピアジェ　Piaget, Jean　5, 26, 45, 50, 88, 104, 106, 112, 113, 174, 239, 248, 250, 251, **258**, 266, 323
ビーチ　Beach, King　29, 78
ピネル　Pinel, Philippe　176
ヒューズ　Hughes, Thomas　66
ヒューバーマン　Huberman, A. Michael　94
ヒューム　Hume, David　37, 151
ビューラー　Bühler, Charlotte　125
ビューラー　Bühler, Karl L.　275
ビリッグ　Billig, Michael　**266**, 327
ヒル　Hill, Clara E.　102
廣松渉　191, **267**
ビンスワンガー　Binswanger, Ludwig　99, 136, 247
ピンチ　Pinch, Trevor　66
ファイグル　Feigl, Herbert　225

ファイヒンガー　Vaihinger, Hans　104
ファイフェル　Feifel, Herman　131
ファウラー　Fowler, Roger　265
フィスク　Fiske, Donald　225
フィッシャー　Fischer, Kuno　23, 160
フィリップス　Philips, Susan　120
フィンク　Fink, Eugen　98
フーコー　Foucault, Michel　47, 48, 88, 99,
　101, 105, 209, 210, 243, 263, 264, **270**, 291, 293
ブーバー　Buber, Martin　307
フェアクラフ　Fairclough, Norman　265
フォイヤーシュタイン　Feuerstein, Reuven
　194
フォークマン　Folkman, Susan　10
フォーリー　Foley, Kathleen M.　32
藤永保　**272**
フッサール　Husserl, Edmund　30, 31, 67,
　97–99, 124, 151, 153, 174, 247, 269, **273**, 304,
　317
ブライアント　Bryant, Antony　143
ブラウン　Brown, Ann L.　111, 215
ブラウン　Brown, John S.　162, 240
プラトン　Plato　8
プラマー　Plummer, Ken　312
フランクル　Frankl, Viktor E.　136, 162
ブランケンブルク　Blankenburg, Wolfgang
　247
フリーマン　Freeman, Mark　230
フリック　Flick, Uwe　93, 269, **274**
ブリッジマン　Bridgman, Percy W.　187
プリンス　Prince, Morton　42
ブルア　Bloor, David　44, 132, 164
ブルア　Bloor, Michael　97
ブルーナー　Bruner, Jerome S.　4, 138, 165,
　166, 216, 230, 231, 233, 239, **275**, 277, 289, 293,
　302, 307, 329
ブルーマー　Blumer, Herbert G.　61, 125, 163,
　171, **275**, 292
ブルームフィールド　Bloomfield, Leonard
　95
ブルデュー　Bourdieu, Pierre　79, 144, 163,
　252, 264, 264, 277
ブルンスウィック　Brunswik, Egon　179, **275**
ブレイディ　Brady, Ivan A.　125
フレイレ　Friere, Paulo　33, 177, 264
フレーベル　Fröbel, Friedrich W. A.　250
ブロイアー　Breuer, Josef　51
フロイト　Freud, Anna　31

フロイト　Freud, Sigmund　51, 142, 168, 177,
　178, 188, 219, 256, 262, **275**, 304, 309, 313, 316,
　317
ブロイラー　Bleuler, Eugen　220
ブロック　Bloch, Maurice　79
フロム　Fromm, Erich S.　265, 274
フロリオ　Florio, Susan　43
ヘア　Hare, R. Dwight　302
ベイカー　Bijker, Wiebe　66
ベイトソン　Bateson, Gregory　26, 49, 201,
　283, 293, 307
ヘッカー　Hecker, Ewald　220
ベッカー　Becker, Howard S.　314
ヘッド　Head, Henry　245
ベナー　Benner, Patricia　39, 82, 84, **284**
ベネディクト　Benedict, Ruth　167, 278
ベライター　Bereiter, Carl　204
ベリー　Berry, John　14
ヘリテージ　Heritage, John　123
ベルクソン　Bergson, Henri–Louis,　153, **284**
ヘルダー　Herder, Johann G. von　325
ヘルマン　Helman, Cecil　17
ヘルムホルツ　Helmholtz, Hermann　160
ヘンドリクス　Hendricks, Mary　208
ヘンペル　Hempel, Carl　183
ベンヤミン　Benjamin, Walter B. S.　274
ボアズ　Boas, Franz　277, 278
ボウルビィ　Bowlby, John　290, 304
ポーキングホーン　Polkinghorne, Donald E.
　138, **289**
ボードリヤール　Baudrillard, Jean　264
ホームズ　Holmes, Thomas　311
ホール　Hall, Edward T.　207, 279
ホール　Hall, G. Stanley　181
ホール　Hall, Stuart　55, 264
ボス　Boss, Medard　99, 247
ボス　Boss, Pauline　3
ホックシールド　Hochschild, Arlie R.　62
ポッター　Potter, Jonathan　40, 209, **292**
ポッター　Potter, Van R.　181
ポパー　Popper, Karl　48, 97, 256, 294
ボヤツィス　Boyatzis, Richard　153
ポランニー　Polanyi, Michael　8, 322
ホルクハイマー　Horkheimer, Max　265, 274
ホルスタイン　Holstein, William J.　4, 41
ホルツマン　Holzman, Lois　21, 45, 47, 219,
　220, 253, **293**
ホルト　Holt, Edwin　69

ホワイト　White, Michael　230, **293**
ホワイトヘッド　Whitehead, Alfred N.　100,
293

ま

マーカス　Marcus, George E.　298
マーサー　Mercer, Neil　81
マーチ　March, James G.　190
マートン　Merton, Robert K.　11, 82, 205
マートンズ　Mertens, Donna　285
マーフィ　Murphy, Robert F.　268
マイケルズ　Michaels, Sarah　117
マイヤー　Meyer, Adolf　317
マイルズ　Miles, Matthew B.　94
真木悠介　116
マクアダムス　McAdams, Dan P.　41, 230,
294, 312, 313
マクダーモット　McDermott, Ray　23
マクタガート　McTaggart, John　126
マクニール　McNeil, David　123
マステン　Masten, Ann S.　327
マズロー　Maslow, Abraham H.　237, 291, 310
マックスウェル　Maxwell, Joseph A.　94
マトゥラーナ　Maturana, Humberto　34
マネー　Money, John　124
マホーニー　Mahoney, Michael J.　104
マリノフスキー　Malinowski, Bronisław K.
26, 28, 94, 122, 240, 277, **297**
マルクーゼ　Marcuse, Herbert　265, 274
マルクス　Marx, Karl H.　12, 134, 139, 247,
256, 264, 281, **297**, 298, 316, 326
マルケイ　Mulkay, Michael　40
マルティネ　Martinet, André　255
マンハイム　Mannheim, Karl　204
ミード　Mead, George H.　58, 80, 137, 275,
299
ミード　Mead, Margaret　26, 167, 278
ミーハン　Mehan, Hugh　1, 202, **299**
三浦つとむ　71, 151
ミドルトン　Middleton, David　64
三宅なほみ　76, **300**
宮崎清孝　135
宮本常一　**301**
ミュラー　Müller, Johannes　160
ミラー　Miller, George A.　238
ミル　Mill, John S.　177
ミルズ　Mills, C. Wright　188

メイ　May, Rollo　136
メイヤロフ　Mayeroff, Milton　84
メジロー　Mezirow, Jack　177
メスメル　Mesmer, Franz A.　315
メリアム　Merriam, Sharan B.　94
メルロ＝ポンティ　Merleau-Ponty, Maurice
62, 97, 162, 163, 174, 273, 284, 297, **304**
モース　Mauss, Marcel　252
モスコヴィッシ　Moscovici, Serge　147
森上史朗　287
森田洋司　273
モレル　Morel, Bénédict A.　220
茂呂雄二　326

や

柳田國男　217, 301
山岸俊男　164
山崎勝之　10
やまだようこ　100, 197, 230, 268, 305
ヤング　Young, Michael F. D.　5
ユクスキュル　Uexküll, Jakob von　58, 307,
309
ユング　Jung, Carl G.　56, 168, 205, 280, 281,
309, 317
好井裕明　202

ら

ライト　Wright, Beatrice　155
ライプニッツ　Leibniz, Gottfried W.　108
ライル　Ryle, Gilbert　8, 97
ラカン　Lacan, Jacques　105, 178, 243, 309,
310, **313**
ラザースフェルド　Lazarsfeld, Paul　82
ラザルス　Lazarus, Richard S.　9, 171
ラスク　Lask, Emil　161
ラツァルス　Lazarus, Moritz　301
ラトゥール　Latour, Bruno　4, 18, 44, 56, 164,
214, 257, **314**, 315
ラパポート　Rappaport, Julian　33, 229
ラボブ　Labov, William　145, 232
ラメルハート　Rumelhart, David E.　238
ラルフ　Ralph, Paul　214
ラングドリッジ　Langdridge, Daren　98, 265,
317
リード　Reed, Edward　69, 179
リープマン　Liebmann, Otto　160

リオタール Lyotard, Jean-François 33, 214, 292, 303, **316**

リクール Ricœur, Paul 38, 39, 202, 230, 231, 265, 307, **317**

リチャーズ Richards, Tom 29

リッケルト Rickert, Heinrich J. 23, 161, 177, **318**

リッチモンド Richmond, Mary 189

リトル Little, Judith W. 221

リンカーン Lincoln, Yvonna S. 131, 218

リンデマン Lindemann, Erich 142

ルイス Lewis, M. W. 320

ルイス Lewis, Oscar 313

ルーシュ Rouch, Jean 26

ルーマン Luhmann, Niklas 34, 127, 201

ルソー Rousseau, Jean-Jacques 250

ルター Luther, Martin 217

ルックマン Luckmann, Thomas 69, 97, 153, 243

ルノワール Lenoir, René 189

ルリア Luria, Alexander R. 110, 280, 330

レイ Rahe, Richard 311

レイヴ Lave, Jean 23, 24, 46-48, 52, 134, 156-157, 162, 180, **324**

レイコフ Lakoff, George 163

レイン Laing, Ronald D. 136, 257

レヴィ=ストロース Lévi-Strauss, Claude 28, 102, 105, 106, 168, 274, **324**

レヴィナス Lévinas, Emmanuel 98

レヴィ=ブリュール Lévy-Bruhl, Lucien 10

レヴィン Lewin, Kurt 82, 91, 126, 144, 225, 268, 282, **325**

レオンチェフ Leont'ev, Alexei N. 32, 53, 54, 157, 280

レルフ Relph, Edward 248

レンズ Lens, Willy 126

ロー Law, John 56

ローティ Lortie, Dan C. 75

ロールズ Rowles, Graham D. 248

ローレンツ Lorenz, Konrad Z. 239

ロゴフ Rogoff, Barbara 185, 224, 300, **329**

ロジャーズ Rogers, Carl R. 208, 237, 310

ロック Locke, Edwin 219

ロック Locke, John 67, 85

ロッツェ Lotze, Hermann 211

ロビンソン Robinson, William S. 12

わ

ワーチ Wertsch, James V. 10, 77, 150, 185, 224, 246, 247, 251, 261, 281, **330**

ワイク Weick, Karl E. 184

ワイス Weiss, Carol H. 139

渡辺恒夫 11

渡辺弥生 10

ワップナー Wapner, Seymour 57

ワトソン Watson, John B. 107

ワロン Wallon, Henri 248, 323

ワンド Wand, Yair 214

外 国 人 名 索 引

※独立項目、本文末尾の⇨の後に続く参照項目および本文中に欧文表記が併記されている外国人名を採った。
※太字の数字は独立項目として解説がある頁。

A

Adler, Alfred　アドラー　162
Adler, Peter S.　アドラー　14
Adorno, Theodor W.　アドルノ　143, 265, 274
Alighieri, Dante　ダンテ　22
Allport, Floyd H.　オールポート　35, 146
Allport, Gordon W.　オールポート　**35**, 112, 152, 223, 244, 245
Althusser, Louis P.　アルチュセール　105, 316
Andersen, Tom　アンデルセン　230
Anderson, Harlene　アンダーソン　230
Angrosino, Michael　アングロシーノ　128
Argyris, Chris　アージリス　136, 190
Aristotle　アリストテレス　86, 125, 134, 165
Ashmore, Malcolm　アシュモア　257
Atkin, J. Myron　アトキン　314
Atkinson, John W.　アトキンソン　123
Atkinson, Paul　アトキンソン　137
Austin, John L.　オースティン　97, 252, 254

B

Bakhtin, Mikhail M.　バフチン　35, 59, 63, 91, 92, 109, 125, 146, 195-197, 199, 209, 214, 229, 246, 251, **253**, 307, 330
Baltes, Paul B.　バルテス　26, 33, **254**
Bamberg, Michael　バンバーグ　230, **257**, 290
Bandler, Richard　バンドラー　318
Barnard, Chester I.　バーナード　85
Baron-Cohen, Simon　バロン=コーエン　142
Barthes, Roland　バルト　27, 28, 64, 65, 105, 214, 215, **254**
Bartlett, Frederic C.　バートレット　64, **245**
Bateson, Gregory　ベイトソン　26, 49, 201, **283**, 293, 307

Baudrillard, Jean　ボードリヤール　264
Beach, King　ビーチ　29, 78
Becker, Howard S.　ベッカー　314
Benedict, Ruth　ベネディクト　167, 278
Benjamin, Walter B. S.　ベンヤミン　274
Benner, Patricia　ベナー　39, 82, 84, **284**
Bereiter, Carl　ベライター　204
Berger, Peter L.　バーガー　69, 97, 99, 145, 204, **243**, 257, 263, 314
Bergson, Henri-Louis　ベルクソン　153, **284**
Berkley, John　バークリ　151
Berkowitz, Marvin W.　バーコヴィッツ　226
Berne, Eric　バーン　70, 108
Bernstein, Basil　バーンスティン　96, 100, **246**
Berry, John　ベリー　14
Bhaskar, Roy　バスカー　264
Biber, Douglas　バイバー　326
Bijker, Wiebe　ベイカー　66
Billig, Michael　ビリッグ　**266**, 327
Binswanger, Ludwig　ビンスワンガー　99, 136, 247
Blankenburg, Wolfgang　ブランケンブルク　247
Bleuler, Eugen　ブロイラー　220
Bloch, Maurice　ブロック　79
Bloomfield, Leonard　ブルームフィールド　95
Bloor, David　ブルア　44, 132, 164
Bloor, Michael　ブルア　97
Blumer, Herbert G.　ブルーマー　61, 125, 163, 171, **275**, 292
Boas, Franz　ボアズ　277, 278
Boss, Medard　ボス　99, 247
Boss, Pauline　ボス　3
Bourdieu, Pierre　ブルデュー　79, 144, 163, 252, 264, 264, 277
Bowlby, John　ボウルビィ　290, 304

Boyatzis, Richard　ボヤツィス　153
Brady, Ivan A.　ブレイディ　125
Breuer, Josef　ブロイアー　51
Bridgman, Percy W.　ブリッジマン　187
Brown, Ann L.　ブラウン　111, 215
Brown, John S.　ブラウン　162, 240
Bruner, Jerome S.　ブルーナー　4, 138, 165, 166, 216, 230, 231, 233, 239, **275**, 277, 289, 293, 302, 307, 329
Brunswik, Egon　ブルンスウィック　179, **275**
Bryant, Antony　ブライアント　143
Buber, Martin　ブーバー　307
Bühler, Charlotte　ビューラー　125
Bühler, Karl L.　ビューラー　275
Burgess, Ernest W.　バージェス　125
Burke, Kenneth　バーク　90
Burman, Erica　バーマン　243
Burns, Robert　バーンズ　22
Butler, Robert　バトラー　40, 106, 313

C

Calhoun, Lawrence G.　カルホーン　226
Callon, Michel　カロン　4, 27, 44, **56**, 153, 164, 248, 314
Campbell, Donald T.　キャンベル　225, 228
Čapek, Karel　チャペック　329
Carnap, Rudolf　カルナップ　329
Carr, Margaret　カー　310
Cassirer, Ernst　カッシーラー　161
Castells, Manuel　カステル　18
Cazden, Courtney B.　キャズデン　**70**, 117
Charmaz, Kathy　シャーマズ　81, 104, **143**
Charon, Rita　シャロン　**149**, 159, 232, 233
Chaucer, Geoffrey　チョーサー　22
Chomsky, Noam　チョムスキー　95, 145, 220, 239, 272
Cicourel, Aaron V.　シコレル　67
Clandinin, Jean　クランディニン　231
Coffey, Amanda　コフィー　137
Cohen, Hermann　コーヘン　160
Cohen, Marlene Z.　コーエン　39
Cole, Michael　コール　10, **110**, 134, 193, 278, 279
Coleman, James S.　コールマン　144
Collins, Allan　コリンズ　162, 215, 240
Collins, Harry　コリンズ　8, 44

Comte de Saint-Simon, Claude Henri de Rouvroy　サン=シモン　133
Comte, Auguste　コント　133, 144, 204
Connelly, Michael　コネリー　231
Cook, Thomas D.　クック　228
Cooley, Charles H.　クーリー　**79**
Cooper, David　クーパー　257
Cooperrider, David　クーパライダー　102
Corbin, Juliet　コービン　81, 143
Creswell, John　クレスウェル　115
Crnic, Keith A.　ツルニッチ　9
Cronbach, Lee J.　クロンバック　**83**
Csikszentmihalyi, Mihaly　チクセントミハイ　219
Cyert, Richard M.　サイアート　190

D

Damon, William　デーモン　128
Daniels, Harry　ダニエルズ　246
Danto, Arthur C.　ダントー　**201**
Darwin, Charles　ダーウィン　7, 69, 88, 178, 179, **191**, 203, 235
Davydov, Vasily V.　ダヴィドフ　247
De Lauretis, Teresa　デ・ラウレティス　79
De Man, Paul　ド・マン　200
Deci, Edward　デシ　219
Deleuze, Gilles　ドゥルーズ　63, 291, 292
Denzin, Norman K.　デンジン　**217**
Derrida, Jacques　デリダ　200, **216**, 291, 292
Descartes, René　デカルト　37, 67, 79, 108, 161, 237, 239, 283, 288, 307
Deutsch, Morton　ドイッチ　282
Dewey, John　デューイ　123, 162, 175, 186, **216**, 231, 273, 274, 297, 299
Dilthey, Wilhelm　ディルタイ　38, 39, 50, 85, 86, 177, 192, **211**, 247, 325
Dreier, Ole　ドライヤー　29
Dreyfus, Hubert L.　ドレイファス　82, 284
Durkheim, Émile　デュルケム　11, 69, 73, 147, 180, 314

E

Ebbinghaus, Hermann　エビングハウス　63, 140, 211
Eco, Umberto　エーコ　**26**, 64, 65
Edwards, Derek　エドワーズ　64, 209, 292

外国人名索引

Ehrenfels, Christian von　エーレンフェルス　91

Eisenberg, Leon　アイゼンバーグ　80

Eisner, Elliot W.　アイスナー　287

Elbaz, Freema　エルバズ　135

Engels, Friedrich　エンゲルス　139

Engeström, Yrjö　エンゲストローム　29, **32**, 45, 47, 53, 54, 74, 169, 201, 208, 242, 243, 247, 251, 280, 281, 330

Epston, David　エプストン　230, 293

Erickson, Frederick　エリクソン　43, 120

Erickson, Ken C.　エリクソン　203

Ericsson, K. Anders　エリクソン　252, 276

Erikson, Erik H.　エリクソン　2, 26, **31**, 106, 124, 164, 165, 176, 181, 205, 217, 290, 311, 313

F

Fairclough, Norman　フェアクラフ　265

Feifel, Herman　ファイフェル　131

Feigl, Herbert　ファイグル　225

Feuerstein, Reuven　フォイヤーシュタイン　194

Fink, Eugen　フィンク　98

Fischer, Kuno　フィッシャー　23, 160

Fiske, Donald　フィスク　225

Flick, Uwe　フリック　93, 269, **274**

Florio, Susan　フロリオ　43

Foley, Kathleen M.　フォーリー　32

Folkman, Susan　フォークマン　10

Foucault, Michel　フーコー　47, 48, 88, 99, 101, 105, 209, 210, 243, 263, 264, **270**, 291, 293

Fowler, Roger　ファウラー　265

Frankl, Viktor E.　フランクル　136, 162

Freeman, Mark　フリーマン　230

Freud, Anna　フロイト　31

Freud, Sigmund　フロイト　51, 142, 168, 177, 178, 188, 219, 256, 262, **275**, 304, 309, 313, 316, 317

Friere, Paulo　フレイレ　33, 177, 264

Fröbel, Friedrich W. A.　フレーベル　250

Fromm, Erich S.　フロム　265, 274

G

Gadamer, Hans-Georg　ガダマー　38, 39, **50**, 247, 317

Galperin, Piotr Y.　ガリペリン　247

Galtung, Johan　ガルトゥング　284

Gardner, Howard　ガードナー　118

Garfinkel, Harold　ガーフィンケル　3, 13, 28, 29, **37**, 119, 137, 205, 235, 283, 292

Garvey, Catherine　ガーベイ　113

Gee, James P.　ジー　**122**

Geertz, Clifford　ギアーツ　5, 6, **63**, 278

Gendlin, Eugene　ジェンドリン　208

Gergen, Kenneth J.　ガーゲン　**37**, 59, 104, 307

Gergen, Mary M.　ガーゲン　37

Gibson, Eleanor　ギブソン　69

Gibson, James J.　ギブソン　7, 57, **69**, 151, 163, 178, 179, 191, 203, 266, 275

Giddens, Anthony　ギデンス　264

Gilbert, Nigel　ギルバート　40

Gilligan, Carol　ギリガン　84

Giorgi, Amedeo　ジオルジ　11, 98, **124**

Giroux, Henry A.　ジルー　264

Glaser, Barney G.　グレイザー　12, 31, 61, 81, **82**, 101, 104, 141, 143, 171, 197, 321, 321

Goffman, Erving　ゴッフマン　15, 42, 90, **113**, 119, 128, 170, 235, 252

Good, Byron J.　グッド　80, 183

Goodman, Nelson　グッドマン　189

Goolishian, Harold A.　グーリシャン　229, 230

Greenberg, Leslie S.　グリーンバーグ　50

Greenberg, Mark T.　グリーンバーグ　9

Greene, Jennifer C.　グリーン　286

Greenhalgh, Trisha　グリーンハル　**81**, 232

Guba, Egon G.　グーバ　131, 218

Gubrium, Jaber F.　グブリアム　4, 41

Gutierrez, Kris D.　ギュティエレス　193

Guyatt, Gordon H.　ガイアット　30

H

Habermas, Jürgen　ハーバーマス　265, 274

Hacking, Ian　ハッキング　29

Haight, Barbara　ハイト　106

Hakkarainen, Pentti　ハッカライネン　233

Halbwachs, Maurice　アルヴァックス　150

Hall, Edward T.　ホール　207, 279

Hall, G. Stanley　ホール　181

Hall, Stuart　ホール　55, 264

Hanson, Norwood R.　ハンソン　322

Hardt, Michael　ハート　298

Hare, R. Dwight　ヘア　302

Hargreaves, Andy　ハーグリーブス　75, 221
Harré, Rom　ハレ　172, **254**, 290
Hart, Daniel　ハート　128
Hasan, Ruqaiya　ハサン　246
Haug, Frigga　ハウグ　303
Hayano, David　ハヤノ　127
Head, Henry　ヘッド　245
Hecker, Ewald　ヘッカー　220
Heidegger, Martin　ハイデガー　38, 39, 50, 97,
　99, 136, 191, 192, 200, **247**, 273, 284, 292
Heider, Fritz　ハイダー　24
Helman, Cecil　ヘルマン　17
Helmholtz, Hermann　ヘルムホルツ　160
Hempel, Carl　ヘンペル　183
Hendricks, Mary　ヘンドリクス　208
Herder, Johann Gottfried von　ヘルダー　325
Heritage, John　ヘリテージ　123
Hermans, Hubert J. M.　ハーマンス　197, **246**,
　290
Hill, Clara E.　ヒル　102
Hjelmslev, Louis　イェルムスレウ　254
Hochschild, Arlie R.　ホックシールド　62
Holmes, Thomas　ホームズ　311
Holstein, William J.　ホルスタイン　4, 41
Holt, Edwin　ホルト　69
Holzman, Lois　ホルツマン　21, 45, 47, 219,
　220, 253, **293**
Horkheimer, Max　ホルクハイマー　265, 274
Hottoie, Gilbert　オトワ　214
Hsu, Francis L. K.　シュウ　167
Huberman, A. Michael　ヒューバーマン　94
Hughes, Thomas　ヒューズ　66
Hull, Clark L.　ハル　107
Hume, David　ヒューム　37, 151
Hurwitz, Brian　ハーウィッツ　81
Husserl, Edmund　フッサール　30, 31, 67,
　97–99, 124, 151, 153, 174, 247, 269, **273**, 304,
　317
Hutchins, Edwin　ハッチンス　147
Hymes, Dell　ハイムズ　145

J

James, Henry　ジェイムズ　149
James, William　ジェームズ　58, **123**, 128, 129,
　172, 197, 244, 273, 274
Janet, Pierre　ジャネ　41, 317
Johnson, David W.　ジョンソン　76

Johnson, Mark　ジョンソン　163
Jung, Carl Gustav　ユング　56, 168, 205, 280,
　281, **309**, 317

K

Kahlbaum, Karl L.　カールバウム　220
Kanner, Leo　カナー　142
Kant, Immanuel　カント　67, 86, 151, 165, 191,
　264
Kaptelinin, Victor　カプテリニン　54
Kelly, George A.　ケリー　**91**, 104, 244
Kempen, Harry J. G.　ケンペン　197
Kendon, Adam　ケンドン　124
Kerr, Mary M.　カー　64
Kierkegaard, Søren A.　キルケゴール　136
Kitsuse, John I.　キツセ　**67**, 83, 106, 148
Klass, Dennis　クラス　87
Kleinman, Arthur　クラインマン　**80**, 183, 308
Knowles, Malcolm S.　ノールズ　177
Köhler, Wolfgang　ケーラー　239
Kolb, David A.　コルブ　177
Kraepelin, Emil　クレペリン　24, 176, 220, 317
Kristeva, Julia　クリステヴァ　63, 214
Kübler–Ross, Elisabeth　キューブラー＝ロス
　141
Kuhn, Thomas S.　クーン　**80**, 39, 78, 253, 322
Kvale, Steinar　クヴァール　**79**, 107, 108, 200

L

Labov, William　ラボブ　145, 232
Lacan, Jacques　ラカン　105, 178, 243, 309,
　310, **313**
Laing, Ronald D.　レイン　136, 257
Lakoff, George　レイコフ　163
Langdridge, Daren　ラングドリッジ　98, 265,
　317
Lask, Emil　ラスク　161
Latour, Bruno　ラトゥール　4, 18, 44, 56, 164,
　214, 257, **314**, 315
Lave, Jean　レイヴ　23, 24, 46–48, 52, 134,
　156–157, 162, 180, **324**
Law, John　ロー　56
Lazarsfeld, Paul　ラザースフェルド　82
Lazarus, Moritz　ラツァルス　301
Lazarus, Richard S.　ラザルス　9, 171
Leibniz, Gottfried W.　ライプニッツ　108

Lenoir, René　ルノワール　189
Lens, Willy　レンズ　126
Leont'ev, Alexei N.　レオンチェフ　32, 53, 54, 157, 280
Lévinas, Emmanuel　レヴィナス　98
Lévi-Strauss, Claude　レヴィ＝ストロース　28, 102, 105, 106, 168, 274, **324**
Lévy-Bruhl, Lucien　レヴィ＝ブリュール　10
Lewin, Kurt　レヴィン　82, 91, 126, 144, 225, 268, 282, **325**
Lewis, M. W.　ルイス　320
Lewis, Oscar　ルイス　313
Liebmann, Otto　リープマン　160
Lincoln, Yvonna S.　リンカーン　131, 218
Lindemann, Erich　リンデマン　142
Little, Judith W.　リトル　221
Locke, Edwin　ロック　219
Locke, John　ロック　67, 85
Lorenz, Konrad Z.　ローレンツ　239
Lortie, Dan C.　ローティ　75
Lotze, Hermann　ロッツェ　211
Luckmann, Thomas　ルックマン　69, 97, 153, 243
Luhmann, Niklas　ルーマン　34, 127, 201
Luria, Alexander R.　ルリア　110, 280, 330
Luther, Martin　ルター　217
Lyotard, Jean-François　リオタール　33, 214, 292, 303, **316**

M

Mahoney, Michael J.　マホーニー　104
Malinowski, Bronisław K.　マリノフスキー　26, 28, 94, 122, 240, 277, **297**
Mannheim, Karl　マンハイム　204
March, James G.　マーチ　190
Marcus, George E.　マーカス　298
Marcuse, Herbert　マルクーゼ　265, 274
Martinet, André　マルティネ　255
Marx, Karl H.　マルクス　12, 134, 139, 247, 256, 264, 281, **297**, 298, 316, 326
Maslow, Abraham H.　マズロー　237, 291, 310
Masten, Ann S.　マステン　327
Maturana, Humberto　マトゥラーナ　34
Mauss, Marcel　モース　252
Maxwell, Joseph A.　マックスウェル　94
May, Rollo　メイ　136
Mayeroff, Milton　メイヤロフ　84

McAdams, Dan P.　マクアダムス　41, 230, **294**, 312, 313
McDermott, Ray　マクダーモット　23
McNeil, David　マクニール　123
McTaggart, John　マクタガート　126
Mead, George H.　ミード　58, 80, 137, 275, **299**
Mead, Margaret　ミード　26, 167, 278
Mehan, Hugh　ミーハン　1, 202, **299**
Mercer, Neil　マーサー　81
Merleau-Ponty, Maurice　メルロ＝ポンティ　62, 97, 162, 163, 174, 273, 284, 297, **304**
Merriam, Sharan B.　メリアム　94
Mertens, Donna　マートンズ　285
Merton, Robert K.　マートン　11, 82, 205
Mesmer, Franz A.　メスメル　315
Meyer, Adolf　マイヤー　317
Mezirow, Jack　メジロー　177
Michaels, Sarah　マイケルズ　117
Middleton, David　ミドルトン　64
Miles, Matthew B.　マイルズ　94
Mill, John S.　ミル　177
Miller, George A.　ミラー　238
Mills, C. Wright　ミルズ　188
Money, John　マネー　124
Morel, Bénédict A.　モレル　220
Moscovici, Serge　モスコヴィッシ　147
Mulkay, Michael　マルケイ　40
Müller, Johannes　ミュラー　160
Murphy, Robert F.　マーフィ　268

N

Nardi, Bonnie A.　ナルディ　54
Natorp, Paul　ナトルプ　161, 264
Negri, Antonio　ネグリ　298
Neill, Alexander S.　ニイル　274
Neimeyer, Robert A.　ニーマイアー　104
Neisser, Ulric G.　ナイサー　239, 275
Neumann, Franz L.　ノイマン　265, 274
Neurath, Otto　ノイラート　329
Newman, Fred　ニューマン　293
Newman, Susan E.　ニューマン　240
Nietzsche, Friedrich W.　ニーチェ　88, 136, 292
Nightingale, Florence　ナイチンゲール　60
Noblit, George W.　ノブリット　302
Noddings, Nel　ノディングズ　84

Norman, Donald A. ノーマン 130, 131, **242**, 245, 263

O

O'Boyle, Ciaran A. オボイル 1
O'Connor, M. Catherine オコナー 117

P

Palincsar, Annemarie S. パリンサー 111
Park, Robert E. パーク 125
Parker, Ian パーカー **243**, 314
Parkes, Colin M. パークス 142
Parsons, Talcott パーソンズ 40, 173, 180, 201, 206
Pascal, Blaise パスカル 136
Peirce, Charles S. パース 8, 26, 64, 65, 123, **244**, 273, 274
Philips, Susan フィリップス 120
Piaget, Jean ピアジェ 5, 26, 45, 50, 88, 104, 106, 112, 113, 174, 239, 248, 250, 251, **258**, 266, 323
Pinch, Trevor ピンチ 66
Pinel, Philippe ピネル 176
Plato プラトン 8
Plummer, Ken プラマー 312
Polanyi, Michael ポランニー 8, 322
Polkinghorne, Donald E. ポーキングホーン 138, **289**
Popper, Karl ポパー 48, 97, 256, 294
Potter, Jonathan ポッター 40, 209, **292**
Potter, Van R. ポッター 181, 209
Prince, Morton プリンス 42
Putnam, Robert D. パットナム 144

R

Rahe, Richard レイ 311
Ralph, Paul ラルフ 214
Rappaport, Julian ラパポート 33, 229
Reed, Edward リード 69, 179
Relph, Edward レルフ 248
Richards, Tom リチャーズ 29
Richmond, Mary リッチモンド 189
Rickert, Heinrich J. リッケルト 23, 161, 177, **318**

Ricœur, Paul リクール 38, 39, 202, 230, 231, 265, 307, **317**
Robinson, William S. ロビンソン 12
Rogers, Carl R. ロジャーズ 208, 237, 310
Rogoff, Barbara ロゴフ 185, 224, 300, **329**
Rouch, Jean ルーシュ 26
Rousseau, Jean-Jacques ルソー 250
Rowles, Graham D. ロールズ 248
Rumelhart, David E. ラメルハート 238
Ryle, Gilbert ライル 8, 97

S

Sackett, David L. サケット 30
Sacks, Harvey サックス 3, 29, 37, 42, 43, **119**, 173, 187, 205, 283, 323, 328
Said, Edward W. サイード 292
Sarbin, Theodore R. サービン 138, 230, 289
Sartre, Jean-Paul サルトル 98, 105, 136, 136, 191, 273
Saussure, Ferdinand de ソシュール 15, 26, 63-65, 95, 105, **190**, 200, 244, 254, 255, 315
Scardamalia, Marlene スカーダマリア 204
Schegloff, Emanuel A. シェグロフ 43, 119
Scheler, Max シェーラー 204
Schlick, Friedrich A. M. シュリック 329
Schmidt, Alfred シュミット 274
Schneider, Kurt シュナイダー 220
Schön, Donald A. ショーン 136, 175, 190
Schütz, Alfred シュッツ 13, 37, 15, 137, 143, **153**, 174, 198, 234, 235, 243, 327, 328
Scribner, Sylvia スクリブナー 325
Searle, John R. サール 59, 252
Secord, Paul セコード 254
Seikkula, Jakko セイックラ 35
Seligman, Martin セリグマン 291
Senge, Peter M. センゲ 190
Shibutani, Tamotsu シブタニ 163
Shultz, Jeffrey J. シュルツ 43
Silverman, David シルバーマン 19
Simmel, George ジンメル 42
Simon, Herbert A. サイモン 252, 276
Skinner, Burrhus F. スキナー 107, 239
Smith, Jonathan A. スミス 2, 3, 16, 39, 65, 98, 105, 106, **172**
Smith, Peter K. スミス 10
Socrates ソクラテス 8
Solomon, Barbara B. ソロモン 33

外国人名索引

Spector, Malcom　スペクター　83, 148
Spence, Donard P.　スペンス　178
Spence, Lewis　スペンス　231
Spinoza, Baruch de　スピノザ　298
Spradley, James P.　スプラッドリー　65, 158, **172**, 184, 294, 295
Spranger, Eduard　シュプランガー　125
Stake, Robert E.　ステイク　160, 223
Star, Susan L.　スター　74, **169**
Steinthal, Hermann　シュタインタール　301
Stokoe, William　ストーキー　154
Stolorow, Robert D.　ストロロウ　178
Strauss, Anselm L.　ストラウス　31, 61, 66, 81-83, 101, 104, 141, 143, 169, 170, **171**, 197, 321, 321
Stroebe, Margaret S.　シュトレーベ　142
Stull, Donald D.　ストゥル　203
Suchman, Lucy A.　サッチマン　**119**, 157, 229, 263
Sumner, William G.　サムナー　143
Super, Donald E.　スーパー　71
Szasz, Thomas S.　サス　257

T

Tajfel, Henri　タジフェル　146, 266
Taylor, Charles　テイラー　161
Taylor, Frederick W.　テイラー　84
Taylor, Robert B.　テイラー　232
Tedeschi, Richard G.　テデスキ　226
Thomas, William I.　トマス　80, 125, 157, 171, 173, **225**, 275
Tobin, Joseph J.　トービン　261
Tolman, Edward C.　トールマン　107, 275
Trilling, Lionel　トリリング　161
Troeltsch, Ernst　トレルチ　325
Tulviste, Peeter　トゥールヴィステ　10
Turner, Ralph H.　ターナー　163
Tylor, Edward B.　タイラー　277

U

Uexküll, Jakob von　ユクスキュル　58, 307, **309**

V

Vaihinger, Hans　ファイヒンガー　104

Valsiner, Jaan　ヴァルシナー　**22**, 207, 208
Van Dijk, Teun A.　ヴァン・ダイク　265
Van Maanen, John　ヴァン＝マーネン　18, **22**, 111, 148, 149
Van Manen, Max　ヴァン＝マーネン　39
Van Oers, Bert　ヴァン・オアーズ　118
Varela, Francisco　ヴァレラ　34
Vico, Giambattista　ヴィーコ　325
Vygotsky, Lev S.　ヴィゴツキー　4, 9, **22**, 32, 37, 45-47, 53, 54, 88, 103, 110, 113, 115, 125, 139, 148, 150, 157, 162, 167, 168, 174, 185, 193, 194, 219, 220, 228, 233, 234, 245-247, 251, 261, 275, 277, 280, 281, 293, 297, 298, 300, 329, 330

W

Waller, Willard　ウォーラー　75
Wallon, Henri　ワロン　248, 323
Wand, Yair　ワンド　214
Wapner, Seymour　ワップナー　57
Warner, Lloyd　ウォーナー　190
Watson, John B.　ワトソン　107
Webb, Noreen M.　ウェブ　76
Weber, Max　ウェーバー　**23**, 40, 63, 85, 137, 153, 258, 316-318
Weick, Karl E.　ワイク　184
Weiss, Carol H.　ワイス　139
Weizsäcker, Viktor von　ヴァイツゼカー　69
Wenger, Etienne　ウェンガー　**24**, 29, 46, 48, 134, 156, 157, 162, 180, 199, 279, 324
Wertheimer, Max　ヴェルトハイマー　91
Wertsch, James V.　ワーチ　10, 77, 150, 185, 224, 246, 247, 251, 261, 281, **330**
Wetherell, Margaret　ウェザレル　40, 209, 292
White, Michael　ホワイト　230, **293**
Whitehead, Alfred N.　ホワイトヘッド　100, **293**
Wiener, Norbert　ウィナー　118, 245
Willig, Carla　ウィリッグ　**23**
Windelband, Wilhelm　ヴィンデルバント　**23**, 111, 112, 161, 177, 288, 318
Winslade, John　ウィンズレイド　282
Winslow, Charles-Edward A.　ウィンスロー　103
Witmer, Lightner　ウイトマー　323
Wittgenstein, Ludwig J. J.　ウィトゲンシュタイン　15, 16, **23**, 29, 37, 96, 97, 187, 204
Wodak, Ruth　ヴァダック　265

Wolff, Christian　ヴォルフ　165
Wood, David　ウッド　4
Wood, Fiona　ウッド　97
Wooffitt, Robin　ウーフィット　206
Woolgar, Steve　ウールガー　257
Wright, Beatrice　ライト　155
Wundt, Wilhelm M.　ヴント　**25**, 146, 165,
　166, 227, 228, 301, 302

Y

Yin, Robert　イン　320
Young, Michael F. D.　ヤング　5

Z

Zeller, Eduard　ツェラー　160
Znaniecki, Florian W.　ズナニエッキ　**171**,
　173, 225, 282

執 筆 者 名 索 引

※数字は各項目の執筆者名が掲載されている頁。

あ

青木美和子　64, 103, 119, 133
青柳 肇　254
青山征彦　4, 27, 74, 157, 170, 177, 242, 330
秋田喜代美　61, 251, 286
浅井亜紀子　240, 269
浅井幸子　84, 231, 297
麻生 武　104, 235
渥美公秀　78, 176, 293
天谷祐子　126, 228
綾城初穂　150, 167, 252, 255, 290
荒川 歩　1, 18, 29, 288, 300
有元典文　45, 46, 48, 112, 147, 156, 175, 215
安藤史江　190
飯牟礼悦子　221, 299
家島明彦　36, 261, 295, 299
五十嵐素子　1, 300
五十嵐靖博　13, 243, 253, 257, 263, 265, 266, 274, 292, 294
石井宏典　16, 35, 77, 174, 248, 301, 326
石黒広昭　53, 59, 134, 148, 153, 247, 261, 279
石丸径一郎　124, 166, 180, 192, 258
磯村陸子　121, 219
一柳智紀　117, 194
伊藤 崇　9, 10, 199, 251, 279, 281
いとうたけひこ　87, 152, 213, 258, 284, 331
伊藤哲司　28, 90, 100, 268−270, 302, 329
伊藤直樹　23, 86, 161, 177, 183, 211, 247, 325
稲葉光行　7, 116, 297
伊波和恵　149
今尾真弓　6, 305
岩壁 茂　50, 83, 89, 103, 110, 276
植田嘉好子　31, 39, 98, 99, 174, 265
上淵 寿　12, 23, 60, 97, 114, 137, 228, 275, 304
上村佳世子　109, 196, 253, 277, 307
ウェルズ恵子　22

内田伸子　36, 248, 258, 272
浦田 悠　136, 162, 291
江口重幸　24, 42, 81, 183, 220, 308
遠藤利彦　5, 62, 74, 78, 127, 158, 318
大倉得史　2, 51, 58, 302
大谷 尚　138, 169
大月隆寛　18, 22, 111, 149
大橋靖史　64, 192, 207, 209, 210, 244
岡田美智男　159, 161
岡田光弘　3, 42, 43, 80, 119, 173, 187, 225, 275, 283, 323, 328
岡部大介　18, 24, 119, 120, 235, 248, 324
岡本直子　56, 281
岡本祐子　31, 124
岡本依子　10, 27, 150, 196, 236, 290
沖潮（原田）満里子　55, 99, 127, 189, 224, 227
小木曽由佳　123, 309
奥田紗史美　182
小倉啓子　109, 239
小保方晶子　44, 166, 250, 259, 327
尾見康博　112, 144, 154, 188, 241, 268, 288, 318

か

抱井尚子　104, 115, 143, 254, 265, 285, 286
香川秀太　29, 47, 52, 54, 118, 169, 243, 298, 326
香川七海　19, 241
蔭山正子　103, 130, 203
樫田美雄　13, 144, 155, 170, 204, 205, 271, 323
鹿嶌達哉　188, 195, 241
春日秀朗　122, 139, 291, 316
勝浦眞仁　17, 223, 319
金田裕子　43
金丸隆太　70, 108, 140, 169, 219
上別府圭子　57, 59, 112, 158
苅田知則　90, 91
河﨑美保　2, 142
川島大輔　122, 131, 223, 262, 263, 305, 312, 313

川野健治　6, 11, 38, 129, 177, 191, 198, 199, 218, 237, 311
河野麻沙美　4, 76, 111, 135, 202
川村久美子　314
川本静香　93, 95, 324
神崎真実　52, 53, 273, 274
岸 磨貴子　72, 201, 278
岸野麻衣　75, 152, 194, 290
北澤 毅　11, 67, 69, 83, 148, 206, 315
北出慶子　166, 190, 255, 315, 316
北村篤司　230
北村英哉　92, 144, 146, 210, 216
木戸彩恵　89, 91, 172, 249, 266
木下寛子　11, 34, 94, 194, 315
木村 優　74, 76, 136, 145, 175, 222
金馬国晴　67, 216, 264
鯨岡 峻　30, 62, 183, 304
楠見 孝　7, 153, 208, 213, 303
窪田由紀　64, 171
熊谷高幸　142
倉持清美　229
黒須正明　309
小泉拓也　139
古賀松香　222, 287
児島達美　293
小島康次　26, 50, 65, 200, 220, 238, 239, 292, 303, 313, 316
小林明日香　57, 59, 158
小松孝至　15, 285
近藤（有田）恵　20, 32, 141

━━━━━━━━━━━ さ ━━━━━━━━━━━

戈木クレイグヒル滋子　35, 55, 127, 185, 211, 212, 254, 276
西條剛央　63, 105, 217, 218
斉藤こずゑ　21, 95, 154, 222
斎藤清二　30, 82, 149, 160, 232, 233
坂上裕子　12, 37, 61, 120, 261
佐久間路子　58, 128, 129, 197, 219
桜井 厚　171, 193, 197, 296, 306, 312, 313
佐々木正人　7, 69, 178, 179, 191, 203
佐藤郁哉　190, 226, 270
佐藤公治　22, 63, 67, 150, 168, 185, 247
サトウタツヤ　22, 25, 69, 71, 138, 164–166, 173, 244, 275, 285, 293, 302
鮫島輝美　84, 117, 118, 185
澤田英三　38, 131, 133, 229

澤野美智子　122, 297, 325
沢宮容子　107, 168, 239
柴坂寿子　13, 308, 324
柴山真琴　9, 28, 66, 94, 121, 128, 158, 184, 261, 269, 289, 294, 295
渋谷真樹　56, 65
清水睦美　236, 264
庄井良信　125, 233
東海林麗香　19, 20, 88, 271, 305
荘島幸子　79, 180, 195, 227, 314
白井利明　126, 181
白水 始　46, 204, 215, 249, 301
城間祥子　21, 220, 253
菅野幸恵　36, 51, 122, 237, 272, 295, 304
菅村玄二　91, 104
杉浦淳吉　90, 241
杉浦 健　216
鈴木一代　143, 292
鈴木聡志　3, 40, 94, 95, 99, 138, 202, 209, 210, 267, 302, 327
鈴木岳海　26
鈴木智之　113, 138, 172, 300, 317, 318
鈴木栄幸　9, 115, 131, 242, 245
鈴木宏昭　238, 266
砂上史子　287

━━━━━━━━━━━ た ━━━━━━━━━━━

高木光太郎　101, 330
田垣正晋　82, 148, 155, 156, 163, 170, 175, 242, 271, 282
鷹田佳典　87, 262
髙橋亜希子　137, 186
髙橋 準　270
髙橋史子　32, 68, 110, 184
Takahash, Masami　26, 172
竹内一真　217, 218
竹田恵子　176
田島充士　45, 92, 146, 174, 199, 224
田代 順　51, 231, 306
田中彰吾　39, 98, 133, 136, 161, 163, 206
田中共子　14, 15, 187, 200, 212
田中美恵子　172, 284
谷口明子　46, 48, 49, 213, 250, 280, 303
崔 裕眞　84, 85, 182
辻内琢也　17, 278
辻本昌弘　6, 8, 235
土屋雅子　153

執筆者名索引

當眞千賀子　300, 329, 331
徳川直人　125
徳田治子　20, 41, 79, 80, 96, 105, 108, 159, 255, 260, 289
得丸智子（さと子）　208
戸田有一　10, 62
土橋臣吾　56
富田昌平　267
豊田 香　71, 72
豊田秀樹　322
鳥越信吾　153

な

内藤哲雄　249
中川善典　301
永田素彦　12, 82, 102, 184, 208, 237, 267, 284
中坪史典　287, 288, 310
中村高康　5, 73
中村 正　147
中村雅子　110, 193
中村真由美　112
灘光洋子　114, 115
西口光一　195
西村ユミ　60, 82, 98, 162
額賀美紗子　40, 203, 298
能智正博　8, 32, 68, 81, 132, 211, 232, 256, 258, 259, 273, 289, 294
野口隆子　25, 259, 261, 262
野坂祐子　182, 225
野村直樹　126, 229, 283, 307
野村信威　33, 106
野村晴夫　234, 328

は

南風原朝和　165, 200, 220
朴 東燮　38, 103, 139, 157, 228, 234
橋本広信　140, 217
濱 雄亮　119
浜田寿美男　76, 141, 158, 250, 266, 323
原田悦子　240, 263, 276
東村知子　37, 59, 86, 134, 146, 189, 191
日高友郎　100, 234
比留間太白　81, 96, 100, 123, 226, 246, 252
廣井亮一　50, 255, 256, 260
広津侑実子　154, 328
福井雅英　114, 322

福島真人　8, 44, 66, 79, 132, 164, 252, 257, 277, 315
福田茉莉　1, 80, 92
福丸由佳　49
藤江康彦　52, 70, 72-75, 87, 129, 152, 193, 326
藤田ラウンド幸世　16, 96, 110, 145
藤野友紀　67, 78
文野 洋　34, 132, 246
保坂裕子　32, 33, 47, 54, 201, 251, 280
細馬宏通　124, 163

ま

前川麻依子　236
前田泰樹　17, 63
益川弘如　240
松島恵介　28, 101, 150, 186, 214, 215, 254, 309, 310
松嶋秀明　35, 88, 113, 134, 173, 181, 199, 224, 259
松本光太郎　108, 109, 167, 206, 329
箕口雅博　70, 115
操 華子　66, 321
水野節夫　83, 101, 171, 197, 282, 319-321
水野将樹　165
三田地真実　106, 107
南 博文　57, 58, 179, 296
南山浩二　3
箕浦康子　167, 264, 279, 292
箕輪潤子　113
宮内 洋　60, 130, 198, 213, 221
宮坂道夫　182, 224
宮本 匠　116, 260, 273
無藤清子　44, 230, 237, 310, 318
無藤 隆　5, 102, 130, 137, 156, 192, 218, 283, 286, 299
村上幸史　24, 83, 319
村本邦子　33
村本由紀子　20, 21, 211, 272
本山方子　34, 52, 53, 73, 93, 127, 134, 160, 201, 322
森 直久　37, 48, 71, 77, 85, 97, 118, 140, 151, 245
森岡 崇　170, 321
森岡正芳　2, 16, 70, 230, 232, 246, 323
森下伸也　243
茂呂雄二　293, 298

や

安田節之　139
安田裕子　146, 176, 208, 227, 238, 249, 256, 326
八ッ塚一郎　78, 88, 106, 145, 147, 223, 228, 257, 314, 325
矢吹理恵　49, 111
山口智子　40, 41, 188, 283, 311, 313
山崎浩司　31, 55, 93, 280, 281
山田哲子　155, 205
山田富秋　4, 29, 41, 123, 180, 187
山田仁史　106, 107, 168, 274
やまだようこ　16, 56, 121, 132, 198, 202, 245, 262, 269, 305–308, 311, 312
山竹伸二　8, 30, 86, 99, 105, 178, 216, 276, 291, 317
山本登志哉　102, 159, 277–279

矢守克也　4, 19, 51, 68, 116, 143, 297
横山草介　233, 271, 274, 275, 329
好井裕明　15, 25, 37, 120, 143, 164, 186, 207, 221, 285
吉岡有文　162, 214
吉村夕里　178, 189

わ

若林宏輔　85, 91, 108, 225
若山育代　186
和田仁孝　282
渡辺恒夫　11, 23, 40, 63, 96, 97, 125, 151, 231, 309, 317
渡邉照美　142, 205, 226
渡邊芳之　35, 44, 45, 80, 117, 191, 196, 244, 245, 330

編集委員会紹介

編集代表

能智正博　のうち まさひろ
東京大学大学院教育学研究科 教授。主編著に『ディスコースの心理学 —— 質的研究の新たな可能性のために』(鈴木聡志・大橋靖史・能智正博 編著、ミネルヴァ書房)、『質的心理学ハンドブック』(やまだようこ・麻生武・サトウタツヤ・能智正博・秋田喜代美・矢守克也 編、新曜社)、『臨床心理学をまなぶ6　質的研究法』(能智正博 著、東京大学出版会) など。

編集委員 (五十音順)

香川秀太　かがわ しゅうた
青山学院大学社会情報学部 准教授。主編著に『越境する対話と学び —— 異質な人・組織・コミュニティをつなぐ』(香川秀太・青山征彦 編、新曜社)、『パフォーマンス心理学入門』(茂呂雄二・有元典文・香川秀太 編、新曜社)、『状況と活動の心理学 —— コンセプト・方法・実践』(茂呂雄二・有元典文・青山征彦・伊藤崇・香川秀太・岡部大介 編、新曜社) など。

川島大輔　かわしま だいすけ
中京大学心理学部心理学科 准教授。主編著に『はじめての死生心理学 —— 現代社会において, 死とともに生きる』(川島大輔・近藤恵 編、新曜社)、『宗教を心理学する —— データから見えてくる日本人の宗教性』(松島公望・川島大輔・西脇良 編著、誠信書房)、『自死で大切な人を失ったあなたへのナラティヴ・ワークブック』(川島大輔 著、新曜社) など。

サトウタツヤ　佐藤 達哉
立命館大学総合心理学部 教授。主編著に『TEMでひろがる社会実装 —— ライフの充実を支援する』(安田裕子・サトウタツヤ 編著、誠信書房)、『心理調査の基礎 —— 心理学方法論を社会で活用するために』(サトウタツヤ・鈴木直人 編、有斐閣)、"*Collected papers on trajectory equifinality approach*" (Tatsuya Sato, Chitose Press) など。

柴山真琴　しばやま まこと
大妻女子大学家政学部 教授。主著に『子どもエスノグラフィー入門 —— 技法の基礎か
ら活用まで』（柴山真琴 著、新曜社）、『行為と発話形成のエスノグラフィー —— 留学生家
族の子どもは保育園でどう育つのか』（柴山真琴 著、東京大学出版会）、訳書に『質的研究の
ためのエスノグラフィーと観察』（アングロシーノ 著／柴山真琴 訳、新曜社）など。

鈴木聡志　すずき さとし
東京農業大学教職・学術情報課程 准教授。主編著に『ディスコースの心理学 —— 質的
研究の新たな可能性のために』（鈴木聡志・大橋靖史・能智正博 編著、ミネルヴァ書房）、『会話
分析・ディスコース分析 —— ことばの織りなす世界を読み解く』（鈴木聡志 著、新曜社）、
訳書に『質的研究のデザイン』（フリック著／鈴木聡志 訳、新曜社）など。

藤江康彦　ふじえ やすひこ
東京大学大学院教育学研究科 教授。主編著に『21世紀の学びを創る —— 学習開発学の
展開』（藤江康彦・白川佳子・清水益治 編著、北大路書房）、『授業研究と学習過程』（秋田喜代美・
藤江康彦 共著、放送大学教育振興会）、『事例から学ぶ はじめての質的研究法 —— 教育・学習
編』（秋田喜代美・藤江康彦 編著、東京図書）など。

質的心理学辞典

初版第1刷発行　2018年11月30日

編集代表　能智正博
編集委員　香川秀太・川島大輔・サトウタツヤ・
　　　　　柴山真琴・鈴木聡志・藤江康彦
発 行 者　塩浦　暲
発 行 所　株式会社　新曜社
　　　　　101-0051　東京都千代田区神田神保町3-9
　　　　　電話(03) 3264-4973(代)・FAX(03) 3239-2958
　　　　　e-mail : info@shin-yo-sha.co.jp
　　　　　URL : https://www.shin-yo-sha.co.jp/
組 版 所　Katzen House
印 刷 所　星野精版印刷
製 本 所　積信堂

Ⓒ Masahiro Nochi, Shuta Kagawa, Daisuke Kawashima,
Tatsuya Sato, Makoto Shibayama, Satoshi Suzuki, and
Yasuhiko Fujie, 2018　Printed in Japan
ISBN978-4-7885-1601-4　C1011

■新曜社の関連書

SAGE 質的研究キット 全8巻

U. フリック 著／鈴木聡志 訳 　　　　　　　　　　　　　　A 5判 196頁
質的研究のデザイン 　　　　　　　　　　　　　　　　本体 2100円

S. クヴァール 著／能智正博・徳田治子 訳 　　　　　　　　A 5判 272頁
質的研究のための「インター・ビュー」 　　　　　　本体 2700円

M. アングロシーノ 著／柴山真琴 訳 　　　　　　　　　　　A 5判 168頁
質的研究のためのエスノグラフィーと観察 　　　　本体 1800円

M. バンクス 著／石黒広昭 監訳 　　　　　　　　　　　　　A 5判 224頁
質的研究におけるビジュアルデータの使用 　　　　本体 2400円

G. R. ギブズ 著／砂上史子・一柳智紀・一柳 梢 訳 　　　　A 5判 280頁
質的データの分析 　　　　　　　　　　　　　　　　　本体 2900円

T. ラプリー 著／大橋靖史・中坪太久郎・綾城初穂 訳 　　　A 5判 224頁
会話分析・ディスコース分析・ドキュメント分析 　本体 2400円

U. フリック 著／上淵 寿 訳 　　　　　　　　　　　　　　A 5判 224頁
質的研究の「質」管理 　　　　　　　　　　　　　　本体 2400円

以下続巻
R. バーバー／大橋靖史ほか 訳 　**質的研究のためのフォーカスグループ**

やまだようこ・麻生 武・サトウタツヤ・能智正博・秋田喜代美・矢守克也 編 　A5判 600頁
質的心理学ハンドブック 　　　　　　　　　　　　　本体 4800円

日本質的心理学会 編 　　　　　　　　　　　　　　　　　　B5判 256頁
質的心理学研究 第17号 ── 特集 レジリエンス 　本体 3000円

無藤 隆・やまだようこ・南 博文・麻生 武・サトウタツヤ 編 　四六判 288頁
ワードマップ **質的心理学** ── 創造的に活用するコツ 　本体 2200円

斎藤清二・山田富秋・本山方子 編 　　　　　　　　　　　　四六判 216頁
質的心理学フォーラム選書1 **インタビューという実践** 　本体 1800円

川野健治・八ツ塚一郎・本山方子 編 　　　　　　　　　　　四六判 192頁
質的心理学フォーラム選書2 **物語りと共約幻想** 　　本体 1700円

ウド・クカーツ 著／佐藤郁哉 訳 　　　　　　　　　　　　A5判 288頁
質的テキスト分析法 ── 基本原理・分析技法・ソフトウェア 　本体 2900円

＊表示価格は消費税を含みません。